lonely planet

Islande

ÉDITION ÉCRITE ET ACTUALISÉE PAR

Alexis Averbuck, Carolyn Bain, Jade Bremner, Belinda Dixon

PRÉPARER SON VOYAGE

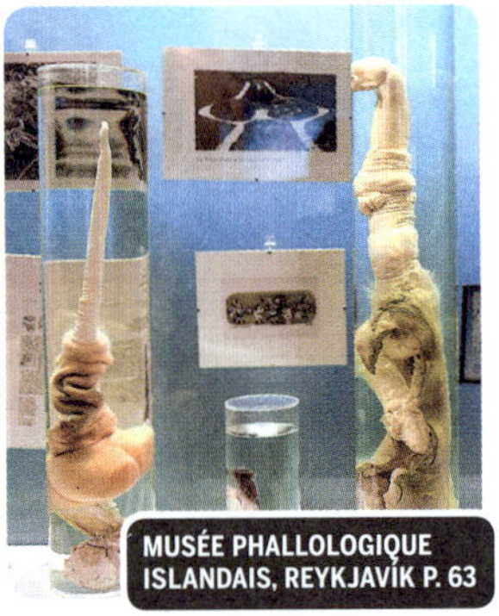

MUSÉE PHALLOLOGIQUE ISLANDAIS, REYKJAVÍK P. 63

HALLGRIMSKIRKJA, REYKJAVÍK P. 61

SUR LA ROUTE

Sommaire

COMPRENDRE L'ISLANDE

ISLANDE PRATIQUE

COUPS DE PROJECTEUR

Bienvenue en Islande

L'énergie est partout palpable sur cette île magique dont les phénomènes naturels inspirent les habitants, accueillants et créatifs, et dont les splendeurs attirent des visiteurs toujours plus nombreux.

Symphonie des éléments

L'Islande, île faiblement peuplée retirée tout en haut du globe, est en constante évolution. Dans ce vaste laboratoire volcanique, des forces colossales sont à l'œuvre, entre geysers, mares de boue, volcans et glaciers. L'extrême beauté de ces paysages renvoie chacun à son insignifiance à l'échelle de l'univers, tout en lui donnant à sortir grandi de la visite.

La force de la nature

En Islande, l'ordinaire tient souvent du mémorable. Un plongeon dans une piscine prend ainsi la forme d'un bain dans une lagune géothermale, une petite balade se change en trek sur une calotte glaciaire étincelante, et une nuit de camping vous place aux premières loges pour contempler le spectacle des aurores boréales ou les nuances rose tendre du soleil de minuit. L'Islande altère aussi les personnalités – ses sagas parlent de brutes devenues poètes, et ses histoires de *huldufólk* (peuples cachés) ont de quoi faire balancer les plus sceptiques. De fait, le pays compte peut-être la plus grande proportion de rêveurs, d'auteurs, d'artistes et de musiciens au monde. Et tous sont nourris par leur environnement.

Une révélation intérieure

La chaleur des Islandais est aussi désarmante que leur ardeur au travail. Les habitants ont fait d'énormes efforts pour surmonter la crise économique et permettre au pays d'accueillir chaque année le sextuple de sa population. Considérez une ville française d'environ 300 000 habitants (soit la population islandaise) : imaginez-la à gérer des universités, des aéroports et des hôpitaux implantés dans des endroits reculés, et des centaines d'hébergements touristiques, plus la surveillance d'une trentaine de volcans actifs. S'en sortirait-elle aussi bien que l'Islande, sans même compter le pan culturel ?

Le paradis nordique

L'Islande s'enorgueillit également d'une culture d'une grande richesse. Le formidable patrimoine littéraire va des sagas médiévales aux thrillers contemporains. Et la musique est partout, à l'instar des arts visuels, de l'artisanat et de la gastronomie. Reykjavík, la capitale la plus septentrionale du monde, est un haut lieu de l'égalitarisme, de la conscience écologique et de l'élégance décontractée qui ont fait la réputation de ses cousines nordiques – le tout sublimé ici par la singularité islandaise.

Pourquoi j'aime l'Islande

Caroline Bain, auteure

Comme de nombreux visiteurs, je suis tombée amoureuse de l'Islande au premier regard. J'y suis venue souvent, pour le travail et pour le plaisir, sans rien perdre de mon désir d'explorer ce pays. Je commençais à envisager de m'y installer de façon permanente et des amis islandais m'ont judicieusement conseillé de faire préalablement l'expérience de l'hiver islandais. C'est ainsi qu'en février 2017, j'ai pris le ferry au nord du Danemark et débarqué à Seyðisfjörður à l'aube de la Saint-Valentin sous un ciel... rose ; ma décision était prise. J'ai déménagé de l'Australie à Reykjavík, et suis désormais une résidente islandaise comblée !

Pour en savoir plus sur les auteures, voir p. 480

Ci-dessus : Svartifoss (p. 196)

Islande

Fjords de l'Ouest
Pitons rocheux majestueux et fjords silencieux (p. 249)
Tröllaskagi
Escapade hors de la route circulaire pour des panoramas incomparables (p. 292)
Péninsule de Snæfellsnes
Un véritable concentré de merveilles naturelles islandaises (p. 228)
Reykjavík
Une vie nocturne trépidante, sans rivale en Islande (p. 52)
Blue Lagoon
Un bain fumant, où l'on se prélasse dans une eau bleu-vert riche en silice (p. 111)
Îles Vestmann
Un archipel de pics escarpés, à la riche avifaune (p. 178)
Fimmvörðuháls
Cascades rugissantes et vestiges encore fumants d'une éruption (p. 159)
MER DU GROENLAND
OCÉAN ATLANTIQUE NORD
Réserve naturelle du Hornstrandir
Skálavík
Bolungarvík
Suðureyri
Ísafjörður
Drangajökull
Norðurfjörður
Þingeyri
Bíldudalur
Patreksfjörður
Brjánslækur
Hólmavík
Breiðafjörður
Flatey
Húnaflói
Skagaströnd
Blönduós
Hóp
Hvammstangi
Siglufjörð
Fljótavík
Skagafjörður
Péninsule de Tröllaska
Sauðárkrókur
Varmahlíð
Lac de Blöndulón
Búðardalur
Stykkishólmur
Rif
Hellissandur
Ólafsvík
Grundarfjörður
Snæfellsnes
Parc national de Snæfellsjökull
Eiríksjökull (1 675 m)
Langjökull
Hvítárvatn
Borgarnes
Akranes
PARC NATIONAL DE ÞINGVELLIR
Geysir
Gulfoss
Faxaflói
REYKJAVÍK
Kópavogur
Þingvallavatn
Hafnarfjörður
Keflavík
Ytri-Njarðvík
Hveragerði
Selfoss
Landmannalaug
Grindavík
Selvogsgrunn
Þorlákshöfn
Hella
Tindfjallajökull
Hvolsvöllur
Eyjafjallajökull
Mýrdalsjök
Skógar
Heimaey
Vestmannaeyjar (Îles Vestmann)
Surtsey
24°O
23°O
22°O
21°O
20°O
19°O

0
100 km
MER DU GROENLAND
Cercle polaire arctique
Húsavík
Haut lieu de l'observation des baleines et porte d'entrée vers les terres vierges du Nord-Est (p. 327)
Borgarfjörður Eystri
Havre de paix pour les macareux et… les elfes (p. 354)
Seyðisfjörður
Des cascades bordent le bassin du fjord de ce village d'artistes (p. 356)
Askja
Un emboîtement de caldeiras, au beau milieu d'un paradis géologique (p. 388)
Parc national du Vatnajökull
Un parc extraordinaire, réputé pour son énorme calotte glaciaire (p. 195)
Jökulsárlón
Icebergs d'un bleu cristallin dérivant dans une lagune sublime (p. 206)
Grímsey
Eyjafjörður
Þistilfjörður
Öxarfjörður
Bakkaflói
Flatey
Í Fjörðum
Ólafsfjörður
Dalvík
Húsavík
Bakkafjörður
66°N
JÖKULSÁRGLJÚFUR (PARC NATIONAL DU VATNAJÖKULL – NORD)
Dettifoss
Vopnafjörður
Akureyri
Goðafoss
Mývatn
Reykjahlíð
Njarðvík
Húsavík
Seyðisfjörður
Egilsstaðir
Hengifossárvatn
Neskaupstaður
Eskifjörður
Reyðarfjörður
65°N
Fáskrúðsfjörður
Stöðvarfjörður
Breiðdalsvík
Askja
Dyngjujökull
Lac de Hálslón
Hofsjökull
Þrándarjökull
Djúpivogur
Eyjabakkajökull
Bárðarbunga (2 009 m)
Kverkfjöll (1 860 m)
Hágöngulón
Grímsvötn (1 719 m)
Vatnajökull
Hoffellsjökull
Stafafell
Lón
Lonsvík
Fláajökull
Höfn
Stokksnes
Heinabergsjökull
Þórisvatn
SKAFTAFELL (PARC NATIONAL DU VATNAJÖKULL – SUD)
Siðujökull
Hvannadalshnúkur (2 110 m)
Breiðamerkurjökull
Skaftafell
Öræfajökull
OCÉAN ATLANTIQUE NORD
Kirkjubæjarklaustur
ALTITUDE
1 500 m
1 000 m
500 m
200 m
0
Glacier
Kúðafljót
18°O
17°O
16°O
15°O
14°O

14 façons
de voir l'Islande

1

Sources d'eau chaude

1 Le passe-temps favori des Islandais consiste à se baigner dans les innombrables sources d'eau géothermale du pays. On trouve des *hot pots* (bassins ou Jacuzzis extérieurs chauffés par la géothermie) partout – dans le centre-ville de Reykjavík comme dans les péninsules reculées des fjords de l'Ouest. C'est une bonne manière de se détendre tout en liant connaissance avec les habitants ! Incontournables, le Blue Lagoon (p. 111) et sa lagune fumante d'eau siliceuse ont l'atout d'être voisins de l'aéroport de Keflavík. Alors, pourquoi ne pas finir votre séjour en beauté avant de reprendre l'avion ?

Aurores boréales

2 En hiver, les aurores boréales (p. 296), véritables kaléidoscopes célestes, enflamment la nuit infinie. Ce phénomène apparaît lorsque le vent solaire (flot de particules provenant du Soleil) est attiré vers le pôle Nord par le champ magnétique terrestre après être entré en collision avec l'oxygène, le nitrogène et l'hydrogène de la haute atmosphère. On assiste alors à des feux d'artifice silencieux, voiles féeriques de lumières vertes, blanches, violettes ou rouges. Les ciels dégagés et sombres entre la mi-septembre et la mi-avril sont les plus propices à leur formation, mais il n'en faut pas moins une certaine chance pour en voir...

PURIPAT LERTPUNYAROJ/SHUTTERSTOCK ©

2

EVRENKALINBACAK/SHUTTERSTOCK ©

3

4

Fjords de l'Ouest

3 Les incomparables paysages islandais trouvent leur paroxysme dans les fjords de l'Ouest (p. 249), terre d'aventure par excellence. De vastes plages ourlent la côte sud, dominée par les falaises abruptes des fjords, fiefs d'innombrables colonies d'oiseaux. On y accède par des routes sinueuses qui participent de l'immersion. À Hornstrandir – la péninsule la plus au nord aux falaises périlleuses –, on se croirait au bout du monde. Les sentiers, traversant une nature immaculée peuplée de renards arctiques, vous donneront l'occasion de frôler le cercle polaire.

Parcourir la route circulaire

4 Il n'y a pas de meilleur moyen de découvrir l'Islande que de parcourir la route 1, ou route circulaire (p. 36). Goudronnée, longue de 1 330 km, elle fait le tour de l'île, au fil des vallées verdoyantes constellées de cascades, des lagunes glaciaires, des plaines arides et des champs de lave couverts de mousse soyeuse. Si spectaculaire qu'elle soit, prenez-la pour fil rouge et quittez-la pour suivre des chemins de traverse qui vous mèneront dans la nature vierge (par exemple à Dettifoss, en photo, p. 337).

Jökulsárlón

5 En procession fantomatique, les icebergs d'un bleu lumineux, après s'être détachés du glacier Breiðamerkurjökull, appendice de l'immense calotte glaciaire du Vatnajökull, dérivent doucement à travers la lagune de Jökulsárlón (p. 206) avant de rejoindre l'océan. Sans doute aurez-vous vu ce cadre irréel (tout près de la route circulaire) dans plusieurs films, comme *Batman Begins*, de Christopher Nolan, et le James Bond *Meurs un autre jour*, de Lee Tamahori. Admirez la lagune à la faveur d'une sortie en bateau ou simplement à pied depuis la rive, en guettant les phoques.

6

Péninsule de Tröllaskagi

6 Parcourir la péninsule de Tröllaskagi (p. 292) est un vrai bonheur, surtout depuis que des tunnels relient les bourgs de Siglufjörður et d'Ólafsfjörður. Le paysage spectaculaire de la péninsule contraste avec la douceur des collines du Nord. Quelques arrêts sont incontournables, comme la piscine de Hofsós, au bord du fjord, la pension Lónkot et sa savoureuse cuisine locale, et Siglufjörður, avec son musée du Hareng. Au programme : beaux paysages, randonnées, ski, microbrasseries et bains de bière, observation des baleines et ferrys vers les îles de Grímsey et de Hrísey.

Péninsule de Snæfellsnes

7 Plages sauvages, colonies d'oiseaux, fermes équestres, champs de lave… La péninsule de Snæfellsnes (p. 228), véritable trésor caché, constitue une destination de choix. À découvrir à l'occasion d'une excursion d'une journée depuis la capitale ou d'un long week-end de détente. Riche d'un parc national et d'un stratovolcan surmonté d'un glacier, elle tient d'un véritable condensé d'Islande. Jules Verne a été bien inspiré en faisant de la couronne de glace du Snæfellsjökull l'entrée vers le centre de la Terre… En haut à droite : Côte près d'Arnarstapi, péninsule de Snaefellsnes

Reykjavík, entre café et bière

8 Question shopping et musées, la petite Reykjavík soutient la comparaison avec d'autres capitales européennes. Elle se distingue en outre par un nombre stupéfiant de cafés par habitant. La culture locale s'organise autour de ces lieux sans prétention (p. 94), qui s'enflamment en fin de journée, quand on troque son café contre une bière et que l'on pousse les tables pour danser. Cafés d'exception et bières de microbrasseries sont préparés avec la plus grande attention pour des clients branchés, portant à merveille le *lopapeysur* (pull islandais en laine).

7

8

Borgarfjörður Eystri et Seyðisfjörður

9 Le Seyðisfjörður est le plus connu de ces deux fjords de la côte est, sillonnés de chemins de randonnée. À 27 km (par une route goudronnée) de la route circulaire, ce lieu bohème accueille le ferry hebdomadaire arrivant d'Europe, dans une anse bordée de montagnes et de cascades. Tout aussi splendide, le Borgarfjörður (p. 354) est moins accessible (à 70 km de la route circulaire par un chemin cahoteux). Ses trésors – macareux, elfes légendaires et pics de rhyolite – sont largement méconnus. Monts Dyrfjöll, Borgarfjörður Eystri

Parc national du Vatnajökull

10 Le plus grand parc national d'Europe couvre presque 14% du territoire islandais. Il englobe le Vatnajökull (p. 333), la plus grande calotte glaciaire du monde en dehors des pôles. D'innombrables glaciers prennent naissance dans cette masse gelée, qui recouvre volcans actifs et pics montagneux. Venez y assister à la rencontre du feu et de la glace : le parc affiche une incroyable diversité de paysages, de sentiers et d'activités. Les points d'accès sont nombreux. Privilégiez Skaftafell, au sud ou Ásbyrgi, au nord.

9

Fimmvörðuháls

11 Si vous manquez de temps pour une randonnée de plusieurs jours, une journée de marche (23 km) au Fimmvörðuháls (p. 159) comblera vos envies d'aventure. Partez des cascades argentées de Skógafoss (photo ci-contre ; p. 158) et grimpez dans l'arrière-pays pour découvrir une constellation de chutes d'eau. Sur la pointe des pieds, passez sur les vestiges encore fumants de l'éruption de l'Eyjafjallajökull avant de longer les terrasses de pierre d'un royaume floral jusqu'à Þórsmörk, havre de paix pour campeurs, encerclé d'arêtes de glace.

12

Vestmannaeyjar (îles Vestmann)

12 À seulement 30 minutes de l'île principale d'Islande, les Vestmannaeyjar (p. 178) semblent pourtant à mille lieues. À la faveur d'un circuit en bateau, admirez-en les pics escarpés, les îlots peuplés d'oiseaux de mer criards et les falaises abruptes. La majeure partie des 4 000 habitants de l'archipel se concentre à Heimaey, bourg balayé par les vents et enfermé dans une coulée de lave déchiquetée, poignant rappel du caractère toujours changeant des paysages islandais.

Askja et ses environs

13 Accessible seulement quelques mois par an, l'Askja (p. 388) est une énorme caldeira entourée de montagnes et emplie d'une eau saphir. On y accède en 4x4, par plusieurs jours de marche ou avec un circuit organisé. Au programme des excursions dans les hautes terres : traversée de rivières à gué, de vastes champs de lave et de majestueux paysages montagneux, découverte de retraites sauvages et bains dans des eaux géothermales. Plus au sud, découvrez le champ de lave le plus récent du pays à Holuhraun.

Macareux et baleines

14 Les deux espèces emblématiques de la faune islandaise sont le macareux et la baleine (notamment la bleue), qui s'ébat dans les eaux froides au large. En mer comme à terre, les occasions de les contempler sont nombreuses. Le haut lieu de l'observation des baleines est Húsavík (p. 327), mais des croisières partent aussi d'autres villes du Nord et de Reykjavík. Quant aux macareux, ils occupent les falaises des côtes et des îles, à Heimaey, Grímsey, Drangey, Látrabjarg et Borgarfjörður Eystri.

13

14

L’essentiel

Pour plus d’informations, voir la rubrique *Islande pratique* (p. 437).

Devise
Couronne islandaise (ISK).

Langue
Islandais. Anglais très répandu.

Visa
Non requis pour les ressortissants de l'Union européenne, les Suisses et les Canadiens (pour un séjour de moins de 90 jours).

Argent
Les Islandais utilisent peu les espèces. Les cartes bancaires sont reines, même dans les endroits reculés (code PIN requis). DAB dans toutes les villes.

Téléphone portable
Très bonne couverture réseau. Itinérance possible avec un téléphone GSM. Achetez une carte SIM locale en cas de long séjour.

Heure locale
Quand il est 12h à Paris, il est 10h à Reykjavík l'été et 11h l'hiver (pas de changement d'heure).

Quand partir

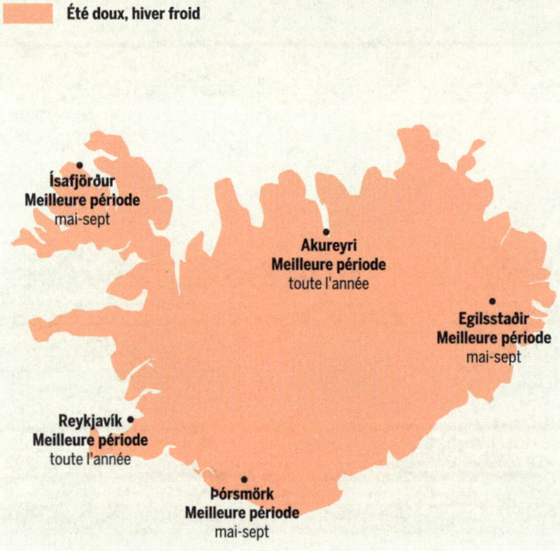

Haute saison
(juin-août)

➡ Pic des tarifs et de la fréquentation, surtout à Reykjavík et dans le Sud. Pensez à réserver.

➡ Journée sans fin, festivals et activités.

➡ Les routes de montagne dans les hautes terres s'ouvrent aux 4x4 à la mi-juin ; randonneurs bienvenus.

Saison intermédiaire
(mai et sept)

➡ Le temps est plus venteux et il neige parfois dans les terres (les routes de montagne ouvrent en fonction des conditions météo).

➡ Période idéale pour ceux qui privilégient le calme et des prix plus bas sur la météo.

Basse saison
(oct-avr)

➡ Routes de montagne fermées, ainsi que les routes secondaires, en cas de mauvais temps.

➡ Activités hivernales (ski, raquettes, exploration de grottes de glace).

➡ Jours courts, nuits longues et aurores boréales.

Sites Internet

Visit Iceland (fr.visiticeland.com). Le portail de l'office national du tourisme.

Visit Reykjavík (www.visitreykjavik.is). Le site officiel de la capitale.

Icelandic Met Office (en.vedur.is). La meilleure source pour les prévisions météo.

Icelandic Road Administration (www.road.is). Tout sur l'état des routes.

Reykjavík Grapevine (www.grapevine.is). Excellents journal et site Web en anglais.

Safe Travel (www.safetravel.is). Pour voyager en toute sécurité.

Vivre en Islande (www.vivreenislande.fr). Actus, articles de fond, art de vivre, culture, balades… Un site très complet.

Lonely Planet (www.lonelyplanet.fr/destinations/europe/islande). Présentation de la destination, réservation d'hôtels et forum.

Numéros utiles

Il n'y a pas d'indicatifs régionaux en Islande. Pour plus d'informations sur le téléphone, voir aussi p. 451.

Code d'accès international	☎00
Indicatif du pays	☎354
Informations sur l'état des routes	☎1777
Météo (taper 1 après l'introduction)	☎902 0600
Renseignements	☎118
Urgences (police, urgences médicales, pompiers)	☎112

Taux de change

Canada	1 C$	99 ISK
Zone euro	1 €	146 ISK
États-Unis	1 US$	123 ISK

Pour les derniers taux de change, voir le site www.xe.com/fr.

Budget quotidien

Moins de 18 000 ISK

- Camping : 1 500-1 800 ISK
- Dortoir : 4 000-7 000 ISK
- Petit-déjeuner en auberge de jeunesse : 1 800-2 000 ISK
- Plat dans un bar ou soupe : 1 500-2 200 ISK
- Trajet en bus Reykjavík-Akureyri : 10 120 ISK

18 000-35 000 ISK

- Chambre double dans une *guesthouse* : 18 000-28 000 ISK
- Repas dans un café : 2 000-3 500 ISK
- Entrée dans un musée : 1 000 ISK
- Louer une petite voiture : à partir de 8 000 ISK/jour

Plus de 35 000 ISK

- Chambre double en hôtel de charme : 30 000-45 000 ISK
- Plat dans un grand restaurant : 3 500-7 000 ISK
- Louer un 4x4 : à partir de 15 000 ISK/jour

Heures d'ouverture

Les heures d'ouverture varient selon la période (certains établissements ferment hors saison). En général, les horaires sont plus étendus de juin à août, et réduits de septembre à mai.

Banques 9h-16h lun-ven

Bars 10h-1h dim-jeu, 10h-entre 3h et 6h ven-sam

Boutiques 10h-18h lun-ven, 10h-16h sam ; parfois ouvertes le dimanche à Reykjavík.

Bureaux 9h-17h lun-ven

Cafés 10h-18h

Poste 9h-16h ou 16h30 lun-ven (18h dans les grandes villes)

Restaurants 11h30-14h30 et 18h-21h ou 22h

Stations-service 8h-22h ou 23h (pompes automatiques 24h/24)

Supermarchés 9h-21h

Arriver en Islande

Aéroport international de Keflavík Le principal aéroport international est à 48 km au sud-ouest de Reykjavík. Le bus est le mode de transport le plus emprunté pour rejoindre la capitale (45 min-1 heure). Flybus et Airport Express proposent le transfert jusqu'à leurs arrêts de bus (2 700-2 950 ISK) ou jusqu'à votre hébergement (3 300-3 950 ISK). Flybus dessert également l'aéroport domestique de Reykavík (3 950 ISK) et le Blue Lagoon (4 990 ISK). Il est possible de rejoindre la capitale depuis Keflavík en taxi, mais le trajet coûte cher. Vous pourrez facilement louer une voiture à l'aéroport.

Port de ferry de Seyðisfjörður Le car-ferry hebdomadaire de Smyril Line effectue des liaisons entre le Danemark et l'Islande via les îles Féroé. Il accoste à Seyðisfjörður, dans l'est du pays.

Comment circuler

Avion Vols intérieurs pratiques pour gagner du temps.

Bus Les principales destinations et les hautes terres sont très bien desservies par bus en juillet-août. Hors saison, les liaisons sont plus rares.

Voiture Le moyen le plus pratique de sillonner le pays. La location, onéreuse, offre une grande liberté. Un véhicule ordinaire permet de circuler presque partout en été. Un 4x4 est nécessaire dans les hautes terres et sur les routes F.

Pour plus de détails sur les **transports**, voir p. 453.

Quoi de neuf ?

Accalmie touristique

Après plusieurs années de croissance exponentielle (20% à 30% annuels), les chiffres du tourisme ont marqué le pas en 2019, notamment à cause de la faillite de la compagnie aérienne Wow. C'est alors qu'est survenue la crise sanitaire mondiale provoquée par la pandémie de Covid-19. Les tests et la quarantaine imposés à l'arrivée en Islande ont découragé les voyageurs, qui, au plus fort de la crise, ont complètement déserté l'île. Depuis mars 2021 cependant, l'Islande a rouvert ses frontières aux touristes vaccinés ou ayant déjà contracté le Covid-19. L'occasion peut-être de repartir sur un rythme moins frénétique pour un tourisme mieux maîtrisé ?

Route circulaire

La route circulaire a été redessinée dans l'Est (p. 346) : elle passe désormais entre Breiðdalsvík et Egilsstaðir via les fjords Reyðarfjörður, Fáskrúðsfjörður et Stöðvarfjörður. Ce petit détour de quelque 10 km en fait un itinéraire plus sûr et plus commode, surtout hors période estivale.

Les bains font le plein

D'avisés promoteurs profitent de l'engouement pour les bains géothermaux. À Reykjavík, la piscine de Sundhöllin a été rénovée. Les bains de Krauma ont ouvert dans l'Ouest, tout comme GeoSea (p. 327) à Húsavík et les Vök Baths (p. 347) près d'Egilsstaðir, tandis que les bains de bière Bjórböðin (p. 301), au nord d'Akureyri, jouent d'originalité.

Les bus se raréfient

Les dessertes en bus ont été réduites dans le Nord et l'Est en 2018. Pour visiter l'Islande en bus, préparez votre itinéraire et prévoyez plus de temps pour les trajets.

Bière artisanale

Les bières artisanales sont en plein essor et l'on en trouve d'excellentes dans des lieux inattendus, comme le village de Breiðdalsvík (p. 370), dans l'Est, le restaurant Jón Ríki (p. 211) dans le Sud-Est et à Siglufjörður (p. 294), dans le Nord. Sur la route du Sud, arrêtez-vous au Ölverk (p. 139), à Hveragerði, et au Smiðjan (p. 177) à Vík, ou inscrivez-vous à un circuit auprès d'Ölvisholt Brugghús (p. 145). À Akureyri, un nouveau bar à bière (p. 311) sert des Einstök.

Stationnement payant

Le stationnement est désormais payant dans certains sites, dont le parc national de Þingvellir (p. 123), le secteur du Skaftafell, le parc national du Vatnajökull (p. 195) et les chutes de Seljalandsfoss (p. 156). Il en est de même dans les lieux les plus touristiques.

Joies glaciaires

Les premières excursions en kayak en lagune glaciaire ont commencé il y a quelques années au Heinabergsjökull (p. 208). On peut désormais faire de même sur celles de Jökulsárlón (p. 206) et de Sólheimajökull (p. 172). Le succès des visites de grottes de glace en hiver (p. 198) se maintient.

Arctic Coast Way

Cet itinéraire touristique dans le Nord (www.arcticcoastway.is) lancé en 2019 met à l'honneur 21 villages proches du cercle polaire arctique et comprend plus de 800 km de route.

Envie de...

Paysages sublimes

Difficile de choisir où s'aventurer, tant il y a de panoramas incomparables.

De Þingeyri à Bíldudalur Les extrémités dentelées des fjords ressemblent à une flotte de vaisseaux livrant bataille aux cieux. (p. 258)

Breiðafjörður Des milliers d'îlots émaillent la baie, traversée par un arc-en-ciel à la moindre ondée estivale. (p. 228)

De Skaftafell à Höfn Glaciers scintillants, montagnes sombres et lagune hérissée d'icebergs se succèdent sur ces 130 km de côte sud, le long de la route circulaire. (p. 195)

Fjords de l'Est Le Seyðisfjörður attire bien des regards, mais les fjords voisins n'en sont pas moins admirables. (p. 354)

Þórsmörk Dans la "vallée de Thor", des plantes bien vertes se nichent au pied des sommets volcaniques, entre étendues désertiques et imposants glaciers. (p. 167)

Askja Ce lac bleu saphir occupe une immense caldeira, que l'on rejoint en traversant de vastes champs de lave. (p. 388)

Péninsule de Tröllaskagi La route s'accroche aux flancs des montagnes, puis débouche, au sortir des tunnels, sur le spectacle d'une eau scintillante. (p. 292)

Vie sauvage

Macareux des Vestmannaeyjar La plus grande colonie de macareux du monde peuple ce sublime archipel. (p. 178)

Baleines de Húsavík Le haut lieu de l'observation des baleines et des oiseaux de mer pour une excursion en bateau. (p. 327)

Renards polaires du Hornstrandir Le seul mammifère endémique d'Islande hante un paysage de falaises abruptes et de rochers moussus. (p. 272)

Oiseaux du lac Mývatn Paradis des ornithologues, les abords du lac attirent des oies migratrices entre autres oiseaux. (p. 316)

Phoques de la péninsule de Vatnsnes Guettez les pinnipèdes en partant en croisière depuis Hvammstangi ou en sillonnant la péninsule. (p. 285)

Hot pots et piscines

Blue Lagoon Difficile de ne pas apprécier un bon bain fumant et siliceux dans un extraordinaire cadre de lave figée. (p. 111)

Mývatn Nature Baths Relaxez vos muscles endoloris par la marche dans ce pendant septentrional (et spectaculaire) du Blue Lagoon. (p. 324)

Krossneslaug Dans ce Walhalla en lisière du monde, les eaux arctiques clapotent au pied d'une source géothermale. (p. 280)

Lýsuhólslaug Un bain revigorant dans des eaux riches en minéraux ! (p. 246)

Piscine de Hofsós Cette piscine située au bord du fjord a fait connaître la calme bourgade de Hofsós. (p. 293)

Gamla Laugin La brume flotte sur le "lagon secret" de Flúðir, parmi les prairies fleuries. (p. 135)

Víti Si les eaux d'un bleu laiteux n'ont guère d'intérêt, le cadre – un cratère jouxtant la caldeira d'Askja, dans l'arrière-pays – est saisissant. (p. 325)

Sundhöllin Cette merveille Art déco du centre de Reykjavík a été rénovée et dispose désormais de bassins couverts et découverts. (p. 71)

Histoire

The Settlement Exhibition Une exposition sur la colonisation, organisée autour des fouilles d'une maison viking. (p. 55)

Musée de la Colonisation Une plongée dans l'histoire du peuplement de l'Islande et dans la célèbre *Saga d'Egill*. (p. 220)

Musée de l'Ère du hareng Une évocation de l'apogée de l'industrie du hareng, autrefois source de revenus et d'activité considérables pour Siglufjörður. (p. 294)

Víkingaheimar Ce musée recèle la reconstitution fidèle du plus ancien vaisseau viking connu. (p. 116)

Lakagígar Entrez de plain-pied dans l'une des plus grandes catastrophes volcaniques de mémoire humaine. (p. 192)

Eldheimar Le musée de la "Pompéi du Nord" rend compte de l'éruption dévastatrice qui frappa Heimaey en 1973. (p. 179)

Fáskrúðsfjörður Un excellent musée présente les liens entre les fameux pêcheurs d'Islande français et le fjord. (p. 368)

Musée national Un contexte historique bien documenté, de la colonisation à nos jours. (p. 55)

Centre de l'émigration islandaise Un regard sur l'émigration massive d'Islandais vers le Nouveau Monde, à la fin du XIXe siècle. (p. 293)

Wilderness Center Une ferme pas comme les autres où vous attendent un hébergement et des expositions originales au parfum d'histoire. (p. 352)

Chutes d'eau

Dettifoss Avec le plus fort débit d'Europe, cette cascade est un vivant rappel de la puissance de la nature. (p. 337)

Goðafoss La "cascade des Dieux" est chargée d'une dimension spirituelle. (p. 315)

Skógafoss Campez à deux pas de cette superbe chute, grimpez dans les hautes terres et découvrez-en 20 autres. (p. 158)

Dynjandi Admirez cette cascade d'eau arctique dévalant sur 100 m (plusieurs terrasses) et une belle vue sur le fjord. (p. 259)

Seljalandsfoss Un sentier (glissant) dans les rochers donne accès aux coulisses de cette chute idyllique. (p. 156)

En haut : sculpture de la *Saga d'Egill* au Settlement Centre (p. 220), à Borgarnes

En bas : Harpa (p. 62), à Reykjavík

Hengifoss La deuxième plus haute cascade d'Islande se jette dans une gorge superbe, zébrée de marron et de rouge. (p. 351)

Randonnée

Landmannalaugar Ce territoire extraordinaire est un inépuisable espace de randonnées ; celle jusqu'à Þórsmörk est la quintessence du trek sauvage. (p. 160)

Hornstrandir Nature immaculée à perte de vue, aux confins du cercle arctique. (p. 272)

Skaftafell On vient arpenter de sinueux sentiers sous les bouleaux, ou approcher la calotte glaciaire du Vatnajökull. (p. 195)

Jökulsárgljúfur Une profusion de merveilles géologiques, entre chutes vrombissantes et Grand Canyon islandais. (p. 333)

Kerlingarfjöll Un massif isolé marqué par une importante activité géothermique, dont la réputation croît parmi les randonneurs. (p. 381)

Borgarfjörður Eystri Départ d'un beau réseau de sentiers – découvrez les rochers géants et les petits lacs verts de Stórurð. (p. 354)

Gastronomie

Soupe de poisson Tout bon restaurant propose une soupe de poisson – goûtez celle de Narfeyrarstofa (p. 233) ou de Tjöruhúsið (p. 266).

Agneau Tendre à souhait, il est à la carte de bien des restaurants, dont le Fjallakaffi (p. 326), à Möðrudalur.

Langoustine À Höfn, les pêcheurs pêchent quantité de "homards islandais" (des langoustines). À déguster grillés, avec du beurre. (p. 211)

Skyr Ce délicieux yaourt est vendu dans les supermarchés d'Islande. Goûtez celui du restaurant Slippurinn. (p. 184)

Hverabrauð Autour de Mývatn, goûtez à ce pain de seigle moelleux, cuit grâce à la chaleur géothermique. (p. 316)

Tomates Le restaurant Friðheimar sert de la soupe à la tomate et un excellent Bloody Mary dans une serre chauffée par géothermie. (p. 133)

Délices lactées Certains cafés à la ferme concoctent des douceurs crémeuses, tels l'Efstidalur II (p. 130) et le Kaffi Kú (p. 315).

De l'orge et des plantes La ferme bio de Vallanes est le modèle de ce qu'on peut cultiver en Islande. (p. 350)

Hébergements d'exception

Hótel Egilsen Une ancienne maison de marchands devenue une auberge de charme, bien intégrée dans le port. (p. 232)

Hótel Djúpavík Un repaire légendaire dans un fjord. Le groupe Sigur Rós y a tourné une partie de son documentaire intitulé *Heima*. (p. 279)

Dalvík HI Hostel Une auberge de jeunesse au charme vintage, unique en son genre. Quand petit prix rime avec décoration. (p. 300)

Silfurberg Profitez d'un *hot pot* sous un dôme de verre, dans cette luxueuse pension de charme, située dans la belle vallée de Breiðdalur. (p. 372)

Ion Adventure Hotel Un hôtel primé ultra-design, avec une piscine géothermale et des produits bio. (p. 126)

Wilderness Center Une reconstitution de *baðstofa* (ancienne pièce de vie/chambre) vous attend dans cette ferme nichée dans une belle vallée de l'Est. (p. 352)

Buubble Hotel De singulières tentes-bulles pour admirer les aurores boréales. (p. 133)

Tungulending Cette adresse retirée, au bord de l'eau, jouit d'une vue splendide. (p. 332)

Þakgil Campez dans cette vallée vert émeraude, encadrée par des montagnes désolées et des formations rocheuses. (p. 178).

Retreat Hotel Un accès privilégié au Blue Lagoon, avec lagune privée et luxueux spa souterrain. (p. 115)

Architecture, design et création

Églises Les églises de Stykkishólmur (p. 231), Akureyri (p. 303) et Reykjavík (p. 59) figurent parmi les exemples architecturaux les plus fascinants du pays.

Iceland Design Centre Véritable vitrine des architectes et designers islandais, il organise chaque année le festival DesignMarch. (p. 423)

Harpa À la fois centre culturel et salle de concert, l'éblouissante Harpa illumine les nuits reykjavikoises. (p. 62)

Maisons en tourbe Les maisons de hobbit comme celle de Glaumbær offrent une plongée fantasque dans le passé. (p. 288)

Boutiques de créateurs de Reykjavík Sacs à main chics en galuchat, *lopapeysur* (pulls en laine) ou bijoux inspirés par la nature... (p. 99)

Þórbergssetur Ce musée célèbre un écrivain local reconnu et sa façade évoque une bibliothèque. (p. 207)

Mois par mois

LE TOP 5

Bræðslan, en juillet

Þjódhátíð, en août

Nuit de la culture, en août

Aurores boréales, de mi-septembre à mi-avril

Iceland Airwaves, en novembre

Janvier

Après les fêtes de fin d'année, janvier peut paraître un peu morne. D'autant que les nuits sont interminables et que le temps est peu clément.

Þorrablót

Pour cette fête viking célébrée au milieu de l'hiver (de la fin janvier à mi ou fin-février), tout le pays met son estomac à rude épreuve en dégustant *hákarl* (chair de requin du Groenland faisandée), *svið* (tête de mouton bouillie) et *hrútspungar* (testicules de bélier), le tout accompagné de *brennivín* (eau-de-vie surnommée “mort noire”).

Février

C'est le mois le plus froid dans la majeure partie du pays. Mais la capitale ne semble pas en souffrir. La campagne sous la neige est somptueuse. La lumière du jour ne dure que 7 à 8 heures.

Winter Lights Festival

Reykjavík scintille durant 4 jours lors de cette fête de l'hiver qui comprend une Museum Night et une Pool Night (nocturnes dans les musées et piscines), des installations lumineuses et des concerts. (www.winterlightsfestival.is)

Food & Fun

En février ou mars, des chefs internationaux s'allient à des restaurateurs locaux et rivalisent pour obtenir des récompenses. Ils préparent leurs chefs-d'œuvre avec les meilleurs produits d'Islande – parmi lesquels figurent l'agneau et le poisson, naturellement. (www.foodandfun.is)

Mars

L'hiver est officiellement terminé dans d'autres régions du monde, mais il est encore trop tôt ici pour s'en réjouir. La fin de l'hiver approche, les activités hivernales comme le ski se pratiquent encore et les jours s'allongent.

Fête de la Bière

Difficile à croire, mais la bière a été interdite en Islande pendant 75 ans. Le 1er mars, on commémore donc ce jour de 1989 où l'interdiction fut levée. Sans se faire prier, les pubs, restaurants et clubs de Reykjavík célèbrent tout particulièrement la bière ce soir-là.

Iceland Winter Games

Les sports d'hiver sont à l'honneur à Akureyri, leur capitale islandaise. Des compétitions internationales de ski *freestyle* et de snowboard sont organisées. Des agences spécialisées proposent de nombreuses activités hivernales : traîneaux à chiens, motoneige, Super-Jeep et vols en hélicoptère. Plus de renseignements sur le site www.icelandwintergames.com.

DesignMarch

L'Iceland Design Centre de Reykjavík célèbre les créateurs locaux pendant 4 jours. Mode, mobilier, architecture, gastronomie... Toutes les disciplines sont représentées, du moment qu'il s'agit d'esthétique. (www.designmarch.is).

Sónar Reykjavík

Musique, créativité et technologie se marient lors de ce festival de 3 jours organisé en mars ou avril au Harpa ; il attire plus de 70 DJ et groupes de musique électronique et de hip-hop d'Islande et d'ailleurs. (www.sonarreykjavik.com)

Avril

Le printemps arrive, les jours rallongent, le thermomètre remonte et l'on célèbre Pâques de manière traditionnelle (chasse aux œufs, agneau rôti). La nature reprend ses droits à la fonte des neiges et des milliers d'oiseaux migrateurs font leur retour.

Festival international de littérature de Reykjavík

Envie d'un bon livre ? Ce festival renommé accueille dans la capitale des auteurs internationaux pour 4 jours de conférences et de débats. Consultez le programme sur www.bokmenntahatid.is.

Sumardagurinn Fyrsti

Plutôt ambitieux, les Islandais célèbrent le premier jour de l'été (le jeudi suivant le 18 avril) avec défilés et autres animations. Non, l'hiver ne les a pas rendus fous : c'est un clin d'œil à l'ancien calendrier scandinave qui divisait l'année en deux saisons, l'hiver et l'été.

Le retour des macareux

Photographes et ornithologues se régalent de la comédie divine des nuées de macareux (10 millions d'après les estimations) pendant la saison des amours. Ils s'installent un peu partout dans le pays avant de repartir vers des climats plus cléments à la mi-août.

Mai

Cette saison intermédiaire est intéressante pour visiter le pays, juste avant la véritable invasion touristique : les prix sont décents, les jours rallongent, et on profite des fleurs printanières et des milliers d'oiseaux à observer.

Reykjavík Arts Festival

Les affamés de culture affluent vers le principal festival culturel d'Islande. Cette biennale (les années paires) accueille des spectacles de théâtre et de danse, des films, des concerts et des expositions venus d'Islande et d'ailleurs. Consultez le programme sur www.listahatid.is.

Juin

Voilà l'été, trois mois de courte saison touristique. Avantages : une météo plus clémente, des jours presque sans fin, de nombreux circuits et excursions, et le meilleur choix d'hébergements. Inconvénients : la foule, les prix élevés, l'impératif de réserver son logement.

Fête des Pêcheurs

La pêche fait partie intégrante de la vie islandaise et la fête des Pêcheurs (Sjómannadagurinn) est un moment de réjouissance dans les villages de pêcheurs. Le premier week-end de juin, tous les bateaux islandais restent au port et les marins sont de repos. Le dimanche, les loups de mer s'adonnent aux concours de beuverie, de rame, de nage, de tir à la corde et de sauvetage fictif en mer.

Festival viking de Hafnarfjörður

Mi-juin, des hordes de Vikings envahissent cette minuscule ville côtière proche de Reykjavík pour un festival de 4 jours. Au rendez-vous, contes pour toute la famille, spectacles de combats, tir à l'arc et musique. (www.visithafnarfjordur.is)

Observation des baleines

Onze espèces de baleines sont fréquemment repérées dans les eaux islandaises. On peut en voir toute l'année, mais la meilleure période va de juin à août. Des excursions d'observation en bateau partent de Reykjavík, d'Akureyri et des environs, mais Húsavík reste la destination phare du pays en la matière.

Fête de l'Indépendance

La création de la république d'Islande, le 17 juin 1944, est célébrée dans une liesse patriotique généralisée lors des plus grosses festivités du pays. Selon la tradition, le soleil ne doit pas briller ce jour-là... C'est souvent le cas !

Ouverture des routes de montagne

Les hautes terres restent généralement enneigées une bonne partie de l'été. L'ouverture des routes de montagne réservées aux 4x4 (soumise à la météo) a souvent lieu mi-juin. La fermeture intervient en général fin septembre ou en octobre. (www.road.is)

Secret Solstice

Cet excellent festival de musique (www.secretsolstice.is), où des groupes islandais et étrangers se partagent la scène, coïncide avec le solstice d'été : profitez pleinement du jour le plus long de l'année ! Au parc de Laugardalur, à Reykjavík.

Solstice d'été

Bien qu'il ne revête pas autant d'importance en Islande que dans le reste de la Scandinavie, le jour le plus long est célébré avec des feux de joie (21-24 juin).

Fête de la Langoustine

Le *humar* (homard islandais, qui correspond en fait à notre langoustine) fraîchement pêché est sublimé de diverses façons à Höfn, où on le fête chaque année lors du Humarhátíð, fin juin/début juillet.

Juillet

La période des festivals bat son plein, les températures montent et le nombre de touristes augmente. Routes, sentiers, campings, pensions : tout est pris d'assaut. Réservez votre hébergement.

Landsmót Hestamanna

La grande compétition équestre islandaise a lieu pendant toute une semaine les années paires (toujours dans une ville différente). Événement très populaire, elle fournit le prétexte à une grande fête champêtre. (www.landsmot.is)

Festival de musique folklorique

Modeste mais réputé, le festival de musique traditionnelle de Siglufjörður accueille durant 5 jours des musiciens islandais et étrangers. On peut y prendre des cours de musique, de danse et d'artisanat islandais. (www.folkmusik.is)

Concerts d'été à Skálholt

Pendant 5 semaines en juillet-août, ce festival de musique religieuse contemporaine et de musique ancienne programme concerts, conférences et ateliers publics dans la cathédrale de Skálholt, centre religieux historique. (www.sumartonleikar.is)

Eistnaflug

Neskaupstaður voit sa population doubler pour ce festival de heavy metal qui a lieu la deuxième semaine de juillet. (eistnaflug.is)

Bræðslan

Festival pop/rock de qualité à l'ambiance intime, le Bræðislan attire de grands noms locaux (et quelques groupes internationaux) dans la petite ville retirée de Borgarfjörður Eystri fin juillet. (www.braedslan.com)

Août

La saison touristique se poursuit avec encore beaucoup d'animation. Les macareux sont partis à la mi-août (de même que certaines baleines) ; les petits Islandais reprennent l'école à la fin du mois et les nuits s'allongent.

Verslunarmannahelgi

Durant ce long week-end férié (1er week-end d'août), les Islandais s'adonnent aux festivals ruraux, aux barbecues en famille, aux concerts de rock et au camping sauvage.

Þjóðhátíð

Festivités très animées à Heimaey (dans les Vestmannaeyjar) en mémoire du jour de 1874 où le mauvais temps empêcha les habitants de l'île de fêter l'adoption de la Constitution islandaise. Plus de 16 000 personnes descendent dans la rue pour boire au son des concerts et voir des feux d'artifice. (www.dalurinn.is)

Fête du Hareng

Le premier week-end d'août, Siglufjörður commémore son glorieux passé lié à la pêche au hareng : danses, repas et activités liées à la pêche.

Reykjavík Pride

Depuis 1999, cet événement hisse ses couleurs de carnaval dans la capitale le 2e week-end d'août. Jusqu'à 100 000 personnes (soit plus d'un quart de la population islandaise) assistent à cette marche des Fiertés et aux célébrations. (www.hinsegindagar.is/en)

Nuit de la culture

Mi-août, Reykjavík s'épanouit lors de la Nuit de la culture (Menningarnótt), une journée et une nuit dédiées à l'art, à la musique, à la danse et aux feux d'artifice. Nombre de galeries, ateliers, boutiques, cafés et églises restent ouverts tard. (www.menningarnott.is)

Marathon de Reykjavík

Mi-août, plus de 15 000 personnes viennent transpirer sur le semi et le marathon de Reykjavík ou sur des parcours plus accessibles. (www.rmi.is)

Feux d'artifice de Jökulsárlón

Difficile d'imaginer site plus exceptionnel pour un feu d'artifice que la lagune de Jökulsárlón. Lors d'une nuit de la 2e quinzaine d'août, cet événement annuel attire des bus de spectateurs en provenance de Höfn, Kirkjubæjarklaustur et Skaftafell. (www.visitvatnajokull.is)

Septembre

Le flot des visiteurs se tarit et les prix baissent : c'est une bonne période pour visiter le pays ! La météo peut être clémente, mais certains hôtels, sites et services baissent déjà le rideau. À la fin du mois, toutes les routes des hautes terres sont fermées.

Festival de jazz de Reykjavík

Début septembre, Reykjavík vibre durant 5 jours pour le jazz, que des musiciens islandais et étrangers célèbrent lors de manifestations dans toute la ville. (www.reykjavikjazz.is)

Réttir

Les paysans rassemblent leurs moutons pour l'hiver. Le *réttir* est un événement majeur de l'automne qui se fait généralement à cheval. Une fois rassemblées, les bêtes sont triées (participants et spectateurs sont les bienvenus), le tout dans une ambiance festive.

Festival international du film de Reykjavík

À partir de fin septembre, ce festival de 11 jours programme des films indépendants, étrangers et islandais. Il y a aussi un jury et des personnalités. (www.riff.is)

Octobre

Octobre marque le début de l'hiver : le thermomètre baisse, les nuits s'allongent et les aurores boréales apparaissent.

Aurores boréales

Ces voiles colorés résultent de la collision entre les particules chargées du vent solaire et l'atmosphère terrestre. On ne peut en voir que la nuit, lorsque le ciel est dégagé, entre octobre et avril (parfois dès la mi-septembre).

Novembre

L'été n'est plus qu'un lointain souvenir. Les nuits s'allongent (le soleil se couche vers 16 heures) et le temps fraîchit, mais la fête bat son plein à Reykjavík, dont le célèbre festival de musique attire les foules.

Iceland Airwaves

Ce fantastique festival est l'un des événements annuels phares de la scène des musiques actuelles d'Islande et d'ailleurs. (www.icelandairwaves.is)

Journées de l'obscurité

L'est de l'Islande (Egilsstaðir et les fjords) célèbre le début de l'hiver lors d'un surprenant festival de 10 jours de début à mi-novembre : les Journées de l'obscurité (Dagar Myrkurs), marquées par des danses sombres, des histoires de fantômes, des spectacles de magie et des processions éclairées à la torche.

Grottes de glace

La beauté glacée des grottes naturelles en bordure de glacier est accessible de novembre à mars. Pour des raisons de sécurité, il est impératif d'être accompagné d'un guide. Contactez les agences dans le Sud-Est, entre Skaftafell et Höfn (p. 208).

Décembre

L'ambiance festive apporte du réconfort au cœur de l'hiver. Les marchés de Noël, les concerts et les fêtes créent une atmosphère joyeuse et douillette. Ils sont suivis par les réjouissances du Nouvel An. Certains hôtels ferment entre Noël et le jour de l'An.

DENNIS VAN DE WATER/SHUTTERSTOCKS ©

Préparer son voyage

Itinéraires

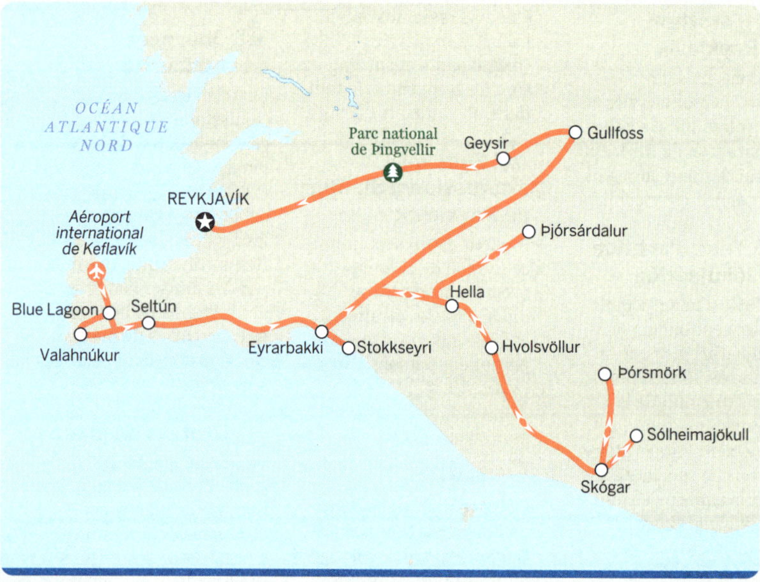

4 JOURS Escapade à Reykjavík

Que vous veniez à Reykjavík dans le cadre d'une longue escale ou pour un week-end prolongé, il serait dommage de ne pas partir à la découverte de la campagne et de quelques-unes des merveilles naturelles aux alentours de la capitale. Vous pourrez facilement combiner les principaux sites, dont le circuit du Cercle d'or, avec des détours hors des sentiers battus, tout en gardant du temps pour apprécier le charme singulier de la ville.

Depuis l'**aéroport international de Keflavík**, allez directement au **Blue Lagoon** pour vous délasser. Arpentez les sols fumants de la péninsule de Reykjanes, près de **Valahnúkur** ou de **Seltún**, avant de filer le long de la route côtière pour savourer du poisson frais à **Eyrarbakki** ou à **Stokkseyri**. Rejoignez ensuite **Hella** ou **Hvolsvöllur** pour une balade à cheval à travers la verdoyante vallée de Fljótshlíð, bordée de cascades. Pendant les mois les plus froids, vous aurez peut-être la chance d'admirer des aurores boréales. Les sportifs apprécieront la splendide randonnée du Fimmvörðuháls qui monte

Le geyser Strokkur (p. 131)

depuis **Skógar**, franchit la crête entre deux larges calottes glaciaires, passe par le site de l'éruption de l'Eyjafjallajökull en 2010, puis descend vers la vallée de **Þórsmörk**, boisée et parsemée de fleurs sauvages. Une autre possibilité consiste à choisir un circuit en Super-Jeep ou en bus amphibie jusqu'à Þórsmörk, puis à faire des randonnées d'une journée dans la vallée. Si vous manquez de temps, contentez-vous d'un trek le long de la langue glaciaire du **Sólheimajökull**.

En repartant vers l'ouest, explorez le **Þjórsárdalur**, une large vallée fluviale volcanique ponctuée de sites disparates : une ferme de l'époque de la colonisation, des cascades, les contreforts du volcan Hekla... Vous pourrez aussi remonter pour faire un tour aux cascades de **Gullfoss**, au **Geysir**, au geyser de **Strokkur** non loin de là, au rift et au site de l'antique Parlement dans le **parc national de Þingvellir** – sur le circuit classique du Cercle d'or.

Terminez votre escapade en passant la nuit à **Reykjavík**. La capitale compte son lot de boutiques, de musées, et de bons restaurants. Les excursions partant du vieux port permettent d'aller observer facilement les baleines.

Flatey
Stykkishólmur
Grundarfjörður
Öndverðarnes
Breiðavík
Rauðfeldsgjá
Arnarstapi
Hellnar
Haut de la vallée
du Borgarfjörður
Borgarnes
Langjökull
Piste
de Kaldidalur
OCÉAN
ATLANTIQUE
NORD
Geysir
Gullfoss
Parc national
de Þingvellir
REYKJAVÍK

1 SEMAINE Le meilleur de l'Ouest

Avec une semaine devant vous, vous pourrez vous aventurer au-delà du Cercle d'or et du Sud-Ouest, particulièrement touristiques. De Reykjavík, partez vers le nord-ouest pour rejoindre l'ouest du pays. Bien moins fréquentée, cette région chargée d'histoire est ponctuée de merveilleux coins de solitude, entre champs de lave, larges fjords et calottes glaciaires.

Après avoir profité des musées, des cafés et des bars de **Reykjavík**, parcourez en une journée le Cercle d'or en faisant halte au **Gullfoss**, à **Geysir** et au **parc national de Þingvellir**, où vous constaterez l'éloignement progressif des plaques continentales. Les aventuriers s'enfonceront dans les terres par la cahoteuse **piste de Kaldidalur** qui contourne des glaciers. Une halte s'impose au **Langjökull** : parcourez le réseau scintillant de tunnels et de grottes, ou glissez sur la glace en motoneige. Vous vous retrouverez dans le **nord de Borgarbyggð**, où vous pourrez dormir dans la campagne, découvrir d'énormes tubes de lave ou profiter d'un centre thermal chic. Si la difficulté de la piste de Kaldidalur vous rebute, rejoignez **Borgarnes** par la route côtière et découvrez l'histoire des sagas dans l'excellent musée de la Colonisation.

Explorez ensuite la splendide péninsule de Snæfellsnes. Commencez par une balade à cheval dans la baie de **Breiðavík** ou faufilez-vous dans la gorge de **Rauðfeldsgjá**. Puis, rejoignez à l'ouest **Arnarstapi**, où vous pourrez longer à pied le chemin côtier jusqu'à **Hellnar**, ou participer à un circuit sur le glacier du Snæfellsjökull. Le secteur fait partie du parc national du Snæfellsjökull. Il se prête à maintes randonnées, entre falaises peuplées d'oiseaux, cratères, tunnels de lave et tapis de fleurs.

À la pointe de la péninsule près d'**Öndverðarnes**, repérez des bancs d'orques ou optez pour un circuit d'observation des baleines ou des macareux à proximité de **Grundarfjörður**. Gagnez ensuite la charmante **Stykkishólmur**, où vous pourrez visiter d'intéressants musées et vous régaler de moules. Si vous en avez le temps, prenez le ferry *Baldur* pour une excursion d'une journée à l'île de **Flatey** : vous vous couperez ainsi totalement du monde, avant de regagner la capitale.

En haut : Stykkishólmur (p. 228)
En bas : parc national de Þingvellir (p. 123)

10 JOURS

Le grand classique : la route circulaire

Merveilleux territoire sauvage, l'Islande est aussi étonnamment compacte. La route circulaire vous mènera à la découverte des sites les plus connus. Mais, bien sûr, si vous avez plus de temps, vous pourrez ajouter de multiples aventures en chemin.

Profitez un peu de **Reykjavík**, puis entamez le circuit dans le sens des aiguilles d'une montre. Arrêtez-vous à **Borgarnes**, qui possède un passionnant musée de la Colonisation, des sites historiques et d'excellents restaurants. Filez ensuite jusqu'à **Stykkishólmur**, un charmant village en surplomb d'une baie ponctuée d'îlots. Si vous avez le temps, faites un détour par la péninsule de Snæfellsnes. Reprenez la route circulaire et quittez-la à nouveau pour découvrir les bourgades pittoresques de la **péninsule de Tröllaskagi** avant de rejoindre **Akureyri**, la capitale officieuse du Nord. Cap ensuite sur les trésors géologiques de la région du **Mývatn**, avec une halte à la puissante cascade de **Dettifoss**. Continuez vers l'est, en bifurquant par **Borgarfjörður Eystri**, où les macareux se rassemblent en été. Faites étape à **Seyðisfjörður** avant d'entamer le trajet sinueux le long des fjords de la côte est.

Faites une pause langoustines à **Höfn** et préparez votre visite du **Vatnajökull**, en motoneige ou en 4×4. Ne manquez pas la lagune glaciaire de **Jökulsárlón**, ni celle de Fjallsárlón, non loin, où des icebergs se détachent des glaciers. Choisissez l'une des randonnées sur glacier depuis **Skaftafell**, puis descendez vers le sud à travers des champs de laves mousseux et d'immenses deltas jusqu'à **Vík**, son extraordinaire plage bordée de colonnes de basalte et ses falaises peuplées de macareux. S'il vous reste de l'énergie, effectuez la fantastique randonnée reliant **Skógar** à la verdoyante vallée intérieure de **Þórsmörk**. Ou continuez vers l'ouest par la route circulaire en passant par les énormes chutes d'eau de **Skógafoss** et **Seljalandsfoss**. Écartez-vous une dernière fois pour découvrir les sites du Cercle d'or : **Gullfoss**, **Geysir** et le **parc national de Þingvellir**. Revenez à Reykjavík, pour passer vos derniers jours de vacances à bavarder avec les habitants dans les piscines géothermales de la capitale ou à l'occasion de longues soirées dans les pubs.

ANDREW MAYOVSKYY/SHUTTERSTOCK ©

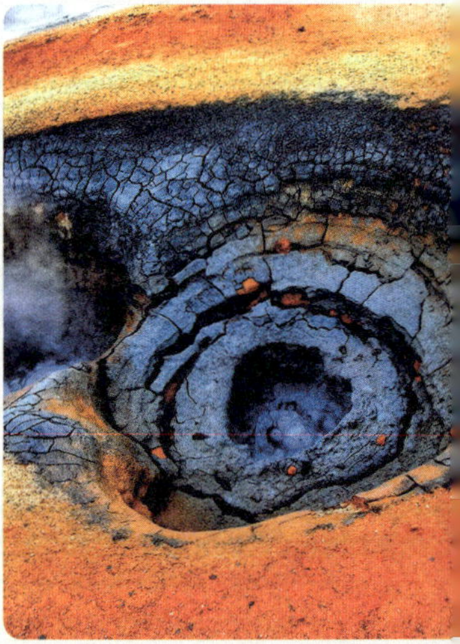

/ GETTY IMAGES PETR BREZINA/SHUTTERSTOCK ©

En haut : chute de Dettifoss (p. 337)
En bas : lave à Hverir (p. 324)

Péninsule de Tröllaskagi
Dettifoss
Borgarfjörður Eystri
Akureyri
Mývatn
Seyðisfjörður
Stykkishólmur
Borgarnes
Parc national de Þingvellir
Geysir
Gullfoss
REYKJAVÍK
Vatnajökull
Höfn
Skaftafell
Jökulsárlón
Þorsmörk
Seljalandsfoss
Vík
Skógafoss
Skógar

Hornstrandir
Ísafjörður
Dynjandi
Hólmavík
Rauðasandur
Látrabjarg
Stykkishólmur
Péninsule de Snæfellsnes
Borgarnes
Haut de la vallée du Borgarfjörður
Langjökull
REYKJAVÍK
Parc national de Þingvellir
Aéroport international de Keflavík
Blue Lagoon
Seljalandsfoss
Vestmannaeyjar
Vík
Kirkjubæjarklaustur
Skaftafell
Jökulsárlón
Vatnajökull
Höfn
Djúpivogur
Seyðisfjörður
Borgarfjörður Eystri
Vopnafjörður
Langanes
Ásbyrgi
Húsavík
Dettifoss
Mývatn
Askja
Grímsey
Siglufjörður
Hofsós
Akureyri

ITOMM/SHUTTERSTOCK ©

ANDREW MAYOVSKYY/SHUTTERSTOCK ©

En haut : la péninsule du Hornstrandir (p. 272)
En bas : Víkurkirkja, Vík (p. 175)

4 SEMAINES Le grand circuit

Un séjour prolongé vous ouvrira des contrées splendides et reculées. Après les curiosités majeures, aventurez-vous plus loin sur la route circulaire, jusqu'aux fjords de l'Ouest, splendides et isolés, ou partez en 4×4 dans les hautes terres.

À l'**aéroport de Keflavík**, louez une voiture et rejoignez le **Blue Lagoon**. Suivez la route côtière et tournez vers l'intérieur jusqu'aux chutes de **Seljalandsfoss**. Appareillez pour **Vestmannaeyjar**, puis séjournez près de **Vík**, à la plage de sable noir et aux cheminées de pierre.

À **Kirkjubæjarklaustur**, écrin d'émeraude, parcourez les sentiers et l'histoire. À **Skaftafell**, randonnez, marchez sur des glaciers et visitez des grottes de glace en hiver. Admirez les icebergs de **Jökulsárlón** et partez en safari en motoneige ou en 4×4 sur le **Vatnajökull**, plus vaste calotte glaciaire d'Europe. Faite halte à **Höfn** et lancez-vous sur les routes des fjords aux vues splendides. Faites le plein de paysages à **Seyðisfjörður**, ainsi que de macareux et de randonnées à **Borgarfjörður Eystri**.

En passant par **Vopnafjörður**, grimpez vers les plaines de la péninsule de **Langanes**, puis suivez le circuit du nord-est jusqu'aux trésors naturels d'**Ásbyrgi**. **Húsavík** est idéale pour observer les baleines, et la région du **Mývatn** recèle des merveilles géothermales et la chute d'eau de **Dettifoss**. C'est aussi une étape vers les hautes terres et la caldeira d'**Askja**. Retrouvez la civilisation à **Akureyri**, puis rejoignez le cercle arctique sur l'île de **Grímsey**. Sur la péninsule de Tröllaskagi, visitez **Siglufjörður**, puis baignez-vous à **Hofsós**.

Gagnez les fjords de l'Ouest pour découvrir la sorcellerie d'autrefois à **Hólmavík**. **Ísafjörður** est une bonne base pour rejoindre la réserve naturelle du **Hornstrandir**. Après avoir vu la cascade de **Dynjandi**, faufilez-vous entre les fjords jusqu'aux falaises peuplées d'oiseaux de **Látrabjarg** et la plage rose vif de **Rauðasandur**.

Le ferry vous mènera à **Stykkishólmur** et vous découvrirez les trésors de la **péninsule de Snæfellsnes**. **Borgarnes** et le nord de **Borgarbyggð** abritent des grottes cachées et des sites dont parlent les sagas, puis vient le **Langjökull** et son tunnel de glace. Imprégnez-vous d'histoire dans le **parc national de Þingvellir**, puis terminez par **Reykjavík**.

Préparer son voyage

La route circulaire

Pas évident d'organiser son séjour quand la majeure partie du territoire consiste en de vastes contrées inconnues. Mais ne vous inquiétez pas, car le chemin est tout tracé : suivez la route circulaire.

Les meilleurs détours

Péninsule de Snæfellsnes

Une boucle longeant des champs de lave, une côte sauvage et un glacier menaçant ; 200 km.

Péninsule de Tröllaskagi

Suivez les routes 76 et 82 qui montent vers l'Arctique, entre vertigineux tunnels routiers et panoramas spectaculaires ; 90 km.

Borgarfjörður Eystri

Prenez la route 94 le long des falaises de rhyolite et descendez vers ce village, peuplé de macareux et entouré de chemins de randonnée ; 150 km.

Vestmannaeyjar (îles Vestmann)

Prenez le ferry à Landeyjahöfn pour découvrir un archipel d'îlots sauvages ; détour de 30 km et traversée en bateau de 30 minutes.

Þórsmörk

Garez-vous à Seljalandsfoss et montez dans un bus pour rejoindre cette vallée boisée propice à la randonnée ; détour de 50 km par une route cahoteuse réservée aux véhicules autorisés ; la marche constitue une autre possibilité.

Le Cercle de diamant

Il part de Mývatn vers le nord pour passer par la baie de Húsavík peuplée de baleines, le grand canyon et les sentiers d'Ásbyrgi, et les chutes grondantes de Dettifoss ; 180 km.

Route 1

La route 1 (Þjóðvegur 1), ou route circulaire, est le principal axe routier du pays. Cette nationale, généralement à deux voies et en majeure partie asphaltée, court sur 1 340 km à travers des paysages splendides. Elle est jalonnée de sites superbes ; des routes secondaires mènent à des lieux plus reculés.

Quand partir

La route circulaire est accessible toute l'année (sauf durant les tempêtes hivernales) ; certaines routes secondaires sont fermées pendant les mois les plus froids. Consultez www.road.is pour des renseignements sur les fermetures de route et www.vedur.is pour les prévisions météo.

Dans quel sens

Quel que soit le sens choisi, les paysages de la route circulaire se dévoilent avec la même intensité.

En fin d'été (août à septembre), parcourez-la de préférence dans le sens des aiguilles d'une montre : commencez par le Nord, car le temps reste clément plus longtemps dans le Sud.

En combien de temps

Il faut environ 16 heures pour parcourir toute la route circulaire. Sur une semaine, cela équivaut à 2 heures 30 de conduite par jour. Ça peut sembler long, mais le paysage est extraordinaire. En été, les jours sont suffisamment longs.

Sachez qu'il faut au moins 10 jours (ou mieux, 2 semaines) pour apprécier pleinement l'itinéraire. Si vous prévoyez de le parcourir en moins d'une semaine, mieux vaut vous concentrer sur un ou deux secteurs (comme Reykjavík et le Sud ou l'Ouest, ou une semaine dans le Nord), plutôt que de faire tout le tour de l'île.

En voiture

C'est de loin le moyen le plus pratique pour explorer le pays, mais aussi le plus cher.

Louer une voiture

Mieux vaut s'y prendre tôt pour bénéficier de tarifs avantageux. Internet est le plus pratique, mais vérifiez soigneusement que le prix comprend bien tous les coûts.

Réservez tôt pour l'été car les agences sont parfois à court de véhicules.

Véhicule ordinaire ou 4x4 ?

L'été, un véhicule ordinaire suffit pour emprunter la route circulaire et les principales routes secondaires. Pour l'intérieur des terres (routes de montagne et pistes “F”), il faut un 4x4. Dans les régions moins accessibles, on peut prendre le bus ou faire un circuit en Super-Jeep.

En hiver, il est déconseillé de rouler à bord d'un véhicule ordinaire ; le 4×4 est plus sûr (les prix de location sont d'ailleurs bien moindres qu'en été). Les véhicules de location sont équipés de pneus neige en hiver.

Morceler l'itinéraire

L'important sur la route circulaire tient à la considérer comme un fil reliant plusieurs détours. Choisissez 5 bases intermédiaires pour morceler l'itinéraire. Essayez d'en trouver une dans chaque région que traverse la route : l'Ouest, le Nord, l'Est, le Sud-Est et le Sud-Ouest. Selon la durée du voyage, vous pourrez passer plusieurs nuits dans chaque base pour profiter au mieux de chaque secteur.

PAS DE CONFUSION

- Ne confondez pas la route circulaire, qui fait le tour de l'Islande, avec le Cercle d'or, un itinéraire touristique dans le sud-ouest du pays.
- La route circulaire ne passe pas par l'intérieur des terres. Deux routes, ouvertes qu'en été, traversent les hautes terres du Centre (accessibles seulement aux 4×4 et aux bus tout-terrain).

En bus

Moins pratique que la voiture, le bus est l'option la plus économique pour les voyageurs en solo. Toutefois, depuis la réduction des dessertes dans l'Est à l'été 2018, il est difficile (mais pas impossible) de parcourir toute la route circulaire en bus.

Prévoyez deux fois plus de temps qu'en voiture pour parcourir toute la route. À titre comparatif, la boucle en bus à deux coûte à peu près la même chose que la location d'une petite voiture pendant une semaine (sans le carburant).

À vélo

Les cyclistes risquent d'en baver plus que prévu sur la route circulaire ! Le temps changeant rend l'exercice éprouvant. De plus, la route n'est pas assez large pour fournir une distance confortable entre cyclistes et automobilistes.

En stop et covoiturage

Le stop reste la manière la plus économique de parcourir la route circulaire. Il est assez aisé de se déplacer en stop l'été, mais sachez que cette pratique est toujours risquée (p. 462).

De nombreuses auberges de jeunesse disposent de tableaux proposant du covoiturage. Voir aussi le site www.samferda.is, consacré au covoiturage.

Jökulsárlón (p. 2C

Préparer son voyage

Activités de plein air

L'Islande s'enorgueillit du plus grand parc national d'Europe de l'Ouest, de la plus vaste calotte glaciaire en dehors des pôles, de baleines croisant au large, des plus importantes colonies de macareux au monde, de montagnes majestueuses, de lacs aux eaux cristallines, de cascades rugissantes, de rivières sinueuses et de côtes émaillées de fjords. Découvrir toutes ces merveilles se révèle aussi aisé que mémorable.

Le bon moment pour...

Un trek de plusieurs jours Attendez le dégel ; la période idéale court de juillet à mi-septembre.

L'exploration des hautes terres Les routes de montagne sont ouvertes entre juin et début juillet ; elles ferment fin septembre ou début octobre.

Le soleil de minuit Aux alentours du solstice d'été (21 juin), il fait jour en permanence (surtout dans le Nord).

Les aurores boréales Par des nuits sombres, sans nuages ; on peut en voir à partir de mi-septembre jusqu'à avril environ.

Le ski La saison s'étend de décembre à avril ; les conditions sont optimales (et les jours plus longs) en février et mars.

L'observation des baleines Circuits toute l'année, avec un pic de juin à août.

L'observation des macareux Pic de mi-mai à début ou mi-août.

Les activités sur glace Les randonnées sur les glaciers et les circuits à motoneige sont généralement envisageables toute l'année. Les sorties en bateau sur le Jökulsárlón ont lieu d'avril à octobre. La meilleure période pour les grottes de glace court de mi-novembre à mars.

L'équitation Les saisons intermédiaires (mai, et septembre à début octobre) sont idéales pour des randonnées de plusieurs jours : le climat est doux et les touristes sont moins nombreux.

Activités

Randonnée

Les possibilités sont infinies, des plaisantes balades d'une heure aux treks de plusieurs jours en pleine nature sauvage. Mais sachez que le temps est imprévisible : la pluie, la brume et le brouillard peuvent transformer une agréable expédition en calvaire. Soyez toujours préparé.

Ferðafélag Íslands (www.fi.is). Gère des refuges et des campings à travers tout le pays, organise des treks et fournit d'excellents conseils pour les randonnées, notamment pour le Laugavegurinn.

Le top des randonnées courtes

Skaftafell Nombreux itinéraires parmi les glaciers scintillants et les imposantes cascades de la plus belle zone du parc national du Vatnajökull.

Þórsmörk Une vallée vert émeraude entre les impitoyables montagnes de l'arrière-pays ; randonnées de niveau moyen à difficile.

Skógar Grimpez dans l'arrière-pays pour découvrir un chapelet de cascades, continuez jusqu'à Fimmvörðuháls et descendez dans Þórsmörk pour un parcours d'exception.

Péninsule de Snæfellsnes Marches d'une demi-journée dans des champs de lave accidentés ; arpentez le chemin côtier entre Hellnar et Arnarstapi.

Mývatn Plat et facile, le rivage marécageux du Mývatn abrite des merveilles géologiques variées et une avifaune abondante.

Borgarfjörður Eystri Superbes chemins le long des falaises de rhyolite et montée jusqu'au bout du fjord pour le panorama.

Le top des treks de plusieurs jours

Laugavegurinn Dunes couleur caramel, sols fumants et désert implacable au menu de ce grand classique. Durée : 2 à 5 jours.

D'Ásbyrgi à Dettifoss Véritable condensé de géologie, ce trek débute dans le parc national du Vatnajökull, à l'extrémité nord du secteur de Jökulsárgljúfur, d'où il suit une gorge jusqu'à la puissante cascade de Dettifoss. Durée : 2 jours.

Corne royale Le plus bel itinéraire du Hornstrandir est jalonné de fjords isolés et de promontoires vert émeraude. Durée : 2 à 4 jours.

Fimmvörðuháls Les cascades le cèdent à une étendue désertique prise entre d'imposants glaciers. Puis apparaissent les pierres fumantes de l'éruption de 2010 avant la descente vers Þórsmörk. Durée : 1 ou 2 jours.

Boucle du Kerlingarfjöll Ce circuit dans l'arrière-pays, en grande partie préservé, est ponctué de panoramas aussi beaux que ceux du Laugavegurinn, bien plus fréquenté. Durée : 3 jours.

Observation de la faune

La faune islandaise est admirable, bien que peu variée.

Renards arctiques

Le renard arctique est le seul mammifère endémique d'Islande. Il est rare d'en voir, mais voici les endroits les plus propices.

CONSEILS POUR UNE RANDONNÉE RÉUSSIE EN ISLANDE

L'équipement requis varie selon l'activité, l'époque de l'année, le degré d'isolement du sentier et la longueur de la randonnée (un ou plusieurs jours, hébergement en dur ou en camping). Une seule constante : la météo changeante, qui présente des risques.

Le B.A.-BA

- Des outils de navigation adéquats (cartes topographiques et GPS). Ils sont vitaux.
- Veillez à superposer les bons vêtements. Première couche : sous-vêtements thermaux (en laine ou synthétiques). Deuxième couche : haut en laine légère ou en polaire ; pantalon séchant rapidement. Troisième couche : coupe-vent imperméable (par exemple, en Gore-Tex). Prévoyez une veste de pluie respirante et un surpantalon imperméable. Votre sac à dos doit également être étanche.
- Évitez les vêtements en coton (jeans, T-shirts, chaussettes) – ils n'isolent plus sitôt mouillés et mettent des heures à sécher. Préférez le polypropylène, qui sèche vite (mais est inflammable), ou la laine mérinos, qui tient chaud même humide (mais sèche lentement).
- Emportez des gants, un chapeau, des lunettes de soleil et de l'écran solaire, des bottes ou chaussures de marche imperméables et déjà assouplies.

Pour les longues randonnées

- Protégez votre sac par une gaine imperméable ou un sac en plastique pour garder vos affaires au sec. Avoir des vêtements de rechange secs est impératif.
- Emportez toujours une trousse de premiers secours, une lampe frontale/ torche, et un kit de survie (couverture de survie, sifflet, etc.).
- Votre sac de couchage doit vous protéger des températures négatives. Les campeurs prévoiront une tente (imperméable et résistante au vent), un réchaud et des ustensiles de cuisine (parfois utiles dans les refuges).
- Emportez un maillot de bain (pour les sources thermales), des sandales (pour franchir les rivières et garder vos chaussures au sec) et des bâtons de randonnée.
- Les sacs en plastique permettent de séparer le linge sec et mouillé, et de remporter ses détritus.

Location ou achat ?

On peut acheter du matériel de randonnée et de camping dans les grandes villes : Reykjavík est le meilleur endroit et Akureyri compte quelques boutiques. Les prix sont élevés en Islande : mieux vaut apporter votre équipement et/ou le louer.

Certaines agences de location de voitures (et plus encore de camping-cars) louent aussi du matériel de camping. Sinon, Fjallakofinn (p. 101) et Iceland Camping Equipment Rental (p. 101) sont deux bonnes adresses pour en louer à Reykjavík.

Hornstrandir Le principal royaume du renard – des chercheurs y installent un camp chaque été.

Suðavík Site du Centre du renard arctique, qui recueille souvent des renards orphelins.

Breiðamerkursandur Étant l'un des principaux lieux de reproduction des grands labbes (ou skuas), le secteur attire un nombre croissant de renards arctiques en quête d'un repas.

Oiseaux

D'innombrables oiseaux de mer, qui vivent souvent en colonies immenses, occupent les falaises côtières. La meilleure période pour les observer va de juin à mi-août, quand se rassemblent macareux, fous de Bassan, guillemots, petits pingouins, mouettes tridactyles et fulmars.

Les plus belles falaises et colonies :

Vestmannaeyjar Vous apercevrez des macareux sur la falaise dès votre entrée dans le port de Heimaey. Des oiseaux nichent sur le moindre éperon rocheux émergé.

Hornstrandir Dans cette réserve, une interminable falaise à pic accueille d'innombrables oiseaux.

Borgarfjörður Eystri Ce village est l'un des meilleurs endroits du pays pour voir des macareux, qui construisent leurs nids élaborés à quelques mètres de la plateforme d'observation.

Látrabjarg Falaises peuplées d'oiseaux dans les fjords de l'Ouest.

Mývatn Le paysage marécageux de Mývatn, dont l'écosystème, différent des falaises côtières, est un paradis pour les oiseaux migrateurs.

Langanes Ces lointaines falaises battues par les vents accueillent de multiples oiseaux ; une plateforme d'observation surplombe une colonie de fous de Bassan.

Ingólfshöfði Rejoignez ce spectaculaire promontoire en tracteur, peuplé de grands labbes et de macareux.

Grímsey Pour le plaisir de franchir le cercle polaire et d'observer macareux et sternes arctiques, bien plus nombreux que les quelques habitants.

Drangey Cordes et échelles sont nécessaires pour atteindre cette petite île aux falaises abruptes dans le Skagafjörður, où l'on croise macareux, guillemots, fous de Bassan...

Phoques

Moins nombreux que les oiseaux, les phoques sont amusants à observer.

Hvammstangi et péninsule de Vatnsnes Un musée du phoque, des circuits en bateau et une péninsule où se prélassent les pinnipèdes.

Ísafjarðardjúp Une côte sinueuse et des plages jonchées de rochers, parfaites pour observer les phoques.

Jökulsárlón Outre une belle lagune glaciaire, vous verrez des phoques au milieu des icebergs.

Húsey Cette petite ferme isolée propose des excursions à cheval pour observer les phoques.

Baleines

L'Islande est l'un des meilleurs endroits au monde pour observer baleines et dauphins. Les baleines de Minke et à bosse sont les plus courantes, mais on aperçoit aussi des rorquals communs, des rorquals boréaux et, plus rarement, des baleines bleues.

Le top des sites d'observation des baleines :

Húsavík La destination classique pour observer des baleines, avec un excellent musée et un taux de réussite de 99% en été !

Cheval islandais

Eyjafjörður Les croisières d'observation des baleines sillonnent le plus long fjord d'Islande à partir d'Akureyri, de Dalvík et de Hauganes.

Reykjavík Des bateaux partent du vieux port, dans le centre-ville. Pratique !

Péninsule de Snæfellsnes Des bateaux partent de Breidafjörður pour observer baleines, orques et macareux.

Équitation

Les chevaux tiennent une place de choix dans la vie islandaise ; vous en verrez un peu partout dans le pays. Dans la campagne, de nombreuses fermes proposent de courtes balades ; des écuries sont installées à la périphérie de Reykjavík. Comptez environ 8 000/13 000 ISK pour une promenade de 30 minutes.

Les régions idéales pour l'équitation

Le sud de Snæfellsnes Les plages sauvages à l'ombre d'un glacier étincelant se prêtent à une balade à cheval. Plusieurs grandes écuries sont installées dans le secteur.

Hella Les plaines autour de Hella, au pied du volcan Hekla, abritent de nombreux élevages qui proposent des chevauchées de quelques heures à plusieurs jours.

Skagafjörður Le seul comté d'Islande où les chevaux sont plus nombreux que les habitants – fiers d'une tradition d'élevage et de dressage.

Baignade et spas

Grâce à la géothermie, le bain tient d'une institution en Islande. Presque toutes les villes ont au moins une *sundlaug* (piscine chauffée), et souvent des *hot pots* (bassins extérieurs d'eau chaude), des saunas et des Jacuzzis. L'entrée coûte de 800 à 1 300 ISK (demi-tarif pour les enfants).

Les règles d'hygiène sont très strictes : il est obligatoire de se doucher sans maillot de bain *avant* de gagner le bassin.

Pour savoir où faire trempette

Swimming in Iceland (www.swimminginiceland.com). Renseignements sur les piscines thermales du pays.

Thermal Pools in Iceland (de Jón G. Snæland et Þóra Sigurbjörnsdóttir). Ce guide exhaustif des sources thermales d'Islande est en vente dans la plupart des librairies.

Blue Lagoon (www.bluelagoon.com). Les thermes favoris du pays et une attraction phare.

Visit Reykjavík (www.visitreykjavik.is). Cliquez sur "*What to Do*" pour la liste des piscines de la capitale.

Randonnée et motoneige sur les glaciers

Un trek sur une étendue de glace pourra compter parmi les expériences les plus mémorables d'un séjour en Islande. Diverses activités offrent un avant-goût de l'hiver durant les mois les plus chauds. Chaussez vos crampons !

Des règles de sécurité s'appliquent : ne vous approchez pas trop des glaciers ; ne les arpentez pas sans équipement adéquat et sans être accompagné d'un guide.

La crème des glaciers et calottes glaciaires à explorer

Vatnajökull Sorties à motoneige sur la plus vaste calotte glaciaire d'Europe ; randonnées et escalades guidées sur ses dizaines de glaciers secondaires, à organiser à Skaftafell et dans l'est en direction de Höfn.

Eyjafjallajökull Le site de l'éruption de 2010 ; vous pourrez explorer sa surface glacée à bord d'une Super-Jeep, puis marcher jusqu'à Magni pour voir la terre encore fumante.

Snæfellsjökull Le *Voyage au centre de la Terre* de Jules Verne commence ici ; circuits en autoneige au départ d'Arnarstapi.

Langjökull Une plongée dans les entrailles de ce glacier, non loin de Reykjavík, attire les foules.

Sólheimajökull Une langue de glace qui se déploie depuis la calotte glaciaire du Mýrdalsjökull. Pour randonner un après-midi.

Bateau, kayak et rafting

Vue depuis la mer ou les rivières, la nature islandaise offre un tout autre visage.

Les plus beaux sites en bateau

Heimaey Admirez les falaises escarpées et les oiseaux qui descendent en piqué.

Stykkishólmur Faufilez-vous parmi les îles du paisible Breiðafjörður.

Húsavík et Eyjafjörður Avec un bateau traditionnel en bois ou un Zodiac, naviguez à travers des eaux peuplées de baleines.

Jökulsárlón et Fjallsárlón Sillonnez ces lagunes glaciaires parmi les icebergs récemment formés.

Les plus beaux sites en kayak

Hornstrandir, Ísafjörður, Ísafjarðardjúp Excellents pour le kayak de mer ; expédition de plusieurs jours ou sortie d'une journée jusqu'à l'îlot de Vigur.

Seyðisfjörður Le guide charismatique vous charmera tout autant que le fjord !

Lagunes glaciaires Pagayez au milieu des icebergs sur les magnifiques lagunes du Sud-Est, dont Jökulsárlón.

Les plus beaux sites en rafting

Varmahlíð Base du rafting dans le nord de l'Islande, avec deux rivières glaciaires (rapides sages ou turbulents).

Reykholt Rafting sur les rapides de la Hvítá et poussée d'adrénaline lors d'une sortie en bateau à hydrojet.

Cyclotourisme

Vous pourrez envisager de courtes excursions à vélo. Il existe plusieurs loueurs à Reykjavík ; certains organisent des sorties d'une journée vers les sites alentour, notamment sur le Cercle d'or.

En haut : cascade à Vestdalur (p. 359)

En bas : observer les baleines près de Húsavík

VOYAGE DURABLE

On ne saurait trop insister sur ce point : l'essor fulgurant du tourisme en Islande se solde par une pression immense, aussi bien sur la population locale que sur l'environnement, ou sur les infrastructures dont certaines demeurent inadaptées. Vos actions ont des conséquences : essayez d'en tenir compte et de voyager de façon responsable.

Suivez ces quelques conseils pour limiter votre impact (et ne pas vous attirer les foudres des habitants) :

Écoutez les avertissements et conseils Personne ne souhaite gâcher votre séjour. Si un Islandais vous dit que votre véhicule n'est pas adapté à une route ou qu'il faut éviter une zone en raison d'un risque d'inondation glaciaire, songez qu'il connaît son pays et ses risques. Soyez souple et prêt à changer vos plans.

N'ignorez pas votre impact Les chiffres parlent d'eux-mêmes : 350 000 habitants contre 2,2 millions de touristes en 2017. Vous vous direz peut-être que passer la nuit dans votre camping-car sur le bord de la route ne pose aucun problème, or tel n'est plus le cas si des milliers de visiteurs font de même. C'est à ce motif que de nouvelles règles (p. 446) l'interdisent.

Soyez prévoyant Informez-vous sur la météo et les conditions de circulation (sites Internet p. 19). N'oubliez pas d'emporter une bonne carte et un équipement adapté ; faites preuve de bon sens et de flexibilité. Ne vous lancez pas dans une randonnée en jean, ou dans l'ascension d'un glacier sans les informations ou l'équipement requis ; n'essayez pas de traverser une rivière avec une petite voiture (p. 40).

Respectez la nature Les volcans sous-glaciaires, les sources chaudes et les vastes champs de lave vous ont attiré jusqu'en Islande ? Prenez-en soin ! Si vous louez un 4x4, ne quittez pas les pistes – conduire en dehors des routes est illégal et engendre des dommages irréparables dans cet environnement fragile.

Voyagez vert Consultez le site www.nature.is, qui fourmille de bonnes idées pour voyager en Islande tout en respectant l'environnement. Vous y trouverez une carte en ligne ; des applications visent à encourager les solutions écologiques.

On peut louer des vélos dans la plupart des villes.

Visiter l'Islande à vélo relève davantage du défi en raison de l'instabilité du temps, des vents parfois violents et de l'absence de voies réservées ou de bandes d'arrêt d'urgence (notamment sur la Route circulaire, où l'on roule près des voitures). L'excellente carte *Cycling Iceland* est distribuée localement et disponible sur le site www.cyclingiceland.is.

Plongée et snorkeling

La plongée sous-marine connaît un succès croissant en Islande. Une eau limpide (100 m de visibilité !), une faune passionnante, de spectaculaires ravins de lave, des épaves et des cheminées thermiques en font une destination de plongée incomparable. Les meilleurs sites sont Silfra à Þingvellir et les cheminées géothermiques de l'Eyjafjörður.

Un brevet PADI Dry Suit Diver (plongée avec combinaison étanche) est recommandé ; quelques centres de plongée islandais le délivrent. Le cours PADI Tectonic Plate Awareness (conçu par Dive.is – www.dive.is) permet d'appréhender la tectonique des plaques.

Circuits organisés

La difficulté du terrain et les tarifs élevés font des circuits organisés une option intéressante en Islande. Ils permettent en outre de gagner du temps et de découvrir des endroits reculés, inaccessibles avec une voiture de location. Pour une liste de prestataires au départ de l'étranger, voir la rubrique *Voyages organisés*, p. 455.

De nombreux circuits s'effectuent en bus ; d'autres se font en 4x4 ou en Super-Jeep, et quelques-uns en autoneige,

Fissure de Silfra (p. 126), parc national de Þingvellir

en quad ou en avion léger. Une activité sportive comme le rafting, l'équitation et la randonnée glaciaire est souvent au programme.

Si vous prévoyez de vous baser à Reykjavík et d'explorer le pays en multipliant les excursions, sachez que vous perdrez ainsi beaucoup de temps dans les transports entre la capitale et les trésors naturels de l'île. Mieux vaut séjourner plus près des sites. Autre avantage de cette solution : les circuits les plus intéressants et personnalisés sont souvent proposés par de petits prestataires locaux, qui explorent depuis toujours les grottes glaciaires, glaciers, montagnes et sentiers de leur région. Ils vous parleront bien de ces merveilles familières (contrairement à certains grands organismes établis en ville, qui envoient des bus de touristes vers les destinations les plus populaires).

L'Islande compte d'innombrables tour-opérateurs, petits ou gros. La liste suivante en répertorie quelques-uns, forts d'une solide réputation. Consultez leurs sites Internet pour avoir une idée des offres et comparez avec celles d'autres prestataires.

Reykjavík Excursions (www.re.is). L'agence touristique la plus populaire de Reykjavík ; choix complet de circuits, toute l'année.

Arctic Adventures (www.adventures.is). Spécialiste des circuits sportifs ; tourisme classique, VTT, kayak de mer et même surf.

Grayline Iceland (www.grayline.is). Une compagnie de bus avec une gamme complète de circuits d'une journée et de nombreuses activités.

Icelandic Mountain Guides (www.mountainguides.is). Organise des activités très variées : randonnées de plusieurs jours, circuits escalade, vélo ou ski. Également : expéditions de haut niveau pour grimpeurs confirmés.

Midgard Adventure (www.midgardadventure.is). Cette agence locale couvrant le sud de l'Islande allie expertise et convivialité.

Saga Travel (www.sagatravel.is). Toute l'année, des circuits divers, surtout dans le nord du pays, au départ de Reykjavík, Akureyri et Mývatn.

Air Iceland Connect (www.airicelandconnect.is). La plus grande compagnie de vols intérieurs du pays affiche un choix d'excursions d'une journée combinant avion, bus, randonnée et 4x4 depuis Reykjavík et Akureyri. Elle propose aussi des circuits au Groenland.

Activités de plein air

PATREKSFJÖRÐUR

Une base tranquille pour explorer les péninsules méridionales des fjords de l'Ouest : falaises peuplées d'oiseaux de Látrabjarg, plages aux tons rosés de Rauðasandur et péninsule de Þingeyri pour de belles balades à vélo... (p. 256)

ÍSAFJÖRÐUR

Logez dans la plus grande ville des fjords de l'Ouest (ou à proximité) pour accéder au Hornstrandir, aux fjords d'Ísafjarðardjúp (haut lieu du kayak de mer) et aux péninsules centrales déchiquetées. (p. 263)

PÉNINSULE DE SNÆFELLSNES

Un véritable concentré d'Islande : sentiers de randonnée, équitation, sources chaudes, croisières, observation des macareux et des baleines, et un fabuleux glacier. (p. 228)

KERLINGARFJÖLL

Cette chaîne de montagnes recèle des merveilles géothermiques et des sommets de rhyolite multicolores. Partez en 4x4 à l'assaut des hautes terres pour accéder à des randonnées reculées. (p. 381)

REYKJAVÍK

Plaque tournante d'innombrables circuits et expéditions d'aventure dans l'arrière-pays, en particulier à destination du Sud, de l'Ouest et du Cercle d'or. (p. 52)

AKUREYRI

La deuxième ville d'Islande donne accès à des circuits dans tout le nord du pays. Également : observation des baleines, équitation, plongée et, en hiver, ski dans de beaux domaines. (p. 303)

SEYÐISFJÖRÐUR

Repaire décontracté et bohème, pour randonner dans les montagnes émaillées de cascades, s'adonner au kayak ou à la pêche sportive dans les fjords, ou faire du VTT dans les vallées. (p. 356)

MÝVATN

Balades à vélo sur les berges du lac peuplé d'oiseaux, sentiers traversant des champs de lave jusqu'à des merveilles géologiques et circuits en Super-Jeep pour rejoindre facilement les hautes terres. (p. 316)

SKAFTAFELL

La star du parc national, avec ses nombreux sentiers, est proche des merveilles du Vatnajökull. Au menu ici : marches sur les glaciers, navigation dans des lagunes glacées, motoneige et découverte de grottes de glace. (p. 195)

SKÓGAR

Au programme dans la région située entre Hella et Skógar : équitation, cascades, excursions sur le Hekla et le célèbre trek du Laugavegurinn, qui relie Landmannalaugar et Þórsmörk. (p. 157)

Les régions en un clin d'œil

Reykjavík

Culture
Vie nocturne
Escapades faciles

Capitale culturelle

Cernée par la nature à des kilomètres à la ronde, Reykjavík concentre une scène culturelle foisonnante avec d'excellents musées, des galeries ultra-branchées, une scène musicale bouillonnante, des festivals hauts en couleur, et un cercle inspiré d'artisans et de créateurs.

Nuits blanches

Reykjavík est réputée pour sa vie nocturne enflammée. Les meilleures soirées commencent souvent par un verre dans un café, par un apéro-échauffement chez des amis ou par une tournée des bars à bières, pour s'achever très tard au rythme des meilleurs tubes, DJ sets et concerts.

Escapades

Escapade idéale entre l'Europe et l'Amérique du Nord, la capitale islandaise est sillonnée d'itinéraires piétons et cyclistes. Elle permet d'accéder facilement aux paysages magiques de l'Islande, juste au-delà des limites urbaines.

p. 52

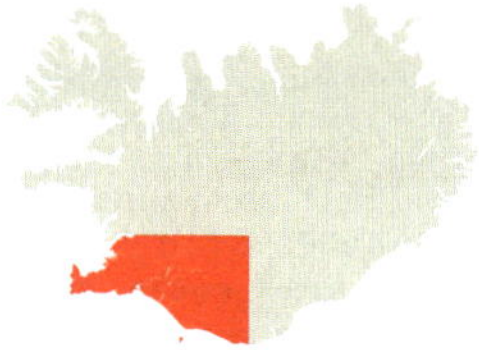

Le Sud-Ouest et le Cercle d'or

Paysages
Activités
Faune

Vue sur les volcans

La devise du Sud-Ouest pourrait être "plus c'est loin, meilleur c'est". Explorez l'arrière-pays à la découverte de panoramas démesurés dominés par le grondement d'une poignée de volcans.

À cheval et à pied au pays des Vikings

Les montagnes sont un véritable paradis pour les randonneurs, tandis que les alentours de Hella comptent nombre de fermes équestres bucoliques. Ajoutez-y quelques vestiges datant de l'époque viking, et vous obtenez un éventail d'itinéraires à même de combler tous les visiteurs.

La magie des macareux

L'archipel des Vestmannaeyjar abrite la plus grande colonie de macareux du monde. L'accueil qu'ils réservent aux ferrys, sur lesquels ils s'abattent à leur arrivée au port, est mémorable !

p. 110

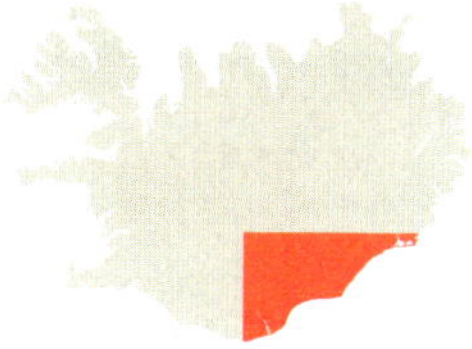

Le Sud-Est

Paysages
Faune
Activités

Royaume de glace

Glaciers scintillants, puissantes cascades, icebergs de la lagune de Jökulsárlón, parc de Skaftafell (paradis des randonneurs)… Le Sud-Est figure à juste titre parmi les régions les plus visitées du pays. Les *sandar* apportent une note plus sombre.

La faune crève l'écran

Des phoques s'ébattent dans la somptueuse lagune de Jökulsárlón. Dans les *sandar*, des grands labbes pourchassent les humains et les oiseaux qui s'approchent trop près. Au cap Ingólfshöfði, on part observer les nids des macareux et d'autres oiseaux marins.

Aventure sur la glace

Pour le grand frisson : randonnées sur glaciers, motoneige et visites de grottes de glace. Les sorties en bateau ou kayak sur les lagunes glaciaires, parmi les icebergs, sont très courues. Kirkjubæjarklaustur est idéal pour les balades à VTT. Et pour des langoustines, arrêtez-vous à Höfn !

p. 186

L'Ouest

Paysages
Histoire
Activités

Une infinité d'îlots

La longue péninsule de Snæfellsnes est un paradis coloré formé de coulées de lave durcie, de prairies vertes striées de cascades, d'eaux bleu arctique et d'une éblouissante calotte glaciaire. L'un de ses meilleurs atouts est le Breiðafjörður, une baie constellée d'îles réfractant la lumière du soleil à travers les nuages.

Sagas vikings

Avec son passé viking, l'Ouest ravit aussi les férus d'histoire. Ne manquez pas le musée de la Colonisation, dans la dynamique ville de Borgarnes.

Balades à cheval

Le littoral sud de la péninsule de Snæfellsnes est l'un des meilleurs endroits pour monter le petit et robuste cheval islandais : suivez les crêtes de sable ou trottez dans les collines en quête de sources géothermiques.

p. 216

Les fjords de l'Ouest

Paysages
Activités
Faune

Le bout du monde

Sur les cartes, la côte des fjords de l'Ouest évoque des pinces de homard géantes tendues vers le cercle arctique. Saisissants, les paysages de roche et d'océan évoquent de mystérieuses fables.

À la découverte de l'Arctique

Tutoyant les frontières de l'Arctique, avec ses péninsules accidentées pointant le nord, l'Islande est une terre propice aux activités de plein air : VTT, kayak de mer, voile, ski… La réserve du Hornstrandir en constitue le joyau central.

Amis des bêtes

Outre les chevaux qui vagabondent, les vedettes ici sont les oiseaux peuplant les falaises et les renards polaires que l'on peut voir détaler entre les buttes herbeuses – en s'y prenant à l'avance, on peut même se porter volontaire pour contribuer à l'étude et à la protection de cette espèce, le dernier mammifère endémique d'Islande.

p. 249

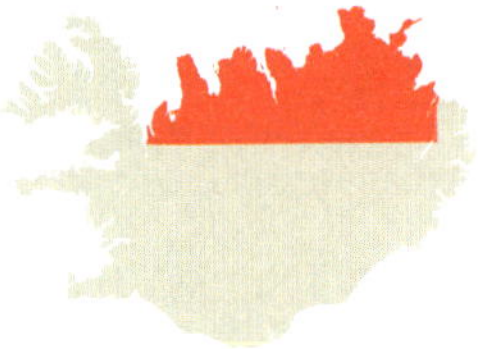

Le Nord

Paysages
Faune
Activités

Une nature plurielle

Dans le Nord, la variété des paysages est infinie : îlots perdus au large, péninsules désolées, sommets de glace, élevages de chevaux, mares de boue, paisibles villages de pêcheurs, cascades fantastiques, champs de lave tortueux, baleines longeant le littoral...

Au paradis des baleines

Húsavík est la destination n°1 pour observer les baleines – elle est suivie de près par les localités bordant l'ouest de l'Eyjafjörður, notamment Akureyri.

Le Nord à 100 à l'heure

Le Nord-Ouest est la meilleure région pour monter à cheval. Les rives du lac Mývatn sont un observatoire sans pareil pour les oiseaux ; mais la lointaine péninsule de Langanes et l'île arctique de Grímsey ne sont pas en reste. Vous pourrez aussi explorer à pied les confins du parc national du Vatnajökull ou skier dans la péninsule de Tröllaskagi.

p. 281

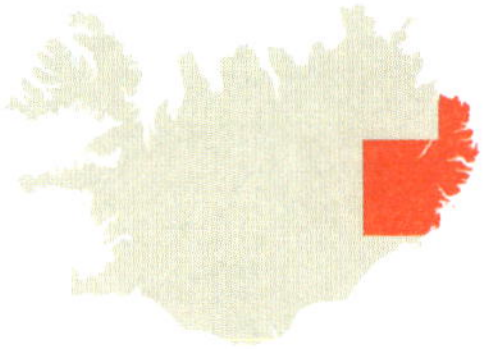

L'Est

Paysages
Activités
Faune

Beautés naturelles

La splendeur des fjords de l'Est est à son comble vers les villages du Norðfjörður. Dans les terres, le lac Lagarfljót est un superbe terrain d'exploration, tout comme le mont Snæfell (1 833 m), dans le parc national du Vatnajökull.

Terre et mer

Faire du kayak sur les eaux du Seyðisfjörður est inoubliable. Pour ceux qui préfèrent la terre ferme, il y a le VTT et les équipées à cheval pour observer les phoques, à Húsey. Les superbes randonnées de la région des fjords offrent, quant à elles, de magnifiques points de vue. Ne manquez pas Borgarfjörður Eystri.

Créatures de l'Est

Les montagnes de l'Est sont peuplées de rennes, tandis que le Lagarfljót, sorte de Loch Ness islandais, abrite un monstre terrifiant. Les oiseaux se trouvent plutôt du côté de fermes reculées comme Húsey ou de l'admirable plateforme d'observation des macareux à Borgarfjörður Eystri.

p. 343

Les hautes terres

Paysages
Isolement
Activités

Paysages lunaires

La région est presque inhabitée, à l'exception de quelques hébergements et résidences secondaires. Les astronautes de la NASA s'y entraînaient autrefois. Les récentes éruptions du Holuhraun ont donné une nouvelle dimension aux anciens champs de lave.

Beauté brute

Les hautes terres donnent tout son sens au mot "désolation". La solitude y est grisante, et les panoramas sont saisissants. Si certains sont déçus par l'extrême austérité de l'arrière-pays et son infini désert de sable gris, d'autres s'inclinent face au spectacle d'une nature à l'état brut.

Randonnées reculées

Explorer les routes intérieures à pied, à vélo ou à cheval est éreintant, mais cela en vaut la peine. D'excellents treks sillonnent le massif du Kerlingarfjöll et la région d'Askja, tandis que Hveravellir abrite des sources géothermales. D'autres préféreront découvrir ces sites depuis une Super-Jeep !

p. 375

Sur la route

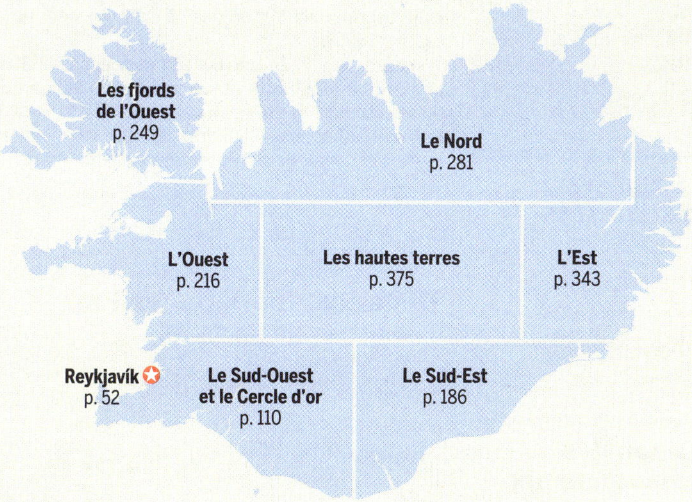

Les fjords de l'Ouest p. 249
Le Nord p. 281
L'Ouest p. 216
Les hautes terres p. 375
L'Est p. 343
Reykjavík p. 52
Le Sud-Ouest et le Cercle d'or p. 110
Le Sud-Est p. 186

Reykjavík

124 847 HABITANTS DANS LE CENTRE
217 711 HABITANTS DANS L'AGGLOMÉRATION DE REYKJAVÍK

Dans ce chapitre ➡

Le top des restaurants

- Dill (p. 92)
- Matur og Drykkur (p. 88)
- Sægreifinn (p. 88)
- Flatey Pizza (p. 88)
- SKÁL! (p. 91)

Le top des hébergements

- Reykjavik Konsulat Hotel (p. 81)
- Icelandair Hotel Reykjavík Marina (p. 82)
- Eyja Guldsmeden (p. 85)
- Alda Hotel (p. 84)
- Forsæla Apartmenthouse (p. 83)

Pourquoi y aller

La capitale la plus septentrionale du monde est un cocktail d'édifices colorés, d'état d'esprit excentrique et créatif, de design audacieux, de nuits agitées et d'âme capricieuse.

Bien moins grande que Paris ou Londres mais étonnamment cosmopolite pour sa taille, Reykjavík brille par ses œuvres d'art fascinantes, sa scène culinaire variée et sa collection de cafés et bars sympatiques. Les habitants cultivent esthétique et originalité créatrice, dans un certain esprit de village.

Ajoutez en toile de fond des sommets enneigés (Reykjavík est une base idéale pour des excursions en pleine nature), un océan aux eaux tumultueuses et un air pur, et vous risquez fort de tomber sous le charme de cette ville – et, aussitôt rentré chez vous, de ne penser qu'à y revenir.

Distances routières (en km)

	Reykjavík	Borgarnes	Ísafjörður	Akureyri	Egilsstaðir	Höfn
Borgarnes	74					
Ísafjörður	457	384				
Akureyri	389	315	567			
Egilsstaðir	698	580	832	265		
Höfn	459	519	902	512	247	
Vík	187	246	630	561	511	273

À ne pas manquer

1. Le quartier historique du **vieux Reykjavík** (p. 54) et une séance shopping à Laugavegur
2. Le **Musée national** (p. 55), qui retrace l'histoire du pays
3. Le **vieux port** (p. 59), ses musées, ses microbrasseries et ses restaurants
4. La vue sur la ville depuis le clocher de la très moderne **Hallgrímskirkja** (p. 61)
5. Le remarquable **musée d'Art de Reykjavík** (p. 63) – partagé en trois sites
6. **The Settlement Exhibition** (p. 55) et les vestiges de la ville
7. Un spectacle au **Harpa** (p. 62), rutilante salle de concert
8. La tournée des **bars et des clubs** (p. 94) de la capitale, comme le Kaffibarinn ou le Kiki
9. Aller dans un **café typique** (p. 89), tel le Stofan Kaffihús
10. Un bain dans la piscine géothermale de **Laugardalur** (p. 71) ou une balade dans les jardins botaniques

Histoire

Ingólfur Arnarson, un fugitif norvégien, devint officiellement le premier Islandais en 871. La légende veut qu'il ait jeté ses *öndvegissúlur* (piliers du trône) par-dessus bord, et qu'il se soit établi sur le rivage où les dieux les auraient poussés, à Reykjavík (baie des Fumées), qu'il nomma ainsi en raison des colonnes de vapeur des sources chaudes. Selon des documents du XIIe siècle, Ingólfur bâtit sa ferme dans l'actuelle Aðalstræti, où une maison longue viking a été mise au jour.

Pendant des siècles, Reykjavík se résuma à un simple ensemble de fermes. Puis, en 1225, un important monastère augustin fut fondé sur l'île de Viðey – il fut détruit pendant la Réforme, au XVIe siècle.

Au début du XVIIe siècle, le Danemark imposa à l'Islande un monopole commercial qui la plongea dans la famine et la misère. Pour contourner l'embargo, le trésorier royal Skúli Magnússon, le "Père de Reykjavík", créa dans les années 1750 des ateliers de tissage, de tannerie et de teinture de la laine, posant ainsi les fondations de la ville. Reykjavík prit son véritable essor pendant la Seconde Guerre mondiale, grâce aux troupes britanniques et américaines stationnées à Keflavík. La ville connut une croissance ininterrompue jusqu'à la crise économique de 2008. Aujourd'hui, grâce au tourisme et à l'implication de ses habitants, elle a retrouvé le chemin de la prospérité.

À voir

Balades au gré des rues bordées de maisons colorées typiques, remarquables musées, artères commerçantes, promenades pittoresques en bord de lac ou sur le front de mer : la plupart des attraits et curiosités touristiques de Reykjavík vous attendent dans le centre-ville, compact.

Vieux Reykjavík

Vieux Reykjavík QUARTIER

(Carte p. 60). Le quartier du vieux Reykjavík, qui englobe toute une série de sites d'intérêt et d'édifices historiques, constitue le cœur de la capitale, ainsi que le point de convergence de nombreuses visites guidées historiques. Il s'étend entre le Tjörnin, le lac du centre-ville, et le petit

REYKJAVÍK EN...

Un jour

Commencez par une promenade dans le vieux Reykjavík, à proximité du lac Tjörnin. Découvrez ensuite les meilleurs musées de la capitale : le Musée national, le musée d'Art de Reykjavík (p. 55), ou The Settlement Exhibition (p. 55). L'après-midi, baladez-vous dans Skólavörðustígur, la rue des artistes, pour rejoindre la Hallgrímskirkja (p. 61). Pour profiter d'une vue splendide, prenez l'ascenseur jusqu'en haut du clocher. Une fois redescendu, cap sur Laugavegur, la principale artère commerçante. Sirotez un verre en observant le ballet des passants, par exemple au Bravó (p. 97), en attendant l'heure du dîner. Pour un repas décontracté, allez au Hlemmur Mathöll (p. 91) ou goûtez la cuisine fusion islandaise au Mat Bar (p. 91). Bien des cafés deviennent des lieux de fête le soir. Le week-end, faites la fameuse tournée des pubs de Reykjavík. Débutez par le Kaffibarinn (p. 96) ou le Kaldi (p. 96), paradis des amateurs de bière, puis suivez les habitants dans les lieux branchés, ou allez danser au Kiki (p. 97).

Deux jours

Après vous être couché tard, savourez un brunch, par exemple au Coocoo's Nest (p. 88) ou allez respirer l'air de l'océan et vous balader sur le vieux port jusqu'au Kaffivagninn (p. 89) ou les stands de cuisine du Grandi Mathöll (p. 87). Admirez le port et le Musée maritime de Reykjavík rénové (p. 59), puis rejoignez la galerie Kling & Bang (p. 62) et les autres belles galeries gratuites installées dans la Marshall Húsið. Vous pouvez préférer une excursion d'observation des baleines. Les sources chaudes, les jardins, le Café Flóra (p. 93) et les belles œuvres d'art de Laugardalur occuperont votre après-midi. Pensez à réserver si vous souhaitez dîner à l'une des meilleures tables islandaises, par exemple au Dill (p. 92) ou au Matur og Drykkur (p. 88). Sinon, allez goûter les hot-dogs les plus cotés de Reykjavík au Bæjarins Beztu (p. 86), puis allez faire la fête au Paloma (p. 94), au Húrra (p. 98) ou au Prikið (p. 97).

parc Austurvöllur, au nord. Entre les deux, le Raðhús (hôtel de ville) et l'Alþing (ou Althing, Parlement) sont immanquables.

Musée national MUSÉE

(Þjóðminjasafn Íslands ; carte p. 56 ; ☎530 2200 ; www.thjodminjasafn.is ; Suðurgata 41 ; adulte/enfant 2 000 ISK/gratuit, audioguide 300 ISK ; ⏲10h-17h mai à mi-sept, fermé lun mi-sept à fin avr ; 🚌1, 3, 6, 12, 14). Les objets exposés dans les espaces originaux de ce magnifique musée datent de la colonisation jusqu'à l'époque moderne. On y trouve un intéressant survol de l'histoire et de la culture islandaises et l'audioguide pour smartphone (gratuit ; en français notamment) fournit une foule de détails. La partie la plus importante du musée concerne l'époque de la colonisation, le rôle des chefs de clans et l'introduction du christianisme. À l'étage, les collections couvrant la période de 1600 à nos jours donnent une bonne idée de la manière dont l'Islande a souffert sous la domination étrangère, avant de gagner son indépendance. Certains objets tout simples, qui évoquent le quotidien sur l'île, sont fait à partir de petits matériaux de récupération : remarquez les pièces de jeu en otolithes de morue et la poupée en bois qui faisait aussi office d'ustensile de cuisine. Des visites guidées gratuites ont lieu en anglais à 11h les mercredis, samedis et dimanches. L'accès à la Culture House (Maison de la culture ; p. 62) est inclus dans le prix.

The Settlement Exhibition MUSÉE

(Landnámssýningin ; carte p. 60 ; ☎411 6370 ; reykjavikcitymuseum.is/the-settlement-exhibition ; Aðalstræti 16 ; adulte/enfant 1 800 ISK/gratuit ; ⏲10h-17h). À la fois site archéologique et musée, cette “exposition sur la colonisation” se déploie autour d'une maison longue (ferme) viking du Xe siècle mise au jour en 2001-2002, ainsi que d'autres vestiges de l'âge du peuplement découverts dans le centre de Reykjavík. Associant technologie et archéologie, l'ensemble donne un aperçu objectif et non romancé de la colonisation de l'Islande. Le fragment de **mur d'enceinte**, à l'arrière du musée, proviendrait du plus vieil édifice construit à Reykjavík.

L'exposition exploite admirablement les techniques du multimédia. Un panorama à 360° montre à quoi ressemblaient les lieux à l'époque de la maison longue et une installation permet de découvrir les différentes étapes de sa construction. Visites guidées en semaine à 11h, de juin à août.

LE MUSÉE D'ART

Le remarquable musée d'Art de Reykjavík (Listasafn Reykjavíkur ; www.artmuseum.is ; adulte/enfant 1 880 ISK/gratuit ; 📶) est partagé entre 3 sites superbes : la Hafnarhús, vaste espace moderne, au centre-ville, est axée sur l'art contemporain ; le Kjarvalsstaðir (p. 63), dans un parc juste à l'est de Snorrabraut, accueille des expositions temporaires d'art moderne ; enfin, l'Ásmundarsafn (p. 65), havre paisible près de Laugardalur, renferme des sculptures d'Ásmundur Sveinsson. Un billet unique (valable 24 heures) donne accès aux 3 sites.

Musée d'Art de Reykjavík – Hafnarhús ART CONTEMPORAIN

(Carte p. 60 ; ☎411 6400 ; www.artmuseum.is ; Tryggvagata 17 ; adulte/enfant 1 880 ISK/gratuit ; ⏲10h-17h, 10h-22h jeu ; 🚌1, 3, 6, 11, 12, 13, 14). Cet entrepôt très bien restauré, habillé d'acier et de béton, a été transformé en un vaste espace consacré à des expositions temporaires d'art contemporain (installations, vidéos, tableaux et sculptures). Des peintures d'Erró (Guðmundur Guðmundsson, né en 1932 à Olafsvik), grand artiste islandais postmoderne qui vit et travaille à Paris depuis 1958, sont exposées en permanence.

Tjörnin LAC

(Carte p. 56). Situé dans le centre-ville, le lac Tjörnin est parfois surnommé l'Étang. On peut y apercevoir une quarantaine d'espèces d'oiseaux, dont des cygnes, des oies et des sternes arctiques, et les enfants adorent nourrir les canards. De jolis parcs agrémentés de sculptures, comme le Hljómskálagarður (p. 59), s'étendent sur les rives sud du lac, et leurs sentiers attirent cyclistes et joggeurs. L'hiver, des patineurs évoluent sur le plan d'eau, alors glacé.

Austurvöllur PARC

(Carte p. 60). Ce parc faisait jadis partie du domaine du premier colon, Ingólfur Arnarson. On y vient pour prendre un café, pique-niquer ou bronzer près de l'Alþing. Des concerts en plein air y sont donnés occasionnellement. Au centre du parc, remarquez la statue de Jón Sigurðsson, leader de l'indépendance de l'Islande.

Reykjavík

Althing ÉDIFICE HISTORIQUE

(Alþing, Parlement ; carte p. 60 ; ☎563 0500 ; www.althingi.is ; Kirkjustraeti). GRATUIT Le premier Parlement islandais fut créé à Þingvellir en 930. Colonisé au XIIIe siècle, le pays retrouva peu à peu son autonomie. L'Althing (Alþing) déménagea dans le bâtiment en basalte actuel en 1881. L'élégante annexe en pierre et verre fut achevée en 2002. Les sessions parlementaires (quatre par semaine de mi-septembre à début juin) sont ouvertes au public. Infos sur le site Internet.

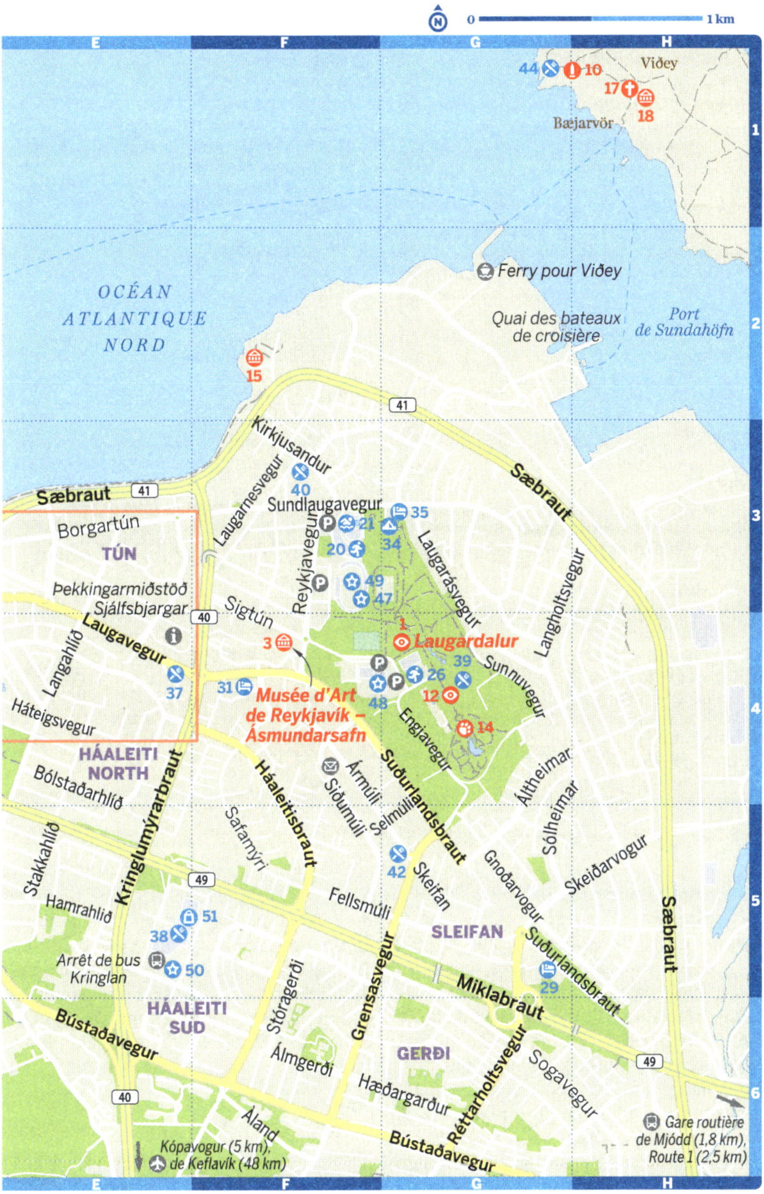

Ráðhús ÉDIFICE REMARQUABLE

(Hôtel de ville ; carte p. 60 ; Vonarstræti ; ⏲8h-16h lun-ven). GRATUIT L'hôtel de ville de Reykjavík est une construction postmoderne située sur les berges du Tjörnin, à quelques minutes à pied du centre-ville. Caractérisé par des pilotis en béton, des fenêtres teintées et une enceinte recouverte de végétation, le bâtiment semble surgir de l'eau. Il abrite une intéressante carte topographique de l'Islande en relief et l'office du tourisme principal (p. 103).

Reykjavík

Musée de la Photographie de Reykjavík

MUSÉE

(Ljósmyndasafn Reykjavíkur ; carte p. 60 ; ☎411 6390 ; www.ljosmyndasafnreykjavikur.is ; 6e niv., Tryggvagata 15, Grófarhús ; adulte/enfant 1 000 ISK/gratuit ; ⏲10h-18h lun-jeu, 11h-18h ven, 13h-17h sam-dim ; 📶). Cet espace muséal, aménagé au-dessus de la bibliothèque de la ville, mérite une visite pour ses excellentes expositions de photographes régionaux. Si vous montez par l'ascenseur, redescendez par l'escalier orné de photos anciennes en noir et blanc.

Gröndalshús

MUSÉE

(Maison d'écrivain ; carte p. 60 ; ☎411 6020 ; www.bokmenntaborgin.is ; Fischersund ; ⏲13h-17h jeu-dim mi-juin à août). GRATUIT La petite maison rouge de l'écrivain, illustrateur et naturaliste Benedikt Gröndal (1826-1907) évoque joliment le Reykjavík de la fin du XIXe siècle. Gröndal vécut ici de 1880 à sa mort et sa maison-musée abrite notamment sa fameuse collection de dessins en couleur *Fauna of Iceland*. Admirez le majestueux grand pingouin, un oiseau incapable de voler, qui s'éteignit au milieu du XIXe siècle, victime d'une chasse intensive.

Volcano House

MUSÉE, FILMS

(Carte p. 60 ; ☎555 1900 ; www.volcano-house.is/fr ; Tryggvagata 11 ; adulte/enfant 1 990/1 000 ISK ; ⏲10h-22h ; 📶). **La maison du Volcan n'avait pas rouvert ses portes quand nous avons réactualisé ce guide.** Elle abrite une exposition consacrée à la lave (on peut toucher les roches) dans le “foyer”. Dans une salle moderne sont projetés deux films documentaires de 55 minutes en tout (toutes les heures) consacrés aux volcans des Vestmannaeyjar (îles Vestmann) et à l'Eyjafjallajökull, et à leurs éruptions récentes. Du 15 juin au 15 septembre, une projection en français a lieu chaque jour (possibilité d'organiser une séance pour les groupes le reste de l'année).

Dómkirkja ÉGLISE

(Dómkirkjan ; carte p. 60 ; www.domkirkjan.is ; Kirkjustræti ; 10h-16h30 lun-ven, messe 11h dim). La principale cathédrale islandaise est une construction modeste (façades blanches et toit vert), qui joua pourtant un rôle clé dans la conversion du pays au luthéranisme. Construite à la fin du XVIIIe siècle et agrandie dans les années 1840, l'église actuelle se distingue par de jolies proportions. À l'intérieur, la sobriété du bois est rehaussée de dorures.

Hljómskálagarður PARC

(Carte p. 56). GRATUIT Situé sur la rive sud-est du Tjörnin, ce parc comporte une section consacrée aux sculptures de 5 artistes islandaises : Gunnfríður Jónsdóttir (1889-1968), Nína Sæmundson (1892-1962), Þorbjörg Pálsdóttir (1919-2009), Ólöf Pálsdóttir (née en 1920) et Gerður Helgadóttir (1928-1975). On peut aussi y voir des œuvres de la Danoise Tove Ólafsson (1909-1992).

Aðalstræti 10 ÉDIFICE HISTORIQUE

(Carte p. 60 ; Aðalstræti 10 ; 9h-16h). GRATUIT La plus ancienne maison en bois de Reykjavík (1762) sert désormais de cadre à des expositions temporaires sur l'histoire de la ville.

Vieux port

Vieux port QUARTIER

(Carte p. 64 ; Geirsgata ; 1, 3, 6, 11, 12, 13, 14). Si le vieux port est toujours en activité, il est devenu, comme le quartier voisin de Grandi, un haut lieu touristique, grâce à la présence de galeries d'art, de plusieurs musées, de salles de projection de films sur les volcans et les aurores boréales, et d'excellents restaurants – sans oublier les bateaux de pêche, la salle de concert Harpa et les sommets enneigés en toile de fond, qui participent du caractère du secteur. C'est aussi le point de départ, sur la jetée, d'excursions d'observation des baleines et des macareux.

Du côté ouest du port, le quartier de Grandi (du nom d'une conserverie de poissons), est en plein renouveau, avec l'arrivée de nombreux restaurants et magasins.

SITES INTERNET UTILES

Visit Reykjavík (www.visitreykjavik.is). Site de l'office national du tourisme islandais.

City of Reykjavík (reykjavik.is). Le site de la municipalité.

Grapevine (www.grapevine.is). Excellent journal/site Internet.

What's On in Iceland (www.whatson.is). Infos, circuits, manifestations, sites, bonnes adresses… Une section dédiée à Reykjavík, à destination des visiteurs.

Iceland Review (www.icelandreview.com). Actualités, sorties, etc.

I Heart Reykjavík (www.iheartreykjavik.net). Sympathique blog-guide en ligne, par une Islandaise de Reykjavík.

Iceland Design Centre (Hönnunarmiðstöð ; 771 2200 ; www.icelanddesign.is ; Aðalstræti 2 ; 10h-18h lun-sam). Le site de ce centre qui promeut les designers et architectes locaux est une mine, avec des actus sur les projets et créations, les expos, les événements… Le Reykjavík Design Guide recense les créateurs (des architectes aux céramistes). Boutique dans le centre.

Omnom Chocolate CHOCOLATERIE

(Carte p. 64 ; 519 5959 ; www.omnomchocolate.com ; Hólmaslóð 4, Grandi). À cause de la pandémie de Covid-19, cette fabrique de chocolat avait suspendu ses visites (à 14h lun-ven) où l'on peut observer comment les fèves de cacao sont transformées en gourmandises haut de gamme. Renseignez-vous, et sachez que la boutique, qui vend de jolies tablettes de chocolat aux innombrables saveurs originales, est bel et bien ouverte.

Musée maritime de Reykjavík MUSÉE

(Sjóminjasafnið í Reykjavík ; carte p. 64 ; 411 6300 ; reykjavikcitymuseum.is ; Grandagarður 8 ; adulte/enfant 1 800 ISK/gratuit ; Óðinn et musée 2 800 ISK ; 10h-17h, visite Óðinn 13h, 14h et 15h ; ; 14). Le rôle capital de la pêche dans l'économie islandaise est au cœur de ce musée imaginatif installé dans une ancienne usine de congélation de poisson. À travers des objets anciens, des photos sépia et des jeux interactifs, l'exposition **Fish & folk** retrace 150 ans d'industrie de la pêche et l'évolution des bateaux à rames de la fin du XIXe siècle

Vieux Reykjavík

jusqu'aux chalutiers du XXIe siècle. Prévoyez un moment pour la visite guidée de l'ancien patrouilleur garde-côtes *Óðinn* (1 400 ISK).

Whales of Iceland MUSÉE

(Musée des Baleines ; carte p. 64 ; ☎571 0077 ; www.whalesoficeland.is ; Fiskislóð 23-25 ; adulte/enfant 2 900/1 500 ISK ; ⏲10h-17h ; 📶 ; 🚌14). Vous êtes-vous déjà baladé sous une baleine bleue ? Ce musée épatant donne à voir des reproductions à taille réelle de 23 espèces de baleines vivant au large des côtes islandaises. C'est le plus grand musée du genre en Europe, et sa collection de squelettes de cétacés est remarquable. De bons audioguides et des explications sur écran sont disponibles, ainsi qu'un café et une boutique de souvenirs. Réductions en ligne et billets famille (5 800 ISK).

Musée des Sagas MUSÉE

(Carte p. 64 ; ☎511 1517 ; www.sagamuseum.is ; Grandagarður 2 ; adulte/enfant 2 500/1 000 ISK ; ⏲10h-17h ; 📶 ; 🚌14). Ce musée vous conte l'histoire islandaise, illustrée par d'inquiétants mannequins, avec une bande-son multilingue comportant force bruits de hache et cris d'effroi. Ne vous étonnez pas si

Vieux Reykjavik

Les incontournables
1 i8 .... A1
2 Vieux Reykjavík B4
3 Musée d'Art de Reykjavík – Hafnarhús B2
4 The Settlement Exhibition A4

À voir
5 Aðalstræti 10 .... A3
6 Alþingi B4
7 Austurvöllur C4
8 Dómkirkja C4
9 Gröndalshús A2
10 Statue de Ingibjörg H Bjarnason B4
Statue de Jón Sigurðsson .... (voir 7)
11 Ráðhús A5
12 Musée de la Photographie de Reykjavík B1
13 Statue de Skúli Magnússon A4
14 Volcano House A1

Activités
15 Free Walking Tour Reykjavik D4
16 Grayline Iceland D3
17 Haunted Walk B2
18 Literary Reykjavík B1

Où se loger
19 Apotek C4
20 Black Pearl A1
21 CenterHótel Plaza B3
22 Reykjavik Konsulat Hotel D3
23 Hótel Borg C4
24 Hótel Reykjavík Centrum A4
25 Kvosin Downtown C5
26 Radisson Blu 1919 .... C3

Où se restaurer
28 10-11 .... C3
Apotek .... (voir 19)
29 Bæjarins Beztu C3
31 Bio Borgari A1
32 Fiskfélagið B2
33 Fiskmarkaðurinn A3
34 Grillmarkaðurinn D4
35 Hornið C3
38 Jómfrúin D4
39 Lobster Hut D3
40 Matarkjallarinn B2
41 Messinn C5
43 Stofan Kaffihús B2
44 Tapas Barinn A2
45 Torfan Lobsterhouse D5

Où prendre un verre et faire la fête
46 Frederiksen Ale House C2
47 Aldamót C5
49 Micro Bar B2
50 Pablo Discobar B3
51 Paloma B2
52 Sæta Svínið Gastropub B2
53 Skúli Craft Bar B3

Où sortir
54 Gaukurinn B2
Húrra .... (voir 54)
55 Tjarnarbíó A5

Achats
Akkúrat .... (voir 57)
Eymundsson .... (voir 19)
56 Fischer A2
57 Iceland Design Centre B2
58 Kirsuberjatréð A2
59 Kogga A2
60 Marché au puces de Kolaportið C2
61 Nordic Store D4
62 Vínbúðin – Austurstræti C3

vous croyez reconnaître des personnages du musée parmi les habitants de Reykjavík : certains ont servi de modèles, à l'instar des filles du directeur – la princesse irlandaise et la petite esclave grignotant un poisson.

Aurora Reykjavík MUSÉE

(Northern Lights Centre ; carte p. 64 ; ☎780 4500 ; www.aurorareykjavik.is ; Grandagarður 2 ; adulte/enfant 2 000/1 000 ISK ; 11h-21h ; 14). Un endroit pour tout savoir sur les légendes entourant les aurores boréales *(northern lights)*. Explications scientifiques et projection panoramique HD (35 min ; système ambiophonique) des plus belles "lumières du Nord".

Laugavegur et Skólavörðustígur

Hallgrímskirkja ÉGLISE

(Carte p. 66 ; ☎510 1000 ; www.hallgrimskirkja.is ; Skólavörðustígur ; clocher adulte/enfant 1 000/100 ISK ; 9h-21h mai-sept, 9h-17h oct-avr). Cette immense église blanche en béton (1945-1986), visible à 20 km à la ronde, est le monument phare de Reykjavík, dont elle domine les toits. Pour une vue imprenable sur la ville, prenez l'ascenseur jusqu'en haut du clocher (74,5 m). L'intérieur de cette église luthérienne est tout en sobriété – abstraction faite du grand orgue aux 5 275 tuyaux, installé en 1992. L'architecture radicale de l'église et ses dimensions ont suscité de vives controverses. Son architecte, Guðjón Samúelsson (1887-1950), ne la vit jamais achevée. Les colonnes rappelant le basalte volcanique placées de part et d'autre du clocher attestent du désir de Samúelsson de créer un style architectural national. Devant l'église trône une statue du Viking Leifur Eiríksson (fils d'Erik le Rouge), représenté regardant fièrement l'horizon. Il fut le premier Européen à fouler le sol d'Amérique, quelque 500 ans avant Christophe Colomb. Offerte par les États-Unis à l'occasion du millénaire de l'Alþing en 1930, cette statue est l'œuvre d'Alexander Stirling Calder (1870-1945), le père d'Alexander Calder (1898-1976).

Le nom de Hallgrímskirkja (prononcez *hatl-krims-kirkya*) vient du pasteur et poète islandais Hallgrímur Pétursson (1614-1674), auteur de *Passíusálmar (les Hymnes de la Passion)*, le plus célèbre recueil de cantiques islandais.

De mi-juin à fin août, on peut écouter des **concerts de musique chorale** (www.scholacantorum.is ; 30 min, 3 000 ISK) à 12h le mercredi et des **récitals d'orgue** (www.listvinafelag.is) à 12h les jeudis et samedis (30 min, 2 000 ISK) ; des récitals de 1 heure ont lieu le dimanche à 17h (2 500 ISK). La messe est célébrée le dimanche à 11h et un petit office a lieu le mercredi à 8h. Un service anglican se déroule le dernier dimanche du mois à 14h.

Harpa SALLE DE CONCERT, CENTRE CULTUREL

(Carte p. 66 ; billetterie 528 5050 ; www.harpa.is ; Austurbakki 2 ; 8h-minuit, billetterie 12h-18h ;). À la fois salle de concert et centre culturel, le Harpa, dont la façade de verre aux facettes toujours changeantes se reflète sur l'eau, est une merveille architecturale invitant à la contemplation. Outre les spectacles de grande qualité donnés en saison (dont certains gratuits), l'intérieur scintillant, avec vue sur le port, vaut le coup d'œil.

Culture House MUSÉE D'ART

(Þjóðmenningarhúsið ; carte p. 66 ; 530 2210 ; www.culturehouse.is ; Hverfisgata 15 ; adulte/enfant avec musée national 2 000 ISK/gratuit ; 10h-17h mai à mi-sept, fermé lun mi-sept à avr ;). Fruit d'une collaboration entre le Musée national, la Galerie nationale et quatre autres institutions, cette Maison de la culture est splendide. Les collections couvrent l'histoire artistique et culturelle islandaise de la colonisation à nos jours. Les pièces, pour beaucoup inestimables, sont classées par thèmes. Parmi les joyaux de l'établissement : des manuscrits des sagas du XIVe siècle, des œuvres d'art contemporain et le squelette d'un grand pingouin (espèce désormais éteinte). Renseignez-vous en ligne sur les visites guidées gratuites.

GALERIES D'ART

Reykjavík compte de nombreuses petites galeries d'art contemporain et boutiques de créateurs.

Kling & Bang (carte p. 64 ; 554 20 03 ; this.is/klingandbang ; Grandagarður 20, Marshall Húsið, Grandi ; 12h-18h mer et ven-dim, 12h-21h jeu). GRATUIT Les œuvres de jeunes talents prometteurs de l'avant-garde sont exposées dans cet espace récent, très prisé des Reykjavikois.

Stúdíó Ólafur Elíasson (carte p. 64 ; 551 3666 ; www.olafureliasson.net ; Grandagarður 20, Marshall Húsið, Grandi ; 12h-18h mar-mer et ven-dim, 12h-21h jeu ; 14). GRATUIT Un aperçu de l'œuvre du fameux artiste islando-danois, né en 1967.

i8 (carte p. 60 ; 551 3666 ; www.i8.is ; Tryggvagata 16 ; 11h-18h mar-ven, 13h-17h sam). GRATUIT La crème des artistes islandais d'aujourd'hui. Beaucoup exposent aussi à l'étranger.

Hverfisgallerí (carte p. 66 ; 537 4007 ; www.hverfisgalleri.is ; Hverfisgata 4 ; 13h-17h mar-ven, 14h-17h sam). Œuvres d'art contemporain islandais, mises en valeur dans un espace spacieux et central.

Gallerí Fold (carte p. 70 ; 551 0400 ; www.myndlist.is ; Rauðarárstígur 12 ; 10h-18h lun-sam). GRATUIT Grand marchand d'art islandais et salle de ventes aux enchères.

Nýló (Nýlistasafnið – The Living Art Museum ; carte p. 64 ; 551 4350 ; www.nylo.is ; Grandagarður 20, Marshall Húsið, Grandi ; 12h-18h mar, mer et ven-dim, 12h-21h jeu). GRATUIT Jeunes talents prometteurs et artistes contemporains déjà reconnus. Concerts et pièces de théâtre occasionnels.

Ce grand et bel édifice tout blanc datant de 1908 et superbement restauré offre une vue splendide sur le port. Le billet donne aussi accès au Musée national (p. 55).

Musée phallologique islandais MUSÉE
(Hið Íslenzka Reðasafn ; carte p. 70 ; ☎561 6663 ; www.phallus.is ; Laugavegur 116 ; adulte/enfant 2 500 ISK/gratuit ; ⏲10h-19h). Ce musée, unique en son genre et fort bien conçu, abrite une immense collection de pénis. Dans le formol ou en bois pétrifié, 286 attributs virils sont exposés, représentant tous les mammifères islandais. On voit notamment les organes génitaux d'un grand cachalot et d'un ours polaire ; ceux, minuscules, d'une souris ; et des moulages en argent de ceux de chaque membre de l'équipe nationale de handball. Le seul spécimen humain est celui de l'alpiniste Páll Arason. Il s'agit d'un don *post mortem*.

Musée d'Art de Reykjavík – Kjarvalsstaðir MUSÉE D'ART
(Carte p. 70 ; ☎411 6420 ; www.artmuseum.is ; Flókagata 24, parc Miklatún ; adulte/enfant 1 880 ISK/gratuit ; ⏲10h-17h ; 📶). Édifice anguleux de verre et de bois, le Kjarvalsstaðir, qui donne sur le parc Miklatún, doit son nom au peintre islandais Jóhannes Sveinsson Kjarval (1885-1972). Ancien pêcheur, Kjarval étudia à l'Académie des beaux-arts de Copenhague grâce aux membres de son équipage, qui lui payèrent ses études. Ses paysages sont exposés à côté d'autres œuvres, le plus souvent des peintures du XXe siècle.

Galerie nationale d'Islande MUSÉE
(Listasafn Íslands ; carte p. 66 ; ☎515 9600 ; www.listasafn.is ; Fríkirkjuvegur 7 ; adulte/enfant 2 000 ISK/gratuit ; ⏲10h-17h tlj mi-mai à mi-sept, 11h-17h mar-dim mi-sept à mi-mai ; 📶). Ce bel ensemble de salles en marbre et de spacieuses galeries donnant sur le Tjörnin accueille des expositions temporaires puisant dans le fonds de l'institution, riche de 10 000 pièces. Le musée ne peut exposer qu'une petite partie de ses collections à la fois ; les œuvres vont des toiles de grands peintres islandais des XIXe et XXe siècles (dont Jóhannes Kjarval et Nína Sæmundsson), aux sculptures d'artistes comme Sigurjón Ólafsson.

Le même billet donne accès à la collection Ásgrímur Jónsson (voir ci-contre) et au musée Sigurjón Ólafsson (p. 68).

RÉDUCTIONS

- La **Reykjavík City Card** (www.citycard.is ; 4 000/5 600/6 900 ISK les 24/48/72 heures) donne accès à 10 des piscines/piscines géothermales municipales de Reykjavík, ainsi qu'à la plupart des grandes galeries et musées et permet d'obtenir des remises sur certaines visites, dans des boutiques et des salles de spectacle. Elle accorde la gratuité dans les bus urbains Strætó et le ferry pour Viðey. La **Children's City Card** (1 650 ISK), valable 24 heures, est moins utile, beaucoup de musées ne faisant pas payer les enfants. Ces cartes sont en vente à l'office du tourisme principal (p. 104), dans certaines agences de voyages, les supermarchés 10-11, les auberges de jeunesse HI et certains hôtels.
- Le billet du musée d'Art de Reykjavík est valable pour les 3 sites.
- Il existe un billet combiné (2 000 ISK) pour la Galerie nationale, la collection Ásgrímur Jónsson et le musée Sigurjón Ólafsson.

Collection Ásgrímur Jónsson MUSÉE D'ART
(Carte p. 56 ; ☎515 9625 ; www.listasafn.is ; Bergstaðastræti 74 ; adulte/enfant 1 000 ISK/gratuit ; ⏲13h-17h mi-mai à déb sept, 14h-17h sam-dim déb sept à nov et fév à mi-mai). Premier peintre professionnel islandais, Ásgrímur Jónsson (1876-1958) était fils de fermier. Il vivait et travaillait ici et l'on peut visiter son ancien atelier pour admirer ses œuvres mêlant contes traditionnels et nature islandaise.

Musée Einar Jónsson MUSÉE D'ART
(Listasafn Einars Jónssonar ; carte p. 66 ; ☎551 3797 ; www.lej.is ; Eriksgata 3 ; adulte/enfant 1 500 ISK/gratuit ; ⏲12h-17h mar-dim). Einar Jónsson (1874-1954), l'un des plus grands artistes islandais, est notamment connu pour ses allégories de l'Espérance, de la Terre et de la Mort, sculptées dans le basalte. Il a lui-même dessiné les plans de cette maison-atelier-musée moderniste, édifiée entre 1916 et 1923 sur une colline en pleine campagne à l'époque, non loin de la ville. Outre le musée, on peut visiter son logement, austère, et son atelier au dernier étage, qui offre une belle vue sur la ville.

Dans le **jardin des sculptures** (carte p. 66 ; www.lej.is ; Freyjugata ; ⏲24h/24) GRATUIT, à l'arrière,

Vieux port

26 de ses bronzes se dressent à l'ombre de la Hallgrímskirkja, la grande église luthérienne.

Árnarhóll POINT DE REPÈRE

(Carte p. 66). La statue d'Ingólfur Arnarson, premier colon islandais, trône fièrement sur l'Árnarhóll, une grande place herbeuse servant de lieu de rassemblement pour les défilés et les manifestations.

Tün

Reykjavík est une ville de jardins de sculptures et d'œuvres d'art public. Plus que tout autre, *Le Voyageur du Soleil – Sólfar* en islandais – (carte p. 66 ; Sæbraut) de Jón Gunnar Árnason (1931-1989), frappe l'imagination. Installée en bord de mer (peu après la mort de l'artiste), où elle se détache sur de lointaines montagnes enneigées, cette sculpture en acier inoxydable évoque la silhouette d'un bateau viking.

Laugardalur

Laugardalur QUARTIER, PARC

(Carte p. 56 ; 🚌2, 5, 14, 15, 17). À 4 km à l'est du centre-ville, le quartier de Laugardalur englobe de grands espaces verdoyants qui constituaient jadis la principale

Vieux port

source d'alimentation en eau chaude de Reykjavík. Laugardalur signifie "vallée des sources chaudes" et l'on voit encore au centre du parc les vestiges d'un ancien lavoir. De nos jours, le parc de Laugardalur est prisé des Reykjavikois, notamment pour sa vaste piscine géothermale (p. 71), son spa, son café (p. 93), sa patinoire, son jardin botanique, ses stades (pour le sport et les concerts) et son zoo/parc de loisirs.

Musée d'Art de Reykjavík – Ásmundarsafn — MUSÉE D'ART

(Musée Ásmundur Sveinsson ; carte p. 56 ; ☎411 6430 ; www.artmuseum.is ; Sigtún ; adulte/enfant 1 650 ISK/gratuit ; ⏲10h-17h mai-sept, 13h-17h oct-avr ; wifi ; bus 2, 4, 14, 15, 17, 19). Il y a quelque chose d'espiègle dans la vaste collection de sculptures d'Ásmundur Sveinsson (1893-1982) exposées ici, dans un bâtiment unique en son genre – un édifice blanc aux formes cubiques partiellement coiffé d'un dôme qu'il a lui-même conçu dans les années 1940, et où il vécut et travailla. Des créations monumentales sont disséminées dans le jardin. À l'intérieur, des œuvres en bois, en argile ou en métal (mobiles pour certaines) abordent des thèmes variés. Admirez les puits de lumière, le marbre blanc et l'amusante coupole à l'acoustique remarquable.

Jardin botanique de Reykjavík — JARDIN

(Grasagarður ; carte p. 56 ; ☎411 8650 ; www.grasagardur.is ; Laugardalur ; ⏲10h-22h mai-sept, 10h-15h oct-avr ; bus 2, 5, 14, 15, 17). GRATUIT On dénombre plus de 5 000 variétés de plantes subarctiques dans ce jardin botanique. Outre une débauche saisonnière de fleurs colorées, il y a de nombreux oiseaux, en particulier des oies cendrées et leurs oisons duveteux. En été, le très apprécié Café Flóra (p. 93) s'installe dans la serre.

Zoo et parc de Reykjavík — ZOO

(Fjölskyldu og Húsdýragarðurinn ; carte p. 56 ; ☎411 5900 ; www.mu.is ; Laugardalur ; adulte/enfant 940/720 ISK, billet 1/10 tours de manège 360/2 900 ISK ; ⏲10h-18h juin à mi-août, 10h-17h mi-août à mai ; enfants ; bus 2, 5, 15, 17). Par beau temps, les familles islandaises affluent

Laugavegur

Quai des petits bateaux de croisière
Vieux port
Harpa
Sterna
Iceland By Bus
Faxagata
Kalkofnsvegur
Geirsgata
Naustin
Sæbraut
Tryggvagata
Hafnarstræti
Austurstræti
Pósthússtræti
VIEUX REYKJAVÍK
Austurvöllur
Kirkjustræti
Templarasund
Kirkjutorg
Lækjargata
Bankastræti
Skólastræti
Amtmannsst
Þingholtsstræti
Hverfisgata
Culture House
Ingólfsstræti
Sölvhólsgata
Lindargata
Skúlagata
Smiðjust
Smiðjustígur
Bergstaðastræti
Klapparstígur
Veghst
Vatnsstígur
Frakkastígur
Sæbraut
OCÉAN ATLANTIQUE NORD
0
200 m
A
B
C
D
E
F
G
1
2
3
4
48
3
14
15
21
5
9
1
80
46
85
72
17
43
82
29
83
45
22
74
56
54
97
63
13
19
88
76
52
65
100
84
34
73
12
11

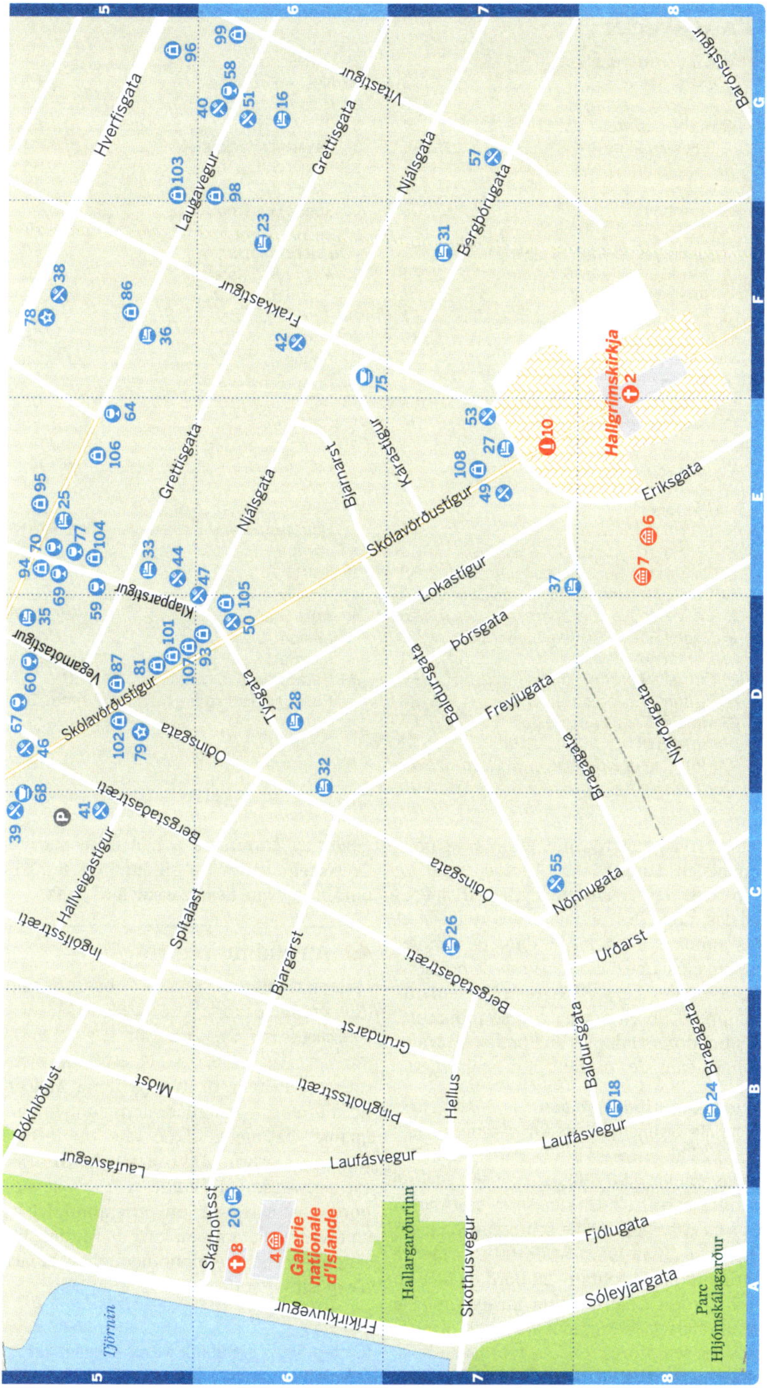
Hallgrímskirkja
Galerie nationale d'Islande
Tjörnin
Hallargarðurinn
Parc Hljómskálagarður
Hverfisgata
Laugavegur
Grettisgata
Njálsgata
Vitastígur
Barónsstígur
Frakkastígur
Bergþórugata
Kárastígur
Bjarnarst
Skólavörðustígur
Eiriksgata
Lokastígur
Þórsgata
Freyjugata
Baldursgata
Bragagata
Njarðargata
Klapparstígur
Vegamótastígur
Týsgata
Óðinsgata
Bergstaðastræti
Hallveigarstígur
Ingólfsstræti
Spítalast
Bjargarst
Nönnugata
Urðarst
Grundarst
Miðst
Þingholtsstræti
Hellus
Bókhlöðust
Laufásvegur
Skálholtsst
Fjólugata
Skothúsvegur
Sóleyjargata
Fríkirkjuvegur

Laugavegur

vers le Húsdýragarðurinn, grand parc pour enfants de Laugardalur. Au zoo, point de lion ou de tigre, mais une myriade d'espèces locales, dont des phoques, des renards et des animaux de la ferme dans de simples enclos, ainsi que des aquariums de poissons d'eau froide. La section pour les enfants comprend un circuit de course miniature, des bulldozers adaptés aux petits, un trampoline géant, des bateaux et des manèges.

Musée Sigurjón Ólafsson MUSÉE D'ART

(Listasafn Sigurjóns Ólafssonar ; carte p. 56 ; ☎553 2906 ; www.lso.is ; Laugarnestanga 70 ; adulte/enfant 1 000 ISK/gratuit ; ⏲13h-17h tlj mi-mai à mi-sept, 14h-17h sam-dim mi-sept à nov et fév à mi-mai ; 🚌12, 16). Le sculpteur Sigurjón Ólafsson (1908-1982) avait transformé ce bâtiment blanc solitaire en bord de mer en atelier. C'est désormais un musée (annexe de la Galerie nationale) où sont présentées ses sculptures (bustes, totems en bois, blocs de métal et de pierre), dans des salles modernes traversées par la brise marine. Ce secteur côtier est sillonné de sentiers offrant une vue dégagée sur Reykjavík.

Au sud du centre-ville

Maison nordique CENTRE CULTUREL

(Norræna Húsið ; carte p. 56 ; ☎551 7030 ; www.nordichouse.is ; Sæmundargata 11 ; ⏲10h-17h mar-dim ; 📶 ; 🚌1, 3, 6, 12, 14). Grande institution culturelle de Reykjavík, la Maison nordique est installée dans un remarquable bâtiment signé de l'architecte finlandais Alvar Aalto (1898-1976). Elle est consacrée à l'Islande et à ses voisins nordiques à travers un programme riche en événements tout au long de l'année. Il y a notamment une bibliothèque, un espace d'exposition et de concerts et un bistrot.

Perlan ÉDIFICE REMARQUABLE, MUSÉE

(Carte p. 56 ; ☎566 9000 ; www.perlanmuseum.is ; Öskjuhlíð ; adulte/enfant 4 490/2 290 ISK ;

53 ROK ... E7
Snaps ... (voir 28)
54 Sushi Social ... C4
55 Þrír Frakkar ... C7
56 Torfan Lobsterhouse ... B4
57 Vitabar ... G7

Où prendre un verre et faire la fête

58 Artson ... G6
59 Bar Ananas ... E5
60 Bastard ... D5
Bravó ... (voir 70)
63 Den Danske Kro ... C4
64 Dillon ... E5
65 Kaffi Mokka ... D4
67 Kaffibarinn ... D5
68 Kaffi Félagið ... C5
69 Kaldi ... E5
70 Kiki ... E5
72 Petersen Svítan ... C4
73 Port 9 ... F4
74 Prikið ... C4
75 Reykjavík Roasters ... F6
76 Spánski ... C4
77 Veður ... E5

Où sortir

78 Bíó Paradís ... F5
79 Mengi ... D5
80 Théâtre national ... D3

Achats

81 12 Tónar ... D5
82 66° North ... C4
83 Aurum ... C4
84 Blue Lagoon Shop ... D4
85 Cintamani ... C4
86 Dogma ... F5
87 Eymundsson ... D5
88 Fjallakofinn ... D4
93 Handknitting Association of Iceland ... D6
94 Heilsuhúsið ... E5
95 Hrím ... E5
96 Húrra Reykjavík ... G5
97 Kiosk ... C4
98 Kron ... G6
99 KronKron ... G6
100 Ófeigur Björnsson ... D4
101 Orrifinn ... D5
102 Rammagerðin ... D5
103 Reykjavík Foto ... G5
104 Reykjavík Record Shop ... E5
105 Skúmaskot ... D6
106 Spúútnik ... E5
107 Stígur ... D5
108 Tulipop ... E7

8h-20h ; 18). À 2 km du centre-ville, sur la colline d'Öskjuhlíð, le dôme de verre du Perlan, dessiné par Ingimundur Sveinsson, semble comme posé au-dessus de 6 immenses réservoirs d'eau géothermale. À l'intérieur, l'exposition *Wonders of Iceland* comprend des reconstitutions audiovisuelles high-tech de glaciers artificiels, une grotte de glace, des représentations en réalité augmentée des immenses falaises de Látrabjarg peuplées d'oiseaux et des expositions immersives sur les volcans, les tremblements de terre et les zones géothermales. La **plateforme d'observation** entourant le dôme offre une superbe vue à 360° sur Reykjavík et les montagnes.

Des **sentiers pédestres et cyclables** sillonnent la colline. L'un mène à la plage géothermale de Nauthólsvík (p. 71).

On profite aussi d'une vue panoramique depuis le café-restaurant de type bistrot situé au 5e niveau du Perlan. Une navette gratuite (9h-17h) dessert le site au départ de la salle de concert Harpa.

En périphérie

Seltjarnarnes ZONE CÔTIÈRE

(www.seltjarnarnes.is ; 11). À seulement 5 km à l'ouest du centre de Reykjavík, la zone côtière de Seltjarnarnes semble pourtant à mille lieues. L'île de **Grótta**, dotée d'un phare rouge et blanc, est un paradis pour l'observation des oiseaux, avec 106 espèces migratrices recensées. Elle est accessible à marée basse, mais fermée de mai à mi-juillet, pendant la période de nidification. Pour y accéder, suivez le joli chemin côtier, fréquenté par des marcheurs, des joggeurs et des cyclistes.

Musée en plein-air d'Árbær MUSÉE

(Árbæjarsafn ; 411 6300 ; reykjavikcitymuseum.is ; Kistuhylur 4, Ártúnsholt ; adulte/enfant 1 800 ISK/gratuit ; 10h-17h juin-août, 13h-17h sept-mai ; ; 12, 24). Une vingtaine d'édifices anciens ont été transplantés de leurs sites d'origine jusqu'à l'Árbæjarsafn. Des maisons du XIXe siècle côtoient une église

Est de Laugavegur

Est de Laugavegur

À voir

1 Gallerí Fold B2
2 Musée phallologique islandais A2
3 Musée d'Art de Reykjavík – Kjarvalsstaðir B3

Activités

4 Sundhöllin A2

Où se loger

5 Alda Hotel A1
6 Eyja Guldsmeden C2
7 Fosshotel Reykjavík B1
8 Grettir Apartments A1
10 KEX Hostel A1
11 Luna Hotel Apartments A1
12 OK Studios A1
13 Opal Apartments B2
14 Skuggi Hotel A1
15 Snorri's Guesthouse A3
16 Útivist D2

Où se restaurer

17 10-11 .... A1
18 10-11 .... D1
20 Ban Thai B2
Hlemmur Mathöll .... (voir 25)
23 Noodle Station A2
25 SKÁL! B2
26 Yummi Yummi B2

Où prendre un verre et faire la fête

KEX Bar .... (voir 10)

Achats

27 Handknitting Association of Iceland D1
28 Iceland Camping Equipment Rental A1
29 Iðnú Bookshop B2
31 Lucky Records B2
32 Orr A2

au toit de tourbe et d'herbe, des écuries et des étables avec des animaux domestiques, des forges, des granges et des hangars à bateaux – l'ensemble est très pittoresque. Des démonstrations d'artisanat ont lieu en été et les visites débutent toute l'année à 13h. À 4 km au sud-est du centre-ville.

Activités

Vous avez l'embarras du choix : visites guidées, balades à vélo le long des lacs ou du front de mer, nombreux *hot pots*... C'est aussi de Reykjavík que partent les circuits d'aventure vers les destinations les plus variées du pays. La plupart des prestataires viennent vous prendre à votre porte ou, si vous logez dans le centre, à l'arrêt de bus le plus proche.

Laugardalslaug PISCINE GÉOTHERMALE, HOT POT
(Carte p. 56 ; ☎411 5100 ; www.reykjavik.is/stadir/laugardalslaug ; Sundlaugavegur 30a, Laugardalur ; adulte/enfant 1 060/165 ISK, location maillot/serviette 940/640 ISK ; 6h30-22h lun-ven, 8h-22h sam-dim ; ; 12, 14). Cette piscine géothermale, l'une des plus grandes d'Islande, possède d'excellentes infrastructures : un bassin olympique couvert, plusieurs bassins découverts, une ribambelle de *hot pots*, un bain d'eau de mer, un hammam et un toboggan aquatique de 86 m.

Laugar Spa SPA, SALLE DE SPORT
(Carte p. 56 ; ☎553 0000 ; www.laugarspa.com ; Sundlaugavegur 30a, Laugardalur ; forfait journée 6 200 ISK ; 6h-23h lun-ven, 8h-21h30 sam-dim). Cet excellent spa, juste à côté du complexe de Laugardalslaug, permet de se faire dorloter de mille façons, avec 6 saunas et bains de vapeur à thème, un bassin d'eau de mer, une immense salle de sport, des cours de fitness, et d'innombrables soins beauté et massages (enveloppements détox, massages faciaux, pierres chaudes). Réservé aux plus de 18 ans ; l'entrée donne aussi accès au Laugardalslaug. Café (plats 2 500-3 000 ISK) et garde d'enfants (en islandais) sur place.

Sundhöllin PISCINE GÉOTHERMALE
(Sundhöll Reykjavíkur ; carte p. 70 ; ☎411 5350 ; www.reykjavik.is/stadir/sundholl-reykjavikur ; Barónsstígur 16 ; adulte/enfant 1 060/165 ISK ; 6h30-20h lun-ven, 6h30-8h sam-dim ;). Notre piscine préférée dans le centre de Reykjavík. Rouverte en 2017 après une année de rénovation, elle possède désormais un espace intérieur avec bains chauds, sauna et piscine. La piscine couverte d'origine est toujours là, ainsi que le bain chaud confidentiel avec vue sur la ville, situé à l'étage.

Plage géothermale de Nauthólsvík PLAGE
(Carte p. 56 ; ☎551 3177 ; www.nautholsvik.is ; été/hiver gratuit/650 ISK ; 10h-19h mi-mai à mi-août, 11h-13h lun-ven, plus 17h-19h30 lun et mer, 11h-15h sam mi-août à mi-mai ; ; 5). Le petit croissant de sable de la plage géothermale de Nauthólsvík, sur la façade atlantique, est bondé lorsqu'il fait beau. En été, l'eau de la source géothermale est utilisée pour maintenir la température du lagon entre 15 et 19°C. Il y a également un *hot pot* très couru (38°C toute l'année), un snack-bar et des vestiaires.

Vesturbæjarlaug PISCINE GÉOTHERMALE, HOT POT
(Carte p. 56 ; ☎411 5150 ; https://reykjavik.is/stadir/vesturbaejarlaug Hofsvallagata ; adulte/enfant 900/140 ISK ; 6h30-22h lun-ven, 9h-22h sam-dim ; ; 11, 13). À courte distance à pied du centre-ville, une piscine de 25 m, un bain de vapeur, un sauna, 3 *hot pots* et un bassin froid.

Árbæjarlaug PISCINE GÉOTHERMALE, HOT POT
(☎411 5200 ; www.reykjavik.is/stadir/arbaejarlaug ; Fylkisvegur 9, Elliðaárdalur ; adulte/enfant 1 060/165 ISK ; 6h30-22h lun-jeu, 6h30-20h ven, 9h-18h sam-dim ; ; 5). À 10 km au sud-est du centre-ville, cette piscine est réputée être l'une des meilleures piscines familiales de la région : moitié couverte, moitié découverte, elle comporte de nombreuses attractions (toboggans, cascades, jets de massage) qui occupent les enfants.

Patinoire de Reykjavík PATINOIRE
(Skautahöllin ; carte p. 56 ; ☎588 9705 ; www.skautaholl.is ; Múlavegur 1, Laugardalur ; adulte/enfant 1 050/700 ISK, location de patins 550 ISK ; 13h-14h30 lun-mer et ven, 13h-14h30 et 17h-19h30 jeu, 13h-17h sam-dim sept à mi-mai). Ouverte de septembre à mi-mai.

Mink Viking STUDIO PHOTO
(Carte p. 66 ; ☎786 2525 ; www.mink.is ; Laugavegur 11 ; 11 900 ISK/pers ; 10h-18h lun-ven).

L'ART DU BAIN À REYKJAVÍK

Comme ailleurs sur l'île, les sources chaudes sont au cœur de la vie sociale des habitants de Reykjavík. Dans l'eau, les enfants jouent, les ados flirtent, les adultes discutent... La température de l'eau avoisine les 29°C ; les bains comptent en principe des *heitir pottar* (*hot pots*), sorte de bassins dont la température oscille entre 37 et 42°C. Apportez vos serviettes et maillots de bain, ou louez-les sur place. Pour plus de renseignements et d'autres adresses, voir le site www.spacity.is.

Les habitants de Reykjavík sont outrés de voir des touristes malpropres dans leurs piscines à l'eau claire non traitée chimiquement. Pour bien vous conduire, vous devez vous laver soigneusement au savon et sans maillot (oui, tout nu) avant de plonger.

C'est un studio très spécialisé, mais si vous rêvez de libérer le Viking qui est en vous, entrez dans ce lieu dédié aux fameux navigateurs explorateurs pour enfiler de vrais costumes, porter des armes et prendre une pose austère – ces photographes ont le chic pour capter les moments où vous ne souriez pas. Une version numérique de 6 photos au choix est incluse dans le prix. Réservez.

Borgarhjól VÉLO
(Carte p. 66 ; ☎551 5653 ; www.borgarhjol.is ; Hverfisgata 50 ; 3 000/5 000 ISK pour 4 heures/journée ; ⏲8h-18h lun-ven, 10h-14h sam). Location et réparation de vélos.

Cours

♥ Creative Iceland ARTISANAT
(☎615 3500 ; www.creativeiceland.is). Mettez-vous au tricot (21 900 ISK), à la cuisine (24 900 ISK), au design graphique, aux beaux-arts, à l'artisanat, à la musique... Ce prestataire vous met en contact avec des créateurs locaux proposant des ateliers.

Circuits organisés

Visites de la ville

L'office du tourisme (p. 103) renseigne sur les visites guidées à pied et dispose d'une foule de plans et de brochures gratuits sur les circuits autoguidées, dont les thèmes vont de *Literary Reykjavík* à *The Neighbourhood of the Gods*. Les passionnés trouveront en librairie *Reykjavík Walks* (2014, en anglais ; 3 100 ISK), un guide plus détaillé de balades de Guðjón Friðriksson.

Il existe aussi des applications à télécharger, dont des guides Lonely Planet et Locatify (Smartguide).

♥ Literary Reykjavík À PIED
(Carte p. 60 ; www.bokmenntaborgin.is ; Tryggvagata 15 ; ⏲15h jeu juin-août). GRATUIT Reykjavík est membre du réseau des villes créatives de l'Unesco de littérature. La visite à pied du centre-ville intitulée “Dark Deeds”, centrée sur des polars, part de la bibliothèque principale. On peut aussi télécharger l'application *Culture Walks*, qui propose des itinéraires thématiques, comme *Settlement* (Colonisation) et *Queer Literature* (littérature queer).

Free Walking Tour Reykjavik À PIED
(Carte p. 60 ; citywalk.is ; ⏲12h et 14h juin-août, 13h sept-mai). GRATUIT Balade de 1 heure 30 (1,5 km) dans le centre, au départ de la petite tour de l'horloge, place Lækjartorg, en français.

Haunted Walk À PIED
(Carte p. 60 ; www.hauntedwalk.is ; adulte/enfant 3 000 ISK/gratuit ; ⏲20h sam-jeu déb juin-août). Cette visite de 1 heure 30 couvrant notamment le folklore et l'observation de fantômes part de l'intersection entre Aðalstræti et Vesturgata. Réservation facultative.

TukTuk Tours TRICYCLE MOTORISÉ
(Carte p. 68 ; ☎788 5500 ; www.facebook.com/tuktukiceland ; salle de concert Harpa, Austurbakki 2 ; à partir de 30 min adulte/enfant 4 700/2 700 ISK). Filez dans Reykjavik à bord d'un tricycle motorisé. L'un des circuits est une tournée des pubs. Départ du Harpa.

Reykjavík Sightseeing CULTUREL
(☎497 5000 ; www.reykjaviksightseeing.is). Des circuits dans la ville (3 heures à pied 4 500 ISK, soirée gastronomique 14 890 ISK, observation des baleines 10 990 ISK) et en dehors (Cercle d'or à partir de 8 490 ISK).

Circuits à vélo

Reykjavík Bike Tours À VÉLO
(Carte p. 64 ; ☎694 8956 ; www.icelandbike.com ; Ægisgarður 7 ; location de vélo 4 heures à partir de 3 500 ISK, circuits à partir de 7 500 ISK ; ⏲9h-17h juin-août, horaires réduits sept-mai ; 🚌14). Ce prestataire loue des vélos et propose des circuits tels que *Classic Reykjavík* (2 heures 30, 7 km), *Coast of Reykjavík* (2 heures 30, 18 km) et *Golden Circle & Bike* (8 heures, dont 25 km à vélo en 1 heure 30). C'est l'endroit le plus pratique pour louer un vélo avant de prendre le ferry pour Viðey.

Bike Company VÉLO
(☎590 8550 ; www.bikecompany.is). Circuits à vélo (à partir de 10 900 ISK) ou à Fat-Bike (vélo à gros pneus ; à partir de 20 000 ISK) dans la région, pour tous les niveaux.

Observation des baleines, pêche et croisières

Si les eaux au large d'Akureyri et de Húsavík, dans le Nord, sont réputées pour l'observation des baleines, des sorties sont aussi organisées à Reykjavík. Les excursions fonctionnent toute l'année. Les départs sont plus nombreux en été, qui est aussi la meilleure saison. Si vous n'apercevez pas de baleines pendant votre première sortie, la plupart des agences vous remettront un bon pour une autre tentative.

CHOISIR SON EXCURSION

Si vous passez plus d'une journée dans la capitale, pourquoi ne pas prévoir une excursion dans les environs, pour profiter de l'extraordinaire nature islandaise ? En été, les principaux sites attirent les visiteurs en nombre. Si vous louez un véhicule, vous pourrez opter pour des lieux moins fréquentés ou vous organiser en dehors des heures les plus courues. Vous pouvez aussi emprunter les bus **Strætó** (☎540 2700 ; www.straeto.is), Reykjavík Excursions (p. 75), Iceland By Bus (p. 106) ou Trex (p. 106) pour vous déplacer sans suivre de visite organisée.

Le Cercle d'or (p. 123). Avec 3 sites majeurs – Þingvellir (point de rencontre des plaques continentales et site de l'ancien Parlement islandais), Geysir (immense geyser) et les puissantes chutes d'eau de Gullfoss –, le Cercle d'or donne un avant-goût irrésistible de l'Islande profonde. On peut combiner ce circuit avec toutes sortes d'activités (quad, spéléo, rafting...). Les excursions à la journée débutent généralement vers 8h30, pour un retour à 18h (les plus courtes partent à midi avec retour à 19h). En été, des excursions sont proposées en soirée (de 19h à minuit). Si vous êtes motorisé, comptez 4 heures environ pour faire le tour complet.

Blue Lagoon (p. 111). Immensément populaire, cette piscine géothermale est toujours bondée. Il existe de nombreuses excursions depuis Reykjavík, mais vous pourrez aussi y faire halte sur la route depuis/vers l'aéroport international de Keflavík. En haute saison, venez de préférence de nuit – pensez à réserver si vous ne voulez pas rester à la porte.

Péninsule de Snæfellsnes (p. 228). Cette ravissante péninsule (moins fréquentée) peut compléter le Cercle d'or ou constituer un but d'excursion à part entière. Au programme : balades le long des champs de lave, motoneige sur le glacier, villages côtiers, observation des baleines et escapades en bateau vers des îlots peuplés de macareux.

Côte sud (p. 252). Une myriade de merveilles géologiques : volcans actifs, paysages fabuleux et calottes glaciaires à explorer. Circuits toute l'année au départ de Reykjavík et des grandes villes régionales.

Þórsmörk (p. 167). Cette splendide vallée volcanique est sillonnée par des sentiers de randonnée nécessitant d'avoir plusieurs jours devant soi. Mais il est néanmoins possible d'inclure, en une journée, une courte marche à un circuit en Super-Jeep ou en bus.

Landmannalaugar (p. 160). Sur une journée, la visite (très courte) de cette région géothermique (bondée en été) n'est envisageable que dans le cadre d'un circuit en Super-Jeep ou en bus. Sachez que l'on passe la majeure partie du temps sur la route. En chemin, les Super-Jeeps font souvent halte au Hekla.

Jökulsárlón (p. 206). Cette splendide lagune glaciaire, assez éloignée de la capitale, fait l'objet de l'une des plus longues excursions. Avec un aller-retour dans la journée, vous arriverez sur le site au moment où il y a le plus du monde. Si possible, passez la nuit sur la côte sud pour venir en dehors des heures d'affluence.

Plusieurs prestataires proposent aussi des sorties de pêche à la ligne en mer, ainsi que des circuits d'observation des macareux, – que l'on aperçoit souvent sur les îlots lors des sorties d'observation des baleines.

♥ Elding Adventures at Sea OBSERVATION DES BALEINES
(Carte p. 64 ; ☎519 5000 ; www.whalewatching.is ; Ægisgarður 5 ; adulte/enfant 11 000/5 500 ISK ; ⏲kiosque du port 8h-21h ; 🚌14). L'organisateur d'excursions d'observation des baleines le mieux établi et le plus écolo propose une exposition sur les baleines dans un ancien bateau de pêche ; rafraîchissements en vente à bord. Il organise aussi des sorties de pêche (tarif plein/enfant 14 900/7 450 ISK), d'observation des macareux (tarif plein/enfant à partir de 6 500/3 250 ISK), des sorties combinées et gère le ferry pour Viðey (p. 104). Peut vous prendre à domicile.

Special Tours OBSERVATION DE LA VIE MARINE
(Carte p. 64 ; ☎560 8800 ; www.specialtours.is ; Ægisgarður 13 ; ⏲kiosque du port 8h-20h ; 🚌14).

Possède l'un des bateaux les plus petits et les plus rapides de tous les prestataires ; il sert pour des sorties de pêche (tarif plein/enfant 13 990/6 995 ISK) ou d'observation des baleines (tarif plein/enfant 11 990/5 995 ISK). Il y a aussi des sorties pour aller voir les macareux (tarif plein/enfant 5 990/2 995 ISK) et de multiples sorties combinées.

Reykjavík Sailors OBSERVATION DES BALEINES
(Carte p. 64 ; ☎571 2222 ; www.reykjaviksailors.is ; Hlésgata, vieux port ; adulte/enfant 10 490/5 250 ISK ; 9h-19h, horaires variables en hiver ; 14). Aux excursions d'observation des baleines s'ajoutent celles pour l'observation des macareux et des aurores boréales.

Whale Safari OBSERVATION DES BALEINES
(Mr Puffin ; carte p. 64 ; ☎497 0000 ; www.whalesafari.is ; Ægisgarður 7 ; 21 990 ISK/passager pour deux heures ; kiosque du port 8h-20h mi-avr à oct ; 14). De petits Zodiacs rapides s'élancent à la rencontre des baleines et des macareux.

Reykjavík By Boat CROISIÈRE
(Carte p. 64 ; ☎841 2030 ; www.reykjavikbyboat.is ; Ægisgarður 9 ; adulte/enfant 5 600/2 800 ISK ; 14). Croisière de 1 heure 30 sur un petit bateau en bois au départ du vieux port, autour de l'îlot d'Engey (colonie de macareux) et jusqu'à Viðey, puis retour.

Reykjavík Sea Adventures OBSERVATION DES OISEAUX, PÊCHE
(Carte p. 64 ; ☎775 5777 ; www.seaadventures.is ; Ægisgarður 3 ; 9h30-17h, horaires variables en hiver ; 14). Pêche en mer (tarif plein/enfant 12 990/6 500 ISK, mi-mai à mi-septembre) et observation des macareux (tarif plein/enfant 5 700/3 000 ISK, mai-août).

Fish Partner PÊCHE
(☎571 4545 ; www.fishpartner.com ; journée à partir de 32 000 ISK). Ce spécialiste de la pêche propose une multitude de circuits sur mesure : pêche à la ligne en mer, à la truite, dans un lac de cratère, en hélicoptère...

Excursions en bus et activités sportives

Si vous manquez de temps, une excursion d'une journée en bus depuis Reykjavík fait partie des solutions les plus intéressantes (y compris financièrement) pour profiter des paysages et de la nature. Votre sortie pourra combiner découverte et activités (motoneige, équitation, rafting ou plongée).

Reykjavík Excursions EN BUS
(Kynnisferðir ; carte p. 56 ; ☎580 5400 ; www.re.is ; gare routière BSÍ, Vatnsmýrarvegur 10 ; visites 8 500-47 300 ISK). L'agence la plus prisée (notamment auprès des groupes) – et la plus grosse. Elle propose tout un éventail de circuits d'hiver et d'été, coïncidant souvent avec des fêtes ou des festivals. L'agence vend aussi les billets de bus "Iceland on Your Own" et des forfaits de transport, et gère le Flybus (p. 106) pour l'aéroport international de Keflavík.

Icelandic Mountain Guides AVENTURE
(Iceland Rovers ; ☎587 9999 ; www.mountainguides.is ; Stórhöfði 33). Ce prestataire de sports d'aventure très respecté est spécialisé dans l'alpinisme, le trekking, l'escalade glaciaire et autres disciplines du même genre. Également : de nombreux circuits thématiques (grottes de glaces et aurores boréales...).

Grayline Iceland EN BUS
(Iceland Excursions ; carte p. 60 ; ☎540 1313 ; www.grayline.is ; Hafnarstræti 20). Ce tour-opérateur propose quantité d'excursions en bus à la journée (Cercle d'or 10 500 ISK), alliant visites et activités (rafting, équitation, etc.). Réservez en ligne pour bénéficier des meilleurs prix. Nombreux participants.

Sterna EN BUS
(Carte p. 66 ; ☎551 1166 ; www.sternatravel.com ; Harpa, Austurbakki 2 ; 7h-minuit juin-août, 8h-22h sept-mai). Circuits en bus dans toute l'Islande (par exemple, le combiné *Golden Circle* et *Geothermal Power*). Sterna gère aussi Iceland By Bus (p. 106), qui fournit billets et cartes de bus aux voyageurs indépendants.

Saga Travel AVENTURE
(☎558 8888 ; www.sagatravel.is). Petits groupes et grand choix de circuits dont celui consacré à *Game of Thrones* (12 490 ISK). Également des circuits en groupes plus importants, en partenariat avec des opérateurs locaux.

Arctic Adventures AVENTURE
(☎562 7000 ; www.adventures.is). Ce prestataire au personnel jeune et motivé est spécialisé dans les circuits aventure autour du kayak (à partir de 9 990 ISK), du rafting (à partir de 14 000 ISK), de l'équitation, du quad et des marches sur glacier (19 000 ISK).

Gateway to Iceland EN BUS
(☎534 4446 ; www.gtice.is). Excellents échos de la part des voyageurs indépendants pour cette agence axée sur les circuits en minibus ("Cercle d'or" 13 900 ISK, "Sud de l'Islande" 14 500 ISK), avec des guides compétents.

Hidden Iceland CIRCUITS THÉMATIQUES
(☎7705733; www.hiddeniceland.is). Cette agence très recommandée emploie des guides dynamiques emmenant de petits groupes hors des sentiers battus ou sur des itinéraires plus conventionnels. Le choix va du Cercle d'or (22 990 ISK) aux 4 jours dans les fjords de l'Ouest (250 000 ISK) en passant par l'excursion de 2 jours à la lagune glaciaire de Jökulsárlón (à partir de 69 990 ISK). Vous prend à votre hôtel.

Icelandic Knitter CULTURE
(www.icelandicknitter.com ; 6 jours à partir de 255 800 ISK). La créatrice Hélène Magnússon propose des circuits de plusieurs jours sur le thème du tricot, permettant de découvrir le filage, le travail de la laine, la création, le folklore et la randonnée/excursion, en partenariat avec Icelandic Mountain Guides (voir plus haut).

Bustravel EN BUS
(☎511 2600 ; www.bustravel.is ; Cercle d'Or à partir de 7 990/13 990 ISK la demi-journée/journée). Très apprécié des voyageurs à petit budget. Les guides-chauffeurs sont bien renseignés et les prix sont maintenus au plus bas – gros groupes.

Dog Sledding TRAÎNEAUX À CHIENS
(☎863 6733 ; www.dogsledding.is ; à partir de 24 900 ISK). Excursions en traîneaux à chiens – ce ne sont pas les visiteurs qui guident l'attelage. Lorsqu'il y a de la neige, le départ a lieu à la station de ski de Skálafell, près de Reykjavík. Sinon, le circuit se fait sur terrain sec, à Hólmasel, dans le Sud-Ouest. De mi-mai à mi-juillet, les itinéraires sillonnent généralement le Langjökull, dans l'Ouest. Renseignements à jour sur le site.

Ferðafélag Íslands SERVICE D'HÉBERGEMENT
(Iceland Touring Association ; carte p. 56 ; ☎568 2533 ; www.fi.is ; Mörkin 6). L'Iceland Touring Association gère des chalets et des campings dans tout le Sud, en particulier le long du sentier de randonnée du Laugavegurinn. Ce service aide pour les réservations et renseigne sur les dates d'ouverture, etc.

LES MERVEILLES DE L'HIVER

Visiter l'Islande en hiver connaît une popularité croissante pour des raisons simples : les aurores boréales, la nature à l'état brut, et l'occasion d'expérimenter des rythmes diurnes insensés. La période est idéale pour éviter les foules (et les prix) de l'été.

Si la lumière du jour est limitée (début janvier à Reykjavik, il fait jour environ 4 heures 30 ; début février, on passe à 7 heures), la vie urbaine se déroule normalement, et les possibilités d'aventures en plein air sont excellentes : cascades gelées, montagnes enneigées, grottes de glace, patin à glace, ski, motoneige, et balades en raquettes. Vous aurez probablement besoin d'aide pour voyager en toute sécurité et accéder aux meilleurs sites ; les circuits d'une journée constituent la solution idéale et les habitants connaissent les secrets de l'hiver.

Extreme Iceland AVENTURE
(☎588 1300 ; www.extremeiceland.is ; excursion en bus Cercle d'or 9 900 ISK, aurores boréales 9 990 ISK, glacier Sólheimajökull 10 990 ISK). Grand choix de circuits : bus, Super-Jeep, quad, spéléologie, aurores boréales. Vous prend à domicile.

Green Energy Travel BUS
(☎453 6000 ; www.get.is ; excursions à partir de 11 900 ISK). Opérateur respectueux de l'environnement, spécialiste des petits groupes, des routes tranquilles et des sites peu fréquentés, comme des curiosités majeures.

Iceland Horizons EN BUS
(☎825 8886 ; www.icelandhorizon.is). Petit opérateur équipé d'un minibus de 20 places, qui propose 4 circuits très appréciés (Cercle d'or 10 900 ISK, littoral Sud 13 900 ISK, péninsule de Snæfellsnes 16 000 ISK, aurores boréales 10 900 ISK).

Circuits en Super-Jeep et Supertruck

Les circuits en Super-Jeep et Supertruck permettent aux groupes de 4 à 6 personnes de vivre une expérience plus personnalisée. Les véhicules, plus rapides, couvrent des distances plus grandes. Sans surprise, les prix sont plus élevés que pour les bus.

Icelandic Mountain Guides (voir p. 74) et Superjeep.is font partie des organismes proposant des excursions en Super-Jeep.

1. Ferme au pied du Hekla (p. 149) 2. Grotte de glace dans le Skaftafell (p. 195) 3. L'Eyjafjallajökull (p. 174) 4. Mont Magni (p. 159)

ANNA OM/SHUTTERSTOCK ©

De feu et de glace

"Islande, terre de feu et de glace". Au-delà du simple slogan, la formule reflète bien la réalité des paysages islandais, dont la paisible majesté dissimule, souvent sous une épaisse calotte gelée, une trentaine de volcans actifs. Lorsque l'un d'eux se réveille, comme ce fut le cas, en 2010, de l'Eyjafjallajökull, c'est l'hémisphère Nord tout entier qui retient son souffle.

Vatnajökull

Au sein du plus vaste parc national d'Islande (p. 195), auquel il a donné son nom, le Vatnajökull forme la plus grande calotte glaciaire d'Europe. Vous pourrez en parcourir l'immensité blanche à l'occasion d'une virée en motoneige : une expérience inoubliable.

Eyjafjallajökull

Ce nom imprononçable évoque pour beaucoup l'éruption qui, en 2010, recouvrit l'Europe d'un nuage de cendres et entraîna l'annulation de milliers de vols (p. 174).

Hekla et Katla

Telles des sœurs malveillantes tout droit sorties d'un conte islandais, l'Hekla (p. 149) et le Katla (p. 174) sont deux monstres impétueux qui dominent un large pan des paysages du Sud et menacent à tout instant de répandre vapeur, fumée et lave sur les glaciers et les plaines alentour.

Snæfellsjökull

Le célèbre *Voyage au centre de la Terre*, de Jules Verne, part de ce point culminant de la péninsule de Snæfellsnes (p. 241). Le glacier est visible, par temps clair, depuis Reykjavík.

Magni et Móði

Ces petits monts, les plus récents du pays (p. 159), sont nés de l'éruption de 2010. Emportez des *pýlsur* (hot dogs) pour faire l'ascension du mont Magni : la terre encore fumante les cuira en un rien de temps !

Les brochures de l'office du tourisme recèlent quantité d'autres offres.

Mountaineers of Iceland AVENTURE
(☎580 9900 ; mountaineers.is ; Köllunarkletts-vegi 2). Cette agence emploie des guides chevronnés, pour la plupart membres de l'équipe de secours nationale. Nombreux circuits en Super-Jeep (à partir de 309 000 ISK) et à motoneige (à partir de 24 000 ISK), surtout au glacier Langjökull, où cet organisme possède plusieurs camps.

Superjeep.is EN SUPER-JEEP
(☎660 1499 ; www.superjeep.is ; à partir de 28 000/29 000 ISK par demi-journée/journée). Circuits en Super-Jeep couplés avec des activités (motoneige, quad, etc.).

Into the Wild EN SUPER-JEEP
(☎866 3301 ; www.intothewild.is). Circuits en Super-Jeep : Cercle d'or (35 000 ISK), l'Eyjafjallajökull et le Landmannalaugar (32 500 ISK)...

Spéléologie et exploration des tunnels de lave

Explorer le monde souterrain permet de comprendre et d'observer les phénomènes géologiques qui font la particularité de l'Islande. La plupart des tunnels de lave et des grottes ne sont accessibles que dans le cadre de circuits organisés. Les principaux sites à découvrir au départ de Reykjavík sont situés sur la péninsule de Reykjanes et dans le haut du Borgarfjörður. Arctic Adventures (p. 74), Icelandic Mountain Guides (p. 74) et quantité d'agences de circuits en bus et 4×4 proposent des expéditions de spéléologie.

Inside the Volcano AVENTURE
(☎519 5609 ; www.insidethevolcano.com ; circuits adultes/enfants 8-12 ans 44 000/22 000 ISK ; ⏲mi-mai à mi-oct). Une aventure unique en son genre, qui conduit les amateurs de sensations fortes dans une chambre magmatique vieille de 4 000 ans. Après une marche de 3 km (50 min ; ou par hélicoptère pour 88 900 ISK) jusqu'au cratère Thrihnukagigur, on descend sur 120 m de profondeur, par groupes de six, dans un monte-charge jusqu'au fond de la faille évasée, autrefois remplie de lave en fusion. Il y fait sombre et l'on reste peu de temps. À partir de 8 ans.

Iceland Expeditions AVENTURE
(☎777 0708 ; www.icelandexpeditions.is). Des sorties de spéléologie dans des tunnels de lave (20 900 ISK), entre autres circuits.

Balades à cheval

Galoper sur un cheval islandais dans les champs de lave sous le soleil de minuit est une expérience unique ! Les possibilités sont multiples, de la balade de 1 heure 30 à l'expédition de plusieurs jours. On peut combiner l'équitation à d'autres activités (circuit du Cercle d'or, Blue Lagoon, etc.).

Eldhestar ÉQUITATION
(☎480 4800 ; www.eldhestar.is ; Vellir, Hveragerði). Ce centre, situé près de Hveragerði, est l'un des plus importants d'Islande. Les balades ont lieu dans les prairies environnantes (1 heure 8 500 ISK, demi-journée à

EXCURSIONS AUX ÎLES FÉROÉ

Par avion ou par bateau, les aventuriers de l'Arctique peuvent partir explorer les îles Féroé pendant 3 ou 4 jours. Voici quelques-unes des curiosités de cet archipel.

Tórshavn Votre première image de la capitale des Féroé sera les incroyables toits de tourbe et d'herbe surmontant les bâtiments colorés du port. Tórshavn, qui compte peu de sites dignes d'intérêt, constitue une bonne base pour passer quelques jours dans l'archipel.

Gjógv Il est certainement plus facile de tomber sous le charme de ce village que de prononcer son nom : Gjógv ("jaykf"). De minuscules maisons au toit herbeux sont regroupées autour d'un port qui semble avoir été creusé par la foudre. Il y a une jolie auberge sur place, et de beaux itinéraires de randonnée.

Mykines Marquant l'extrémité occidentale de l'archipel, Mykines (*mi*-ki-ness) se distingue par ses innombrables colonies d'oiseaux (des macareux), ses éperons rocheux de basalte surgissant de la mer et ses falaises solitaires. Considérée comme isolée même selon les normes féroïennes (seulement 11 habitants), l'île est reliée à Vágar par hélicoptère et ferry.

Hestir Au sud de Streymoy, Hestir est connue pour ses grottes creusées dans les falaises par le ressac.

partir de 15 500 ISK) et à travers la région. Ne manquez pas les excursions d'une journée combinant chevauchée et baignade dans des bassins naturels d'eau chaude (à partir de 22 800 ISK).

Íshestar ÉQUITATION
(☎555 7000 ; www.ishestar.is ; Sörlaskeið 26, Hafnarfjörður ; demi-journée/journée 11 500/25 790 ISK). Grandes écuries établies de longue date. L'équipe propose de nombreuses sorties, dont des escapades de plusieurs jours dans les champs de lave.

Sólhestar ÉQUITATION
(☎892 3066 ; solhestar.is ; Surtlugata 3 ; à partir de 9 000 ISK pour une sortie de 1 heure). Proche de la capitale, cette agence composée de guides expérimentés prend soin de choisir un cheval adapté à vos capacités. Sorties en petits groupes.

Viking Horses ÉQUITATION
(☎537 9590 ; www.vikinghorses.is ; Almannadalsgata 19 ; demi-journée 19 900 ISK). Ce centre tenu en famille est très prisé pour ses balades haut de gamme (à partir de 19 900 ISK) en petits groupes sur la colline Hólmsheiði et autour des lacs environnants.

Randonnée et escalade glaciaires

Marcher sur un glacier est une expérience exaltante. De Reykjavík, la plupart des circuits emmènent les visiteurs au Sólheimajökull (p. 172), la langue glaciaire la plus accessible de l'immense Mýrdalsjökull. Si l'on peut y randonner toute l'année, l'escalade sur glace ne se pratique qu'entre septembre et avril et nécessite une bonne condition physique. Vous bénéficierez de tarifs plus intéressants en passant par des guides locaux et en logeant près des glaciers.

Contactez Arctic Adventures (p. 74) et Icelandic Mountain Guides (p. 75).

Asgard Beyond AVENTURE
(☎779 6000 ; www.asgardbeyond.com). Randonnées sur glacier (à partir de 39 990 ISK), escalade (à partir de 35 000 ISK) et autres activités.

Circuits en quad

Les circuits en quad donnent l'occasion d'explorer les champs de lave de la péninsule de Reykjanes. La plupart des tour-opérateurs de circuits en bus et d'activités sportives, tels Arctic Adventures et Reykjavík Excursions, proposent ce type de prestations.

> **UNE JOURNÉE AU GROENLAND**
>
> Il est aussi possible de prévoir une excursion au Groenland depuis Reykjavík – le trajet en avion dure un peu moins de 2 heures. En été, **Air Iceland Connect** (www.airicelandconnect.is) propose des excursions à Kulusuk, dans l'est du Groenland (à partir de 70 750 ISK). Niché dans un tableau de blancs et de bleus, sur une île montagneuse, le village ne compte que 250 habitants. Ses petites maisons de bois colorées et sa baie glacée se révèlent aux visiteurs durant la splendide marche depuis l'aérodrome. Si les danses traditionnelles groenlandaises au son des percussions sont un peu kitsch, vous vivrez le reste de l'expérience comme dans un rêve. Greenland Travel propose des circuits de plusieurs jours.

Safari Quads EN QUAD
(Safari Buggy ; ☎414 1533 ; www.quad.is ; Lambhagavegur). Excursions haut de gamme en véhicule tout-terrain et buggy dans les collines de Mosfellsbær. Les sorties durent entre 1 heure (à partir de 17 490 ISK) et 1 journée (à partir de 51 500 ISK) ; il y a aussi des sorties en nocturne pour admirer le coucher du soleil et les lumières de la ville. Supplément de 4 000 ISK au minimum pour client seul.

ATV Reykjavík EN QUAD
(☎861 0006 ; www.atvreykjavik.is ; Flugumýri 18, Mosfellsbær). Circuits en quad autour du Hafrafell (13 700 ISK par personne, 16 700 ISK si vous pilotez le quad en solo) et au-delà.

Rafting et circuits en bateau à moteur

Ces circuits appréciés des familles partent de Reykholt avec Arctic Rafting (p. 133), qui propose aussi de venir vous chercher à Reykjavík.

Plongée sous-marine et snorkeling

L'Islande possède des spots de plongée et de snorkeling exceptionnels. Les agences proposent des plongées à Silfra, une faille sous-marine aux eaux cristallines proche de Þingvellir, sur le Cercle d'or, et une immersion plus technique dans le lac voisin. Il est impératif de réserver. Les agences pourront venir vous chercher à votre logement. En été, vous pourrez prendre un bain de minuit.

Le brevet PADI est requis pour la plongée sous-marine. Certaines grosses agences – comme Arctic Adventures (p. 74), via sa filiale **Dive Silfra** (www.divesilfra.is) – proposent aussi des activités de plongée.

Dive.is PLONGÉE
(Carte p. 64 ; ☎578 6200 ; www.dive.is ; Hólmaslóð 2 ; plongée à Silfra 28 490 ISK). Ce prestataire, le plus ancien et le mieux établi d'Islande, vous emmène faire du snorkeling dans les eaux glaciaires de la faille séparant les plaques tectoniques du Þingvellir (à partir de 16 490 ISK), mais aussi faire de la plongée et des activités combinées.

Scuba Iceland PLONGÉE
(☎562 7000 ; www.scuba.is ; plongée à Silfra à partir de 27 990 ISK, snorkeling à partir de 17 490 ISK). Plongée à la faille de Silfra, au lac géothermal de Kleifarvatn et en mer. Réputée pour les sorties en petits groupes, cette agence propose aussi du snorkeling.

Circuits à motoneige

La plupart des sites à explorer à motoneige sont assez éloignés de la capitale. Plusieurs tour-opérateurs pourront vous conduire au Langjökull, tout proche. Une heure coûte environ 25 000 ISK par passager à deux et 35 000 ISK si l'on est seul. Les meilleures agences de motoneige de Reykjavík sont Mountaineers of Iceland (p. 78) et **Snowmobile.is** (☎562 7000 ; www.snowmobile.is).

Observation des aurores boréales

En hiver, la plupart des tour-opérateurs proposent des circuits pour observer les aurores boréales, loin des villes, afin d'éviter la pollution lumineuse. Les excursions (départ 21h ou 22h) durent environ 4 heures. Afin d'optimiser ses chances d'admirer les aurores, dont la formation n'est pas garantie, envisagez de passer 1 ou 2 nuits dans un secteur propice à leur observation.

Si votre séjour en Islande ne coïncide pas avec l'apparition d'aurores boréales, allez en voir en images à l'Aurora Reykjavík (p. 61).

Circuits en avion

Avec un budget conséquent, l'avion permet des excursions à la journée ou des circuits plus longs vers des destinations comme le Mývatn, les fjords de l'Ouest, la côte sud et les hautes terres, les Vestmannaeyjar (îles Vestmann) et même le Groenland.

Atlantsflug VOLS PANORAMIQUES
(Carte p. 56 ; ☎854 4105 ; www.flightseeing.is ; aéroport domestique de Reykjavík ; adulte/enfant à partir de 19 500/14 625 ISK). Ces vols panoramiques partent de Reykjavík, de l'aéroport de Bakki et du Skaftafell. Depuis l'aéroport domestique de Reykjavík, on peut survoler le Cercle d'or, le Hengill, Bláfjöll et le mont Esja, ou partir pour la journée voir le Skaftafell et la lagune glaciaire de Jökulsárlón. Vols jusqu'aux Vestmannaeyjar (îles Vestmann) également.

Air Iceland Connect VOLS PANORAMIQUES
(Carte p. 56 ; ☎570 3030 ; www.airicelandconnect.is ; aéroport domestique de Reykjavík). La plus grande compagnie domestique islandaise propose un vaste choix de combinaisons – avion, car, randonnée, rafting, équitation, observation des baleines, excursions sur glacier – en Islande, depuis Reykjavík ou Akureyri, ainsi que des journées au Groenland et aux îles Féroé.

Eagle Air Iceland VOLS PANORAMIQUES
(Carte p. 56 ; ☎562 2640 ; www.eagleair.is ; aéroport domestique de Reykjavík). Eagle Air Iceland propose des vols panoramiques au-dessus des volcans et des glaciers, ainsi que de nombreux circuits combinés. Dessert aussi 5 lignes fixes au départ de Reykjavík et à destination des Vestmannaeyjar, de Höfn, de Húsavík, et, dans les fjords de l'Ouest, de Bíldudalur et de Gjögur.

Reykjavík Helicopters VOLS PANORAMIQUES
(Carte p. 56 ; ☎589 1000 ; www.reykjavikhelicopters.com ; aéroport domestique de Reykjavík). Excursions en hélicoptère un peu partout : Reykjavík (27 000 ISK), atterrissage sur glacier (99 000 ISK), volcans comme l'Eyjafjallajökull (139 000 ISK) et le Hekla.

Norðurflug VOLS PANORAMIQUES
(Carte p. 56 ; ☎562 2500 ; www.helicopter.is ; Nauthólsvegur 58d, aéroport domestique de Reykjavík ; vol au-dessus de Reykjavík 27 900 ISK). Vols en hélicoptère au-dessus de Reykjavík, ou de cratères (69 900 ISK), de cascades, de glaciers et d'autres sites naturels. Vaste programme d'excursions – aux fjords de l'Ouest, à Mývatn (439 900 ISK), à Askja...

Greenland Travel EXCURSIONS
(☎au Danemark 45 3313 1011 ; www.greenland-travel.com ; à partir de 110 000 ISK). Filiale d'Air Greenland, cette agence propose des excursions de plusieurs jours au Groenland depuis Reykjavík.

Où se loger

De juin à août, les hébergements affichent vite complet. Il est donc impératif de réserver. Les prix sont élevés : pour limiter votre budget, songez aux auberges de jeunesse, aux campings ou aux appartements en location de courte durée. La plupart des établissements sont ouverts toute l'année et proposent des promotions sur leur site Web.

Vieux Reykjavík

Hótel Reykjavík Centrum HÔTEL €€
(Carte p. 60 ; ☎514 6000 ; www.hotelcentrum.is ; Aðalstræti 16 ; d/app/ste à partir de 27 400/39 300/51 800 ISK ; P 📶). Des mezzanines et un toit vitré rassemblent deux édifices historiques, et confèrent à l'établissement une note contemporaine. Les 89 chambres, suites et appartements aux proportions soignées ont un petit réfrigérateur, la TV satellite et de quoi faire du café. Les prix en ligne varient considérablement en fonction des dates de séjour.

CenterHótel Plaza HÔTEL €€
(Carte p. 60 ; ☎595 8500 ; www.centerhotels.com ; Aðalstræti 4 ; s/d avec petit-déj à partir de 25 400/26 300 ISK ; @📶). Établissement terne de la chaîne CenterHótel, aux chambres de type affaires. Belle vue depuis les étages supérieurs. Sa situation centrale est remarquable.

♥ Reykjavik Konsulat Hotel HÔTEL DE LUXE €€€
(Carte p. 60 ; ☎514 6800 ; www.reykjavikkonsulathotel.is ; Hafnarstraeti 17 ; d avec petit-déj à partir de 44 700 ISK, ste à partir de 112 700 ISK ; ❄@📶). Ce nouvel hôtel de la collection Curio est une adresse chic où le service est impeccable et où l'on converse à voix basse. Superbement aménagé dans un grand magasin des années 1900, il dispose de chambres accueillantes où les détails anciens font écho au confort moderne – machines à café, rideaux occultants, grandes TV. Il comprend aussi une salle de sport et un spa.

♥ Apotek BOUTIQUE-HÔTEL €€€
(Carte p. 60 ; ☎512 9000 ; www.keahotels.is ; Austurstræti 16 ; d avec petit-déj à partir de 42 200 ISK ; 📶). Cet hôtel occupe l'un des bâtiments emblématiques de la ville : une ancienne pharmacie restaurée au centre du vieux Reykjavík conçue, en 1917, par Guðjón Samúelsson – l'architecte de la Hallgrímskirkja. Chambres contemporaines bien pensées, dans des tons neutres et, au rez-de-chaussée, un restaurant-bar (p. 87) prisé servant des plats de type tapas.

LOCATIONS DE COURTE DURÉE

Du fait des prix élevés des hébergements à Reykjavík en été, certains habitants des quartiers prisés louent leur appartement (ou des chambres) aux touristes. Les tarifs sont souvent plus avantageux qu'auprès des professionnels ; en revanche, l'organisation est parfois plus compliquée (remise des clés, etc.), et vous devrez peut-être vous occuper du ménage. Pour loger dans le centre, repérez le code postal Reykjavík 101.

♥ Kvosin Downtown HÔTEL €€€
(Carte p. 60 ; ☎571 4460 ; www.kvosinhotel.is ; Kirkjutorg 4 ; ste 2/4/6 pers avec petit-déj 43 600/49 800/67 300 ISK ; 📶). Bien positionné dans l'hébergement de luxe à Reykjavík, cet hôtel historique est très bien situé. Les suites vont de la catégorie Junior à l'Executive, sans oublier la suite Valkyrie. Kitchenettes équipées de machines à café et chambres avec tout le confort moderne (produits de toilette Sóley Organics).

Black Pearl APPARTEMENTS €€€
(Carte p. 60 ; ☎527 9600 ; www.blackpearlreykjavik.com ; Tryggvagata 18a ; app 50 000-150 000 ISK ; P@📶👪). Ces 17 appartements entièrement équipés occupent plusieurs immeubles noirs à deux pas du front de mer. La réception peut vous proposer des services de ménage, de blanchisserie et de garde d'enfant. Les suites spacieuses, à la décoration épurée, sont équipées de lits *king size*, de mobilier design et de balcons, dont certains avec vue. Les appartements peuvent accueillir de 4 à 6 personnes.

Hótel Borg HÔTEL DE LUXE €€€
(Carte p. 60 ; ☎551 1440 ; www.keahotels.is ; Pósthússtræti 11 ; d à partir de 49 800 ISK ; @📶). Ce superbe grand hôtel de 1930 a conservé son élégance Art déco d'origine. Sa centaine de chambres, avec parquet et TV haut de gamme, ont été modernisées et décorées dans des tons beige, noir et crème. Belle suite en duplex avec vue panoramique sur la ville.

Radisson Blu 1919 HÔTEL €€€
(Carte p. 60 ; ☎599 1000 ; www.radissonblu.com ; Pósthússtræti 2 ; d à partir de 32 200 ISK ;

@). Un fort parfum d'élégance flotte dans cet hôtel, pourtant membre d'une grande chaîne, en partie grâce à sa façade de 1919. À l'intérieur, l'ancien et le moderne se mêlent ; les chambres, contemporaines, sont équipées de grands lits et de TV à écran plat, tandis qu'un escalier richement décoré conduit à de vastes et confortables suites.

Le vieux port

Guesthouse Butterfly GUESTHOUSE €€

(Carte p. 56 ; 894 1864 ; www.butterfly.is ; Ránargata 8a ; d avec/sans sdb avec petit-déj 21 900/15 250 ISK ;). Dans une rue résidentielle centrale et calme, impossible de manquer la fresque ornant la façade de cette maison d'hôtes. Au programme ici : de jolies chambres meublées avec simplicité, une cuisine commune et une ambiance chaleureuse. Appartements indépendants (à partir de 25 000 ISK) avec cuisine et parfois balcon, idéals pour les familles.

Icelandair Hotel Reykjavík Marina BOUTIQUE-HÔTEL €€€

(Carte p. 64 ; réservations 444 000, hôtel 560 8000 ; www.icelandairhotels.is ; Mýrargata 2 ; d 34 850-42 500 ISK, ste à partir de 47 600 ISK ; @ ; 14). Œuvres d'art, chic nautique et confort moderne dernier cri participent à l'éclat de cet hôtel design situé sur le port. L'aménagement des petites chambres est astucieux. Celles sous les toits, côté port, ont une vue splendide. Le lobby héberge le Slippbarinn (p. 96), un bar à cocktails animé.

Reykjavík Marina Residence APPARTEMENTS €€€

(Carte p. 64 ; 560 8500 ; www.reykjavikmarinaresidence.is ; Mýrargata 14 ; ste 77 400-103 000 ISK ; @ ; 14). Sept suites raffinées dans deux maisons historiques rénovées complètent l'offre luxueuse de l'Icelandair Hotel Reykjavík Marina, tout proche. Service de conciergerie, accès aux équipements de l'hôtel, produits de toilette Sóley Organics et mobilier design en font un endroit extrêmement confortable. La plus grande suite, l'Aðalbjörg, est en duplex.

Laugavegur et Skólavörðustígur

KEX Hostel AUBERGE DE JEUNESSE €

(Carte p. 70 ; 561 6060 ; www.kexhostel.is ; Skúlagata 28 ; dort 4/16 lits 7 900/4 800 ISK par pers, d avec/sans sdb 34 500/20 000 ISK ; @). QG officieux des routards et lieu de rendez-vous des habitants, le KEX est une immense auberge très conviviale et stylée (un mariage des styles rétro et de rodéo). Il pourrait y avoir plus de salles de bains, mais l'endroit reste prisé pour son restaurant-bar animé, avec cour intérieur et vue sur l'océan.

101 Hostel AUBERGE DE JEUNESSE €

(Carte p. 66 ; 661 4767 ; 101hostel@mail.com ; Laugarvegur 58b ; dort 5 800-6 700 ISK ;). La famille sympathique qui gère cette petite auberge est particulièrement fière des vestiges décoratifs des années 1840. Les dortoirs (6 à 10 lits) sont douillets ; 3 des salles d'eau bénéficient du chauffage par le sol. Détendez-vous dans la cuisine des années 1950 ou sur la terrasse – de bonnes ondes se dégagent des deux.

Nest Apartments APPARTEMENTS €€

(Carte p. 66 ; 893 0280 ; www.nestapartments.is ; Bergthorugata 15 ; app à partir de 20 000 ISK ;). Ces quatre appartements modernes, rehaussés de détails anciens, font une superbe adresse temporaire, dans une rue tranquille du centre. Situés au-dessus d'un grand hôtel particulier, ils accueillent de 2 à 4 personnes – l'appartement des combles donne sur l'océan et la montagne. Un minimum de 2 nuitées est exigé.

Loft Hostel AUBERGE DE JEUNESSE €€

(Carte p. 66 ; 553 8140 ; www.lofthostel.is ; Bankastræti 7 ; dort 8 500-9 900 ISK, d/q 26 200/36 700 ISK ; @). Perchée au-dessus de l'animation de Bankastræti, cette auberge moderne attire une clientèle jeune. Les Reykjavikois apprécient son bar branché et son café en terrasse. Ambiance conviviale, dortoirs impeccables avec salle de bains attenante (draps inclus).

Forsæla Apartmenthouse GUESTHOUSE, APPARTEMENTS €€
(Carte p. 66 ; ☎551 6046 ; www.apartmenthouse.is ; Grettisgata 33b ; d/tr sans sdb avec petit-déj 25 700/34 500 ISK, app/maison à partir de 45 150/90 300 ISK ;). Une maison centenaire en bois et tôle est la vedette de l'établissement. Elle accueille de 4 à 8 personnes et possède de vieilles poutres et des équipements modernes de bon goût. Les appartements, plus petits, ont des chambres douillettes, un salon, une cuisine (et un lave-linge). On peut aussi loger dans le B&B. Minimum 3 nuitées.

Grettir Apartments APPARTEMENTS €€
(Carte p. 70 ; ☎694 7020 ; contact@grettisborg.is ; Grettisgata 53b ; app 23 500-57 700 ISK ;). Ces studios et appartements très modernes, dignes d'une revue de décoration scandinave, disposent d'un beau mobilier et d'astucieux aménagements intégrés. Le plus grand peut accueillir 6 à 7 personnes.

REY Apartments APPARTEMENTS €€
(Carte p. 66 ; ☎771 4600 ; www.rey.is ; Grettisgata 2a ; app 31 000-55 800 ISK ;). Si vous préférez à l'hôtel un logement privé, voici une adresse élégante au cachet moderne, constituée d'appartements (pour 2 à 8 personnes) répartis autour d'escaliers rappelant ceux d'Escher-Penrose. Tous sont bien entretenus et décorés.

Luna Hotel Apartments APPARTEMENTS €€
(Carte p. 70 ; ☎852 7572 ; www.luna.is ; réception 3e niv., Laugavegur 77 ; app à partir de 24 200 ISK). Nouveauté remarquable sur le marché des appartements de luxe, ces 15 appartements lumineux et accueillants occupent des secteurs relativement calmes dans des rues proches de Skólavörðustígur. Du studio au 5 pièces pour 8 personnes.

Baldursbrá Guesthouse GUESTHOUSE €€
(Carte p. 66 ; ☎552 6646 ; baldursbra@centrum.is ; Laufásvegur 41 ; s/d/tr sans sdb avec petit-déj à partir de 9 700/17 800/19 000 ISK ;). Cette petite maison d'hôtes située dans une rue tranquille, près du lac Tjörnin, dispose de chambres confortables de taille correcte, dotées de lavabos. Il y a également un salon, et un jardin avec *hot pot* et barbecue. Service sympathique et attentif des propriétaires.

Castle House Apartments APPARTEMENTS €€
(Carte p. 66 ; ☎511 2166 ; www.hotelsiceland.net ; Skálholtsstígur 2a ; app à partir de 20 500 ISK ;). Des appartements modernes bien équipés bénéficiant d'un emplacement central et calme. Moins impersonnels qu'un hôtel, ils bénéficient d'un *room service* quotidien. La même équipe gère les **Embassy Apartments** (carte p. 56 ; ☎511 2166 ; www.hotelsiceland.net ; Garðastræti 40 ; app à partir de 24 400 ISK ;), sur la rive nord-ouest du lac Tjörnin.

Galtafell Guesthouse GUESTHOUSE €€
(Carte p. 66 ; ☎699 2525 ; www.galtafell.com ; Laufásvegur 46 ; d avec/sans sdb à partir de 25 300/24 600 ISK, app à partir de 29 000 ISK ;). Les deux-pièces aménagés dans cet ancien hôtel particulier ont des cuisines équipées, des coins salon douillets et un charmant jardin à disposition. Les 3 chambres doubles font cuisine commune. Cette maison d'hôtes se niche dans un quartier tranquille au bord du lac, d'où l'on rejoint facilement le centre-ville à pied.

Óðinn APPARTEMENTS €€
(Carte p. 66 ; ☎561 3400 ; www.odinnreykjavik.com ; Óðinsgata 9 ; app 6/8/10 pers 25 200/41 200/80 000 ISK ;). Des chambres blanches toutes simples, des sols nus, de grandes TV et des œuvres d'art plaisantes et lumineuses caractérisent ses 4 appartements chics, situés dans une rue tranquille quoique centrale. Tous disposent d'une cuisine équipée et d'un lave-linge ; le penthouse (4 chambres) possède une terrasse avec vue sur la Hallgrímskirkja.

Sunna Guesthouse GUESTHOUSE €€
(Carte p. 66 ; ☎511 5570 ; www.sunna.is ; Þórsgata 26 ; d avec/sans sdb 33 400/27 000 ISK, app 51 000 ISK ;). Des chambres et des appartements aux configurations variées (du studio au logement pour 8 personnes, parfait en famille), simples, ensoleillés et avec un parquet clair. Plusieurs donnent sur la Hallgrímskirkja.

Quelques places de parking gratuites et petit-déjeuner inclus.

Hótel Leifur Eiríksson HÔTEL €€
(Carte p. 66 ; ☎562 0800 ; www.hotelleifur.is ; Skóla-vörðustígur 45 ; s/d avec petit-déj à partir de 24 700/26 800 ISK). Un hôtel à la situation enviable, juste en face de la Hallgrímskirkja, au bout de Skólavörðustígur, une artère bohème. Les chambres sont plutôt petites et sans chichis, mais plus de la moitié ont vue sur l'église et l'on paie l'emplacement, pas la décoration intérieure.

Hótel Frón HÔTEL €€
(Carte p. 66 ; ☎511 4666 ; www.hotel-fron.is ; Laugavegur 22a ; d/app à partir de 27 100/28 600 ISK ; @). Cet hôtel bien situé donne sur Laugavegur (les chambres sur rue sont parfois bruyantes le week-end). La partie la plus récente comprend de belles chambres doubles et de grands appartements élégants avec kitchenette ; les chambres plus anciennes sont moins enthousiasmantes.

Snorri's Guesthouse GUESTHOUSE €€
(Carte p. 70 ; ☎552 0598 ; www.guesthousereykjavik.com ; Snorrabraut 61 ; s avec/sans sdb 22 600/16 600 ISK, d avec/sans sdb 28 200/21 000 ISK ; P). Une demeure en crépi, aux chambres parfaitement entretenues, décorées dans des tons neutres. Un bon point de chute avec des chambres familiales (à partir de 30 100 ISK). Propriétaire sympathique.

Alda Hotel BOUTIQUE-HÔTEL €€€
(Carte p. 70 ; ☎553 9366 ; www.aldahotel.is ; Laugavegur 66 ; d/tr 40 500/47 400 ISK, ste à partir de 87 300 ISK). Cet hôtel chic se hausse très au-dessus de la concurrence grâce à une multitude de petits détails : abat-jours au crochet, sauna et bain chaud, téléphone portable remis gratuitement aux clients (appels nationaux et data sont gratuits). Avec sa baignoire vasque et tous ses gadgets (immense TV, machine à café...), la grande suite King atteint des sommets.

Reykjavík Residence APPARTEMENTS €€€
(Carte p. 66 ; ☎561 1200 ; www.rrhotel.is ; Hverfisgata 45 ; app 2/3/8 pers 33 500/37 300/87 000 ISK ; @). L'opulence du centre-ville semble une évidence dans ces appartements répartis dans 6 anciens hôtels particuliers. Décoration soignée, service attentif et belle lumière dans les chambres. Les meilleures sont les Royal Suites, aménagées dans l'ancien domicile d'un Premier ministre islandais – leur nom rappelle le séjour qu'y firent le roi et la reine du Danemark.

Hótel Holt HÔTEL DE LUXE €€€
(Carte p. 66 ; ☎552 5700 ; www.holt.is ; Bergstaðastræti 37 ; s 31 000-34 000 ISK, d 35 000-45 000 ISK ; @). Pour une délicieuse plongée dans un luxe à l'ancienne, rendez-vous dans cet hôtel construit dans les années 1960. C'est l'un des plus anciens de Reykjavík et sa collection privée de tableaux de peintres islandais serait la plus importante de l'île.

Sandhotel BOUTIQUE-HÔTEL €€€
(Carte p. 66 ; ☎519 8090 ; www.keahotels.is ; Laugavegur 34 ; ch à partir de 40 000 ISK). Quand les créateurs de l'une des meilleures boulangeries d'Islande (Bakarí Sandholt, p. 89) ouvrent un hôtel, la réussite est garantie. Au Sandhotel, des réminiscences Art déco se mêlent au design nordique et au luxe contemporain : machine à café dans les chambres, enceintes bluetooth, draps fins et serviettes moelleuses. Naturellement, le pain et les viennoiseries du petit-déjeuner sont divins.

Canopy by Hilton BOUTIQUE-HÔTEL €€€
(Carte p. 66 ; ☎528 7000 ; www.canopybyhilton.com ; Smiðjustígur 4 ; d à partir de 42 500 ISK ; @). Les chambres au confort recherché sont décorées dans des tons rappelant l'océan, la roche volcanique et la glace. Certaines donnent sur l'océan ou la montagne. Également : prêt de vélos, petits-déjeuners sains, dégustations de bière l'après-midi et salle de gym.

Opal Apartments APPARTEMENTS €€€
(Carte p. 70 ; ☎860 1300 ; www.opalapartments.is ; Laugavegur 151 ; app à partir de 41 300 ISK ; P). Bien que situés dans un quartier ordinaire près d'une rue fréquentée, ces 8 appartements pimpants de Laugavegur, du côté de la place Hlemmur, sont impeccables, tout confort et bien équipés pour cuisiner.

CenterHótel Arnarhvoll HÔTEL €€€
(Carte p. 66 ; ☎595 8540 ; www.centerhotels.com ; Ingólfsstræti 1 ; d avec petit-déj à partir de 37 500 ISK ; @☎). Luxueux hôtel de 100 chambres sur le front de mer, d'où une vue imprenable sur la baie et le mont Esja. Les chambres au décor scandinave (lignes épurées et grandes fenêtres) sont baignées de lumière. Elles sont plutôt petites, mais les lits, très confortables, compensent cet inconvénient. Le mini-sauna, le bain de vapeur et le bar Ský au dernier étage ajoutent une touche de classe.

OK Studios APPARTEMENTS €€€
(Carte p. 70 ; ☎578 9850 ; Laugavegur 74 ; studios 2/4 pers à partir de 24 800/28 800 ISK ; ☎). Une ambiance créative se dégage des chambres, toutes décorées différemment à l'aide de mobilier dépareillé et d'œuvres sur le thème de la Joconde. Le parti pris du recyclage n'ôte rien au côté agréable de ces studios dotés de lits confortables et de balcons, où le ménage est fait quotidiennement.

Skuggi Hotel BOUTIQUE-HÔTEL €€€
(Carte p. 70 ; ☎590 7000 ; www.keahotels.is ; Hverfisgata 103 ; d avec petit-déj à partir de 30 700 ISK ; P☎). Lits *king size*, ameublement chic, TV satellite, situation idéale proche de Laugavegur et parking gratuit. Une bonne adresse.

CenterHótel Þingholt BOUTIQUE-HÔTEL €€€
(Carte p. 66 ; ☎595 8530 ; www.centerhotels.com ; Þingholtsstræti 3 ; d/ste à partir de 34 400/50 400 ISK ; @☎). Conçu par l'architecte islandaise Gulla Jónsdóttir, cet hôtel de charme original met les matériaux naturels à l'honneur dans un décor moderne. Les petites chambres sont douillettes – éclairage tamisé, élégant revêtement de sol anthracite, têtes de lit et mobilier gainé de cuir noir. Certaines chambres sont pourvues de belles baignoires.

Hótel Óðinsvé HÔTEL €€€
(Carte p. 66 ; ☎511 6200 ; www.hotelodinsve.is ; Þórsgata 1 ; d/ste à partir de 36 000/47 000 ISK ; @☎). Cet hôtel a un côté personnel et personnalisé qui n'est pas déplaisant. Dans les 50 chambres ensoleillées, un mobilier classique se marie à des sols parquetés et des œuvres originales. Certaines ont deux niveaux, une baignoire ou un balcon ; celles du dernier étage donnent sur l'océan. Petit-déjeuner : 2 800 ISK.

101 Hotel BOUTIQUE-HÔTEL €€€
(Carte p. 66 ; ☎580 0101 ; www.101hotel.is ; Hverfisgata 10 ; d à partir de 47 500 ISK ; @☎). Le 101 est un hôtel qui parle à vos sens avec des lits moelleux en plume, une palette noire et blanche, un système audio haut de gamme et des douches vitrées. Le spa, la salle de sport et le bar-restaurant glamour renforcent l'impression de luxe.

Room With A View APPART'HÔTEL €€€
(Carte p. 66 ; ☎552 7262 ; www.roomwithaview.is ; Laugavegur 18 ; app 34 000-75 000 ISK ; ☎). Une adresse ultra centrale bénéficiant d'une luxueuse décoration scandinave et de prestations alléchantes : kitchenettes, lecteurs CD, produits de toilette haut de gamme, terrasse et Jacuzzi. Seule fausse note : le bruit de la vie nocturne.

Eyja Guldsmeden BOUTIQUE-HÔTEL €€€
(Carte p. 70 ; ☎519 7300 ; www.hoteleyja.is ; Brautarholt 10 ; s/d avec petit-déj à partir de 40 700/45 500 ISK ; P☎). Si un séjour autonome en appartement ne vous tente pas, tournez-vous vers cet hôtel où un service attentif, de bons petits-déjeuners et des lits à baldaquin complètent des chambres chics décorées de bois et de pierre. Situé en lisière du centre-ville de Reykjavik. Stationnement gratuit.

Tün

Fosshotel Reykjavík HÔTEL €€€
(Carte p. 70 ; ☎531 9000 ; www.islandshotel.is ; Þórunnartún 1 ; d/f avec petit-déj à partir de 31 200/42 800 ISK ; 4, 12, 16). Ce mastodonte de 320 chambres fait partie des nombreux hôtels installés dans des tours du quartier de Tün, à l'est du centre-ville. Ses chambres, modernes, sont bien équipées (TV, sèche-cheveux). Les surfaces et les prix augmentent au fur et à mesure que l'on gravit les étages. Il y a des Fosshotel plus anciens et plus petits un peu partout dans la ville.

Laugardalur

Camping de Reykjavík CAMPING €
(Carte p. 56 ; ☎568 6944 ; www.reykjavikcampsite.is ; Sundlaugavegur 32 ; empl adulte/enfant 2 400 ISK/gratuit ; ⊙mai-sept ; P@☎ ; 14). L'unique camping de Reykjavík peut accueillir 650 personnes sur 3 parcelles. Nombreux équipements modernes : douches gratuites, location de vélos (5 heures, 4 000 ISK), espaces cuisine et barbecue. À 2 km à

l'est du centre-ville, dans le quartier de Laugardalur, près de la piscine (p. 71).

Reykjavík City Hostel AUBERGE DE JEUNESSE €€
(Carte p. 56 ; 553 8110 ; www.hostel.is ; Sundlaugavegur 34 ; dort à partir de 4 500 ISK, d avec/sans sdb 23 100/19 100 ISK avec petit-déj ; P @ ; 14). Une auberge de jeunesse spacieuse, originale et écologique, à l'ambiance sympathique. Située à 2 km à l'est du centre, à deux pas du parc de Laugardalur et de la piscine, elle est desservie par le Flybus et par de nombreux tour-opérateurs. Location de vélos, cuisine commune, grande terrasse et barbecue.

Hilton Reykjavík Nordica HÔTEL €€€
(Carte p. 56 ; 444 5000 ; www.hilton.com ; Suðurlandsbraut 2 ; d à partir de 31 500 ISK ; @ ; 2, 5, 14, 15, 17). Un vaste hôtel au chic scandinave décontracté, avec un service d'étage 24h/24, une salle de sport, un spa et un restaurant gastronomique, le Vox (p. 93). Les chambres lumineuses aux lits immenses sont décorées dans de subtiles teintes crème et moka. Celles des étages supérieurs jouissent d'une vue splendide sur l'océan. À 2 km du centre-ville, près de Laugardalur.

Au sud du centre

Icelandair Hotel Natura HÔTEL €€
(Carte p. 56 ; 444 4500 ; www.icelandairhotels.com ; Nauthólsvegur 52 ; d à partir de 22 100 ISK ; P @ ; 15). Un peu à l'écart, tout indiqué pour les voyageurs utilisant l'aéroport domestique, ce grand hôtel se caractérise par ses chambres modernes (produits de toilette Sóley Organics), agrémentées d'œuvres d'art islandaises. Spa sur place.

Où se restaurer

Des hot-dogs à emporter aux repas gastronomiques et aux nappes blanches, la petite Reykjavík surprend par l'étendue de son offre culinaire. Une myriade de restaurants islandais ou "néonordiques" proposent des produits de la mer et de l'agneau déclinés à l'infini, et la capitale est aussi *le* lieu où l'on peut déguster presque toutes les cuisines du monde. Le marché aux puces de Kolaportið (p. 100) comporte une section consacrée aux spécialités islandaises.

Vieux Reykjavík

Bæjarins Beztu HOT-DOGS €
(Carte p. 60 ; www.bbp.is ; Tryggvagata ; hot-dog 450 ISK ; 10h-1h dim-jeu, 10h-4h30 ven-sam). D'après les Reykjavikois, ce *food truck* garé près du port (et fréquenté par Bill Clinton et les noctambules) sert les meilleurs hot-dogs de la ville. Prononcez le sésame *"eina með öllu"* (un complet) pour commander le burger le plus prisé, avec moutarde douce, ketchup et oignons croustillants.

Bio Borgari BURGERS €
(Carte p. 60 ; 519 5195 ; www.facebook.com/bioborgari ; Vesturgata 12 ; burgers à partir de 1 500 ISK ; 11h-14h et 17h-21h mer-ven, 12h-21h sam-dim ;). Le burger conventionnel se met au goût du jour dans ce restaurant entreprenant. Viande bio ou steaks de lentilles garnissent des petits pains moelleux aux graines, accompagnés de chips de légumes racines.

Jómfrúin SANDWICHS €
(Carte p. 60 ; 551 0100 ; www.jomfruin.is ; Lækjargata 4 ; sandwich à partir de 2 230 ISK ; 11h-22h). Les Danois viennent dans ce petit restaurant sans prétention pour sa spécialité, le *smørrebrød* (sandwich danois traditionnel présenté ouvert, avec garnitures nordiques).

10-11 SUPERMARCHÉ €
(Carte p. 60 ; https://10-11.is ; Austurstræti 17 ; 24h/24). Les supermarchés de cette chaîne omniprésente restent souvent ouverts toute la nuit et les prix sont plus élevés. Il y en a d'autres dans **Barónsstígur** (carte p. 70), **Borgartún** (carte p. 70) et **Laugalækur** (carte p. 56) notamment.

Messinn PRODUITS DE LA MER €€
(Carte p. 60 ; 546 0095 ; www.messinn.com ; Lækjargata 6b ; plats déj 1 850-2 300 ISK, plats dîner 2 700-4 200 ISK ; 11h30-15h et 17h-22h ;). Pour ce qui est du poisson et des fruits de mer, le Messinn pourrait bien être la meilleure adresse de la capitale ! La spécialité de la maison : le poisson de votre choix crépitant dans une poêle en fonte, servi accompagné de pommes de terre au beurre et de salade. Ambiance enjouée et service sympathique.

Lobster Hut PRODUITS DE LA MER €€

(Carte p. 60 ; humarkofi@gmail.com ; Lækergata ; plats 1 800-2 800 ISK ; 11h-1h lun-jeu, 11h-6h ven-sam). Soupe aux langoustines, salade de langoustines, sandwich à la langoustine : ce petit *food truck* spécialisé régale les convives raffinés et pressés. Il s'installe en face de la salle Harpa la journée et dans Lækergata, au centre-ville, après 21h.

Hornið ITALIEN €€

(Carte p. 60 ; 551 3340 ; www.hornid.is ; Hafnarstræti 15 ; plats 1 900-5 200 ISK ; 11h-23h30 ;). Dans cet agréable café-restaurant de style Art déco, les pizzas sont préparées devant vous, et les plats de pâtes joliment présentés vous sustenteront pour la journée. Viandes et produits de la mer également.

Apotek FUSION €€€

(Carte p. 60 ; 551 0011 ; www.apotekrestaurant.is ; Austurstræti 16 ; plats 2 800-6 000 ISK ; 12h-23h dim-jeu, 12h-minuit ven-sam). Ce beau bar-restaurant est réputé pour sa décoration toute de verre étincelant et son ambiance détendue, autant que pour ses délicieuses petites assiettes à partager et ses excellents cocktails. Au rez-de-chaussée de l'hôtel du même nom.

Grillmarkaðurinn FUSION €€€

(Grill Market ; carte p. 60 ; 571 7777 ; www.grillmarkadurinn.is ; Lækargata 2a ; plats 3 500-9 500 ISK ; 11h30-14h et 18h-22h30, fermé sam-dim déj). L'élégance et le style sont de mise dans cet établissement, de la décoration superbe de la salle à la cuisine gastronomique et au service, impeccable. Une clientèle mélangée de touristes et de Reykjavikois se délecte de produits islandais sublimés avec raffinement et imagination.

Fiskfélagið PRODUITS DE LA MER €€€

(Carte p. 60 ; 552 5300 ; www.fishcompany.is ; Vesturgata 2a ; plats déj 2 290-4 890 ISK, dîner 4 900-6 900 ISK ; 11h30-14h30 et 17h30-22h30, fermé sam-dim déj). La "Compagnie du poisson" revisite des recettes de poisson islandaises en s'inspirant de saveurs lointaines – noix de coco des Fidji, chorizo espagnol. On peut manger en terrasse ou dans une salle intime décorée de pierre, de bois, de lampes en cuivre et de meubles excentriques.

Fiskmarkaðurinn PRODUITS DE LA MER €€€

(Carte p. 60 ; 578 8877 ; www.fiskmarkadurinn.is ; Aðalstræti 12 ; plats 2 900-5 400 ISK, menu dégustation 10 900 ISK ; 17h-22h30). Un restaurant intime, à l'éclairage artistique, où faire un festin de plats de poisson sophistiqués, présentés de façon spectaculaire. Les chefs excellent à donner aux produits de la mer islandais des saveurs asiatiques comme celle de la racine de lotus. Le menu dégustation est réputé, tout comme le bar à sushis du restaurant (3 300-4 100 ISK).

Tapas Barinn TAPAS €€€

(Carte p. 60 ; 551 2344 ; www.tapas.is ; Vesturgata 3b ; tapas 2 000-2 990 ISK ; 17h-23h30 dim-jeu, 17h-1h ven-sam). Repérez le taureau grandeur nature en fibre de verre peint aux couleurs espagnoles et choisissez parmi les 50 tapas proposées : olives et *patatas bravas* (frites nappées d'une sauce épicée), mais aussi agneau islandais, tomates au vinaigre, poisson séché et queues de langoustines poêlées. Réservation conseillée.

Matarkjallarinn ISLANDAIS €€€

(Carte p. 60 ; 558 0000 ; www.matarkjallarinn.is ; Aðalstræti 2 ; plats déj 2 490-4 490 ISK, dîner 4 490-8 790 ISK ; 11h-15h lun-ven, 17h-23h tlj). Tout est élégance dans ce "garde-manger". Plats de style brasserie, produits islandais, cadre féerique, cocktails exceptionnels sont de bons motifs de s'y rendre. À moins que vous ne préfériez le cabillaud cuit lentement, le saumon mariné sous la mousse ou l'omble-chevalier fumé.

Vieux port

Grandi Mathöll CUISINE DE RUE €

(Carte p. 64 ; 577 6200 ; www.grandimatholl.is ; Grandagarður 16 ; plats à partir de 1 200 ISK ; 11h-21h lun-jeu, 11h-20h ven-dim). La transformation de cette ancienne conserverie de poisson en espace pionnier de la cuisine de rue est l'expression même du rajeunissement du quartier de Grandi. De longs tréteaux côtoient des stands où l'on vend des délices à l'agneau, au poisson et aux légumes ; repérez le Gastro Truck dont l'emblématique burger de poulet est relevé de *jalapeño*.

Sægreifinn PRODUITS DE LA MER €

(Seabaron ; carte p. 64 ; 553 1500 ; www.saegreifinn.is ; Geirsgata 8 ; plats à partir de 1 500 ISK ; 11h30-22h). Rejoignez ce "seigneur de la mer", une "cabane" verte sur le port, pour savourer une délicieuse soupe de langoustines (1 350 ISK), fameuse spécialité maison. Sinon, choisissez dans le réfrigérateur des brochettes de poisson, qui seront grillées à la demande. Vendu par son propriétaire il y a quelques années, le restaurant a gardé son charme tout en simplicité, et sa réputation.

Flatey Pizza PIZZERIA €

(Carte p. 64 ; 588 2666 ; www.flatey.pizza ; Grandagarður 11 ; pizzas 1 790-2 990 ISK ; 11h-20h). Ici, la pizza est quasiment élevée au rang d'art. La pâte au levain est à base de farine bio et les pizzas cuisent juste 1 minute à 500°C pour préserver les saveurs de la garniture. Très branché et très chic. Pas de réservation : attendez-vous à faire la queue.

Lamb CUISINE DE RUE €

(Carte p. 64 ; 557 9777 ; www.facebook.com/lambstreetfood ; Grandagarður 7 ; plats à partir de 1 990 ISK ; 11h-20h). Restaurant accueillant qui propose une cuisine de rue sous la forme d'agneau et de falafels dans du pain sans levain, accompagnés de légumes frais et croquants et de sauces acidulées à base de *skyr*.

Fish & Chips POISSON €

(Carte p. 64 ; www.fishandchipsvagninn.is ; Hlésgata, vieux port ; fish and chips 1 890 ISK ; 11h-21h ; 14). Vous trouverez dans ce modeste *food truck*, près du Musée maritime, de succulents *fish and chips* servis encore brûlants.

Valdís GLACES €

(Carte p. 64 ; 586 8088 ; www.valdis.is ; Grandagarður 21 ; 1 boule/3 boules 450/750 ISK ; 11h30-23h ;). Les familles se pressent tout l'été chez ce glacier. Prenez un numéro, puis glissez-vous dans la foule pour choisir parmi l'éventail de parfums maison. Dans la joie et la bonne humeur.

17 Sortir BOULANGERIE €

(Carte p. 64 ; 571 1701 ; www.sautjansortir.is ; Grandagarður 19 ; 10h-18h lun-ven, 11h-17h sam-dim). Cupcakes au Toblerone, viennoiseries véganes, gâteau au chocolat à plusieurs étages – les amateurs de sucreries trouvent chaque jour leur compte dans cette boulangerie, dont le nom fait référence à un personnage de roman du Prix Nobel Halldór Laxness (1902-1998) : une ménagère diligente convaincue qu'un assortiment de 17 pâtisseries était le minimum qu'elle puisse offrir à ses invités.

Matur og Drykkur ISLANDAIS €€

(Carte p. 64 ; 571 8877 ; www.maturogdrykkur.is ; Grandagarður 2 ; menu dégustation 11 900 ISK ; 18h-22h, jeu-dim ; ; 14). L'un des meilleurs restaurants de la ville. Matur Og Drykkur signifie "Nourriture et Boisson", et vous n'aurez à vous plaindre ni de l'une ni de l'autre ! Né de l'imagination du chef Gísli Matthías Auðunsson, qui possède aussi l'excellent Slippurinn (p. 184), l'établissement propose des versions créatives de plats traditionnels islandais. Réservez en haute saison.

Messinn Granda PRODUITS DE LA MER €€

(Carte p. 64 ; 546 0095 ; www.messinn.com ; Grandagarður 8 ; buffet déj/dîner 2 800/5 000 ISK ; déj 11h30-14h, dîner 18h-20h). Dégustez la pêche du jour au buffet de ce restaurant du port. On y sert du poisson frais poêlé, accompagné de légumes racines et d'épinards. Cette manière extraordinairement simple d'accommoder le poisson a été mise au point au restaurant Messinn situé en centre-ville (p. 86).

La Primavera ITALIEN

(Carte p. 64 ; 519 7766 ; https://laprimavera.is ; Grandagarður 20 ; menu déj 4 700 ISK, plats 2 800-6 100 ISK ; 11h30-21h30 mar-sam ; ; 14). Parfait pour recharger les batteries des amateurs d'art, ce restaurant proposant une cuisine moderne du nord de la Botte occupe le même bâtiment que plusieurs galeries d'avant-garde. L'esthétique est à la hauteur : un décor industriel-chic aux tons cuivrés, un joli bar rétroéclairé et une vue superbe sur la ville.

Coocoo's Nest CAFÉ €€

(Carte p. 64 ; 552 5454 ; www.coocoosnest.is ; Grandagarður 23 ; plats 1 500-4 500 ISK ; 11h-20h mar-sam, 11h-16h dim ;). Petit restaurant sympathique, réputé pour ses brunchs délicieux (11h-16h, du vendredi au dimanche) et ses cocktails hédonistes. Un endroit décontracté et groovy, avec des tables en mosaïque de contreplaqué. Le soir, les thèmes vont de la pizza aux tacos, et tout est excellent.

Kaffivagninn DINER €€
(Carte p. 64 ; ☎551 5932 ; www.kaffivagninn.is ; Grandagarður 10 ; plats 1 600-3 490 ISK ; ⏲7h30-21h lun-ven, 9h-21h sam-dim ; 📶). Les grandes fenêtres de ce restaurant du port donnent sur les bateaux. Bons petits-déjeuners et plats de la mer copieux au déjeuner.

Forréttabarinn TAPAS €€
(Starter Bar ; carte p. 64 ; ☎517 1800 ; www.forrettabarinn.is ; Nýlendugata 14, entrée dans Mýrargata ; assiettes 1 850-2 750 ISK ; ⏲16h-22h ; 📶). Les tapas sont à la mode à Reykjavík, en atteste cette adresse branchée proche du port. Assiettes inventives – comme celle à la morue et à la poitrine de porc servie avec des haricots blancs. Coin bar décontracté (16h-23h), avec vieilles tables et canapés.

Laugavegur et Skólavörðustígur

Gló BIO, VÉGÉTARIEN €
(Carte p. 66 ; ☎553 1111 ; www.glo.is ; Laugavegur 20b ; bol petit/traditionnel/grand 1 090/1 890/2 490 ISK ; ⏲11h30-20h ; 📶🌶). Dans ce restaurant très aéré situé à l'étage, des gens cool dégustent des plats du jour d'influence asiatique, riches en herbes et en épices. Sans être exclusivement végétarien, c'est une oasis d'aliments crus et bio et le grand bar à salades n'est que mélanges raffinés allant des légumes racines à la salade grecque.

Bakarí Sandholt BOULANGERIE €
(Carte p. 66 ; ☎551 3524 ; www.sandholt.is ; Laugavegur 36 ; en-cas 700-2 700 ISK ; ⏲7h-19h dim-jeu, 6h30-21h ven-sam ; 📶). La boulangerie préférée des Reykjavikois, souvent bondée. Baguettes, croissants, pâtisseries et sandwichs frais ; la soupe du jour (1 850 ISK) est accompagnée d'un délicieux pain au levain.

Brauð & Co BOULANGERIE €
(Carte p. 66 ; www.braudogco.is ; Frakkastígur 16 ; ⏲6h-18h lun-ven, 6h-17h sam-dim). Rejoignez ce bâtiment aux couleurs de l'arc-en-ciel et faites la queue avec les Islandais pour acheter les meilleurs *snúður* (roulés à la cannelle) de Reykjavik – pour patienter, regardez les Vikings branchés aux fournaux.

Icelandic Street Food CUISINE DE RUE €
(Carte p. 60 ; ☎655-3818 ; 101reykjavikstreetfood.is ; Skolavordustig 8 ; plats à partir de 1 300 ISK ; ⏲8h-23h). Pour découvrir à petit prix le goût de l'Islande d'antan, glissez-vous dans cette cantine qui vient récemment de migrer depuis le vieux Reykjavík, dans un local plus grand, et qui met à l'honneur les plats maison. Unnar, le propriétaire, a fait venir sa grand-mère pour cuisiner du ragoût de poisson, de la soupe à l'agneau et des crêpes fourrées saupoudrées de sucre. Personne ne doit avoir faim en sortant (le rab est gratuit).

CAFÉS DE REYKJAVÍK

Les Reykjavikois adorent leurs cafés. Ces établissements douillets sont innombrables, et l'on peut aussi bien s'y attarder que commander un café à emporter.

Reykjavík Roasters (carte p. 66 ; ☎517 5535 ; www.reykjavikroasters.is ; Kárastígur 1 ; ⏲7h-18h lun-ven, 8h-17h sam-dim). Ce minuscule café branché prend son rôle à cœur. On le repère facilement quand il fait bon, grâce aux quelques tables en bois et sacs à patates éparpillés sur la place. Rien de meilleur qu'un *latte* avec un croissant.

Kaffi Mokka (carte p. 66 ; ☎552 1174 ; www.mokka.is ; Skólavörðustígur 3a ; ⏲9h-18h30, 9h-21h juin-août). La décoration du plus vieux café de Reykjavík n'a guère changé depuis les années 1950 et les colonnes décorées de cuivre et de mosaïque ont un vrai charme rétro. La clientèle se compose de familles islandaises, d'artistes et de touristes ; les sandwichs, pâtisseries et gaufres sont excellents.

Stofan Kaffihús (carte p. 60 ; ☎546 1842 ; www.facebook.com/stofan.cafe ; Vesturgata 3 ; plats 1 650-1 900 ISK ; ⏲10h-22h dim-mer, 10h-minuit jeu-sam ; 📶). Spacieux et décontracté, ce café accueillant occupe un bâtiment historique de caractère dans le centre-ville.

Kaffi Félagið (carte p. 66 ; www.kaffifelagid.is ; Skólavörðustígur 10 ; ⏲10h-18h lun-ven, 11h-20h sam). Ce petit établissement accueillant vend du café rwandais issu du commerce équitable.

BALEINES, REQUINS ET MACAREUX AU MENU...

De nombreux restaurants et voyagistes islandais vantent les mérites de mets insolites – baleine *(hvál/hvalur)*, requin (servi fermenté sous le nom de *hákarl*) ou macareux *(lundi)*. Avant de vous lancer, sachez que leur consommation, qui pourrait peut-être rester modeste si elle n'était le fait que des 350 000 Islandais, met en péril des espèces et des écosystèmes fragiles si 2,2 millions de touristes par an (plus de six fois la population) s'y mettent. Sachez-le :

- 60% de la viande de baleine en Islande serait consommée par les touristes.
- Selon un sondage Gallup de 2017, 81% des Islandais n'ont jamais mangé de viande de baleine. Et seulement 1% des personnes interrogées déclarent en mettre régulièrement à leur menu.
- Entre 75% et 80% d'un petit rorqual (baleine de Minke) est jeté après sa mise à mort. Sa chasse, désormais considérée comme n'étant plus économiquement viable, a d'ailleurs pris fin en Islande en 2018.
- Le rorqual commun est une espèce classée "en danger d'extinction" à l'échelle mondiale ; son statut dans la région de l'Atlantique Nord fait l'objet de vifs débats. Le ministère islandais de l'Industrie et de l'Innovation (www.government.is) affirme que les prélèvements actuels (moins de 1% des stocks régionaux) sont durables et que la pêche fait l'objet d'un encadrement strict, en conformité avec le droit international.
- Le Fonds international pour la protection des animaux (www.ifaw.org) estime que les récentes campagnes mises en œuvre ont permis réduire de moitié la consommation de viande de baleine par les touristes, plus de la moitié des restaurants du centre-ville de Reykjavík s'étant engagés à ne pas en servir.
- Le requin du Groenland, dont est issu le *hákarl*, est une espèce classée "quasi menacée" à l'échelle mondiale.
- Selon des études récentes, le requin du Groenland aurait une espérance de vie d'environ 500 ans, mais il ne commence sa reproduction qu'après 150 ans : la reconstitution de l'espèce, après la moindre diminution de sa population, est de ce fait très lente.
- Le macareux moine, véritable mascotte islandaise, est classé parmi les espèces vulnérables au niveau mondial en raison du déclin rapide de sa population en Europe.
- Dans les colonies des îles Vestmann (Vestmannaeyjar), essentielles à la reproduction de l'espèce, on constate depuis une dizaine d'années un effondrement des naissances.
- Depuis 2003, la population de macareux moines a chuté d'environ 40%, soit l'équivalent de la disparition de deux millions de couples reproducteurs.
- Si nous avons choisi de ne pas exclure de ce guide les restaurants qui servent ces viandes, il ne tient qu'à vous ne pas en commander.

Garðurinn — VÉGÉTARIEN €

(Carte p. 66 ; ☎561 2345 ; www.kaffigardurinn.is ; Klapparstígur 37 ; plats 1 550-2 290 ISK ; ⏲11h-20h30 lun-mar, jeu-ven, 11h-17h mer, 12h-17h sam ; ✎). Des saveurs asiatiques, moyen-orientales et méditerranéennes parfument les soupes végétariennes ou véganes toujours renouvelées, et les plats du jour servis dans ce sympathique restaurant.

Grái Kötturinn — CAFÉ €

(Carte p. 66 ; ☎551 1544 ; www.graikotturinn.is ; Hverfisgata 16a ; plats 1 700-3 000 ISK ; ⏲9h-14h lun-ven). On peut aisément passer devant ce minuscule café de 6 tables (que Björk affectionne) sans le remarquer. À mi-chemin entre la librairie excentrique et la galerie d'art underground, c'est l'adresse idéale pour un petit-déjeuner consistant, avec toasts, bagels, pancakes et œufs au bacon servis sur d'épaisses tranches de pain frais beurré.

Vitabar — BURGERS €

(Carte p. 66 ; www.facebook.com/pages/Vita-bar/132806543458431 Bergþórugata 21 ; plats 900-3 400 ISK ; ⏲11h30-23h, bar 11h30-1h ou 2h ven-sam). Commandez au bar votre burger, vite prêt et accompagné d'exceptionnelles frites coupées à la main. Rock en fond sonore, cadre sans chichis et clientèle locale qui sirote des pintes d'Einstök et de Viking.

Block BURGERS €

(Carte p. 66 ; 511 0011 ; www.facebook.com/blockburgerrvk ; Skolavörðustígur 8 ; burgers/plats à partir de 1 200/1 900 ISK ; 11h-21h). Burgers succulents, sauce acidulée, frites croustillantes, prix raisonnables pour Reykjavík : ce restaurant de burgers spartiate est une perle. Un peu difficile à trouver, il se cache derrière le traiteur Ostabúðin, légèrement en retrait de Skolavörðustígur.

Yummi Yummi THAÏLANDAIS €

(Carte p. 70 ; 588 2121 ; www.yummy.is ; Hverfisgata 123 ; plats 2 000-3 000 ISK ; 12h-14h et 16h30-20h lun-ven, 16h30-20h sam-dim). Nouilles et plats et thaïlandais pas compliqués, sur place ou à emporter.

Noodle Station THAÏLANDAIS €

(Carte p. 70 ; 551 3198 ; www.noodlestation.is ; Laugavegur 103 ; plats 1 100-1 880 ISK ; 11h-20h lun-ven). Des soupes de nouilles épicées toutes simples (et goûteuses) servies au bol, dans un établissement fiable et appréciée.

Bónus SUPERMARCHÉ €

(Carte p. 66 ; www.bonus.is ; Hallveigarstígur 1 ; 11h-18h30 lun-jeu, 10h-19h30 ven, 10h-18h sam, 12h-18h dim). Supermarché central à prix doux.

Joylato GLACIER €

(Carte p. 66 ; www.facebook.com/joylato.is ; Njálsgata 1 ; boule à partir de 650 ISK ; 12h-20h). Crèmes glacées et sorbets maison aux parfums délicieux, dont fraise d'Islande.

Lemon NOURRITURE SAINE

(Carte p. 66 ; www.lemon.is ; Laugavegur 56 ; jus 900-1 000 ISK, sandwichs 800-1 500 ISK ; 8h-21h lun-ven, 10h-21h sam, 12h-21h dim ;). Une bonne adresse pour des smoothies et des sandwichs équilibrés, à manger sur le pouce.

Bónus SUPERMARCHÉ €

(Carte p. 66 ; www.bonus.is ; Laugavegur 59 ; 11h-18h30 lun-jeu, 10h-19h30 ven, 10h-18h sam, 12h-18h dim). Le meilleur rapport qualité/prix du centre-ville en matière de supermarché. On trouve des magasins de la même enseigne dans Hallveigarstígur (voir plus haut), à Grandi, près du vieux port, et dans la **galerie marchande Kringlan** (carte p. 56 ; 527 9000 ; www.bonus.is ; Kringlunni 4 ; 11h-18h30 lun-jeu, 10h-19h30 ven, 10h-18h sam, 12h-18h dim ; 1, 3, 6).

Krambúð SUPERMARCHÉ €

(Carte p. 66 ; www.samkaup.is ; Skólavörðustígur 42 ; 24h/24). Cher mais central.

Hlemmur Mathöll FOOD HALL €€

(Carte p. 70 ; www.hlemmurmatholl.is ; Laugavegur 107 ; plats à partir de 800 ISK ; 8h-23h). Si seulement toutes les gares routières disposaient de tels espaces de restauration ! Une dizaine de stands proposent des plats de tous les horizons : *smørrebrød* (pain de seigle) danois, tacos mexicains et spécialités de rue vietnamiennes. Le meilleur est l'original SKÁL! (voir ci-dessous). La plupart des stands commencent à fonctionner pour le déjeuner.

SKÁL! CUISINE DE RUE €€

(Carte p. 70 ; 775 2299 ; www.skalrvk.com ; Laugavegur 107 ; plats 1 550-2 850 ISK ; 11h30-23h ;). Ce qui attire l'attention dans le pourtant rutilant *food hall* de Hlemmur (voir ci-dessus), c'est non seulement l'enseigne en capitales, avec un point d'exclamation, mais surtout la cuisine. Des plats originaux combinent saveurs inhabituelles (ail fermenté, sucre de bouleau, sel au thym arctique) et produits islandais pour un résultat remarquable, à déguster sur un tabouret au bar. Longue carte de créations véganes et cocktails aux plantes sauvages.

Mat Bar FUSION €€

(Carte p. 66 ; 788 3900 ; www.matbar.is ; Hverfisgata 26 ; tapas à partir de 990 ISK ; 15h-20h mar-jeu, 15h-23h ven-sam). Une adresse intime et pittoresque où se régaler de plats italiens faits avec des produits de la cuisine nordique – tomates au vinaigre et câpres séchées. Assiettes au format tapas à partager. Bon endroit pour prendre un verre également.

Snaps FRANÇAIS €€

(Carte p. 66 ; 511 6677 ; www.snaps.is ; Þórsgata 1 ; plats déj à partir de 2 990 ISK, dîner 3 700-6 900 ISK ; 11h30-23h lun-mer, 11h30-minuit jeu-sam). Il faut réserver dans ce bistrot à la française qui fait fureur auprès des Reykjavikois. Le secret du Snaps : des produits de la mer et des plats de bistrot classiques – steak, moules frites – parfaitement préparés, à prix très raisonnables. Les plats du jour au déjeuner (2 290 ISK) et les brunchs alléchants (11h30-16h le samedi) ont du succès.

Geiri Smart EUROPÉEN €€

(Carte p. 66 ; ☎528 7050 ; www.geirismart.is ; Hverfisgata 30 ; plats 2 000-3 800 ISK ; ⏱6h30-10h, 11h30-14h et 18h-20h). Bien que situé dans le Canopy by Hilton (p. 84), le Geiri Smart est bien plus qu'un restaurant d'hôtel. On y sert des plats originaux à base de produis locaux et l'endroit est réputé pour son service et ses sommeliers. Subtil mélange de contemporain et d'années 1970 pour le cadre, tout aussi agréable. Le bar à l'étage est idéal pour prendre un verre au calme près de la cheminée et le menu de deux plats avant le théâtre (5 500 ISK) est une affaire. Réservation recommandée.

Public House TAPAS FUSION €€

(Carte p. 66 ; ☎555 7333 ; www.publichouse.is ; Laugavegur 24 ; tapas 1 290-3 690 ISK ; ⏱11h30-23h). Tapas asiatiques et bières pression islandaises sont quelques atouts de ce pub gastronomique central. Parfait aussi pour se détendre en écoutant de la musique pop. Deux *happy hours* (15h-18h et 23h-1h)

Ostabúðin RESTAURANT, TRAITEUR €€

("Cheese Shop" ; carte p. 66 ; ☎562 2772 ; www.ostabudin.is ; Skólavörðustígur 8 ; plats 1 550-4 700 ISK ; ⏱restaurant 12h-22h, traiteur 10h-18h lun-jeu, 10h-19h ven, 11h-16h sam). L'Ostabúðin fait à la fois restaurant et traiteur. Le patron est sympathique et l'on y sert des plateaux de fromage et de charcuterie, des soupes, des poissons du jour, de la viande et du pain maison. Achetez au passage quelques produits locaux, comme des terrines ou du confit de canard.

Ban Thai THAÏLANDAIS €€

(Carte p. 70 ; ☎552 2444 ; www.banthai.is ; Laugavegur 130 ; plats 2 290-3 000 ISK ; ⏱17h-21h30). C'est le restaurant thaïlandais préféré des gens du coin, et des stars hollywoodiennes y sont même venues. Juste à l'est du Hlemmur Square (une auberge de jeunesse). Succursale moins chère avec vente à emporter, le Yummi Yummi (p. 91), de l'autre côté de la rue.

Krua Thai THAÏLANDAIS €€

(Carte p. 66 ; ☎552 2525 ; http://kruathai.is ; Skólavörðustígur 21a ; plats 2 050-2 900 ISK ; ⏱12h-21h lun-sam, 17h-21h dim). De savoureux currys thaïlandais, nouilles aux légumes croquants et aux crevettes dodues à déguster dans la petite salle en devanture, ou dans le restaurant ensoleillé situé à l'étage.

ROK ISLANDAIS €€

(Carte p. 66 ; ☎544 4443 ; www.rokrestaurant.is ; Frakkastígur 26a ; plats 1 390-2 690 ISK ; ⏱11h30-23h). N'hésitez pas à pénétrer dans cette petite maison en bois noir au toit gazonné, ou à vous installer sur la terrasse ensoleillée qui fait face à l'emblématique Hallgrímskirkja. Au menu : petites assiettes sophistiquées et bonne carte de bières et de vins. Réservez l'été et le week-end.

Austur Indíafélagið INDIEN €€

(Compagnie des Indes orientales ; carte p. 66 ; ☎552 1630 ; www.austurindia.is ; Hverfisgata 56 ; plats 4 895-6 495 ISK ; ⏱18h-22h dim-jeu, 18h-23h ven-sam). C'est le restaurant indien le plus septentrional du monde. Cet établissement haut de gamme et raffiné propose des plats sublimes (le saumon tandoori est plébiscité). Le tout sans la moindre prétention. Atmosphère décontractée. Service chaleureux.

♥ **Dill** ISLANDAIS €€€

(Carte p. 66 ; ☎552 1522 ; www.dillrestaurant.is ; Hverfisgata 12 ; menu 13 900 ISK, avec les vins + 11 900 ISK ; ⏱18h-22h mer-sam). Une délicieuse nouvelle cuisine nordique, tel est l'atout majeur de cet élégant bistrot étoilé au Michelin. Les chefs créent une ribambelle de plats complexes à partir d'un petit nombre de produits. Les propriétaires, amis avec l'équipe du Noma, le fameux restaurant de Copenhague, ambitionnent de hisser la cuisine islandaise à des sommets similaires. Adresse très prisée : réservez le plus tôt possible.

Þrír Frakkar ISLANDAIS, POISSON €€€

(Carte p. 66 ; ☎552 3939 ; www.3frakkar.is ; Baldursgata 14 ; plats 3 950-5 190 ISK ; ⏱11h30-14h30 et 18h-22h lun-ven, 18h-23h sam-dim). Le chef de ce restaurant, Úlfar Eysteinsson, travaille avec subtilité des plats à base de poisson, en particularité la morue, la lotte et le *plokkfiskur* (ragoût de poisson), servis avec du pain noir. Plats de guillemot, cheval, agneau et baleine.

Holt Restaurant INTERNATIONAL €€€

(Carte p. 66 ; ☎571 3800 ; https://holt.is/restaurant ; Hótel Holt, Bergstaðastræti 37 ; plats dîner 4 300-

6 200 ISK ; 11h30-14h et 18h-21h30 mer-sam). Attendez-vous à manger copieusement dans ce restaurant haut de gamme, où des produits islandais combinés à des recettes européennes transfigurent des classiques comme la rhubarbe, le cabillaud ou l'omble chevalier. Menu dégustation sophistiqué à souhait ; les plats servis au déjeuner sont un peu plus simples mais tout aussi fameux.

Kolabrautin ITALIEN €€€

(Carte p. 66 ; 519 9700 ; www.kolabrautin.is ; Harpa, Austurbakki 2 ; plats 3 900-5 700 ISK ; 17h30-22h mar-sam). Perché en haut de la salle de concert Harpa, le Kolabrautin est réputé pour ses produits islandais préparés de façon originale, à la méditerranéenne. Prenez l'un des pimpants cocktails avant d'attaquer des plats comme le saumon à la diable à la crème de citron.

Sushi Social FUSION €€€

(Carte p. 66 ; 568 6600 ; www.sushisocial.is ; Þingholtsstræti 5 ; sushis 1 600-3 300 ISK, menus plusieurs plats 8 900-10 000 ISK ; 17h-23h dim-jeu, 17h-minuit ven-sam). Une table appréciée depuis longtemps par les Reykjavikois pour ses fines préparations à base de poisson cru et de riz vinaigré. On y opère une délicate fusion entre cuisines nippone et sud-américaine à partir des ingrédients islandais les plus frais. Des plats de viande et de poisson sont aussi proposés.

Torfan Lobsterhouse PRODUITS DE LA MER €€€

(Carte p. 60 ; 561 3303 ; www.torfan.is ; Amtmannsstígur 1 ; plats 5 500-8 900 ISK ; 11h30-15h et 17h-20h, fermé dim déj). Élégance discrète et réputation méritée pour le Torfan en matière de coquillages et de langoustines (homards islandais). Les crustacés sont largement à l'honneur, mais il y a aussi du gibier, du bœuf, du poisson ou des plats végétariens.

Laugardalur

Frú Lauga MARCHÉ €

(Carte p. 56 ; 534 7165 ; www.frulauga.is ; Laugalækur 6 ; 10h-18h lun-ven, 11h-16h sam ;). Dans ce marché fermier pionnier, les denrées viennent de toute la campagne islandaise. On trouve aussi bien du *skyr* (yaourt islandais) d'Erpsstaðir que des légumes bio, des conserves de rhubarbe, du miel et de la viande. Également une sélection de pâtes, de chocolats et de vins étrangers.

Café Flóra CAFÉ €€

(Flóran ; carte p. 56 ; 553 8872 ; www.floran.is ; jardin botanique ; gâteau à partir de 950 ISK, plats 1 890-3 290 ISK ; 8h-22h mai-sept ;). Ce café a un petit air bucolique avec ses tables en bois dressées sous une serre ensoleillée débordant sur une terrasse fleurie. Le végétal domine sur la carte. Certains produits sont même cultivés dans le jardin. Les soupes sont servies avec un pain au levain sensationnel ; les en-cas vont de l'assiette de fromage avec noix et miel aux sandwichs au porc. Brunch le week-end, bon café et gâteaux maison pour compléter le tout.

Vox ISLANDAIS €€€

(Carte p. 56 ; 444 5050 ; www.vox.is ; Suðurlandsbraut 2 ; plats 4 300-12 900 ISK, buffet déj 8 900 ISK ; 11h30-22h30). Le restaurant cinq étoiles du Hilton, résolument contemporain sans être froid, attire une clientèle fidèle grâce à sa cuisine néo-nordique et à son brunch du week-end (4 500 ISK).

Au sud du centre-ville

Le Kock BURGERS €€

(Carte p. 56 ; 555 4774 ; www.lekock.is ; Ármúli 42 ; plats à partir de 2 400 ISK ; 11h30-21h ; 2, 12, 15). Les 3 chefs fondateurs de cette adresse charismatique affichent d'impressionnants pedigrees d'Islande et d'ailleurs. Leur talent s'illustre dans le fast-food réinventé : burgers au chou coréen, frites à l'avocat et au wasabi, donuts à la réglisse salée et au chocolat. Très plaisant !

Nauthóll ISLANDAIS €€

(Carte p. 56 ; 599 6660 ; www.nautholl.is ; Nauthólsvegur 106 ; plats 2 950-6 800 ISK ; 11h-22h). À côté de la plage géothermale de Nauthólsvík, une "cabane" pimpante, avec bois et baies vitrées, réputée pour sa cuisine islandaise, à savourer en regardant l'océan. Ambiance décontractée en journée.

ACHETER DE L'ALCOOL

- Les seuls magasins autorisés à vendre de l'alcool sont les boutiques d'État de vins et de spiritueux Vínbúðin (www.vinbudin.is) – 5 enseignes dans le centre de Reykjavík.
- On trouve des tarifs avantageux à la boutique *duty free* de l'aéroport international de Keflavík.

En périphérie

Kaffihús Vesturbæjar BISTROT €€

(Carte p. 56 ; ☎551 0623 ; www.kaffihusvesturbaejar.is ; Melhagi 20 ; plats 2 500-4 000 ISK ; 8h-23h lun-ven, 9h-23h sam-dim ; 🚌11, 15). Bistrot prisé du quartier de Vesturbær, et un vrai bastion hipster décoré d'éléments d'occasion dépareillés. On y mange des plats délicieux : soupes, sandwichs exquis, burgers végans – probablement parmi les meilleurs de Reykjavík.

Où prendre un verre et faire la fête

Il n'est pas toujours facile de faire la distinction entre les cafés, les restaurants et les bars à Reykjavík. Le soir (qu'il fasse nuit ou pas), la plupart des cafés et des bistrots baissent les lumières, montent le son et troquent les cappuccinos contre des cocktails. On trouve aussi des bars à bières artisanales ou à cocktails haut de gamme, des bars musicaux et des clubs. Certains hôtels et auberges de jeunesse ont leur propre bar tendance.

Le vieux Reykjavík

♥ Paloma CLUB

(Carte p. 60 ; Naustin 1 ; 20h-1h jeu et dim, 20h-4h30 ven-sam). L'une des meilleures discothèques de Reykjavík à rester ouverte tard. Les DJ mixent du reggae, de l'electronica et de la pop à l'étage, de la house au sous-sol. Dans le même bâtiment que le Dubliner, le plus vieux pub irlandais de la ville.

Pablo Discobar BAR À COCKTAILS

(Carte p. 60 ; ☎552 7333 ; www.facebook.com/discobarrvk; Veltusundi 1; 16h-1h dim-jeu, 16h-3h ven-sam). Dans la capitale la plus septentrionale du monde, ce bar permet d'échapper à l'obscurité et aux désillusions de la météo le temps d'un cocktail. Avec ses néons et sa décoration tropico-nostalgique, c'est le meilleur endroit de la ville pour les boissons exotiques. DJ le week-end, boissons à prix réduits le mercredi soir et restaurant de tapas, le Burro, ouvert jusqu'à minuit.

Skúli Craft Bar BIÈRE ARTISANALE

(Carte p. 60 ; ☎519 6455 ; www.facebook.com/skulicraft ; Aðalstræti 9 ; 15h-23h dim-jeu, 14h-1h ven-sam). Principal atout de la maison : 14 bières artisanales à la pression, islandaises pour la plupart. On peut préférer celles en bouteille : il y en a quelque 130 au choix. Le lot de 6 bières coûte 4 500 ISK. *Happy hour* de 16h à 19h.

Micro Bar BAR

(Carte p. 60 ; ☎865 8389 ; www.facebook.com/MicroBarIceland ; Vesturgata 2 ; 15h-minuit dim-jeu, 15h-1h ven-sam). Les bières de niche sont le fonds de commerce de ce bar discret situé en plein centre. Il y a, à la pression, 14 créations des meilleures brasseries artisanales islandaises, des bières à 900 ISK pendant le *happy hour* (16h-19h) et des plateaux dégustation de 5 mini-bières pour 3 000 ISK (ou 10 bières pour 5 000 ISK).

Aldamót BAR À VINS

(Carte p. 60 ; ☎571 4421 ; kvosinhotel.is/bar/ ; Kirkjutorg 4 ; 16h-minuit dim-jeu, 16h-2h ven-sam). Ce bar chaleureux et discret du vieux Reykjavík a été en 2018 le théâtre d'un petit scandale politique – six députés de l'opposition y ont été filmés en train de tenir des propos insultants à l'égard de leurs collègues feminines. Du coup, le Klaustur ("monastère") a été rebaptisé l'Aldamót ("le tournant du siècle"). C'est essentiellement un bar à vins, mais on y trouve aussi une belle sélection de spiritueux, notamment le whisky single malt Flóki et la vodka Katla, tous deux islandais.

Stúdentakjallarinn BAR

(Carte p. 56 ; ☎570 0890 ; www.studentakjallarinn.is ; University Square ; 11h-23h dim-mer, 11h-1h jeu-sam). Inutile d'être étudiant pour venir au bar situé sur le campus de l'université d'Islande. Dans le sous-sol élégant à l'éclairage tamisé, des universitaires de tous âges et de toutes nationalités distillent des idées lumineuses. Les boissons sont à prix intéressant pendant le *happy hour*. Les animations (DJ, humoristes...) sont gratuites et le bar reste ouvert pendant les vacances d'été.

Frederiksen Ale House PUB

(Carte p. 60 ; ☎571 0055 ; www.facebook.com/frederiksenalehouse ; Hafnarstræti 5 ; ⏲11h-1h lun-sam, 11h-23h dim). La sélection de bières pression est modeste (une achetée, une offerte de 16h à 19h). Le choix est bien plus large côté bouteilles, et la cuisine de pub est bonne, tout comme le brunch. Contrairement à ce que dit l'adresse, ce pub se trouve à l'intersection entre Tryggvagatta et Naustín.

Sæta Svínið Gastropub PUB

(Carte p. 60 ; www.saetasvinid.is ; Hafnarstræti 1 ; ⏲11h30-23h30). Dans une jolie maison rouge, un gastropub sur 3 niveaux, où vous pourrez déguster une cuisine créative et riche en viande, avec une bière locale. *Happy hour* de 15h à 18h.

PETIT APERÇU DES ALCOOLS ISLANDAIS

En hiver, les Islandais ont tout le temps de perfectionner l'art de la distillerie. D'où, peut-être, l'apparition de quantité de brasseries et de distilleries de qualité. Voici un bref tour d'horizon qui vous aidera à passer commande :

Spiritueux

64° Reykjavík (www.reykjavikdistillery.is). Distillerie artisanale produisant la vodka Katla, de l'aquavit, des liqueurs à base de plantes et des schnapps à base de fruits sauvages et d'extraits végétaux.

Brennivín Schnapps "mort noire" au carvi d'un beau vert fluo titrant pas moins de 80°.

Flóki Single malt islandais produit par la **distillerie Eimverk** (☎698 9691 ; www.flokiwhisky.is ; Lyngas 13).

Opal Vodka aromatisée se déclinant en plusieurs variétés, au menthol et à la réglisse (52°).

Reyka La première distillerie d'Islande, à Borgarnes, produit une vodka limpide.

Bière

Les grandes marques de bière islandaises sont Egils, Gull, Thule et Viking (des lagers). Les brasseries artisanales commencent à se tailler la part du lion. On peut commander leurs bières dans la plupart des bars de Reykjavík et des grandes villes.

Borg Brugghús (www.borgbrugghus.is). Brasserie artisanale primée, fabriquant de délicieuses bières, parmi lesquelles la Bríó (pilsner), l'Úlfur (India Pale Ale ou IPA) et la Garún (brune), toutes baptisées de noms espiègles. La Fenrir, une IPA, est fumée à la crotte de mouton...

Bryggjan Brugghús (p. 96). Brasserie artisanale du vieux port de Reykjavík qui se visite.

Einstök Brewing Company (www.einstokbeer.com). Installée à Akureyri, cette brasserie produit une sensationnelle bière Viking et une Icelandic Pale Ale caractéristique, entre autres ales et bières brunes à haute fermentation.

Kaldi (www.bruggsmidjan.is). Fabriquées selon les techniques de brassages tchèques, les bières artisanales Kaldi sont disponibles partout. Très agréable, le bar Kaldi (p. 96) sert des bières pression de saison introuvables ailleurs.

Ölvisholt Brugghús (www.brugghus.is). Très bon choix de bières artisanales du sud de l'Islande, dont la fameuse bière Lava.

Steðji Brugghús (www.stedji.com). Cette petite brasserie familiale de Borgarnes fabrique de bonnes bières de saison (bière parfumée à la fraise, lager, etc.).

Vieux port

Bryggjan Brugghús BIÈRE ARTISANALE
(Carte p. 64 ; ☎456 4040 ; www.barion.is ; Grandagarður 8 ; 11h-minuit dim-jeu, 11h-1h ven-sam ; wifi). Immense, chichement éclairée et parsemée de tout un attirail de pub vintage, cette brasserie artisanale du port propose 12 bières pression au goût frais, brassées sur place. Suivez l'une des **visites de la brasserie** (3 500-5 000 ISK ; 12h-20h) avant de déguster une mousse maison – 600 ISK durant le *happy hour* (15h-19h).

Slippbarinn BAR À COCKTAILS
(Carte p. 64 ; ☎560 8080 ; www.slippbarinn.is ; Mýrargata 2 ; 12h-minuit dim-jeu, 12h-1h ven-sam ; wifi). Une clientèle huppée se retrouve dans ce bar animé du vieux port, situé dans l'Icelandair Hotel Reykjavík Marina (p. 82). Platines vintage et belle panoplie de cocktails. Goûtez ces créations à prix réduits pendant le *happy hour* (15h-18h).

Laugavegur et Skólavörðustígur

Kaffibarinn BAR
(Carte p. 66 ; ☎551 1588 ; www.facebook.com/kaffibarinn ; Bergstaðastræti 1 ; 15h-1h dim-jeu, 15h-4h30 ven-sam ; wifi). Cette vieille maison, dont la porte est surmontée du logo du métro londonien, accueille un bar tendance, qui a joué un grand rôle dans le film *101 Reykjavík* (2000), culte en Islande, avec Victoria Abril. Le week-end, mieux vaut être reconnu pour entrer.

Kaldi BAR
(Carte p. 66 ; ☎581 2200 ; www.facebook.com/KaldiBarCafe ; Laugavegur 20b ; 12h-1h dim-jeu, 12h-3h ven-sam). Naturellement branché avec ses sièges dépareillés, ses banquettes bleu-vert et son jardin très prisé, le Kaldi se distingue par ses 5 bières de la brasserie artisanale Kaldi, introuvables ailleurs. Les bières sont à 750 ISK pendant le *happy hour* (16h-19h) et tout le monde peut jouer sur le piano.

Port 9 BAR À VINS
(Carte p. 66 ; ☎832 2929 ; www.facebook.com/portniu ; Veghúsastígur 7 ; 16h-23h mar-sam, 16h-21h dim-lun). Cet établissement est venu s'ajouter aux bars de Reykjavík en s'appuyant sur la qualité de ses vins et la compétence de son personnel. On peut y goûter des vins abordables au verre, mais aussi des millésimes pour qui veut faire sauter la banque. Éclairage tamisé, clientèle bohème, ambiance confidentielle… ce bar niché dans une toute petite rue mérite qu'on se donne la peine de le chercher.

KEX Bar BAR
(Sæmundur í Sparifötunum ; carte p. 70 ; www.kexhostel.is ; Skúlagata 28 ; 11h30-23h ; wifi). Ce bar-restaurant (plats 2 000-2 500 ISK) d'auberge de jeunesse, aménagé dans une ancienne biscuiterie (*kex* signifie biscuit), est apprécié des Islandais pour

REYKJAVÍK LGBT

Reykjavík est une ville très *gay friendly*. L'annuelle **Reykjavík Pride** (www.hinsegindagar.is ; août) est l'une des manifestations les plus suivies du pays : 100 000 personnes (soit plus de 25% de la population nationale) y participent. Les sites Gayice (www.gayice.is) et Gay Iceland (www.gayiceland.is) fournissent des tuyaux et des actualités LGBT.

Literary Reykjavík (p. 72) dispose d'une application, *Culture Walks*, qui comprend une rubrique "Queer Literature". Pour passer une soirée queer, allez à la discothèque Kiki.

L'association LGBT **Samtökin '78** (carte p. 60 ; ☎552 7878 ; www.samtokin78.is ; Suðurgata 3 ; bureau 13h-16h lun-ven, Queer Centre 20h-23h jeu, fermé juil) fournit des renseignements aux heures de bureau et anime un centre le jeudi soir.

Pink Iceland (☎562 1919 ; www.pinkiceland.is ; Hverfisgata 39 ; 9h-17h lun-ven). Première agence de voyages LGBT islandaise, ouverte à tous. Organise toutes sortes de voyages, d'événements, de mariages et propose des circuits, notamment un circuit *happy hour* de 2 heures à pied dans Reykjavík (6 000 ISK).

DJAMMIÐ : FAIRE LA FÊTE À REYKJAVÍK

Reykjavík est réputée pour ses longues nuits festives le week-end, et aussi parfois en semaine (surtout l'été). Dans la capitale, *djammið* signifie "sortir en ville". On parle aussi de *pöbbarölt* (petite tournée des pubs).

À cause du prix élevé de l'alcool, la fête commence tard. Les Islandais vont d'abord à la boutique de vins et spiritueux Vínbúðin (www.vinbudin.is), puis rentrent chez eux pour la première partie de soirée. Une fois "en forme", ils sortent vers minuit et font la fête jusqu'à 5h, terminent par un hot-dog, puis rentrent se coucher.

Plutôt que de passer la nuit dans un bar précis, il est d'usage de progresser de bar en bar. Plus les heures passent, plus les inhibitions tombent... Il y a parfois de longues files d'attente devant les clubs les plus en vogue, mais la circulation y est fluide et rapide.

Les réjouissances se concentrent près de Laugavegur et d'Austurstræti. Les établissements sont ouverts jusqu'à 1h du dimanche au jeudi (4h ou 5h le vendredi et le samedi). Une pinte de bière coûte de 1 200 à 1 600 ISK et les cocktails entre 2 000 et 2 800 ISK. Certains établissements font payer l'entrée (environ 1 000 ISK) après minuit et beaucoup proposent des *happy hours* en début de soirée avec des bières à 500-700 ISK. Téléchargez l'application pour smartphone Reykjavík Appy Hour.

L'âge minimum légal pour consommer de l'alcool est 20 ans.

ses grandes fenêtres donnant sur l'océan, sa cour intérieure et sa bière maison. Les branchés raffolent de l'ambiance très "Las Vegas années 1920" : portes de saloon, fauteuil de barbier, bavardages et sols éraflés. Renseignez-vous sur les fréquents concerts de jazz (gratuits).

Bravó — BAR

(Carte p. 66 ; Laugavegur 22 ; ⏲11h-1h lun-jeu, 11h-3h ven-sam ; 📶). Ce bar prétend offrir le *happy hour* (11h-20h, bière pression islandaise 800 ISK) le plus long de Reykjavík, mais il a aussi d'autres atouts : barmen sympathiques, belles occasions d'observer ses contemporains, bonne musique en fond sonore et ambiance décontractée.

Kiki — GAY

(Carte p. 66 ; www.facebook.com/Kikiqueerbar ; Laugavegur 22 ; ⏲20h-1h mer, jeu et dim, 21h-4h30 ven-sam). Ce bar queer est l'adresse incontournable pour danser (en particulier sur de la pop et de l'électro), et c'est d'autant plus appréciable que l'essentiel de la vie nocturne de Reykjavík tourne désormais plus autour de l'alcool que du groove.

Prikið — PUB

(Carte p. 66 ; ☎551 2866 ; www.prikid.is ; Bankastræti 12 ; ⏲8h-1h lun-jeu, 8h-4h30 ven, 11h-4h30 sam, 11h-1h dim). Ce bar, l'un des plus vieux de la ville, est idéal si vous aimez les plats qui tiennent au corps (2 000-4 000 ISK) et la convivialité. Pendant une partie de la nuit, il se transforme en un club hip-hop. Si vous tenez encore debout aux premières heures du matin, requinquez-vous avec un petit-déjeuner "*hangover killer*" ("anti-gueule de bois" ; 3 000 ISK).

Dillon — BAR

(Carte p. 66 ; ☎697 6333 ; www.dillon.is ; Laugavegur 30 ; ⏲12h-1h dim-jeu, 14h-3h ven-sam). De la bière, des barbus, des bouteilles qui volent de temps à autres... Une adresse où l'on écoute du rock, avec un agréable *beer garden* à l'arrière. La petite scène accueille souvent des concerts de gros son. Plus de 170 whiskys en stock.

Artson — BAR À COCKTAILS

(Carte p. 66 ; ☎519 3535 ; www.facebook.com/Artsoncocktailbar ; Laugavegur 59 ; ⏲17h-1h mar-sam). Un bar élégant et spacieux connu pour sa liste de cocktails longue comme le bras. Six sont saisonniers, 10 sont sans alcool, tous sont servis avec style, et coûtent seulement 1 500 ISK durant le *happy hour* (17h-19h).

Veður — BAR

(Carte p. 66 ; www.facebook.com/vedurbarinn ; Klapparstígur 33 ; ⏲12h-1h dim-jeu,

12h-3h ven-sam). Branché et douillet, le Veður a tout pour plaire : un beau bar éclairé, une ambiance accueillante, des cocktails réputés et un long *happy hour* (12h-19h30).

Bastard BIÈRE ARTISANALE
(Carte p. 66 ; ☎558 0800 ; www.bastard.is ; Vegamótastígur 4 ; ⌚11h30-1h dim-jeu, 11h30-4h ven-sam). Cette brasserie artisanale produit deux bières qui décoiffent, servies à la pression, ainsi qu'une dizaine d'autres mousses. Adresse chic, fond sonore entraînant et ambiance animée. *Happy hour* de 16h à 19h.

Petersen Svítan LOUNGE
(Gamla Bíó ; carte p. 66 ; ☎563 4000 ; www.gamlabio.is ; Ingólfsstræti 2a ; ⌚12h-1h dim-jeu, 11h30-3h ven-sam). Situé au sommet d'un vieux théâtre restauré, ce bar *lounge* se double d'un très élégant toit-terrasse – sol en bois, canapés en rotin et vue dégagée. C'est l'un des endroits les plus courus par beau temps.

Den Danske Kro BAR
(Danski Barinn ; carte p. 66 ; www.danski.is ; Ingólfsstræti 3 ; ⌚12h-1h dim-jeu, 12h-4h30 ven-sam). Au programme du "bar danois" : de bons cocktails, une atmosphère plutôt alcoolisée et une terrasse animée, mais la bière tient indiscutablement la vedette.

Spánski BAR À VINS
(Carte p. 66 ; ☎832 8881 ; www.facebook.com/spanskivinkjallari ; Ingólfsstræti 8 ; ⌚11h-23h lun-mer, 11h-1h ven-sam, 14h-23h dim). Dégustez du tempranillo et du rioja au verre (à partir de 1 200 ISK), et picorez des tapas (à partir de 800 ISK) dans ce bar à vins sur le thème espagnol.

Bar Ananas BAR
(Carte p. 66 ; www.facebook.com/barananasreykjavik ; Klapparstígur 38 ; ⌚16h-1h dim-jeu, 17h-3h ven-sam). Un bar à l'ambiance tropicale, idéal pour s'échauffer en perspective d'une nuit dans les clubs.

En périphérie

Bike Cave CAFÉ
(Carte p. 56 ; ☎770 3113 ; www.facebook.com/bikecavereykjavik ; Einarsnes 36 ; ⌚9h-22h, horaires réduits en hiver ; 🚌12). Ce café peu commun (plats 995-2 400 ISK) propose aux cyclistes du café, de la bière et du vin, mais pas que : une douche et une laverie sont à leur disposition, ainsi qu'un atelier pour les réparations.

☆ Où sortir

Dans le monde toujours changeant des arts de la scène à Reykjavík, les spectacles ont lieu dans les bars et cafés, les théâtres et la salle de concert Harpa.

Pour vous tenir au courant de l'actualité musicale et artistique, consultez les sources suivantes en anglais : le journal gratuit *Grapevine* (www.grapevine.is) et son application *Appening* (agenda culturel), et les sites Internet Visit Reykjavík (www.visitreykjavik.is), What's On in Reykjavík (www.whatson.is) et Musik.is (www.musik.is). Rendez-vous également dans les magasins de musique.

♥ **Húrra** MUSIQUE LIVE
(Carte p. 60 ; www.facebook.com/hurra.is ; Tryggvagata 22 ; ⌚18h-1h lun-jeu, 18h-4h30 ven-sam, 18h-23h30 dim ; 📶). L'arrière-salle de ce grand bar sombre au cadre brut est un lieu de concert très apprécié, proposant presque tous les jours des musiques diverses ou des soirées DJ. Plusieurs bières pression et *happy hour* jusqu'à 21h. L'un des meilleurs endroits de Reykjavík pour finir la soirée.

♥ **Bíó Paradís** CINÉMA
(Carte p. 66 ; ☎412 7711 ; www.bioparadis.is ; Hverfisgata 54 ; adulte 1 600-1 800 ISK ; 📶). Sympathique cinéma décoré d'affiches de films et d'accessoires de bureau vintage. Programmation pointue de films islandais soigneusement sélectionnés et sous-titrés en anglais, et films étrangers. L'occasion de voir des films que vous ne verrez pas ailleurs.

Cinema at Old Harbour Village No 2 CINÉMA
(Carte p. 64 ; ☎898 6628 ; www.thecinema.is ; Geirsgata 7b ; adulte/enfant 800/900 ISK ; 🚌14). Cette petite salle est perchée en haut de l'un des entrepôts réhabilités du vieux port. On y projette notamment de remarquables documentaires consacrés aux volcans (Hekla, Eyjafjallajökull, Vestmannaeyjar – îles Vestmann), à la formation de l'Islande et aux aurores boréales. Films majoritairement en anglais ; programmation sur le site Internet.

Tjarnarbíó THÉÂTRE

(Carte p. 60 ; ☎527 2100 ; www.tjarnarbio.is ; Tjarnargata 12 ; tickets à partir de 2 000 ISK). Ce théâtre indépendant établi de longue date accueille des pièces de théâtre, des spectacles d'humour, d'improvisation et de danse. Beaucoup sont en anglais. Le café est un lieu animé ouvert également la journée.

Gaukurinn MUSIQUE LIVE

(Carte p. 60 ; www.gaukurinn.is ; Tryggvagata 22 ; ⏲14h-1h dim-jeu, 14h-3h ven-sam). Voici une adresse à ne pas manquer, tout à la fois grunge et flamboyante, mêlant musique live, sketchs, karaoké et scène ouverte. *Happy hour* de 19h à 21h.

Mengi ARTS DE LA SCÈNE

(Carte p. 66 ; ☎588 3644 ; www.mengi.net ; Óðinsgata 2 ; ⏲12h-17h mar-sam et lors des performances). Quoique petite, cette salle propose un programme original d'art plastique et de spectacle vivant.

Théâtre national THÉÂTRE

(Þjóðleikhúsið ; carte p. 66 ; ☎551 1200 ; www.leikhusid.is ; Hverfisgata 19 ; ⏲fermé juil). Ce théâtre présente aussi bien des pièces islandaises modernes que des comédies musicales, des opéras ou du Shakespeare. Il compte 5 salles, dont une principale, un studio, un espace pour les enfants et un théâtre de marionnettes.

Théâtre municipal de Reykjavík THÉÂTRE, DANSE

(Borgarleikhúsið ; carte p. 56 ; ☎568 8000 ; www.borgarleikhus.is ; Listabraut 3, Kringlan ; ⏲fermé juil-août). Pièces et comédies musicales. La **Compagnie de danse islandaise** (carte p. 56 ; ☎588 0900 ; www.id.is ; Listabraut 3, Kringlan) est en résidence sur place.

Stade national Laugardalsvöllur STADE

(Carte p. 56 ; ☎510 2914 ; Laugardalur). L'Islande nourrit une véritable passion pour le football. Les matchs de Coupe de la Ligue et les grands matchs internationaux se jouent au stade national, à Laugardalur. Pour suivre l'actualité, achetez la presse ou consultez l'**Association islandaise de football** (Knattspyrnusamband Íslands - KSÍ ; carte p. 56 ; ☎510 2900 ; www.ksi.is). Les billets sont en vente au stade.

Laugardalshöllin SALLE DE CONCERT

(Carte p. 56 ; ☎585 3300 ; www.ish.is ; Engjavegur 8, Laugardalur). Cette immense salle accueille des groupes étrangers mondialement connus.

Achats

Du sac à main en galuchat (peau de poisson tannée) au *lopapeysur* (pull en laine islandais), de la musique au *brennivín* (eau-de-vie locale), les occasions de rapporter des souvenirs d'Islande sont nombreuses. D'autant que la culture du design islandais n'est pas un vain mot. On trouve des boutiques indépendantes dans toute la ville. Pour la mode, les enseignes sont concentrées dans Frakkastígur et Vitastígur, près de l'extrémité de Laugavegur, la principale artère commerçante. Skólavörðustígur est le fief des boutiques d'artisanat et de bijoux. Bankastræti et Austurstræti comptent essentiellement des magasins pour touristes.

Tous les visiteurs étrangers peuvent bénéficier d'une détaxe de 15% à certaines conditions (pour plus de précision, consultez le site www.government.is/diplomatic-missions/embassy-of-iceland-in-brussels/tourist-information).

Vieux Reykjavík

♥ Fischer CONCEPT STORE

(Carte p. 60 ; www.fischersund.com ; Fischersund 3 ; ⏲12h-18h lun-sam). Ancien studio d'enregistrement de Jónsi (chanteur du groupe Sigur Rós), ce concept store ressemble à une exposition immersive où parfums, herbes aromatiques islandaises, bougies et savons artisanaux, œuvres plastiques et musique éthérée interpellent tous vos sens.

♥ Kirsuberjatréð ARTISANAT

(Carte p. 60 ; ☎562 8990 ; www.kirs.is ; Vesturgata 4 ; ⏲10h-19h lun-ven, 10h-17h sam-dim). De talentueuses créatrices exposent leur travail au sein de ce collectif d'art et de design déjà ancien. Bracelets et sacs en galuchat doux et souple de couleur vive, boîtes à musique en ficelle... et nos objets préférés : des bols fabriqués à partir de tranches de radis.

Marché aux puces de Kolaportið MARCHÉ

(Carte p. 60 ; www.kolaportid.is ; Tryggvagata 19 ; 11h-17h sam-dim). Une institution à Reykjavík ! Ce grand déballage de fripe, de vieux jouets et de produits d'importation bon marché se déroule le week-end dans un bâtiment industriel près du port. Dans la section alimentation, on vend des spécialités comme le *rúgbrauð* (pain de seigle cuit à l'étouffée près d'une source chaude) ou la *brauðterta* (sandwich au pain multicouches et garnitures à la mayonnaise).

Akkúrat DESIGN

(Carte p. 60 ; 868 7613 ; www.facebook.com/akkuratreykjavik ; Aðalstræti 2 ; 10h-19h lun-ven, 10h-18h sam, 11h-17h dim). Des mugs décorés à la main aux pulls de marins, ce concept store soutenu par l'Iceland Design Centre (p. 423) propose le meilleur du design nordique. Ne manquez pas les bonnets et les pulls de la marque islandaise Döðlur.

Eymundsson LIVRES

(Carte p. 60 ; www.eymundsson.is ; Austurstræti 18 ; 9h-22h lun-sam, 10h-22h dim ;). Cette grande librairie centrale propose un large choix de livres, de journaux et de magazines, et des cartes en anglais. Elle abrite un excellent café.

Autre enseigne dans **Skólavörðustígur** (Carte p. 66 ; www.eymundsson.is ; Skólavörðustígur 11 ; 9h-22h lun-ven, 10h-22h sam-dim ;).

Kogga CÉRAMIQUES

(Carte p. 60 ; 552 6036 ; www.kogga.is ; Vesturgata 5 ; 9h-18h lun-ven, 11h-15h sam). Ce petit atelier de céramique, installé en bas d'une vieille maison, vend des poteries originales.

Vínbúðin – Austurstræti ALCOOL

(Carte p. 60 ; www.vinbudin.is ; Austurstræti 10a ; 11h-18h lun-jeu et sam, 11h-19h ven). C'est le magasin le plus central de la chaîne nationale de magasins de vins et spiritueux. Vous en trouverez un autre en direction de Laugardalur (Borgartún 26).

Vieux port

Farmers & Friends VÊTEMENTS

(Farmers Market ; carte p. 64 ; 552 1960 ; www.farmersmarket.is ; Hólmaslóð 2 ; 10h-18h lun-ven, 11h-17h sam-dim). Bottes, vêtements et accessoires somptueux aux teintes naturelles recouvrent les rayons de cette boutique de marque. Ils sont principalement à base de fibres et de matières naturelles.

Steinunn VÊTEMENTS

(Carte p. 64 ; 588 6649 ; www.steinunn.com ; Grandagarður 17 ; 11h-18h lun-ven, 13h-16h sam). Découvrez la collection couture de Steinunn Sigurðardóttir, créatrice islandaise réputée, et notamment ses tricots originaux.

Jen's BIJOUX

(Carte p. 64 ; 546 6446 ; www.jens.is ; Grandagarður 31 ; 11h-17h lun-ven). Beaux bijoux ornés de runes et de pierres islandaises, créés par une famille de créateurs chevronnés.

Kjötkompaní ALIMENTATION ET BOISSON

(Carte p. 64 ; www.kjotkompani.is ; Grandagarður 29 ; 11h30-18h30 lun-ven, 10h-17h sam). Ce traiteur propose une gamme alléchante de plats carnés, de légumes au vinaigre, de sauces et d'huiles.

Laugavegur et Skólavörðustígur

Skúmaskot ARTISANAT

(Carte p. 66 ; 663 1013 ; www.facebook.com/skumaskot.art.design/ ; Skólavörðustígur 21a ; 10h-18h lun-ven, 10h-17h sam, 12h-16h dim). Des artistes et artisans locaux créent des objets en porcelaine, des vêtements pour femme et enfant, des cartes et des peintures. Leurs créations originales sont exposées dans une grande galerie rénovée.

Kiosk VÊTEMENTS

(Carte p. 66 ; 571 3636 ; www.kioskreykjavik.com ; Ingólfsstræti 6 ; 11h-18h lun-ven, 11h-17h sam). Cette coopérative de créateurs possède une boutique vitrée emplie d'articles de mode féminine originaux. Les créateurs tiennent la boutique à tour de rôle.

12 Tónar MUSIQUE

(Carte p. 66 ; 511 5656 ; www.12tonar.is ; Skólavörðustígur 15 ; 10h-18h lun-sam, 12h-18h dim). Cette boutique sur deux niveaux est un agréable endroit pour écouter des CD, prendre un café et parfois, les vendredis d'été, écouter de la musique *live*. Elle a lancé quelques groupes islandais connus.

KronKron VÊTEMENTS, CHAUSSURES

(Carte p. 66 ; 561 9388 ; www.kronkron.com ; Laugavegur 63b ; 10h-18h lun-ven, 10h-17h sam). Cette adresse de haute couture propose du prêt-à-porter de Marc Jacobs et Vivienne Westwood, mais aussi de créateurs scandinaves. Robes de soie, capes, écharpes, sous-vêtements en laine... Les chaussures faites main sont exceptionnelles – elles sont aussi vendues plus loin dans la rue, chez **Kron** (carte p. 66 ; 551 8388 ; www.kron.is ; Laugavegur 48 ; 10h-18h lun-ven, 10h-17h sam).

Orrifinn BIJOUX

(Carte p. 66 ; 789 7616 ; www.orrifinn.com ; Skólavörðustígur 17a ; 10h-18h lun-ven, 11h-16h sam). De beaux bijoux délicats, inspirés des merveilles naturelles de l'Islande et de son passé viking. Ancres fines, haches et plumes de stylo se balancent sur des chaînes mates et discrètes. Il y a quelques établis où vous risquez de voir les joailliers au travail.

Rammagerðin SOUVENIRS

(Iceland Gift Store ; carte p. 66 ; 535 6690 ; www.icelandgiftstore.com ; Skólavörðustígur 12 ; 10h-21h). Voici l'un des meilleurs magasins de souvenirs de la ville, où craquer pour des lainages, et des objets d'artisanat et de collection. Autres magasins de la même enseigne à Skólavörðustígur 20, à Bankastræti 9 et à l'aéroport international de Keflavík.

Tulipop CADEAUX ET SOUVENIRS

(Carte p. 66 ; www.tulipop.com ; Skólavörðustígur 43 ; 10h-18h). La papeterie, la vaisselle et les jouets vendus ici sont décorés des adorables personnages de l'île magique de Tulipop (dessin animé islandais), Gloomy, Bubble, Mama Skully et Mr Tree.

Húrra Reykjavík VÊTEMENTS

(Carte p. 66 ; 571 7101 ; www.hurrareykjavik.is ; Hverfisgata 50 ; 11h-18h lun-jeu et sam, 11h-19h ven). Streetwear et grandes marques internationales, dans un espace joliment aménagé.

Blue Lagoon Shop COSMÉTIQUES

(Carte p. 66 ; 420 8849 ; www.bluelagoon.com ; Laugavegur 15 ; 10h-18h lun-ven, 10h-16h sam, 13h-17h dim). Vous avez oublié de faire le plein de masques et de crèmes lors de votre visite au Blue Lagoon ? Voici une chance de vous rattraper ! Ces produits sont également disponibles dans les pharmacies Lyfja, dans les supermarchés Hagkaup et au duty free de l'aéroport international de Keflavík.

Spúútnik FRIPERIE

(Carte p. 66 ; 533 2023 ; spuutnikreykjavik.com ; Laugavegur 28 ; 10h-18h). Une friperie bien remplie, où vous pourrez acheter à moindre coût le pull islandais dont vous rêviez.

ÉQUIPEMENT DE PLEIN AIR

Premier fournisseur d'habillement pour le plein air, **66° North** (carte p. 66 ; 535 6680 ; www.66north.is ; Bankastræti 5 ; 9h-20h lun-sam, 10h-20h dim) a d'abord fabriqué des vêtements pour protéger par tous les temps les pêcheurs de l'Arctique. Ce sont devenu des articles de streetwear tendance et chers : vestes, polaires, bonnets et gants. Des marques analogues sont apparues, tel **Cintamani** (carte p. 66 ; 533 3800 ; www.cintamani.is ; Bankastræti 7 ; 9h-21h).

Si vous cherchez à louer du matériel de randonnée ou de camping (tentes, sacs de couchage, sac à dos, chaussures, matériel d'escalade, GPS, borne Wi-Fi, etc.), adressez-vous à **Iceland Camping Equipment Rental** (carte p. 70 ; 647 0569 ; www.iceland-camping-equipment.com ; Barónsstígur 5 ; 9h-17h mai-oct, sur rdv nov-avr), à Laugavegur, et **Rent-A-Tent** (848 5805 ; www.rentatent.is ; Smiðjuvegur 6 ; 9h-16h lun-ven juin-août, horaires restreints en hiver), à Kópavogur. **Fjallakofinn** (carte p. 66 ; 510 9505 ; www.fjallakofinn.is ; Laugavegur 11 ; 9h-19h lun-ven, 10h-17h sam, 12h-18h dim) propose du matériel de camping et d'escalade de marque (et cher), des GoPros et bien d'autres produits (location d'équipement également).

LES PULLS EN LAINE ISLANDAIS

Incontournables, les *lopapeysur* sont portés aussi bien par les Islandais que par les touristes. Ces fameux chandails en laine hydrofuge, épais et confortables, sont ornés de motifs géométriques simples, parfois typiquement régionaux. L'époque où ils étaient à très bon prix (les années 1960) est révolue. Aussi, au moment de l'achat, réfléchissez : voulez-vous un pull tricoté à la main ou à la machine ? Il existe une différence de prix notable (certains coûtent bien plus de 27 500 ISK). Quoi qu'il en soit, ces articles, qui allient esthétique et confort, constituent des souvenirs de choix (n'oubliez pas les bonnets, gants et écharpes qui vont avec).

Handknitting Association of Iceland (Handprjónasamband Íslands ; carte p. 66 ; ☎552 1890 ; www.handknit.is ; Skólavörðustígur 19 ; ⏲9h-22h lun-ven, 9h-18h sam, 10h-18h dim). Cette association vend bonnets, chaussettes et pulls en tricot traditionnel, ainsi que de la laine, des aiguilles et des modèles de tricot. La petite **succursale** (Handprjónasamband Íslands ; carte p. 70 ; ☎552 1890 ; www.handknit.is ; Borgartún 31 ; ⏲9h-18h lun-ven, 10h-17h sam) de l'association ne vend que des articles déjà tricotés.

Nordic Store (carte p. 60 ; ☎445 8080 ; www.nordicstore.net ; Lækjargata 2 ; ⏲9h-20h). Vend des montagnes de *lopapeysur* faits à la main ou à la machine et d'autres produits en laine dans sa boutique du vieux Reykjavík.

Álafoss (☎566 6303 ; www.alafoss.is ; Álafossvegur 23, Mosfellsbær ; ⏲8h-20h lun-ven, 9h-20h sam-dim ; 🚌15), dans le faubourg de Mosfellsbær, a aussi beaucoup de choix.

Hrím DESIGN

(Carte p. 66 ; www.hrim.is ; Laugavegur 25 ; ⏲10h-18h lun-sam, 13h-18h dim). Cette grande boutique de décoration et d'ustensiles design possède une annexe plus petite, spécialisée dans le matériel de cuisine (Laugavegur 32). Les créations d'inspiration scandinave – babioles en tous genres, linge de maison et objets divers – sont inventives et haut de gamme.

Lucky Records MUSIQUE

(Carte p. 70 ; ☎551 1195 ; www.luckyrecords.is ; Rauðarárstígur 10 ; ⏲10h-18h lun-ven, 11h-17h sam-dim). Cette véritable caverne d'Ali Baba musicale, très bien fournie en artistes islandais contemporains, propose aussi quantité de vinyles d'époque. Vaste collection, du hip-hop au jazz, en passant par l'électro. Concerts occasionnels.

Reykjavík Record Shop MUSIQUE

(Carte p. 66 ; ☎561 2299 ; www.facebook.com/reykjavikrecordshop ; Klapparstígur 35 ; ⏲11h-18h lun-ven, 13h-18h sam). Situé dans le centre-ville, ce magasin de disques qui ne paie pas de mine ravira les fans de vinyles.

Ófeigur Björnsson MODE ET ACCESSOIRES

(Carte p. 66 ; ☎551 1161 ; www.ofeigur.is ; Skólavörðustígur 5 ; ⏲10h-18h lun-ven, 11h-16h sam). Ófeigur Björnsson et d'autres orfèvres locaux fabriquent des bijoux en lave et autres matériaux naturels. Couturière hors pair, Hildur Bolladóttir confectionne des sacs modernes et des chapeaux en feutre. Galerie d'art à l'étage.

Aurum BIJOUX

(Carte p. 66 ; ☎551 2770 ; www.aurum.is ; Bankastræti 4 ; ⏲10h-20h lun-ven, 10h-18h sam-dim juin-août, horaires réduits sept-mai). Guðbjörg, qui vend ses pièces ici, est l'une des créatrices les plus intéressantes de Reykjavík. Les formes de ses bijoux en argent arachnéens évoquent souvent des feuilles et des fleurs. Une partie du magasin est consacrée aux objets de collection.

Orr BIJOUTERIE

(Carte p. 70 ; ☎511 6262 ; www.orr.is ; Skólavörðustígur 17b ; ⏲10h-18h lun-sam). Le couple de créateurs inventifs à l'origine de cette boutique réalise des bijoux d'une grande finesse inspirés de la nature, en utilisant perles, pierres semi-précieuses et métaux chatoyants.

Stígur ARTISANAT

(Carte p. 66 ; ☎551 5675 ; www.facebook.com/Stígur-216065088600569 ; Skólavörðustígur 17b ; ⏲10h-18h lun-sam, 10h-16h dim). Un collectif de 7 artistes de la capitale, travaillant dans des domaines divers : textile, graphisme, céramique, verrerie et peinture. Mention spéciale aux vases. C'est l'une des rares galeries d'artisanat ouvertes le dimanche.

Heilsuhúsið ALIMENTATION

(Carte p. 66 ; ☎552 2966 ; www.heilsuhusid.is ; Laugavegur 20 ; ⏲10h-18h lun-ven, 11h-16h sam, 12h-16h dim). Pour faire son marché de produits diététiques, de smoothies et de compléments alimentaires avec les habitants. Le magasin est installé sous le restaurant Gló, tout aussi soucieux de votre bien-être alimentaire. On y trouve les produits de beauté Sóley, une excellente ligne bio islandaise.

Dogma VÊTEMENTS

(Reykjavík T-Shirts ; carte p. 66 ; ☎562 6600 ; www.dogma.is ; Laugavegur 32 ; ⏲10h-20h juin-sept, 10h-18h oct-mai). Dans la surprenante boutique de ce spécialiste du T-shirt, vous dénicherez, entre autres, des créations locales originales tendance cartoon. Il y a aussi des magnets humoristiques pour les réfrigérateurs et des dessous-de-verre tournant gentiment en dérision l'industrie du tourisme. Succursale dans la galerie marchande Kringlan.

Iðnú Bookshop CARTES

(Carte p. 70 ; ☎517 7210 ; www.ferdakort.is ; Brautarholt 8 ; ⏲10h-16h lun-ven). Grand choix de cartes routières ou de randonnée au rayon Ferðakort de cette librairie.

Reykjavík Foto ÉLECTRONIQUE

(Carte p. 66 ; ☎577 5900 ; www.reykjavikfoto.is ; Laugavegur 51 ; ⏲10h-18h lun-ven, 11h-16h sam). Appareils photo, trépieds et étuis imperméables. Personnel très serviable.

Au sud du centre-ville

Kringlan GALERIE MARCHANDE

(Carte p. 56 ; ☎517 9000 ; www.kringlan.is ; Kringlunni 4-12 ; ⏲10h-18h lun-mer et sam, 10h-21h jeu, 10h-19h ven, 13h-18h dim ; 🚌1, 3, 4, 6). Principale galerie marchande de Reykjavík, à 1 km de la ville, qui compte 170 boutiques. Une navette gratuite part toutes les heures de l'office du tourisme de l'hôtel de ville (Ráðhús).

Renseignements

ACCÈS INTERNET

Le Wi-Fi est gratuit à l'office du tourisme principal, dans presque tous les hébergements et de nombreux cafés. Vous pouvez utiliser les ordinateurs à disposition dans les bibliothèques (350 ISK/heure) et à l'**Aðalbókasafn** (bibliothèque municipale de Reykjavík ; ☎411 6100 ; www.borgarbokasafn.is ; Tryggvagata 15 ; 350 ISK/heure ; ⏲10h-19h lun-jeu, 11h-18h ven, 13h-17h sam-dim ; Wi-Fi).

AGENCES DE VOYAGES

Icelandic Travel Market (ITM ; ☎522 4979 ; www.icelandictravelmarket.is ; Bankastræti 2 ; ⏲8h-21h juin-août, 9h-19h sept-mai). Renseignements, réservation de circuits et consigne à bagages (la journée/journée supp 1 000/500 ISK).

Trip (☎433 8747 ; Laugavegur 54 ; ⏲9h-19h). Réservation de circuits et transports.

ARGENT

Les cartes bancaires sont acceptées partout (sauf dans les bus municipaux). Les distributeurs de billets (DAB) sont nombreux. Dans les hôtels et les bureaux de change privés, la commission peut être élevée.

CONSIGNES À BAGAGES

La gare routière BSÍ, l'aéroport domestique de Reykjavík et quelques autres lieux de la ville sont équipés de casiers (www.luggagelockers.is). Beaucoup d'hôtels de Reykjavík gardent vos bagages si vous partez quelques jours en escapade dans la campagne.

LAVERIES

La blanchisserie est un éternel (et coûteux) problème en Islande. Lors de la rédaction de ce guide, il n'y avait pas une laverie automatique dans tout le pays. Heureusement, la plupart des appartements et auberges de jeunesse, ainsi que de nombreuses maisons d'hôtes sont équipés de lave-linge.

Úðafoss (☎551 2301 ; www.udafoss.is ; Vitastígur 13 ; ⏲8h-18h lun-ven). Nettoyage à sec.

OFFICES DU TOURISME

Site officiel du tourisme islandais, Inspired By Iceland (www.inspiredbyiceland.com) fournit des renseignements très complets.

Centre d'information touristique de Grófin (siège d'Iceland Travel Assistance ; carte p. 60 ; ☎570 7700 ; www.ita.is ; Grófin 1 ; ⏲8h-20h). Grand centre d'information touristique doté d'un personnel sympathique. Change de devises, imprimantes et consigne à bagages. Ce centre dépendant d'Iceland Travel Assistance a plusieurs adresses à Reykjavík. C'est surtout un centre de réservation. Pour des renseignements plus axés sur le voyage, adressez-vous à l'office du tourisme principal (ci-dessous), organisme public situé non loin, dans la Ráðhús.

Office du tourisme principal (Upplýsingamiðstöð Ferðamanna ; carte p. 60 ; ☎411 6040 ; www.visitreykjavik.is ; Ráðhús, Tjarnargata 11 ; ⌚8h-20h ; 📶). L'office du tourisme officiel de Reykjavík se trouve dans la Ráðhús (hôtel de ville). Personnel aimable, montagnes de brochures gratuites, vente de plans, de la Reykjavík City Card et de billets de bus urbains Strætó. Réservation d'hébergements, de circuits et d'activités. Le guichet SafeTravel mis en place par l'Icelandic Search & Rescue est une aubaine pour ceux qui prévoient des activités d'aventure comme des randonnées sur plusieurs jours ou des virées en voiture dans les hautes terres.

POSTE

La **poste principale** (carte p. 56 ; www.postur.is ; Hagatorg 107 ; ⌚9h30-17h lun-jeu, ven 9h30-16h) est installée au rez-de-chaussée du **Radisson Blu Saga Hotel**. Il existe un **bureau** (carte p. 56 ; ☎580 1000 ; Síðumúla 3 ; ⌚9h30-17h lun-jeu, ven 9h30-16h) en lisière de Laugardalur.

SERVICES MÉDICAUX

Centre médical (Heilsugæslan Miðbæ ; ☎513-5950 ; Vesturgata 7 ; ⌚sur rdv). Prenez rendez-vous.

Dentiste (☎575 0505)

Hôpital universitaire Landspítali (☎543 1000, médecin de garde 1770 ; www.landspitali.is ; Fossvogur). Hôpital et service d'urgences.

Læknavaktin (☎médecin de garde 1770 ; ⌚17h-23h30 lun-ven, 8h-23h30 sam-dim). Conseils médicaux en dehors des heures d'ouverture des cabinets médicaux, pour les cas non urgents.

TÉLÉPHONE

Difficile de trouver des cabines publiques. Essayez à l'office du tourisme principal, à la poste, près de l'angle sud-ouest d'Austurvöllur, dans Lækjargata ou dans la galerie marchande Kringlan.

URGENCES

Police (☎en cas d'urgence 112, sinon 444 1000 ; Hverfisgata 113). Commissariat central.

ℹ Depuis/vers Reykjavík

AVION

Aéroport international de Keflavík

Principal aéroport international d'Islande, l'aéroport international de Keflavík (p. 453) est situé à 48 km à l'ouest de Reykjavík, sur la péninsule de Reykjanes.

Vous y trouverez des DAB, des bureaux de change, des comptoirs de location de voitures, un **bureau d'information touristique** (☎425 0330, service réservations 570 7799 ; www.visitreykjanes.is ; Reykjanesbraut ; ⌚6h-20h lun-ven, 12h-17h sam-dim) et des cafés. Les magasins en *duty free* de la zone des arrivées vendent des alcools à des prix bien plus bas que tout ce que vous trouverez en ville. Il y a également un bureau où vous pourrez vous faire rembourser les taxes sur certains achats effectués dans le pays (voir l'encadré *Achats détaxés* p. 439). Des cartes SIM sont en vente dans les supérettes 10-11. Vous trouverez aussi des comptoirs de grandes agences de voyages comme Reykjavík Excursions et Grayline.

Aéroport domestique de Reykjavík

L'**aéroport domestique de Reykjavík** (Reykjavíkurflugvöllur ; carte p. 56 ; www.isavia.is ; Innanlandsflug) se trouve au centre de Reykjavík, à 2 km au sud du Tjörnin. Vols panoramiques, domestiques et à destination de/depuis le Groenland et les îles Féroé.

Air Iceland Connect (p. 81). Dessert Akureyri, Egilsstaðir, Ísafjörður et le Groenland. Les prix sont généralement plus avantageux en ligne qu'à la billetterie de l'aéroport.

Atlantic Airways (☎aux îles Féroé 298 34 10 00 ; www.atlantic.fo) dessert les îles Féroé.

Eagle Air Iceland (p. 80) assure des vols panoramiques et dessert 5 destinations depuis Reykjavík : les Vestmannaeyjar (îles Vestmann), Höfn, Húsavík, et, dans les fjords de l'Ouest, Bíldudalur et Gjögur.

BUS

Les dessertes en bus changent sans cesse en Islande ; il est conseillé de se renseigner sur les horaires et les tarifs sur les sites Web des compagnies de bus ou dans les offices du tourisme. La carte gratuite *Public Transport in Iceland* (www.publictransport.is) donne une bonne vue d'ensemble des itinéraires.

Pour visiter le pays à partir de Reykjavík, on peut recourir aux excursions organisées (la plupart des prestataires viennent vous chercher à domicile) ou aux bus Strætó (p. 73) ou d'une autre compagnie, en descendant et en montant à volonté dans les bus réguliers. Strætó propose de multiples forfaits pour les transports en bus.

Les bus sont fréquents sur tout le réseau de mi-mai à mi-septembre. En dehors de cette période, ceux desservant les régions éloignées sont parfois moins fréquents (voire supprimés).

Pour rejoindre les destinations des régions nord et est du pays (comme Egilsstaðir, Mývatn et Húsavík), vous devrez généralement prendre une correspondance à Höfn ou à Akureyri ; à

BUS DEPUIS REYKJAVÍK

Voici des exemples d'itinéraires et de prix ; demandez les derniers tarifs aux compagnies de bus. Strætó (p. 73) est généralement la moins chère. Des sociétés privées comme Reykjavík Excursions (RE ; p. 74) et Sterna (p. 104) empruntent aussi certains de ces itinéraires et peuvent vous prendre au passage, mais sont généralement plus chères, à moins que vous n'ayez une carte de bus.

DESTINATION	COMPAGNIE ET LIGNE	PRIX ALLER SIMPLE (ISK)	DURÉE (H)	FRÉQUENCE	SAISON
Akureyri	Strætó n°57	10 120	6 ½	tlj	tte l'année
Blue Lagoon	RE	3 000	45 min	tlj	tte l'année
Borgarnes	Strætó n°57	1 840	1 ½	tlj	tte l'année
Geysir/Gullfoss	RE n°610	5 000	2 ½	tlj	mi-juin à déb sept
Höfn	Strætó n°51	13 340	7	tlj	tte l'année
Hólmavík	Strætó n°57/59 via Borgarnes	6 900	3 ½	2-5/sem	tte l'année
Keflavík	Strætó n°55/1	1 840	1	tlj	tte l'année
Kirkjubæjarklaustur	Strætó n°51/Sterna n°12	7 820/7 800	4 ¼/6 ½	tlj	tte l'année/juin-août
Landmannalaugar	Trex/RE/Sterna	8 400/8 500/7 950	4 ½	tlj	fin juin-déb sept
Selfoss	Strætó n°51/52, et Sterna et RE	1 840	1	tlj	tte l'année
Skaftafell	Strætó n°51/Sterna n°12/RE n°20	10 120/10 000/11 200	5 ¼/7 ¾/7 ¾	plusieurs par jour	tte l'année/juil-août/juil-août
Skógar	Strætó n°51/Sterna/RE	5 520/5 300/6 700	2 ¼/3/3 ½	tlj	tte l'année/juin à mi-sept/juin-déb sept
Stykkishólmur	Strætó n^os^57 et 58	4 140	2 ½	tlj	tte l'année
Port de Landeyjarhöfn pour les Vestmannaeyjar	Strætó n°52	4 600	2 ¼	2/jour	tte l'année
Vík í Mýrdal	Strætó n°51/Sterna/RE	6 440/6 000/7 800	3/4 ¼/4	tlj	tte l'année/fin juin-déb sept
Þingvellir	circuits seulement (par ex RE)	6 700	demi-journée	2/jour	mai-sept
Þórsmörk	Trex/RE/Sterna	7 400/8 000/6 950	4/7/12	tlj	juin à mi-sept

destination de l'Ouest et des fjords de l'Ouest, le changement s'effectue à Borgarnes.

Des **bus longue distance Strætó** (p. 457) partent de la **gare routière de Mjódd** (☎540 2700 ; www.bus.is ; ⊙billetterie 7h-18h lun-ven, 10h-18h sam, 12h30-18h dim), à 8 km au sud-est du centre-ville, desservie par les bus nos 3, 4, 11, 12, 17, 21 et 24. Strætó gère aussi des bus urbains et propose une appli pour smartphone permettant de consulter les horaires et d'acheter ses billets. Pour les bus longue distance (et uniquement pour ceux-ci), il est possible de payer, au choix, avec des espèces, une carte bancaire ou des billets de bus.

Gare routière BSÍ (carte p. 56 ; ☎580 5400 ; www.bsi.is ; Vatnsmýrarvegur 10 ; 📶). Reykjavík Excursions (et les Flybus de ce prestataire) utilisent cette gare routière située à 2 km au sud du centre-ville. On y trouve une billetterie, des brochures touristiques, des casiers, une consigne à bagages (www.luggagelockers.is), une agence de location de voitures Budget et une cafétéria avec Wi-Fi. La gare routière est desservie par les bus municipaux n^os^1, 3, 5, 6, 14 et 15. Reykjavík Excursions assure, sur réservation, le transport de l'hôtel à la gare routière. Certains bus Grayline (p. 74) desservent aussi cette gare routière.

Iceland by bus-Sterna (carte p. 66 ; ☎551 1166 ; www.icelandbybus.is ; 📶). Vente et départs à la salle de concert Harpa. Desserte de la partie méridionale de la route circulaire et de sites touristiques.

Trex (p. 457). Départs de l'office du tourisme principal, de la station-service Shell de Kringlan ou du camping de Reykjavík. Bus pour Þórsmörk et Landmannalaugar, dans le Sud.

Comment circuler

DEPUIS/VERS L'AÉROPORT

Aéroport international de Keflavík

Le trajet entre l'aéroport international de Keflavík et Reykjavík dure environ 50 minutes. Les 3 lignes de bus, faciles d'accès, qui relient la capitale et l'aéroport, sont de loin la solution la plus avantageuse – réductions pour les enfants.

Flybus (☎580 5400 ; www.re.is ; aller simple 2 950 ISK ; 📶). Coïncide avec tous les vols internationaux. Vous prend/dépose à l'hôtel pour 3 950 ISK et fait la navette depuis/vers le Flybus à la gare routière BSÍ ; réservez au moins un jour à l'avance pour qu'on vienne vous prendre à l'hôtel. Un autre bus dessert le Blue Lagoon (4 990 ISK), d'où l'on peut rejoindre le centre-ville ou l'aéroport. Les billets sont en vente en ligne, dans de nombreux hôtels et à un comptoir à l'aéroport. Le Flybus dépose et prend également des passagers à Garðabær et Hafnarfjörður, au sud de Reykjavík. Géré par Reykjavík Excursions (p. 74).

Airport Express (carte p. 60 ; ☎540 1313 ; www.airportexpress.is ; 📶). Relie l'aéroport à la place Lækjartorg (2 700 ISK), dans le centre de Reykjavík ou à la gare routière Mjódd et peut vous prendre/déposer à l'hôtel (3 300 ISK ; réservez). Correspondances pour Borgarnes et des destinations dans le Nord dont Akureyri. Géré par Grayline Iceland (p. 74).

Airport Direct (☎497 5000 ; www.reykjaviksightseeing.is/airport-direct ; allez simple/aller-retour à partir de 5 500/10 000 ISK ; 📶). Ces minibus gérés par Reykjavík Sightseeing circulent entre l'aéroport et les hébergements.

Strætó (p. 73). Le bus n°55 relie aussi la gare routière BSÍ à l'aéroport (1 840 ISK, 1 heure 15, 15/jour lun-ven). Il est moins fréquent.

Un taxi entre l'aéroport de Keflavík et Reykjavík coûte environ 16 100 ISK.

Aéroport domestique de Reykjavík

L'aéroport domestique de Reykjavík est à 2 km à pied du centre-ville. Le bus n°15 s'arrête près du terminal d'Air Iceland Connect et rejoint l'arrêt Hlemmur. Comptez environ 1 300 ISK pour rejoindre le centre-ville en taxi.

BUS

Pratiques, les bus Strætó (p. 73) desservent régulièrement Reykjavík et ses banlieues (Seltjarnarnes, Kópavogur, Garðabær, Hafnarfjörður et Mosfellsbær). On peut consulter les horaires en ligne, télécharger l'application pour smartphone ou se procurer un plan des lignes imprimé. La *Welcome to Reykjavík City Map* indique aussi les lignes de bus.

Les bus circulent tous les jours, de 7h à 23h ou minuit (dimanche à partir de 11h). Comptez 15-30 minutes d'attente entre chaque passage. Un service de bus de nuit limité fonctionne jusqu'à 4h30 les vendredis et samedis. Les bus ne s'arrêtent qu'aux arrêts indiqués par un S jaune.

Billets de bus et tarifs

Les billets coûtent 460 ISK. Vous pourrez en acheter à la gare routière, auprès des chauffeurs (qui ne rendent pas la monnaie) et via l'application Strætó. Les forfaits 1/3 jours (1 700/4 000 ISK) sont en vente à la gare routière de Mjódd, à l'office du tourisme, dans les supérettes 10-11, dans de nombreux hôtels, dans les galeries marchandes Kringlan (p. 103) et Smáralind, et dans les grandes piscines. S'il vous faut prendre deux bus pour atteindre votre destination, demandez au chauffeur un *skiptimiði* (billet avec correspondance), valable 1 heure 15 en ville et 2 heures dans l'arrière-pays.

La Reykjavík City Card (p. 63) sert aussi de pass dans les bus du réseau Strætó.

Gares routières et lignes de bus

Il existe deux gares routières Strætó dans le centre : celle de **Hlemmur** (carte p. 70), à l'extrémité est de Laugavegur, et celle de la **place Lækjartorg** (carte p. 60), située en plein centre. La gare routière de Mjódd (p. 105), à 8 km au sud-est du centre, est la gare principale. C'est depuis/vers cette gare que circulent les bus Strætó longue distance. De nombreux bus font le tour du Tjörnin et desservent le centre, le Musée national et la gare routière BSÍ avant de poursuivre leur route.

Une navette gratuite circule entre l'office du tourisme et la galerie marchande Kringlan (carte p. 56).

TAXI

Les taxis coûtent cher. La prise en charge s'élève à environ 700 ISK. Il n'est pas obligatoire de laisser un pourboire. Pour une course depuis la gare routière BSÍ et jusqu'à la salle de concert Harpa, comptez autour de 2 200 ISK. Depuis la gare routière de Mjódd, vous devrez débourser quelque 4 300 ISK.

Des taxis attendent devant les gares routières, aux aéroports, et devant les bars les soirs de week-end (dans ce cas, la file d'attente est longue), ainsi que dans Bankastræti, près de Lækjargata.

BSR (☎561 0000 ; www.taxireykjavik.is)

Hreyfill (☎588 5522 ; www.hreyfill.is)

VÉLO

Le réseau de pistes cyclables est en constante amélioration. La ville étant compacte, le vélo est un bon moyen de locomotion. Demandez un plan à l'office du tourisme principal (p. 104). Les cyclistes sont autorisés à emprunter les trottoirs, à condition de ne pas gêner les piétons.

On peut louer un vélo chez **Reykjavík Bike Tours** (p. 72), sur le vieux port, ou chez **Örninn** (☎588 9890 ; www.orninn.is ; Faxafen 8 ; ⏰10h-18h lun-ven, 11h-15h sam), dans le sud-est de Reykjavík. Le **Bike Cave** (p. 98), près de l'aéroport domestique de Reykjavík, peut aider à faire des réparations.

VOITURE ET MOTO

Avoir une voiture ne présente pas d'intérêt à Reykjavík, où l'on circule très facilement à pied et en bus. On peut louer une voiture ou un camping-car pour découvrir la campagne dans les aéroports, à la gare routière BSÍ ou en ville.

Stationnement

Le stationnement dans les rues du centre-ville est limité et coûte 320 ISK/heure en zone rouge et 170 ISK/heure dans les zones bleues, vertes et jaunes. Il est payant de 9h à 18h du lundi au vendredi, de 10h à 16h le samedi et gratuit le reste du temps. Paiement en espèces ou par carte (avec code). En dehors du centre-ville, le stationnement est gratuit.

Le **Vitatorg Car Park** (Skúlgata ; 1re heure 80 ISK, heures suivantes 50 ISK ; ⏰7h-minuit) est un parking couvert assez central.

ENVIRONS DE REYKJAVÍK

Les environs de Reykjavík englobent les banlieues animées de Mosfellsbær au nord, et de Kópavogur, Garðabær et Hafnarfjörður au sud. Prévoyez de loger à Reykjavík, où se trouvent les principales curiosités touristiques.

Viðey

Par beau temps, la petite île de Viðey, aujourd'hui inhabitée, constitue une agréable excursion à la journée. À seulement 1 km au nord du port de Sundahöfn (Reykjavík), vous aurez le sentiment d'aborder un autre monde. Des édifices historiques bien conservés, d'étranges œuvres d'art moderne, un village abandonné et d'excellentes possibilités d'observation des oiseaux ajoutent au charme mystérieux de l'île. On n'entend que le vent, les vagues et les bourdons qui vrombissent dans les vesces et les épervières.

Viðey fut colonisée vers l'an 900. À partir de 1225, l'île accueillit un puissant monastère, que les soldats danois anéantirent en 1539, pendant la Réforme. Aux XVIIIe et XIXe siècles, plusieurs dirigeants islandais influents y vécurent. Viðey fut cultivée et habitée en permanence jusqu'aux années 1950.

Vous trouverez sur https://visitreykjavik.is/videy-island plus de précisions sur les heures d'ouverture, ainsi que les tarifs et horaires des ferrys.

À voir et à faire

Viðey est un paradis pour les passionnés d'oiseaux (30 espèces) et de botanique (on trouve ici plus d'un tiers de toutes les plantes islandaises). Fin août, des Reykjavikois viennent cueillir le carvi, qui fut introduit dans la région par Skúli Magnússon.

Viðeyarstofa ÉDIFICE HISTORIQUE
(Carte p. 56 ; ☎411 6360 ; Viðey ; ferry et entrée adulte/enfant 1 550/775 ISK ; ⏰10h30-17h mi-mai à sept, 13h30-16h sam-dim oct à mi-mai). Juste au-dessus du port de Viðey, cette maison en pierre est l'une des plus anciennes d'Islande. Le trésorier royal Skúli Magnússon, considéré comme le père fondateur de Reykjavík, édifia Viðeyarstofa pour y loger lorsque l'île lui fut donnée en 1751. Elle abrite aujourd'hui un café.

Église de Viðey ÉGLISE
(Carte p. 56 ; ☎411 6360 ; Viðey ; ferry et entrée adulte/enfant 1 550/775 ISK ; ⏰10h30-17h mi-mai

à sept, 13h30-16h sam-dim oct à mi-mai). Cette église du XVIIIe siècle est la deuxième plus grande église en bois d'Islande. Admirez la décoration d'origine et la tombe de Skúli Magnússon, ancien propriétaire de l'île, mort ici en 1794. Des fouilles dans le vieux monastère ont mis au jour des tablettes de cire du XVe siècle, ainsi qu'une lettre d'amour en runes conservées au Musée national (p. 55).

Tour Imagine Peace MONUMENT

(Carte p. 56 ; ☎411 6360 ; http://imaginepeacetower.com ; Viðey ; ferry et entrée adulte/enfant 1 550/775 ISK ; ⏲10h30-17h mi-mai à sept, 13h30-16h sam-dim oct à mi-mai). La tour Imagine Peace (2007), de l'artiste Yoko Ono, est une tour de lumière – un socle blanc de pierre, d'où est projeté un faisceau lumineux à une altitude de 4 000 m, chaque soir, entre le 9 octobre (anniversaire de John Lennon) et le 8 décembre (date de sa mort). Les visites organisées de la tour sont annoncées sur le site Internet. Sur le monument, la phrase "Imaginez la paix" est gravée en 24 langues, en référence à la célèbre chanson *Imagine*.

Sentiers

L'île est sillonnée de sentiers pédestres. On peut en parcourir certains à vélo ; d'autres sont trop périlleux. L'été, lorsque des bateaux partent du vieux port de Reykjavík, vous pourrez louer un vélo chez Reykjavík Bike Tours (p. 72) et l'emporter sur l'île.

Du port, les sentiers vers le sud-est conduisent au **réttin** (enclos à moutons naturel), à la minuscule **Paradíshellir** (grotte du Paradis), puis au village de pêcheurs abandonné de **Sundbakki**.

Les sentiers vers le nord-ouest mènent à **Vesturey**, à la pointe nord. Vous découvrirez en chemin des étangs, des monuments en hommage à plusieurs naufrages, et les falaises basses d'**Eiðisbjarg**. Cette partie au nord de l'île est émaillée de 9 paires d'immenses colonnes de basalte qui forment l'œuvre intitulée **Áfangar** (*Standing Stones* – Pierres levées ; 1990), du grand sculpteur américain Richard Serra (né en 1939).

Où se loger et se restaurer

On ne peut pas loger ou camper sur l'île.

Il y a un **café** (carte p. 56 ; plats 2 450-3 900 ISK ; ⏲11h30-17h mi-mai à sept, 13h30-16h sam-dim oct à mi-mai ; wifi) passable sur l'île, dans un beau bâtiment historique. On peut apporter de quoi pique-niquer ou faire une barbecue au **chalet Viðeyjarnaust** (carte p. 56) GRATUIT, en bord de mer, à quelque 400 m au nord-ouest du débarcadère des ferrys.

Depuis/vers Viðey

Viðey est accessible en ferry depuis Reykjavík. Le **ferry de Viðey** (carte p. 56 ; ☎533 5055 ; Skarfabakki ; aller-retour adulte/enfant 1 500/750 ISK ; ⏲départ de Skarfabakki toutes les heures 10h15-17h15 mi-mai à sept, 13h15-16h30 sam-dim oct à mi-mai) fait la traversée en 5 minutes depuis Skarfabakki, à 4,5 km à l'est du centre-ville. En été, deux bateaux quotidiens partent aussi d'Elding Adventures at Sea, sur le vieux port, et de la salle de concert Harpa. Le bus n°16 dessert Skarfabakki, qui est aussi sur l'itinéraire des bus **City Sightseeing Reykjavík** (☎580 5400 ; www.city-sightseeing.com ; adulte/enfant 4 080/2 040 ISK les 24 heures ; ⏲toutes les 30 min 10h-16h30).

Kópavogur

35 966 HABITANTS

Première banlieue au sud de Reykjavík, Kópavogur semble en dehors du circuit touristique tout en n'étant qu'à une courte distance en bus. Vous y viendrez peut-être pour le musée et la salle de concert du centre culturel Menningarmiðstoð Kópavogs ou pour l'immense galerie marchande **Smáralind** (☎528 8000 ; www.smaralind.is ; Hagasmára 1, Kópavogur ; ⏲11h-19h lun-mer, 11h-21h jeu-ven, 11h-18h sam, 13h-18h dim ; bus 2). Renseignements sur www.kopavogur.is.

Musée d'Art Gerðarsafn MUSÉE D'ART

(☎441 7600 ; www.gerdarsafn.is ; Hamraborg 4 ; adulte/enfant 1 000 ISK/gratuit ; ⏲10h-17h). Ce musée magnifiquement conçu accueille des expositions temporaires d'art moderne et une exposition permanente d'œuvres islandaises du XXe siècle. Il est dédié à l'artiste et sculptrice islandaise Gerður Helgadóttir (1928-1975), spécialiste du verre et des vitraux, et possède un petit café avec vue sur la montagne.

Menningarmiðstoð Kópavogs CENTRE CULTUREL

(Hamraborg 6). Ce centre abrite le **Muséum d'histoire naturelle** (Náttúrufræðistofa Kópavogs ; ☎441 7200 ; www.natkop.is ; Hamraborg 6a ; ⏲9h-18h lun-jeu, 11h-17h ven-sam) GRATUIT de Kópavogur, où l'on peut voir notamment

LES MONDES CACHÉS DE HAFNARFJÖRÐUR

Beaucoup d'Islandais croient que le pays est peuplé de tout un petit monde de créatures cachées : *jarðvergar* (gnomes), *álfar* (elfes), *ljósálfar* (fées), *dvergar* (nains), *ljúflingar* (mignons), *tívar* (esprits de la montagne), *englar* (anges) et *huldufólk* (peuple caché). Nombreux sont ceux qui sont gênés d'avouer cette croyance, mais la plupart refuseraient de jurer la main sur le cœur ne pas y croire. Dans les jardins, on voit souvent des petites *álfhól* (maisons d'elfes) en bois.

Hafnarfjörður, à 12 km au sud de Reykjavík, se trouverait à la confluence de puissantes lignes *ley* (lignes d'énergie mystique) et, selon la tradition, sur une ligne vieille de 7 300 ans qui abriterait tout un univers elfique. Les visiteurs viennent pour flâner dans **Hellisgerði**, un parc paisible parsemé de grottes de lave et l'un des endroits supposés préférés du "peuple caché". La **visite guidée Hidden Worlds** (694 2785 ; www.alfar.is ; 4 500 ISK/pers ; 14h30 mar et ven), promenade de 1 heure 30 au prix onéreux, part de l'**office du tourisme** (585 5500 ; www.visithafnarfjordur.is ; Strandgata 6 ; 8h-16h lun-ven juin-août), qui vend une carte des sites elfiques. Le week-end, quand l'office est fermé, renseignez-vous à la Pakkhúsið (ci-dessous).

Principale curiosité de la ville, le **musée de Hafnarfjörður**, dédié à l'histoire locale, occupe plusieurs vieilles maisons en tôle ondulée près du port. Commencez par la **Pakkhúsið** (585 5780 ; https://byggdasafnid.is ; Vesturgata 6 ; 11h-17h juin-août, sam-dim sept-mai) GRATUIT, la principale section. Le **Centre de la culture et des beaux-arts de Hafnarborg** (585 5790 ; www.hafnarborg.is ; Strandgata 34 ; 12h-17h mer-lun ; 1) GRATUIT propose des expositions temporaires d'œuvres choisies et vous trouverez des sources chaudes et des bassins de boue au sud de la ville à **Krýsuvík**.

Vous pourrez passer la nuit au **Lava Hostel & Campsite** (565 0900 ; www.lavahostel.is ; Hjallabraut 51 ; empl adulte/enfant 1 700/1 000 ISK, dort à partir de 5 800 ISK, d sans sdb 15 500 ISK ;) et déguster de bons plats au **Súfistinn** (565 3740 ; www.sufistinn.is ; Strandgata 9 ; plats 1 400-1 750 ISK ; 8h15-23h30 lun-ven, 10h-23h30 sam, 11h-23h30 dim ;). Pour vous y rendre, prenez le bus Strætó n°1 (www.bus.is ; 30 min depuis Reykjavík). D'autres lignes Strætó circulent dans la ville. Le **Flybus** (580 5400 ; www.re.is) en direction de l'aéroport international de Keflavík s'arrête à Hafnarfjörður sur demande.

un squelette d'orque, des animaux naturalisés et quelques *marimo* (*Aegagropila linnaei* ; pelotes d'algues de la taille d'un boulet de canon) issues du lac Mývatn. Le centre comprend aussi le **Salurinn** (441 7500 ; www.salurinn.is ; Hamraborg 6), première salle conçue spécialement pour le concert en Islande, entièrement bâtie à l'aide de matériaux locaux comme le bois flotté et l'épicéa.

Gló BIO, VÉGÉTARIEN €

(553 1111 ; www.glo.is ; Hæðasmári 6 ; plats 1 400-2 400 ISK ; 11h-21h ;) Des saveurs thaïlandaises, indiennes et mexicaines viennent épicer les produits crus et bio cuisinés ici pour créer des merveilles de wraps, soupes et salades, végétariens pour la plupart. Le cadre est aussi décontracté et branché que les plats.

Depuis/vers Kópavogur

Les bus Strætó (p. 73) pour Kópavogur desservent l'arrêt Hamraborg (près de l'église). Le trajet (toutes les 15 min, 20 min environ) coûte 460 ISK depuis l'agglomération de Reykjavík.

- On peut prendre le bus n°1 à l'arrêt Lækjartorg, dans le centre de Reykjavík et à l'arrêt Hlemmur.
- Le bus n°2 se prend à Hlemmur.
- Le bus n°4 se prend à Hlemmur, via la galerie marchande Kringlan.

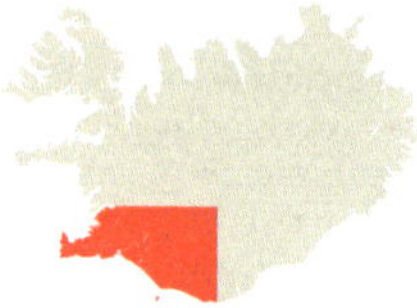

Le Sud-Ouest et le Cercle d'or

Dans ce chapitre ➡

Le top des restaurants

- Slippurinn (p. 184)
- Við Fjöruborðið (p. 142)
- Bryggjan (p. 122)
- Efstidalur II (p. 130)

Le top des hébergements

- Héraðsskólinn (p. 130)
- Hótel Geysir (p. 131)
- Buubble Hotel (p. 133)

Pourquoi y aller

Geysers et chutes d'eau spectaculaires sur fond de plages noires, de volcans menaçants et de calottes glaciaires : le Sud-Ouest offre un concentré des merveilles naturelles islandaises. Aussi est-il assez fréquenté et de plus en plus construit. Le circuit touristique du Cercle d'or (qui comprend les 3 sites emblématiques de Þingvellir, Geysir et Gullfoss) attire le plus grand nombre de visiteurs en dehors de Reykjavík. Découvrez-le hors des périodes d'affluence et aventurez-vous au-delà, où vous attendent d'autres splendeurs dans une nature sauvage à l'écart des sentiers battus.

Les eaux siliceuses du Blue Lagoon, ainsi que la plaine d'effondrement et l'ancien Parlement de Þingvellir sont à courte distance de la capitale, mais il vous faudra traverser une mer agitée pour rejoindre les Vestmannaeyjar (îles Vestmann). De retour sur la terre ferme, découvrez le Hekla et l'Eyjafjallajökull, deux imposants volcans, les vallées secrètes de Þórsmörk et Landmannalaugar, et les minuscules localités de Skógar et Vík.

Distances routières (en km)

	Keflavík	Selfoss	Gullfoss	Landmannalaugar	Vík
Selfoss	100				
Gullfoss	156	71			
Landmannalaugar	230	130	147		
Vík	226	130	177	218	
Reykjavík	51	57	113	185	186

PÉNINSULE DE REYKJANES

Tandis que l'on s'éloigne de l'autoroute qui relie Reykjavík à l'aéroport international de Keflavík, la péninsule de Reykjanes devient de plus en plus spectaculaire. Outre le célèbre Blue Lagoon, vous découvrirez de nombreux sites magnifiques, pour beaucoup situés au pied de volcans en activité. Keflavík et sa voisine Njarðvík sont les deux (petites) villes les plus animées et les mieux équipées. Les jolis villages de pêcheurs de Garður et Sandgerði, battus par les vents, sont de hauts lieux de l'observation des baleines. Ils sont juste à l'ouest de l'aéroport, sur un éperon orienté nord-ouest. Le reste de la péninsule, de la sublime Reykjanestá au sud-ouest, à la réserve naturelle de Reykjanesfólkvangur à l'est, dévoile un paysage sauvage de cratères volcaniques aux teintes variées, de lacs minéraux, de sources chaudes bouillonnantes, de montagnes déchiquetées et de champs de lave.

La péninsule de Reykjanes appartient au Réseau mondial des géoparcs de l'Unesco (www.reykjanesgeopark.is), qui contribue à protéger les spécificités géologiques de la région (lave en coussins, dorsale océanique, jonction de plaques tectoniques, 4 systèmes volcaniques) et la culture locale.

Depuis/vers la péninsule de Reykjanes

Keflavík et le Blue Lagoon sont bien desservis depuis Reykjavík (transports publics rapides et fréquents). Quelques bus assurent des liaisons avec les villages. Un véhicule est nécessaire pour atteindre les endroits les plus isolés de la péninsule.

Blue Lagoon

Le Blue Lagoon, ou Lagon bleu, est à l'Islande ce que la tour Eiffel est à Paris, avec ses bons et ses mauvais côtés... Dans un paysage sombre et rude façonné par la lave et le lichen, les baigneurs enduits de boue de silice blanche profitent de la station thermale à l'eau d'un bleu-vert laiteux, alimentée par la centrale géothermique de Svartsengi.

Activités

Blue Lagoon PISCINE GÉOTHERMALE

(Bláa Lónið ; ☎420 8800 ; www.bluelagoon.com ; Nordurljosavegur 9 ; adulte/enfant à partir de 7 000 ISK/gratuit, accès premium à partir de 9 600 ISK/gratuit ; ⏲7h-minuit juil à mi-août, 7h-23h fin mai-juin, 8h-22h jan-fin mai et mi-août à sept, 8h-21h oct-déc). Dans un magnifique champ de lave noire, la station thermale du

Péninsule de Reykjanes

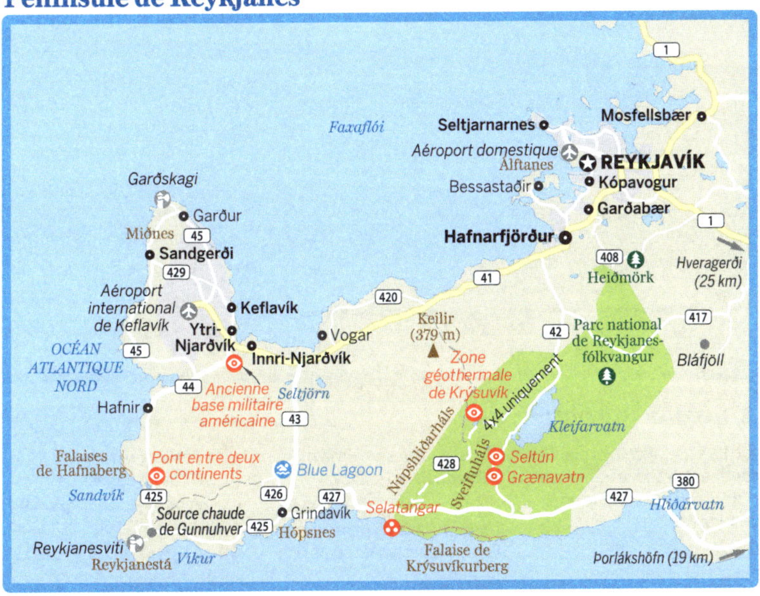

À ne pas manquer

1 La séparation des plaques continentales et le Parlement historique du **parc national de Þingvellir** (p. 123)

2 Les colonnes de basalte et les éperons rocheux jaillissant de la mer à **Reynisfjara** (p. 173)

3 Le camping à **Þórsmörk** (p. 167), dans un paradis de verdure entouré de remparts de glace

4 Les **Vestmannaeyjar** (p. 178), îles peuplées de macareux où une bourgade se niche entre des coulées de lave

5 La **Þjórsárdalur** (p. 147), vallée volcanique sauvage

creusée par le puissant fleuve Þjórsá

6 Les sommets colorés et les lacs aux eaux cristallines de **Landmannalaugar** (p. 160), qui invitent à se lancer dans le trek du Laugavegurinn

7 Les eaux chaudes et turquoise du très touristique **Blue Lagoon** (p. 111)

8 Les jaillissements de **Geysir** (p. 131)

9 Les **cascades** (p. 132) de Háifoss, de Seljalandsfoss et de Skógafoss, et les chutes de Gullfoss

Blue Lagoon est alimentée par la futuriste centrale géothermique de Svartsengi. Entre ses cheminées argentées, les tourbillons de vapeur et les baigneurs enduits de boue de silice blanche, on se croirait dans un autre monde. Ceux qui trouvent l'endroit trop commercial et trop touristique n'ont pas tort, mais ce paradis de la géothermie n'en reste pas moins incontournable. Il est indispensable de réserver.

L'eau surchauffée du lagon (70% d'eau de mer, 30% d'eau douce, à une température parfaite de 38°C) est riche en algues bleu-vert, en sels minéraux et en boue de silice, qui adoucissent et exfolient la peau. L'eau est plus chaude près des orifices d'où elle émerge, et il y a plusieurs degrés d'écart entre la surface et le fond.

Le lagon a été aménagé pour les touristes – un immense ensemble de vestiaires modernes, des restaurants, un hôtel et une boutique de souvenirs. Il comprend des *hot pots*, des bains de vapeur, un sauna, un bar (une boisson est incluse dans le prix d'entrée) et une chute d'eau très chaude pour un massage hydraulique bien musclé. Quant au secteur VIP, il englobe un espace intérieur réservé, un salon et une terrasse. Le luxueux Retreat Spa, le Moss Restaurant et le Retreat Hotel cinq étoiles ont été inaugurés récemment.

La formule premium comprend un masque aux algues, la mise à disposition de chaussons et d'un peignoir, une réservation au restaurant LAVA (prix du dîner non inclus) et un verre de vin pétillant pendant le repas.

Si vous voulez juste jeter un coup d'œil au lagon et prendre quelques photos, empruntez le sentier gratuit qui fait le tour du complexe et mène au Silica Hotel.

Le complexe thermal est un peu en retrait de la route qui relie Keflavík à Grindavík.

Retreat Spa SPA

(☎420 8703 ; www.bluelagoon.com ; The Retreat Hotel ; 4 heures pour 2 pers min à partir de 29 000 ISK, soins 5 300-31 200 ISK ; ⏲8h-12h, soins 9h-19h). Le Retreat Spa offre une expérience d'un luxe ultime, qui comprend 2 heures de massage dans l'eau : laissez-vous masser de la tête aux pieds sur votre matelas flottant dans une piscine sulfureuse entourée de lave ! L'entrée comprend le vestiaire privé, l'accès au lagon privé du Retreat Hotel et au Blue Lagoon. Suppléments pour les soins.

Circuits organisés

Il est possible de compléter les activités thermales du Blue Lagoon par une excursion organisée, par exemple en quad ou à vélo, avec ATV Adventures (p. 121 ; circuits à partir de 10 900 ISK), qui loue aussi des vélos. Ce prestataire pourra venir vous chercher et/ou vous déposer au Blue Lagoon.

Où se loger

Trois hôtels modernes sont situés dans les environs immédiats du Blue

BLUE LAGOON : BON À SAVOIR

- La réservation est obligatoire ; les entrées ont lieu toutes les heures, en nombre limité. Achetez un e-billet sur le site ou présentez-vous avec un coupon d'un tour-opérateur (comme Reykjavík Excursions).
- Des promotions, notamment l'hiver, sont disponibles en ligne.
- L'été, pour éviter la foule, venez tôt le matin ou après 19h (fréquentation maximale entre 10h et 14h).
- L'eau du lagon peut corroder l'or et l'argent ; laissez votre montre et vos bijoux dans votre casier.
- Vous devez respecter la règle islandaise qui vaut dans toutes les piscines : douche préalable au savon dans le plus simple appareil.
- Vous pourrez gagner du temps et économiser de l'argent en venant dans le cadre d'une visite organisée sur la route de l'aéroport. Reykjavík Excursions (p. 457) relie en bus l'aéroport international de Keflavík, le Blue Lagoon et Reykjavík.
- Il y a une consigne au parking (550 ISK par jour et par bagage) ; pratique si vous vous rendez au lagon depuis/vers l'aéroport.

Lagoon ; leur décoration est en parfait accord avec le paysage naturel qui les entoure. Il revient moins cher de séjourner à Reykjavík ou dans un village de la péninsule de Reykjanes, d'où le lagon est facilement accessible.

Retreat Hotel HÔTEL DESIGN €€€
(☎420 8800 ; www.bluelagoon.com/accommodation/retreat-hotel ; Norðurljósavegur 9 ; ch à partir de 140 600 ISK ; P❄📶🏊). Les 62 chambres de ce luxueux établissement possèdent de grandes baies vitrées donnant sur les eaux bleues et les formations de lave. Le design est classique et minimaliste ; les tons sobres s'accordent aux éléments naturels extérieurs. Chaque chambre est dotée d'un balcon ou d'une terrasse.

Blue Lagoon – Silica Hotel HÔTEL €€€
(☎420 8800 ; www.bluelagoon.com ; Norðurljósavegur 7 ; d avec petit-déj à partir de 54 000 ISK ; P@📶🏊). Un hôtel chic à 600 m à pied du Blue Lagoon, par-delà un champ de lave. Ses 35 chambres, élégantes et propices au repos, ont des salles de bains chauffées par le sol et des petites vérandas – pour admirer le paysage lunaire. L'hôtel dispose de son propre bassin alimenté par l'eau du Blue Lagoon. Accès au lagon inclus dans le prix.

Northern Light Inn HÔTEL €€€
(☎426 8650 ; www.northernlightinn.is ; d avec petit-déj à partir de 28 000 ISK ; P@📶). Cet hôtel composé de longs bâtiments en bois de plain-pied compte 42 chambres spacieuses et stylées. Profitez du salon ensoleillé, du bar payant en libre-service, des gaufres gratuites de l'après-midi et du transport gratuit vers l'aéroport de Keflavík. À 1 km seulement du lagon. Sur place, le **Max's Restaurant** (☎426 8650 ; www.nli.is/restaurant ; plats 2 200-5 300 ISK ; ⏰12h-21h30) propose une cuisine nordique ; ses baies vitrées donnent sur le champ de lave et les nuages de vapeur de la centrale géothermique.

Où se restaurer et prendre un verre

Blue Café CAFÉ €
(☎420 8800 ; Nordurljosavegur 9 ; en-cas 850 ISK, sandwichs 1 200 ISK, plateau repas froid 2 200 ISK ; ⏰7h-minuit juin à mi-août, horaires réduits mi-août à mai ; 📶). Au Blue Lagoon, une nourriture simple de cafétéria, avec smoothies, sandwichs, saumon et riz, légumes et sushis (préparés à l'avance).

LAVA Restaurant ISLANDAIS €€€
(☎420 8800 ; www.bluelagoon.com ; Norðurljósavegur 9 ; plats 5 400 ISK, menu dégustation 10 300 ISK ; ⏰11h30-21h30 juin-août, 11h30-20h30 sept-mai ; 📶). Depuis l'immense salle du Lava, la vue sur le lagon artificiel est superbe. La carte réunit les meilleurs plats islandais, bien préparés – céleri-rave au four, bœuf grillé et poisson du jour. Service excellent.

Moss Restaurant ISLANDAIS €€€
(☎420 8700 ; www.bluelagoon.com/restaurant/moss ; Norðurljósavegur 11 ; menu dégustation 7 plats 15 900 ISK ; ⏰18h-21h30 mer-dim). Installé en haut du Retreat Hotel, ce restaurant aux grandes baies vitrées donnant sur un paysage volcanique sert des menus dégustation gastronomiques. Les plats sont régulièrement renouvelés, mais toujours à base de produits frais, locaux et de saison – betteraves et bleu, langoustines au beurre et à l'ail des ours, ou agneau aux oignons blancs, aux rutabagas et à la moutarde avec son bouillon.

ℹ RENSEIGNEMENTS

South Iceland Tourist Information (www.south.is). Excellentes cartes détaillées et gratuites de chaque région, disponibles dans les offices du tourisme locaux.

Visit Reykjanes (www.visitreykjanes.is). Renseignements sur la péninsule.

ℹ Depuis/vers le Blue Lagoon

Le Blue Lagoon est à 47 km au sud-ouest de Reykjavík et à 23 km au sud-est de l'aéroport de Keflavík. La station thermale se trouve en retrait de la route entre Keflavík et Grindavík. Les services de bus fonctionnent toute l'année, tout comme les circuits organisés (qui reviennent parfois moins cher qu'un billet de bus et une entrée au lagon pris séparément). La réservation est indispensable. N'oubliez pas de vous en charger si elle n'est pas comprise dans le tarif du bus ou du circuit.

Le Blue Lagoon travaille en partenariat avec Reykjavík Excursions (p. 457), dont les bus relient le lagon à Reykjavík et à l'aéroport (aller/aller-retour 3 000/4 990 ISK). Les liaisons sont fréquentes (environ 10/jour 7h-20h). Vous pourrez faire l'aller-retour depuis Reykjavík ou l'aéroport, ou vous arrêter au lagon entre les deux. Il est possible de réserver les billets aller-retour depuis Reyjavík en ligne et de réserver l'entrée au lagon en même temps (10 980 ISK Blue Lagoon inclus).

Bustravel (p. 75) dessert également le Blue Lagoon depuis l'aéroport ou Reykjavík en partenariat avec Destination Blue Lagoon (aller/aller-retour 2 750/5 500 ISK). Les bus partent de Reykjavík toutes les heures de 6h à 23h.

Keflavík et Njarðvík (Reykjanesbær)

19 500 HABITANTS

Keflavík et Njarðvík, de petites villes jumelles situées sur la côte à 47 km au sud-ouest de Reykjavík, forment un ensemble assez disgracieux de maisons de banlieue et de restaurants, qui porte le nom de "Reykjanesbær". Inutile d'y dormir sauf si vous prenez l'avion très tôt le matin ; il est préférable de faire le trajet (40 min) jusqu'à Reykjavík.

À voir

Keflavík

La plupart des hôtels et des restaurants de Keflavík, ainsi que le musée Duushús, sont situés sur le front de mer. À l'est, sur le rivage, vous pourrez admirer l'impressionnante **sculpture d'Ásmundur Sveinsson** (1893-1982) (entre Hafnargata et Ægisgata), que les enfants utilisent comme cage à poule. Un peu plus loin, près du petit port, cherchez une grotte sombre où une **Géante** (Skessa ; port de Gróf ; 10h-17h) GRATUIT, personnage des livres pour enfants de Herdís Egilsdóttir (née en 1934), est assise dans un fauteuil à bascule.

Duushús MUSÉE

(420 3245 ; Duusgata 2-8 ; adulte/enfant 1 500 ISK/gratuit ; 12h-17h). Le centre culturel de Keflavík occupe un ensemble de longs entrepôts rouges historiques classés, à proximité du port. On peut y découvrir une exposition permanente composée de quelque 60 modèles réduits de bateaux parmi les centaines réalisés par Grímur Karlsson tout au long de sa vie. D'autres salles, rattachées au musée d'Art de Reykjanes, accueillent des expositions d'art internationales et une exposition tournante consacrée à l'histoire locale.

Musée du Rock 'n' roll islandais MUSÉE

(Rokksafn Íslands ; 420 1030 ; www.rokksafn.is ; Hjallavegur 2 ; adulte/enfant 2 000 ISK/gratuit ; 11h-18h). Ce musée explore l'histoire de la brillante scène musicale islandaise, de Björk à Sigur Rós en passant par Of Monsters and Men. L'entrée comprend le prêt d'un iPad avec une application musicale. Sur place : Music Hall of Fame, instruments à disposition pour des "bœufs", café et boutique vendant des albums de groupes locaux.

Njarðvík

Víkingaheimar MUSÉE

(Musée du Monde viking ; 422 2000 ; www.vikingworld.is ; Víkingabraut 1 ; adulte 1 500 ISK, famille 3 000 ISK ; 10h-16h lun-sam, 10h-15h dim). À l'extrême est du front de mer de Njarðvík, un remarquable bâtiment contemporain sert d'écrin à cet espace d'expositions spectaculaire. La pièce maîtresse est l'*Íslendingur*, reconstitution fidèle du *Gokstad*, bateau viking de 23 m. Gunnar Marel Eggertsson l'a construit pratiquement seul, avant de rallier New York à son bord, en 2000, pour célébrer le millénaire du voyage en Amérique de Leif Eiríksson, fils du Viking Erik le Rouge.

Activités

Piscine BAIGNADE

(420 1500 ; Sunnubraut 31 ; 800 ISK ; 6h30-20h30 lun-jeu, 6h30-19h30 ven, 9h-17h30 sam-dim). Un agréable bassin extérieur de 25 m avec des *hot tubs* (sorte de Jacuzzis à l'extérieur), un sauna et un bassin couvert de 50 m.

Où se loger

Pensions et hôtels ne manquent pas à Keflavík. Voir le site www.visitreykjanes.is. Les hôtels assurent généralement le transfert depuis/vers l'aéroport.

Keflavík

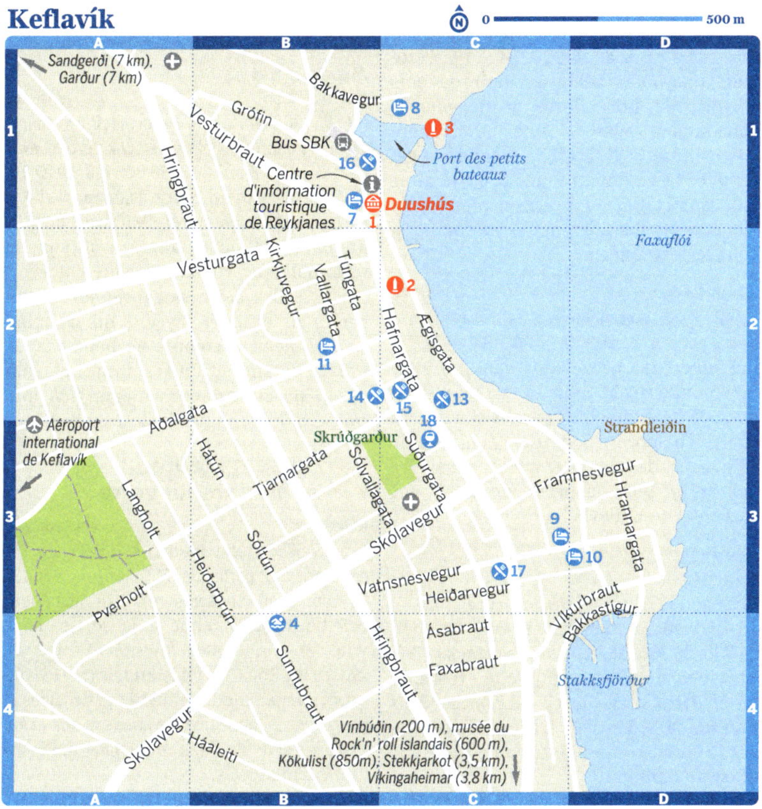

Keflavík

Les incontournables

1 Duushús B1

À voir

2 Sculpture d'Ásmundur Sveinsson C2
3 Giantess C1

Activités

4 Piscine B4

Où se loger

7 Guesthouse 1x6 .... B1
8 Hótel Berg C1
9 Hótel Keflavík C3
10 Hótel Keflavík Guesthouse D3
11 Nupan Deluxe B2

Où se restaurer

13 Biryani C2
14 Bonus B2
15 Fernando's Restaurant C2
16 Kaffi Duus B1
17 Olsen Olsen C3
Thai Keflavík .... (voir 6)

Où prendre un verre et faire la fête

18 Paddy's C3

Guesthouse 1x6 GUESTHOUSE €€
(☎857 1589 ; www.1x6.is ; Vesturbraut 3 ; d sans sdb à partir de 18 900 ISK ; 📶). Cette maison d'hôtes bâtie à partir de bois recyclé, de bois flotté et de pierres volcaniques possède une atmosphère particulière. Chaque chambre est unique. Les sympathiques propriétaires ont construit un *hot pot* en pierre ; ils viendront vous chercher à l'aéroport si vous les prévenez.

Hótel Berg HÔTEL €€
(☎422 7922 ; www.hotelberg.is ; Bakkavegur 17 ; d avec petit-déj à partir de 27 000 ISK ; P@📶). Cet hôtel très accueillant dans un style B&B donne sur la petite crique du port. Il possède de ravissantes parties communes et des chambres modernes (équipées de TV), avec des photographies originales aux murs. Dans la partie nord (la plus agréable) de Keflavík.

Nupan Deluxe B&B €€
(☎565 3333 ; www.hotelnupan.com ; Aðalgata 10 ; s sans sdb 10 500 ISK, d/tr 24 700/26 700 ISK, toutes avec petit-déj ; 📶). Élégance, netteté et simplicité : tels sont les maîtres mots de ce B&B situé dans une zone résidentielle à l'écart du centre, sur la grand-route. *Hot tub* sur place. Thé et café gratuits.

B&B Keflavík Airport HÔTEL €€
(☎426 5000 ; www.bbhotel.is ; Valhallarbraut & Keilisbraut ; d/qua avec petit-déj à partir de 18 400/ 26 500 ISK ; P@📶). Proche de l'aéroport, ce grand hôtel soigné est installé dans un bâtiment de l'ancienne base militaire de Keflavík. Intérieur moderne aux murs en béton et un ensemble de chambres sans prétention. Bar et salon sur place.

Hótel Keflavík HÔTEL €€
(☎420 7000 ; www.hotelkeflavik.is ; Vatnsnesvegur 12-14 ; s/d avec petit-déj à partir de 18 600/ 46 200 ISK ; @📶). L'hôtel le plus clinquant de la ville se distingue par sa décoration dorée, sa réception tape-à-l'œil et ses chambres pratiques et centrales, certaines avec balcon. Salle de sport et sauna sur place. Les tarifs en ligne varient beaucoup. Les voyageurs au budget serré opteront pour la petite **maison d'hôtes** (www.hotelkeflavik.is ; Vatnsnesvegur 9 ; d sans sdb à partir de 15 200 ISK ; P📶) affiliée à l'hôtel, de l'autre côté de la rue.

Airport Hotel Aurora Star HÔTEL €€€
(☎595 1900 ; www.hotelairport.is ; Blikavöllur 2, aéroport international de Keflavík ; s/d/tr avec petit-déj 30 500/33 000/39 000 ISK ; P@📶). Unique hébergement de l'aéroport, l'Aurora, un agréable hôtel d'affaires, occupe un bâtiment de 6 étages à 100 m du terminal. Les chambres sont correctes (TV) ; celles de la catégorie supérieure sont plus grandes, avec 2 lits doubles. L'établissement compte un petit bar, un espace détente et un restaurant servant des plats classiques (agneau, *fish and chips*, burgers) à partir de 2 300 ISK.

Où se restaurer et prendre un verre

Kökulist BOULANGERIE €
(☎555 6655 ; www.kokulist.is ; Hólagata 17 ; pâtisseries à partir de 350 ISK ; ⏲7h-18h lun-ven, 8h30-16h sam-dim). Un excellent café-boulangerie situé à la sortie de la ville, et à quelques minutes à pied du musée du Rock 'n' roll islandais (p. 116). Au programme : des dizaines de pâtisseries et de gâteaux, ainsi que des sandwichs et du café, à déguster dans un espace moderne aux tons naturels.

Biryani INDIEN €
(☎774 2242 ; www.biryanikeflavik.com ; Hafnargata 31 ; plats 1 350-1 890 ISK ; ⏲11h-23h dim-jeu, 11h-17h ven-sam ; 🌱). Ce petit établissement bon marché, avec service au comptoir, sert de bons plats indiens et moyen-orientaux, tels les currys ou les wraps aux falafels. L'une des rares adresses ouvertes tard le soir. Plats végétariens et végétaliens.

Olsen Olsen RESTAURATION RAPIDE €
(☎421 4457 ; www.olsenolsendiner.com ; Hafnargata 62 ; plats 900-3 000 ISK ; ⏲11h-22h). Dans les années 1950, grâce au rock introduit par les Américains, Keflavík était un coin très branché en Islande. Ce *diner* à l'américaine – tables argentées, chaises en plastique rouges et photos d'Elvis – renvoie à cette époque glorieuse. Restauration de type fast-food : 12 variétés de burgers et large choix de sandwichs.

Bónus SUPERMARCHÉ €
(☎527 9000 ; Túngata 1 ; ⏲11h-18h30 lun-jeu, 10h-19h30 ven, 10h-18h sam, 12h-18h dim). Produits d'épicerie.

Fernando's Restaurant ITALIEN €€
(☎555 1044 ; www.facebook.com/hafnargata28 ; Hafnargata 28 ; plats 2 200-5 900 ISK ; ⏲11h30-22h dim-mer, 11h30-23h jeu-sam). Ce petit restaurant très courru sert pâtes, pizzas, burgers et des plats pour le déjeuner tels que des brochettes de poulet grillé dans du pain pita ou du saumon grillé façon teriyaki. Si les épices ne vous font pas peur, essayez la pizza "lave" : sauce maison, poivron, *jalapeños*, poivre vert et piment *habanero*.

Thai Keflavík THAÏLANDAIS €€
(☎421 8666 ; https://thaikeflavik.is ; Hafnargata 39 ; plats 2 290-3 400 ISK ; ⏲11h30-22h lun-ven, 16h-22h sam-dim ; 📶). Des plats thaïlandais authentiques qui vous changeront du poisson et de l'agneau ! Terrasse aux beaux jours.

Kaffi Duus POISSON, INDIEN €€
(☎421 7080 ; www.duus.is ; Duusgata 10, Duushús ; plats 2 200-7 500 ISK ; ⏲11h-23h). Ce sympathique café-bar-restaurant à la décoration marine (orné notamment de défenses de morse) donne sur le petit port. À la carte : poisson frais, pâtes, salades, burgers généreux et plats indiens. Très fréquenté le soir.

Paddy's BAR
(☎421 8900 ; Hafnargata 38 ; ⏲18h-1h lun-jeu, 18h-4h ven, 12h-4h sam, 12h-1h dim). Un petit bar qui peut être bruyant le week-end ; concerts occasionnels. Retransmission de rencontres sportives pendant les grands tournois.

Achats

Vínbúðin VINS ET SPIRITUEUX
(☎421 5699 ; www.vinbudin.is ; Krossmói 4 ; ⏲11h-18h lun-jeu, 11h-19h ven, 11h-16h sam). Chaîne nationale de boutiques de vins et spiritueux.

Renseignements

Centre d'information touristique de Reykjanes (☎420 3246 ; www.visitreykjanes.is ; Duusgata 2-8, Keflavík ; ⏲9h-17h lun-ven, 12h-17h sam-dim en été, 12h-17h en hiver). Infos, cartes et brochures sur la péninsule de Reykjanes ; dans la Duushús (p. 116).

Depuis/vers Keflavik

AVION

Principal aéroport du pays, l'aéroport international de Keflavík (p. 453) est à 48 km à l'ouest de Reykjavík, sur la péninsule de Reykjanes. Hormis les vols pour le Groenland et les îles Féroé, tous les vols internationaux l'empruntent.

L'aéroport, qui s'agrandit chaque année, bénéficie de tous les équipements : DAB, bureaux de change, boutiques hors taxes, location de véhicules, cafés et épiceries.

BUS

Le bus Strætó (p. 457) n°55 relie l'aéroport de Keflavík à la gare routière BSÍ de Reykjavík (adulte/enfant 1 840/880 ISK, 1 heure 15, 12/jour lun-ven), de 6h30 à 22h. Le samedi (10/jour, 6h30-22h) et le dimanche (7/jour, 10h30-22h), les bus ne vont pas au-delà de Hafnarfjörður.

Le bus n°88 assure la liaison entre Keflavík et Grindavík (460 ISK, 2/jour, un le matin et un l'après-midi, 20 min). Le week-end, il ne circule que de Grindavík au carrefour (correspondance possible avec le bus n°55 ; environ 4 correspondances/jour).

Le bus n°89 relie Keflavík à Garður et Sandgerði (460 ISK pour l'une ou l'autre destination, 11/jour lun-ven 6h-22h, 4/jour sam 8h30-23h, 3/jour dim 10h30-23h).

Les bus **SBK** (☎420 6000 ; www.sbk.is ; Grófin 2-4, Keflavík) desservent les alentours de Keflavík.

Les bus de l'aéroport pourront vous déposer à la périphérie de la ville.

Nord-ouest de la péninsule de Reykjanes

La côte occidentale de la péninsule est découpée et exposée aux éléments, ce qui ravira les amateurs de falaises et de plages fouettées par les embruns. Plusieurs villages de pêcheurs sont nichés au milieu des champs de lave.

Mieux vaut être motorisé, ou au moins équipé d'un vélo, pour explorer la région. À défaut, le bus n°89 de la compagnie Strætó (p. 457) dessert Garður et Sandgerði depuis Keflavík.

Garður

1 600 HABITANTS

Depuis Keflavík, en suivant la route 41 sur 9 km, après le village de Garður, on atteint le superbe **cap de Garðskagi**, battu par les vents. Zone de reproduction des oiseaux marins et première escale de nombreuses espèces migratrices, c'est un endroit privilégié pour les observer. D'ici, on peut aussi voir des phoques et parfois des baleines. La vue sur l'océan, magnifique, s'étend, par temps clair, jusqu'au Snæfellsjökull, au nord, sur la péninsule de Snæfellsnes. Deux remarquables **phares** ajoutent au décor – une tour cylindrique de 28 m de haut (au sommet de laquelle on jouit d'un panorama à presque 360°) et une autre, plus petite et ancienne, de forme carrée.

Musée de Garðskagi MUSÉE

(Musée maritime et des traditions populaires ; 422 7220 ; www.gardskagi.com ; Skagabraut 100 ; adulte/12-16 ans/- 12 ans 1 000/500 ISK/gratuit ; 13h-17h avr-oct ; P). Ce petit musée présente un joyeux bric-à-brac d'objets maritimes, d'équipements agricoles et d'articles islandais anciens. Le billet inclut également l'accès au **phare de Gardur** (The Old Lighthouse Cafe ; www.facebook.com/TheOldLighthouse-Cafe ; 12h-20h30 juin-sept), à l'extérieur.

Camping CAMPING €

(Empl 1 000 ISK/pers). Ce camping installé tout près du phare de Gardur dispose d'équipements rudimentaires – lavabos et toilettes partagées avec le musée. Prix négociables.

Rostin Restaurant ISLANDAIS €€

(8938909 ; www.gardskagi.com ; Skagabraut 100 ; plats 2 300-3 450 ISK ; 11h30-20h30). Un restaurant au cadre simple se trouve au-dessus du musée de Garðskagi. Ses grandes baies vitrées offrent un beau point de vue sur l'océan, et la terrasse est agréable en été. Carte très classique – *fish and chips*, côtes d'agneau grillées et burgers.

Sandgerði et ses environs

1 750 HABITANTS

À 5 km au sud de Garður, Sandgerði est un village de pêcheurs très actif. La côte au sud de la bourgade recèle de belles plages et les marais alentour sont fréquentés par plus de 190 espèces d'oiseaux. À 5 km au sud, vous verrez l'église solitaire de **Hvalsnes** ; elle est mentionnée dans un célèbre hymne islandais écrit par le pasteur et poète Hallgrímur Pétursson (1614-1674) à la mort de sa fille, enterrée ici. À quelque 2 km plus au sud, marchez parmi les vestiges de **Básendar**, village de pêcheurs de l'âge des sagas balayé par un raz-de-marée en 1799.

Un modeste **camping** (854 8424 ; www.istay.is ; Byggdavegur ; empl 1 500 ISK/pers, bung à partir de 17 500 ISK ; avr-sept ; P) dispose également de petits bungalows à louer.

Centre scientifique et pédagogique de Sudurnes MUSÉE

(4237551/5 ; www.thekkingarsetur.is ; Garðskagavegur ; adulte/6-15 ans/- 6 ans 600/300 ISK/gratuit ; 10h-16h lun-ven, 13h-17h sam-dim mai-sept, 10h-14h lun-ven oct-avril). Ce centre de recherche se double d'un musée présentant une passionnante exposition en français sur le grand explorateur polaire Jean-Baptiste Charcot (1867-1936), dont le *Pourquoi-Pas ?* se brisa sur des récifs non loin d'ici en 1936, de retour d'une expédition scientifique au Groenland et après une escale technique à Reykjavík. On peut y voir des objets sauvés du naufrage (où il n'y eut qu'un seul survivant). Un beau film retrace la vie et les expéditions de Charcot. D'autres sections sont consacrées aux animaux d'Islande, empaillés ou conservés en bocal (repérez le morse) ; il y a aussi un petit aquarium.

Sud-ouest de la péninsule de Reykjanes

La pointe sud-ouest de la péninsule présente une succession de paysages volcaniques sauvages, autour de la vallée d'effondrement entre les plaques tectoniques nord-américaine et européenne. Elle vaut le détour pour ses mares de boue bouillonnantes, son joli phare et sa multitude d'oiseaux à observer.

À moins d'opter pour un circuit guidé, disposer d'un véhicule est indispensable, car la région n'est pas desservie par les transports publics.

À voir

En sortant de Keflavík, si vous quittez la route 41 pour prendre la route 44, vous passerez devant la **base militaire américaine** désaffectée avant d'atteindre le village de pêcheurs en déclin de **Hafnir**. Il n'y a pas grand-chose à y voir, hormis quelques bosses dans un champ qui proviendraient d'une maison longue (ferme viking) du IXe siècle ayant appartenu au frère adoptif d'Ingólfur Arnarson, et l'ancre du *Jamestown,* "vaisseau fantôme" qui s'échoua mystérieusement en 1870 avec une pleine cargaison de bois, mais pas d'équipage.

Les falaises de **Hafnaberg** sont peuplées d'oiseaux ; plus au sud, se trouve le **Pont entre deux continents** (Negur), petite passerelle enjambant une crevasse remplie de sable entre les plaques tectoniques nord-américaine et européenne.

À l'extrême sud-ouest de la péninsule, le paysage alterne entre champs de lave et rochers et cratères volcaniques ; d'où le nom de **parc des 100 cratères**. Plusieurs centrales géothermiques y extraient du sel marin et produisent de l'électricité.

Valahnúkur (Reykjanesvitavegur) est l'un des sites les plus beaux et les plus sauvages de la péninsule. Là, une route sinue depuis la route 425 vers des champs de lave datant du XIIIe siècle. Prenez à droite au carrefour en T et continuez 900 m sur la route non goudronnée jusqu'à de spectaculaires falaises (que l'on peut escalader) et au **phare de Reykjanesviti** (près de Reykjanesvitavegur), datant de 1878.

De Valahnúkur et alentour, on peut voir l'îlot rocheux d'**Eldey**, à 14 km au large, une réserve ornithologique abritant l'une des plus grandes colonies de fous de Bassan au monde. Certains prétendent que le dernier grand pingouin y fut tué, mais, selon les Féroïens, l'événement aurait eu lieu à Stóra Dímun.

En prenant au contraire à gauche au carrefour en T, vous approcherez au bout de 500 m d'une zone géothermique multicolore. Elle englobe la source chaude de **Gunnuhver** (Reykjanesvitavegur), du nom de la sorcière-fantôme Gunna, qui fut selon la légende piégée par magie puis ébouillantée.

Grindavík

3 300 HABITANTS

Grindavík, l'unique localité sur la côte sud de la péninsule de Reykjanes, est depuis des siècles l'un des grands centres de pêche en Islande. Point de frivolités ici : tout n'est que gros bras affairés sur les quais, au milieu des grues et des entrepôts. Toutefois, la proximité du Blue Lagoon et les tarifs bas des hébergements tendent à attirer davantage de touristes depuis quelques années.

À voir

Kvíkan MUSÉE

(Magma ; ☎420 1190 ; www.visitgrindavik.is ; Hafnargata 12a ; adulte/enfant 1 500 ISK/gratuit ; 10h-17h). La seule curiosité touristique du coin est le Kvikan (maison des ressources culturelles et naturelles), qui réunit deux expositions : une sur l'industrie du salage du poisson, très bien conçue ; l'autre sur l'énergie géothermique. Dans le bâtiment du centre d'information.

Circuits organisés

ATV Adventures CIRCUITS

(4x4 Adventures Iceland ; ☎857 3001 ; www.4x4adventuresiceland.is ; Tangasund ; circuit quad 1 heure 13 900 ISK, location de vélo électrique 7/24 heures 12 900/16 900 ISK). Contactez le principal loueur de quads de la péninsule pour partir explorer les champs de lave ou aller voir les épaves. Permis de conduire requis. Circuits à vélo autour du Blue Lagoon et location de vélos électriques.

Salty Tours CIRCUITS

(☎820 5750 ; www.saltytours.is ; circuit journée jusqu'à 7 pers 95 000 ISK). Excursions en groupes à la journée à Reykjanes et au-delà. Transferts possibles depuis l'aéroport ou Reykjavík.

Où se loger

De plus en plus de voyageurs prennent pour base Grindavík, à courte distance en voiture du Blue Lagoon et doté d'un choix d'hébergements satisfaisant.

Mar Guesthouse GUESTHOUSE €

(☎856 5792 ; www.facebook.com/marguesthouse ; Hafnargata 28 ; d sans sdb à partir de 13 000 ISK, studios à partir de 23 500 ISK ; 📶). Chambres modernes et studios avec kitchenette – donnant pour certain(e)s sur le port. Parties communes agréables et bien tenues, bon service. Cuisine et laverie à disposition.

Guesthouse Borg GUESTHOUSE €
(☎895 8686 ; www.facebook.com/Guesthouse-Borg-Heimagisting-Borg-104090625568/ ; Borgarhraun 2 ; s/d sans sdb avec petit-déj 9 500/14 500 ISK ; @📶). Vieille demeure douillette du centre de la localité, où l'on sert un bon petit-déjeuner (céréales, pain, viande et fromage). Espace détente avec TV et livres à disposition et cuisine et laverie accessibles aux résidents.

Camping municipal – Tjaldsvæði CAMPING €
(☎660 7323 ; https://grindavikcampsite.com ; Austurvegur 26 ; empl par pers adulte/enfant 2 000 ISK/gratuit ; ⏲mi-mai à oct). Récent, près du port, avec un terrain arboré et de bons équipements, dont une cuisine couverte et un espace commun chauffé, des barbecues et un terrain de jeu. Comptez 1 100 ISK pour l'électricité, 550 ISK par lessive et 1 500 ISK par résident au-delà du premier.

Harbour View Cabins BUNGALOWS €€
(☎773 3993 ; www.harbourview.is ; Hópsvegur ; d à partir de 36 000 ISK ; P📶). Perchés sur une petite colline dominant le port, non loin du camping, 10 bungalows bien équipés (douche à l'italienne, cuisine bien fournie et petit salon), au design minimaliste.

Où se restaurer

♥ Bryggjan CAFÉ-RESTAURANT €
(☎426 7100 ; www.bryggjan.com ; Miðgarður 2 ; plats 1 000/3 500 ISK, soupes 1 500-2 400 ISK ; ⏲11h-19h lun-ven ; 📶). Face au port, dans d'anciens entrepôts, ce café est décoré de bouées, d'objets nautiques et de photos encadrées. On y sert une soupe de langoustines, le plokkfiskur (ragoût de poisson à l'islandaise), des gâteaux maison (carotte, pomme, chocolat et meringue) et des sandwichs au poisson. L'endroit est très fréquenté, surtout l'été ; il y a de l'attente.

Papa's PRODUITS DE LA MER €€
(☎426 9955 ; Hafnargata 28 ; pizzas à partir de 1 290 ISK, burgers à partir de 1 600 ISK, plats 2 290 ISK ; ⏲11h30-21h lun-ven, 12h-21h sam-dim). Les *fish and chips* sont délicieux, et les pizzas, salades, burgers et sandwichs au porc émincé ont la faveur des habitués. Cadre sans prétention – TV, tables en bois et bar en palettes empilées. Livraison à domicile.

Salthúsið PRODUITS DE LA MER €€
(☎426 9700 ; www.salthusid.is ; Stamphólsvegur 2 ; plats 2 000-4 900 ISK ; ⏲12h-21h mi-mai à mi-sept). Un élégant restaurant, préparant des spécialités locales de *saltfiskur* (poisson salé), surtout de la morue cuisinée de différentes manières. Vous pourrez préférer les langoustines, le saumon, le poulet ou l'agneau. Le cadre tout de bois et couleurs chaudes est confortable.

Renseignements

Centre d'information touristique (☎420 1190 ; www.visitgrindavik.is ; Hafnargata 12 ; ⏲10h-17h mi-mai à mi-sept). Le personnel efficace vous renseignera sur la région. Le musée Kvíkan est à l'étage.

Depuis/vers Grindavík

Le bus Strætó (p. 457) n°88 dessert directement Keflavík (20 min, 2/jour en sem). Des liaisons quotidiennes existent via Reykjanesbær, où il faut faire une correspondance avec le bus n°55 pour rejoindre ensuite Keflavík et l'aéroport (aller adulte/enfant 460/220 ISK) ; comptez environ 40 minutes avec la correspondance.

Parc national du Reykjanesfólkvangur

À seulement 40 km de Reykjavík, cette réserve de 300 km² donne un bel aperçu de la nature sauvage islandaise. Elle fut créée en 1975 pour protéger les formations de lave nées des volcans de la dorsale de Reykjanes. Ses trois merveilles naturelles sont : le Kleifarvatn, un profond lac gris avec des sources chaudes immergées et des plages de sable noir ; la zone géothermique de Krýsuvík, à Seltún ; et la plus grande falaise peuplée d'oiseaux du Sud-Ouest, le Krýsuvíkurberg. Des sentiers de randonnée sillonnent tout le secteur. Les centres d'information touristique de Keflavík, Grindavík et Hafnarfjörður distribuent de bonnes cartes. Des parkings sont aménagés au départ des itinéraires de randonnée les plus fréquentés : la boucle autour du Kleifarvatn et les pistes qui longent les arêtes rocheuses de Sveifluháls et Núpshliðarháls.

À voir et à faire

Kleifarvatn LAC

(Krýsuvíkurvegur). Ce lac profond situé dans une fissure volcanique est entouré de falaises de lave et de grèves de sable noir. Le sentier qui s'étire sur ses rives offre une vue splendide. La légende veut qu'un monstre en forme de ver de la taille d'une baleine hante ses eaux, mais la pauvre créature a de moins en moins de place car le lac rétrécit depuis les deux séismes qui ont secoué la région en 2000.

Seltún SOURCES CHAUDES

(Krýsuvíkurvegur). La zone géothermique d'Austurengjar, à 2 km au sud du Kleifarvatn, est souvent appelée Krýsuvík, du nom d'une ferme voisine abandonnée. À Seltún, le site principal, des passerelles en bois longent plusieurs sources chaudes. Les sources de boue fumante et les *solfatares* (soufrières) arborent les couleurs de l'arc-en-ciel.

Grænavatn LAC

(En retrait de Vigdisarvallavegur). Juste au nord des sources chaudes de Seltún, le lac de Grænavatn occupe un ancien cratère. La jolie teinte turquoise de son eau est due à une combinaison de minéraux et d'algues qui prolifèrent à la chaleur. La piste gravillonnée menant au lac est parfois accessible uniquement en 4x4, voire totalement impraticable à certaines périodes de l'année.

Falaise de Krýsuvíkurberg OISEAUX

(En retrait de Suðurstrandarvegur). À environ 3 km au sud de Seltún par les champs de lave de Krýsuvíkurhraun, une mauvaise piste conduit aux falaises de Krýsuvíkurberg (un panneau sur la route principale indique “Krýsuvíkurbjarg”). Ces falaises noires austères, le long desquelles court un sentier, s'étendent sur 4 km ; elles abritent 57 000 oiseaux marins qui couvent en été (guillemots, macareux...).

LE CERCLE D'OR

Le Cercle d'or est un endroit où l'on peut plonger dans des eaux glaciaires, longer une faille intercontinentale, parcourir le site du premier Parlement connu et voir la terre cracher de l'eau bouillante à 40 m de haut.

Cet itinéraire d'environ 300 km passe par trois sites emblématiques : Þingvellir (point de rencontre des plaques tectoniques et site de l'ancien Parlement islandais), Geysir (où l'eau jaillit plus de cent fois par jour) et les puissantes chutes de Gullfoss.

Ces merveilles naturelles situées à quelques heures de route de la capitale attirent de nombreux visiteurs et peuvent sembler particulièrement commerciales. Pourtant, malgré la forte affluence, le Cercle d'or demeure l'un des circuits les plus impressionnants au monde. Les bus d'excursions organisées s'y arrêtent par dizaines, mais il est encore possible de visiter les sites pendant les heures creuses. Gardez du temps pour les nombreuses activités praticables dans les environs : escalade, rafting, piscines géothermiques, pêche, sans oublier la visite d'un musée de l'énergie hydraulique et l'exploration d'un cratère d'explosion de 6 500 ans.

Parc national de Þingvellir

Le parc national de Þingvellir (Thingvellir), à 40 km au nord-est du centre de Reykjavík, est le site historique le plus important d'Islande, et un endroit d'une grande beauté. C'est ici que les Vikings fondèrent le premier Parlement démocratique, l'Althing (Alþingi), en 930. Comme pour de nombreux sites de l'âge des sagas, il ne reste guère que les fondations d'anciens campements. Le cadre, une immense vallée d'effondrement (ou graben) traversée par des rivières et des chutes d'eau au point de rencontre des plaques tectoniques nord-américaine et eurasienne, est superbe. Premier parc national du pays, le Þingvellir est inscrit au Patrimoine mondial depuis 2004.

Histoire

Les premiers colons venus de Scandinavie qui s'établirent en Islande à partir de 874 instaurèrent des *þings* (assemblées locales), où la justice était rendue par et entre les chefs locaux (*goðar*).

Quand il fut décidé d'instaurer un *þing* à l'échelle de la nation, en 930, Bláskógur (aujourd'hui Þingvellir, “plaine du Parlement”), situé à une croisée de chemins et proche d'un immense lac poissonneux, parut idéal. Il y avait là abondance de bois pour se chauffer et un cadre d'une majesté à la mesure du projet. Ainsi, c'est dans cette plaine que furent débattues toutes les grandes décisions concernant l'Islande, que

VAUT LE DÉTOUR

MAISON DE HALLDÓR LAXNESS

Musée Gljúfrasteinn Laxness
(☎586 8066 ; www.gljufrasteinn.is ; Þingvallavegur, Mosfellsbær ; adulte/enfant 900 ISK/gratuit ; ⏲9h-17h juin-août, 10h-16h mar-dim sept-mai). Halldór Laxness (1902-1998), Prix Nobel de littérature, a toujours vécu à Mosfellsbær. Sa maison au bord de la rivière est devenue le musée Gljúfrasteinn Laxness – facile d'accès, sur la route 36 entre Reykjavík et Þingvellir. L'auteur a construit cette luxueuse demeure dans les années 1950 ; elle est restée intacte, avec son mobilier, son bureau et sa collection d'œuvres d'art (les broderies furent réalisées par l'épouse de Halldór Laxness, Auður). Un audioguide vous pilotera. Admirez la Jaguar garée devant.

furent adoptées les nouvelles lois, négociés les contrats de mariage et décidée la religion du pays. La réunion annuelle de l'Althing était l'occasion d'une grande fête populaire où affluaient marchands et bateleurs.

Mais, au fil des siècles, l'escalade de la violence entre les familles les plus puissantes du pays mit fin au règne des lois et de l'ordre. Prise dans le chaos, l'Islande dut se soumettre à la couronne de Norvège ; l'Althing perdit ses pouvoir législatifs en 1271. Il fonctionna uniquement comme tribunal jusqu'en 1798, puis fut aboli. Quand il recouvrit ses prérogatives en 1843, ses membres votèrent son transfert à Reykjavík.

À voir

Depuis le centre d'accueil des visiteurs du parc (p. 127) sur la route 36 (parking 500 ISK), suivez le chemin qui descend depuis le point de vue vers le Lögberg ("rocher de la loi") et les seules constructions de la vallée d'effondrement. On peut également rejoindre la cascade Öxarárfoss à pied depuis un parking sur la route 36 avant de gagner la plaine d'effondrement. Autre possibilité : arriver par la route 361 par l'est du site et se garer sur la route 362 (parking 300 ISK). Un plan est téléchargeable sur le site www.thingvellir.is.

Des circuits guidés gratuits de 1 heure sont organisés presque tous les jours de juin à août ; ils avaient lieu à 10h et 15h lors de nos recherches, mais nous vous conseillons de vérifier les horaires auprès du centre des visiteurs (p. 127).

♥ Plaques tectoniques — CANYONS, CASCADES

(Accessible via la route 35 et la route 361 ; parking 300 ISK). La plaine de Þingvellir est située à la limite des plaques tectoniques nord-américaine et eurasienne, qui s'écartent au rythme de 1 à 18 mm par an. Elle est entaillée par des failles spectaculaires, dont la grande faille d'**Almannagjá**, que suit un sentier partant du centre d'accueil des visiteurs (p. 127) et rejoignant le sommet et le site de l'Althing (voir ci-dessous). La plaine est également sillonnée par des rivières et ponctuée de bassins.

La rivière **Öxará** débouche sur une succession de jolies cascades. La plus impressionnante, l'**Öxarárfoss**, coule à la limite nord du site de l'Althing. Jadis, les femmes jugées coupables d'adultère, d'infanticide ou d'autres crimes graves étaient noyées dans la mare de **Drekkingarhylur**.

Des fissures plus petites entaillent le rebord oriental de la plaine. Au XVIIe siècle, 9 hommes accusés de sorcellerie furent brûlés sur le bûcher dans la **Brennugjá** (le Gouffre ardent). Une fissure voisine, **Flosagjá**, doit son nom à un esclave qui s'y serait jeté pour trouver la liberté et celle de **Nikulásargjá**, à un chef de police découvert mort dans l'eau. L'extrémité sud de la Nikulásargjá est appelée **Peningagjá** (gouffre des Pièces), en référence aux pièces jetées par les visiteurs (c'est désormais interdit).

♥ Alþingi — SITE REMARQUABLE

(Accessible via la route 36 et la route 362). Près de la spectaculaire faille d'Almannagjá précédée d'une passerelle, le **Lögberg** (rocher de la Loi) marque le lieu où l'Althing (Alþingi en islandais ; Parlement) se réunissait tous les ans. C'est là que le *lögsögumaður* ("celui qui dit la loi") récitait les lois devant le Parlement assemblé. Après la conversion de l'Islande au christianisme, le site fut déplacé au pied des falaises d'Almannagjá, où la portée de la voix était amplifiée, ce qui permettait aux foules d'entendre les orateurs. Son emplacement est marqué par un drapeau islandais.

Þingvallakirkja — ÉGLISE

(☎482 2660 ; parking 300 ISK ; ⏲9h-17h juin-août). Derrière la ferme de Þingvallabær, la Þingvallakirkja fut l'une des premières églises d'Islande ; elle fut consacrée au

XIe siècle. Le bâtiment en bois actuel date de 1859. L'intérieur recèle plusieurs cloches provenant des églises antérieures, une chaire en bois du XVIIe siècle et un retable peint en 1834. Jónas Hallgrímsson et Einar Benediktsson, poètes de l'époque de l'Indépendance, sont enterrés dans le petit cimetière situé derrière. Garez-vous sur le parking au bout de la route 363, traversez la rivière Öxará par le pont et suivez le sentier partant sur la gauche.

Þingvallabær ÉDIFICE HISTORIQUE

(Accessible via la route 363 ; parking 300 ISK). La ferme de Þingvallabær, au fond du rift, a été construite en 1930 par l'architecte d'État Guðjón Samúelsson (1887-1950) à l'occasion du millénaire de l'Althing. On y trouve aujourd'hui le bureau du *ranger* (garde forestier) et la résidence d'été du Premier ministre. Garez-vous sur le parking au bout de la route 363, traversez la rivière Öxará par le pont et suivez le sentier sur la gauche.

Búðir RUINES

De part et d'autre de la rivière Öxará, vous verrez des ruines de campements temporaires appelées *búðir* (littéralement, cabines). Leurs fondations de pierre étaient couvertes d'un toit pendant les sessions du Parlement, quand les participants y logeaient. Aujourd'hui, on y vend notamment de la bière et de la nourriture lors des festivals de musique. La plupart de ces *búðir* datent des XVIIe et XVIIIe siècles. Le plus grand et l'un des plus anciens, le **Biskupabúð**, qui appartenait aux évêques d'Islande, se trouve au nord de l'église.

Þingvallavatn LAC

(Lac des plaines du Parlement ; accessible via la route 361 ; parking 300 ISK). Une bonne partie de la vallée d'effondrement est occupée par

LE CERCLE D'OR À LA CARTE

Il est facile de suivre le circuit du Cercle d'or (en voiture ou à vélo) en solo, en prévoyant éventuellement des excursions complémentaires. Dans la région, les panneaux routiers sont clairs, les routes bien goudronnées et les distances relativement courtes (il faut environ 4 heures pour faire le tour du Cercle d'or en voiture si on n'ajoute pas d'étape). On peut aussi opter pour un itinéraire en bus (ils se rendent dans des endroits des hautes terres inaccessibles aux véhicules ordinaires). L'excellente carte *Uppsveitir Árnessýslu* (gratuite) détaille toute la région ; on la trouve dans les offices du tourisme.

Outre les principaux sites (Þingvellir, Geysir et Gullfoss), vous pourrez également visiter :

Laugarvatn (p. 127). Entre Þingvellir et Geysir, ce petit village lacustre a deux grands attraits : le Lindin (p. 130), un excellent restaurant islandais, et le Fontana (p. 127), un spa géothermal haut de gamme.

Þjórsárdalur (p. 147). Cette vallée paisible et très peu fréquentée le long de la Þjórsá est parsemée de ruines vikings et de merveilles naturelles comme le Gjáin (p. 147). Elle mène aux hautes terres (c'est l'un des itinéraires d'accès à Landmannalaugar, point de départ du fameux trek du Laugavegurinn, près du refuge de Laugavegur.

Reykholt (p. 133) et **Flúðir** (p. 135). Au sud de Gullfoss, on peut faire du rafting sur le Hvítá en partant de Reykholt ou obliquer vers la zone géothermique de Flúðir (superbe spa naturel), où vous aurez la possibilité de cueillir des légumes frais pour le dîner.

Eyrarbakki (p. 140) et **Stokkseyri** (p. 141). Au sud de Selfoss, ces deux villages côtiers sont très différents de leurs voisins. Régalez-vous de produits de la mer, arpentez les galeries d'art saisonnières et partez observer les oiseaux dans les marais alentour.

Piste de Kaldidalur (p. 227). Les véhicules de location ne sont pas tous autorisés à l'emprunter ; avec un véhicule adéquat, vous pourrez parcourir cette piste cahoteuse et isolée qui contourne d'imposants glaciers (route 550). Elle commence près de Þingvellir et finit près de Húsafell. Si vous avez le temps, prenez le Cercle d'or à l'envers, puis dirigez-vous vers l'ouest, où bien d'autres aventures vous attendent.

Kerlingarfjöll (p. 381). Il faut avoir un 4x4 (ou prendre le bus) pour aller au-delà de Gullfoss. On peut alors continuer jusqu'à cette réserve dans les hautes terres, véritable paradis des randonneurs, à 2 heures de route des chutes de Gullfoss.

le Þingvallavatn, le plus grand lac naturel d'Islande (84 km²). Ses eaux pures et glacées, qui proviennent du glacier Langjökull, sont filtrées au fil de 40 km de roches. Sur sa rive nord-est, la source chaude de **Vellankatla** jaillit de sous le champ de lave. Þingvallavatn est une étape importante pour les oiseaux migrateurs (plongeon imbrin, garrot d'Islande, arlequin plongeur...).

Les eaux du lac sont peuplées de *bleikja* (ombles de l'Arctique), une espèce restée longtemps isolée, qui a évolué en 4 sous-espèces. On peut plonger avec l'organisme Dive Silfra pour les voir de plus près.

Centrale hydroélectrique de Ljósafoss EXPOSITION
(Ljósafossstöð ; ☎896 7407 ; www.landsvirkjun.com ; Ljósafoss ; ⏲10h-17h juin-août, horaires réduits sept-mai). GRATUIT Depuis 1937, la centrale de Ljósafoss, située à 5 km au sud du Þingvallavatn, capte la force motrice des eaux du lac Úlfljótsvatn pour produire de l'énergie. Une exposition multimédia, inaugurée en 2016 et intitulée "Powering the Future" (Produire l'énergie du futur), explique clairement les principes de l'électricité, de l'énergie hydraulique, de la géothermie et des énergies renouvelables.

Activités

Pêche

Renseignez-vous aux bureaux du parc sur la réglementation en matière de pêche (certaines zones sont interdites et tout équipement importé doit être désinfecté). Le permis obligatoire (2 000 ISK par canne et par jour ; mai à mi-sept) est délivré par le centre d'information du parc. La carte de pêche donnant accès à de nombreux lieux (www.veidikortid.is) est acceptée dans une partie du Þingvallavatn.

Plongée et snorkeling

Il est possible d'explorer en snorkeling les eaux cristallines de la **fissure de Silfra**, l'une des failles de la vallée d'effondrement – une expérience presque irréelle. La faille de **Davíðsgjá**, dans le Þingvallavatn, est plus difficile à atteindre. Vous devrez réserver auprès d'un club de plongée de Reykjavík comme **Dive Silfra** (accessible par la route 363 ; snorkeling/plongée à partir de 13 900/34 900 ISK ; ⏲9h-18h). Même avec votre matériel, il est interdit de plonger seul (uniquement en groupe d'au moins 2 personnes) ; vous devrez acheter un permis (1 000 ISK) au centre d'accueil des visiteurs (voir ci-contre) ou sur le site www.thingvellir.is.

Balades à cheval

Laxnes (☎566 6179 ; www.laxnes.is ; Mosfellsbær ; sortie 2 heures 12 900 ISK) propose des balades à cheval et à VTT dans la vallée – quand on arrive de Reykjavík par la route 36.

Où se loger

Il existe des campings dans le parc national de Þingvellir. Des hôtels, des maisons d'hôtes et des bungalows sont disponibles au sud du lac Þingvallavatn.

Camping de Þingvellir CAMPING €
(www.thingvellir.is ; route 361 ; empl adulte/tente/enfant 1 300/300 ISK/gratuit ; ⏲juin-sept). Camping rudimentaire face au centre d'information (voir plus bas), avec toilettes et équipements.

Ljósafossskóli Hostel GUESTHOUSE €
(☎699 2720 ; https://ljosafossskoli-hostel.business.site ; Brúarási 1, Ljósafossskóli ; d sans sdb à partir de 10 500 ISK ; P Wi-Fi). La plupart des chambres de cette ancienne école ont une belle vue sur le lac et la montagne. Ouvert aux résidents, le gymnase du rez-de-chaussée (avec paniers de basket) est l'atout inattendu de cette maison d'hôtes. Petit-déjeuner à 1 500 ISK. À 28 km au sud de Þingvellir et à 21 km au nord de Selfoss, près du lac Úlfljótsvatn.

Útilífsmiðstöð Skáta Úlfljótsvatni CAMPING €
(☎482 2674 ; www.ulfljotsvatn.is ; en retrait de la route 360, Úlfljótsvatn ; empl adulte/enfant 1 500 ISK/gratuit, dort avec petit-déj 4 400 ISK ; P Wi-Fi). Ce centre de scoutisme propose des emplacements de camping en été et des dortoirs en hiver. Large choix d'activités proposées au bord du lac Úlfljótsvatn, et il y a de grands espaces verts aménagés. Au sud du Þingvallavatn. Petite boutique sur place.

Lake Thingvellir Cottages BUNGALOWS €€
(☎892 7110 ; www.lakethingvellir.is ; Heiðarás ; bung 19 500 ISK, plus 2 500 ISK par pers et par nuit ; P Wi-Fi). Quatre bungalows modernes en pin, avec kitchenette et vue sur le lac, près de l'entrée du parc sur la route 36. Deux nuitées minimum de juin à septembre.

Ion Adventure Hotel BOUTIQUE-HÔTEL €€€
(☎482 3415 ; www.ioniceland.is ; Nesjavellir 801 ; d à partir de 44 000 ISK ; P @ Wi-Fi). Bien qu'isolé, l'Ion est un hôtel branché et ultracontemporain, engagé dans

le développement durable, avec piscine géothermale et spa écologique. Le **restaurant** (☎482 3415 ; www.ioniceland.is ; Ion Adventure Hotel, Nesjavellir vid Þingvallavatn ; plats déj 2 600-4 500 ISK, dîner 4 000-12 000 ISK, dîner 3 plats à partir de 9 900 ISK ; ⊙11h30-22h) sert une cuisine à base de produits locaux inspirée du mouvement Slow Food. Le bar est magnifique, avec ses abat-jour design en carton et ses grandes baies vitrées conçues pour observer les aurores boréales. Les chambres, un peu petites, sont très bien aménagées.

Hótel Grímsborgir HÔTEL €€€
(☎555 7878 ; www.grimsborgir.com ; Ásborgir 30 ; d avec petit-déj à partir de 58 500 ISK, app 2 ch 66 000 ISK ;). Le Grímsborgir loue des chambres, des suites et des appartements, tous luxueux et tout équipés, avec terrasse ou balcon, TV à écran plat, parquet et meubles somptueux. Restaurant de spécialités islandaises et de plats internationaux. Sur la route 36, à 5,5 km au sud de Ljósafossstöð et à 5 km au nord de la jonction avec la route 35.

Où se restaurer

Au centre d'information du parc, un petit **café/supérette** (route 36, centre d'information de Þingvellir ; sandwichs grillés à partir de 400 ISK ; ⊙9h-22h avr-oct, horaires réduits nov-mars) propose sandwichs, hot dogs et soupes. Le restaurant le plus proche est celui de l'Ion Adventure Hotel. Vous pouvez aussi apporter votre pique-nique.

Renseignements

Centre d'accueil des visiteurs de Þingvellir (Gestastofa ; ☎482 3613 ; en retrait de la route 36 ; ⊙9h-19h juin-août, 9h-18h30 sept-mai). En haut de la faille d'Almannagjá, ce modeste centre dispose de toilettes (200 ISK).

Centre d'information du parc (Leirar Þjónustumiðstöð ; www.thingvellir.is ; route 36 ; ⊙9h-22h mai-août, 9h-18h sept-avr). Ce centre situé du côté nord du lac est plus grand et fournit davantage de renseignements utiles. Il abrite un café/supérette.

Depuis/vers le parc national de Þingvellir

Le plus simple est de disposer d'une voiture de location. Pour le parking, comptez entre 300 ISK et 750 ISK par véhicule.

Aucune ligne de bus ne dessert Þingvellir qui, en revanche, figure au programme de presque tous les circuits organisés du Cercle d'or.

Laugarvatn

190 HABITANTS

Le Laugarvatn (lac des Sources chaudes) est alimenté par des torrents et par la source chaude de Vígðalaug, connue depuis le Moyen Âge. Le village du même nom est installé sur la rive ouest du lac, au pied des collines. C'est l'un des points de chute les plus appréciés sur l'itinéraire du Cercle d'or.

Activités et circuits organisés

Fontana PISCINE GÉOTHERMALE
(☎486 1400 ; www.fontana.is ; Hvrabraut 1 ; adulte/enfant 3 800/2 000 ISK ; ⊙10h-23h déb juin-sept, 11h-22h fin oct-déb juin). Cette belle piscine au bord du lac englobe 3 bassins et un bain de vapeur en cèdre, alimenté par un conduit naturel en contrebas. Son agréable café (buffet déj/dîner 2 900/3 900 ISK) a vue sur le lac. Location de serviettes (800 ISK), maillots de bain (800 ISK) et peignoirs (1 500 ISK).

Piscine de Laugarvatn PISCINE GÉOTHERMALE
(☎480 3041 ; Hverabraut 2 ; adulte/enfant 1 000/550 ISK ; ⊙10h-21h lun-ven, 10h-18h sam-dim juin à mi-août, horaires réduits mi-août à mai). Une piscine géothermale classique, des *hot pots* et un sauna, à côté de la piscine de Fontana.

Laugarvatn Adventures ESCALADE, SPÉLÉOLOGIE
(☎862 5614 ; www.caving.is ; Laugarvatnshellir ; spéléologie à partir de 9 900 ISK ; ⊙10h-18h). Organise des sorties de spéléologie et d'escalade de 2 à 3 heures dans les collines des environs. Le point de départ est souvent Laugarvatnshellir, une maison construite dans une grotte où vivaient encore deux familles il y a moins de 100 ans.

Où se loger

Laugarvatn HI Hostel AUBERGE DE JEUNESSE €
(☎486 1215 ; www.laugarvatnhostel.is ; Laugarvatnsvegur ; dort/d sans sdb 5 100/9 900 ISK, d/tr/qua 14 200/16 100/20 300 ISK ; ⊙fév-nov ; P@). Cette grande auberge de jeunesse, propre et conviviale, occupe un bâtiment rénové à deux niveaux, avec de grands espaces pour cuisiner (belle vue sur le lac en faisant la vaisselle ou depuis la salle à manger !). Également : billard, bar et petit-déjeuner buffet (1 500 ISK). Réductions pour les membres HI.

Camping du Laugarvatn CAMPING €
(Dalbraut ; empl adulte/enfant 1 300/700 ISK ; ⊙fin mai à mi-sept ; P). À proximité de la

1. Renard arctique (p. 39) 2. Bébé phoque (p. 41)
3. Baleine à bosse (p. 41) 4. Macareux (p. 410)

2

EMKA74/SHUTTERSTOCK ©

4

Observer les animaux

La nature islandaise, qui a tout de grandiose, sert de terrain de jeu à quelques vedettes animales, tels les baleines, les phoques, les renards arctiques et les macareux – entre autres oiseaux. Les figurants, moutons vagabondants et chevaux à l'épaisse crinière, évoluent sur fond de paysages montagneux à couper le souffle. C'est le moment où jamais de sortir vos appareils photo !

L'avifaune est abondante en Islande, surtout durant les mois les plus chauds, lorsque les espèces migratrices viennent y nicher. Sur les falaises et dans les îles, la diversité d'oiseaux marins est impressionnante. Des sentiers côtiers conduisent à des falaises abritant de grandes colonies de macareux (p. 410).

L'observation des baleines a le vent en poupe ; des bateaux sortent toute l'année (moins souvent pendant les grands froids), dans l'espoir de croiser ces créatures grandioses. Les eaux septentrionales au large de Húsavík et d'Akureyri attirent des baleines de Minke et des rorquals, qui viennent s'y nourrir. Si vous disposez de peu de temps, sachez que des bateaux partent directement du centre de Reykjavík (voir p. 73). En hiver, on peut voir des orques sauter dans les eaux glaciales – pour cela, la péninsule de Snæfellsnes (voir p. 228) constitue la meilleure base.

LES MEILLEURS SITES D'OBSERVATION

Vestmannaeyjar (p. 178). Admirez de nombreuses espèces d'oiseaux en filant parmi les îlots.

Borgarfjörður Eystri (p. 354). Le paradis des macareux, que vous pourrez approcher.

Húsavík (p. 327). Observez les baleines dans le cadre authentique d'un charmant village de pêcheurs. De nombreux circuits sont proposés, surtout en été.

route à la sortie du village, un camping sans prétention avec des emplacements herbeux et assez ombragés, et des toilettes mobiles.

Héraðsskólinn AUBERGE DE JEUNESSE, GUESTHOUSE €€
(☎537 060 ; www.heradsskolinn.is ; 840 Laugarvatn ; dort/d/qua sans sdb à partir de 4 700/11 100/23 000 ISK, d avec sdb 20 500 ISK ; P 📶). Construit en 1928 par Guðjón Samúelsson, ce bel établissement au bord du lac est reconnaissable à ses toits verts pointus. L'intérieur chic et rétro – bureaux en bois, cartes anciennes, chaises années 1950... –, rappelle que le bâtiment était autrefois une école. Il offre des chambres (certaines accueillant jusqu'à 6 pers) et des dortoirs.

Efstidalur II GUESTHOUSE €€
(☎4861186 ; www.efstidalur.is ; Efstidalur 2, Bláskógabyggð ; s/d/tr avec petit-déj à partir de 19 800/24 200/34 200 ISK ; P 📶). À 12 km au nord-est de Laugarvatn, dans une ferme laitière en activité, l'Efstidalur est apprécié pour ses hébergements accueillants, ses repas savoureux (et ses glaces). Les ravissants bungalows jumeaux ont vue sur le redoutable Hekla. Du bœuf de la ferme et de la truite du lac sont servis au **restaurant** (☎486 1186 ; boule de glace 500 ISK, plats 2 250-5 800 ISK ; ⌚glaces 10h-22h, restaurant 11h30-22h ; P 📶). Le bar à glaces propose des recettes maison – on peut voir l'intérieur de la laiterie par ses fenêtres.

Galleri Laugarvatn Guesthouse GUESTHOUSE €€
(☎486 1016 ; www.gallerilaugarvatn.is ; Háholt 1 ; d avec/sans sdb à partir de 18 800/15 600 ISK, lits jum sans sdb 22 800 ISK ; 📶). À la lisière est de la localité, des chambres à la décoration simple (murs blancs et linge de lit aux tons sobres), chacune équipée d'un sèche-cheveux, d'une bouilloire et d'un réfrigérateur ; certaines disposent d'une terrasse avec vue sur les montagnes. Petit-déjeuner : 1 600 ISK.

Golden Circle Apartments APPARTEMENTS €€
(☎537 8060 ; www.goldencircleapartments.is ; Laugarbraut 1 ; app 1/2/3 ch à partir de 25 600/32 400/47 200 ISK ; P 📶). Dans la côte au-dessus du lac de Laugarvatn, ces bâtiments blancs sans charme renferment des appartements modernes et spacieux (cuisines équipées). Pratique pour un séjour sur le circuit du Cercle d'or.

Où se restaurer et prendre un verre

Goodburger BURGERS €
(☎666 1234 ; Dalbraut 6 ; burgers à partir de 1 100 ISK ; ⌚11h-21h). Cet établissement sans prétention ne propose que 4 variétés de burgers, mais ce sont les meilleurs de la région, disponibles en 3 formats : petit, moyen ou grand (pour les gros appétits !). L'Aruba (aux *onion rings*) est notre préféré. Crudités, bacon, fromage, sauce béarnaise et frites peuvent être commandés en supplément. Bière Boli et soda à la pression.

Lindin ISLANDAIS €€
(☎486 1262 ; www.laugarvatn.is ; Lindarbraut 2 ; plats 2 200-5 600 ISK ; ⌚12h-22h mai-sept, horaires réduits oct-avr ; P 📶). Propriété de Baldur Öxdal, un chef réputé, le Lindin est la meilleure table à des kilomètres à la ronde. Installé dans une petite maison argentée face au lac, dans un cadre simple avec des tables en bois, ce restaurant gastronomique propose une cuisine islandaise de haut niveau à base de produits locaux, de gibier et de poissons pêchés dans le lac (pas d'élevage). On y déguste aussi bien de la soupe qu'un burger au renne. En haute saison, réservez pour le dîner.

Galleri Laugarvatn Cafe CAFÉ
(www.gallerilaugarvatn.is ; Háholt 1 ; items à la carte à partir de 950 ISK ; ⌚8h-18h jeu-mar). Cet établissement modeste et pimpant, doté d'une agréable terrasse, sert du bon café et sa courte carte comprend notamment du fromage et de la truite fumée servis avec du pain de seigle cuit dans le sol à la chaleur d'une source. Également des soupes, des gaufres, des cookies et des muffins.

Achats

Gallerí Laugarvatn ARTISANAT
(☎486 1016 ; www.gallerilaugarvatn.is ; Háholt 1 ; ⌚8h-18h jeu-mar). Produits d'artisanat local : bonbons, ferronnerie, céramiques, lainages...

Samkaup Strax ALIMENTATION
(www.samkaup.is ; Dalbraut 8 ; ⌚9h-21h lun-ven, 10h-21h sam-dim). Épicerie, matériel de camping et restauration rapide au comptoir (hot-dogs et burgers). DAB à l'extérieur.

Depuis/vers Laugarvatn

Services assurés par **Strætó** (p. 457) : le bus n°73 en provenance de Selfoss (adulte/enfant

1 840/880 ISK, 1 heure 15, 2-3/jour lun-ven, 1/jour sam-dim) s'arrête à Laugarvatn.

Services assurés par **Reykjavík Excursions** (p. 457) : la liaison "Iceland On Your Own" dessert Laugarvatn entre Reykjavík et Akureyri. Un bus par jour de mi-juin à début septembre ; départ à 8h de la gare routière BSÍ de Reykjavík (17 900 ISK jusqu'à Akureyri, 3 500 ISK jusqu'à Laugarvatn).

Geysir

Geysir (littéralement, "jaillir"), une source d'eau chaude découverte il y a quelque 800 ans dans la vallée de Haukadalur, est l'un des sites les plus célèbres d'Islande. C'est de son nom que vient le terme "geyser". Il se trouve dans la zone géothermique de Haukadalur, une vallée de sources chaudes ponctuée de bassins bleus translucides, de mares de boue et de roches aux couleurs vives. Attention à l'endroit où vous posez les pieds, l'eau atteint parfois les 100°C.

En 2000, après un séisme, le **Grand Geyser** a projeté une colonne de plus de 120 m de haut, mais il était redevenu inactif au moment de nos recherches. Heureusement, un geyser plus "fiable", le **Strokkur** (Biskupstungnabraut) GRATUIT, se trouve juste à côté. Il faut rarement attendre plus de 10 minutes pour voir jaillir l'eau à 15 ou 30 m, avant qu'elle ne disparaisse dans l'énorme orifice. Le Strokkur, comme tous les geysers chauds, naît de la rencontre entre l'eau et la roche chauffée par le magma ; l'eau bout et jaillit sous l'effet de la pression. Ne vous placez pas dans le sens du vent, à moins de vouloir prendre une douche.

Circuits organisés

Geysir Hestar ÉQUITATION
(☎847 1046 ; www.geysirhestar.com ; Kjóastaðir 2 ; ⏲balades 1/2/3 heures 10 500/15 500/ 18 500 ISK). À 4 km à l'est de Geysir, dans la ferme équestre de Kjóastaðir, ce centre propose des balades à cheval (tous niveaux) alentour et le long de la gorge du Hvítá jusqu'aux chutes de Gullfoss. On y trouve aussi des logements de qualité : des chambres en pension (à partir de 8 600 ISK sans salle de bains) et un cottage (à partir de 38 000 ISK, 6 pers max).

Iceland Safari CIRCUITS EN SUPER-JEEP ET BUS
(☎896 4019 ; www.icelandsafari.com ; Cercle d'or en bus à partir de 9 900 ISK/pers, circuit en Super-Jeep à partir de 38 000 ISK/pers). Circuits en Super-Jeep et en minibus dans le sud-ouest.

Où se loger

Gljasteinn Skálinn BUNGALOWS, GUESTHOUSE €
(☎486 8757 ; www.gljasteinn.is ; Myrkholt ; adulte/enfant 5 000/2 500 ISK ; wifi). Cette jolie ferme située dans la partie élargie de la vallée, entre Geysir et les chutes de Gullfoss, englobe plusieurs maisons bien tenues. L'une renferme des dortoirs (prévoir un duvet) de 4 lits et des doubles avec salles de bains communes, une cuisine et un salon. Les propriétaires ont aussi des bungalows avec dortoirs dans les hautes terres, sur la piste de Kjölur (F35).

Skjól Camping CAMPING €
(☎899 4541 ; www.skjolcamping.com ; Kjóastaðir, près de Biskupstungnabraut ; empl adulte/ enfant 1 500 ISK/gratuit ; ⏲mi-mai à mi-sept ; wifi). Camping situé à 3,5 km au nord-est de Geysir, près de la ferme équestre de Kjóastaðir. Électricité à 900 ISK, douches à 400 ISK. L'été, un bar sert des bières scandinaves, des pizzas et quelques plats.

Geysir Campground CAMPING €
(Biskupstungnabraut ; adulte/enfant 1 800/500 ISK ; wifi). Situé presque en face du Geysir Center, ce camping dispose d'une laverie, de douches (400 ISK) et d'une aire de jeux pour enfants.

♥ **Hótel Geysir** HÔTEL €€
(☎480 6800 ; www.hotelgeysir.is ; Biskupstungnabraut ; s/d avec petit-déj à partir de 18 000/ 22 900 ISK ; P@wifi). Un hôtel quatre étoiles de 77 chambres, au look minimaliste et branché. La façade en bois ne présente qu'une simple porte, mais celle-ci donne sur un hall imposant et les vestiges du bâtiment d'origine, une salle d'entraînement de Glíma (art martial remontant aux Vikings). Des photos d'athlètes en noir et blanc ornent les murs. Le restaurant, disponible de midi jusqu'à tard, propose des plats aussi bien de tradition islandaise que de cuisine internationale. Situé à côté du Geysir Center.

Litli Geysir HÔTEL €€
(☎480 6800 ; www.geysircenter.is ; Biskupstungnabraut ; s/d avec petit-déj à partir de 19 600/ 21 500 ISK ; Pwifi). Ce petit hôtel moderne, qui fait partie du vaste complexe de Geysir, loue des chambres bien tenues – vue sur la campagne et Geysir pour certaines. *Hot tub*, sauna et espace détente. Situé à côté du Geysir Hotel.

Où se restaurer et prendre un verre

Geysir Center ALIMENTATION ET SHOPPING
(☎519 6020 ; Biskupstungnabraut ; ⏲9h-22h juin-août, 10h-18h sept-mai ;). Ce vaste complexe commercial s'adresse aux voyageurs qui viennent en masse voir les geysers de l'autre côté de la rue. On y trouve un restaurant (le Kantína), un café, un glacier et un Supa – un fast-food spécialisé dans la soupe. La gigantesque boutique de souvenirs propose des marques islandaises. Toilettes sur place.

Depuis/vers Geysir

Reykjavík Excursions (p. 457) propose une liaison "Iceland On Your Own" entre Reykjavík et Geysir, qui continue jusqu'à Gullfoss, puis Akureyri. Il y en a une par jour de mi-juin à début septembre, qui part à 8h de la gare routière BSÍ de Reykjavík. Le billet coûte 17 900 ISK pour Akureyri, avec des arrêts d'environ 30 minutes sur les sites importants qui permettent de descendre du bus et d'explorer. Comptez 4 800 ISK et 2 heures pour l'aller Reykjavík-Geysir.

Tous les circuits organisés du Cercle d'or comprennent une halte à Geysir.

Gullfoss

Situées sur le Hvítá, les spectaculaires chutes de **Gullfoss** (chutes d'or ; www.gullfoss.is ; route 35/Kjalvegur) GRATUIT sont formées par une double cascade se déversant dans un étroit ravin escarpé. Chaque seconde, ce sont 80 m³ d'eau qui chutent de 32 m avant de poursuivre leur trajet. Par beau temps, le soleil dessine des arcs-en-ciel sur les embruns ; en hiver, la magie provient de la glace qui scintille dans les chutes.

Ces chutes sont parmi les plus facilement accessibles grâce au grand parking et aux deux points d'accès en voiture – depuis le centre d'information touristique ou vers un point de vue plus bas sur les chutes, réservé aux personnes à mobilité réduite.

Histoire

Ces chutes, que l'on visite depuis 1875, faillirent bien disparaître dans les années 1920, lorsque des investisseurs étrangers projetèrent de construire un barrage sur le Hvítá. Le propriétaire du terrain, Tómas Tómasson, refusait de le vendre, mais les promoteurs avaient réussi à contourner son accord en obtenant l'autorisation des autorités. Sigríður, la fille de Tómasson, décida alors de marcher pieds nus jusqu'à Reykjavík pour protester, en menaçant de se jeter dans les chutes si le projet aboutissait. Les investisseurs n'ayant pas payé le bail, l'accord fut finalement annulé et les chutes échappèrent à la destruction. Cédé à l'État en 1975, le site est depuis lors classé réserve naturelle.

Où se loger et se restaurer

Hótel Gullfoss HÔTEL €€
(☎486 8979 ; www.hotelgullfoss.is ; Brattholt ; d avec petit-déj 20 000 ISK ;). Un charmant hôtel de bungalows, à quelques kilomètres au sud des chutes. Les chambres propres (salle de bains privative) sont orientées vers la lande (préférez celles face à la vallée) et disposent du nécessaire pour préparer thé ou café. Deux *hot pots* et un restaurant (plats 2 500-4 900 ISK) avec superbe point de vue.

Centre d'information touristique CAFÉ €
(www.gullfoss.is ; Kjalvegur/route 35 ; menu à partir de 990 ISK ; ⏲9h-21h juin-août, 9h-18h30 sept-mai ;). Ce petit centre d'information surplombant les chutes abrite une grande boutique et un café – bonne sélection de soupes, salades, sandwichs et gâteaux.

Depuis/vers Gullfoss

Traditionnellement, les chutes de Gullfoss concluent le circuit du Cercle d'or. Si vous voulez poursuivre l'aventure et disposez d'un 4x4, continuez sur la route F35 derrière les chutes (piste de Kjölur p. 378) pour vous enfoncer dans la nature sauvage et les hautes terres. Les premiers 14,8 km sont goudronnés et praticables en véhicule ordinaire, il en va autrement pour la suite. N'oubliez pas qu'un 4x4 est requis sur toutes les routes F.

La liaison "Iceland On Your Own" de Reykjavík Excursions (p. 457) entre Reykjavík et Akureyri passe par Geysir et Gullfoss. Départ à 8h de la gare routière BSÍ de Reykjavík, de mi-juin à début septembre. Le billet pour Akureyri coûte 17 900 ISK ; arrêts de 30 minutes environ sur les principaux sites permettant de descendre du bus et d'explorer. Comptez 5 000 ISK et 2 heures 30 pour le trajet Gullfoss-Reykjavík.

Vallée du Hvítá (de Gullfoss à Selfoss)

Si vous suivez l'itinéraire du Cercle d'or dans le sens habituel, la portion qui vous ramènera vers la route circulaire (à

Selfoss) depuis Gullfoss sera votre dernière étape. En chemin, vous trouverez maintes occasions de vous arrêter. La plupart des visiteurs empruntent la route 35 goudronnée, qui traverse Reykholt – où l'on peut faire du rafting sur la rivière. Un petit détour vous mènera à Flúðir (village réputé pour ses serres géothermiques et ses sources chaudes) et à Skálholt (jadis le siège de l'un des deux principaux diocèses du pays).

Pour continuer vers l'est plutôt que de retourner à Reykjavík, rejoignez l'ouest de la vallée de Þjórsárdalur.

Reykholt

100 HABITANTS

Le minuscule village de Reykholt – il y en a plusieurs du même nom dans le pays – est centré autour de la source chaude de Reykjahver, qui alimente notamment une piscine géothermale. La plupart des visiteurs viennent pour le Hvítá, rivière spectaculaire et profonde, et haut lieu du rafting dans le sud de l'Islande.

Circuits organisés

Arctic Rafting RAFTING
(☎562 7000 ; www.arcticrafting.com ; Drumboddsstaðir ; sorties rafting/kayak-raft à partir de 13 990/19 990 ISK par pers ; ⏲mi-mai à mi-sept). Ce centre d'activités situé au bout d'une piste est équipé de vestiaires et d'un bar. Les sorties rafting (3-4 heures) sur le Hvítá peuvent se combiner à d'autres activités. Possibilité de transfert depuis Reykjavík. L'agence de Reykjavík se trouve à Arctic Adventures (p. 74). Demi-tarif pour les enfants ; 11 ans minimum.

Où se loger

Fellskot Guesthouse GUESTHOUSE €
(☎899 8616 ; en retrait de Biskuptungnbraut/route 35, Fellskot 2 Farm ; d/f sans sdb 13 700/19 000 ISK ; P). Cette jolie ferme à 2,5 km au nord de Reykholt, à la sortie de la route 35, est un agréable point de chute, avec des chambres confortables donnant sur la campagne et une cuisine commune. On peut y caresser les chevaux !

Við Faxa CAMPING €
(☎774 7440 ; Faxavegur ; empl 1 200 ISK/pers). Ce camping donnant sur les chutes de Faxi bénéficie d'un bel emplacement et de la présence d'un petit café-restaurant. Pas de cuisine, mais le café sert *fish and chips*, soupes, burgers, pizzas et côtes d'agneau (10h-22h, plats 1 600-3 800 ISK). Électricité : 1 000 ISK.

♥ **Fagrilundur Guesthouse** B&B €€
(☎486 8701 ; www.fagrilundur.is ; Skólabraut 1 ; s/d sans sdb 13 700/17 500 ISK, fam 4 pers avec sdb 23 000 ISK, toutes avec petit-déj ;). Un sentier bordé de fleurs en pot mène à travers la forêt jusqu'à un chalet en bois digne d'un conte de fées, doté de chambres confortables et d'une véranda commune. Les propriétaires vous accueillent chaleureusement et prodiguent de bons conseils. Petit-déjeuner délicieux.

♥ **Buubble Hotel** CAMPING BULLES €€€
(www.buubble.com ; Blaskogabyggd, près de Reykholt ; bulles à partir de 26 900 ISK). Cet "hôtel" à proximité de l'itinéraire du Cercle d'or donne une occasion unique de dormir dans une tente bulle transparente en pleine nature. Allongez-vous et admirez le soleil de minuit ou les aurores boréales en hiver. Un petit bungalow regroupe les salles de bains et la cuisine, modernes. Chaque bulle peut loger 2 adultes et 1 enfant de moins de 12 ans. Des prix élevés, pour une expérience mémorable.

♥ **The White House** B&B €€
(☎660 7866 ; thewhitehouse.inn.fan ; Dalbraut ; d avec sdb et petit-déj à partir de 18 500 ISK ; P). Cette grande "maison blanche" en bois, située dans une zone résidentielle paisible, semble tout droit venue des États-Unis. L'intérieur est impeccable et classique – parquet, tons neutres, draps immaculés. Au total, l'établissement peut héberger de 12 à 14 visiteurs, dans 6 chambres de tailles variables, et peut être réservé pour des groupes. *Hot tub* disponible sur place.

Où se restaurer

Friðheimar CAFÉ €€
(☎486 8894 ; www.fridheimar.is ; Friðheimar, en retrait de la route 35 ; plats à partir de 2 200 ISK ; ⏲12h-18h). Cette ferme offre un tableau surréaliste : des tomates et de nombreuses autres cultures prospèrent dans d'immenses serres lumineuses tout au long de l'année, grâce à l'énergie géothermique. Les produits sont en vente et un buffet composé de soupe de tomate, de sauce au concombre et de pain frais est proposé

au déjeuner. Organisation de visites des serres (10 pers minimum) et de spectacles équestres (15 pers minimum), sur réservation uniquement.

Café Mika INTERNATIONAL €€

(☎486 1110 ; mika.is ; Skólabraut 4 ; plats 3 000-8 990 ISK ; ⏲11h30-21h ; 📶). Le rendez-vous des habitants, qui apprécient les menus copieux, les pizzas cuites dans le four extérieur, les sandwichs et les spécialités islandaises. On recommande les langoustines rôties (appelées "homards") au beurre d'ail. Essayez les chocolats maison.

ℹ Depuis/vers Reykholt

Pour rejoindre Reykholt depuis Selfoss, prenez le bus Strætó (p. 457) n°72 ou 73 (adulte/enfant 2 300/1 100 ISK, 45 min, 2/jour lun-ven, 1/jour dim) ; un bus n°73 circule le samedi.

Achetez vos billets à l'avance sur le site de la compagnie Strætó ou téléchargez l'application. Les chauffeurs de bus n'ont pas de monnaie.

Skálholt

Centre religieux et site de pélerinage très important, **Skálholt** (☎486 8870 ; www.skalholt.is ; Skálholtskirkjuvegur ; musée 500 ISK ; ⏲9h-18h mi-mai à mi-sept, 9h-17h mi-sept à mi-mai) GRATUIT fut jadis le siège de l'un des deux grands diocèses (l'autre était à Hólar, dans le Nord) qui régnèrent sur les âmes islandaises du XIe au XVIIIe siècle. Il prit de l'importance à l'époque de Gissur le Blanc, artisan de la christianisation de l'Islande. L'évêché catholique ne disparut qu'avec la Réforme en 1550, lorsque l'évêque Jón Arason et ses deux fils furent exécutés sur l'ordre du roi du Danemark. Skalhólt resta un centre religieux luthérien jusqu'en 1797, lorsque l'évêché fut déplacé à Reykjavík.

Malheureusement, la grandiose cathédrale qui se dressait sur place fut détruite par un séisme au XVIIIe siècle. On y trouve aujourd'hui un centre théologique protestant moderne, avec un **centre d'accueil des visiteurs**, une maison de tourbe et une belle petite **cathédrale** moderne toute blanche (consacrée en 1963). Dans sa crypte, un **musée** renferme notamment le sarcophage en pierre de Páll Jónsson (évêque de 1195 à 1211). Selon la *Saga de Páll,* récit en vieux norrois de la vie de l'évêque, des orages et des séismes ébranlèrent la terre au moment de sa mort. Un terrible orage éclata lors de la réouverture de son cercueil, en 1956.

Le centre accueille des concerts en été et un petit restaurant sert des repas basiques.

Skálholt n'est pas desservi par les transports. Laugarás (à 3 km de Skálholt) est desservi par les bus Strætó (p. 457) n°72 (2/jour lun-ven, 1/jour dim) et n°73 (2 à 4/jour lun-ven, 1/jour sam-dim) en provenance de Selfoss (adulte/enfant 2 300/1 100 ISK, 40 min), Flúðir et Reykholt.

Slakki Petting Zoo ZOO

(☎4868783 ; www.facebook.com/slakki ; Laugarás ; adulte/enfant 1 200/600 ISK ; ⏲11h-18h). Depuis plus de 20 ans, ce petit parc animalier fait le bonheur des familles de passage dans le village de Laugarás. Des renards orphelins vivent dans un jardin, prudemment gardés à l'écart des chèvres, lapins, perroquets, rongeurs et chatons.

Sólheimar Eco-Village GUESTHOUSE €€

(☎422 6000 ; www.solheimar.is ; route 354, en retrait de la route 35, Sólheimar ; dort 11 500 ISK, d avec/sans sdb à partir de 18 700/22 500 ISK, app à partir de 28 600 ISK ; P📶✖). 🍃 L'éco-village de Sólheimar regroupe des habitations et des serres conçues dans le respect de l'environnement. Deux maisons d'hôtes abritent des dortoirs et des chambres doubles impeccables (salle de bains privative ou commune), ainsi qu'un appartement pour 4 personnes. Les cuisines sont communes, tout comme les salons. Agréable piscine et *hot tub.*

Kerið

À 15,5 km au nord de Selfoss sur la route 35, le **cratère de Kerið** (Biskupstungnabraut ; adulte/enfant 400 ISK/gratuit ; ⏲8h30-21h juin-août, le jour sept-mai) a été créé par une éruption il y a quelque 6 500 ans. Il est comblé par un lac d'un vert irréel, qui se détache sur un sol rouge vif et terre de Sienne. Il y a quelques années, la chanteuse Björk y a donné un concert flottant sur un canot. On peut facilement en faire le tour à pied (en 10 à 20 min) et descendre au bord du lac dans le cratère.

Flúðir

790 HABITANTS

Avec ses formations rocheuses émergeant des prairies, les abords du petit village agricole de Flúðir sont spectaculaires. Flúðir est connu pour ses serres géothermiques, où sont cultivés la majorité des champignons du pays. Nombre d'habitants de Reykjavík y ont une maison de campagne. Les visiteurs y trouveront une cuisine savoureuse et de superbes sources chaudes.

Activités

Gamla Laugin PISCINE GÉOTHERMALE
(Lagon secret ; 555 3351 ; www.secretlagoon.is ; Hvammsvegur ; adulte/enfant 3 000 ISK/gratuit ; 10h-22h mai-sept, 11h-20h oct-avr). Ce grand bassin entouré de rochers invite à se détendre dans ses eaux fumantes. Le sentier qui borde l'agréable source chaude passe ensuite par une succession de petites cheminées volcaniques et de geysers. L'été, les prés sont envahis de fleurs sauvages. Victime de son succès, ce lagon n'a plus rien de secret. En milieu d'après-midi, il est envahi par les bus de touristes. Venez avant ou après.

Où se loger

Grund – Guesthouse Flúðir GUESTHOUSE €€
(Gistiheimilið Flúðum ; 565 9196 ; www.gistingfludir.is ; Skeiða-og Hrunamannavegur/route 30 ; d avec/sans sdb avec petit-déj 16 000/22 000 ISK ; P). Une charmante maison aux meubles anciens avec 5 chambres douillettes. Dans la nouvelle aile, les chambres modernes disposent d'une salle de bains privative et d'une terrasse donnant sur la montagne. Le restaurant, très apprécié, travaille des produits frais et locaux.

Camping de Flúðir CAMPING €
(https://tjalda.is/en/fludir ; en retrait de Skeiða-og Hrunamannavegur/route 30 ; empl 1 750/1 000 ISK adulte/enfant ; juin-sept, selon la météo mai et oct ; P). Un camping bien situé avec électricité (100 ISK), laverie (300 ISK la lessive) et Wi-Fi (500 ISK les 75 heures).

Où se restaurer et prendre un verre

Restaurant éthiopien Minilik ÉTHIOPIEN €€
(846 9798 ; www.minilik.is ; Skeiða-og Hrunamannavegur, route 30 ; plats 2 000-2 500 ISK ; 18h-21h mar-ven, 14h-21h sam-dim ;). Dans un cadre improbable, Azeb concocte des spécialités éthiopiennes dans une petite maison en bois accueillante et sans prétention, décorée d'outils agricoles africains et de tissus colorés. Des mets végétariens et des spécialités comme l'*awaze tibs* (agneau épicé aux oignons, à l'ail et au gingembre) et le *doro kitfo* (poulet). À notre connaissance, c'est le seul restaurant éthiopien d'Islande, et il attire les amateurs d'épices !

Flúðasveppir Farmers Bistro ISLANDAIS €€
(519 0808 ; www.farmersbistro.is ; Garðastígur ; plats à partir de 1 900 ISK ; 12h-18h juin-août, 12h-16h sept-mai). Ce restaurant dépend de la seule champignonnière d'Islande. La soupe aux champignons, dont la recette est gardée secrète, est présentée sur un buffet comprenant aussi du pain maison et une sélection d'*álegg,* terme islandais désignant tout ce qui se met sur du pain. Les produits proviennent exclusivement de serres et d'exploitations laitière locales. Également : salades au poulet, wraps à l'agneau et galettes de légumes.

Grund Restaurant ISLANDAIS €€
(565 9196 ; www.gistingfludir.is ; Skeiða-og Hrunamannavegur/route 30 ; plats 2 000-4 900 ISK ; 12h30-21h juin à mi-août, horaires variables). La cuisine de ce restaurant très apprécié met à l'honneur des produits frais et locaux, dans une salle simple et pimpante. Les côtes d'agneau aux herbes servies avec légumes, salade, pommes de terre et confiture de rhubarbe sont succulentes.

Vínbúðin VINS ET SPIRITUEUX
(487 8701 ; www.vinbudin.is ; Akurgerði ; 11h-18h lun-jeu, 11h-19h ven, 11h-16h sam). Vente d'alcools.

Samkaup-Strax ALIMENTATION
(Skeiða-og Hrunamannavegur/route 30 ; 9h-21h lun-ven, 10h-21h sam-dim). Épicerie située à côté du Grund Restaurant.

Depuis/vers Flúðir

Les bus Strætó (p. 457) n^os^72 et 73 qui arrivent de Selfoss (2 300/1 100 ISK, 40 min-1 heure, 2/jour lun-ven, 1/jour dim) desservent Flúðir. Le n°73 fait une liaison le samedi. Le n°76 assure la correspondance jusqu'à Árnes.

LE SUD

En partant de Reykjavík en direction de l'est, la route circulaire (route 1) débouche sur d'austères contreforts volcaniques ponctués d'étranges bouches de vapeur naturelles, aux environs du Hveragerði, puis traverse une large plaine côtière verdoyante, émaillée d'élevages de chevaux et de serres. Le paysage devient ensuite superbement accidenté, après Hella et Hvolsvöllur. Des montagnes surgissent à l'intérieur des terres (certaines sont des volcans, comme l'Eyjafjallajökull, dont l'éruption en 2010 a paralysé le trafic aérien européen) et les premiers glaciers apparaissent dans toute leur majesté. De larges cours d'eau, comme la Þjórsá, se fraient un chemin vers les plages de sable noir qui bordent l'Atlantique.

Dans toute la région, des routes secondaires s'enfoncent vers des vallées luxuriantes ponctuées de chutes d'eau – comme Þjórsárdalur et Fljótshlíð – ou des volcans menaçants, tel le Hekla. Le Landmannalaugar, où des pics de rhyolite aux couleurs éclatantes rencontrent des sources chaudes bouillonnantes, et Þórsmörk (Thórsmörk), impressionnante vallée bien abritée des violentes intempéries venues du nord par des glaciers coupe-vent, figurent parmi les sites les plus connus de l'intérieur des terres. Tous deux sont reliés par le fameux Laugavegurinn, l'itinéraire de randonnée le plus fréquenté d'Islande. La région est parfois inaccessible en véhicule ordinaire, et la plupart des visiteurs s'y rendent dans le cadre d'un circuit organisé ou à bord de bus amphibies depuis les villes du Sud. Þórsmörk, destination de randonnée particulièrement appréciée, peut faire l'objet d'une excursion à la journée.

La circulation est assez dense (et les transports publics sont fréquents) sur la route circulaire (route 1), qui est jalonnée de petits villages intéressants : Hveragerði, réputé pour ses serres chauffées par l'énergie géothermique et ses sources chaudes ; Skógar, qui possède de fabuleuses chutes d'eau et d'où l'on accède à Þórsmörk ; et Vík, entouré de glaciers, de falaises vertigineuses et de plages de sable noir. Au sud de la route circulaire, les petits villages de pêcheurs de Stokkseyri et d'Eyrarbakki sont pittoresques à souhait. La côte sud est ponctuée de nombreuses fermes familiales – dont certaines ont servi de cadre à des sagas –, offrant de charmants hébergements et une hospitalité typiquement islandaise.

CENTRE D'INFORMATION TOURISTIQUE RÉGIONAL

C'est à Hveragerði qu'est installé le **centre d'information touristique régional** (Upplýsingamiðstöð Suðurlands ; ☎483 4601 ; www.south.is ; Sunnumörk 2-4 ; ⏲8h30-17h lun-ven, 9h-13h sam-dim juin-août, horaires réduits sept-mai), qui vous renseignera sur tout le sud du pays. On y trouve aussi bien des informations sur les fleurs locales qu'une petite exposition sur le séisme de 2008.

Hveragerði et ses environs

2 500 HABITANTS

Hveragerði se compose d'un ensemble de maisons cubiques posées sur des champs de lave, parmi des collines marquées par une intense activité géothermique. On ne visite pas Hveragerði pour son architecture, mais parce qu'il s'agit de la capitale mondiale des sources chaudes, qui permettent d'ailleurs de chauffer des centaines de serres. Hveragerði est connue dans tout le pays pour son école d'horticulture et sa clinique naturopathique. La région réserve une foule de randonnées intéressantes ; les sentiers sont très fréquentés en été.

À voir

♥ **Parc géothermal** SOURCES CHAUDES
(Hveragarðurinn ; ☎483 4601, 483 5062 ; www.facebook.com/Geothermalpark ; Hverarmörk 13 ; adulte/enfant 300 ISK/gratuit ; ⏲9h-18h lun-sam, 10h-18h dim juin-août, horaires réduits avr-mai et sept, fermé oct-mars). Le parc géothermal de Hverasvæðið, au centre du village, permet aux visiteurs de tremper les pieds (pas davantage) dans des *mudpots* (mares de boue) et des sources chaudes. Des visites guidées (15 pers au minimum, réservation obligatoire) expliquent la géologie exceptionnelle du lieu et le chauffage des serres (850 ISK/pers). Un petit café vend thé et café, et du pain cuit grâce à la géothermie.

♥ **Listasafn Árnesinga** MUSÉE D'ART
(☎483 1727 ; www.listasafnarnesinga.is ; Austurmörk 21 ; ⏲12h-17h mai-sept, jeu-dim

sept-avr). GRATUIT Ce musée d'Art moderne aéré présente d'excellentes expositions. En période de faible affluence, le personnel sera ravi de vous faire visiter les galeries. L'agréable café sert des boissons chaudes et des gâteaux.

Raufarhólshellir TUNNEL DE LAVE

(☎519 1616 ; www.thelavatunnel.is ; Raufarhólshellir, en retrait de la route 39 ; circuits à partir de 6 900/3 200 ISK adulte/enfant ; 9h-17h). Connu sous le nom de Raufarhólshellir, ce tunnel de lave datant du XIe siècle et long de 1 360 m (c'est le 3e plus grand du pays) recèle de merveilleuses colonnes de basalte. Des visites d'une heure ont lieu toutes les heures, à l'heure pile. La visite "extrême" (adulte/enfant 19 500/9 950 ISK) emmène les visiteurs plus loin dans le tunnel, où ils doivent escalader des rochers et se faufiler dans des passages étroits. Casques et torches sont fournis, mais prévoyez des bottes solides.

Exposition de pierres, minéraux et fossiles MUSÉE

(Ljósbrá Stone Exhibition ; ☎847 3460 ; https://mineralsoficeland.business.site ; Breiðamörk 1b ; visite sur demande ; 13h-17h). GRATUIT L'une des plus importantes collections privées de pierres, cristaux et objets géologiques d'Islande est étonnamment présentée à côté de la station-essence de la N1. Elle appartient à la famille Thor ; le fils Hafsteinn fabrique artisanalement de curieux souvenirs, en vente sur place.

Centrale géothermique de Hellisheiði MUSÉE

(ON Power Geothermal Exhibition ; ☎412 5800 ; www.onpower.is ; route 378 ; entrée visite guidée incluse 1 950 ISK ; 9h-17h). À 17 km à l'ouest de Hveragerði, en retrait de la route circulaire, se détache la silhouette nette de cette centrale qui produit 30% de l'électricité islandaise. Une exposition multimédia retrace les étapes de la captation des eaux chaudes souterraines et l'histoire de l'énergie géothermique. La salle des turbines est visible, ainsi qu'une collection de minéraux islandais. Café sur place.

Activités

Reykjadalur BASSIN GÉOTHERMAL

(Breiðamörk). Reykjadalur est une superbe vallée géothermale, traversée par une rivière chaude où l'on peut se baigner. Le

Hveragerði

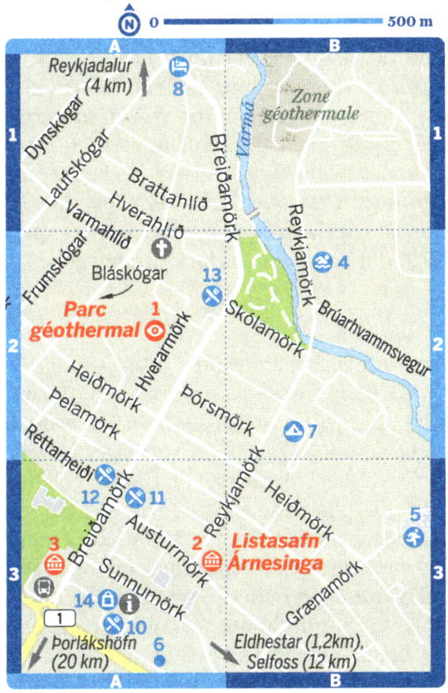

Hveragerði

Les incontournables
1 Parc géothermal A2
2 Listasafn Árnesinga A3

À voir
3 Exposition de pierres, minéraux et fossiles de Hveragerði A3

Activités
4 Piscine géothermale B2
5 Clinique et spa HNLFÍ B3
6 Iceland Activities A3

Où se loger
7 Camping B2
8 Frost & Fire Hotel A1

Où se restaurer
10 Almar A3
Bonus .... (voir 14)
11 Fiskverslun Hveragerðis A3
Ölverk .... (voir 11)
12 Rósagarðurinn A3
13 Skyrgerðin A2
Varmá .... (voir 8)

Achats
14 Vínbúðin A3

chemin est indiqué sur les cartes distribuées par l'office du tourisme : il part du parking et se déroule sur 3 km dans une vallée qui crache du soufre (comptez environ 1 heure pour l'aller). Restez sur les sentiers balisés, sinon vous risquez de voir fondre vos chaussures, et ne laissez pas de déchets. L'endroit a beaucoup souffert ces dernières années de la hausse de la fréquentation touristique, et le parcours est parfois surchargé.

Clinique et spa HNLFÍ SPA

(Heilsustofnun Náttúrulækningafélags Íslands ; ☎483 0300 ; www.heilsustofnun.is ; Grænumörk 10 ; bain aromatique/bain de boue à partir de 4 000/6 500 ISK, massages à partir de 7 500 ISK ; ⏲sur rdv). La plus célèbre clinique d'Islande accueille aussi bien les malades munis d'une ordonnance que les visiteurs qui souhaitent un massage relaxant ou un bain de boue chaude, entre autres. De nombreux forfaits permettent de bénéficier de ses excellentes installations – bassins intérieurs et extérieurs, *hot pots*, sauna, bain de vapeur et petit hôtel pour les patients (ch à partir de 5 500 ISK).

Piscine géothermale PISCINE

(Sundlaugin Laugaskarði ; ☎483 4113 ; sundlaugar.is ; Reykjamörk ; adulte/enfant 900/350 ISK ; ⏲6h45-21h30 lun-ven, 9h-19h sam-dim juin-août, horaires réduits sept-mai). La piscine géothermale extérieure de Hveragerði, près de la rivière Varmá au nord de la bourgade, est particulièrement appréciée. Elle possède notamment un *hot pot* et un bain de vapeur construit au-dessus d'une source chaude naturelle.

Circuits organisés

Iceland Activities CIRCUITS AVENTURE

(☎777 6263 ; www.icelandactivities.is ; Mánamörk 3-5 ; circuits à partir de 15 600 ISK ; ⏲9h-17h lun-ven, 9h-16h sam). Cette agence familiale spécialisée dans le vélo, le surf et la randonnée organise de belles sorties dans le Sud-Ouest. Également : circuits de sources chaudes, excursions nocturnes sur un volcan, sorties en Super-Jeep et circuits personnalisés.

Eldhestar ÉQUITATION

(☎480 4800 ; https://eldhestar.is ; Vallavegur, en retrait de Hringvegur ; balades 1 heure adulte/enfant à partir de 8 000/6 400 ISK ; ⏲8h45-16h30). Sorties à cheval de plusieurs jours, d'une journée ou d'une demi-journée, pour tous les niveaux et autour de thèmes variés – campagne, patrimoine, sources chaudes, cours d'eau et volcans. On peut combiner l'équitation et une autre activité, comme le vélo, le rafting ou d'autres sports d'aventure.

Sólhestar ÉQUITATION

(☎892 3066 ; www.solhestar.is ; Borgargerði, Ölfus, en retrait de Hvammsvegur/route 374 ; balades 1 heure/2 heures à partir de 9 000/12 000 ISK). Des randonnées à cheval dans des paysages volcaniques ou en bord de mer. À 8 km au sud de Hveragerði, sur la route circulaire ; faites 500 m vers le nord sur la route 374.

Où se loger

Hjarðarból Guesthouse GUESTHOUSE €

(☎567 0045 ; www.hjardarbol.is ; route 374 ; d à partir de 16 200 ISK, d/qua sans sdb 12 100/23 700 ISK ; P 📶 🐾). Cet ensemble de petites maisons et de bâtiments jaune pâle est niché dans un décor pastoral vallonné à 8 km au sud-est de Hveragerði, juste au nord de la route circulaire. Il y a une petite cuisine et un *hot tub*. Propriétaires sympathiques et accueillants.

Camping CAMPING €

(hveracamping@gmail.com ; Reykjamörk 1, en retrait de la route 377 ; empl adulte/enfant 1 500/700 ISK). Un camping bien équipé (toilettes, douches, coin cuisine et laverie), à l'est du centre.

♥ **Frost & Fire Hotel** BOUTIQUE-HÔTEL €€€

(Frost og Funi ; ☎483 4959 ; www.frostogfuni.is ; Hverhamar, Hveragerði ; d/tr avec petit-déj 33 100/46 100 ISK ; P @ ≋). Des jets de vapeur sifflent non loin de ce charmant petit hôtel, au bord d'une rivière chaude. Ses chambres confortables sont décorées de subtiles touches scandinaves et d'œuvres d'art originales. Le sauna et les *hot pots* sont alimentés par un puits privé. Cadre splendide.

Où se restaurer et prendre un verre

Il y a plusieurs boulangeries, fast-foods et supermarchés dans la bourgade. Des

SE LOGER DANS LE SUD

Après Reykjavík, le Sud est la région la plus développée du pays. On trouve des hébergements dans toutes les petites bourgades à proximité de la route circulaire, ainsi que des chambres d'hôtes dans des fermes. De plus en plus d'hôtels ouvrent toute l'année.

Réserver tôt en haute saison, surtout dans l'extrême Sud, où la demande dépasse l'offre.

Il est facile de camper par beau temps ; toutes les localités possèdent un camping. Le camping sauvage est déconseillé – il est même illégal pour les voyageurs en camping-car.

restaurants proposent du pain cuit grâce à la géothermie.

Almar BOULANGERIE €
(☎483 1919 ; Sunnumörk 2 ; gâteau à partir de 250 ISK, bar à salades 1 900 ISK ; 7h30-18h ;). Outre le pain frais, cette grande boulangerie vend des sandwichs, des salades et une soupe du jour. Copieuses pâtisseries islandaises, donuts, cookies, gâteau croustillant au riz... tout est délicieux et abordable. À déguster dans le coin café ou à emporter. Dans le bâtiment de l'office du tourisme.

Rósagarðurinn CAFÉ €
(☎483 3300 ; www.facebook.com/Rosagardurinn ; Breiðamörk/route 376 ; café à partir de 300 ISK, glaces à partir de 480 ISK, hamburgers à partir de 1 600 ISK ; 9h-18h lun-ven, 11h-17h sam). Cet établissement regroupe une roseraie, un café et une boutique de souvenirs. Sous une immense serre, on vend plantes et coussins, bougies et babioles, gâteaux et en-cas. D'impressionnantes serres chauffées à l'énergie géothermique sont juste à côté ; des roses y poussent toute l'année. La visite (1000 ISK/pers) permet de découvrir les procédés botaniques utilisés et de goûter les produits maison à base de rose, comme la confiture.

Fiskverslun Hveragerðis FISH & CHIPS €
(☎851 1415 ; www.facebook.com/fiskverslunhveragerdis ; Breiðamörk 2 ; fish and chips 1 600 ISK ; 11h30-18h lun-ven). En plus de poissons de mer fraîchement pêchés, ce poissonnier vend un unique plat cuisiné : un savoureux *fish and chips*. Choisissez votre poisson pané parmi la prise du jour.

Bónus SUPERMARCHÉ €
(bonus.is ; Sunnumörk ; 11h-18h30 lun-jeu, 10h-19h ven, 10h-18h sam, 12h-18h dim). Épicerie.

Skyrgerðin CAFÉ €€
(☎481 1010 ; www.skyrgerdin.is ; Breiðamörk 25 ; plats 2 790-3 800 ISK ; 11h-22h lun-jeu, 11h-23h ven-dim ;). Ce café-restaurant à l'atmosphère détendue présente un décor de bois brut, d'objets anciens et de photos rétro. On y déguste des plats originaux préparés à partir de produits islandais frais. La carte est variée – smoothies et autres boissons à base de *skyr* (yaourt islandais), mini-burgers, lasagnes, poissons et d'irrésistibles gâteaux. Le bâtiment abrite aussi la plus ancienne fabrique de *skyr*, d'où son nom.

Ölverk PIZZERIA, MICROBRASSERIE €€
(☎483 3030 ; www.olverk.is ; Breiðamörk 2 ; pizzas à partir de 2 100 ISK ; 11h30-22h dim-jeu, 11h30-23h ven-sam). Cette pizzeria-microbrasserie minimaliste tient à la fois du bar et du restaurant. Les pizzas sont originales (à la banane, par exemple) et la bière est d'excellente qualité. Des visites guidées de la brasserie sont proposées pour les groupes de 10 personnes minimum (30-40 min, 3 300 ISK/pers), présentant les procédés de brassage et l'histoire de la bière en Islande.

Varmá ISLANDAIS €€€
(☎483 4959 ; www.frostogfuni.is ; Hverhamar, en retrait de la route 376 ; plats 3 800-7 650 ISK, menu gibier 10 500 ISK ; 18h-21h ;). Ce restaurant de l'hôtel Frost & Fire offre un cadre incomparable, avec des baies vitrées ouvrant sur une rivière et une gorge. Les plats islandais, préparés avec des produits frais et locaux, sont souvent cuits grâce à la géothermie. Le menu gibier de 4 plats comprend de la poitrine d'oie fumée au brie et du steak de renne. Réservez en été.

Achats

Vínbúðin VINS ET SPIRITUEUX
(☎481 3932 ; www.vinbudin.is ; Sunnumörk 2 ; 11h-18h lun-jeu, 11h-19h ven, 11h-16h sam). Chaîne nationale.

Depuis/vers Hveragerði

Les **bus** s'arrêtent aux stations-service sur la route principale à l'entrée de la localité (Shell ou N1, vérifiez votre arrêt).

Strætó (p. 457). Les bus n°51 (Reykjavík-Vík/Höfn) et n°52 (Reykjavík-Landeyjahöfn) desservent Hveragerði (1 380 ISK, 35 min, 13/jour lun-ven, environ 9/jour sam-dim).

Sterna (p. 457). Le bus n°12/12A (Reykjavík-Höfn) s'arrête à Hveragerði (1 700 ISK, 55 min, tlj juin-sept).

Reykjavík Excursions (p. 457). Les bus n°s9/9a (Reykjavík-Þórsmörk), 11/11a (Reykjavík-Landmannalaugar), 17/17a (Reykjavík-Mývatn), 18 (Reykjavík-Álftavatn-Emstrur), 20/20a (Reykjavík-Skaftafell), 21/21a (Reykjavík-Vík) et 610/610a (Reykjavík-Kjölur-Akureyri) desservent Hveragerði (2 500 ISK). Le trajet dure entre 45 minutes et 1 heure 30, avec au moins 12 liaisons par jour de juin à septembre.

Trex (p. 457). Les bus T21 (Reykjavík-Landmannalaugar) et T11 (Reykjavík-Þórsmörk) s'arrêtent à Hveragerði si vous réservez à l'avance (5 100 ISK, 2/jour juin-août).

Thule Travel (☎519 3399 ; www.thuletravel.is). Liaison de Hveragerði à Landannalaugar (7 650 ISK, 3 heures, 2/jour mi-juin à mi-sept) et Þórsmörk (6 400 ISK, 4 heures, 2/jour juin à mi-sept).

Þorlákshöfn

Auparavant, de nombreuses personnes rejoignaient le village de pêcheurs de Þorlákshöfn, à 20 km au sud de Hveragerði, pour prendre le ferry vers les Vestmannaeyjar (îles Vestmann). Aujourd'hui, le bateau part de Landeyjahöfn, sur la côte sud-ouest, près de Hvolsvöllur – sauf en cas d'orage, où le départ se fait de Þorlákshöfn, qui compte peu d'autres attraits.

Þorlákshöfn est desservi par le bus n°71 de la compagnie Strætó (p. 457) depuis Hveragerði (920 ISK, env. 25 min, 4/jour lun-ven). Selfoss (920 ISK, 20 min) est relié à Hveragerði par les bus n°52 (3/jour lun-sam) et n°51 (env 10/jour lun-ven, 6/jour sam-dim).

Eyrarbakki

570 HABITANTS

Difficile d'imaginer aujourd'hui que le village d'Eyrarbakki fut le principal port d'Islande et l'une de ses cités commerçantes les plus prospères pendant une bonne partie du XXe siècle. Les fermiers de tout le sud du pays venaient troquer leurs marchandises au magasin général ; il y avait tant de monde qu'on pouvait attendre 3 jours pour être servi ! Aujourd'hui, cette petite localité côtière tristement réputée pour sa prison – la plus grande du pays – est également connue pour ses bons musées et sa réserve naturelle toute proche.

À voir

♥ Réserve naturelle de Flói — RÉSERVE NATURELLE

(☎562 0477 ; www.fuglavernd.is ; en retrait de la route 34). Cette zone humide sur la rive est de l'Ölfusá, à 3 km au nord-ouest d'Edyrarbakki, abrite nombre d'oiseaux aquatiques (notamment des plongeons catmarins et diverses espèces de canards et d'oies), qui affluent en période de nidification (mai à juillet). Un sentier de 2 km fait une boucle dans les marais. On y accède par un petit embranchement de la route 34 (la réserve est indiquée) qui serpente entre les bergeries sur 5 km avant d'atteindre le poste d'observation.

Pour plus d'informations sur la réserve et les oiseaux en Islande, contactez la **Société islandaise pour la protection des oiseaux** (☎562 0477 ; fuglavernd.is).

♥ Húsið á Eyrarbakka — MUSÉE

(Maison d'Eyrarbakki ; ☎483 1504 ; www.byggdasafn.is ; Eyrargata ; adulte/enfant 1 500 ISK/gratuit, avec l'entrée au Sjöminjasafnið á Eyrarbakka ; ⏲11h-18h mi-mai à mi-sept). Cette maison, l'une des plus anciennes d'Islande, fut construite par des marchands danois en 1765. Elle est désormais dédiée aux traditions populaires. On y trouve une exposition sur l'histoire de la ville, des pièces restaurées avec leur mobilier d'époque et une collection d'oiseaux empaillés. Remarquez le châle, le bonnet et les ornements d'Ólöf Sveinsdóttir, tricotés avec ses propres cheveux. Le billet d'entrée donne accès à d'autres sites de la ville, dont le musée maritime Sjöminjasafnið á Eyrarbakka.

Sjöminjasafnið á Eyrarbakka — MUSÉE

(☎483 1082 ; Túngata 59 ; adulte/enfant 1 000 ISK/gratuit, avec l'entrée à l'Húsið á Eyrarbakka ; ⏲11h-18h mai-sept). Juste derrière l'Húsið á Eyrarbakka, ce petit musée marin est consacré aux pêcheurs locaux. Sa pièce maîtresse est le *Farsæll*, un superbe bateau de pêche qui devait être actionné par 12 rameurs. Le billet comprend l'entrée au musée Húsið á Eyrarbakka.

Où se loger et se restaurer

Eyrarbakki est un port de pêche. D'où la qualité de ses restaurants de poisson et de fruits de mer !

Bakki Hostel & Apartments APPARTEMENTS, AUBERGE DE JEUNESSE €
(☎788 8200 ; www.bakkihostel.is ; Eyrargata 51-53 ; dort/studio/d 4 500/18 000/19 000 ISK ; P, wi-fi). Ce large bâtiment est composé de dortoirs de 6 lits, avec espace commun et cuisine, ainsi que de studios (4 pers max) et d'appartements (une chambre, 4 pers max) indépendants, certains avec vue sur l'océan.

♥ **Sea Side Cottages** BUNGALOWS €€
(☎898 1197 ; www.seasidecottages.is ; Eyrargata 37a ; bung à partir de 26 000 ISK ; wi-fi). Ces deux bungalows pittoresques ne sont qu'à quelques mètres des vagues de l'Atlantique, dont ils sont protégés par un mur de sable. Chacun est joliment personnalisé (objets anciens, TV, cuisine équipée, espace pour s'asseoir à l'extérieur, etc.).

♥ **Hafið Bláa** PRODUITS DE LA MER €€
(☎483 1000 ; www.hafidblaa.is ; route 34 ; plats 2 300-3 900 ISK ; ⏲12h-21h juin-août, horaires réduits sept-mai). À 3 km à l'ouest d'Eyrarbakki sur la route 34, au niveau du pont sur l'Ölfusá, ce restaurant de poisson occupe un bâtiment ovale au bord de l'eau et arbore un beau plafond en bois. Si vous n'obtenez pas une table avec vue sur l'océan, le panorama sur l'estuaire, de l'autre côté, est tout aussi spectaculaire. La courte carte privilégie les produits de la mer et la viande d'agneau.

♥ **Rauða Húsið** PRODUITS DE LA MER €€
(☎483 3330 ; www.raudahusid.is ; Búðarstígur 4 ; plats 2 700-5 800 ISK ; ⏲17h-21h lun-mar, 12h-21h ven-sam ; wi-fi). La "maison rouge" abrite un restaurant aux nappes blanches, romantique et élégant, où un personnel enjoué propose des produits de la mer frais excellemment préparés. Carte variée, du filet de bœuf et langoustines aux pâtes et steak de noix.

Depuis/vers Eyrarbakki

Le bus n°75 de la compagnie Strætó (p. 457) circule entre Selfoss et Eyrarbakki (460 ISK, 30 min, 8/jour lun-ven, 4/jour sam).

Stokkseyri

450 HABITANTS

Stokkseyri rappelle beaucoup Eyrarbakki, plus à l'ouest, mais ce petit village de pêcheurs se démarque par des lieux originaux, un musée des elfes et une auberge de jeunesse faisant office de galerie d'art.

À voir et à faire

Draugasetrið CENTRE CULTUREL, MUSÉE
(Maison des Fantômes ; ☎854 4510 ; icelandicwonders.is ; Hafnargata 9, en retrait de la route 33 ; adulte/enfant 2 000/500-1 500 ISK ; ⏲13h-18h juin-août). Dans un grand entrepôt bordeaux du centre-ville qui fait aussi office de centre culturel, voici une véritable maison hantée tenue par une bande d'ados assoiffés de sang. Un audioguide de 50 minutes (disponible en de nombreuses langues, notamment en français) raconte 24 histoires de fantômes dans une série de décors remplis de neige carbonique. Jeunes âmes sensibles s'abstenir. Dans le même bâtiment, le **musée des Elfes** (☎483 1202 ; www.icelandicwonders.com ; Hafnargata ; adulte/enfant 1 500/1 200 ISK ; ⏲13h-18h juin-août) se penche sur la fascination des Islandais pour ces créatures mystérieuses et les traditions qui y sont associées. Boutique de souvenirs sur place. Billet combiné à 2 800/1 800 ISK (adulte/enfant).

Kajakferðir Stokkseyri KAYAK
(☎868 9046, 695 2058 ; www.kajak.is ; Heiðarbrún 24, en retrait de la route 33 ; circuits à partir de 4 950-12 900 ISK ; ⏲avr-oct). Explorez la lagune toute proche ou aventurez-vous sur l'océan en kayak. Le circuit Löngudæl Lake vous emmène sur d'étroits canaux bordés d'herbe. Le bureau est en face de la piscine municipale, **Sundlaug Stokkseyrar** (☎480 3260 ; Ranakot, route 33 ; adulte/enfant 980/150 ISK ; ⏲13h-21h lun-ven, 10h-17h sam-dim juin à mi-août, 13h-20h30 lun-ven, 10h-15h sam-dim mi-août à mai).

Où se loger et se restaurer

Art Hostel AUBERGE DE JEUNESSE, APPARTEMENTS €
(☎854 4510 ; www.arthostel.is ; Hafnargata 9 ; duvet 3 000 ISK, dort 4 500 ISK, s/lits jum sans sdb 10 000/14 000 ISK, s/d avec sdb 14 000/20 000 ISK ; wi-fi). Au 1er étage de l'entrepôt-centre culturel, au-dessus d'une galerie de photographies, de peintures et de mosaïques, l'Art Hostel propose divers types d'hébergements : un dortoir de 15 lits, des petites doubles et de grands studios avec salle de bains et four à micro-ondes. Le cadre, un peu désuet, est égayé par les œuvres d'art ornant les murs des couloirs et des chambres.

Camping de Stokkseyri CAMPING €
(☎896 2144 ; www.facebook.com/tjaldastokkseyri ; en retrait de Sólvellir ; adulte/enfant 1 400/900 ISK ; ⏲mai-oct). Camping rudimentaire avec toilettes chauffées, douches (200 ISK) et laverie (200 ISK par lessive).

Freyja B&B B&B €€

(☎567 1060 ; www.bbfreyja.com ; Blomsturvellir 2 ; d sans sdb avec petit-déj à partir de 12 700 ISK ; ⏲mai-sept ; 📶). Tina et Tofi accueillent les visiteurs dans leur impeccable maison du village de Stokkseyri. Chambres simples et propres ; jeux de société et réflexologie. Un bémol : l'absence de cuisine commune.

Kvöldstjarnan GUESTHOUSE €€

(Étoile du soir ; ☎483 1800 ; www.kvoldstjarnan.is ; Holtsvegur, route 314 ; s/d sans sdb avec petit-déj 11 000/17 000 ISK, app 3 chambres 31 400 ISK ; 📶). Les 3 chambres blanches et lumineuses sont équipées de lavabos et de couettes en plumes. Un espace détente, une terrasse, un *hot pot*, un barbecue et une cuisine impeccable complètent le tableau. Un appartement moderne, décoré d'art contemporain islandais, est également disponible (5 pers maximum).

♥ **Við Fjöruborðið** PRODUITS DE LA MER €€€

(☎483 1550 ; www.fjorubordid.is ; Eyrabraut 3a ; plats 2 900-7 900 ISK ; ⏲12h-21h ; P📶). Ce vaste restaurant de poisson au bord de l'eau, derrière la petite digue, est réputé pour sa bisque de langoustine (queues de langoustines sautées à l'ail et au beurre). Dégustez-la en compagnie des gens du cru, dans un décor de flotteurs en verre et d'autres objets marins. Les gâteaux maison sont délicieux. Réservez pour le dîner.

Achats

Icelandic Handcraft & Wool Shop ARTISANAT

(☎843 0398 ; Hafnargata 1 ; ⏲13h-18h sam-dim ou sur rdv). Vaste choix d'articles en laine islandais faits main, des chaussettes de bébé aux moufles en passant par les cardigans, écharpes et bonnets.

Renseignements

Centre d'information et Kaffigott (☎468 1486 ; Hafnargata ; ⏲12h-18h). Modeste café et centre d'information fournissant des conseils sur les environs, et proposant de délicieux gâteaux maison, du café (à partir de 440 ISK) et des boissons fraîches.

Depuis/vers Stokkseyri

Le bus n°75 de la compagnie Strætó (p. 457) en provenance de Selfoss et à destination d'Eyrarbakki dessert Stokkseyri (460 ISK, 20 min, 8/jour lun-ven, 4/jour sam).

Stokkseyri est facilement accessible en voiture par la route 33 qui longe la côte.

Flóahreppur

Toute proche de la partie la plus fréquentée de la route circulaire (route 1), la petite région agricole de Flóahreppur surprend par son décor bucolique formé de pâturages qui descendent doucement jusqu'à l'océan. Elle est délimitée au nord par la route circulaire, à l'ouest par la route 34, à l'est par le fleuve Þjórsá et au sud par l'Atlantique. On y trouve des hébergements facilement accessibles dans des fermes tranquilles.

Maison en tourbe ÉDIFICE HISTORIQUE

(☎892 2702 ; www.islenskibaerinn.is ; Meðalholt ; adulte/enfant 1 600/600 ISK ; ⏲13h-18h dim). Cette ferme est en perpétuelle construction. Chaque été, un groupe d'étudiants originaires de différents pays pratique l'art de la construction en tourbe à partir de matériaux locaux. Un vaste bâtiment, moderne et écologique, abrite une exposition sur ces maisons traditionnelles. Il est parfois possible de visiter en dehors des heures d'ouverture si vous en faites la demande à l'avance ; vous pourrez jeter un coup d'œil à la maison en tourbe rénovée située plus haut sur la route.

Où se loger et se restaurer

Pour manger, mieux vaut aller à Selfoss ou à Stokkseyri. L'offre est mince à Flóahreppur.

♥ **Julia's Guesthouse** B&B €

(☎856 4788 ; www.julias-guesthouse.com ; Hnaus ; d sans sdb 13 000 ISK, tr avec sdb à partir de 16 400 ISK, toutes avec petit-déj ; P📶). La sympathique Julia, originaire de Suisse, gère avec brio cette charmante maison d'hôtes. Une véritable ménagerie (oiseaux, chats, lapin...) occupe les lieux, que Julia et son époux ont décorés avec soin. Superbe vue depuis certaines chambres ; la triple possède des toilettes privatives. Succulent petit-déjeuner. Paiement en espèces.

Vatnsholt GUESTHOUSE €€

(☎482 4829 ; www.hotelvatnsholt.is ; route 305 ; d avec/sans sdb 16 700/13 000 ISK, bung à partir de 17 000 ISK ; ⏲mi-fév à mi-déc ; @📶). Une merveilleuse adresse si vous voyagez avec des enfants. Plus de 30 chambres lumineuses sont réparties dans différents corps de ferme et des bungalows, le tout sur un grand domaine avec vue sur l'Eyjafjallajökull, le Hekla et les îles Vestmann. Repas proposés (buffets). À 16 km au sud-est de Selfoss, à 8 km de la route circulaire.

Bitra B&B B&B €€
(☎4800 700 ; guesthousebitra.is ; route 1 ; d avec/sans sdb à partir de 20 000/16 500 ISK ; P 📶). Ce bâtiment, destiné au départ à devenir une prison pour femmes, abrite finalement un accueillant B&B de 17 chambres, simples et propres, certaines avec vue sur le Hekla. Le buffet du petit-déjeuner est délicieux. Grand espace détente et point d'échanges de livres, mais pas de cuisine à disposition. Sur la route 1, à environ 15 km à l'est de Selfoss.

Achats

Þingborg VÊTEMENTS
(☎482 1027 ; https://thingborg.is ; en retrait de la route 1, Þingborg ; ⏲10h-17h lun-ven, 10h-16h sam-dim). Cet atelier à but non lucratif, situé au bord de la route circulaire, vend des vêtements tricotés à la main par plus de 25 hommes et femmes des environs. On y trouve une vaste sélection de *lopapeysa* (pull en laine islandais) traditionnelles, ainsi que des kits complets pour en tricoter vous-même. On peut demander un rendez-vous en dehors des heures d'ouverture.

Selfoss

6 940 HABITANTS

Plus grande ville du sud de l'Islande, Selfoss est un important centre de commerce, sans grand charme. La route circulaire (route 1) forme l'artère principal, où l'on ne s'arrête guère que pour prendre une correspondance de bus, faire des provisions ou se restaurer.

À voir et à faire

Bobby Fischer Center MUSÉE
(☎894 1275 ; www.fischersetur.is ; Austurvegur 21 ; adulte/enfant 1 000 ISK/gratuit ; ⏲13h-16h mi-mai à mi-sept). Ce petit musée regroupe des souvenirs du champion d'échecs Bobby Fischer (1943-2008), inhumé à 2 km au nord-est, dans le cimetière de Laugardælirkirkja. Les joueurs d'échecs ont l'habitude de s'y retrouver. Cours et tournois sont parfois organisés ; renseignez-vous sur place.

Sundhöll Selfoss PISCINE GÉOTHERMALE, HOT POT
(☎480 1960 ; sundlaugar.is/sundlaugar/sundholl-selfoss ; Tryggvagata 15 ; adulte/enfant 1050/160 ISK ; ⏲6h30-21h30 lun-ven, 9h-19h sam-dim). Selfoss possède une agréable piscine géothermale, avec *hot pots*, toboggans et pataugeoire pour les enfants.

Où se loger

Il existe de nombreux hébergements à Selfoss et alentour (campings, auberges de jeunesse et grand hôtels), ce qui en fait une base pratique pour des excursions à la journée dans le Sud.

♥ Geirakot GUESTHOUSE €
(☎482 1020 ; geirakot@simnet.is ; ferme de Geirakot ; duvet 4 000 ISK, s/d sans sdb 8 000/15 000 ISK avec petit-déj ; ⏲fév-oct ; P 📶). À Geirakot, une famille sympathique a rénové la petite ferme laitière familiale, pour en faire une maison d'hôtes chaleureuse. Le petit-déjeuner, préparé avec des produits régionaux, est servi dans de la porcelaine. Cuisine à disposition. Réservez via Icelandic Farm Holidays : www.farmholidays.is.

Gesthús CAMPING, GUESTHOUSE €€
(☎482 3585 ; www.gesthus.is ; Engjavegur 56 ; empl 2 000 ISK/pers, d à partir de 16 200 ISK ; P 📶). Dans cet établissement agréable près du parc, choisissez entre le camping, les chambres doubles dans des bungalows de 2 chambres avec cuisine et salle de bains partagée, et la maison d'été avec kitchenette et TV. L'espace détente et la cuisine forment un confortable refuge pour les campeurs. Les *hot pots* coûtent 300 ISK pour les campeurs et sont ouverts de 17h à 23h ; ils sont gratuits pour les autres clients. Le petit-déjeuner coûte 1 700 ISK.

Selfoss HI Hostel AUBERGE DE JEUNESSE €
(☎482 1600 ; www.hostel.is ; Austurvegur 28 ; dort/s/d sans sdb à partir de 4 800/5 500/12 600 ISK ; 📶). L'auberge de jeunesse HI de Selfoss dispose d'un *hot tub* et d'un vaste espace commun équipé de fauteuils confortables et de jeux. Cuisine, barbecue et laverie à disposition et chambres équipées d'un lavabo. Réduction pour les membres HI. Petit-déjeuner, avec gaufres maison (1 350 ISK).

♥ Icelandic Cottages BUNGALOWS €€€
(☎898 0728 ; www.icelandiccottages.is ; Hraunmörk, en retrait de la route 30 ; bung à partir de 30 000 ISK ; 📶). Ces bungalows modernes et épatants sont éparpillés dans les champs de lave, 18 km à l'est de Selfoss, au nord de la route circulaire, sur la route 30. Très bien équipés (planche à repasser, sèche-cheveux et lave-vaisselle), disposant d'une terrasse et d'un barbecue, ils peuvent accueillir jusqu'à 6 personnes (3 nuitées au minimum).

Selfoss

0 — 500 m

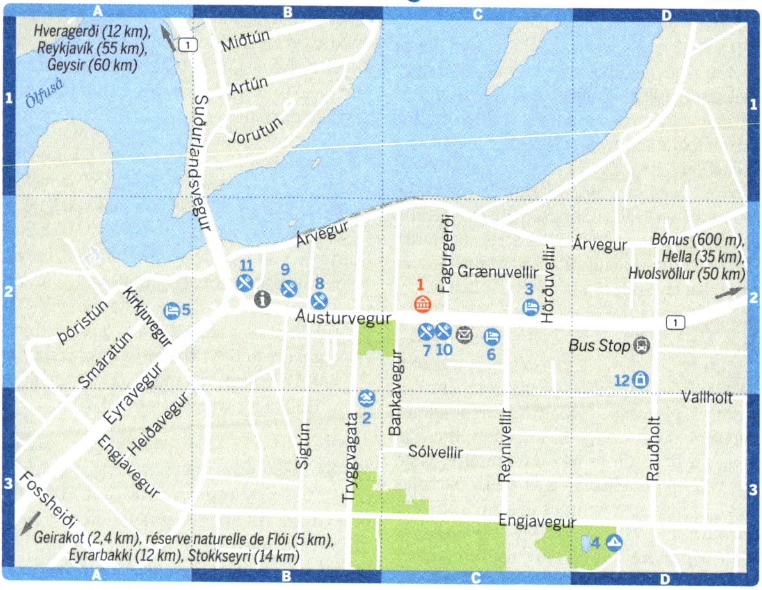

Selfoss

À voir
1 Bobby Fischer Center C2

Activités
2 Sundhöll Selfoss B3

Où se loger
3 Bella Apartments & Rooms C2
4 Gesthús D3
5 Hótel Selfoss A2
6 Selfoss HI Hostel C2

Où se restaurer
7 Bókakaffið C2
8 Kaffi Krús B2
9 Krónan B2
10 Surf & Turf C2
11 Tryggvaskáli B2

Achats
12 Vínbúðin D2

Bella Apartments & Rooms APPARTEMENTS €€€
(☎859 6162 ; bellahotel.is ; Austurvegur 33-35 ; d/app avec petit-déj 23 500/37 300 ISK ; 📶). Une propriété familiale impeccable, dans l'artère principale, composée de chambres doubles confortables et de luxueux appartements de 2 chambres avec balcon et cuisine équipée. Laverie (sèche-linge) accessible aux clients.

Hótel Selfoss HÔTEL €€€
(☎480 2500 ; www.hotelselfoss.is ; Eyravegur 2 ; s/d à partir de 29 400/35 600 ISK ; @📶). Situé près du pont, ce mastodonte de 99 chambres cache un intérieur calme et des chambres fonctionnelles très bien équipées. Décoré de photographies islandaises et d'œuvres d'art en lave, il compte aussi un bon restaurant, un spa (bain de vapeur, sauna, douches relaxantes) et un bar servant boissons et en-cas. Prenez une chambre avec vue sur la rivière plutôt que sur le parking.

Où se restaurer et prendre un verre

Selfoss est le meilleur endroit du sud de l'Islande pour faire des provisions avant de partir dans les régions reculées. On y trouve de grands supermarchés, comme **Bónus** (Larsenstræti 5 ; ⏲11h-18h30 lun-jeu, 10h-19h30 ven, 10h-18h sam, 11h-18h dim) et **Krónan** (☎585 7000 ; Austurvegur 3-5 ; ⏲9h-20h lun-ven, 9h-19h sam-dim), ainsi que des restaurants approvisionnés chez des producteurs locaux et de nombreux fast-foods.

Bókakaffið CAFÉ €
(☎482 3079 ; https://bokakaffid.business.site ; Austurvegur 22 ; gâteaux à partir de 900 ISK ; ⏲11h-18h lun-ven, 12h-18h sam-dim ; 📶). Cette librairie indépendante (livres neufs et d'occasion) est aussi un café (café et gâteaux).

♥ **Tryggvaskáli** ISLANDAIS €€
(☎482 1390 ; www.tryggvaskali.is ; Austurvegur 1 ; plats 3 450-6 250 ISK ; ⏲11h30-22h dim-jeu, 11h30-23h ven-sam). Installé dans la première maison bâtie à Selfoss (pour les constructeurs du pont en 1890), ce restaurant joliment rénové est agrémenté de touches anciennes. Les salles bénéficient d'une atmosphère intimiste et romantique, et certaines tables ont vue sur le fleuve. Carte de plats islandais raffinés, à base de produits locaux, dont la poitrine de porc cuite à basse température et la morue au chorizo en croûte de champignons. Les propriétaires gèrent également le Kaffi Krús.

♥ **Kaffi Krús** INTERNATIONAL €€
(☎482 1266 ; www.kaffikrus.is ; Austurvegur 7 ; plats 1 200-4 900 ISK ; ⏲10h-22h juin-août, horaires réduits sept-mai). Le "pot à café" est un café-restaurant apprécié, installé dans une vieille maison orange, charmante et confortable, au bord de la grand-route. Agréable espace extérieur. À la carte : une sélection de plats islandais et internationaux – salades ou pâtes, poissons ou plats à base de produits locaux. Les pizzas (essayez celle au canard ou aux langoustines) et les burgers sont également excellents.

Surf & Turf AMÉRICAIN €€
(☎482 2899 ; Austurvegur 22 ; plats 1 900-5 200 ISK ; ⏲11h-22h). Un impeccable restaurant à l'américaine au décor minimaliste épuré, avec parquet et murs design. À la carte : divers types de burgers (bleu, béarnais ou mexicain), des sandwichs au porc émincé, des plats de poisson, des travers de porc et des steaks de cheval et d'agneau.

Ölvisholt Brugghús MICROBRASSERIE
(☎767 5000 ; www.olvisholt.is ; Ölvisholti, en retrait de la route 1 ; ⏲groupes sur rdv uniquement). Ici, est brassé un bel éventail de bières du sud de l'Islande, dont la séduisante Lava. Les visites (30-40 min, 3 500 ISK/pers) présentent l'histoire de la brasserie et les procédés de brassage, et incluent la dégustation de quelques bières. Ouvert aux visiteurs d'au moins 20 ans.

Achats

Vínbúðin VINS ET SPIRITUEUX
(☎482 2011 ; www.vinbudin.is ; Vallholt 19 ; ⏲11h-18h lun-jeu, 11h-19h ven, 11h-16h sam). Chaîne nationale.

Renseignements

Centre d'information touristique d'Árborg
(☎480 1990 ; www.arborg.is ; Austurvegur 2 ; ⏲8h-18h lun-ven mai-août, horaires réduits sept-avr). Dans le bâtiment de la bibliothèque. Cartes et renseignements sur les environs, mais l'office du tourisme de Hveragerði est plus intéressant.

Depuis/vers Selfoss

La plupart des bus entre Reykjavík et Höfn, Skaftafell, Fjallabak, Þórsmörk, Flúðir, Gullfoss, Laugarvatn et Vík s'arrêtent à la **station-service N1** (angle Austurvegur et Rauðholt) de Selfoss.

Strætó (p. 457). Bus n°51 Reykjavík-Vík/Höfn et n°52 Reykjavík-Landeyjahöfn (1 840 ISK, 50 min, 13/jour lun-ven, 9/jour sam-dim). Bus n°s72 et 73 Selfoss-Flúðir (2 300 ISK, 40 min-1 heure, 2 à 4/jour lun-ven, 1/jour sam, 2/jour dim). Bus n°75 Selfoss-Eyrarbakki (460 ISK, 20 min, 8/jour lun-ven, 4/jour sam)

Sterna (p. 457). Bus n°12/12a Reykjavík-Vík-Höfn (2 200 ISK, 55 min, 1/jour juin à mi-sept)

Reykjavík Excursions (p. 457). Les bus n°s9/9a Reykjavík-Þórsmörk, 11/11A Reykjavík-Landmannalaugar, 17/17a Reykjavík-Mývatn, 18 Reykjavík-Álftavatn-Emstrur, 20/20a Reykjavík-Skaftafell, 21/21a Reykjavík-Skógar, et 610/610a Reykjavík-Kjölur-Akureyri s'arrêtent tous à Selfoss (2 800 ISK, 1 heure-1 heure 30, env 13/jour).

Trex (p. 457). Bus n°T21 Reykjavík-Landmannalaugar (Selfoss-Landmannalaugar 8 700 ISK, 3 heures, 2/jour mi-juin à mi-sept. Bus T11 Reykjavík-Þórsmörk (Selfoss-Þórsmörk 7 400 ISK, 3 heures 15, 2/jour mi-juin à mi-sept)

Thule Travel (p. 140). La liaison Reykjavík-Landannalaugar passe par Selfoss (Selfoss-Landannalaugar, 7 650 ISK, 3 heures, 2/jour juin à mi-sept).

Ouest de la vallée de Þjórsárdalur

La Þjórsá est le plus long fleuve d'Islande. Son cours rapide charrie des masses d'eau glaciales sur 230 km, du Vatnajökull et du Hofsjökull jusqu'à l'Atlantique. Avec ses affluents, il fournit pratiquement le tiers de l'énergie hydroélectrique du pays. La route 32 longe la rive occidentale du fleuve. En remontant vers l'intérieur des terres, elle traverse de grandes plaines coupées par le large cours d'eau, qui conduisent à des champs volcaniques et, au-delà, aux contreforts montagneux. Cette zone relativement peu fréquentée par les touristes recèle des ruines datant des Vikings, des cascades secrètes et des paysages fluviaux que l'on croirait tout droit sortis de la préhistoire.

La route 32 est l'une des plus empruntées pour aller au Landmannalaugar (départ du trek du Laugavegurinn) en voiture (4x4 uniquement sur la route F26). On peut aussi, sans 4x4, effectuer une boucle d'une journée : remontez de ce côté de la vallée, passez le fleuve après la centrale hydroélectrique de Búrfell, puis redescendez de l'autre côté, jusqu'à Hella, par la route 26.

Les chemins de randonnée sont nombreux dans la région, et des centres équestres sont disséminés le long de la route 32.

Aucun transport public ne circule au-delà d'Árnes. Vous devrez être motorisé ou avoir recours à un tour-opérateur local.

Árnes

Le hameau d'Árnes, au croisement de la route 30 et de la route 32, sera votre dernier point de ravitaillement avant d'explorer l'ouest de la vallée de Þjórsárdalur. Le grand bâtiment blanc du **Þjórsárstofa** (centre des visiteurs de Þjórsá ; ☎486 6115 ; ⏲10h-18h juin-août) GRATUIT abrite un centre d'information, un restaurant et une excellente exposition sur les sites intéressants de la région. Le village comprend un camping et une bonne piscine. On peut pratiquer l'équitation dans les environs.

Circuits organisés

Núpshestar ÉQUITATION
(☎852 5930 ; www.nupshestar.is ; Breiðanes ; balades 1/2/3 heures à partir de 7 000/9 500/13 000 ISK). Cette ferme équestre familiale et accueillante propose des balades de courte durée dans la campagne et dans la vallée, ainsi que des randonnées de plusieurs jours. Près du croisement des routes 30 et 32.

Steinsholt ÉQUITATION
(☎486 6069 ; www.steinsholt.is ; Steinsholt II, en retrait de la route 326 ; balades 1/2 heures 6 500/11 000 ISK). L'équipe de cette ferme équestre bien tenue vous accompagnera pour des balades ou des excursions de plusieurs jours. On peut aussi séjourner sur place, dans un hébergement confortable (d avec/sans sdb, avec petit-déj 13 900/16 200 ISK). Au bout de la route 326, à la sortie nord d'Árnes.

Où se loger et se restaurer

Camping d'Árnes CAMPING €
(☎845 9116, 697 7004 ; Rettarholt, en retrait de la route 32 ; adulte/12-16 ans/-12 ans 1 500/900 ISK/gratuit ; ⏲mai-août). Ce modeste camping dispose de 3 terrains herbeux, avec toilettes et douches gratuites. Électricité pour 900 ISK. Paiement au Þjórsárstofa.

Guesthouse Denami À LA FERME €€
(☎698 7090 ; Háholtsvegur, route 326 ; s avec sdb commune 9 000 ISK, d avec/sans sdb 19 500/14 000 ISK, toutes avec petit-déj ; 📶). Une agréable ferme équestre familiale, dans un cadre champêtre, à la sortie nord d'Árnes. Les 9 chambres, simples et chaleureuses, jouissent d'une vue splendide sur les volcans. Quelque 80 chevaux, deux douzaines de moutons et un chat sympathique nommé Sigg vivent sur les 350 ha de la ferme. Le buffet du petit-déjeuner comprend des produits locaux.

Fosshotel Hekla HÔTEL €€
(☎486 5540 ; www.hotelhekla.is ; Brjánsstaðir ; d/qua avec petit-déj à partir de 22 000/41 500 ISK ; P@📶). En remontant la vallée de la Þjórsá, ce complexe hôtelier est situé tout près de la route 30, à 17 km d'Árnes. Parmi les 42 chambres, des doubles vastes et modernes (draps immaculés, TV à écran plat), et des chambres familiales plus grandes encore.

Búrfell et ses environs

La vallée de la Þjórsá (Þjórsárdalur) devient de plus en plus sauvage, dévoilant des paysages toujours plus inhabituels et spectaculaires. À l'austère et sombre delta du fleuve autour de la centrale hydroélectrique de Búrfell, succèdent des monts découpés, des ruines anciennes, de tonitruantes chutes d'eau et des vallées cachées. Cette région dépourvue de transports est beaucoup moins touristique.

À voir

Les sites suivants sont classés dans l'ordre où vous les rencontrerez en remontant la route 32 vers le nord-est.

Hjálparfoss CASCADE
(en retrait de la route 32). À 26 km au nord-est d'Árnes, sur la route 32, un court détour

(1 km) par une piste signalisée conduit aux ravissantes chutes de Hjálparfoss. Les deux cascades azurées tombent sur des colonnes de basalte aux formes biscornues (sculptées par le refroidissement de la lave) et dans un bassin profond.

Þjóðveldisbærinn ÉDIFICE REMARQUABLE, MUSÉE
(☎488 7713 ; www.thjodveldisbaer.is ; adulte/enfant 1 000 ISK/gratuit ; ⏲10h-17h juin-août). Cette reconstruction de Stöng (voir ci-dessous) copie fidèlement la ferme couverte de tourbe et l'église voisine. À l'intérieur, des figurants en costume d'époque entretiennent le feu. Près de la route 32.

Stöng VESTIGES
(Route 327, en retrait de la route 32). GRATUIT Ensevelie sous les cendres en 1104, lors d'une éruption du Hekla, cette ferme fut la propriété de Gaukur Trandilsson, un Viking du Xe siècle à la vie tumultueuse. Fouillé en 1939 (lors des premiers vrais chantiers archéologiques menés dans le pays), Stöng est un site important qui a permis de dater d'autres maisons vikings. Les ruines comprennent les fondations d'une ferme, d'une habitation, d'une grange, d'une forge et d'une église. Elles sont au bout d'une mauvaise piste de 5 km (route 327) qui quitte la route 32 à 26 km au nord-est d'Árnes.

Gjáin CANYON
(Route 327). Derrière la ferme de Stöng, une piste vous conduira, en 2 km, jusqu'à un joli petit vallon étrange et verdoyant jalonné de formations laviques, de grottes comme irréelles et d'impressionnantes cascades. Depuis Stöng, la piste continue sur les hauteurs de la vallée jusqu'à une petite cascade (4x4 conseillé). *Gjáin* signifie "faille".

Háifoss CASCADE
(Route 332, en retrait de la route 32). Deuxièmes plus hautes chutes du pays, elles plongent de 128 m depuis le rebord d'un majestueux plateau dans un canyon de lave sinueux. Certaines des formations de lave de la vallée de la Þjórsá ont deux millions d'années. En 4x4 ou à pied, empruntez la route 332 (depuis la route 32 ou depuis Gjáin), criblée de nids-de-poule sur environ 10 km. On arrive à un parking d'où un sentier mène à un point de vue saisissant sur les magnifiques chutes et le canyon.

HORS DES SENTIERS BATTUS

L'ÎLE DE TRAUSTHOLTSHÓLMI

Accompagnez Hákon quand il part contrôler ses filets à saumon et profitez-en pour découvrir son **île privée** (☎699 4256 ; www.thh.is ; circuit 20 900 ISK / pers ; ⏲sur réservation) couverte d'herbe, dans les eaux de la Þjórsá, avant de vous attabler, au dîner, devant un plat de poisson fraîchement pêché aux fines herbes de l'île, peut-être près d'un feu de camp. Vous pouvez réserver pour un séjour plus long sur l'île et dormir dans la yourte (double 66 000 ISK).

Où se loger et se restaurer

Vous ne trouverez ni restaurant ni épicerie dans le secteur. Apportez des provisions.

Camping de Sandartunga CAMPING €
(asolfsstadir@simnet.is ; en retrait de la route 32; empl adulte/enfant 1 250 ISK/gratuit ; ⏲mi-mai à août). Ce camping simple et abrité, avec eau courante, toilettes et aire de jeux, s'inscrit dans l'environnement exceptionnel des champs de lave et de la vallée de la Þjórsá. En revanche, les moucherons peuvent constituer une nuisance. En retrait de la route 32, environ 8 km à l'ouest du Þjóðveldisbærinn.

Est de la vallée de Þjórsárdalur

Entre la bourgade de Hella, au sud-ouest, et le Landmannalaugar, au nord-est, les vastes plaines inondables de la Þjórsá englobent des formations volcaniques et des champs de lave de plus en plus hallucinants. C'est dans cette région que se dresse le Hekla, l'un des volcans les plus menaçants d'Islande.

La route qui mène à le Hekla (route 26) passe par plusieurs fermes équestres (balades à cheval possibles) et serpente jusqu'à la route 32, par laquelle vous pourrez dévaler le versant ouest, tout aussi spectaculaire, de la vallée de Þjórsárdalur. Le Hrauneyjar Highland Center (p. 384) constitue le dernier point de chute (et possède la dernière station-service) avant de pénétrer dans les hautes terres.

À voir

Hellnahellir GROTTE
(☎847 5015, 487 6583 ; www.hellar.is ; Hellavegur ; adulte/enfant 1 100 ISK/gratuit ; ⏲sur

rdv). Cette grotte de 50 m de long creusée par l'homme sur le domaine de la ferme Hellar de Landsveit atteint 11 m de profondeur. Les visiteurs pénètrent dans une grange, passent par une porte secrète et empruntent un passage peu éclairé. Cinq cheminées et diverses gravures datant de 700 à 1 100 ans, sans doute réalisées par des moines, sont restées intactes.

Hekla Center MUSÉE

(Heklusetrið ; ☎487 8700 ; www.leirubakki.is ; Leirubakki ; adulte/enfant 900/450 ISK ; ⏲12h-21h lun-ven ; P). Ce centre fait partie du domaine de Leirubakki, une vaste ferme comprenant un camping, un hôtel et un restaurant. L'histoire explosive du Hekla est détaillée au travers d'expositions multimédias, dans un décor volontairement obscur, avec effets lumineux. On apprend qu'une éruption aurait dû avoir lieu depuis un bon moment. Renseignements sur la région, et possibilité d'organiser des balades à cheval ou à pied. Les groupes peuvent visiter en dehors des heures d'ouverture, à condition de prendre rendez-vous à l'avance.

Circuits organisés

Les nombreux élevages de chevaux et fermes équestres de la région proposent des randonnées. La plupart offrent un hébergement de qualité, de type maison d'hôtes ou gîte.

Skeiðvellir ÉQUITATION

(☎487 6572, équitation 899 5619 ; www.skeidvellir.is ; route 26, ferme Skeiðvellir ; visite des écuries adulte/enfant 2 000 ISK/gratuit, balades 1/2 heures 9 500/15 000 ISK). Cette ferme équestre réputée dispose d'un centre d'information, enseigne les soins aux chevaux et leur importance dans le pays, permet aux visiteurs d'approcher les poulains nouveau-nés, de toucher et de soigner les chevaux, et propose des randonnées. Excellents logements sur place ; le cottage, avec cuisine et petit-déjeuner, peut accueillir jusqu'à 6 personnes (11 000 ISK/pers). Sur la route 26, à environ 9 km au nord de la route circulaire.

Hekluhestar ÉQUITATION

(☎487 6598 ; www.hekluhestar.is ; Austvaðsholt ; randonnées à partir de 275 000 ISK). Cette famille franco-islandaise organise de remarquables randonnées à cheval de 6-8 jours à travers les hautes terres. Hébergement avec option duvet (4 500 ISK, draps 2 000 ISK) dans un dortoir confortable. Pensez à réserver car les randonnées affichent complet plusieurs mois à l'avance.

Herríðarhóll ÉQUITATION

(☎487 5252 ; www.herridarholl.is ; Herríðarhóli). Randonnées de plusieurs jours (à partir de 217 500 ISK) et courtes balades. Accueil chaleureux de la part de la famille germano-islandaise pour les voyageurs souhaitant simplement séjourner à la ferme (d avec sdb commune et petit-déj 8 100 ISK/pers, ou 11 250 ISK pour 2 pers). De Hella, allez vers l'ouest, puis continuez 6 km sur la route 284 vers le nord, depuis la route circulaire.

Hestheimar ÉQUITATION

(☎487 6666, 854 5491 ; www.hestheimar.is ; route 281). Un élevage familial, près d'une rivière. Randonnées (2 heures/journée 12 000/20 000 ISK), location de chevaux et différents hébergements confortables (d à partir de 23 000 ISK). Sur la route 281, à 7 km au nord-ouest de Hella.

Où se loger et se restaurer

La plupart des fermes équestres des plaines autour de Hella disposent d'hébergements confortables pour les cavaliers ; beaucoup accueillent aussi d'autres voyageurs. Il est possible de camper.

La plupart des restaurants appartiennent à des hôtels ou à des maisons d'hôtes.

Laugaland CAMPING €

(☎895 6543 ; www.tjalda.is/en/laugaland ; route 26 ; empl adulte/enfant 1 600 ISK/gratuit ; ⏲déb mai à mi-sept). Camping familial situé au nord-ouest de Hella, avec cuisines, piscine et *hot pots* (adulte/enfant 900/400 ISK). Électricité : 1 000 ISK. Sur la route 26, à environ 6 km au nord de la route 1.

Rjúpnavellir BUNGALOWS, CAMPING €

(☎892 0409 ; www.facebook.com/Rjupnavellir-57002538703 ; route 26, Landsveit ; empl par pers/duvet 1 300/4 900 ISK, bung 10 000-12 000 ISK/pers ; wifi). C'est l'établissement le plus proche du croisement des routes 26 et F225. Lorsque la route cesse d'être goudronnée, se dressent deux grands bungalows pouvant héberger jusqu'à 44 personnes avec duvet (douche 400 ISK). Également un coin cuisine,

HEKLA

Le plus célèbre et le plus actif des volcans d'Islande, le Hekla, doit son nom (qui signifie "l'encapuchonné") à son sommet (1 491 m), presque toujours enveloppé d'un nuage menaçant. Le **Hekla** (**F255, en retrait de la route 26**) a exprimé sa fureur de nombreuses fois à travers les siècles ; au Moyen Âge, on le considérait même comme la porte de l'enfer.

Les colons de l'époque des Vikings venaient à peine de construire des fermes sur les riches sols volcaniques aux abords du Hekla qu'elles furent ensevelies sous les cendres lors de l'éruption de 1104 qui dévasta tout dans un rayon de 50 km. Depuis, il y a eu 15 éruptions majeures. Celle de l'an 1300 recouvrit de cendres plus de 83 000 km^2.

Ces dernières années, le Hekla a connu des phases éruptives régulières tous les 10 ans. Le principal danger vient des cendres, riches en fluor, qui ont empoisonné des milliers de moutons. L'éruption de 2000 a par ailleurs produit une petite coulée pyroclastique (ou nuée ardente ; coulée de fragments de magma et de gaz extrêmement dévastatrice car elle dévale à plus de 130 km/h et peut atteindre une température de 800°C). En vous promenant dans la région, cherchez de la pierre ponce grise… elle vient probablement du Hekla. Les gens du pays vivent en sachant que la grande montagne peut se réveiller à tout moment ; une éruption aurait dû se produire depuis longtemps.

Pour en savoir davantage sur le Hekla, visitez le Hekla Center (voir ci-contre).

Ascension du Hekla

Il est possible de faire l'ascension du Hekla, tout en étant conscient qu'il s'agit d'un volcan actif. De multiples petits séismes se produisent habituellement une demi-heure à 1 heure 20 avant une éruption, mais sinon, rares sont les signes précurseurs ! Ne tentez l'aventure qu'un jour où le sommet est dégagé et emportez de l'eau en abondance (les cendres assoiffent). Les ascensions se font surtout entre juin et septembre.

Sur la route 26, un petit parking marque l'embranchement de la route de montagne F225 (à environ 45 km au nord-est de Hella). Les voitures de location non assurées pour les routes F doivent stationner là, d'où il reste un long chemin poussiéreux (16 km) à parcourir jusqu'au pied du volcan (on peut tenter l'autostop).

Avec un gros 4×4, vous pourrez continuer sur la F225 jusqu'au départ de la piste au pied du Hekla (14,7 km) ; les véhicules les plus robustes pourront faire quelques kilomètres de plus, mais la plupart devront se garer là. De cette piste, un sentier bien balisé monte jusqu'à la crête du flanc nord-est de la montagne, puis au cratère du sommet. À cette altitude, le sommet est souvent couvert de neige, mais le sol du cratère reste chaud. Comptez 3 heures 30 de marche depuis le pied du volcan.

Sinon, des circuits en Super-Jeep sur mesure peuvent aussi être organisés, mais certaines agences évitent le secteur en raison des risques d'éruption.

un camping et un autre bungalow pour 6 personnes avec cuisine.

Hótel Leirubakki HÔTEL €€
(☎487 8700 ; www.leirubakki.is ; Leirubakki ; s/d sans sdb 17 800/23 400 ISK, s/d avec sdb 25 600/31 000 ISK, toutes avec petit-déj ; @). Situés en face du Hekla Centre, cet hôtel moderne et la ferme qui lui est rattachée sont les derniers points de chute avant les volcans et les hautes terres. Ils sont parfaits pour qui veut faire l'ascension du Hekla. Les visiteurs peuvent utiliser le sauna et la piscine, baptisée Viking Pool. Chambres au design épuré (parquet et murs blancs).

Depuis/vers l'est de la vallée de Þjórsárdalur

Les bus pour le Landmannalaugar s'arrêtent à Leirubakki et/ou à Hrauneyjar.

Reykjavík Excursions (p. 457). Le bus n°11 reliant Reykjavík à Landmannalaugar (8 500 ISK) dessert Leirubakki (6 000 ISK, 2 heures 30) et Hrauneyjar (7 000 ISK, 3 heures). Il y en a entre 3 et 5 par jour de mi-juin à mi-septembre.

Bus n°14 et n°11a. Circulant entre Landmannalaugar et Mývatn (16 400 ISK, 10 heures), ils s'arrêtent à Hrauneyjar (3 500 ISK, 1 heure, 1/jour fin juin-août). Vous pouvez les prendre de Hrauneyjar à Mývatn (12 900 ISK, 8 heures 30).

Sterna (p. 457). Le bus n°13/13a en provenance de Reykjavík dessert Landmannalaugar (15 500 ISK, 5 heures env) et Leirubakki (6 500 ISK, 2 heures 30, 1/jour fin juin-déb sept).

Trex (p. 457). Le bus T21 en provenance de Reykjavík s'arrête à Landmannalaugar (9 100 ISK l'aller, 4 heures 30) et Leirubakki (5 100 ISK, 2 heures, 2/jour mi-juin à mi-sept).

Hella et ses environs

860 HABITANTS

La route circulaire (route 1) passe juste à côté de cette bourgade agricole située sur les rives de la jolie Ytri-Rangá, dans une région d'élevage de chevaux faisant partie des plaines de la vallée de la Þjórsá. C'est le village le plus proche de l'ombrageux Hekla, à 35 km au nord. Malgré l'ouverture de nouveaux hôtels dans le secteur, il demeure assez assoupi. C'est un bon endroit pour résider au calme, à proximité des sites intéressants du sud du pays.

Activités et circuits organisés

FFF Skydive Iceland PARACHUTE

(☎699-5867 ; skydive.is ; zone de largage près de Dynskálar, en retrait de la route 1 à Hella ; saut à deux à partir de 55 000 ISK ; ⊙avr-sept). Pour voir le Sud depuis le ciel, sautez au-dessus de Hella à 3 000 ou 3 500 m d'altitude. La descente d'environ 25 minutes compte 30 secondes de chute libre. FFF Skydive Iceland organise aussi des sauts de minuit en juin et juillet. Une expérience inoubliable ! Réservation indispensable.

Sundlaugin Hellu PISCINE GÉOTHERMALE, HOT POT

(☎487 5334 ; Útskálum 4 ; adulte/enfant 900/300 ISK ; ⊙6h30-21h lun-ven, 10h-19h sam-dim juin à mi-août, horaires réduits mi-août à mai). Le principal site d'intérêt à Hella est probablement sa piscine géothermale, avec des *hot pots*, un sauna et un amusant toboggan (avr-oct). Location de serviettes à 600 ISK.

Hella Horse Rental ÉQUITATION

(☎864 5950 ; www.hellahorserental.is ; Gaddstaðaflatir, en retrait de la route 1 ; balades 1 heure 30/3 heures à partir de 8 500/15 000 ISK ;). Randonnées à cheval pour tous les niveaux, des débutants aux cavaliers expérimentés. Elles ont lieu l'été, dans les environs de Hella et jusqu'aux chutes d'Ægisíðufoss.

Mud Shark PÊCHE, EXCURSIONS EN JEEP

(☎691 1849 ; www.mudshark.is ; sortie pêche/Jeep 55 000/15 000 ISK par pers). Sorties de pêche dans les hautes terres et excursions en Jeep sur les plages de sable noir (2 pers au minimum), notamment.

Où se loger et se restaurer

Árhús CAMPING, BUNGALOWS €

(☎487 5577 ; www.arhus.is ; Rangárbakkar 6 ; empl tente 2 500 ISK, bung avec/sans sdb à partir de 18 000/13 400 ISK ;). Au bord de la rivière, juste au sud de la route circulaire, l'Árhús comprend des bungalows (possibilité de louer une simple chambre ou un bungalow entier avec kitchenette et salle de bains), un grand espace de camping, une cuisine et un bon restaurant qui sert steaks, pâtes, saumon et pizzas (plats 1 800-4 900 ISK). L'accueil prend aussi les réservations Arctic Adventures.

River Hotel HÔTEL €€

(☎487 5004 ; www.riverhotel.is ; Þykkvabæjarvegur – route 25 ; d/f à partir de 20 000/26 000 ISK ; P). Détente assurée dans cet hôtel récent et impeccable au bord de la Ytri-Rangá. Chambres contemporaines et bungalow individuel ultra-confortables, dîner sur place et baies vitrées donnant sur la rivière dans le salon (pour admirer les aurores boréales !). Les propriétaires adorent la pêche.

Guesthouse Nonni GUESTHOUSE €€

(☎894 9953 ; Arnarsandur 3 ; s/d sans sdb avec petit-déj 14 700/18 000 ISK). Tenue par la sympathique Nonni, qui prépare de copieux petits-déjeuners pour ses hôtes (pain frais et gaufres en forme de fleur), cette petite maison d'hôtes est située dans une rue résidentielle. Les 4 chambres aux murs lambrissés sont desservies par une cage d'escalier en liège.

Hótel Rangá HÔTEL €€€

(☎487 5700 ; www.hotelranga.is ; Hjarðarbrekka ; d/ste avec petit-déj à partir de 54 000/119 000 ISK ; @). Au sud de la route circulaire, à 8 km à l'est de Hella, l'Hótel Rangá ressemble à une cabane en rondins, avec son ours polaire empaillé dans le hall ; pourtant, il offre un accueil très haut de gamme. Service parfait, chambres lambrissées et luxueuses, parties communes très confortables. Dans le restaurant (plats 2 600-10 500 ISK), les grandes fenêtres donnent sur de vastes prairies.

LES EDDA

Le monastère médiéval d'**Oddi**, à Rangárvellir, à 8 km au sud de Hella sur la route 266, fut jadis un grand foyer culturel, où furent rassemblés les Edda, les plus anciens livres de poésie de l'âge viking qui nous soient parvenus. Écrit par le poète et historien Snorri Sturluson vers 1222, l'*Edda en prose*, un traité de poésie norroise, renferme des descriptions détaillées de la langue et de la métrique utilisées par les *scaldes* (poètes de cour). Il comprend le *Gylfaginning*, un poème épique qui décrit le voyage de Gylfi, le roi de Suède, à Ásgard, la citadelle des dieux, et révèle des mythes de la Création, des histoires de dieux et le sort qui attend les hommes au Ragnarök, quand viendra la fin du monde.

L'*Edda poétique*, rédigé au XIIIe siècle par Sæmundur Sigfússon, est une compilation d'œuvres de poètes vikings inconnus, dont certains antérieurs à la colonisation de l'Islande. La première, *Voluspá* (*Prédiction de la voyante*), est un poème cosmologique et eschatologique qui présente des similitudes avec la Genèse et l'Apocalypse. Des poèmes ultérieurs traitent de la découverte par Óðinn du pouvoir des runes et de la légende de Siegfried et des Nibelungen, reprise par Wagner dans la *Tétralogie*. Le poème le plus populaire est sans doute *Þrymskviða*, l'histoire du géant Thrym qui vola le marteau de Þór (Thór) et n'accepta de le restituer qu'à condition d'épouser la déesse Freyja. Pour récupérer son marteau, Thór prit l'aspect de la fiancée pour se rendre au mariage à sa place. Une partie du poème décrit ses manières déconcertantes lors du banquet, durant lequel il avala un bœuf entier, huit saumons et trois outres d'hydromel.

Aujourd'hui, Oddi se résume à une simple église entourée de fermes.

Stracta Hótel HÔTEL €€€
(☎531 8010 ; www.stractahotels.is ; Rangárflatir 4 ; d avec/sans sdb à partir de 23 700/20 200 ISK, studio/app à partir de 31 300/61 000 ISK, tous avec petit-déj ; wifi). Le Stracta appartient à une nouvelle génération d'hôtels de tourisme haut de gamme. Il compte des doubles modernes et confortables, des studios avec micro-ondes et réfrigérateur, ainsi que des appartements adaptés aux familles (jusqu'à 6 pers). À l'étage, le restaurant dévoile une vue spectaculaire sur les îles Vestmann et les volcans ; le bistrot du rez-de-chaussée sert des repas au déjeuner et au dîner. Espace détente et *hot tub*.

Restaurant Árhús INTERNATIONAL €€
(☎487 5577 ; https://arhus.is/restaurant ; Rangárbakkar, en retrait de la route 1 ; plats 1 950-4 900 ISK ; ⊙11h-22h ; P). Installé sur la rive de la Rangá, l'Árhús propose d'excellents plats de pâtes, de viande et de poisson, ainsi que des burgers et des pizzas. Lorsqu'il fait beau, c'est de la terrasse dominant la rivière que l'on a la plus belle vue, mais les tables situées à l'intérieur près de la grande fenêtre sont également bien placées.

Kjarval SUPERMARCHÉ €
(☎585 7585 ; Suðurlandsvegur 1 ; ⊙9h-20h lun-ven, 9h-18h sam, 9h-17h dim). Le supermarché local avec boulangerie et magasin de vins et spiritueux attenants.

Depuis/vers Hella

BUS

Les bus s'arrêtent à la station-service Olís.

Strætó (p. 457). Bus n°51 Reykjavík-Vík-Höfn et n°52 Reykjavík-Landeyjahöfn (Reykjavík-Hella 3 220 ISK, 1 heure 30, 5/jour lun-ven, 2/jour sam-dim)

Sterna (p. 457). Bus n°12/12a Reykjavík-Vík-Höfn (Reykjavík-Hella 3 300 ISK, 1 heure 30, 1/jour juin à mi-sept)

Reykjavík Excursions (p. 457). Les bus n°s9 Reykjavík-Þórsmörk, 11 Reykjavík-Landmannalaugar, 17/17a Reykjavík-Mývatn, 18 Reykjavík-Álftavatn-Emstrur, 20 Reykjavík-Skaftafell et 21 Reykjavík-Hvolsvöllur s'arrêtent tous à Hella (5 000 ISK, 1 heure 30 à 2 heures 30), au moins 5 fois par jour.

Trex (p. 457). Bus T21 Reykjavík-Landmannalaugar (Hella-Landmannalaugar 6 900 ISK, 2 heures 15, 2/jour mi-juin à mi-sept) et T11 Reykjavík-Þórsmörk (Hella-Þórsmörk 5 400 ISK, 2 heures, 2/jour mi-juin à mi-sept)

Thule Travel (p. 140). Hella est desservie par les bus reliant Reykjavík à Landannalaugar (Hella-Landannalaugar 6 300 ISK, 3 heures, 2/jour juin à mi-sept) et Reykjavík à Þórsmörk (Hella-Þórsmörk 4 650 ISK, 2 heures 45, 2/jour mi-juin à mi-sept)

TAXI

Mountain Taxi (☎862 1864). Basé à Hella, Jón Pálsson propose ses services dans les montagnes et les hautes terres et peut venir vous chercher n'importe où.

HORS DES SENTIERS BATTUS

LA PISTE DE FJALLABAK

En été, avec un gros 4x4, la piste de Fjallabak (Fjallabaksleið Nyrðri ; F208) est une alternative spectaculaire à la route côtière entre Hella, dans le Sud-Ouest, et Kirkjubæjarklaustur. Son nom signifie "derrière les montagnes", et c'est bien là qu'elle vous mènera.

Depuis Hella, quittez la route circulaire (route 1) vers l'ouest pour prendre la route 26 (rive est de la Þjorsá), puis empruntez la F208 derrière la centrale hydroélectrique de Sigölduvirkjun jusqu'à Landmannalaugar. De là, la F208 continue vers l'est, longe les marécages autour du **Kirkjufell** et pénètre dans la vallée de **Jökuldalur**, avant de longer le lit d'une rivière sur 10 km, de grimper au **point de vue de Hörðubreið**, puis de redescendre vers l'**Eldgjá**. La route F235 vers le lac de **Langisjór** quitte la F208 à 3 km à l'ouest d'Eldgjá. On peut camper (1 600 ISK) ou dormir dans un refuge (6 800 ISK) à **Hólaskjól** (www.holaskjol.com).

Sur les 40 km suivants, jusqu'à **Búland**, la F208 est en assez bon état ; il faut toutefois traverser quelques rivières avant de rejoindre la route 208 et de retrouver la route circulaire (route 1) au sud-ouest de Kirkjubæjarklaustur.

Avec une voiture ordinaire, il est impossible de réaliser l'itinéraire complet – de plus, les agences de location interdisent d'emprunter les routes F avec un véhicule classique. Une bonne partie de la piste de Fjallabak longe ou traverse des cours d'eau ; aussi est-elle déconseillée aux VTT. Certains cyclistes tentent l'aventure, mais c'est tout sauf une promenade de santé.

Il est en revanche possible de suivre cet itinéraire en bus. Quittez Reykjavík tôt le matin par le bus n°11 de Reykjavík Excursions (p. 457) à destination de Landmannalaugar (8 500 ISK, environ 5 heures). Vous pourrez couper le voyage en deux en passant une ou plusieurs nuits à Landmannalaugar pour explorer les environs avant d'effectuer le retour ou de continuer jusqu'à Skaftafell (9 500 ISK, environ 5 heures 30).

Fjallabak (☎511 3070 ; www.fjallabak.is ; trek 4 jours à partir de 30 000 ISK par pers), une agence réputée, organise des randonnées et des treks guidés sur plusieurs jours dans l'intérieur des terres du sud du pays (elle offre aussi une assistance pour le transport des bagages). Elle est spécialisée dans la réserve naturelle de Fjallabak, que traverse la piste du même nom. L'agence Midgard Adventure (voir p. 153) est également recommandée.

Hvolsvöllur et ses environs

950 HABITANTS

La campagne autour de Hvolsvöllur est empreinte d'histoire. Ses fermes furent le théâtre des sanglants événements de la *Saga de Njáll le Brûlé* (voir l'encadré p. 155). Aujourd'hui, les sites évoqués dans la saga n'existent plus guère que sous la forme de noms de ruines recouvertes d'herbes folles ou de bâtiments agricoles modernes. Hvolsvöllur était surtout un point de ravitaillement, avec une station-service et quelques maisons, mais l'installation du centre LAVA et de nombreuses maisons d'hôtes lui ont donné un nouveau souffle.

À voir

La région recèle quantité de ruines et de cascades et se prête bien à l'exploration. C'est une bonne base pour découvrir le Sud.

LAVA – centre islandais de volcanologie et de sismologie MUSÉE

(☎415 5200 ; www.lavacentre.is ; Austurvegur 14, Hvolsvöllur ; adulte/enfant 3 990 ISK/gratuit, cinéma uniquement 1 550 ISK/gratuit ; ⌚exposition 9h-17h, maison de la lave 9h-17h). Ce centre relatant la naissance de l'Islande propose une expérience multimédia complète pour une immersion dans la vie sismique et volcanique islandaise. Divisé en de nombreuses "chambres", il comprend un simulateur de séisme (magnitude 4 sur l'échelle de Richter) et un nuage de fumée imitant la cendre volcanique. Une visite très instructive sur les liens entre séismes et volcans.

Keldur HAMEAU MUSÉE

(☎530 2200 ; www.thjodminjasafn.is ; Rangárvallavegur/route 264 ; 1 200 ISK ; ⌚10h-18h mi-juin à mi-août). À 5 km à l'ouest de Hvolsvöllur, la route 264, non revêtue, serpente vers le nord sur 8 km dans la vallée de Rangárvellir jusqu'à la ferme de Keldur, au toit de tourbe et d'herbe. Ce site médiéval appartenait à Ingjaldur Höskuldsson, un personnage de la *Saga de Njáll le Brûlé*. Elle fait aujourd'hui partie des bâtiments historiques du Musée national et accueille des expositions intéressantes, dans un beau cadre champêtre.

Circuits organisés

Midgard Adventure RANDONNÉE, SPORTS EXTRÊMES
(578 3370 ; www.midgardadventure.is ; Dufþaksbraut 14 ; 14 000-34 000 ISK). L'un des prestataires les plus réputés pour les sports extrêmes dans le sud du pays. Son fondateur, Siggi Bjarni, et ses collaborateurs connaissent parfaitement la région. Ils sauront par exemple vous guider pour une randonnée sur le Fimmvörðuháls ou le trek du Laugavegurinn. Nombreuses formules à la journée avec transfert : excursions en Super-Jeep, canyoning, escalade glaciaire, etc. Midgard Adventure gère également une auberge de jeunesse et un café.

Où se loger

Vous trouverez un excellent choix d'hébergements à Hvolsvöllur et alentour – y compris à Fljótshlíð. Le camping municipal est situé à la sortie de la route circulaire (route 1), dans le centre. Une auberge de jeunesse branchée, axée sur les activités d'aventure, se situe à l'est du village.

Camping municipal CAMPING €
(866 8945, 898 2454 ; tjalda.is/en/hvolsvollur ; Vestri-Garðsauki, en retrait de la route 1 ; adulte/enfant 1 750/500 ISK ; juin-nov). Espace vert abrité, à un jet de pierre des commerces et des restaurants de Hvolsvöllur. Laverie (300 ISK par lessive) et douches (400 ISK) sur place ; électricité (1 000 ISK/jour).

Midgard Base Camp AUBERGE DE JEUNESSE €€
(578 3180 ; www.midgard.is ; Dufþaksbraut 14 ; dort/d à partir de 5 300/23 300 ISK ; P). D'élégants lits superposés réalisés par des forgerons locaux sont rassemblés en dortoirs de 4-6 places. Les chambres bénéficient d'une vue magnifique, tout comme la terrasse commune aménagée sur le toit, équipée d'un *hot tub* et d'un sauna. En bas, il y a un baby-foot, un espace de détente confortable et un restaurant servant des repas copieux, bienvenus après une journée en extérieur. Les excursions dans les hautes terres au départ de l'auberge sont réputées.

Spói Guesthouse B&B €€
(861 8687 ; www.spoiguesthouse.is ; Hlíðarvegur 15/route 261 ; s/d sans sdb 13 200/18 900 ISK ; P). Ce B&B familial regroupe des chambres immaculées autour d'une vaste salle à manger, où une grande table vous attend pour un petit-déjeuner royal. Les propriétaires connaissent parfaitement la région.

Asgarður BUNGALOWS €€
(487 1440 ; www.asgardurinn.is ; Hvolstróð, en retrait de la route 261 ; d sans sdb avec petit-déj 17 900 ISK ;). À deux pas de l'église du village et autour d'une ancienne école restaurée datant de 1927, de ravissants bungalows individuels se succèdent sous les arbres. Ils se composent de 2 chambres, d'une salle de bains et d'une cuisine. Les lits avec draps reviennent à 11 000 ISK et avec duvet à 5 500 ISK.

Où se restaurer

Kronan Supermarket SUPERMARCHÉ €
(kronan.is ; Austurvegur 4 ; 9h-20h). Épicerie.

Eldstó Art Café CAFÉ €€
(482 1011 ; www.eldsto.is ; Austurvegur 2, Hvolsvöllur ; plats 2 450-3 290 ISK ; 10h-22h juin-août ; P). On sert ici du café fraîchement torréfié, des plats du jour maison (pain plat traditionnel islandais avec agneau fumé et chocolat chaud pour 1 350 ISK) et des spécialités comme le jarret d'agneau cuit à basse température ou le saumon au four. À la carte également : burgers, salades et gâteaux maison. Le petit espace douillet et accueillant ne comporte que quelques tables.

Gallerí Pizza RESTAURATION RAPIDE €€
(487 8440 ; www.gallerypizza.weebly.com ; Hvolsvegur 29 ; plats 1 300-4 460 ISK ; 11h30-22h, 11h30-21h lun-ven nov-mars). Derrière la grand-route, un endroit animé et sans prétention où les gens du coin viennent grignoter, installés sur des sièges de vinyle. Il y a une vingtaine de pizzas différentes – fruits de mer, "lave" (poivron, champignons, ail, olives, piments *jalapeños* et *cream cheese*), hawaïenne ou margherita – et 9 burgers, dont un à la béarnaise.

Achats

Una Local Products ARTISANAT

(Sveitabúðin Una ; ☎544 5455 ; www.unalocalstore.is ; Austurvegur 4, Hvolsvöllur ; ⌚10h-18h ; 📶). Ce vaste hangar situé sur la route circulaire déborde d'objets artisanaux islandais variés : porte-monnaie en peau de poisson, pulls en laine, bijoux, articles en cuir, etc.

Vínbúðin VINS ET SPIRITUEUX

(☎486 1886 ; www.vinbudin.is ; Austurvegur 1 ; ⌚11h-18h lun-jeu, 11h-19h ven, 11h-16h sam). Chaîne nationale.

Depuis/vers Hvolsvöllur

Les bus reliant Reykjavík à Þórsmörk effectuent un arrêt à Hvolsvöllur.

Strætó (p. 457). Bus n°51 Reykjavík-Vík-Höfn et n°52 Reykjavík-Landeyjahöfn (Reykjavík-Hvolsvöllur 3 680 ISK, 1 heure 45, 7/jour lun-ven, 5/jour sam-dim)

Sterna (p. 457). Bus n°12/12a Reykjavík-Vík-Höfn (Reykjavík-Hvolsvöllur 3 700 ISK, 2 heures 45, 1/jour juin à mi-sept)

Reykjavík Excursions (p. 457). Les bus n°s9/9a Reykjavík-Þórsmörk, 18 Álftavatn-Reykjavík, 20/20a Reykjavík-Skaftafell et 21/21a Reykjavík-Skógar s'arrêtent tous à Hvolsvöllur (Reykjavík-Hvolsvöllur 5 000 ISK, 2 heures env, 9/jour)

Trex (p. 457). Bus T11 Reykjavík-Þórsmörk (5 400 ISK, 2 heures, 2/jour tlj mi-juin à mi-sept)

Thule Travel (p. 140). Les bus assurant la liaison entre Reykjavík et Þórsmörk desservent Hvolsvöllur au passage (Hvolsvöllur-Þórsmörk, 4 650 ISK, 2 heures 45, 2/jour tlj mi-juin à mi-sept)

De Hvolsvöllur à Skógar

Après Hvolsvöllur, la route circulaire (route 1) oblique vers l'est en direction de Vik et croise 3 routes secondaires importantes : la route 261, qui part juste à l'est de Hvolsvöllur, rejoint Fljótshlíð ; la route 254 court sur 12 km vers le sud et la côte jusqu'à Landeyjahöfn, d'où part le ferry pour les îles Vestmann ; la route 249, en direction du nord et de Þórsmörk, passe par Seljalandsfoss. La route circulaire vous mènera au pied de l'imposant Eyjafjallajökull, rendu célèbre par son explosion de cendres de 2010, puis à Skógar.

Fljótshlíð

La route 261 longe le tapis de mousse verte au pied des luxuriantes collines de Fljótshlíð. Elle offre de jolis panoramas de cascades, comme la **Gluggafoss**, d'un côté ; et de l'autre, une belle vue sur le delta de la Markarfljót et le glacier de l'Eyjafjallajökull.

Le tronçon goudronné de la route se termine près de l'église et de la ferme de **Hlíðarendi**, où habitait Gunnar Hámundarson, de la *Saga de Njáll le Brûlé*. Avec un 4x4 ou un véhicule amphibie, on peut continuer sur la route F261 en direction du Landmannalaugar et du **Tindfjöll**, paradis des randonneurs. Bien que Þórsmörk semble tout proche, on ne peut l'atteindre que par la route F249.

Circuits organisés

Midgard Adventure (p. 153) et Southcoast Adventure (p. 156) organisent des randonnées et des sorties canyoning dans le massif de Tindfjöll et ses environs.

Óbyggðaferðir QUAD

(ATV Travel ; ☎661 2503 ; www.atvtravel.is ; excursions à partir de 36 000 ISK/pers, 42 000 ISK si vous êtes seul sur le quad). Balades en quad autour de l'Eyjafjallajökull, de Þórsmörk et au-delà, d'une durée de 2 à 3 heures ou de 9 à 14 heures.

Où se loger et se restaurer

Il existe d'agréables maisons d'hôtes et hôtels dans la vallée. Certains disposent d'emplacements de camping. Quelques hôtels servent à manger. À défaut, vous trouverez des restaurants à Hvolsvöllur.

♥ **Fljótsdalur HI Hostel** AUBERGE DE JEUNESSE €

(☎487 8498 ; www.hostel.is ; route 261 ; dort à partir de 4 200 ISK ; ⌚avr-oct). Cette auberge spartiate plaira à ceux qui cherchent un point de chute simple, isolé et paisible pour randonner dans les hautes terres. Il n'y a que 7 matelas nus au grenier (apportez votre duvet) et 2 chambres de 4 lits en bas. Pensez à réserver. Remise pour les membres HI.

L'auberge se trouve à 27 km à l'est de Hvolsvöllur. La route est mauvaise vers la fin, et seuls les 4x4 peuvent monter la pente raide menant au parking de l'hôtel. Si vous avez un véhicule ordinaire, vous devrez stationner en bas et monter à pied sur 50 m. Apportez toutes vos provisions.

LA SAGA DE NJÁLL LE BRÛLÉ

L'une des sagas préférées des Islandais, la saga de Njáll le Brûlé évoque l'histoire de deux amis, Gunnar Hámundarson et Njáll Þorgeirsson, dont le destin en fera les pires ennemis. Une querelle entre leurs épouses va dégénérer en une telle escalade de violence que presque tous les personnages y trouveront la mort. Rédigée au XIIIe siècle, cette saga part d'événements ayant eu lieu au Xe siècle dans les collines autour de Hvolsvöllur.

Le grand héros, Gunnar, de Hlíðarendi (près de Fljótsdalur), épouse la belle Hallgerður, aux longues jambes et "aux yeux de voleuse". Pour une question futile, Hallgerður se brouille avec Bergþóra, l'épouse de Njáll. La situation devient très tendue entre Gunnar et Njáll lorsque Hallgerður et Bergþóra font assassiner leurs domestiques réciproques.

Au cours d'un épisode important, Hallgerður envoie un domestique dérober des vivres chez un dénommé Otkell. Quand, de retour chez lui, Gunnar découvre qu'on lui sert des mets volés, son courroux éclate. "Ce serait vraiment pitié que je me fasse complice d'un vol", dit-il en giflant son épouse – geste qui reviendra sans cesse le hanter.

Par une suite de circonstances, Gunnar finit par tuer Otkell et se retrouve proscrit et condamné à l'exil. Alors qu'il s'éloigne de chez lui à cheval, sa monture trébuche et le fait tomber de selle. Jetant un dernier coup d'œil à sa ferme bien-aimée de Hlíðarendi, il se sent incapable de quitter la vallée et décide de rester. Ses ennemis se rassemblent pour assiéger sa ferme, mais Gunnar réussit à repousser les assaillants jusqu'au moment où la corde de son arc casse. Quand Gunnar demande à Hallgerður de tresser une mèche de ses cheveux pour réparer son arc, celle-ci refuse, lui rappelant la gifle qu'il lui a donnée des années plus tôt... et Gunnar est tué.

Le conflit se poursuit, car les membres du clan de Gunnar et de Njáll cherchent à venger l'assassinat des leurs. Njáll joue les intermédiaires pour ramener la paix entre les familles, en vain. Lui et son épouse sont assiégés dans leur ferme. Réfugié dans son lit avec son petit-fils, le couple se laisse brûler vif. Seul survivant de l'incendie de la ferme, le gendre de Njáll, Kári, assigne les incendiaires en justice, en tue certains de ses propres mains, puis finit par se réconcilier avec son ennemi juré, Flosi, qui avait ordonné de brûler la famille de Njáll.

Quelque 200 personnages importants étant en jeu, le fil de l'histoire n'est pas toujours simple à suivre, mais c'est le chef-d'œuvre du genre.

Kennarabústaður GUESTHOUSE €

(En retrait de Fljótshiðarvegur ; d sans sdb à partir de 9 000 ISK ; P wifi). Cet ancien logement de professeur abrite des chambres simples mais impeccables, au tarif raisonnable. Cuisine et salle de bains partagées, vaste salle à manger et personnel accueillant.

♥ **Hótel Fljótshlíð** HÔTEL €€

(Ferme de Smáratún ; ☎487 1416 ; www.smaratun.is ; route 261, Smáratún ; empl adulte/enfant 1 350/670 ISK, s/d/tr avec sdb 22 400/27 400/34 500 ISK ; P wifi). Cette jolie ferme blanche au toit bleu, à 12,5 km à l'est de Hvolsvöllur, loue des maisons d'été pour 4-6 personnes, des chambres chics ou plus modestes (avec commodités communes), des espaces pour ceux qui possèdent un duvet (4 600 ISK) et des emplacements pour les tentes. Offrez-vous un moment de détente dans le *hot tub* et laissez les enfants jouer dans la cour ou au billard. Restaurant de spécialités islandaises ; petit-déjeuner buffet (1 850 ISK). Situé à 12,5 km à l'est de Hvolsvöllur.

Fagrahlíd Guesthouse B&B €€

(☎863 6669 ; www.fagrahlid.is ; route 261, ferme de Fagrahlíd ; d sans sdb à partir de 13 500 ISK, app 2 chambres à partir de 22 800 ISK, tous avec petit-déj ; P wifi). De jolis petits bâtiments blancs sont regroupés sur une pente offrant une vue superbe sur la vallée et, au loin, les volcans. Les chambres confortables et l'appartement avec 2 chambres, toujours impeccables, partagent un *hot tub* commun. Bon accueil. Situé à 6,5 km à l'est de Hvolsvöllur, sur la route 261.

Hótel Eyjafjallajökull B&B, CAMPING €€

(☎487 8360 ; www.hoteleyjafjallajokull.is ; route 261, Hellishólar ; empl adulte 2 200 ISK, s/d avec petit-déj à partir de 16 200/18 800 ISK ; P wifi). Cet hôtel en bois, tout en longueur, se double d'un camping de grande qualité, avec *hot tubs* et laverie. Salle de bain privative

VAUT LE DÉTOUR

LES VOLCANS VUS DU CIEL

Au départ de l'aéroport de Bakki, situé sur la côte à 5 km au nord-ouest de Landeyjahöfn, **Atlantsflug** (☎555 1615 ; www.flightseeing.is ; route 253 ; vols à partir de 19 500 ISK) vous donne la chance de voir l'Islande depuis le ciel. Outre les nombreuses chutes d'eau, gorges et montagnes de la région, l'agence propose des survols de l'Eyjafjallajökull et des hautes terres, ainsi que des vols pour Heimaey, aux Vestmannaeyjar (îles Vestmann).

et TV dans les chambres de l'hôtel. Les enfants pourront se défouler dans la cour. Réservation sur place de vélos (à louer) et d'excursions à cheval ou en quad. Vous pourrez aussi profiter du parcours de golf à 9 trous. À 11 km à l'est de Hvolsvöllur, sur la route 261.

Seljalandsfoss

Hautes de 60 m et visibles à des kilomètres à la ronde, les chutes de Seljalandsfoss scintillent et grondent sur les escarpements du volcan Eyjafjallajökull. Un sentier (glissant) conduit derrière la cascade. Quelques centaines de mètres plus loin sur la route de Þórsmörk, la cascade de **Gljúfurárbui** se déverse dans un canyon caché.

Seljalandsfoss est une halte hautement appréciée sur la route circulaire et les bus pour Þórsmörk s'y arrêtent (Þórsmörk n'est pas accessible en véhicule ordinaire, en raison de la présence de rivières profondes). La route de Þórsmörk (249/F249) part à l'est de la rivière Markarfljót. Elle longe les chutes de Seljalandsfoss, puis file vers le nord. La route goudronnée laisse rapidement place à une piste spectaculaire, praticable en 4x4 uniquement.

Circuits organisés

Southcoast Adventure CIRCUITS AVENTURE
(☎867 3535 ; www.southadventure.is ; camping de Hamragarðar, route 249 ; circuit 3/5 heures à partir de 22 900/32 900 ISK, prix pour 2 pers). Cette agence animée par une équipe enthousiaste, qui connaît très bien la région, a une excellente réputation. Réservez des circuits sur mesure en Super-Jeep ; celui allant de Þórsmörk à Landmannalaugar et au célèbre glacier Eyjafjallajökull est l'un des plus populaires. Également : motoneige, excursions sur des volcans et randonnées. Comptoir d'information sur la route 249 (accessible aux véhicules ordinaires), non loin de Seljalandsfoss.

Où se loger et se restaurer

Sur le parking des chutes, un petit café extérieur propose gâteaux, sandwichs et soupes. Pour un repas plus consistant, rejoignez Hvolsvöllur ou Skógar.

Hamragarðar CAMPING €
(☎866 7532 ; route 249 ; camping adulte/enfant 1 500 ISK/gratuit ; ⊙mai-sept). Campez juste à côté de la cascade secrète de Gljúfurárbui, au début de la route 249. Le petit café (9h-23h juin-août) sert des gâteaux et du café. Il y a aussi une laverie (500 ISK), des douches (300 ISK), un accès à l'électricité (1 000 ISK), une cuisine commune et un comptoir d'information de Southcoast Adventure (voir ci-dessus).

Nicehostel Seljaland AUBERGE DE JEUNESSE €
(☎419 0100 ; en retrait de la route 1 ; dort/d avec petit-déj 5 900/16 500 ISK). À 2 km au sud des chutes de Seljalandsfoss, cette élégante auberge de jeunesse dispose de 4 chambres impeccables, ainsi que de dortoirs de 12 lits avec lampes de chevet. Cuisine à disposition ; thé et café gratuits. En retrait de la route 1 en allant vers Skógar.

Stóra-Mörk III GUESTHOUSE, BUNGALOWS €€
(☎487 8903 ; www.facebook.com/farmholidaysstoramork ; en retrait de la route 248 ; d avec/sans sdb avec petit-déj 19 500/14 500 ISK ; 📶). Prenez la route 249 sur 5 km au-delà de la zone fréquentée des chutes de Seljalandsfoss, puis suivez une piste jusqu'à la ferme historique de Stóra-Mörk III (citée, bien sûr, dans la *Saga de Njáll le Brûlé*). On y trouve de grandes chambres chaleureuses décorées de photographies paysagères. Le bâtiment principal propose des chambres (certaines avec salles de bains privatives), une grande cuisine et une salle à manger – vue superbe sur la montagne et l'océan.

Depuis/vers Seljalandsfoss

Le parking des chutes de Seljalandsfoss coûte désormais 700 ISK la journée. Les compagnies de bus se voient également appliquer des tarifs plus élevés pour s'y arrêter, si bien que les bus Strætó ne desservent plus les chutes et que d'autres compagnies envisagent de les imiter.

Lors de nos recherches, Sterna et Trex assuraient toujours la liaison entre Reykjavík et Seljalandsfoss, tout comme la nouvelle compagnie Thule Travel, qui relie Seljalandsfoss à Reykjavík et Húsadalur/Þórsmörk.

Sud de l'Eyjafjallajökull

La route circulaire traverse la zone inondable au sud de l'Eyjafjallajökull qui a été recouverte par les cendres du volcan lors de la fameuse éruption de 2010. La région, superbe, est ponctuée de fermes et de cascades.

À voir et à faire

Seljavallalaug BASSIN GÉOTHERMAL

(Seljavallavegur, en retrait de la route 242). GRATUIT Seljavallalaug, un paisible bassin construit en 1923 et très prisé des touristes, est alimenté par une source chaude naturelle. En venant d'Edinborg (7 km à l'ouest de Skógar), suivez la route 242 sur 2 km et les panneaux indiquant Seljavellir. Garez-vous près de la ferme et remontez à pied la jolie rivière pendant une quinzaine de minutes. Vestiaires rudimentaires sur place.

Skálakot ÉQUITATION

(487 8953 ; www.skalakot.com ; Skálakotsvegur ; balades 1 heure à partir de 9 000 ISK, demi-journée à partir de 21 000 ISK, excursions 4 jours jusqu'à Þórsmörk 232 500 ISK). La ferme équestre Skálakot (à 15 km à l'ouest de Skógar sur la route 246) propose tout un choix de balades à cheval de 1 heure, d'une demi-journée jusqu'au glacier ou de 4 jours jusqu'à Þórsmörk (Thórsmörk), contrée sauvage du nom du dieu Thor. La ferme dispose d'**hébergements** (487 8953 ; www.skalakot.com ; Moldnúpsvegur, en retrait de la route 246 ; d standard/ste avec petit-déj à partir de 52 500/68 250 ISK ; P).

Où se loger et se restaurer

Quelques fermes et maisons d'hôtes permettent de séjourner sur la route circulaire (route 1).

Hótel Lambafell HÔTEL €€

(487 1212 ; www.lambafell.is ; Lambafell, en retrait de la route 242 ; d/qua à partir de 23 600/48 600 ISK ;). Impeccable et aéré, ce grand hôtel aux allures de chalet en rondins est apprécié pour ses chambres spacieuses avec salle de bains privative. *Hot tub* dans le patio.

Guesthouse Edinborg GUESTHOUSE €€

(487 1212 ; route 242, Lambafell ; d avec petit-déj 16 100 ISK ; @). Anciennement l'Hótel Edinborg (et toujours indiqué sous ce nom depuis la grand-route), cette haute ferme au toit métallique possède un intérieur charmant, avec des chambres attrayantes (salle de bains et lits confortables) et un espace salon sous les combles – vue sur le glacier. Malgré la proximité de la route circulaire, on a une véritable impression d'isolement. Les propriétaires tiennent aussi l'Hótel Lambafell, à proximité.

Country Hotel Anna HÔTEL €€

(487 8950 ; www.hotelanna.is ; Moldnúpur, en retrait de la route 246 ; s/d avec petit-déj 23 200/30 000 ISK ;). Anna, qui a donné son nom à l'auberge, a écrit des livres sur ses voyages à travers le monde. Ses descendants, qui perpétuent sa passion, louent 7 chambres délicieusement désuètes avec meubles anciens et dessus-de-lit brodés. L'hôtel et son petit restaurant (11h-20h30, 11h-21h juin-août ; plats 3 900-5 100 ISK) sont situés au pied de l'Eyjafjallajökull, non loin de la route 246.

Gamla Fjósið ISLANDAIS €€€

(487 7788 ; www.gamlafjosid.is ; Hvassafell, en retrait de la route 1 ; plats 3 900-6 900 ISK, burgers à partir de 2 090 ISK, soupe du volcan 2 490 ISK ; 11h-21h juin-août, horaires réduits sept-mai ;). Ce restaurant charmant, installé dans une ancienne étable, privilégie les produits de la ferme frais et les plats de viande – burgers, "soupe du volcan" (ragoût de viande épicé), etc. Côté décor : poutres basses, plancher, tables cirées et grandes étagères. Personnel sympathique.

Depuis/vers le sud de l'Eyjafjallajökull

Des bus en provenance de Reykjavík passent par la région, mais aucun arrêt fixe n'est prévu. Le plus simple est de disposer d'une voiture ou d'un 4x4 de location.

Skógar

25 HABITANTS

Le royaume de glace de Skógar ("forêt"), niché sous la calotte glaciaire de l'Eyjafjallajökull, est à 1 km de la route circulaire. Ce hameau touristique est le point de départ (ou d'arrivée) de la superbe randonnée jusqu'à Þórsmörk par le col du Fimmvörðuháls, et l'un des centres d'activités du

Sud-Ouest. Ne manquez pas, à l'ouest, la vertigineuse chute de Skógafoss ni, à l'est, le passionnant musée des Arts et Traditions populaires et la cascade cachée de Kvernufoss.

À voir

Skógafoss CASCADE

(Skogafossvegur, en retrait de la route 1). La grandiose chute de Skógafoss, large de 25 m, tombe en rugissant d'une falaise de 60 m de haut, à la lisière ouest de Skógar. Un escalier abrupt menant au sommet offre une vue spectaculaire ; on peut aussi marcher au pied du rideau d'eau nimbé d'écume propice aux arcs-en-ciel – qui ajoutent à sa magie. La légende raconte qu'un colon nommé Þrasi a caché un coffre rempli d'or derrière la cascade. Le haut de la chute est le point de départ de la fameuse randonnée du Fimmvörðuháls (p. 159), qui continue sur 23 km jusqu'à Þórsmörk, le pays des dieux.

Musée des Arts et Traditions populaires MUSÉE

(Skógasafn; ☎4878845; www.skogasafn.is; Skógavegur, près de la route 1 ; adulte/enfant 2 000 ISK/gratuit-1 200 ISK ; ⌚9h-18h juin-août, 10h-17h sept-mai). Ce merveilleux musée, qui couvre tous les aspects de la vie islandaise, est la pépite du hameau de Skógar. Sa riche collection fut rassemblée sur plus de 75 ans par Þórður Tómasson, qui prit sa retraite de conservateur du musée à l'âge de 92 ans. Admirez les bâtiments restaurés (église, ferme au toit herbeux, étables, etc.). Un grand édifice moderne accueille un intéressant musée des Transports et des Communications, un café – ordinaire – et une boutique.

Kvernufoss CASCADE

(Skógavegur, en retrait de la route 1). Cette cascade secrète de 20 m de haut, derrière laquelle on peut passer, reste très peu fréquentée et ignorée des circuits touristiques. Le petit chemin qui y mène part du bâtiment gris à l'extrémité est du parking du musée des Arts et Traditions populaires de Skógar. Empruntez l'échalier pour franchir la clôture et suivez le sentier en direction de la falaise pendant environ 15 minutes, au fond d'un splendide canyon couvert de mousse ; vous arriverez à la belle et vigoureuse chute d'eau.

Circuits organisés

À Skógar et alentour, plusieurs agences bien établies organisent des visites des merveilles naturelles de la région (à commencer par les glaciers et les volcans). Southcoast Adventure (p. 156), Midgard Adventure (p. 153) et Arctic Adventures (p. 74) comptent parmi les excellents prestataires travaillant dans la région de Skógar ; ils proposent toutes sortes d'activités : randonnées avec guide, circuits en Super-Jeep, escalade glaciaire, etc. Le transfert depuis Skógar peut souvent être pris en charge.

Icelandic Mountain Guides AVENTURE

(☎587 9999, bureau de Skógar 894 2956 ; www.mountainguides.is ; route 221 ; kayak autour du glacier à partir de 16 700 ISK, randonnées guidées du Fimmvörðuháls à partir de 104 900 ISK ; ⌚9h30-17h). Ce tour-opérateur, l'un des meilleurs et des plus importants du pays, a noué un partenariat avec Arcanum (p. 173), agence basée sur le Sólheimajökull, et dispose d'un comptoir de réservation à l'Hótel Skógafoss (p. 160). Il propose des sorties en kayak sur la lagune glaciaire, des randonnées guidées du Fimmvörðuháls et bien d'autres expéditions plus lointaines. Possibilité de transfert depuis Reykjavík.

Où se loger

Même si Skógar compte un bon choix d'hébergements, réservez dès que possible pour la haute saison.

Camping de Skógar CAMPING €

(Skógafossvegur, près de la route 1 ; empl 1 500 ISK/pers ; ⌚mai-sept). Un camping herbeux et basique idéalement situé, à côté des chutes de Skógafoss, avec le bruit de l'eau pour berceuse. Bloc sanitaire spartiate (douche 300 ISK) et quelques éviers pour la vaisselle. Paiement au petit guichet près des douches.

Skógar Guesthouse GUESTHOUSE €€

(☎894 5464 ; www.skogarguesthouse.is ; Ytri Skógar, en retrait de Skógaveur ; d/tr sans sdb avec petit-déj 23 800/35 700 ISK ; 📶). Cette jolie ferme blanche se cache au milieu des arbres, ap·sympathique famille qui la tient loue des chambres charmantes et impeccables (draps frais et couettes douillettes). La cuisine est grande et propre. *Hot tub* sur une terrasse en bois à l'ombre des érables.

RANDONNÉE DU FIMMVÖRÐUHÁLS

La randonnée du Fimmvörðuháls (www.fimmvorduhals.is), du nom d'un col niché entre deux glaciers, offre un formidable concentré de nature sauvage. Ce trek de 23,4 km qui relie Skógar à Þórsmörk réunit tous les paysages islandais. Il peut être divisé en 3 étapes à peu près égales. Comptez environ 10 heures pour la randonnée complète (bien qu'elle puisse être faite plus rapidement), en incluant les pauses et la découverte des résidus encore fumants de l'éruption de l'Eyjafjallajökull. La période idéale s'étend de fin juin à début septembre. Renseignez-vous sur place et consultez le site www.safetravel.is, où vous pourrez consigner vos dates et votre itinéraire. Téléchargez l'application 112 Iceland et enregistrez votre position au départ et plusieurs fois pendant la randonnée (l'application possède un bouton d'urgence si besoin). Les téléphones portables captent de façon intermittente sur le trajet. Préparez votre sac avec soin ; vous pourrez avoir l'impression de traverser les 4 saisons en une seule randonnée. C'est une randonnée tout à fait faisable par beau temps, à condition d'être en bonne santé ; si vous n'êtes pas sûr de vous, engagez un guide qui vous aidera à franchir deux passages difficiles.

Étape 1 : le chemin de la cascade Le départ s'effectue à droite de la chute de Skógafoss. Le sentier grimpe rapidement au-dessus de la cascade, derrière laquelle se cache une série de petites chutes. Restez près de l'eau, tandis que vous progresserez au fil des petits rochers et des arbres tortueux. Il existe 22 cascades au total, toutes magnifiques. Le chemin redevient plat et les arbres cèdent la place aux buissons. Vous verrez alors le "pont", une sorte de passerelle au-dessus de la rivière tumultueuse. Il est impératif de traverser à l'endroit indiqué, sous peine de ne pouvoir rejoindre Þórsmörk par la suite.

Étape 2 : le cendrier Du "pont" à la zone d'éruption. Après avoir franchi le pont, du côté gauche de la rivière, on entre dans le cœur sombre du col entre les glaciers de l'Eyjafjallajökull et du Mýrdalsjökull. Le temps est ici très changeant ; il peut pleuvoir sur le col alors que le soleil brille sur Skógar. Couvrez-vous avant de traverser les fossés de glace ; il y a souvent de la neige au début de l'été. Si vous voulez faire la randonnée en 2 jours, réservez parmi les 20 places du refuge de **Baldvinsskáli** (☎568 2533 ; www.fi.is ; N 63°36.622', O 19°26.477' ; dort duvet 7 000 ISK ; ⌚mi-juin à mi-sept) ou au refuge de **Fimmvörðuháls** (☎893 4910, réservations 562 1000 ; www.utivist.is ; N 63°37.320', O 19°27.093' ; duvet 6500 ISK ; ⌚mi-juin à août). Le second est à 600 m du sentier principal, à mi-parcours ; il peut être difficile à repérer par mauvais temps, notez bien les coordonnées GPS avant de partir. Il n'existe pas de camping. En continuant, on découvre la zone d'éruption initiale de l'Eyjafjallajökull. Observez les fumerolles et les plus jeunes montagnes du monde, Magni et Móði. Grimpez au sommet de la première et faites griller quelques saucisses sur une fumerolle !

Étape 3 : Goðaland De la zone d'éruption à Þórsmörk. Cette dernière étape commence après la descente depuis Magni. Le paysage de cendres se déroule encore un moment, puis cède la place à un royaume irréel, comme sorti d'un conte de fées. Goðaland, ou "pays des dieux", porte bien son nom. Admirez les fleurs sauvages arctiques, avec des cathédrales de pierre en toile de fond. Des étendues de verdure se déploient jusqu'à Þórsmörk.

Repères GPS Cette randonnée est relativement courte, mais il est important d'emporter un GPS, notamment pour la seconde partie, où le tracé n'est pas toujours simple à repérer.

1 N 63°31.765, O 19°30.756 (départ)

2 N 63°32.693, O 19°30.015

3 N 63°33.741, O 19°29.223

4 N 63°34.623, O 19°26.794 (le "pont")

5 N 63°36.105, O 19°26.095

6 N 63°38.208, O 19°26.616 (début de la zone d'éruption)

7 N 63°39.118, O 19°25.747

8 N 63°40.561, O 19°27.631

9 N 63°40.721, O 19°28.323 (terminus à Básar)

Bien qu'à 10 minutes à pied de Skógafoss, on se sent loin de l'animation touristique.

Hótel Skógafoss HÔTEL €€
(☎487 8780 ; www.hotelskogafoss.is ; Skógafossvegur, en retrait de la route 1 ; d avec petit-déj 27 200-29 500 ISK ; 📶). Les 19 chambres de cet hôtel sont modernes et bien agencées (la moitié ont vue sur les chutes), avec de bonnes salles de bains. Les baies vitrées du bistrot-bar donnent sur la cascade ; on y sert de la bière locale à la pression.

Hótel Skógar HÔTEL €€€
(☎487 4880 ; www.hotelskogar.is ; Skógarfossvegur, en retrait de la route 1 ; s/d/tr avec petit-déj 24 300/27 600/34 100 ISK ; 📶). Tout un choix de petites chambres, décorées avec de jolis objets anciens. Certaines ont vue sur les collines. Depuis le jardin, on voit le glacier de l'Eyjafjöll et les chutes de Skógafoss. *Hot tub*, sauna et restaurant élégant (12h-15h et 18h-22h ; plats 1 600-4 900 ISK). Bon petit-déjeuner.

Où se restaurer

Mia's Country Kitchen FISH & CHIPS €
(☎696 6542 ; Skógafossvegur, près de la route 1 ; fish & chips 2 000 ISK ; ⏲12h-16h). Le *food truck* à pois rouge et blanc de Mia sert uniquement des *fish and chips* de première fraîcheur, accompagnés de frites croustillantes et d'une sauce au choix (tartare islandaise, piment doux ou ketchup). Le camion stationne de façon permanente sur la route de Skógafoss.

Fossbúð ISLANDAIS, ANGLAIS €€
(☎487 4880 ; Skógafossvegur, en retrait de la route 1 ; plats 1 500-3 000 ISK ; ⏲9h-21h juin-août ; 📶). Le Fossbúð n'offre certes pas un cadre glamour, mais l'accueil est chaleureux et les plats sont copieux et abordables. On y sert soupes, burgers, sandwichs et gâteaux, ainsi que des plats plus consistants comme le *fish and chips* et le petit-déjeuner anglais (haricots, tomates, pain grillé, saucisses, bacon et œufs). Il y a sur place un accès Wi-Fi gratuit, un **bureau d'information touristique** (Skógafossvegur, en retrait de la route 1 ; ⏲9h-21h juin-août) et une épicerie vendant des articles alimentaires et de camping.

Hótel Skógafoss Bistro-Bar ISLANDAIS €€
(☎487 8780 ; www.hotelskogafoss.is ; Skógar, en retrait de la route 1 ; plats 1 900-3 300 ISK ; ⏲11h-21h). Le bistrot de l'hôtel Skógafoss est très bien situé, avec ses baies vitrées donnant sur la cascade. En revanche, la cuisine (burgers, pâtes, poisson) est sans intérêt, le service est parfois lent et le personnel peu aimable. Un autre atout toutefois : la bière locale à la pression (à partir de 1 100 ISK).

Depuis/vers Skógar

Stræto (p. 457). Bus n°51 en provenance de Reykjavík (5 520 ISK, 2 heures 30, 2/jour)

Sterna (p. 457). Bus n°12/12a en provenance de Reykjavík (5 300 ISK, 3 heures, 1/jour juin à mi-sept)

Reykjavík Excursions (p. 457). Bus n°20/20a (6 700 ISK, 3 heures 15-4 heures, 1/jour juin-déb sept) et bus direct n°21/21a (6 700 ISK, 3 heures 15-4 heures, 2/jour juin-août) en provenance de Reykjavík

Landmannalaugar

Avec ses montagnes multicolores, ses sources chaudes apaisantes, ses coulées de lave et ses lacs aux eaux bleu clair, le massif du Landmannalaugar est absolument unique. C'est le chouchou des Islandais comme des étrangers... du moins lorsque la météo est clémente !

Le Landmannalaugar (600 m), qui fait partie de la réserve naturelle de Fjallabak, englobe la plus grande zone géothermique d'Islande après la caldeira du Grímsvötn, dans le parc du Vatnajökull. Ses sommets sont faits de rhyolite, une lave riche en minéraux qui refroidit très lentement, ce qui lui donne des couleurs incroyables. On se croirait transporté dans une aquarelle !

La région est le point de départ du fameux trek du Laugavegurinn et se prête à d'autres belles balades à la journée. On y trouve aussi un bassin naturel.

À voir

Hnausapollur VOLCAN
(En retrait de la F208). Cet immense cratère se cache derrière une corniche volcanique voisine de la route menant au Landmannalaugar. Le Hnausapollur, qui est entré en éruption il y a quelque 11 000 ans, renferme aujourd'hui un lac aux eaux turquoise. Le bord du cratère est accessible en 4x4. Vous pouvez le contempler depuis votre véhicule ou marcher très précautionneusement sur le bord. Pour pêcher dans le lac, il faut acheter un permis (3 500 ISK) au Mountain Mall (voir p. 162).

Sur la F208, aucun panneau n'indique ce site splendide, situé à 200 m de la route. Cherchez la piste de terre qui monte sur une colline à gauche, avant le lac de Frostastaðavatn.

Bassin naturel SOURCES CHAUDES

(en retrait de la F224). GRATUIT Depuis le bungalow d'information du Landmannalaugar, une promenade en planches mène à un bassin alimenté par des sources chaudes et entouré de collines volcaniques. Il ne s'agit pas d'une zone de baignade officielle, mais les visiteurs sont nombreux à s'y baigner, à leurs risques et périls. Des panneaux rappellent que l'eau, entièrement naturelle, n'est pas désinfectée. Des cas de dermatite ont été signalés chez des baigneurs, mais cela ne semble pas arrêter les nombreux randonneurs qui plongent dans ces eaux.

Stútur VOLCAN

(En retrait de la F224). Le Stútur (dont le nom signifie "goulot") se trouve sur le champ de lave de Norðurnámshraun. Il est signalé depuis la route F224. Deux chemins de randonnée assez raides permettent d'atteindre le bord du cratère, soit par l'est, soit par l'ouest. Par temps clair, le lac de Frostastaðavatn est visible depuis le sommet. Il y a quelques emplacements de parking sur le bord de la route, mais le volcan est aussi accessible à pied depuis le Landmannalaugar.

Activités

Les activités ne manquent pas dans le Landmannalaugar et alentour. Pourtant, de nombreux visiteurs passent à côté des merveilles de la région en entreprenant directement le long trek du Laugavegurinn. Si vous prévoyez de rester, sachez que la foule est moins dense le soir et que, malgré le chaos apparent de la base, les collines sont un véritable havre de paix.

Randonnée

Si vous souhaitez faire des balades dans le Landmannalaugar, arrêtez-vous au bungalow d'information pour acheter une carte des excursions à la journée (300 ISK), sur laquelle sont indiqués les meilleurs sentiers de la région. Les randonnées guidées (proposées par des agences de Hvolsvöllur et Skógar) sont un très bon moyen d'explorer le secteur.

Le trek du Laugavegurinn (p. 163) part derrière le bungalow de Landmannalaugar (repérez le balisage rouge).

♥ Ljótipollur RANDONNÉE

(En retrait de la F208). Partez pour la journée au bien mal nommé Ljótipollur ("affreuse mare"), un incroyable cratère magenta empli d'une eau d'un bleu éclatant. Le rouge intense des parois provient de dépôts de minerai de fer. Bizarrement, bien que formé lors d'une éruption, ce lac est riche en truites. Le chemin traverse toutes sortes de paysages : déserts de téphra, coulées de lave, marécages, vallées glaciaires accidentées...

Pour arriver jusqu'ici, vous pourrez monter en haut du **Norðurnámur** (786 m) ou simplement traverser au pied de la montagne en direction de l'ouest pour rejoindre la route du Ljótipollur (10-13,3 km aller-retour, selon l'itinéraire choisi). Pour une randonnée plus courte, garez-vous près du chemin sur la F208 et marchez directement jusqu'au cratère ; cherchez les panneaux indiquant le chemin sur la route du Landmannalaugar.

Brennisteinsalda RANDONNÉE

Par beau temps, gravissez le Brennisteinsalda, dont les versants striés d'arcs-en-ciel sont ponctués de colonnes de vapeur et de dépôts de soufre, pour admirer ce superbe paysage rude et bigarré (6,5 km aller-retour depuis Landmannalaugar). Du Brennisteinsalda, il faut 1 heure 30 par la route de Þórsmörk pour arriver à l'impressionnante zone géothermique de Stórihver.

Demandez au bungalow d'information du Landmannalaugar de vous indiquer le point de départ.

Frostastaðavatn RANDONNÉE

(En retrait de la F208). Ce lac bleu s'étend derrière la crête de rhyolite, au nord du refuge de Landmannalaugar. Derrière l'arête, vous serez récompensé par différents points de vue (de près et de loin) sur les étonnantes formations rocheuses et les coulées de lave couvertes de mousse autour du lac.

Pêche

Pour pêcher dans les lacs du secteur, procurez-vous un permis (3 500 ISK/pers) auprès du Mountain Mall de Landmannalaugar ou à Landmannahellir.

Où se loger

Vous trouverez une grande base avec un camping et un refuge à Landmannalaugar. En saison, le camping ouvre dès que les routes sont praticables, souvent en juin. La fermeture a lieu au plus tard mi-octobre. Elle peut être avancée, en cas de forte chute de neige ou quand l'eau est coupée.

Base de Landmannalaugar REFUGE, CAMPING €
(☎réservations 568 2533, refuge juil-sept 860 3335 ; www.fi.is ; F244 ; empl/refuge 2 000/ 9 500 ISK par pers, utilisation diurne des équipements 500 ISK). En plein été, ce camping ressemble à un camp de fortune, avec d'innombrables tentes, quelques constructions envahies par les randonneurs et du linge suspendu un peu partout. Le refuge peut accueillir 78 personnes, dans un espace restreint ; réservez. La cuisine est accessible aux occupants du refuge ; les douches (500 ISK pour 5 min d'eau chaude) sont ouvertes à tous.

Les campeurs s'installent aux emplacements prévus et ont accès à un espace salle à manger abrité sous une tente, idéal en cas de mauvais temps. Le camping sauvage est strictement interdit – toute la zone fait partie de la réserve naturelle protégée de Fjallabak. Plusieurs gardes surveillent le site. Lors de nos recherches, le nombre de campeurs n'était pas limité et on ne pouvait pas réserver. La base est accessible en 4x4 par la F244.

Landmannahellir CAMPING, REFUGE €
(☎893 8407 ; www.landmannahellir.is ; empl adulte 1 500 ISK, duvet 6 100 ISK/pers, taxe de réservation 333 ISK/pers ; ⌚mi-juin à déb sept). Ce camping isolé possède des équipements rudimentaires, dont une douche (500 ISK) et des toilettes, et un refuge (apportez votre duvet). Vous pourrez vous y procurer un permis de pêche (3 500 ISK la journée). Le bus Trex (www.trex.is) T21 Reykjavík-Landmannalaugar dessert Landmannahellir (7 450 ISK, 3 heures 45, 1-2/jour mi-juin à début sept), sur demande.

Où se restaurer

Il n'y a pas de restaurants à Landmannalaugar. Faites des provisions. Le Mountain Mall vend de la soupe et des articles d'épicerie de base à des prix supérieurs à la moyenne, et la base de Landmannalaugar met une cuisine à disposition de ses clients.

Achats

Mountain Mall ALIMENTATION, VÊTEMENTS
(www.landmannalaugar.info ; en retrait de la F224 ; ⌚8h-20h juin à mi-sept, 10h-17h sept-mai). Sur la base de Landmannalaugar, ce magasin aménagé dans 3 bus vend des articles de base : bonnets, sous-vêtements longs, cartes, matériel de camping, produits alimentaires, mais aussi des chocolats chauds (500 ISK) et des soupes (à partir de 1 300 ISK). Vente de permis de pêche (2 000 ISK par pers et par jour).

Renseignements

Les **gardiens** du refuge de Landmannalaugar (en retrait de la F224 ; ⌚8h-19h et 20h-21h30 juin-sept) répondront à vos questions et vous conseilleront sur les itinéraires. Ils vendent des cartes indiquant les itinéraires des randonnées à la journée (300 ISK) et du trek du Laugavegurinn (1 800 ISK), ainsi qu'une brochure en anglais et en islandais sur ce trek (3 000 ISK). Notez que les gardiens ne sont pas météorologues (tout le monde leur demande s'il va pleuvoir...).

Le **centre d'information** (www.fi.is ; en retrait de la F224 ; ⌚8h-19h et 20h-22h juin-sept) – simplement connu sous le nom de Landmannalaugar – est géré par Ferðafélag Íslands (p. 166). On y trouve des informations sur les randonnées et les hébergements, ainsi que des cartes de la région. L'agence gère le camping et le refuge voisins, ainsi que plusieurs refuges du trek du Laugavegurinn. Leur site Web est également très bien renseigné.

Depuis/vers Landmannalaugar

BUS

Des bus semi-amphibies permettent de rejoindre Landmannalaugar depuis 3 directions différentes. Ils circulent quand les routes sont ouvertes (voir le site www.road.is) et que la neige a fondu, en été.

Depuis Reykjavík Des bus desservent l'ouest de la piste de Fjallabak, qui suit d'abord la route 26 à l'est de la Þjorsá jusqu'à la F225.

Depuis Skaftafell Des bus empruntent la piste de Fjallabak (F208).

Depuis Mývatn Des bus traversent les hautes terres en passant par Nýidalur, sur la piste de Sprengisandur (F26).

Il est possible de venir de Reykjavík et de passer entre 2 et 10 heures à Landmannalaugar avant de regagner la capitale, ou de faire une halte de 3 à 5 heures avant de continuer vers Skaftafell. Cela suffit pour se tremper dans les sources chaudes et/ou profiter d'une courte randonnée. Les bus du matin arrivent généralement à Landmannalaugar vers midi (horaires variables). Vous pourrez aussi passer la nuit sur place.

Reykjavík Excursions (p. 457). Bus n°10/10a Skaftafell-Landmannalaugar (9 500 ISK, 5 heures 45, 1/jour fin juin-déb sept), n°11/11a Reykjavík-Landmannalaugar (8 500 ISK, 4 heures 30-5 heures, 5/jour mi-juin à mi-sept), n°14/14a Mývatn-Landmannalaugar (16 100 ISK, 10 heures, 1/jour fin juin-déb sept)

Sterna (p. 457). Bus n°13/13a Reykjavík-Landmannalaugar (7 950 ISK, 4 heures 45, 1/jour fin juin-déb sept)

Trex (p. 457). Bus T21 Reykjavík-Landmannalaugar (9 100 ISK, 4 heures 15, 2/jour mi-juin à déb sept)

Thule Travel (p. 140). Des bus permettent de rejoindre Landannalaugar depuis Reykjavík (8 200 ISK, 4 heures, 2/jour mi-juin à mi-sept), Hella (6 300 ISK, 3 heures), Selfoss (7 650 ISK, 3 heures) et Hvergerði (7 650 ISK, 3 heures).

VOITURE

Les routes menant au Landmannalaugar sont ouvertes exclusivement en été (approximativement entre fin juin et septembre), selon les conditions météo et de circulation (info à jour sur www.safetravel.is et www.road.is). Trois axes permettent de venir depuis la route circulaire (route 1) ; tous nécessitent un 4x4. Comptez une journée pour venir de Mývatn par la piste de Sprengisandur (4x4 uniquement). Si vous avez un petit 4x4, vous devrez le laisser au parking situé 1 km avant Landmannalaugar, car la traversée de la rivière serait trop périlleuse, et emprunter la passerelle piétonne. Les voitures de location à 2 roues motrices ne sont pas autorisées à emprunter les routes F.

Il n'y a pas de station-service au Landmannalaugar. Les plus proches sont 40 km au nord, à **Hrauneyjar** (Hotel Highland ; ☎487 7782 ; www.hrauneyjar.is ; route 26, Hrauneyjar ; Ⓟ📶), près du départ de la F208 ; et à 90 km au sud-est, à Kirkjubæjarklaustur. Par précaution, faites le plein sur la route circulaire (route 1) en venant de l'ouest ou du nord.

F208 (nord-ouest) C'est une route assez fréquentée en été ; de nombreux véhicules l'empruntent pour se rendre à Landmannalaugar. Suivez la rive occidentale de la Þjorsá (route 32), via Árnes, puis empruntez la F208 par le nord jusqu'au Landmannalaugar. C'est l'itinéraire le plus accessible pour les petits 4x4. Après la centrale électrique, la route venant de Hrauneyjar devient très cahoteuse. Elle passe entre les lignes à haute tension jusqu'à Ljótipollur.

F225 À l'est de la Þjorsá, suivez la route 26 dans les terres, traversez les plaines derrière Hella, contournez le Hekla, puis poursuivez vers l'ouest sur la route F225 jusqu'à la base. Un trajet éprouvant.

F208 (sud-est) Ce parcours, le plus difficile, quitte la route circulaire entre Vík et Kirkjubæjarklaustur. C'est celui qu'empruntent les bus Skaftafell-Landmannalaugar.

Vous pouvez aussi réserver un circuit en Super-Jeep auprès d'une agence locale, à Reykjavík ou dans une localité du sud du pays.

Trek du Laugavegurinn : de Landmannalaugar à Þórsmörk

C'est en effectuant le fameux trek de 2 à 5 jours entre Landmannalaugar et la vallée de Þórsmörk, appelé le Laugavegurinn ("route des sources chaudes"), que les randonneurs gagnent leurs galons en Islande. Le paysage, d'une beauté étrange et rude, ne cesse de changer à mesure que l'on remonte vers le cœur de l'île, où la terre fume et bouillonne. Versants montagneux aux couleurs vives, rivières glaciaires et glaciers s'égrènent en chemin, jusqu'à la réserve naturelle verdoyante de Þórsmörk. C'est la randonnée la plus populaire d'Islande. Sur ce parcours sinueux de 55 km, les infrastructures sont en bon état et les refuges sont bien répartis. Réservez impérativement plusieurs mois à l'avance si vous voulez y dormir. Les campeurs n'ont pas besoin de réserver.

Avant de partir, consultez le site www.safetravel.is, où il est conseillé de consigner votre itinéraire. Téléchargez l'application 112 Iceland et enregistrez-vous ; vous n'aurez qu'à appuyer sur une touche en cas d'urgence. Pensez à signaler votre départ au point d'information de la base de Landmannalaugar. N'entreprenez en aucun cas cette randonnée hors saison (elle est souvent ouverte de début juillet à début septembre – variable en fonction de la météo), car les dangers sont bien réels et vous ne trouverez personne pour vous venir en aide en chemin. Même en été, la neige et le brouillard sont au rendez-vous, et vous devrez franchir des rivières. Préparez-vous en conséquence.

Trek du Laugavegurinn

À L'ASSAUT DU LAUGAVEGURINN

En 4 jours

Ferðafélag Íslands (www.fi.is) divise le Laugavegurinn en 4 sections (voir le site Internet). De nombreux randonneurs effectuent un tronçon par jour, sur 4 jours, ce qui leur permet de profiter des refuges judicieusement situés (et/ou des campings adjacents).

Étape 1 : de Landmannalaugar à Hrafntinnusker (12 km ; 4-5 heures). L'itinéraire démarre plutôt en douceur. Il traverse les terres en ébullition de Stórihver et des champs d'obsidienne étincelante, avant d'arriver au premier refuge. Pour rallonger l'étape, passez par Skalli ; procurez-vous auprès du point d'information de la base de Landmannalaugar la brochure (300 ISK) qui détaille cette variante moins fréquentée. Faites le plein d'eau avant de partir, car vous ne croiserez aucune source avant le premier refuge. Environ 2 km avant Hrafntinnusker, une stèle à la mémoire d'un randonneur rappelle tristement qu'il faut préparer soigneusement sa randonnée et faire preuve d'une vigilance constante.

Étape 2 : de Hrafntinnusker à l'Álftavatn (12 km ; 4-5 heures). À Hrafntinnusker, vous pourrez effectuer quelques courtes boucles sans votre sac à dos avant de continuer : allez à Södull (20 min aller-retour) et à Reykjafjöll (1 heure aller-retour), qui réservent des panoramas magnifiques, et à la zone géothermique cachée derrière les grottes de glace (3 heures aller-retour). Prenez conseil auprès du garde. Le sentier menant à l'Álftavatn (le lac des Cygnes) offre également une vue splendide ; franchissez l'éperon nord de la calotte glaciaire de Kaldaklofsfjöll pour contempler le panorama depuis le sommet. En progressant vers l'Álftavatn, on aperçoit le Tindfjallajökull, le Mýrdalsjökull et l'Eyjafjallajökull, avant d'atteindre le majestueux lac, où vous passerez la nuit.

Étape 3 : de l'Álftavatn à Emstrur-Botnar (15 km ; 6-7 heures). Pour atteindre Emstrur, vous devrez franchir au moins un grand cours d'eau. Otez vos chaussures et passez à gué ou attendez sur la rive qu'un 4x4 vous fasse traverser. Ne manquez pas le détour par le spectaculaire Markarfljótsgljúfur, un canyon verdoyant d'une incroyable beauté. L'itinéraire est bien indiqué depuis Emstrur. Comptez 1 heure aller (retour par le même chemin).

Étape 4 : d'Emstrur-Botnar à Þórsmörk (15 km ; 6-7 heures). À ce stade, l'aridité cède la place aux fleurs arctiques et à des paysages verdoyants. Si vous ne souhaitez pas rester à Þórsmörk, vous devrez arriver avant le départ du dernier bus, l'après-midi ou le soir.

En 3 jours

Si vous êtes en forme, il est possible d'effectuer cette randonnée en 3 jours au lieu de 4. Condensez les étapes 1 et 2 en un seul jour et arrivez à Álftavatn après 8-10 heures de marche. Continuez jusqu'à Emstrur le deuxième jour, pour parvenir à Þórsmörk le troisième au soir.

En 2 jours

Les grands randonneurs peuvent parcourir les 55 km de cet itinéraire en deux grandes journées. Marchez jusqu'à l'Álftavatn le premier jour ou, encore mieux, jusqu'à Hvanngil, 5 km plus loin. Il est possible de réaliser les étapes 3 et 4 le deuxième jour, car ce tronçon de 30 km est relativement plat, avec un dénivelé cumulé de seulement 100 m.

En 5 heures

Vous êtes champion de course à pied ? Inscrivez-vous au **Laugavegur Ultra Marathon** (Laugavegshlaupið ; www.marathon.is ; ⌚juil). Les meilleurs coureurs du monde effectuent les 55 km de cette course d'endurance en moins de 5 heures. Þorbergur Ingi Jónsson détient le dernier record : 3 heures 59 minutes et 13 secondes.

Prolonger le Laugavegurinn

Si la météo est clémente et que vous n'êtes pas à court de provisions, il n'y a aucune raison de se presser. Prenez l'un des refuges pour base et explorez les sentiers qui partent de l'itinéraire principal du Laugavegurinn. Il est aussi possible de s'attarder au Landmannalaugar avant de se mettre en marche, même si notre préférence va à la région de Þórsmörk.

Où se loger et se restaurer

Des refuges, tous gérés par Ferðafélag Íslands (www.fi.is), sont stratégiquement placés le long du chemin. Ils peuvent accueillir des dizaines de personnes, mais il vous faudra beaucoup de chance pour obtenir une place à l'improviste ; ils sont souvent réservés (et payés) plusieurs mois à l'avance. On peut s'inscrire sur une liste d'attente dès l'année précédente ; les réservations débutent officiellement en octobre ou novembre pour l'été suivant. Les places partent très rapidement. Notez que vous devrez apporter votre duvet et que les lits superposés de la plupart des refuges accueillent 4 personnes (deux côte à côte par niveau). Si vous voyagez seul, vous dormirez donc à côté d'un inconnu.

De nombreux refuges sont équipés de panneaux solaires, qui permettent aux gardiens de recharger leur matériel de communication, et alimentent éventuellement un éclairage. Les randonneurs n'ont pas accès à l'électricité. Un calme strict est requis de minuit à 7h.

On peut camper dans des espaces délimités autour du refuge. Face à la popularité grandissante de la randonnée, ces emplacements sont aussi pris d'assaut (leur nombre n'était pas limité lors de nos recherches). Sachez que les campeurs ne peuvent pas profiter des cuisines et autres équipements du refuge, ce qui implique d'avoir son propre matériel. Ils ont en revanche accès aux sanitaires et à l'eau courante. Les emplacements de camping sont souvent exposés aux éléments : installez votre tente dans le sens du vent et lestez-la avec des rochers. Le camping coûte partout 2 000 ISK par personne ; il n'est pas nécessaire de réserver. Les paiements, à régler aux gardiens, se font en espèces ou par carte bancaire.

Les refuges sont en général ouverts de fin juin à début septembre, en fonction de la météo. Ils sont fermés en hiver. Le camping sauvage est strictement interdit sur tout le parcours, qui traverse des réserves naturelles protégées.

Vous ne trouverez de nourriture nulle part ; apportez le nécessaire.

Hrafntinnusker REFUGE, CAMPING €

(Höskuldsskáli ; ☎499 0679 ; www.fi.is ; N 63°56.014', O 19°10.109' ; empl/refuge duvet 2 000/9 500 ISK/pers). Ce refuge, le plus spartiate du parcours, accueille 52 personnes (22 sur des matelas par terre dans un grenier aménagé). Il y a de l'eau courante froide en été, des toilettes extérieures et un chauffage géothermique, mais pas de douche et rien pour recueillir les déchets : vous devrez transporter les vôtres jusqu'à Hvangil.

Le refuge est à 1 027 m d'altitude, préparez-vous à des conditions inhospitalières si vous campez. Certains campeurs cuisinent sur des fumerolles non loin de là. Le gardien (juillet-août seulement) saura vous indiquer le lieu. Quand il est absent, il faut puiser l'eau à la rivière ou ramasser de la neige.

Álftavatn REFUGE, CAMPING €

(☎823 4008 ; www.fi.is ; N 63°51.470', O 19°13.640' ; empl/refuge duvet 2 000/9 500 ISK). Les 2 refuges, qui accueillent 72 personnes au total, ont l'eau potable et des matelas. La cuisine est équipée de gazinières. La douche coûte 500 ISK. Le site ouvre en même temps que les routes F locales – de juin (début ou fin du mois, en fonction de la météo) à mi-septembre. Il est donc accessible en 4x4.

Hvanngil REFUGE, CAMPING €

(☎860 3336 ; www.fi.is ; N 63°50.026', O 19°12.507' ; empl/refuge 2 000/9 500 ISK par pers). Ce refuge sur un sentier secondaire, à 5 km au sud d'Álftavatn, loge 60 personnes et dispose d'une cuisine et d'une douche (500 ISK). C'est une bonne option pour les marcheurs qui font le trek en 2 jours. Généralement plus tranquille qu'Álftavatn.

Emstrur REFUGE, CAMPING €

(Botnar ; ☎490 0137 ; www.fi.is ; N 63°45.980', O 19°22.450' ; empl/refuge 2 000/9 500 ISK par pers). Emstrur compte 60 lits répartis dans 3 refuges, 2 douches (eau chaude 500 ISK/5 min), des toilettes et une cuisinière à gaz. Vous devrez emporter vos déchets et il n'y a pas de prise électrique. La vue est ici moins spectaculaire que dans les autres refuges – malgré l'emplacement sous le glacier. La couverture de téléphonie mobile est mauvaise.

En été, il est parfois possible d'emprunter en Jeep la piste (qui part de l'Emstruleið/F261) menant au refuge.

Renseignements

Ferðafélag Íslands (Islandic Touring Association ; ☎568 2533 ; www.fi.is) gère les installations de la région. Son site Internet est une mine de renseignements (infos sur le trek notamment). L'association publie un petit livret (3 000 ISK, en vente à Landmannalaugar) sur l'itinéraire, disponible en anglais et en islandais, qui fournit des renseignements détaillés sur les paysages, les points de vue et le sentier, et vend également une carte (1 800 ISK). Les cartes de l'itinéraire éditées par Ferdakort sont facilement disponibes en ligne, si vous souhaitez vous documenter en amont (environ 2 300 ISK).

La plupart des agences du sud de l'Islande mettent le Laugavegurinn à leur catalogue et engagent des guides expérimentés, mais leurs tarifs sont très élevés. Outre l'itinéraire classique, il existe des variantes plus longues, hors des sentiers battus, qui empruntent des cols peu fréquentés parallèles au sentier principal.

La plupart des randonneurs suivent le sentier du nord vers le sud pour profiter du dénivelé négatif et des infrastructures à Þórsmörk. De Þórsmörk, vous pourrez sauter dans un bus amphibie à destination d'une ville du sud comme Hvolsvöllur, Hveragerði, Hella ou Reykjavík (aller à partir de 4 500 ISK depuis Þórsmörk avec Reykjavik Excursions), ou continuer à pied jusqu'à Skógar par le superbe Fimmvörðuháls (p. 159), ce qui prend 1 ou 2 jours de plus (23 km).

MÉTÉO ET ÉQUIPEMENT

Bien que l'itinéraire soit correctement signalé, munissez-vous d'une carte et d'un GPS si vous effectuez la randonnée sans guide. La neige, le brouillard et le blizzard peuvent rendre le sentier difficilement visible, bien qu'il soit emprunté par de nombreux randonneurs.

L'itinéraire est presque toujours praticable de début juillet à mi-septembre. Au début de la saison (fin juin à début juillet), on peut rencontrer des zones verglacées et des endroits très enneigés difficiles à traverser. En été, certains cours d'eau sont infranchissables car trop profonds. Les dates prévues d'ouverture des refuges constituent un bon indicateur des conditions. Les refuges sont fermés hors saison : il est alors fortement déconseillé (et dangereux) d'entreprendre la randonnée.

À tout moment, la randonnée Landmannalaugar-Þórsmörk ne doit pas être prise à la légère. Il est indispensable de prévoir le matériel adéquat (chaussures adaptées, vêtements et équipements chauds et imperméables), car les conditions météo peuvent changer brutalement et radicalement. Vous devrez traverser des rivières, et la pluie et le brouillard peuvent survenir rapidement. Ne portez pas de jean ni de vêtements en coton à même la peau ; ils ne retiennent pas la chaleur corporelle et sont longs à sécher. Si vous n'êtes pas un randonneur expérimenté et ne savez pas quoi emporter, documentez-vous. Les gardes ont signalé une forte recrudescence de randonneurs mal préparés qu'il a fallu secourir.

Emportez suffisamment d'eau et de nourriture. Privilégiez les aliments secs et légers. Si vous dormez dans des refuges, vous pourrez vous y approvisionner en eau. Les déchets doivent être déposés uniquement dans les endroits prévus à cet effet dans certains refuges.

TRANSPORT DES BAGAGES

Vous n'aurez pas besoin de porter des bagages superflus tout au long du trek du Laugavegurinn. Certaines maisons d'hôtes acceptent de garder les bagages moyennant un supplément. Si vous passez par une agence, elle s'occupera de transporter vos affaires du départ à l'arrivée, voire d'un refuge à l'autre.

Þórsmörk

Paradis des randonneurs, la réserve naturelle de Þórsmörk (Thórsmörk) forme un royaume verdoyant de forêts et de vallons fleuris entouré de pics enneigés, englobant des gorges tourmentées, des rivières glacées et 3 glaciers imposants (le Tindfjallajökull, l'Eyjafjallajökull et le Mýrdalsjökull). Ces derniers protègent le secteur des conditions météo les plus rudes : il fait souvent plus doux et plus sec à Þórsmörk (littéralement la “forêt de Thor”, ou Þór) qu'aux alentours.

Au nord-est, la partie la plus haute de la région, surnommée **Goðaland** (le “pays des Dieux”), est sublime. Les formations rocheuses se courbent vers le ciel comme les arches d'une cathédrale, et des fleurs arctiques fluorescentes jaillissent de la mousse spongieuse en lumineux éclats de couleurs. En altitude, le temps est moins clément à Goðaland qu'à Þórsmörk.

Orientation

Sur une carte, Þórsmörk semble proche de la route circulaire, mais vous devrez prendre un bus amphibie ou un 4x4 surélevé (circuits en Super-Jeep) pour franchir les rivières et atteindre la réserve (vous pouvez aussi marcher depuis Skógar ou Landmannalaugar). En arrivant par le sud, il vous faudra franchir la périlleuse rivière Krossá, impraticable avec un 4x4 ordinaire.

Goðaland marque l'arrivée de la somptueuse randonnée par le col du Fimmvörðuháls (p. 159), qui part de Skógar. Le principal site de camping de Goðaland se trouve à Básar (p. 169) ; de Básar à Þórsmörk en voiture, vous devez faire la dangereuse traversée de la Krossá. Il y a des passerelles pour les piétons (elles sont sur roues et bougent en fonction du niveau de l'eau).

Activités

Cette région splendide est idéale pour randonner, que vous partiez seul ou dans le cadre d'une excursion guidée.

Vous pouvez vous porter volontaire pour participer à l'entretien des chemins de randonnée auprès du Þórsmörk Trail Volunteers (www.trailteam.is), une initiative de l'Iceland Forest Service (Office des forêts islandais). Aucune expérience antérieure n'est requise ; la formation est incluse, et les repas et l'hébergement en tente sont fournis.

Canyon de Stakkholtsgjá RANDONNÉE

(F249). Cette magnifique gorge de 100 m de profondeur semble sortie du *Seigneur des anneaux*. Ses parois recouvertes de mousse et son parcours sinueux recèlent une cascade cachée. Suivez le lit de la rivière et, lorsqu'elle se sépare en deux, prenez le bras de gauche qui descend dans un étroit canyon. Franchissez quelques rochers et vous découvrirez la cascade (ou des stalactites en hiver).

La balade aller-retour prend environ 1 heure 30. Le canyon de Stakkholtsgjá peut s'avérer difficile d'accès à moins d'emprunter un véhicule amphibie (les 4x4 ordinaires ne peuvent pas traverser les rivières des environs) dans le cadre d'un circuit guidé. Le niveau des rivières à proximité varie constamment, et il n'est pas toujours possible de les franchir à pied – à moins qu'un pont temporaire n'ait été érigé. Toutefois, vous pouvez vous renseigner sur le niveau des rivières auprès du ranger local ou demander à l'un des bus amphibies quotidiens d'effectuer un arrêt à Stakkholtsgjá (les bus Thule, Reykjavík Excursions, Sterna et Trex s'arrêtent généralement à Basar, qui est sur la F249, comme la gorge). De nombreux circuits organisés passent par là en journée et vous pourrez peut-être négocier le retour. La plupart des bus et des véhicules privés vous factureront le retour.

Tour du Valahnúkur RANDONNÉE

(Départ du refuge de Langidalur ou de Húsadalur). Une boucle de 2 heures 30 conduit au très beau point de vue du mont Valahnúkur qui porte jusqu'à l'océan, par-delà les canyons et les glaciers. Depuis Húsadalur, gravissez le sentier jusqu'au sommet, puis redescendez vers Langidalur, d'où vous longerez la crête séparant les vallées pour revenir à votre point de départ. Vous pouvez aussi faire l'aller-retour par le même chemin ou prendre un bus pour le retour.

Útigönguhöfði RANDONNÉE

L'ascension du mont Útigönguhöfði (environ 5,5 km, 4-5 heures), haut de 850 m, est une randonnée spectaculaire. Les points de vue sur le canyon, le paysage lunaire en contrebas et le glacier au loin sont remarquables et presque irréels. Le point de départ se situe derrière le bloc sanitaire du camping de Básar. Il y a parfois beaucoup de vent au sommet. Le sentier peut être instable et glissant par endroits ; avancez précautionneusement et restez conscient de vos limites.

Réttarfell RANDONNÉE

(Départ de Básar) Cette ascension (environ 4 km aller-retour, 1-2 heures) au départ de Básar (voir ci-contre) est plus courte que celle du mont Útigönguhöfði, mais tout aussi gratifiante ; elle offre de vertigineux points de vue sur la gorge en contrebas. À l'embranchement, prenez à droite (l'itinéraire est indiqué par un panneau) au lieu de prendre à gauche vers le mont Utigonguhofdi. Une fois au sommet, repartez par le même chemin.

Vous pouvez aussi faire une boucle en empruntant le sentier qui redescend dans la vallée, puis la F249. Cartes disponibles au bureau de Básar.

Tour du Tindfjöll RANDONNÉE

La plus longue des "courtes" randonnées de la région (environ 10 km) prend de 3 à 4 heures depuis Básar (voir ci-contre), 4 heures 30 depuis Langidalur (voir ci-contre) et 6 heures depuis Húsadalur (voir ci-contre). L'itinéraire passe par la gorge et la crête du Tindfjöll. Des cartes de l'itinéraire sont en vente dans tous les refuges.

La randonnée commence dans la **vallée de Slyppugil** (ou sur la crête du même nom), avant de traverser une moraine bordant une autre crête. Elle passe ensuite par la **Tröllakirkja** (l'"église des Trolls"), après laquelle apparaît une vaste étendue de verdure qui aboutit à un panorama de la vallée de Þórsmörk digne d'une carte postale. Suivez le sommet de l'arête de grès jusqu'à la rivière Krossá, qui vous ramènera à Langidalur ou, plus loin, à Húsadalur. L'itinéraire est bien signalé par des balises orange. Attention, le vent peut souffler très fort à plusieurs endroits.

Circuits organisés

En optant pour un circuit guidé en Super-Jeep, vous ferez plus de découvertes qu'en venant par vos propres moyens.

Partout dans le Sud, des agences comme Southcoast Adventure (p. 156), Midgard Adventure (p. 153) et Icelandic Mountain Guides (p. 158) vous conduiront dans des vallées secrètes, jusqu'à des glaciers et des cascades inaccessibles en bus, et vous initieront à la géologie et à la culture de la région. Il serait dommage de ne pas profiter de ces opportunités. Vous pourrez approcher la langue glaciaire du **Gígjökull**, dont la fonte partielle due à l'éruption de l'Eyjafjallajökull en 2010, provoqua des inondations.

Où se loger et se restaurer

Il existe 3 secteurs où se loger à Þórsmörk : Langidalur (des refuges et le camping voisin de Slyppugil), Básar (qui appartient en fait à Goðaland) et Húsadalur. Partout, vous trouverez des refuges et des emplacements de camping, ainsi que l'eau courante et de quoi cuisiner. Les hébergements sont pris d'assaut en été ; les lits en refuge doivent être réservés tôt. Emportez de la nourriture et un duvet. Le camping sauvage est interdit dans la région.

Húsadalur compte un restaurant basique de style buffet, aux Volcano Huts Þórsmörk, tandis qu'à Langidalur, une boutique vend des articles de base à des prix élevés. Mieux vaut apporter vos provisions.

Volcano Huts Þórsmörk REFUGE, CAMPING €€

(☎552 8300 ; www.volcanohuts.com ; Húsadalur ; empl 2 600 ISK/pers, dort/d/bung/glamping sans sdb 8 400/26 600/29 000/32 000 ISK ; wifi). Très fréquentés, ces Volcano Huts mettent de l'animation dans la vallée du Húsadalur ! On y trouve différents hébergements : dortoirs, chambres, bungalows avec kitchenette pour 5 personnes (avec duvets ; draps 3 000 ISK), un camping et des tentes de luxe chauffées avec lit double. Salles de bains communes et sauna. Un espace est prévu pour faire la cuisine, mais vous devrez avoir votre matériel (casseroles, ustentiles...).

On mange bien au restaurant (petit-déj/déj/dîner 2 200/2 700/5 000 ISK) : soupe, pain frais, café et gâteau au déjeuner ; buffet pour le dîner. Wi-Fi. Cartes de randonnée en vente sur place. Une petite boutique vend du matériel de camping et de sport, et le bar propose de la bière à la pression – les seules pintes que vous trouverez à Þórsmörk. L'endroit est desservi par des bus amphibies en provenance de Reykjavík.

Básar REFUGE, CAMPING €

(☎893 2910, réservations 562 1000 ; www.utivist.is ; F249, N 63°40,559', O 19°29,014' ; empl/refuge 2 000/7 600 ISK par pers). Son bel emplacement dans les arbres lui vaut la faveur des Islandais. Le refuge peut accueillir 83 personnes (sur des matelas). L'espace camping est pris d'assaut les week-ends d'été. Barbecue et vaste cuisine dotée de grands bancs en bois où l'on peut manger. Comptez 500 ISK pour le téléphone et 500 ISK pour une douche.

Básar se situe au bout de la F249, mais n'est pas accessible en 4x4 ordinaire en raison des rivières à traverser. Le site est desservi par des bus amphibies. Réservation conseillée en été.

Slyppugil CAMPING €

(☎575 6700 ; www.hostel.is ; empl 1 300 ISK/pers ; ⏱juin-août). Ce camping géré par Hostelling International et proche de Langidalur (500 m) est l'hébergement le moins cher du secteur. Douches (500 ISK), toilettes et barbecues. Le gardien vous indiquera des randonnées à la journée.

Langidalur REFUGE, CAMPING €

(Þórsmörk ; Skagfjörðsskáli ; ☎893 1191, réservations 568 2533 ; www.fi.is ; N 63°40.960', O 19°30.890' ; empl/refuge 2 000/9 500 ISK par pers ; ⏱mai-sept). Situé au départ (ou à l'arrivée) du trek menant à Landmannalaugar, Langidalur est le plus rustique des 4 hébergements de Þórsmörk. Bien entretenu, il peut accueillir 75 personnes et met 2 cuisines à disposition des clients. Les campeurs n'y ont pas accès et doivent apporter leur matériel de cuisine. Vaste espace de camping et grand bloc sanitaire (douche 500 ISK).

Langidalur Shop ÉPICERIE

(Refuge de Langidalur ; ⏱mai-sept). Petit magasin proposant thé et café chauds, ainsi que des produits de base : bouteilles de gaz, chaussettes en laine, cartes et quelques articles alimentaires (soupes, pâtes, confiture), à des prix élevés. Les canettes de bière fraîches font le bonheur des randonneurs après une journée de marche. Horaires variables ; le personnel du refuge de Langidalur peut ouvrir la boutique sur demande.

Renseignements

Appelez le **gardien de Langidalur** (☎893 1191 ; refuge de Langidalur) pour obtenir des

KOTENKO OLEKSANDR/SHUTTERSTOCK ©

KAVRAM/SHUTTERSTOCK ©

ANDREY BAYDA/SHUTTERSTOCK ©

BEKETOFF /SHUTTERSTOCK ©

1. Hverir (p. 324)
Des sentiers sécurisés parcourent le paysage lunaire de Hverir, criblé de chaudrons de boue et de colonnes de vapeur soufrée.

2. Fjaðrárgljúfur (p. 191)
La rivière Fjaðrá s'écoule au fond du spectaculaire canyon de Fjaðrárgljúfur.

3. Gatklettur (p. 242)
L'arche en pierre de Gatklettur se trouve sur la plage de Djúpalón, sur la côte sud-ouest.

4. Plage de Reynisfjara (p. 173)
La plage de sable noir de Reynisfjara est adossée à un empilement de colonnes basaltiques évoquant l'orgue de quelque église magique.

informations sur la météo et le niveau des rivières, ou en cas d'urgence.

Depuis/vers Þórsmörk

BUS

Des bus tout-terrain équipés pour pouvoir traverser les rivières desservent Þórsmörk quand les routes sont ouvertes (infos sur www.road.is). Les bus Reykjavík-Þórsmörk s'arrêtent à Hveragerði, Selfoss, Hella, Hvolsvöllur et Seljalandsfoss. Les bus de Reykjavík Excursions sont très pratiques pour se déplacer dans la réserve de Þórsmörk. Le trajet en bus amphibie est déjà une aventure !

Reykjavík Excursions (p. 457). Le bus n°9 relie directement Reykjavík à Þórsmörk (8 000 ISK, trajet le plus court 4 heures, 6/jour mai à mi-oct), mais c'est aussi le premier à afficher complet. Il s'arrête à Hveragerð, Selfoss et Hella et nécessite une correspondance à Hvolsvöllur. Vous pouvez également prendre le bus n°20 ou 21 pour ensuite reprendre le n°9.

Sterna (p. 457). Bus n°14/14a Reykjavík-Þórsmörk (6 950 ISK, 4 heures, 1/jour fin juin-déb sept)

Trex (p. 457). Le bus n°T11 reliant Reykjavík à Þórsmörk (8 700 ISK, 4 heures 30, 2/jour mi-juin à mi-sept) dessert Hveragerði (7 400 ISK), Selfoss (7 400 ISK), Hella (5 400 ISK), Hvolfsvöllur (5 400 ISK), Seljalandsfoss (5 400 ISK), Gígjökull, Básar et Langidalur.

Thule Travel (p. 140). Un bus destiné aux randonneurs relie Reykjavík à Þórsmörk (7 050 ISK, 4 heures 45, 2/jour juin à mi-sept). Également des liaisons au départ de Hveragerði (6 400 ISK, 4 heures), Hvolsvöllur et Hella (4 650 ISK, 2 heures 45).

RANDONNÉE

Þórsmörk constitue souvent l'arrivée de la célèbre randonnée du Laugavegurinn (p. 163), la plupart des marcheurs partant de Landmannalaugar. Le magnifique sentier du Fimmvörðuháls qui rallie Þórsmörk depuis Skógar est également apprécié (p. 159). Si vous voulez atteindre la vallée de Þórsmörk à pied, on vous recommande l'une des randonnées précédemment mentionnées ; les routes 249 et F249 depuis Seljalandsfoss sont beaucoup moins agréables pour les marcheurs.

À pied, comptez environ 30 minutes entre Langidalur et Húsadalur par le plus court chemin.

VOITURE

Il n'est pas possible d'aller jusqu'à Þórsmörk en voiture. Si vous avez un 4x4 avec une garde au sol très haute, vous pouvez tenter l'aventure par les routes 249 et F249 jusqu'au carrefour vers Húsadalur et Básar, au bord de la Krossá. Là, vous devrez laisser votre véhicule ; il n'est en aucun cas envisageable de franchir les tourbillons sans Super-Jeep et sans connaître le passage.

Les bus pour Þórsmörk sont des véhicules amphibies spécialement équipés pour traverser cette rivière profonde et les ravines encombrées de rochers. Si vous vous garez au carrefour, vous pourrez peut-être prendre un bus (à condition qu'il y ait de la place et que le chauffeur soit d'accord ; comptez 2 000 ISK/pers) ou une Super-Jeep. Les Super-Jeeps peuvent faire le trajet en hiver.

De Skógar à Vík

Tandis que la route circulaire s'incurve vers l'est entre Skógar et Vík, le relief s'élève vers les glaciers, les sommets et les volcans de l'intérieur des terres, et des rivières grondent dans des gorges mystérieuses, avant de traverser de vastes prairies jusqu'aux plages de sable noir et à l'océan. Le paysage est émaillé de fermes (beaucoup proposent un hébergement) et le cadre naturel est tour à tour spectaculaire et bucolique, malgré l'affluence estivale.

À voir

Voici les principaux sites remarquables de la région, classés d'ouest en est :

♥ Sólheimajökull — GLACIER

(Route 221). Le Sólheimajökull, l'une des langues glaciaires les plus faciles d'accès, se déploie depuis la grande calotte glaciaire du Mýrdalsjökull. C'est une destination très prisée pour la marche et l'escalade sur glace. Le route 221 qui part de la route circulaire mène au bout de 4,2 km à un petit parking et au bureau de l'agence Arcanum (voir p. 173), d'où l'on peut atteindre le glacier 800 m plus loin par un large sentier bordant le lac glaciaire. N'essayez pas d'escalader le glacier sans guide.

En raison des crevasses qui se forment régulièrement, il est indispensable de faire appel à un tour-opérateur ; les excursions partent du parking.

Mýrdalsjökull — GLACIER

Le magnifique Mýrdalsjökull est le quatrième glacier du pays : sa calotte glaciaire, qui couvre 700 km², atteint par endroits 750 m d'épaisseur. Le volcan Katla, qui somnole dessous, entre périodiquement en éruption à travers la glace, noyant la plaine côtière sous un déluge de glace fondue, de sable et de téphras (produits volcaniques autres que la lave). Des agences locales incluent la couronne glaciaire dans certains circuits. Ne vous aventurez pas sans guide : la glace est instable et le sentier jusqu'au cratère peut être impraticable.

Sólheimasandur PLAGE

(Route 1). Le 21 novembre 1973, un avion de la US Navy dut faire un atterrissage forcé à Sólheimasandur (l'équipage survécut). L'épave du Douglas DC-3 est restée sur la plage de sable noir, telle une coquille battue par le vent. Auparavant, une route descendait, mais les visiteurs doivent désormais se garer sur un parking improvisé et marcher jusqu'à la plage, à 4 km. Comptez 3 heures l'aller-retour ; la balade est facile, mais sans charme particulier.

La création d'une véritable route d'accès est en projet. Le parking est à 8 km de Skógar, sur la droite en allant vers Vík.

Dyrhólaey RÉSERVE NATURELLE

(Route 218). À la hauteur de Dyrhólaey (10 km à l'ouest de Vík, au bout de la route 218) se dresse la plus spectaculaire formation naturelle de la côte sud : un promontoire de 120 m de haut, percé d'une immense arche au-dessus de l'océan. Admirez ses plages d'un noir profond et la vue depuis les hauteurs. Le site, classé réserve naturelle, abrite des colonies d'oiseaux, dont des macareux. Il est (partiellement ou entièrement) fermé pendant la nidification, du 15 mai au 25 juin.

Il y a deux parkings – l'un en haut de la falaise près du phare de Dyrhólaey, l'autre en bas. Si vous n'avez pas de 4x4, mieux vaut vous garer en bas car la route qui monte est criblée de profonds nids-de-poule et devient très mauvaise quand il pleut. C'est de Reynisfjara, sur la côte, que l'on a la plus belle vue sur l'arche.

D'après la *Saga de Njáll le Brûlé*, c'est ici que Kári, seul survivant de l'incendie qui décima le clan de Njáll, avait sa ferme. La grotte de **Loftsalahellir**, quant à elle, était utilisée pour les conseils à l'âge des sagas ; on s'y rend par une piste située juste avant la chaussée menant à Dyrhólaey.

Reynisfjara PLAGE

(Route 215). Sur le versant ouest du Reynisfjall, la crête élevée qui surplombe Vík, la route 215 descend sur 5 km jusqu'à la plage de sable noir de Reynisfjara. Cette grève sauvage est adossée à d'incroyables empilements de **colonnes basaltiques**, évoquant l'orgue de quelque église magique. La vue vers l'ouest et Dyrhólaey est superbe. Les falaises environnantes sont creusées de cavernes de basalte déformé ; en été, les macareux plongent dans les vagues depuis les hauteurs. Les hautes orgues basaltiques de Reynisdrangur se dressent à faible distance de la côte. Gare aux vagues imprévues : il n'est pas rare que des visiteurs se fassent emporter.

C'est ici qu'a été tourné le clip *Holocene* du groupe Bon Iver (2011), véritable ode à l'Islande. La plage est très fréquentée en haute saison ; privilégiez le début et la fin de journée.

Reynisdrangur SITE REMARQUABLE

(Route 215). Les orgues basaltiques émergeant des flots emblématiques de Vík sont connues sous le nom de Reynisdrangur : elles surgissent de l'océan telles des tours d'ébène, à l'extrémité ouest de la plage de sable noir. La légende dit qu'il s'agirait des mâts d'un bateau que des trolls avaient pris d'assaut avant d'être frappés par la lumière du soleil. Les falaises voisines hébergent des colonies de macareux moines. À l'ouest de Vík, une marche tonifiante vous conduira en haut de la crête du **Reynisfjall** (340 m), d'où la vue est superbe.

Circuits organisés

Arcanum CIRCUITS AVENTURE

(487 1500 ; www.arcanum.is ; route 221 ; marches sur le glacier à partir de 9 900 ISK, circuits en quad à partir de 19 990 ISK, motoneige 2 pers à partir de 26 990 ISK ; 9h30-17h). Cette agence réputée organise chaque jour des marches sur le glacier du Sólheimajökull, des circuits en motoneige ou en quad, ainsi que d'autres excursions pour tous les âges. Elle possède une boutique sur le parking du glacier, où les guides vous conseilleront volontiers.

Mountain Excursion CIRCUITS AVENTURE

(897 7737 ; www.facebook.com/mountainexcursion.is ; Ketilsstaðaskólavegur, en retrait de la route 1 ; marches sur le glacier à partir de 10 500 ISK, circuits en Super-Jeep à partir de 21 500 ISK ; 9h-17h). Ce petit prestataire représenté au Volcano Hotel propose des randonnées de 3 heures sur le glacier du Sólheimajökull et des circuits autour du volcan en Super-Jeep.

Où se loger et se restaurer

Il est interdit de camper à Dyrhólaey.

Garðar GUESTHOUSE €€

(487 1260 ; www.reynisfjara-guesthouses.com ; Reynisfjara, route 215 ; bung 19 000-32 000 ISK).

LE GÉOPARC DU KATLA

Le premier géoparc islandais a été créé en 2011, avec pour objectif de protéger une région d'une grande importance géologique, de promouvoir la culture locale et le développement durable, et de faire œuvre de pédagogie auprès des visiteurs. Le **géoparc du Katla** (☎862 4066 ; www.katlageopark.is) s'étend de Hvolsvöllur, au nord-est, jusqu'au grand Vatnajökull et aux plages de sable noir volcanique. Il englobe le volcan homonyme, l'**Eyjafjallajökull** et les terres torturées du Lakagígar ("cratères du Laki"). Il couvre 9% de la superficie de l'Islande. Il ne possède pas de bureau, mais son site Internet fournit des renseignements.

De tous les volcans islandais, le Katla apparaît comme le plus menaçant pour les années qui viennent. Ce volcan de 30 km de long, très actif, est profondément enfoui sous la calotte glaciaire du Mýrdalsjökull. Il connaît en moyenne deux éruptions par siècle. La dernière ayant eu lieu en 1918, la suivante est attendue depuis plusieurs décennies.

Lorsque la nouvelle phase éruptive se produira, on s'attend, après l'explosion initiale, à des jours et des jours de retombées de cendres, de nuages de téphras et d'éclairs foudroyants, accompagnés d'inondations dues à la fonte soudaine du glacier. La géologie montre que les éruptions passées ont causé des raz-de-marée qui ont ricoché sur les Vestmannaeyjar (îles Vestmann) et créé un déluge dans la zone où se trouve aujourd'hui le village de Vík.

Les habitants de la région suivent des entraînements réguliers pour se préparer à une éventuelle évacuation. En cas d'éruption, tous les téléphones portables à portée de réseau (y compris le vôtre) recevront une alerte. Une fois le signal lancé, les fermiers devront débrancher les clôtures électriques, ouvrir les étables et les écuries (afin que les animaux puissent s'enfuir vers les hauteurs), afficher un panneau sur leur porte pour indiquer qu'ils ont quitté les lieux, puis se rendre dans l'un des centres d'évacuation à Hvolsvöllur, Vík ou Kirkjubæjarklaustur.

Un endroit magique au bout de la route 215, à l'ouest de Vík. Ragnar, un sympathique fermier, loue 5 bungalows équipés en bord de plage, l'un en pierre (4 personnes), les autres en bois (2-4 personnes). Quatre d'entre eux disposent d'une cuisine, de toilettes et d'une douche.

♥ Grand Guesthouse Garðakot — B&B €€

(☎894 2877 ; www.ggg.is ; Garðakotsvegur, ferme de Garðakot ; maison entière 60 000 ISK ; wifi). Dans une ferme d'élevage ovin, cette petite maison bien tenue est louée tout entière. Elle possède 4 belles chambres – 2 avec salle de bains privative, 2 avec salle de bains partagée. Parquet chauffant au rez-de-chaussée, vue époustouflante sur les volcans et l'océan à l'étage, TV à écran plat, accueil sympathique, cadre charmant et paisible. À 14 km à l'ouest de Vík, au sud de la route circulaire, sur la route 218. Séjour de 2 nuitées au minimum.

Farmhouse Lodge — B&B €€

(☎625 8905 ; www.farmhouse.is ; Skeiðflöt ; s sans sdb à partir de 20 200 ISK, d avec/sans sdb à partir de 29 500/25 000 ISK, toutes avec petit-déj ; P wifi). Des chambres à l'élégance contemporaine dans une ferme tranquille située sur la route circulaire, à 14 km à l'ouest de Vík – chevets taillés dans des troncs d'arbre, espaces communs décorés avec goût. Copieux petit-déjeuner buffet.

Sólheimahjáleiga Guesthouse — B&B €€

(☎864 2919 ; https://solheimahjaleiga.is ; ferme de Sólheimahjáleiga, route 222 ; d avec/sans sdb à partir de 19 900/24 400 ISK, f à partir de 38 700 ISK ; P wifi). Des bâtiments de ferme confortables et rénovés abritent des chambres avec salle de bains privative ou commune, ainsi qu'une cuisine. Les chambres familiales (jusqu'à 5 personnes) ont leur propre salle de bains. Si vous aimez les animaux, vous serez conquis : 400 moutons, 6 chevaux, des poules et deux adorables chiens vivent à la ferme. À 11 km à l'est de Skógar, juste au nord de la route circulaire.

Mið-Hvoll Cottages — BUNGALOWS €€

(☎863 3238 ; midhvoll.is ; en retrait de la route 1 ; bung 27 000 ISK ; P wifi). Ces 7 bungalows tout en bois, très confortables, sont proches de Dyrhólaey, dans un coin de campagne au sud de la route circulaire, avec vue sur les montagnes et l'océan. Chacun possède une cuisine, et peut accueillir 5 personnes. Les propriétaires proposent des balades à cheval sur les plages et dans les prairies alentour, pour tous les âges et tous les niveaux (à partir de 8 000 ISK).

À 12 km à l'ouest de Vík, en empruntant une petite piste sur 3 km, juste à l'ouest de l'embranchement pour Dyrhólaey (route 218).

Giljur Gistihús GUESTHOUSE €€

(☎866 0176 ; www.facebook.com/giljurguesthouse ; Giljavegur, en retrait de la route 1 ; s/d sans sdb à partir de 16 000/20 000 ISK, d/tr 25 000/46 600 ISK ; ⏰juin à mi-sept ; 📶). Une petite maison d'hôtes au toit végétal sur une ferme, dans un cadre superbe, au pied de versants verdoyants traversés par une cascade où broutent des chevaux. Chambres avec salle de bains privée ou commune ; copieux petit-déjeuner. À 7 km à l'ouest de Vík, en retrait de la route circulaire.

Gistiheimlilið Reynir GUESTHOUSE €€

(☎894 9788 ; www.reyni.is ; Reynisfjara, route 215 ; d sans sdb 12 500 ISK, f 26 200 ISK ; 📶). Cet ensemble de mini-bungalows en tôle fait face à l'océan à Dyrhólaey. Les chambres avec lits jumeaux et une chambre familiale (5 couchages) partagent salle de bains et cuisine. Les chambres familiales de 4 personnes disposent d'une salle de bains privative.

Volcano Hotel HÔTEL €€

(☎486 1200 ; www.volcanohotel.is ; Ketilsstaðaskóli, en retrait de la route 1 ; d avec petit-déj à partir de 21 900 ISK ; 📶). Cet hôtel de 7 chambres, à 11,5 km à l'ouest de Vík, offre un décor au thème volcanique : sol en mosaïque de galets et bougies. Bon petit-déjeuner (œufs, fruits frais, gaufres, café, thé et jus de fruits). Le Volcano fait partie des établissements de choix dans la région et affiche vite complet. La petite agence Mountain Excursion y possède un bureau.

Hótel Dyrhólaey HÔTEL €€

(☎487 1333 ; www.dyrholaey.is ; Brekknavegur, en retrait de la route 1 ; d avec petit-déj à partir de 30 000 ISK ; @📶). Sur un promontoire à 10 km à l'ouest de Vík, cet hôtel de 88 chambres bénéficiant de beaux points de vue a la faveur des groupes. Ses 3 ailes renferment de grandes chambres confortables mais ordinaires, desservies par de longs couloirs moquettés, décorés de photographies de l'Islande. Le restaurant (19h-21h mai-oct, 2 450-4 300 ISK) sert viande et poisson, ainsi que des plats végétariens.

Guesthouse Steig GUESTHOUSE €€€

(☎487 4660 ; www.guesthousesteig.is ; Steigsvegur ; d avec/sans sdb à partir de 28 000/21 500 ISK avec petit-déj ; @📶). Située à 16 km à l'ouest de Vík, à 1,5 km au nord de la route circulaire (via une piste), cette jolie maison d'hôtes occupe une ferme toute simple, aux chambres spacieuses, modernes et claires. Six des chambres disposent d'un lavabo. Cuisine commune, accueil sympathique et ambiance rurale.

Black Beach Restaurant CAFÉ €€

(Svarta Fjaran ; ☎571 2718 ; www.svartafjaran.com ; Reynisfjara, route 215 ; en-cas 990 ISK, plats dîner 2 550-3 200 ISK ; ⏰11h-19h ; 📶). Ce restaurant moderne se distingue par une architecture cubique en pierre noire volcanique, évoquant la plage noire de Reynisfjara voisine et ses célèbres colonnes de basalte. On y sert des gâteaux maison et des en-cas en journée, ainsi que des *fish and chips*, des soupes et des salades de poulet. Les baies vitrées donnent sur l'océan et Dyrhólaey.

Vík

320 HABITANTS

L'accueillant village de Vík (Vík í Mýrdal) est une base en plein essor pour les visiteurs souhaitant partir à la découverte de magnifiques tronçons de la côte sud. Localité la plus méridionale d'Islande, c'est aussi la plus pluvieuse, ce qui ne l'empêche pas de connaître une ambiance frénétique en été, lorsque toutes les chambres à 100 km à la ronde sont occupées. C'est un point de chute pratique, offrant de nombreux services, d'où l'on peut se rendre à la superbe plage de basalte de Reynisfjara (p. 173), juste à l'ouest, et ses falaises peuplées de macareux, au plateau rocheux de Dyrhólaey (p. 173), aux volcans entre Skógar et la lagune glaciaire de Jökulsárlón... Sur la côte, des vagues blanches viennent lécher le sable noir, tandis que les falaises prennent avec la pluie une couleur vert brillant. Un cadre magnifique.

À voir et à faire

Víkurkirkja ÉGLISE

(Hátún). Perchée au-dessus du village, l'église de Vík (1930) possède des vitraux aux formes géométriques. Elle jouit d'une belle vue sur l'océan.

True Adventure PARAPENTE

(☎698 8890 ; www.trueadventure.is ; Suðurvíkurvegur 5 ; parapente à partie de

NATURE ISLANDAISE : PRUDENCE

Aussi envoûtants que soient les paysages islandais, avec leurs plages de sable noir et leurs glaciers étincelants en bord de route, il est primordial de comprendre les dangers encourus. La plage de Reynisfjara, près de Vík, est réputée pour ses vagues traîtresses – des touristes se font régulièrement piéger et il n'est pas toujours possible de les secourir. Il serait inconscient de s'aventurer sur les glaciers sans un guide local expérimenté. Des crevasses, souvent dissimulées sous la neige, peuvent apparaître soudainement ; les émanations de gaz dues à l'activité volcanique et les inondations (parfois invisibles de la surface) contribuent à fragiliser la glace.

Le nombre de touristes ne cesse de croître en Islande, et des visiteurs inexpérimentés au comportement irresponsable font malheureusement régulièrement la une des journaux (un homme a par exemple emmené sa famille sur un glacier avec une voiture de location). Soyez responsable. Vérifiez systématiquement les conditions météo et n'hésitez pas à changer vos plans en cas de danger. Téléchargez l'application 112 Iceland et enregistrez-vous sur www.safetravel.is quand vous partez en randonnée.

35 000 ISK ; mai-oct). Cette agence basée à l'auberge de jeunesse HI de Vík emmène des groupes faire du parapente en tandem (de 1 à 2 heures). Une expérience impressionnante, pour survoler Vík et les paysages du Sud tel un macareux !

Circuits organisés

La plupart des agences qui proposent des circuits sur la côte sud sont concentrées à Skógar, à 33 km à l'ouest de Vík, et à Hvolsvöllur. À Vík, renseignez-vous à l'auberge de jeunesse pour les circuits au Mýrdalsjökull et les vols en parapente au-dessus des prairies vallonnées. De nombreux tour-opérateurs de Reykjavík ont ajouté la région à leur catalogue.

Katla Track JEEP
(849 4404 ; www.katlatrack.is ; circuits grotte de glace et volcan à partir de 19 900 ISK). Circuits à la découverte des sites locaux et du Mýrdalsjökull.

Où se loger

Hôtel ou B&B, bungalow ou maison à louer, les hébergements affichent vite complet dans la région de Vík en été. Il est indispensable de réserver à l'avance. Toutefois, si vous campez, vous pourrez sans doute trouver un emplacement au dernier moment. Attention, il est interdit de camper à Dyrhólaey.

Vík HI Hostel AUBERGE DE JEUNESSE €
(Norður-Vík Hostel ; 487 1106 ; www.hostel.is ; Suðurvíkurvegur 5 ; dort/s/d sans sdb 6 500/10 200/18 000 ISK avec petit-déj, bung à partir de 40 000 ISK ;). Cette sympathique auberge ouverte toute l'année occupe une maison beige sur la colline à l'arrière du village. Cuisine à disposition des hôtes. Plusieurs bungalows indépendants peuvent héberger jusqu'à 8 personnes. Organisation d'excursions et d'activités, tyrolienne ou parapente (mai-sept, 14 900 ISK et 35 000 ISK). Réduction pour les membres HI. Adresse certifiée verte.

Camping de Vík CAMPING €
(Tjaldsvæðið Vík ; 487 1345 ; www.vikcamping.is ; Klettsvegur 7 ; empl adulte/enfant 1 750 ISK/gratuit ; juin-sept ;). Sous une crête couverte d'herbe à l'est du village, juste après l'Icelandair Hótel Vík. Un bâtiment octogonal abrite la cuisine, les toilettes, les douches (300 ISK) et la laverie (500 ISK). Quatre petits bungalows sont aussi disponibles (25 000 ISK).

Guesthouse Carina B&B €€
(699 0961 ; www.guesthousecarina.is ; Mýrarbraut 13, en retrait de la route 1 ; s/d/tr sans sdb à partir de 16 900/21 900/25 900 ISK ;). L'un des meilleurs hébergements de Vík, dirigé par la sympathique Carina et son mari Ingvar. Les chambres, spacieuses et lumineuses, sont impeccables, tout comme les salles de bains communes. À proximité du centre, dans une vieille demeure restaurée.

Où se restaurer et prendre un verre

Ice Cave Restaurant INTERNATIONAL €
(☎788 5070 ; Austurvegur, route 1 ; plats à partir de 1 450 ISK ; ⊙11h-21h). Installé dans le même bâtiment que la boutique Icewear (voir plus bas), ce restaurant moderne aux allures de cafétéria et à l'éclairage futuriste (fourni par des sortes d'arbres géants) propose une cuisine très correcte : sandwichs, salades, pâtes, poulet mariné, côtes d'agneau, curry de poulet et burgers. Service au comptoir sur plateau.

Víkurskáli INTERNATIONAL €
(☎487 1230 ; Austurvegur 18 ; plats 1 250-1 900 ISK ; ⊙11h-20h30). Dégustez un hamburger dans un box de ce grill à l'ancienne situé dans la station-service N1, d'où l'on a vue sur le site de Reynisdrangur. Plats du jour également (divers ragoûts, dont le traditionnel ragoût de mouton).

Kjarval SUPERMARCHÉ €
(☎487 1325 ; Austurvegur, route 1 ; ⊙9h-21h). Épicerie située sur la route principale.

Suður-Vík ISLANDAIS, ASIATIQUE €€
(☎487 1515 ; www.facebook.com/Sudurvik ; Suðurvíkurvegur 1 ; plats 1 300-5 350 ISK ; ⊙12h-22h, horaires réduits l'hiver). L'atmosphère sympathique et le cadre chaleureux (parquet, poutres et œuvres d'art intéressantes) placent le Suður au-dessus de la concurrence. Côté cuisine : plats rustiques, salades de quinoa au poulet, pizzas et plats asiatiques (curry Panang épicé avec du riz) sont servis généreusement, à l'islandaise. Réservez en été. Pour un dernier verre avant d'aller au lit, descendez au **Man Cave** (☎487 1515 ; Suðurvíkurvegur 1 ; bières à partir de 1 000 ISK ; ⊙18h-tard), à l'étage inférieur.

Ströndin Bistro INTERNATIONAL €€
(☎487 1230 ; www.strondin.is ; Austurvegur 18 ; plats 2 790-3 990 ISK ; ⊙6-22h ; Wi-Fi). Derrière la station-service N1, ce bistrot assez chic, aux murs lambrissés, a vue sur les orgues basaltiques de Reynisdrangur. Optez pour une recette locale, comme la soupe à l'agneau ou le ragoût de poisson, ou un classique international (pizza, burger, etc.).

Halldórskaffi INTERNATIONAL €€
(☎487 1202 ; www.halldorskaffi.is ; Víkurbraut 28, Vík ; plats 2 490-5 000 ISK ; ⊙12h-22h juin-août, 12h-21h sept-mai). Dans le Brydebúð, la grande maison historique où se situe le musée – elle fut construite en 1831 dans les îles Vestmann et transportée à Vík en 1895. Ce restaurant animé, garni de bois à l'extérieur, est très fréquenté en haute saison. À la carte : des plats pour tous les goûts, des burgers et des pizzas au filet d'agneau. Soyez prêt à patienter en été (pas de réservation). Les gâteaux sont irrésistibles, surtout le gâteau islandais à la meringue.

Smiðjan Brugghús MICROBRASSERIE
(https://smidjanbrugghus.is ; Sunnubraut 15 ; ⊙11h30-minuit dim-jeu, 11h30-1h ven-sam). L'établissement le plus branché de Vík est une sorte d'entrepôt aux murs gris ; des vitres donnent sur la salle de brassage et des tableaux noirs répertorient la dizaine de bières artisanales servies à la pression. Les amateurs choisiront entre une IPA, une pale ale, une porter et une farmhouse ale, toutes islandaises, à accompagner d'un burger (plusieurs variétés, dont un végétarien).

Achats

Icewear SOUVENIRS
(☎487 1250 ; www.icewear.is ; Austurvegur 20 ; ⊙8h-22h). Ce grand magasin de souvenirs et de tricots a beaucoup de succès auprès des groupes. On peut apercevoir la partie de l'usine où sont fabriqués les pulls. Quantité de souvenirs islandais ; l'Ice Cave Restaurant (voir ci-contre) est dans le même bâtiment.

Vínbúðin VINS ET SPIRITUEUX
(☎486 8660 ; www.vinbudin.is ; Ránarbraut 1 ; ⊙16h-18h lun-jeu, 13h-19h ven, 12h-14h sam). Chaîne nationale ; horaires restreints.

Renseignements

Centre d'information touristique (☎487 1395 ; www.kotlusetur.is ; Víkurbraut 28 ; ⊙10h-20h mai-sept, 12h-18h oct-avr ; Wi-Fi). Personnel accueillant et de bon conseil sur les environs ; cartes, livres et petite boutique de souvenirs. Dans le **Brydebúð**, où il y a aussi un musée (☎487 1395 ; Víkurbraut 28 ; adulte/enfant 500 ISK/gratuit ; ⊙10h-18h lun-ven, 12h-19h sam-dim juin-août).

Depuis/vers Vík

Vík est l'un des principaux arrêts sur toutes les lignes de bus Reykjavík-Höfn. Les bus font halte à la station-service N1, sur Austurvegur/route 1 dans le centre du village.

Strætó (p. 457). Le bus n°51 reliant Reykjavík à Höfn effectue un arrêt à Vík (1 840 ISK, 2 heures 45, 2/jour). En prenant le premier bus, vous pourrez vous arrêter à Vík, puis poursuivre plus tard vers Höfn à bord d'un autre bus ; de septembre à mai, le service est réduit et vous ne pourrez pas compter sur cette correspondance.

Sterna (p. 457). Le bus n°12/12a reliant Reykjavík à Höfn dessert Selfoss et Vík. Il y a une liaison par jour entre Selfoss (3 800 ISK, 3 heures 15) et Vík de juin à mi-septembre.

Reykjavík Excursions (p. 457). Le bus n°20/20a en provenance de Reykjavík (7 800 ISK, 4-5 heures, 1/jour juin-déb sept) et à destination de Skaftafell s'arrête à Vík.

On rejoint facilement Vík par la route. La route circulaire (route 1) traverse le centre du village. Comptez 2 heures 15 en voiture depuis Reykjavík.

Est de Vík

Mælifell

Le cône volcanique du Mælifell (682 m), dressé en bordure du glacier Mýrdalssandur, compose avec la campagne alentour une vision spectaculaire – un cône presque parfait couvert de mousse d'un vert éclatant, au cœur d'un paysage plat de cendres noires sillonné de petits cours d'eau provenant de la fonte du glacier.

À condition d'être expérimenté et correctement équipé, vous pourrez faire l'ascension du Mælifell ou du *nunatak* (colline ou montagne complètement entourée par un glacier) **Huldufjöll**. Des randonnées plus accessibles longent des cours d'eau. Vérifiez les conditions météo et l'accessibilité de l'itinéraire avant votre départ.

Aucun transport ne dessert cette zone très isolée. Vous aurez besoin de votre propre véhicule, de préférence un 4x4 car la route est mauvaise. Prenez la route 214 à l'est de Vík et continuez sur 15 km dans les montagnes.

Où se loger et se restaurer

Il n'y a aucun magasin dans le secteur très isolé du Mælifell. Faites des provisions à Vík.

Þakgil CAMPING €
(☎893 4889 ; www.thakgil.is ; Höfðarbrekkuafrétti ; empl 2 000 ISK/pers, bung 25 000 ISK ; ⏲juin à mi-sept). Un camping simple et idyllique, niché dans un cadre verdoyant qui contraste avec les montagnes sombres et les spectaculaires formations rocheuses. C'est une base idéale pour explorer les environs du Mælifell. Les bungalows disposent d'une salle de bains et d'une kitchenette. Douches et barbecue.

Hótel Katla – Höfðabrekka HÔTEL €€
(☎487 1208 ; www.keahotels.is/en/hotels/hotel-katla ; Höfðabrekka, route 214 ; d avec petit-déj à partir de 23 700 ISK ; @📶). Situé au début de la route 214, à 5,5 km à l'est de Vík, ce vaste hôtel compte 72 chambres confortables avec salles de bains privatives dans des bâtiments de style et d'époque variables, tantôt kitsch et rustiques, tantôt modernes. Sauna, *hot tub* géothermal et bon restaurant (18h30-21h, buffet 5 900 ISK/pers).

Mýrdalssandur

Les vastes champs de sable volcanique noir du Mýrdalssandur, à l'est de Vík, ont été formés par la projection de matériaux provenant du volcan caché sous le Mýrdalsjökull durant les éruptions du Katla. Ce désert de 700 km² lugubre et désolé frappe les imaginations (certains disent qu'il est hanté). Il paraît inhabité, mais on y voit couramment des renards arctiques et des oiseaux marins.

Au sud de la route circulaire, le petit pic de Hjörleifshöfði (221 m), qui pointe au-dessus du sable, offre une belle vue sur les Vestmannaeyjar. De l'autre côté de la route, la verte colline de Hafursey (582 m) attire des randonneurs basés à Vík.

VESTMANNAEYJAR (ÎLES VESTMANN)

Déchiquetées et noires, les Vestmannaeyjar (îles Vestmann) forment un groupe de 15 silhouettes qui attire l'œil, au large de la côte sud. Ces îles furent formées par l'éruption de volcans sous-marins il y a quelque 11 000 ans, à l'exception de Surtsey, la plus jeune de l'archipel, qui surgit des vagues en 1963. Surtsey a été classée en 2008 au Patrimoine mondial ; de par son statut exceptionnel, il n'est possible d'y débarquer que dans le cadre d'études scientifiques.

Heimaey est la seule des îles à être habitée. Sa toute petite ville, au port bien abrité, est encadrée par de spectaculaires *klettur* (escarpements) et par deux volcans menaçants, l'Eldfell rouge sang et l'Helgafell, de forme conique. De nos jours, elle est connue pour ses macareux (une dizaine de millions d'oiseaux viennent y couver), le festival de Þjóðhátíð (le plus grand festival en plein air islandais, en août) et son excellent musée consacré aux volcans.

Heimaey

4 500 HABITANTS

Le bourg de Heimaey est enfermé dans une forteresse de lave déchiquetée. Son port est niché au bout d'un chenal tortueux qui se fraie un chemin entre des falaises à pic abritant quantité de nids d'oiseaux. Bien qu'elle ne soit qu'à quelques kilomètres du continent, l'île semble perdue au bout du monde, dans les eaux glaciales de l'Atlantique nord.

Les volcans à qui Heimaey doit sa formation ont aussi failli la détruire à plusieurs reprises. La plus grande éruption des temps modernes eut lieu en 1973 : une énorme faille s'ouvrit alors, laissant place au volcan Eldfell et provoquant l'évacuation de l'île. On voit encore l'endroit où la coulée de lave rejoint les maisons du village.

Histoire

Pendant des siècles, Heimaey fut la cible des maraudeurs. Les Anglais, qui lancèrent des raids sur l'île tout au long du XVe siècle, bâtirent le fort de Skansinn pour y établir leur quartier général. En 1627, Heimaey fut pillée par des pirates algériens qui tuèrent 34 habitants et en capturèrent plus de 230 autres (soit près des trois quarts de la population). Seuls en réchappèrent ceux qui étaient descendus en rappel le long des falaises ou s'étaient cachés dans des grottes sur la côte ouest. Les captifs furent vendus comme esclaves en Afrique du Nord. Des années plus tard, 27 d'entre eux virent leur liberté rachetée et rentrèrent au pays.

À voir

Les sites d'intérêt de l'île se concentrent dans le village principal, près des vestiges de Skalinn, dans le fascinant champ de lave récent et autour des volcans, ainsi que sur les falaises, d'où l'on peut observer les macareux. Il existe un guide téléchargeable sur iPhone ou iPad avec chasse au trésor : cherchez "Vestmannaeyjar" dans l'App store.

Village de Heimaey

Eldheimar — MUSÉE

(Pompéi du Nord ; ☎ 488 2700 ; www.eldheimar.is ; Gerðisbraut 10 ; adulte/enfant 2 600/1 300 ISK ; 10h-18h). Plus de 400 constructions reposent sous la lave de l'éruption de 1973. Au bord de cette coulée, le musée de la "Pompéi du Nord" est organisé autour d'une maison qui a été dégagée sous 50 m de ponce. C'est là qu'habitaient Gerður Sigurðardóttir et Guðni Ólafsson avec leurs 3 enfants, dont un bébé. Ils durent abandonner leur maison en plein milieu de la nuit et n'eurent que le temps d'emporter un biberon.

Le bâtiment moderne du musée, en pierre volcanique, permet de voir l'intérieur de la maison avec ses murs en ruine et son mobilier renversé mais intact. Y sont relatées de manière interactive l'éruption et ses conséquences, à l'aide d'images fascinantes et de témoignages sur l'histoire de la maison et de ses propriétaires. Un audioguide est disponible. À l'étage, une passerelle permet de voir la maison d'en haut ; un espace est dédié à l'île de Surtsey et le café a vue sur tout le village.

Skansinn — FORT, SITE HISTORIQUE

Ce bel espace vert au bord de l'océan, en retrait de Skansvegur, regroupe plusieurs sites historiques. Le fort de Skansinn, la plus ancienne construction de l'île, fut construit au XVe siècle pour défendre le port (ce qui n'empêcha pas les pirates algériens de débarquer en 1627 de l'autre côté de l'île). Ses murs, dévastés par la lave en 1973, ont été partiellement rebâtis. Au-dessus, remarquez les vestiges des anciennes citernes de la ville défoncées par la roche en fusion.

Landlyst — MUSÉE

(En retrait de Strandvegur ; 11h-17h mi-mai à mi-sept). GRATUIT Jadis, 75% des bébés nés à Heimaey mouraient du tétanos en raison du manque d'eau et de la contamination des sols, jusqu'à ce qu'une habitante de l'île nommée Sólveig parte à l'étranger se former au métier de sage-femme dans les années 1840. Cette petite maison de bois est l'ancienne maternité fondée par Sólveig (et le deuxième plus ancien bâtiment de l'île). Elle abrite aujourd'hui la reconstitution d'un cabinet médical d'époque et une petite exposition qui présente le matériel utilisé pour les saignées et d'autres instruments médicaux du XIXe siècle.

Stafkirkjan — ÉGLISE

(Église en bois debout ; Skansinn, en retrait de Skansvegur ; 11h-17h mi-mai à mi-sept). Cet édifice recouvert de bitume est la réplique d'une église médiévale en bois (l'église de Haltdalen, qui se trouve aujourd'hui à Trondheim en Norvège) offerte par les autorités norvégiennes en 2000, pour célébrer un millénaire de christianisme.

Heimaey

Heimaey

Les incontournables
1 Eldheimar D4
2 Sæheimar B2
3 Skansinn D1

À voir
4 Landlyst D1
5 Parc public C3
6 Sagnheimar Byggðasafn C3
7 Stafkirkjan D1
8 Stóraklif et Heimaklettur A1

Activités
Eyja Tours .... (voir 10)
9 Heilsueyjan Spa C2
Rent A Bike .... (voir 10)
10 Ribsafari B1
11 Piscine A3
12 Viking Tours C1

Où se loger
13 Aska Hostel C2
14 B&B Hrafnabjörg B2
15 Gistiheimilið Hreiðrið B2
16 Hótel Eyjar C2
17 Hótel Vestmannaeyjar C2
Sunnuhöll HI Hostel .... (voir 17)

Où se restaurer
18 Einsi Kaldi C2
Gott .... (voir 13)
19 Krónan C2
20 Slippurinn B1
22 Tanginn C1

Achats
23 Útgerðin C2
24 Vínbúðin C2

Sæheimar AQUARIUM
(☎481 1997 ; Heiðarvegur 12 ; adulte/10-17 ans/- 9 ans 1 200/500 ISK/gratuit ; ⏲10h-17h mai-sept, 13-16h sam oct-avr ; 👪). Cet aquarium-Muséum d'histoire naturelle présente une collection intéressante d'animaux et d'oiseaux empaillés, des vidéos sur les macareux et les poissons-chats, et des aquariums où évoluent des poissons endémiques à l'Islande. Il est parfait pour les familles, et l'on y voit souvent de jeunes macareux qui se promènent en titubant – le musée fait aussi office d'hôpital vétérinaire.

Sagnheimar Byggðasafn MUSÉE
(Musée des Arts et Traditions populaires ; ☎488 2045 ; www.sagnheimar.is ; Raðhústræti ; adulte/enfant 1 000 ISK/gratuit ; ⏲11h-17h mi-mai à mi-sept, 13h-16h sam mi-sept à mi-mai). Ce musée interactif, installé dans la bibliothèque municipale, raconte l'histoire de Heimaey depuis l'époque des pirates en maraude jusqu'aux éruptions survenues depuis 1973. Il traite également de sujets aussi divers que les héros sportifs, la religion, l'activité volcanique et les oiseaux de l'île.

Stóraklif et Heimaklettur PANORAMA
(Eiðisvegur). Une ascension de 30 minutes mène au sommet de la vertigineuse Stóraklif. Le sentier part de la piste de 4x4, derrière la station-service N1 du port. À mesure qu'il devient plus raide, il est jalonné de cordes et de chaînes (pas totalement fiables). Le chemin est traître et terrifiant, mais les courageux seront récompensés par une vue exceptionnelle. Un peu plus loin sur la digue, Heimaklettur est plus risqué, avec des échelles qui brinquebalent dangereusement. Il s'agit de sites superbes pour voir des macareux couver. Mais, s'il pleut ou que le sol est glissant, ne vous y risquez pas.

En dehors du village

Eldfellshraun CHAMP DE LAVE
(Accessible par Eldfellsvegur). Cette étendue de terre d'un autre monde créée par la coulée de lave de 1973 est désormais sillonnée d'un labyrinthe de sentiers qui descendent au fort de Skansinn et vers la zone où la lave est venue lécher les maisons, ainsi que sur la côte sauvage rouge, à l'est. Là, vous découvrirez de petites plages de sable noir, le jardin sur lave de Gaujulundur et un phare.

Eldfell VOLCAN
(En retrait de Fellavegur ; P). Le cône volcanique de l'Eldfell, qui atteint 221 m de haut, a surgi au petit matin du 23 janvier 1973. Après l'éruption, la chaleur du volcan alimenta Heimaey en énergie géothermique de 1976 à 1985. Aujourd'hui, le sol est encore si chaud par endroits que l'on peut y cuire du pain. Du village, on grimpe facilement en haut de l'Eldfell par la paroi nord effondrée du cratère. Ne quittez pas le sentier : les habitants tiennent à préserver de l'érosion leur volcan le plus récent.

Il faut parcourir 1,5 km pour atteindre le sommet (entre 30 minutes et 1 heure), souvent très venteux. Quelques places de stationnement au pied du volcan.

Helgafell VOLCAN
(Route de Helgafell). L'éruption du Helgafell (226 m) remonte à 5 000 ans. L'herbe a aujourd'hui recouvert les cendres et l'on y grimpe facilement depuis le terrain de football, sur la route de l'aéroport.

Activités

Procurez-vous auprès de l'office du tourisme une carte détaillée des randonnées pédestres et cyclistes de Heimaey. Les balades dans les champs de lave, le long des zones de nidification et sur les plages occidentales de l'île sont particulièrement remarquables.

Stórhöfði RANDONNÉE, OISEAUX
(Route 240). Une **station météorologique** a été construite sur Stórhöfði (122 m), la péninsule rocheuse à la pointe sud de l'île. Relié par un isthme étroit (formé par la lave provenant de l'éruption de l'Helgafell il y a 5 000 ans), Stórhöfði offre une vue magnifique depuis son sommet. On peut aussi observer les macareux depuis un **abri** situé à mi-hauteur ; prenez le premier embranchement vers la droite, puis jusqu'au bout du sentier balisé qui traverse un pâturage.

Il est aussi possible de descendre jusqu'à la plage de rochers de **Brimurð**, de continuer vers le nord le long des falaises, sur la côte est, et de rentrer par une route située juste avant l'aéroport. De juin à août, **Kervíkurfjall** et **Stakkabót** sont de bons endroits pour observer les macareux.

Côte ouest RANDONNÉE, OISEAUX
(Dalvegur). Quelques sentiers difficiles sillonnent les pentes raides aux alentours de Herjólfsdalur, et longent le sommet de Norðklettur jusqu'à **Stafnsnes**, l'une des plus importantes zones de nidification des macareux. L'ascension, ponctuée

de quelques abrupts impressionnants, est grisante. Une randonnée plus facile longe la côte ouest vers le sud en passant au-dessus de grottes de lave où les habitants de l'île se réfugièrent pour échapper aux pirates en 1627. À **Ofanleitishamar**, d'innombrables macareux moines nichent dans les falaises.

Piscine d'eau de mer PISCINE

(Sundlaug Vestmannaeyja ; ☎488 2400 ; Brimhólabraut ; adulte/enfant 900/300 ISK ; 6h15-21h lun-ven, 10h-17h sam-dim juin-août, horaires réduits sept-mai). Ce complexe sportif comprend une piscine intérieure d'eau salée, des bassins découverts, des *hot pots*, un Jacuzzi, des toboggans (avec trampoline pour l'un d'entre eux) et un gymnase.

Rent A Bike VÉLO

(☎896 3340 ; visitwestmanislands.com/tours/rent-a-bike ; Básaskersbryggja 8 ; location de vélo 5/24 heures 3 900/5 900 ISK ; horaires variables). Le vélo est très pratique pour se déplacer sur Heimaey. Location dans cette agence située près du débarcadère des ferrys. Réservation conseillée.

Heilsueyjan Spa MASSAGE

(☎481 1513 ; Vestmannabraut ; massage 30/60 min à partir de 4 500/8 000 ISK, sauna infrarouge 1 500 ISK ; 10h-18h lun-ven, 13h-18h sam-dim). Toute une gamme de soins, du massage à la manucure en passant par le sauna infrarouge.

Golf des îles Vestmann GOLF

(☎481 2363 ; www.gvgolf.is ; Hamarsvegur ; green fees 7 500 ISK, location de clubs 3 500 ISK, practice 350 ISK ; 8h-21h). Malgré le vent, un magnifique parcours de 18 trous au bord de l'océan, à Herjólfsdalur. Location de clubs. Comprend un practice (dangereusement situé au-dessus de la route menant au club !).

Circuits organisés

Les horaires des croisières coïncident souvent avec les départs des ferrys, ce qui est pratique pour les excursions à la journée.

Ribsafari BATEAU

(☎661 1810 ; www.ribsafari.is ; Básaskersbryggja 8, port ; sortie 1 heure adulte/enfant 13 400/7 200 ISK, 2 heures 19 400/10 200 ISK ; mi-avr à oct). Des circuits quotidiens très impressionnants : on file à travers l'archipel à bord d'un Zodiac ultra-rapide. La petite taille du bateau permet de pénétrer dans de petites grottes et de se faufiler entre les rochers pour approcher les colonies d'oiseaux. Avec un peu de chance, vous apercevrez des baleines et des phoques.

Viking Tours BATEAU, BUS

(☎488 4884 ; www.vikingtours.is ; Strandvegur 65 ; croisières adulte/enfant à partir de 8 700/6 400 ISK, circuits en bus à partir de 6 400/5 400 ISK ; 10h-18h mai à mi-sept). Les excursions en bateau comprennent les sites de nidification des oiseaux sur la côte sud et la grotte marine de Klettshellir. Les circuits en bus font le tour de l'île.

Eyja Tours BUS

(☎852 6939 ; www.eyjatours.com ; Básaskersbryggja ; circuits macareux et volcans adulte/enfant 7 000/3 500 ISK). Les circuits en bus couvrent les sites majeurs de l'île, des colonies de macareux aux volcans.

Lyngfell ÉQUITATION

(☎898 1809 ; www.facebook.com/Lyngfell-477332349020716 ; en retrait de la route 240 ; 1 heure à partir de 7 000 ISK ; juin-août). Ce centre équestre propose des balades à cheval sur les plages de sable noir ou le long des falaises quand il n'y a pas trop de vent. Sur la gauche de la route 240 en direction de Stórhöfði.

Fêtes et festivals

Þjóðhátíð MUSIQUE

(www.dalurinn.is ; Dalvegur ; 23 900 ISK, ferry 1 380 ISK ; juil ou août). Le plus grand festival en plein air du pays attire quelque 17 000 personnes à Herjólfsdalur le dernier week-end de juillet ou le premier week-end d'août, pour 3 jours de festivités. Musique, danse, feux de joie, feux d'artifice sont au programme, ainsi qu'une bonne quantité d'alcool et des illuminations nocturnes avec éruption de torches rouges – clin d'œil aux volcans de l'île.

La naissance de ce festival remonte à l'année où le mauvais temps empêcha les habitants des Vestmannaeyjar de rejoindre le continent pour participer aux célébrations de la première Constitution de l'Islande (1er juillet 1874). Les habitants de l'île organisèrent leurs propres festivités un mois plus tard, tradition qui se perpétue chaque année depuis lors.

Des vols supplémentaires sont assurés depuis Reykjavík ; réservez le transport et l'hébergement plusieurs mois à l'avance.

Où se loger

La traversée en ferry dure 30 minutes et de nombreux visiteurs viennent aux

L'ÉRUPTION DE L'ELDFELL EN 1973

Sans aucun signe avant-coureur, le 23 janvier 1973, à 1h45 du matin, une gigantesque explosion retentit dans la nuit, tandis qu'une faille volcanique de 1,5 km de longueur entaillait la partie est de l'île. La zone éruptive se concentra progressivement en un cône volcanique qui se mit à grandir, projetant des torrents de lave et des cendres dans le ciel.

Alors que les bateaux de pêche auraient dû être en mer, un vent de force 12 les avait contraints à rester au port la veille. Le temps, qui s'était calmé, et la présence des bateaux au port permirent aux quelque 5 000 habitants d'évacuer l'île – à l'exception de 200 à 300 d'entre eux. Il n'y eut qu'une seule victime (un décès dû aux gaz toxiques).

Au cours des 5 mois qui suivirent, plus de 30 millions de tonnes de lave se déversèrent sur Heimaey, détruisant 360 maisons et créant une nouvelle montagne, l'Eldfell, un cône de braise rouge. Un tiers de la ville fut enseveli sous la lave ; l'île vit sa superficie accrue de 2,5 km².

Pendant la longue éruption, l'avancée de la lave menaça de bloquer le port et de rendre l'évacuation définitive – sans la pêche, il y aurait peu de moyens de survivre sur l'île. Pour tenter de ralentir l'inexorable flux de roche fondue, les pompiers arrosèrent la lave en déversant sur elle plus de 6 millions de tonnes d'eau de mer. Refroidie, la coulée s'arrêta à 175 m seulement de l'entrée du port et forma même un abri supplémentaire.

Les habitants de l'île, cantonnés sur le continent dans leur famille et chez leurs amis, observèrent de loin les éruptions, se demandant s'ils pourraient un jour revenir chez eux. Puis, au bout de 5 mois, l'éruption prit fin. Les deux tiers des habitants retournèrent sur l'île pour affronter la dure phase de l'opération de nettoyage. On voit encore aujourd'hui les curieuses formations de lave dangereusement proches des habitations situées à la périphérie du village, et l'est de l'île revêt un paysage irréel qui mérite d'être exploré.

Le remarquable musée Eldheimar (p. 179) retrace cet épisode spectaculaire.

Vestmannaeyjar pour la journée. Mais nous vous recommandons vivement de passer une nuit sur place. En dehors de la période du festival, il n'est pas difficile de trouver à se loger. Vous trouverez une liste exhaustive des hébergements sur www.vestmannaeyjar.is.

B&B Hrafnabjörg B&B €
(☎858 7727 ; www.facebook.com/BogBGuesthouse ; Hásteinsvegur 40 ; s/d sans sdb 8 100/13 400 IKS avec petit-déj ; ⏲avr-nov ; 📶). Hrefna et Jónas tiennent un B&B confortable et accueillant aux chambres bien tenues. Grande salle pour le petit-déjeuner (copieux, avec notamment des gaufres maison).

Aska Hostel AUBERGE DE JEUNESSE €
(☎662 7266 ; www.askahostel.is ; Bárustigur 11 ; dort/d/tr sans sdb 5 200/14 000/16 900 IKS ; 📶). Dans un bâtiment ancien d'un jaune pimpant, dans le centre de la bourgade. Salon TV agréable, cuisine, douches chaudes gratuites et serviettes. Céréales, thé et café offerts le matin.

Sunnuhöll HI Hostel AUBERGE DE JEUNESSE €
(☎481 2900 ; www.hostel.is ; Vestmannabraut 28 ; d avec/sans sdb 13 700/18 600 IKS ; 📶). Ambiance calme et décontractée dans cette chaleureuse auberge occupant quelques salles impeccables du bâtiment de l'Hótel Vestmannaeyjar. Spa, laverie et location de vélos. Remise pour les membres HI.

Glamping & Camping CAMPING €
(☎846 9111 ; www.glampingandcamping.is ; Dalvegur ; empl adulte/enfant 1 500 ISK/gratuit, bung et cabanons 7 900-11 000 ISK ; ⏲mi-mai à mi-sept). Ce camping occupant le cratère d'un volcan éteint possède des douches chaudes, une laverie et une cuisine. Il y a parfois beaucoup de vent, mais les propriétaires vous indiqueront les emplacements abrités. Bungalows en A et maisons-tonneaux (cabanons) à louer. Draps 1 600 ISK/pers.

Gistiheimilið Hreiðrið GUESTHOUSE €
(☎481 1045 ; tourist.eyjar.is ; Faxastígur 33 ; s/d/qua sans sdb 7 900/12 500/18 700 ISK ; 📶). La sympathique propriétaire saura vous faire sentir comme chez vous dans cette maison à l'aspect extérieur un peu défraîchi. Les hôtes ont accès à une cuisine bien équipée et à un confortable salon TV. Circuits pédestres en été (2-3 heures). Option duvet à 4 300 ISK. Petit-déjeuner à 1 600 ISK/pers.

Hótel Eyjar HÔTEL €€
(☎481 3636 ; www.hoteleyjar.is ; Bárustíg 2 ; s/d avec petit-déj 23 000/26 000 ISK ; 📶).

LA TONITRUANTE NAISSANCE DE SURTSEY

En novembre 1963, l'équipage du bateau de pêche *Ísleifi II* remarqua un étrange phénomène : la mer au sud de Heimaey semblait être en feu. Au lieu de s'enfuir, le bateau se rapprocha ; l'équipage fut le premier à apercevoir l'île la plus récente du monde...

Une incroyable éruption sous-marine, qui dura 4 ans et demi, rejeta des cendres et des scories qui formèrent un îlot de 2,7 km² (aujourd'hui réduit par l'érosion à 1,4 km²). On l'appela Surtsey (île de Surtur), du nom du géant du Feu norrois qui réduira le monde en cendres à l'heure du Ragnarök.

Il fut décidé que cette île stérile ferait un laboratoire idéal pour observer comment les plantes et les animaux colonisent un nouveau territoire. Surtsey (www.surtsey.is) est donc interdite au public (à moins d'être un spécialiste de la biocolonisation). Les chercheurs ont ainsi pu découvrir qu'un des premiers immigrants sur l'île fut l'*Anabaena variabilis*, une algue bleu-vert microscopique. Autre révélation : des fossiles furent transportés sur l'île par la lave durant l'éruption.

Les compagnies Ribsafari (p. 182) et Viking Tours (p. 182) proposent des excursions en bateau autour de l'île (où il est interdit d'aborder). Le musée Eldheimar (p. 179) relate la naissance tonitruante de Surtsey.

Des chambres simples, spacieuses et claires, avec salle de bains privative. Certaines, particulièrement grandes, comprennent une kitchenette. Matelas d'appoint pour enfant à 2 500 ISK. Information touristique au rez-de-chaussée.

Hótel Vestmannaeyjar HÔTEL €€€
(☎481 2900 ; www.hotelvestmannaeyjar.is ; Vestmannabraut 28 ; s/d avec petit-déj à partir de 18 800/31 200 ISK ; @ 📶). Le tout premier cinéma d'Islande a été transformé en un hôtel agréable, aux chambres modernes (certaines avec vue sur le port et le village). Accueil sympathique et excellent restaurant (l'Einsi Kaldi). Le spa comprend deux *hot tubs*, un sauna et une salle de billard. Réservez en été.

Où se restaurer et prendre un verre

Krónan SUPERMARCHÉ €
(☎585 7000 ; Strandvegur 48 ; ⌚9h-21h lun-ven, 10h-19h sam-dim). Épicerie.

♥ **Slippurinn** ISLANDAIS €€
(☎481 1515 ; www.slippurinn.com ; Strandvegur 76 ; déj 2 400-7 200 ISK, plats dîner 3 700-4 900 ISK, menu du jour 6 400-9 900 ISK ; ⌚12h-14h30 et 17h-22h déb mai à mi-sept ; 📶). Ce restaurant animé occupe l'étage supérieur, joliment rénové, d'un atelier de mécanique qui servait autrefois à la maintenance des bateaux du port. La vue est superbe. La cuisine islandaise, contemporaine et créative, place l'établissement au-dessus de ses concurrents – produits sélectionnés avec soin et mélanges divins de poisson, viandes et produits frais locaux.

♥ **Gott** FUSION €€
(☎481 3060 ; www.gott.is ; Bárustigur 11 ; plats 1 390-4 800 ISK ; ⌚11h-13h lun, 11h-21h mar et dim, 11h30-21h mer-sam ; 🌱). Une cuisine fusion soignée, à base de produits sains et bio, servie dans une salle pimpante avec parquet et chaises colorées. On peut y déguster aussi bien une salade de fromage de chèvre et de betterave qu'une tartine au pesto, à l'houmous et à l'avocat, ou encore du poulet grillé dans une galette d'épeautre. Plats végétaliens également.

Tanginn ISLANDAIS €€
(☎414 4420 ; www.facebook.com/tanginn.is ; Básaskersbryggja 8 ; plats 2 200-3 000 ISK ; ⌚11h30-21h30 dim-mer, 11h30-13h jau, 11h30-14h ven-sam ; 📶 👪). Grandes baies vitrées donnant sur le port, cadre moderne et confortable fait d'ardoise et de bois : une adresse bien agréable pour se régaler de poisson frais, d'un burger, d'une crêpe ou d'une salade originale. Présentation soignée et bière islandaise à la pression.

Einsi Kaldi PRODUITS DE LA MER €€€
(☎481 1415 ; www.einsikaldi.is ; Vestmannabraut 28 ; plats 2 900-7 000 ISK ; ⌚17h-22h juin à mi-sept, horaires réduits mi-sept à mai ; 📶). Au rez-de-chaussée de l'Hótel Vestmannaeyjar, l'Einsi Kaldi, restaurant le plus chic de Heimaey, dans un cadre à l'éclairage contemporain, est surtout dédié aux recettes de la mer. Originaire des îles Vestmann, le chef propose des plats de lotte, de langoustines

ou de filet de bœuf (tous de provenance locale), et en dessert du *skyr* (yaourt islandais), de la panna cotta ou encore un mi-cuit au chocolat.

Achats

Útgerðin VÊTEMENTS, ARTISANAT
(☎891 9060 ; Vestmannabraut 30 ; ⏲11h-18h lun-sam). Idéal pour acheter de l'artisanat islandais et des objets de créateur.

Vínbúðin VINS ET SPIRITUEUX
(☎481 1301 ; www.vinbudin.is ; Vesturvegur 50 ; ⏲11h-18h lun-jeu, 11h-19h ven, 11h-16h sam). Chaîne nationale.

Renseignements

Centre d'information touristique (☎482 3683 ; www.vestmannaeyjar.is ; Strandvegur ; ⏲9h-18h lun-ven, 10h-16h sam, 13h-16h dim ; 📶). Des jeunes de l'île tiennent en été un centre d'information dans un café-librairie. Brochures et cartes de randonnée.

Comment s'y rendre et circuler

AVION

L'**aéroport des Vestmannaeyjar** (Vestmannaeyjaflugvöllur ; VEY ; ☎481 1969 ; www.isavia.is ; Dalavegur, en retrait de la route 238) est à 3 km au sud du centre de Heimaey. Atlantsflug (p. 80) assure des vols au départ de Bakki (près du terminal des ferrys de Landeyjahöfn ; aller adulte/enfant 8 500/6 900 ISK).

Eagle Air (p. 453) propose 2 vols quotidiens entre l'aéroport domestique de Reykjavík et les Vestmannaeyjar (à partir d'environ 17 000 ISK aller simple).

BATEAU

Le ferry **Herjólfur** (☎481 2800 ; www.eimskip.is ; Skildingav ; adulte/enfant/vélo/voiture 1 380/760/690/2 220 ISK) d'Eimskip relie toute l'année Landeyjahöfn (à 12 km environ de la route circulaire entre Hvolsvöllur et Skógar) à **Heimaey**. Le trajet dure 30 minutes. La réservation est impérative pour les voitures. En haute saison, il est également conseillé de réserver même pour les piétons, surtout aux heures d'affluence : le matin en direction des Vestmannaeyjar et l'après-midi pour le retour. Il faut arriver au moins 30 minutes avant le départ. Le terminal de Landeyjahöfn dispose de billetteries automatiques, de sanitaires et de l'eau courante.

Du 15 mai au 14 septembre, 5 bateaux circulent chaque jour en semaine, 6 le samedi et le dimanche. En basse saison, il n'y en a généralement que deux. Le prix des billets commence à 1 380/690 ISK (adulte/enfant). Comptez 690 ISK par vélo et 2 220 ISK par voiture de moins de 5 m. Il est possible de modifier l'horaire de votre traversée pour 500 ISK.

Si le temps est vraiment mauvais (en été ou en hiver), le port de Landeyjahöfn peut se charger de sable, et les départs/arrivées se feront alors de/à Þorlákshöfn, 2 fois par jour seulement. La traversée prend 2 heures 45, et elle est sensiblement plus chère. Les changements sont indiqués sur le site Internet et la page Facebook de la compagnie ; notez que vous devrez alors refaire votre réservation. Comptez 2 heures en voiture entre Landeyjahöfn et Þorlákshöfn.

Pour circuler depuis/vers Landeyjahöfn, empruntez le bus n°52 de Strætó (p. 457) qui part de la gare routière de Mjódd à Reykjavík (4 600 ISK, 2 heures 15, 3/jour en été). Il dessert Hveragerði, Selfoss, Hella et Hvolsvöllur. Il y a aussi un taxi (p. 151), à Landeyjahöfn.

VÉLO

Heimaey est une petite île. Il ne faut guère plus de 1 heure 30 pour la parcourir à pied d'un bout à l'autre (8 km). Vous pouvez venir avec votre propre véhicule (les vélos sont autorisés sur le ferry, ainsi que les voitures à condition de réserver à l'avance) ou louer un vélo (p. 182) au débarcadère des ferrys de Heimaey.

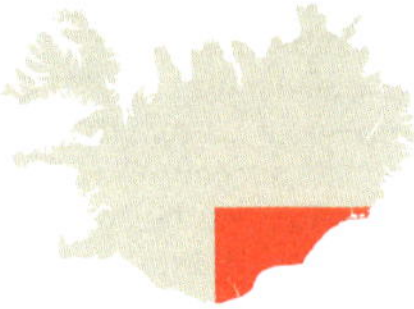

Le Sud-Est

Dans ce chapitre ➡

Le top des restaurants

- Pakkhús (p. 214)
- Jón Ríki (p. 211)
- Viking Cafe (p. 214)
- Heimahumar (p. 207)

Le top des hébergements

- Hrífunes Guesthouse (p. 187)
- Glacier View Guesthouse (p. 187)
- Milk Factory (p. 213)
- Magma Hotel (p. 191)
- Lækjaborgir Guesthouse (p. 195)

Pourquoi y aller

Sur 200 km, entre Kirkjubæjarklaustur et Höfn, la route circulaire traverse des deltas de sable gris, passe devant des fermes isolées, contourne des montagnes escarpées, longe des langues glaciaires et des lagunes parsemées d'icebergs... sans une seule ville à l'horizon !

L'imposant Vatnajökull domine la région, où ses énormes rivières de glace dévalent des vallées encaissées jusqu'à l'océan. Dans la somptueuse lagune de Jökulsárlón, l'eau et le vent sculptent des icebergs aux formes invraisemblables qui glissent doucement et dérivent vers l'océan.

Les déserts côtiers de sable glaciaire sont les vestiges de terribles collisions entre le feu et la glace. Dans les terres, les cratères du Laki remontent à la plus violente éruption volcanique que l'Islande ait connue. Tout cela participe de la popularité du Skaftafell. Entre glaciers et étendues de sable, seul le pas des marcheurs vient troubler le silence de cette enclave abritée débordant de vie et de couleurs.

Distances routières (en km)

Reykjavík	459			
Jökulsárlón	79	378		
Skaftafell	135	323	57	
Kirkjubæjarklaustur	200	257	122	69
	Höfnt	Reykjavík	Jökulsárlón	Skaftafell

Kirkjubæjarklaustur et ses environs

195 HABITANTS

En découpant ce nom imprononçable, on obtient *kirkju* (église), *bæjar* (ferme) et *klaustur* (couvent). Mais faites comme les habitants : dites simplement Klaustur.

Cette minuscule bourgade se résume à quelques maisons et fermes disséminées dans un cadre d'un vert éclatant. Il s'agit du seul endroit où il soit possible de se ravitailler entre Vík et Höfn, et c'est un carrefour important pour qui souhaite gagner quelques-uns des spectaculaires sites de l'intérieur des terres, comme Landmannalaugar et le Laki.

Histoire

Selon le *Landnámabók* (*Livre de la colonisation*, qui décrit l'établissement des Scandinaves), ce village paisible situé entre les falaises et la rivière Skaftá fut créé par des moines irlandais (*papar*) avant l'arrivée des Vikings. Jadis appelé Kirkjubær, on lui ajouta le suffixe "*klaustur*" en 1186, après la fondation d'un couvent de bénédictines (à côté de l'église actuelle).

À la fin du XVIIIe siècle, les éruptions du Laki occasionnèrent de graves dommages dans la région ; à l'ouest de Kirkjubæjarklaustur, on peut encore voir les ruines de fermes abandonnées ou détruites par la lave. Avec plus de 15 km^3 de lave sur 12 m d'épaisseur en moyenne et une superficie de 565 km^2, le champ d'Eldhraun constitue la plus grosse coulée de lave jamais enregistrée en une seule éruption dans le monde.

À voir et à faire

Pour découvrir les forces de la nature et l'histoire de la région, procurez-vous la brochure en anglais intitulée *Klaustur trail* (600 ISK) : elle décrit un sentier de 20 km qui entoure le village et passe par bon nombre de ses sites naturels (voir aussi l'application dédiée sur www.visitklaustur.is/en/to-do/on-your-own/smartguides-and-treasure-hunt-3). Également une brochure : *Hiking Trails In and Around Kirkjubæjarklaustur* (*Sentiers de Kirkjubæjarklaustur et alentour* ; 750 ISK). Le centre d'information de Skaftárstofa (p. 191) fournit cartes et informations utiles.

Kirkjugólf CURIOSITÉ GÉOLOGIQUE

Les colonnes de basalte de Kirkjugólf ("sol de l'église"), aplanies par l'érosion marine et glaciaire il y a plusieurs millions d'années et comme cimentées par la mousse, ont jadis été prises pour le sol d'une vieille église. Il s'agit pourtant d'une œuvre de la nature. Cette structure alvéolaire s'étend dans un champ à environ 400 m au nord-ouest de la station-service N1. Prenez la route 203, qui descend vers un petit parking muni d'un portail et d'un panneau.

Systrafoss et Systravatn CASCADE

(Les cascades sœurs). À l'extrémité ouest du village, Systrafoss, une belle cascade double, dégringole des falaises. Un panneau indique 3 courtes marches à faire dans cette jolie zone boisée (où poussent les plus grands arbres d'Islande). Une agréable balade en haut de la falaise, au-dessus de la cascade, mène au lac Systravatn, où l'on dit que des nonnes se baignaient jadis. Un **sentier**

VAUT LE DÉTOUR

HRÍFUNES

Hrífunes (prononcé *ri-vou-ness*) est un tout petit hameau idéalement situé entre Kirkjubæjarklaustur (Klaustur) et Vík, dans le décor calme et incroyablement vert du Skaftártunga. Vous y trouverez deux pensions accueillantes qui valent le détour.

Ces deux pensions proposent de mémorables dîners collectifs (environ 6 000 ISK/pers). Les tarifs des chambres comprennent un incroyable petit-déjeuner buffet. Notez qu'il n'y a pas de cuisine à disposition (sauf dans l'appartement de la Hrífunes Guesthouse).

Glacier View Guesthouse (☎771 8811 ; www.glacierviewguesthouse.is ; d avec petit-déj à partir de 35 600 ISK ; wifi). Borgar et Elín, les hôtes, sont des pros du voyage. Par beau temps, on aperçoit le Vatnajökull et le Mýrdalsjökull depuis le salon.

Hrífunes Guesthouse (☎863 5540 ; www.hrifunesguesthouse.is ; d avec petit-déj à partir de 31 400 ISK ; wifi). Installée dans une maison communautaire rénovée avec goût par les propriétaires Haukur et Hadda, cette pension est ornée de superbes clichés pris par Haukur, qui organise des excursions-photo (voir le site www.phototours.is).

À ne pas manquer

❶ Les sculptures de glace aux formes changeantes de l'envoûtante lagune glaciaire de **Jökulsárlón** (p. 206)

❷ Le **Skaftafell** (p. 195), spectaculaire enclave de nature protégée, parmi les glaciers et les deltas de sable

❸ Une ascension du **Laki** (p. 192), pour admirer la vue sur trois glaciers… et suivre une incroyable leçon d'histoire

❹ Une sortie en kayak sur les eaux silencieuses de la lagune glaciaire de **Heinabergslón** (p. 208), parsemée d'icebergs

5 Un circuit jubilatoire en motoneige sur le glacier **Skálafellsjökull** (p. 204)

6 Un festin de produits de la mer fraîchement sortis des filets de pêche dans un restaurant de **Höfn** (p. 211)

7 Une balade en tracteur à **Ingólfshöfði** (p. 204), pour saluer les macareux moines et s'extasier devant les plongeons en piqué des grands labbes

8 Le vertigineux sentier en bordure du **Fjaðrárgljúfur** (p. 191), un saisissant canyon

balisé de 2,5 km descend du lac jusqu'à Kirkjugólf et réserve de beaux points de vue.

Landbrotshólar CURIOSITÉ GÉOLOGIQUE
Ce vaste pseudo-cratère onduleux d'un vert éclatant est à l'ouest du village, au sud de la route circulaire. Les pseudo-cratères apparaissent lorsque la lave se déverse sur des zones humides ; quand elle entre en contact avec l'eau bouillante du sous-sol, des explosions de vapeur forment ces monticules semblables à des tumulus. L'origine du Landbrotshólar a fait couler beaucoup d'encre. On pense aujourd'hui qu'il s'est formé suite à une éruption de l'Eldgjá, au Xe siècle.

Chapelle Steingrímsson ÉGLISE
(Klausturvegur ; 9h-18h mi-mai à mi-sept). Cet étrange édifice triangulaire en pierre et bois au cœur du village fut consacré en 1974. Il commémore l'Eldmessa ("sermon du feu") de Jón Steingrímsson, qui "sauva" la bourgade de la lave le 20 juillet 1783.

Circuits organisés

Iceland Bike Farm VTT
(692 6131 ; www.icelandbikefarm.is ; Mörtunga II). Cette agence est gérée par un jeune couple d'agriculteurs amoureux de leur région qui proposent des excursions en Fatbikes (VTT à gros pneus), particulièrement adaptés au terrain islandais (neige, boue, sable...), en toutes saisons. On peut opter pour un parcours monotrace d'une demi-journée/journée (15 000/25 000 ISK) ou, l'été, pour l'un des superbes circuits aventure de 2 jours (à partir de 100 000 ISK), dont l'un mène au Skaftafell.

Secret Iceland EN JEEP
(660 1151 ; www.secreticeland.com ; juin-sept). Autrefois appelé Hólasport, ce prestataire est basé à l'Hótel Laki, au sud de Klaustur. Il propose des circuits en Super-Jeep réputés, dont une journée complète au Laki (32 500 ISK) et une excursion plus courte dans les montagnes, avec passage de rivière à gué (3 heures ; 22 500 ISK).

CONSEILS AUX EXPLORATEURS DU SUD-EST

- Il y a des hôtels et des *guesthouses* un peu partout dans la région, mais pas en nombre suffisant pour satisfaire la demande. Nous vous conseillons de réserver le plus tôt possible. Préparez-vous à payer cher.
- C'est autour de Kirkjubæjarklaustur et de Höfn que le choix est le plus vaste ; les hébergements sont plus rares vers Skaftafell et Jökulsárlón.
- Höfn est le meilleur endroit pour dîner. Pour les courses, vous devrez vous ravitailler à Kirkjubæjarklaustur et/ou à Höfn.

Quelques sites Internet utiles :
- www.south.is
- www.visitvatnajokull.is
- www.vjp.is

Où se loger

Kirkjubær II CAMPING €
(894 4495 ; www.kirkjubaer.com ; empl 1 500 ISK par pers, bung 19 000-21 000 ISK ;). Dans le village, ce terrain verdoyant abrité par des haies est bien équipé, avec notamment une cuisine, des douches chaudes et une laverie. Vraie bénédiction par mauvais temps, il compte 7 bungalows chauffés garnis de 4 lits superposés (apportez votre duvet) et dotés soit de toilettes, soit d'un coin cuisine.

Nonna og Brynjuhús AUBERGE DE JEUNESSE €
(487 1446 ; kiddasiggi@simnet.is ; Þykkvabæjarklaustur 2 ; lit avec duvet/draps 5 600/8 200 ISK par pers ;). Pour rejoindre cette auberge de jeunesse pimpante, accueillante et idéale en famille, tournez à 37 km à l'ouest de Klaustur (prenez la route 211 vers le sud depuis la route circulaire, au panneau "Álftaver"). Continuez sur 8 km, et vous arriverez à cette laiterie et ferme ovine, décorée d'œuvres amusantes. Elle compte 21 lits (option duvet), la plupart en dortoir, avec cuisine et salle de bains communes.

Hunkubakkar GUESTHOUSE €€
(865 2652 ; www.hunkubakkar.is ; d/tr avec petit-déj à partir de 20 800/35 500 ISK ; fév-nov ;). (Relativement) abordables et photogéniques, ces petits bungalows rouges sont dispersés dans le cadre verdoyant d'un élevage d'ovins, 7 km à l'ouest de Klaustur (sur la route 206, à 2 km du canyon de Fjaðrárgljúfur). Salle de bains privative ou commune selon les chambres. Petit-déjeuner inclus et dîner possible (avec, au menu, de l'agneau de la ferme), servis au restaurant sur place.

Hörgsland BUNGALOWS, GUESTHOUSE €€
(☎487 6655 ; www.horgsland.is ; empl 1 600 ISK par pers, bung 2/6 pers à partir de 24 800/39 000 ISK, d/qua avec sdb et petit-déj 24 700/34 400 ISK ;). Situé à environ 8 km au nord-est de Klaustur, sur la route circulaire, ce mini-village compte 13 maisonnettes en bois. Spacieuses et impeccables, elles peuvent accueillir 6 personnes (sur le site Internet, elles sont appelées "*guesthouses*"). Une annexe pimpante est aménagée de chambres avec salle de bains privative ou commune. Également un camping, des *hot pots* extérieurs, un petit magasin et un café.

Magma Hotel BOUTIQUE-HÔTEL €€€
(☎420 0800 ; www.magmahotel.is ; d avec petit-déj à partir de 43 000 ISK ;). Plébiscité pour son design, son cadre paisible et son personnel sympathique, ce nouvel hôtel est un petit bijou intime. Situé près d'un lac à quelques kilomètres au sud de Klaustur, sur la route 204, il offre un splendide panorama. Les chalets individuels aux toits végétalisés et aux noms de volcans, sont une ode au bon goût. Tous possèdent frigo, machine à café, enceinte Bluetooth et une cour.

Hótel Laki HÔTEL €€€
(Efri-Vík ; ☎412 4600 ; www.hotellaki.is ; d avec petit-déj à partir de 33 800 ISK ;). Le petit gîte d'origine est devenu un grand hôtel de 65 chambres, sur un terrain situé à 5 km au sud de Klaustur, sur la route 204. Outre des chambres confortables (aux prix élevés), il y a 15 petits bungalows indépendants (plus abordables et appelés "Efri-Vík Bungalows" sur le site Internet), de superbes circuits en Jeep, un grand bar-restaurant, et la possibilité de pêcher dans le lac.

Le restaurant, réputé et ouvert à tous, sert des dîners à la carte (plats 2 700-5 300 ISK) mettant à l'honneur les produits locaux. Réservation conseillée.

Hótel Klaustur HÔTEL €€€
(☎487 4900 ; hotelklaustur.is ; Klausturvegur 6 ; d à partir de 36 900 ISK ;). L'aimable personnel de cette valeur sûre veille ici sur 57 chambres récemment rénovées et bien équipées (le nouveau bâtiment abrite uniquement des chambres de catégorie supérieure), une terrasse ensoleillée et abritée pour dîner et un bar-lounge. Le restaurant (plats dîner 2 890-4 990 ISK), l'un des meilleurs de la ville, fait la part belle aux produits locaux (omble chevalier grillé, jarret d'agneau mijoté, langoustine etc.).

À NE PAS MANQUER

FJAÐRÁRGLJÚFUR

Creusé par la rivière Fjaðrá, le canyon de **Fjaðrárgljúfur**, sombre et pittoresque, a connu une certaine notoriété grâce à Instagram et à Justin Bieber (il a tourné un clip ici). Le sentier qui longe la rive sud sur quelques kilomètres permet d'admirer la beauté de cette gorge aux profondeurs rocheuses et sinueuses, et la nature d'un vert intense alentour.

Le canyon est situé un peu à l'ouest de Klaustur, à 3 km au nord de la route circulaire par la route 206.

Où se restaurer

La plupart des voyageurs dînent là où ils logent (les restaurants d'hôtel sont généralement ouverts aux non-résidents). Pour une expérience raffinée, optez pour le restaurant de l'Hótel Klaustur.

Sur les cartes, guettez l'omble chevalier (sorte de truite) : il est pêché dans une eau pure qui jaillit sous le champ de lave voisin.

Kjarval SUPERMARCHÉ €
(Klausturvegur 13 ; 9h-21h juin-sept, 10h-18h lun-ven, 10h-14h sam oct-mai). Pour faire vos courses. DAB à côté.

Systrakaffi INTERNATIONAL €€
(☎487 4848 ; www.systrakaffi.is ; Klausturvegur 12 ; plats 2 500-4 100 ISK ; 12h-21h). Parfois bondé l'été, ce café-bar est l'adresse la plus animée du village. Sur la carte : soupes, salades, pizzas, burgers, ainsi que des mets locaux, comme l'agneau et l'omble chevalier.

Kaffi Munkar CAFÉ €€
(Klausturvegur 1-5 ; klausturhof.is ;plats 1 400-3 600 ISK ; 10h-22h fév-nov). À la lisière ouest de la bourgade, c'est le lumineux café-réception de la Klausturhof Guesthouse. Goûtez la soupe du jour, le poulet épicé, le ragoût de poisson ou l'omble chevalier.

Vínbúðin VINS ET SPIRITEUX
(Klausturvegur 15 ; 14h-18h lun-jeu, 13-19h ven, 12h-14h sam). Chaîne d'État.

Renseignements

L'office du tourisme, bien documenté, est hébergé dans le **centre d'information de Skaftárstofa** (☎487 4620 ; www.visitklaustur.is ; Klausturvegur 10 ; 9h-18h mi-juin à mi-sept, 9h-17h mi-mai à mi-juin, 9h-14h lun-ven mi-sept à mi-mai). Il fournit des renseignements utiles et donne un bon aperçu du géoparc du Katla et du parc national du Vatnajökull, à travers des expositions notamment. On peut y voir un court-métrage sur l'éruption du Laki. C'est aussi le point de départ pour visiter l'ouest du parc national, moins touristique, accessible uniquement en 4x4 (ou en bus l'été) via la piste de Fjallabak (p. 152).

Depuis/vers Kirkjubæjarklaustur

Tous les bus assurant la liaison Reykjavík-Vík-Höfn desservent Klaustur ; la localité sert de carrefour pour se rendre à Landmannalaugar et au Laki. L'arrêt est à la station-service N1.

Les bus vers l'est s'arrêtent à Skaftafell et à Jökulsárlón.

Services assurés par Sterna (p. 457) :

- Bus n°12 pour Skaftafell (2 200 ISK, 1 heure 15, 1/jour juillet et août)
- Bus n°12 pour Jökulsárlón (4 200 ISK, 2 heures 15, 1/jour juillet et août)
- Bus n°12a pour Vík (1 800 ISK, 1 heure, 1/jour juillet et août)

Services assurés par Strætó (p. 457) :

- Bus n°51 pour Höfn (5 980 ISK, 2 heures 45, 2/jour)
- Bus n°51 pour Vík (1 380 ISK, 1 heure, 2/jour)
- Bus n°51 pour Reykjavík (7 820 ISK, 4 heures 15, 2/jour)

Services assurés par Reykjavík Excursions (p. 457) :

- Bus n°10/10a Skaftafell-Klaustur-Eldgjá-Landmannalaugar (3/sem juillet et août). Lignes régulières pouvant faire office de circuit organisé. Aller de Klaustur à Landmannalaugar : 7 300 ISK (4 heures 45).
- Bus n°16/16a Klaustur-Lakagígar (3 heures 30, 6/sem fin juin-août). Pratique pour une excursion à la journée, avec un arrêt de 4 heures à Laki (aller-retour 11 000 ISK).
- Bus n°20 pour Skaftafell (3 400 ISK, 1 heure, 1/jour juillet et août)
- Bus n°20a pour Vík (3 400 ISK, 1 heure, 1/jour juillet et août)
- Bus n°20a pour Reykjavík (9 100 ISK, 5 heures 15, 1/jour juillet et août). S'arrête 45 min à Vík et 30 min au centre LAVA de Hvolsvöllur.

Lakagígar

L'éruption linéaire du Laki fut l'une des plus grandes catastrophes volcaniques de l'histoire de l'humanité. Aujourd'hui, le champ de lave ne laisse rien imaginer de l'apocalypse qui l'engendra il y a plus de 235 ans. Ses tortueuses formations de lave noire sont recouvertes par un tapis de mousse verte. C'est un endroit fascinant, qui attire pourtant peu de visiteurs.

Histoire

Au début de l'été 1783, une énorme fissure s'ouvrit. Près de 135 cratères se formèrent, faisant jaillir de la roche fondue jusqu'à 1 km de hauteur. Ils furent collectivement appelés le Lakagígar (cratères du Laki). Les Skaftáreldar (feux de la Skaftá – formés par les coulées de lave qui suivirent le lit de la rivière) durèrent 8 mois et crachèrent quelque 14 km^3 de matière volcanique ; les coulées de lave qui formèrent le champ d'Eldhraun recouvrirent une surface de 565 km^2. Vingt fermes de la région furent détruites par la lave ; 30 autres furent tellement endommagées qu'elles durent être abandonnées temporairement.

Les centaines de millions de tonnes de cendres et d'acide sulfurique qui se déversèrent de la déchirure furent plus dévastatrices encore. Le soleil disparut derrière un écran de fumée, l'herbe se dessécha et les deux tiers des troupeaux islandais moururent de faim ou intoxiqués. Près de 9 000 personnes – un cinquième de la population du pays – périrent ; ceux qui restèrent durent affronter la famine qui s'ensuivit, connue sous le nom de Moðuharðindin (“la dureté du brouillard”).

Les dégâts ne se limitèrent pas à l'Islande : dans tout l'hémisphère Nord, des nuages de cendres masquèrent le soleil, les températures chutèrent et une pluie acide détruisit d'innombrables récoltes au Japon, en Alaska et en Europe. On dit même que la période de disette qui s'ensuivit joua un rôle dans les événements de 1789 en France.

À voir et à faire

Laki VOLCAN

Le Laki (818 m) – qui n'est pas entré en éruption à proprement parler – a donné son nom au Lakagígar, une série de cratères formés par une éruption linéaire qui s'étire sur 25 km vers le nord-est et le sud-ouest depuis sa base. Comptez 40 minutes pour gravir le Laki depuis le parking. Du sommet, admirez la vue à 360° sur la fissure, les champs de lave et les glaciers scintillant au loin.

Lakagígar SITE NATUREL EMBLÉMATIQUE

Ce secteur fascinant est constellé de dunes de sable noir et de tunnels de lave, dont beaucoup contiennent de minuscules stalactites. Au pied du Laki, des sentiers balisés vous permettront d'accéder aux deux cratères les plus proches, en passant par un intéressant tunnel de lave.

Sentier de découverte PROMENADE

L'excellent sentier de découverte aménagé autour du cratère constitue une petite promenade de 500 m. Procurez-vous la brochure d'accompagnement (ou téléchargez-la sur le site du parc) pour une plongée dans l'histoire, la géologie et l'écologie de la région. Dans ce secteur à l'écosystème très fragile, il est impératif de rester sur les chemins balisés.

Fagrifoss CASCADE

La bien-nommée Fagrifoss ("belle cascade") est une majestueuse chute d'eau, dégringolant avec fracas de quelques dizaines de mètres d'une falaise de roche noire moussue. La bifurcation se trouve sur la route du Laki, à 24 km sur la route F206. Les circuits jusqu'au Lakagígar y marquent un arrêt.

Circuits organisés

Il est impossible d'explorer la région sans une grosse Jeep – et une certaine expérience de la conduite en 4x4 (nombreux passages à gué). Sinon, mieux vaut opter pour un circuit guidé. L'organisation des excursions dépend de l'état des routes et de la météo.

Reykjavík Excursions EN BUS

(☎580 5400 ; www.re.is). L'excursion à la journée laisse environ 4 heures pour explorer la zone du cratère. Dans les brochures, elle correspond à la ligne de bus n°16 – départ quotidien (sauf le mardi) à 9h, de fin juin à août, de la station-service N1 à Kirkjubæjarklaustur (11 000 ISK aller-retour). Le bus s'arrête au canyon

DÉBÂCLE GLACIAIRE !

Fin 1996, l'éruption dévastatrice du Grímsvötn – la quatrième plus grave du XXe siècle en Islande, après celles du Katla (1918), du Hekla (1947) et de Surtsey (1963) – frappa le sud-est du pays et provoqua un incroyable *jökulhlaup* (inondation ou débâcle glaciaire) dans le Skeiðarársandur. La genèse de cet événement résume bien le fascinant mélange de feu et de glace inhérent à l'Islande.

Au matin du 29 septembre 1996, un séisme de magnitude 5 secoua la calotte glaciaire du Vatnajökull. Le magma d'un nouveau volcan, situé sous le Vatnajökull à proximité du Grímsvötn, s'était frayé un passage jusqu'à la glace à travers la croûte terrestre, provoquant une éruption au niveau du Gjálp, une fissure de 4 km de longueur en subsurface. Le lendemain, l'éruption explosa à la surface, crachant une colonne de vapeur de 10 km de hauteur dans le ciel.

Le lac subglaciaire, dans la caldeira du Grímsvötn, commença à se remplir d'eau provenant de la glace fondue au cours de l'éruption, ce qui provoqua l'inquiétude des scientifiques. Selon les premières prévisions du 3 octobre, la glace allait se soulever et le lac se déverser dans le Skeiðarársandur, menaçant la route circulaire et ses ponts. Afin de détourner l'eau des ponts, on entreprit la construction d'énormes digues dans le Skeiðarársandur.

Le 5 novembre, plus d'un mois après le début de l'éruption, la glace finit par se soulever et un énorme *jökulhlaup* se forma dans le lac artificiel du Grímsvötn : 3 000 milliards de litres d'eau se déversèrent en quelques heures. Les torrents, charriant des icebergs gros comme des immeubles de 3 étages, détruisirent les ponts de Gígjukvísl (375 m de long) et de Skeiðará (900 m), tous deux sur le Skeiðarársandur. Au Gamlabúð (p. 211), à Höfn, vous pourrez voir une vidéo de l'éruption et des gigantesques blocs de glace dérivant sur le Skeiðarársandur.

L'éruption du Grímsvötn fut également à l'origine du canyon d'Ásbyrgi, qui fut creusé en quelques jours seulement par une terrible inondation. En 1934, une éruption avait entraîné un *jökulhlaup* de 40 000 m^3/seconde et la rivière Skeiðará avait gonflé jusqu'à atteindre 9 km de largeur, dévastant de vastes parcelles agricoles.

Le Grímsvötn se déchaîna à nouveau en décembre 1998, en novembre 2004 et en mai 2011. L'énorme nuage de cendres qu'il cracha alors dans l'atmosphère perturba le trafic aérien (mais sans commune mesure avec l'éruption de l'Eyjafjallajökull, en 2010). Ces trois dernières éruptions ne provoquèrent pas de *jökulhlaup*.

de Fjaðrárgljúfur à l'aller (en direction du Laki) et à la cascade de Fagrifoss au retour. Apportez votre déjeuner.

Secret Iceland EN JEEP

(☎ 660 1151 ; www.secreticeland.com ; Hótel Laki). Cette agence autrefois nommée Hólasport est basée à l'Hótel Laki (p. 191), juste au sud de Kirkjubæjarklaustur. De juin à septembre, elle organise des circuits réputés en Super-Jeep au Laki (8 heures, 32 500 ISK). Apportez votre déjeuner.

Où se loger et se restaurer

Il est interdit de camper dans la réserve du Laki. Le camping le plus proche, équipé de refuges, toilettes et douches, est à **Blágil** (klaustur@vjp.is ; lit/empl 5 000/1 700 ISK par pers ; mi-juin à mi-sept), à 11 km du Laki.

Apportez des provisions, car il n'y a pas de commerce dans le secteur. Pour toutes les excursions, il faut prévoir un pique-nique.

Renseignements

La région du Lakagígar est englobée dans le parc national du Vatnajökull (p. 195). Vous trouverez des renseignements sur le site Internet (www.vjp.is) du parc. Quand la route d'accès est ouverte, des *rangers* du parc sont postés sur le parking du Laki de 11h à 15h.

Le centre d'information de Skaftárstofa (p. 191), à Kirkjubæjarklaustur, fournit également de nombreuses infos utiles.

Depuis/vers le Lakagígar

La route F206 (à l'ouest de Kirkjubæjarklaustur) est généralement ouverte de juillet à début septembre (vérifiez sur www.road.is). Il faut parcourir 50 km de route très cahoteuse pour atteindre les cratères du Laki ; il est impossible de s'y rendre avec une voiture ordinaire, car il faut franchir plusieurs rivières. Lors du dégel printanier ou après les pluies, lorsque les rivières sont plus profondes, les traversées peuvent même être problématiques avec un 4x4 ayant une faible garde au sol.

Sandar

Les *sandar* (pluriel de *sandur*) sont des régions plates, vides et monotones bordant la côte sud-est de l'Islande. En haut des montagnes, les glaciers absorbent le limon, le sable et les graviers produits par l'érosion de la roche sous-jacente, qui sont ensuite transportés vers la côte par les rivières glaciaires – ou, plus spectaculairement, par les débâcles glaciaires (*jökulhlaup*) – et se déversent dans d'immenses plaines désertiques. Ici, les *sandar* sont si vastes que le singulier du mot islandais (*sandur*) est utilisé dans toutes les langues pour désigner le phénomène topographique d'une plaine d'alluvions glaciaires (dite "d'épandage").

Le Skeiðarársandur est le plus visible et le plus impressionnant de tous. Il s'étend sur environ 40 km entre la calotte glaciaire et la côte, de Núpsstaður à Öræfi. Là, tout n'est que grandes étendues de sable gris-noir, vents violents (le cauchemar des cyclistes) et puissants cours d'eau gris et marron qui s'entremêlent.

Attention : ne sortez pas des routes dans ces étendues ! C'est interdit, et destructeur pour ce fragile environnement.

À voir

Lómagnúpur MONTAGNE

Autre joyau de la région, les flancs à pic du Lómagnúpur (767 m), qui a inspiré bien des légendes, dominent le paysage, telle une immense palissade de falaises.

Núpsstaður FERME

Les falaises abruptes du Lómagnúpur fournissent un arrière-plan de toute beauté à la vieille ferme au toit herbeux de Núpsstaður. Le corps de ferme date du début du XIXe siècle ; la ravissante petite chapelle, la Núpsstaðakirkja (qui fut le premier bâtiment historique à être classé, en 1930, et à intégrer la collection du Musée national), paraît enfouie sous son toit d'herbes touffues. La ferme, qui était auparavant un musée, était fermée au public lors de nos recherches.

La propriété est interdite aux voitures, mais vous pourrez vous garer le long de la route et marcher jusqu'aux bâtiments.

Skeiðarársandur PLAINE D'ALLUVIONS GLACIAIRES

Le Skeiðarársandur, le plus vaste *sandur* du monde, a été formé par le puissant Skeiðarájökull. Il s'étend sur 1 300 km². Depuis l'époque de la colonisation, le Skeiðarársandur a gagné considérablement sur les terres agricoles ; le phénomène se poursuit. La région était autrefois relativement peuplée, jusqu'en 1362, quand le volcan situé sous l'Öræfajökull (qu'on appelait alors le Knappafellsjökull) entra en éruption. L'inondation causée par cette éruption sous-glaciaire ravagea toute la zone. Après quoi l'endroit prit le nom d'Öræfi ("désert").

Núpsstaðarskógar FORÊT

Derrière le Lómagnúpur, dans les terres, le Núpsstaðarskógar est une superbe forêt d'arbustes qui occupe les flancs du mont Eystrafjall. La traversée de la rivière Núpsá étant dangereuse, mieux vaut explorer la région à la faveur d'un circuit organisé. En juillet et août, Icelandic Mountain Guides (p. 199) propose des treks guidés de 5 jours (65 km) qui traversent le Núpsstaðarskógar, jusqu'au Grænalón (lac de barrage glaciaire), puis le glacier Skeiðarárjökull, et la Morsárdalur, au Skaftafell. À partir de 135 000 ISK.

Où se loger et se restaurer

Les hôtels sont rares sur cette bande de 70 km. Les quelques hébergements se trouvent dans de jolies oasis de verdure.

Lækjaborgir Guesthouse BUNGALOWS €€

(☎833 5500 ; laekjaborgir.tripcombined.com ; laekjaborgir@gmail.com ; studio à partir de 27 000 ISK). À Kálfafell, juste à l'est du Fosshotel (à environ 26 km de Klaustur), ces charmants studios et bungalows haut de gamme incitent les visiteurs à s'écarter de la route circulaire. Autre atout : les **circuits en Super-Jeep** dans la nature grandiose, toute proche, organisés le matin par les propriétaires (15 900 ISK/adulte) : ils sont ouverts à tous, mais les occupants des bungalows ont droit à une remise.

Dalshöfði Guesthouse GUESTHOUSE €€

(☎487 4781 ; dalshofdi.is ; d/f sans sdb 21 090/33 250 ISK avec petit-déj). Cette pension installée sur le domaine d'une ferme isolée, dans un beau paysage à 5 km au nord de la route circulaire, est un bon choix. Les chambres sont claires et impeccables ; elles donnent accès à la cuisine et à une terrasse ensoleillée garnie de plantes. Un appartement (2-pièces) est aussi disponible (37 050 ISK). Belles randonnées alentour.

Hvoll Guesthouse GUESTHOUSE €€

(☎487 4785 ; www.road201.is ; d/f sans sdb à partir de 17 500/25 700 ISK ; 🛜). Cette pension bien tenue, également connue sous le nom de "Road 201", est située à la lisière du Skeiðarársandur (à 3,5 km de la route circulaire en passant par une route de gravier). Elle procure un sentiment d'isolement, malgré son atmosphère animée. On y trouve notamment plusieurs cuisines (apportez des provisions car le supermarché le plus proche est à Klaustur, à 25 km) et une laverie.

GARE AU GRAND LABBE !

Sur la côte sud de l'Islande, les vastes *sandar* forment la zone de nidification du grand labbe (*Stercorarius skua* ; *skúmur* en islandais) la plus vaste du monde. Ce grand oiseau marron et charnu tend à nicher parmi les touffes d'herbe, dans le sable cendreux. Il n'hésite pas à attaquer des mouettes pour leur voler leur casse-croûte, à tuer et à dévorer des macareux et d'autres petits oiseaux, ou à vous foncer dessus si vous vous approchez trop de son nid.

Heureusement, contrairement aux sternes arctiques, les labbes cesseront de vous harceler si vous vous éloignez de leur territoire. Vous pourrez aussi éviter l'attaque en portant un chapeau ou en tenant un bâton au-dessus de votre tête.

Fosshótel Núpar HÔTEL €€

(☎517 3060 ; www.fosshotel.is ; d avec petit-déj à partir de 21 000 ISK ; 🛜). À l'ouest de la Hvoll Guesthouse, derrière une façade d'aspect préfabriqué, cet hôtel de chaîne récemment agrandi cache des chambres modernes et minimalistes, dont beaucoup avec une jolie vue. Bar-lounge douillet et le seul **restaurant** à des kilomètres à la ronde, proposant un menu restreint pour dîner (plats 2 890-4 590 ISK).

Skaftafell (parc national du Vatnajökull – Sud)

Le Skaftafell, joyau du parc national du Vatnajökull, englobe un ensemble vertigineux de pics et de glaciers. C'est le coin de nature préféré des Islandais : plus de 500 000 visiteurs viennent chaque année admirer ses cascades grondantes, ses bois de bouleaux noueux, le réseau de rivières qui parcourent les *sandar* et le Vatnajökull scintillant d'un blanc bleuté, avec ses langues glaciaires qui descendent des montagnes et évoquent les glaçages sur les gâteaux.

Le Skaftafell mérite sa réputation et peu de visiteurs lui résistent. Au cœur de l'été, on peut avoir la sensation que tous les touristes du pays se sont donné rendez-vous ici. Mais si vous êtes prêt à sortir des sentiers battus (littéralement), en suivant des pistes plus reculées pour randonner sur des étendues de lande dénudées et au-delà, vous laisserez les autres marcheurs loin derrière. Autre

Parc national de Skaftafell

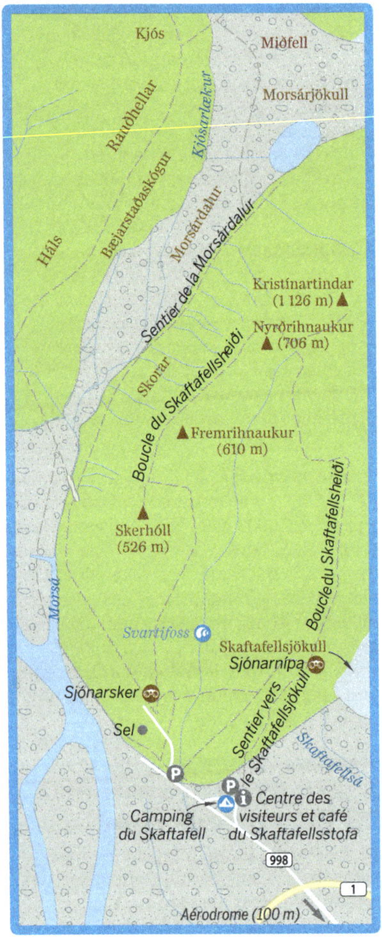

astuce si vous cherchez le calme : découvrez Svartifoss sous le soleil de minuit !

Histoire

Skaftafell était à l'origine une vaste ferme située au pied des collines, à l'ouest du camping actuel. Quand les sables glaciaires mouvants commencèrent à ensevelir les champs, la ferme dut être déplacée sur la lande, à 100 m au-dessus du *sandur*. La zone prit le nom de Hérað Milli Sandur ("contrée entre les sables") ; puis, après l'anéantissement de toutes les fermes par les éruptions de 1362, la région devint la "contrée sous les sables" et fut renommée Öræfi (désert). Lorsque la végétation eut repoussé, la ferme de Skaftafell fut reconstruite à son emplacement initial.

Le parc national de Skaftafell fut créé en 1967 par les autorités islandaises et le WWF. En juin 2008, il fusionna avec le parc national de Jökulsárgljúfur, au nord de l'Islande, pour former l'immense étendue sauvage du parc national du Vatnajökull.

Activités

Le Skaftafell se prête à des randonnées d'une journée et à des treks plus longs dans les étendues sauvages. Les autorités du parc éditent une bonne carte (350 ISK) indiquant les randonnées les plus courtes et vendent les cartes topographiques détaillées de plusieurs éditeurs.

De nombreux visiteurs s'en tiennent aux itinéraires populaires sur le **Skaftafellsheiði**. Les randonnées dans d'autres zones accessibles, tel le haut des vallées de **Morsárdalur** et du **Kjós**, demandent plus de temps, de motivation et d'organisation. Avant de vous lancer sur des itinéraires plus reculés, entretenez-vous avec le personnel du centre d'information des visiteurs du Skaftafell (Skaftafellsstofa), qui vous aidera à vous préparer et vous informera des risques potentiels. Renseignez-vous également sur les rivières que vous aurez à traverser, et n'oubliez pas d'indiquer votre projet d'itinéraire sur le site www.safetravel.is.

Il existe aussi une longue randonnée d'une journée qui vous mènera au-delà de Bæjarstaðarskógur, dans le **Skaftafellsfjöll** accidenté. Nous vous recommandons la **crête du Jökulfell** (862 m) pour la fabuleuse perspective offerte sur les étendues du **Skeiðarárjökull**. L'excursion dans le vallon de Kjós est encore plus spectaculaire.

Tous les jours, de mi-juin à mi-août, les *rangers* proposent des **balades de découverte gratuites** partant du centre d'information des visiteurs – un excellent moyen d'en apprendre davantage sur la région. Consultez le site ou renseignez-vous auprès du personnel du parc.

Svartifoss

Sujet d'innombrables cartes postales, Svartifoss ("la cascade noire") est une chute d'eau superbe, entourée de colonnes géométriques de basalte noir. On y accède assez facilement par un sentier de 1,8 km qui grimpe depuis le centre d'information et passe par le terrain de camping.

Afin de limiter l'affluence sur ce sentier, le personnel du parc recommande un autre itinéraire pour le retour au centre d'information. De Svartifoss, continuez vers l'ouest jusqu'à **Sjónarsker**, où une table d'orientation panoramique vous aidera à vous repérer dans le paysage ; le point de vue sur le Skeiðarársandur est inoubliable. De là, vous pourrez aller visiter **Sel**, une ferme traditionnelle au toit herbeux typique ; il s'agit d'une marche de 2 heures (sentier S2 ; 5,5 km aller-retour), sans difficulté.

Sinon, de Svartifoss, dirigez-vous vers l'est à travers la lande jusqu'au point de vue de **Sjónarnípa** qui donne sur le Skaftafellsjökull. Pour cette randonnée (sentier S5/S6), éprouvante, comptez 3 heures aller-retour (7,4 km).

Skaftafellsjökull

L'itinéraire facile d'une heure (sentier S1 ; 3,7 km aller-retour) qui mène au Skaftafellsjökull est un grand favori. Ce sentier balisé de 3,7 km part du centre d'information des visiteurs et mène au front du glacier, où vous entendrez les craquements et les gémissements de la glace (elle est assez grise et sableuse à cet endroit). Le Skaftafellsjökull a énormément reculé ces dernières décennies, à tel point que la terre réapparaît progressivement le long du sentier ; procurez-vous la brochure consacrée à sa géologie.

Boucle du Skaftafellsheiði

Par beau temps, ce circuit de 5 à 6 heures (sentier S3 ; 16,7 km) autour du Skaftafellsheiði (lande du Skaftafell) ravit les randonneurs. Du terrain de camping, il grimpe jusqu'à **Sjónarsker**, puis traverse la lande jusqu'au **Fremrihnaukur** (610 m). Ensuite, le sentier suit le bord du plateau jusqu'au prochain sommet, le **Nyrðrihnaukur** (706 m), qui offre un superbe panorama de la Morsárdalur, et du Morsárjökull avec le lac comme obstrué par des icebergs à sa base. Puis le chemin part en direction du sud-est, vers un point de vue sur la falaise, à **Gláma**, au-dessus du Skaftafellsjökull, avant de redescendre vers Sjónarnípa et de regagner le camping.

Pour admirer la plus belle vue sur le Skaftafellsjökull, la Morsárdalur et le Skeiðarársandur, escaladez jusqu'à son sommet le **Kristínartindar** (1 126 m). Le meilleur itinéraire est un sentier bien balisé (2 km, difficile) surplombant l'immense vallée, au sud-est du belvédère de Nyrðrihnaukur, et redescendant près de Gláma.

VOLER AU-DESSUS DU SKAFTAFELL

Atlantsflug (☎478 2406, 854 4105 ; www.facebook.com/Atlantsflug/ ; ⏲mai-sept) propose des vols touristiques au départ du minuscule aérodrome situé sur la route circulaire, à proximité de l'embranchement pour le centre d'information des visiteurs du Skaftafell. Choisissez parmi 7 possibilités pour survoler les sommets de Landmannalaugar, de Lakagígar, du Skaftafell, de Jökulsárlón et de Grímsvötn. À partir de 26 100 ISK, pour un vol de 20 minutes "surprise du pilote" (selon la météo et les conditions de vol).

Circuits organisés

Randonnée et escalade glaciaires

Le point d'orgue de toute visite du Skaftafell est une randonnée glaciaire. Progresser sur la glace chaussé de crampons procure un plaisir infini, dans un site de toute beauté : chutes d'eau, grottes de glace, balles de mousses et cendres multicolores héritées d'explosions passées. Mais prenez garde : aussi attirants que soient les glaciers, ils sont parcourus de fissures et potentiellement dangereux. Ne vous y aventurez pas sans guide – et sans l'équipement adéquat.

Des guides officiels font visiter toute l'année la région, ainsi que des langues glaciaires plus à l'est, vers Höfn. Icelandic Mountain Guides (p. 199) et Adventures.com (p. 199), les principales agences, ont des kiosques d'information et réservation à côté du centre d'information des visiteurs du Skaftafellsstofa (p. 200) : vous y rencontrerez des spécialistes et pourrez vous équiper pour une excursion sur glacier. Des vêtements chauds sont indispensables (location de vêtements imperméables et de chaussures de marche).

Les prestataires de la région proposent aussi des randonnées plus exigeantes sur les glaciers et de l'escalade glaciaire. Ils organisent par ailleurs des excursions combinées – randonnée glaciaire et tour en bateau dans la lagune par exemple. Suggestions et tarifs actualisés sur leurs sites.

Grottes de glace

L'hiver, les grottes de glace sont très courues. Ces belles cavités bosselées, nimbées d'une merveilleuse lumière bleue, sont accessibles de novembre à mars environ, le plus souvent en bordure d'un glacier. Elles ne se visitent que par temps froid, et deviennent instables et moins sûres quand les températures grimpent. Chaque année, des grottes de glace éphémères sont recréées par les forces de la nature, puis explorées par des experts locaux. Elles ne peuvent être visitées qu'en compagnie d'un guide, qui assurera votre sécurité et vous fournira le matériel nécessaire. Comme c'est le cas pour les randonnées glaciaires, l'excursion commence généralement par l'équipement (crampons, casque, etc.) ; vous serez acheminé par véhicule jusqu'au glacier, où vous rejoindrez à pied votre destination. Notez qu'une bonne forme physique est requise pour ce type d'excursion.

De plus en plus populaires, les grottes de glace les plus grandes et les plus accessibles peuvent être encombrées, surtout lorsque les groupes de touristes affluent – parfois d'aussi loin que Reykjavík. Nombre de visiteurs se retrouvent souvent sur les mêmes sites, et il peut même y avoir une file d'attente à l'entrée. Des agences proposent des circuits privés dans des grottes moins accessibles ; plus longs et plus chers, ils requièrent souvent une meilleure condition physique.

De plus en plus d'agences proposent des visites de grottes de glace. L'excursion depuis Reykjavík n'est pas vraiment conseillée, en raison du temps de trajet (comptez 4 heures de route de Reykjavík au Skaftafell). Mieux vaut faire appel à un prestataire local. From Coast to Mountains (p. 201) et sa jumelle Local Guide sont les plus grandes spécialistes des grottes de glace du Sud-Est, et pourront vous mener jusqu'à des cavités reculées et confidentielles – ce qui demande du temps, de l'endurance et de l'argent (les courageux pourront même y passer la nuit).

D'autres agences locales compétentes aux noms évocateurs proposent des visites de grottes de glaces : Glacier Adventure (p. 209), IceGuide (p. 208), Glacier Journey (p. 209), Ice Explorers (p. 209) ou Glacier Trips (p. 209). Certaines organisent des circuits au départ du Skaftafell, mais la plupart des visites partent du parking de Jökulsárlón (p. 206), 57 km à l'est du Skaftafell. Lisez bien les petits caractères au moment de réserver.

Agences de circuits guidés

♥ Local Guide AVENTURE

(☎ 894 1317 ; www.localguide.is ; Freysnes). La famille des gérants de Local Guide habite la région depuis plusieurs générations, d'où

LE PARC NATIONAL DU VATNAJÖKULL

Le **parc national du Vatnajökull** (www.vjp.is) fut créé en 2008. Immense, varié et très spectaculaire, il regroupe la calotte glaciaire du Vatnajökull et les anciens parcs nationaux du Skaftafell (dans le sud-est de l'Islande) et de Jökulsárgljúfur (Nord-Est). Récemment agrandi, le parc couvre désormais plus de 14 100 km² – soit environ 14% de la superficie de l'Islande (c'est l'un des plus vastes parcs nationaux d'Europe). Il est susceptible d'inscription sur la Liste du patrimoine mondial de l'Unesco.

Le parc recèle une incroyable variété de paysages et quelques-uns des plus grands trésors naturels d'Islande, façonnés par les forces combinées des rivières, des glaciers, et de l'activité volcanique et géothermique (un scénario typiquement islandais !). La calotte glaciaire du Vatnajökull est protégée dans son intégralité, ce qui comprend les innombrables glaciers secondaires et rivières glaciaires. Les stupéfiantes cascades de Dettifoss et Svartifoss, les cratères du Laki, l'Askja et les autres volcans des hautes terres comptent parmi les splendeurs du parc ; mais on ne pourrait mentionner tous les lieux où les leçons de géologie, d'écologie et d'histoire prennent vie.

Sur le site Web du parc, vous trouverez quantité d'informations sur les itinéraires, les campings, les routes, etc., ainsi que des plans et brochures à télécharger. Le Sud-Est compte plusieurs centres d'accueil des visiteurs utiles, notamment à Kirkjubæjarklaustur (p. 187) et Höfn (p. 211), et au Skaftafell (p. 195).

Des sentiers de randonnée et pistes de 4x4 mènent à de magnifiques sites reculés, mais il n'est pas indispensable de s'éloigner des sentiers battus pour découvrir certains des plus beaux trésors du parc – nombre de curiosités (et de vues extraordinaires) sont accessibles depuis la route circulaire, à l'occasion d'un traditionnel tour d'Islande. Les circuits organisés ne manquent pas.

leur connaissance approfondie des lieux. Les excursions partent de la station-service de Freysnes, à environ 5 km du Skaftafell. De là, les guides organisent toute l'année des randonnées et escalades glaciaires. Le circuit le plus court comprend une heure sur la glace (adulte/enfant 10 900/8 900 ISK ; à partir de 10 ans). C'est aussi le spécialiste des grottes de glace dans la région (mi-nov à mars). La visite standard coûte 19 900 ISK, mais il y en a de plus longues, ainsi que des excursions privées jusqu'à des grottes reculées. Plus de détails sur le site Internet.

Icelandic Mountain Guides AVENTURE
(IMG ; ✆ Reykjavík 587 9999, Skaftafell 894 2959 ; www.mountainguides.is). L'option la plus populaire est l'excursion "Blue Ice Experience", accessible aux familles – une randonnée de 1 heure 30 à 2 heures (adulte/enfant 9 520/7 900 ISK ; à partir de 8 ans). Ces circuits partent du Skaftafell 4 à 8 fois par jour, toute l'année. Il existe aussi des randonnées de 3 heures sur le même glacier, ainsi qu'une formule avec initiation à l'escalade glaciaire.

Adventures.com AVENTURE
(✆ 562 7000 ; adventures.com). Outre des randonnées sur les glaciers de niveau et durée variables (anciennement Arctic Adventures et plus anciennement encore Glacier Guides) propose de l'escalade glaciaire (19 990 ISK), ainsi que des visites de grottes l'hiver (adulte/enfant 19 990/14 993 ISK) au départ du Skaftafell et de Jökulsárlón.

Où se loger et se restaurer

À l'intérieur du parc, vous n'aurez d'autre choix que le camping. Il y a très peu d'hébergements dans le secteur et les hôtels sont surchargés dans le Sud-Est – pour explorer la région, vous devrez réserver ou prendre votre tente.

L'hôtel le plus proche est à Freysnes (p. 200), à 5 km à l'est de l'entrée du parc. Vous trouverez aussi à vous loger à Hof (p. 211), 15 km plus loin vers l'est.

L'été, le café du centre d'information des visiteurs est ouvert et un *food truck* s'installe à proximité ; il n'y a aucun restaurant ouvert pendant l'hiver. Vous pourrez vous restaurer et faire les courses toute l'année au Söluskálinn Freysnesi (p. 201), à Freysnes, 5 km à l'est de l'entrée du parc.

Faites des provisions à l'avance, à Kirkjubæjarklaustur ou Höfn.

L'HIVER DANS LE SKAFTAFELL

L'attrait des aurores boréales et des grottes de glace (assez solides et sûres pendant les mois les plus froids) est à l'origine de la progression du tourisme hivernal dans la région. On peut aussi faire des randonnées glaciaires en hiver : les glaciers, qui semblent alors plus purs, se parent d'une belle nuance de bleu. Habituellement, les chutes de Svartifoss gèlent en janvier-février (il arrive qu'elles soient inaccessibles, à cause des sentiers glissants et dangereux). De décembre à mars, l'accès aux chemins de randonnée dépend des conditions météo ; des crampons sont nécessaires sur certains itinéraires. Sachez que la durée du jour est réduite ; il est recommandé de parler de vos projets au personnel du parc, qui vous conseillera.

Camping de Skaftafell CAMPING €
(✆ 470 8300 ; www.vjp.is ; empl adulte/ado 1 400/800 ISK, enfant gratuit ; Wi-Fi). La plupart des visiteurs apportent leur tente (ou viennent en camping-car) dans ce grand site panoramique, très caillouteux. On peut y faire sa lessive et prendre une douche chaude (500 ISK). Le camping est très fréquenté l'été (il contient jusqu'à 400 emplacements) et reste ouvert à l'année. Les réservations sont obligatoires pour les groupes de plus de 40 personnes. Aucun équipement de cuisine sur place. Wi-Fi au centre d'information.

Si vous recherchez le calme, préférez le camping de Svínafell (p. 200), 8 km plus à l'est.

Glacier Goodies RESTAURATION RAPIDE €€
(www.facebook.com/glaciergoodies ; plats 2 200-2 700 ISK ; ⏲ 11h30-20h mi-mai à sept). Ce *food truck* stationné près du centre d'information prépare de bons plats à base de produits locaux : soupe de langoustine, *fish and chips*, côtes de porc et frites.

Visitor Centre Cafe CAFÉ €€
(Plats 1 490-2 290 ISK ; ⏲ 9h-21h juin-sept, 9h-18h mai, oct et nov, 10h-18h déc-avr). Ce café animé qui jouxte le centre d'information des visiteurs, sert café, paninis, pâtisseries, gaufres, et en-cas adaptés à la randonnée (*skyr*, etc). Plats chauds (soupe, plat du jour) à partir de 12h et quelques options végétariennes et véganes.

Renseignements

La faune et la flore du parc sont protégées. Il est interdit de faire du feu et, bien sûr, d'abandonner des déchets. Il est primordial de rester sur les sentiers, pour ne pas abîmer la fragile végétation.

Les drones sont interdits dans le parc national, sauf autorisation spéciale.

Skaftafellsstofa – centre d'information des visiteurs du Skaftafell (470 8300 ; www.vjp.is ; 8h-19h juin-sept, 9h-18h fév-mai et oct, 10h-18h nov-jan ;). Très utile, ce centre ouvert à l'année dispose d'un guichet d'information, avec brochures gratuites et cartes à vendre. Expositions, café (en été) et accès Internet. Le personnel compétent vous renseignera et vous aidera à préparer vos randonnées.

Depuis/vers le Skaftafell

Les bus Reykjavík-Höfn desservent le Skaftafell, d'où l'on rejoint d'autres régions sauvages, comme Landmannalaugar. L'été, les liaisons fréquentes avec Jökulsárlón permettent d'envisager des excursions à la journée.

L'arrêt est en face du centre d'information des visiteurs.

Services assurés par Sterna (p. 457) :

- Bus n°12 pour Jökulsárlón (2 000 ISK, 1 heure, 1/jour juillet et août). Pratique pour une excursion, avec une étape de 2 heures à la lagune ; aller-retour 4 000 ISK.
- Bus n°12a pour Vík (4 000 ISK, 2 heures 30, 1/jour juillet et août)

Services assurés par Strætó (p. 457) :

- Bus n°51 pour Höfn (3 680 ISK, 1 heure 45, 2/jour). Arrêts à Freysnes et Jökulsárlón.
- Bus n°51 pour Reykjavík (10 120 ISK, 5 heures, 2/jour).

Services assurés par Reykjavík Excursions (p. 457) :

- Bus nos10/10a pour Landmannalaugar (9 500 ISK, 5 heures, 3/sem juillet et août). Passe par Eldgjá. Possibilité d'utiliser cette ligne régulière pour un circuit d'une journée.
- Bus n°15 pour Jökulsárlón (2 800 ISK, 45 min, 2/jour juillet et août)
- Bus n°20a pour Reykjavík (11 200 ISK, 6 heures 15, 1/jour juillet et août)

VOITURE ET MOTO

Dans le Skaftafell, le stationnement est payant. Les tarifs et modes de paiement sont détaillés sur les panneaux (il faut entrer votre numéro d'immatriculation via un site, une application ou un écran au centre d'information). Comptez 600/300 ISK pour une voiture/moto ordinaire, et davantage pour les voitures de gros gabarit et les bus.

Le tarif est journalier (jusqu'à minuit). Il est possible de payer pour 3 jours en une fois.

Du Skaftafell à Jökulsárlón

Des glaciers étincelants et des montagnes menaçantes bordent la bande d'asphalte de 60 km reliant le Skaftafell à la lagune parsemée d'icebergs de Jökulsárlón ; il est parfois difficile de garder les yeux sur la route tant les paysages qui défilent sont grandioses.

Svínafell et Freysnes

À l'est du Skaftafell, Freysnes est le premier hameau que vous croiserez sur votre route. Vient ensuite le hameau de Svínafell, à l'est de Freysnes, doté d'un camping.

Flosi Þórðarson, le personnage qui brûla Njáll et sa famille dans la *Saga de Njáll le Brûlé* (p. 155), vécut dans la ferme de Svínafell. C'est également ici que les familles de Flosi et de Njáll finirent par se réconcilier, mettant fin à l'une des querelles les plus sanglantes de l'histoire islandaise. Au XVIIe siècle, le glacier Svínafellsjökull avait presque englouti la ferme ; il a reculé depuis.

Svínafellsjökull GLACIER

Si vous poursuivez sur la route circulaire à partir du Skaftafell, vous verrez un panneau indiquant le glacier Svínafellsjökull. Une route de 2 km trouée de nids-de-poule mène au parking, d'où l'on peut facilement atteindre la frange nord du glacier, très photogénique. Ne vous aventurez pas sur le glacier sans guide : rejoignez un circuit.

Durant l'été 2018, les géologues ont signalé des risques d'éboulements dans la région du Svínafellsjökull ; au moment de nos recherches, les circuits sur le glacier étaient suspendus (les prestataires installés autour du Svínafellsjökull se sont réimplantés à proximité des glaciers émissaires voisins).

Circuits organisés

Glacier Horses ÉQUITATION

(847 7170 ; www.glacierhorses.is ; adulte/enfant 11 500/7 000 ISK ; juin-oct). Un peu après Svínafell (vers Hof), cette agence propose de courtes balades à cheval (1 heure-1 heure 30) dans la campagne environnante. Réservez par téléphone ou par e-mail.

Où se loger et se restaurer

Ferðaþjónustan Svínafelli CAMPING €

(478 1765 ; www.svinafell.com ; empl 1 700 ISK/pers, ch et bung 4 500-5 200 ISK/pers ; camping mai-sept ;). Ce camping bien organisé

possède 6 bungalows pour 4 personnes et des installations impeccables – douches, toilettes et salle à manger. Si vous êtes motorisé, c'est une bonne alternative au camping de Skaftafell. Pas d'électricité sur les emplacements. Le propriétaire propose aussi des lits (option duvet) dans des appartements ou des maisons alentour (toute l'année).

Hótel Skaftafell HÔTEL €€€
(☎478 1945 ; www.hotelskaftafell.is ; Freysnes ; s/d/tr avec petit-déj 30 500/37 250/42 900 ISK ; 📶). C'est l'établissement le plus proche du Skaftafell. À 5 km à l'est, à Freysnes, il est l'un des rares hôtels de la région et donc très demandé – les prix s'en ressentent. Ses 63 chambres sont propres et fonctionnelles, mais pas luxueuses (le prix est *très* excessif). Bon service ; restaurant (plats 3 750-5 750 ISK) correct, privilégiant les produits locaux, comme l'omble chevalier et l'agneau.

Söluskálinn Freysnesi ISLANDAIS €
(Plats 1 000-3 200 ISK ; ⌚9h-20h). La cafétéria de la station-service face à l'Hótel Skaftafell propose des plats du jour chauds et bon marché, ainsi que des burgers et des pizzas. Rayon épicerie correct.

Hvannadalshnúkur

Plus haute montagne d'Islande, le Hvannadalshnúkur (2 110 m) se dresse sur l'**Öræfajökull**, un appendice du Vatnajökull. Cet imposant sommet frôle le rebord nord-ouest d'un immense cratère de 5 km de largeur, qui compose le plus grand volcan en activité d'Europe après l'Etna (Sicile). Il entra en éruption en 1362 et expulsa alors une quantité de téphra sans égale dans l'histoire islandaise. La région fut dévastée, d'où son nom d'Öræfi (désert).

Fin 2017 et en 2018, les scientifiques ont détecté une activité accrue du volcan situé sous l'Öræfajökull (le glacier et le volcan portent le même nom). Ce volcan, en sommeil depuis environ 250 ans, passe pour être l'un des plus puissants d'Islande.

Circuits organisés

Le meilleur itinéraire pour escalader le Hvannadalshnúkur part du Sandfellsheiði, à 12 km au sud-est du Skaftafell. La plupart des expéditions guidées réalisent l'ascension en une longue et épuisante journée (départ vers 5h). Il ne s'agit pas d'une expédition technique, mais elle est éprouvante tant sur le plan mental que physique. Il y a plus de 2 000 m de dénivelé, pour une longueur totale de 23 km. Les grimpeurs indépendants devront emporter assez de vivres et de matériel pour plusieurs jours, et avoir une bonne expérience de la marche sur glacier.

Avril et mai, avant la fonte des ponts de neige, sont les meilleurs mois pour tenter l'aventure. D'année en année, les ponts qui permettent l'excursion fondent plus tôt et plus vite, écourtant la saison d'escalade. Les tour-opérateurs annoncent parfois de longues saisons d'avril à août, mais il est peu probable que les conditions permettent l'ascension après juin.

Plus de détails sur les sites Internet.

Icelandic Mountain Guides et From Coast to Mountains proposent l'ascension du Hvannadalshnúkur ; les mises au point avec le guide ont lieu la veille au soir. Attention, les prix sont toujours susceptibles de changer : les conditions peuvent contraindre les agences à engager des guides supplémentaires, augmentant le coût des expéditions.

From Coast to Mountains AVENTURE
(Öræfaferðir ; ☎894 0894 ; www.fromcoasttomountains.is ; Fagurhólsmýri). Einar, le propriétaire, détient le record du nombre d'ascensions du Hvannadalshnúkur (près de 300). Il organise de mars à mai des ascensions privées à ski. Le prix dépend de la taille du groupe (pour deux, comptez 80 000 ISK/pers). Les participants doivent avoir leur propre équipement. On peut monter en septembre et octobre si les conditions sont bonnes. Le bureau de l'agence se trouve à Fagurhólsmýri, à 26 km du Skaftafell.

Icelandic Mountain Guides AVENTURE
(IMG ; ☎bureau de Reykjavík 587 9999, Skaftafell 894 2959 ; www.mountainguides.is). Vous devrez débourser 42 900 ISK/pers (2 pers au minimum) pour cette ascension guidée de 10 à 15 heures – 3 départs/sem en saison, lorsque la météo le permet. IMG propose l'ascension du Hrútsfjallstindar (48 900 ISK), également dans le parc et culminant à 1 875 m. Agence basée sur le parking du Skaftafell.

Hof

Le hameau de Hof est connu pour son **église** en bois et tourbe (la Hofskirkja) digne d'un livre de contes, bâtie sur les fondations d'un édifice du XIVe siècle. Reconstruite en 1884, elle est maintenant entourée d'un joli bosquet de bouleaux et de frênes. Son toit est couvert d'herbe et de fleurs.

1

SNOMEDIA/SHUTTERSTOCK ©

2

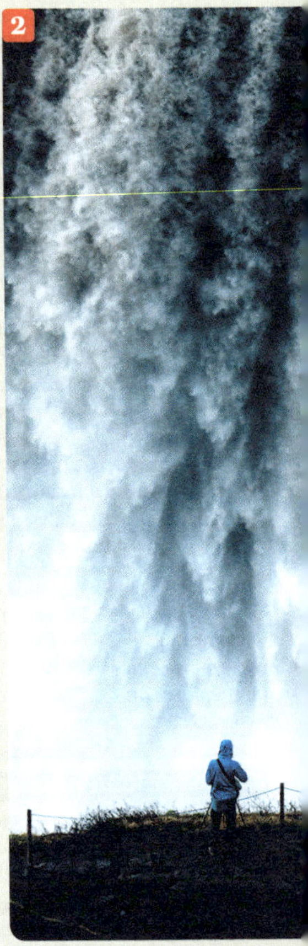

4

SMIT/SHUTTERSTOCK ©

. Kirkjufellsfoss (p. 239)
es chutes particulièrement courtes sont
dossées au mont Kirkjufell, l'un des sites
s plus photographiés d'Islande.

. Dettifoss (p. 337)
ette cascade compte parmi les plus puissantes
Islande et a le plus fort débit d'Europe.

. Seljalandsfoss (p. 156)
ape incontournable de la route circulaire,
Seljalandsfoss dévale avec fracas les
scarpements inférieurs du volcan Eyjafjallajökull.

. Gullfoss (p. 132)
ır la Hvítá, les amples et fascinantes
hutes dorées" sont parmi les plus accessibles.

GARY LATHAM/LONELY PLANET ©

À L'ASSAUT DU VATNAJÖKULL

Même si la calotte glaciaire du Vatnajökull et les glaciers voisins sont déjà impressionnants à contempler depuis la route circulaire, de nombreux voyageurs éprouvent l'irrésistible envie de s'en approcher. Les randonnées guidées sur les langues glaciaires constituent une merveilleuse introduction ; l'exploration du glacier lui-même est réservée aux marcheurs chevronnés prêts à s'engager dans une expédition de type polaire : la calotte est striée de profondes crevasses dissimulées par de la neige fraîche et des tempêtes de blizzard peuvent éclater subitement. Mais ne soyez pas déçu ! On peut accéder à toute cette blancheur en se joignant à des circuits en motoneige ou en Super-Jeep organisés par des agences locales, y compris en hiver.

Ces agences empruntent l'accès le plus facile au Vatnajökull : la piste de 4x4 F985 (p. 207 ; à 35 km à l'est de Jökulsárlón et à 45 km à l'ouest de Höfn) jusqu'à la large saillie du **Skálafellsjökull**. Au bout de la piste, à 840 m au-dessus du niveau de la mer et avec un point de vue spectaculaire à 360°, la plupart des visiteurs choisissent l'époustouflant **circuit en motoneige**. Équipé d'une combinaison, d'un casque, de bottes et de gants, il ne vous reste plus qu'à suivre le guide sur un itinéraire défini. C'est très amusant et, bien que vous n'ayez qu'un bref aperçu de ce qu'est l'exploration d'un glacier, le bruit, les secousses et l'odeur d'essence qui parvient à vos narines vous aideront sans doute à ne pas regretter que ça ne dure pas plus longtemps ! Autres solutions : le **circuit en Super-Jeep** sur la glace et la **randonnée glaciaire**.

Glacier Jeeps (p. 209) et Glacier Journey (p. 209) proposent des circuits en motoneige et en Super-Jeep. Glacier Jeeps organise aussi des randonnées glaciaires. Ces excursions sont très populaires ; il est conseillé de réserver (en ligne). Le tarif enfant pour la motoneige est applicable de 6 à 12 ans (6 ans est l'âge minimal requis). Il faut un permis de conduire pour piloter une motoneige (les passagers n'en ont pas besoin).

L'hiver, Glacier Journey propose des excursions en motoneige et des visites de grottes de glace. Vérifiez les tarifs, horaires et points de rendez-vous sur les sites Internet.

Hof se trouve à environ 17 km de l'embranchement pour le Skaftafell. Un véhicule est nécessaire pour y accéder.

Vesturhús Hostel AUBERGE DE JEUNESSE €
(☎854 5585 ; vesturhus.is ; d/tr sans sdb 14 000/ 18 000 ISK). On trouve, dans cette auberge de 6 chambres, une cuisine et un séjour-salle à manger douillets. Les chambres rudimentaires (pas de dortoirs), avec lits superposés, peuvent accueillir jusqu'à 5 personnes. Louez des draps (1 800 ISK/pers) et une serviette (400 ISK) ou apportez les vôtres.

Nónhamar BUNGALOWS €€
(☎620 4000 ; www.nonhamar.is ; d/qua 24 900/ 30 900 ISK ; ⏱mars-oct ; 📶). Le Nónhamar compte 3 bungalows indépendants confortables, de 4 couchettes (le propriétaire prévient toutefois que 4 adultes se sentiront à l'étroit dans ces 18 m² !). Tous possèdent une kitchenette et une salle de bains.

Adventure Hotel Vatnajökull HÔTEL €€€
(☎478 2260 ; www.hof1.is ; d avec/sans sdb 31 900/ 25 900 ISK avec petit-déj ; 📶). Les nouveaux propriétaires travaillent avec Adventures.com. Rénové et en plein agrandissement, l'ancien Hof 1 Hotel dispose de différents types de chambres, distribuées dans plusieurs bâtiments, ainsi que d'une salle à manger où l'on sert à dîner (plats 2 300-3 800 ISK), notamment des plats végétariens. Au pied du glacier Öræfajökull.

Ingólfshöfði

Si tous les regards se portent naturellement vers l'intérieur des terres dans cette partie spectaculaire de l'Islande, la côte est également digne d'intérêt – et notamment le cap d'Ingólfshöfði (prononcé *"inn-gol-vss-heurv-zi"*), un promontoire haut de 76 m qui jaillit ici de la plaine.

Situé à mi-chemin entre Höfn et Kirkjubæjarklaustur, le cap d'Ingólfshöfði est une réserve naturelle historique, superbe et isolée. Au printemps et en été, il est envahi par les macareux, les grands labbes et d'autres oiseaux marins qui viennent y nicher. On voit parfois des baleines au large. Par ailleurs, c'est ici qu'Ingólfur Arnarson, le premier colon installé en Islande, hiverna lors de sa première incursion dans le pays en 874. D'où le nom du cap.

Les circuits dans la réserve partent à quelque 25 km à l'est du Skaftafell, au niveau d'un kiosque proche de la pompe à essence et de l'agence de réservation de Fagurhólsmýri. Il faut rouler environ 2 km depuis la route circulaire (il y a un panneau).

Circuits organisés

Ingólfshöfði Puffin Tour ÉCO-CIRCUIT
(☎894 0894 ; www.puffintour.is ; adulte/enfant 9 500/2 750 ISK ; ⊙départs 10h15 et 13h30 lun-sam mi-mai à mi-août). Les circuits dans la réserve d'Ingólfshöfði débutent avec l'amusante traversée d'une lagune littorale peu profonde de 6 km (dans un chariot tiré par un tracteur), à laquelle succède une montée courte mais raide dans le sable, suivie d'une visite guidée (1 heure 30) autour du promontoire. Le circuit est axé sur l'observation des oiseaux ; le paysage de montagnes alentour est admirable. Notez que les macareux quittent l'Islande vers la mi-août.

From Coast to Mountains CIRCUIT AVENTURE
(Öræfaferðir ; ☎894 0894 ; www.fromcoasttomountains.is ; Fagurhólsmýri). L'été, l'agence organise d'amusants circuits dans la nature jusqu'à la réserve d'Ingólfshöfði. Au printemps, le propriétaire, Einar, propose l'ascension du Hvannadalshnúkur (p. 201), et l'hiver, des visites de grottes de glace (à partir de 12 500 ISK). Dernier défi en date : les nuitées dans une grotte de glace (125 000 ISK). Plus de détails en ligne, notamment des mises en garde expliquant qu'il faut un mental d'acier et une bonne préparation pour dormir par des températures glaciales.

Où se loger et se restaurer

Apportez des en-cas si nécessaire. L'agence de réservation de Fagurhólsmýri dispose d'un comptoir vendant café, sandwichs et pâtisseries. Le Fosshotel possède un restaurant haut de gamme.

Fosshotel Glacier Lagoon HÔTEL €€€
(☎514 8300 ; www.fosshotel.is ; Hnappavellir ; ch à partir de 39 000 ISK ; 📶). Le nom de ce grand quatre-étoiles à l'architecture contemporaine est trompeur : il est situé à Hnappavellir, à mi-chemin entre Skaftafell et Jökulsárlón, à 3 km à l'est du point de départ des circuits dans la réserve. Pas de vue sur la lagune glaciaire ici, puisque Jökulsárlón est à 20 minutes en voiture. L'hôtel compte 104 chambres simples mais élégantes, ainsi qu'un bon restaurant et un bar.

Fjallsárlón et Breiðamerkursandur

Le Breiðamerkursandur, qui forme la partie orientale des grands *sandar*, s'adosse à un vaste panorama de montagnes couronnées de glace, avec parfois de profondes lagunes à leur pied, comme la merveilleuse Fjallsárlón.

Le Breiðamerkursandur est l'une des principales zones de nidification des grands labbes en Islande. Le nombre croissant de ces oiseaux nichant à terre a entraîné l'augmentation de la population de renards polaires.

Le Breiðamerkursandur apparaît dans la *Saga de Njáll le Brûlé*, laquelle se termine par l'arrivée de Kári Sölmundarson dans ce lieu idyllique.

À voir et à faire

Fjallsárlón LAGUNE
Un panneau en retrait de la route circulaire indique Fjallsárlón, une lagune glaciaire facilement accessible, autour de laquelle on peut faire de belles randonnées. On peut aussi faire des excursions en Zodiac au milieu des icebergs. Le site contraste agréablement avec l'animation de Jökulsárlón, 10 km à l'est.

Si vous avez le temps, arrêtez-vous aux deux endroits, qui ont chacun leurs qualités : Jökulsárlón est plus grande et plus majestueuse, tandis que depuis les rives de Fjallsárlón, on peut voir le front glaciaire (la limite basse du glacier). Des sorties en bateau sont proposés sur les deux lagunes. Fjallsárlón compte un nouveau et agréable centre d'accueil des visiteurs, avec un grand café, le **Frost** (☎666 8006 ; www.fjallsarlon.is ; plats 1 700-2 500 ISK ; ⊙9h30-18h juin-sept, 10h-17h oct-mai).

Fjallsárlón Glacial Lagoon Boat Tours SORTIES EN BATEAU
(☎666 8006 ; www.fjallsarlon.is ; adulte/enfant 7 900/3 900 ISK ; ⊙mai-oct). Basé au centre d'accueil des visiteurs de Fjallsárlón, ce prestataire organise des excursions en Zodiac de 45 minutes parmi les icebergs de la lagune. Possibilité de réserver en ligne. Les circuits partent toutes les heures de 9h30 à 16h30 l'été et moins fréquemment pendant les saisons intermédiaires.

Kvíárjökull GLACIER
Le glacier du Kvíárjökull serpente jusqu'à la rivière Kvíá et l'on y accède facilement depuis la route circulaire (route 1) – guettez le panneau qui indique Kvíármýrarkambur à l'ouest du pont qui enjambe la rivière. Laissez votre voiture au petit parking et suivez le sentier jusqu'à la pittoresque vallée.

Breiðármörk Walking Trail RANDONNÉE

Le sentier de Breiðármörk conduit de Fjallsárlón à la lagune de Breiðárlón, 5 km à l'est, où finissent les eaux de fonte du Breiðamerkurjökull (qui est aussi la source des eaux de fonte de Jökulsárlón). De Breiðárlón, le sentier continue à grimper vers l'est jusqu'à Jökulsárlón, environ 15 km plus loin.

Jökulsárlón

Maints icebergs, d'un bleu lumineux, dérivent à travers la lagune glaciaire Jökulsárlón (prononcé "yokoul-sar-lonn"), laquelle donne directement sur la route circulaire, entre Höfn et Skaftafell. Vous pourrez passer plusieurs heures sur place, à admirer les sculptures de glace (certaines sont zébrées par la cendre d'éruptions volcaniques passées), à guetter les phoques ou à faire un tour en bateau.

Les icebergs qui se détachent du Breiðamerkurjökull, une ramification du Vatnajökull, s'écrasent dans l'eau et dérivent vers l'océan Atlantique. Certains flottent jusqu'à 5 ans dans la lagune de 25 km² et 260 m de profondeur, fondent, regèlent et s'effondrent parfois dans un grand bruit qui effraie les oiseaux. Ils dérivent ensuite jusqu'à l'océan en empruntant la **Jökulsá**, la plus courte rivière d'Islande.

La lagune, dont on pourrait croire qu'elle date de la dernière période glaciaire, n'a en fait que 80 ans. Jusqu'au milieu des années 1930, le Breiðamerkurjökull atteignait la route circulaire ; il recule désormais à une vitesse stupéfiante (jusqu'à 500 m par an) et la lagune grandit en conséquence.

Diamond Beach PLAGE

Dans l'estuaire de la Jökulsá, le sable noir est jonché de blocs glaciaires et d'icebergs, venus rejoindre la mer. Les touristes ont surnommé le site "plage des diamants" et le nom est resté.

Il y a plusieurs parkings au bord de la route circulaire (côté océan), de chaque côté du pont sur la rivière.

Activités et circuits organisés

Les sorties en bateau sur la lagune sont excellentes, mais vous pourrez approcher ces merveilles bleues de presque aussi près en longeant la rive à pied, et goûter la glace ancienne en la tirant hors de l'eau. Sur la route circulaire à l'ouest du parking, des aires de stationnement ont été aménagées pour que vous puissiez escalader les monticules de terre et découvrir la lagune depuis les endroits moins fréquentés de la rive.

Breiðármörk Trail RANDONNÉE

Un sentier balisé, réputé difficile, part du parking ouest de Jökulsárlón et mène aux lagunes Breiðárlón (10 km aller) et Fjallsárlón (15,3 km). L'itinéraire va être prolongé : à terme, il relierait le Skaftafell, à l'ouest, au Lónsöræfi, à l'est. Le centre des visiteurs de Höfn vend des cartes du sentier (250 ISK).

Glacier Lagoon Amphibious Boat Tours SORTIES EN BATEAU AMPHIBIE

(☎478 2222 ; www.icelagoon.is ; adulte/enfant 5 900/2 900 ISK ; ⏲9h-19h juin-sept, 10h-17h mai et oct). Offrez-vous une mémorable visite à bord d'un bateau amphibie (40 min) ; cet engin avance lentement sur le rivage, comme un bus, avant d'entrer dans l'eau. À bord, les guides racontent des anecdotes aux participants, qui peuvent goûter la glace millénaire. Horaires et réservation sur le site Internet. Départs réguliers depuis le parking est (à côté du café) – jusqu'à 40 par jour l'été.

Le dernier bateau part 1 heure avant la fermeture. Des sorties peuvent avoir lieu en avril et novembre, suivant la demande et la météo – contactez le prestataire.

L'agence propose aussi des **sorties en Zodiac** de 1 heure (adulte/enfant 10 500/5 500 ISK ; à partir de 10 ans). Départs à heures fixes ; réservation recommandée.

Ice Lagoon Zodiac Boat Tours SORTIES EN ZODIAC

(☎860 9996 ; www.icelagoon.com ; adulte/enfant 9 900/6 500 ISK ; ⏲9h-17h30 mai-sept). Cet opérateur propose des circuits sur la lagune uniquement en Zodiac. Ils durent 1 heure, avec un maximum de 20 passagers par bateau, et rejoignent très vite le bord du glacier (ce qui n'est pas le cas des bateaux amphibies) avant de revenir lentement. Il est préférable de réserver en ligne ; à partir de 6 ans.

IceGuide KAYAK

(☎661 0900 ; www.iceguide.is ; double kayak adulte/enfant 10 900/5 900 ISK). Basé à Flatey, IceGuide dispose d'une seconde antenne sur le parking de Jökulsárlón. C'est aussi de là que partent les visites de grottes de glace l'hiver. Toutefois, de mi-mai à septembre, c'est la possibilité de glisser en kayak parmi les icebergs qui séduit les amoureux de la nature. Réservez en ligne pour 1 heure sur l'eau (facile). À partir de 14 ans.

Fêtes et festivals

Feu d'artifice FESTIVITÉS
(www.visitvatnajokull.is ; adulte/enfant 1 500 ISK/ gratuit ; mi-août). Si vous êtes dans le coin à la mi-août, ne manquez pas le feu d'artifice annuel de Jökulsárlón. Les fonds récoltés vont à l'équipe de sauvetage locale. Des bus acheminent les spectateurs depuis Höfn, Kirkjubæjarklaustur et Skaftafell.

Où se loger et se restaurer

L'hôtel le plus proche se trouve dans le hameau de Hali, à 13 km à l'est. Hali n'a pas de camping ; le moins distant, à l'est de Jökulsárlón, est celui de Höfn.

Vers l'ouest, vous trouverez d'abord le Fosshotel (p. 205) de Hnappavellir, à 28 km de Jökulsárlón. Pour camper, il faut parcourir 52 km, jusqu'à Svínafell (p. 200), ou 60 km jusqu'au parc national de Skaftafell (p. 195).

Les hébergements le long de la route circulaire sont très recherchés ; mieux vaut réserver (c'est inutile dans les campings).

On trouve sur le parking est un petit **café** (en-cas 900-1 200 ISK ; 9h-19h juin-sept, 9h-18h mars-mai et oct, 9h-17h nov-fév), une boutique de souvenirs et deux toilettes – plutôt vétustes et inadaptées à l'affluence. Il est question de construire de nouvelles installations (y compris un nouveau centre d'accueil des visiteurs) maintenant que la zone est intégrée au parc national du Vatnajökull, mais cela peut prendre du temps. En attendant, des *food trucks* vendent de bons en-cas, notamment de la bisque de langoustine à l'excellent **Heimahumar** (sandwich à la langoustine 1 800 ISK ; 11h30-18h mai-oct).

Depuis/vers Jökulsárlón

Sterna (p. 457). Le bus n°12/12a circule tous les jours en juillet-août (8 heures 45, 12 000 ISK) entre Reykjavík et Jökulsárlón. Il est possible d'y embarquer dans d'autres villes de la côte sud. Avant de faire demi-tour jusqu'à Vík, le bus stationne 2 heures à la lagune. On peut passer la nuit sur place et rentrer à Reykjavík le lendemain (aller-retour Reykjavík-Jökulsárlón 24 000 ISK).

Strætó (p. 457). Le bus n°51 entre Reykjavík et Höfn (aller simple 11 500 ISK, 6 heures) circule deux fois par jour et dessert Jökulsárlón. Il dépose ou prend des passagers, sans s'attarder.

Reykjavík Excursions (p. 457). Le bus n°15 circule deux fois par jour entre le centre des visiteurs de Skaftafell et Jökulsárlón (2 800 ISK, 45 min), en juillet-août uniquement.

De Jökulsárlón à Höfn

La section de 80 km de la route circulaire qui va de Jökulsárlón à Höfn, absolument superbe, longe une vingtaine de fermes (ayant souvent un glacier dans le "jardin"), qui proposent un hébergement, des activités et parfois le couvert.

Parmi les innombrables atouts de cette région qui séduit les familles, on notera une mini-ferme (p. 210), un producteur de crèmes glacées (p. 208), un musée de qualité, des zones marécageuses peuplées d'oiseaux et des *hot pots* extérieurs. Les sportifs préfèreront les randonnées vers (ou sur) les langues glaciaires, les visites de grottes de glace l'hiver, les safaris en motoneige, les sorties en kayak sur les lagunes glaciaires et les randonnées à cheval au milieu de paysages splendides.

À voir et à faire

Þórbergssetur MUSÉE
(478 1078 ; www.thorbergur.is ; Hali ; adulte/ enfant 1 000 ISK/gratuit ; 9h-20h). Ce musée à l'architecture ingénieuse (la façade figure une étagère de livres) rend hommage à l'enfant du pays le plus connu de cette région faiblement peuplée, l'écrivain Þórbergur Þórðarson (Thórbergur Thórdarson, 1888-1974). Þórbergur était un non-conformiste (passionné par le yoga, l'espéranto et l'astronomie) ; son premier livre, intitulé *Bréf til Láru* (*Lettre à Laura*), causa une immense polémique en raison du caractère radical-socialiste de son contenu.

Piste F985 ROUTE PANORAMIQUE
La piste F985, réservée aux 4x4, part de la route circulaire à 35 km à l'est de Jökulsárlón et à 45 km à l'ouest de Höfn, pour se diriger vers la large langue glaciaire du Skálafellsjökull. Longue de 16 km, elle est par endroits extrêmement pentue et recouverte de neige en hiver. Glacier Jeeps (p. 209) et Glacier Journey proposent de confortables circuits jusqu'en haut, d'où vous pourrez poursuivre l'exploration en motoneige ou en Super-Jeep.

Il est absolument inenvisageable d'emprunter cette piste avec un véhicule ordinaire – vous n'y gagneriez qu'une énorme facture pour les secours. Les

À VOS GLACIERS !

La direction du parc national du Vatnajökull s'est associée à quelques propriétaires entre Jökulsárlón et Höfn pour ouvrir au public l'accès à certaines zones naturelles restées vierges – et par la même occasion soulager la région du Skaftafell, qui doit faire face à une augmentation continue du nombre de touristes. Ces zones, signalées depuis la route circulaire, sont encore peu connues ; vous avez donc une chance d'avoir pour vous seul une étendue de merveilles glaciaires.

Phénomène rare, trois langues glaciaires (le Skálafellsjökull, le Heinabergsjökull et le Fláajökull) convergent dans la région de Hjallanes et Heinaberg. Il y a en une quatrième, le Hoffellsjökull, un peu plus à l'est, près de Höfn. Cette région aux paysages magnifiques (lacs glaciaires et moraines, là où se terminaient jadis les glaciers) est sillonnée par de nombreux chemins de randonnée, tous plus beaux les uns que les autres.

Heinabergsjökull À 8 km de la route circulaire, sur une route gravillonnée (indiquée un peu à l'est de la Guesthouse Skálafell). Parmi les sentiers de randonnée au départ de la Guesthouse Skálafell (p. 210), figurent une boucle de 8 km vers Hjallanes et une promenade de 7,5 km jusqu'à Heinabergslón (lagune parsemée d'icebergs au pied du Heinabergsjökull). Depuis Heinabergslón, un sentier de 8,3 km mène au Fláajökull. D'excellents circuits en kayak à Heinabergslón sont organisés par IceGuide (p. 208).

Fláajökull Également à 8 km de la route circulaire, sur une route gravillonnée indiquée un peu à l'est de la pension Hólmur (p. 210). Un pont suspendu depuis lequel les marcheurs étaient aux premières loges pour admirer le glacier a été emporté par les inondations de 2017, mais il devrait être reconstruit. Glacier Trips (p. 209) organise des randonnées glaciaires sur le Fláajökull.

Hoffellsjökull De la pension Hoffell (p. 210), une route gravillonnée de 4 km conduit à la langue glaciaire de Hoffellsjökull, qui donne naissance à un petit lac. Au retour, vous pourrez profiter des *hot pots* de la pension.

Les pensions citées ici servent de points d'information (cartes disponibles). Vous pourrez aussi vous arrêter au centre d'information de Höfn pour connaître l'état des routes et savoir si l'on peut accéder à de nouvelles zones. Procurez-vous la carte *Heinaberg, Hjallanes, Hoffell* éditée par le parc national et disponible aux centres d'information de Höfn (p. 214) et du Skaftafellsstofa (p. 200). Vous trouverez aussi des informations sur le site Internet du parc (www.vjp.is), dans la section Hornafjörður.

Notez que les routes d'accès indiquées depuis la route circulaire ne sont pas goudronnées et sont souvent en mauvais état (mais il ne s'agit pas de pistes F, réservées aux 4x4). Mieux vaut se renseigner sur place sur leur état avant de s'y engager avec un véhicule ordinaire. Certaines sont plus praticables que d'autres. Des travaux de maintenance ont parfois lieu l'hiver.

pistes F sont *exclusivement* réservées aux 4x4. Si vous avez un petit 4x4 ou que vous n'êtes pas habitué à conduire ce type de véhicule, ne vous aventurez pas sur la piste F985.

Flatey Farm FERME

La ferme laitière de Flatey (Flatey á Mýrum) est presque exactement à mi-chemin entre Jökulsárlón et Höfn. Difficile de la manquer depuis la route : l'étable est un des plus grands bâtiments de la région. On y trouve un restaurant (p. 211). Plusieurs organisateurs de circuits y sont basés l'été : IceGuide, Glacier Journey et Ice Explorers (voir ci-dessous).

Circuits organisés

IceGuide AVENTURE

(☎661 0900 ; www.iceguide.is). L'été, Óskar et son équipe proposent une excursion unique en kayak sur une lagune glaciaire silencieuse, au milieu des icebergs. Il s'agit du lac Heinabergslón tout proche, au pied du Heinabergsjökull ; l'excursion comprend une courte marche sur le glacier (adulte/enfant à partir de 15 900/8 900 ISK ; à partir de 14 ans). Les kayaks sont adaptés aux personnes non expérimentées. Sorties en kayak à Jökulsárlón également.

Les excursions estivales à Heinabergslón partent de Flatey. Il est conseillé de réserver pour tous les circuits.

De novembre à mars, IceGuide organise des visites de grottes de glace depuis Jökulsárlón (29 900 ISK ; à partir de 16 ans). Ces circuits comprennent le trajet en 4x4 jusqu'au bord du glacier, puis une marche sur un terrain difficile jusqu'à la grotte. Il faut être en bonne forme physique et équipé de vêtements chauds. Plus de renseignements sur le site Internet.

Glacier Journey AVENTURE
(☎478 1517 ; www.glacierjourney.is). Cette agence organise des circuits en motoneige et Super-Jeep, et des visites de grottes de glace l'hiver. L'été (juin-sept), elle est basée à la ferme de Flatey et l'accès à la neige se fait par la piste F985. L'hiver, elle s'installe à Jökulsárlón. Les circuits en motoneige coûtent environ 30 000 ISK par pers (sur la base de 2 pers par véhicule). Circuits "soleil de minuit" en juin-juillet.

Glacier Trips AVENTURE
(☎779 2919 ; www.glaciertrips.is ; promenade sur le glacier 19 900 ISK). Cette agence locale organise des promenades en groupes restreints sur le Fláajökull, un glacier couvert par aucun autre tour-opérateur. C'est un bon moyen de sortir des sentiers battus. La Lilja Guesthouse sert de point de rendez-vous.

L'hiver, l'agence est spécialisée dans les visites de grottes de glace (à partir de 19 500 ISK), avec notamment un circuit d'une journée jusqu'à un site reculé. Les excursions hivernales partent de Jökulsárlón.

Glacier Adventure AVENTURE
(☎571 4577 ; www.glacieradventures.is ; Hali). Le prestataire le plus proche de Jökulsárlón, de gérance locale, est basée 13 km à l'est de la lagune, au Hali Country Hotel. Les expéditions sur le Breiðamerkurjökull comprennent 1 heure à 1 heure 30 de marche sur la glace (adulte/enfant 14 900/7 450 ISK). Autres possibilités : demi-journée d'escalade glaciaire et visite de grottes de glace en hiver (à partir de 19 500 ISK) – dont une plus ardue vers une grotte éloignée.

Glacier Jeeps AVENTURE
(☎894 3133, 478 1000 ; www.glacierjeeps.is ; ⏲mars à mi-oct). Cette agence chevronnée spécialisée dans les circuits en motoneige est installée au Vagnsstaðir HI Hostel (p. 210), qui est aussi le point de rendez-vous pendant la saison intermédiaire. De mi-juin à mi-octobre, les excursions de 3 heures partent à 9h30 et à 14h du petit parking situé au départ de la piste F985, près de la route circulaire.

Ice Explorers AVENTURE
(☎866 3490 ; www.explorers.is). Circuits en Super-Jeep (18 500 ISK) jusqu'aux glaciers l'été, via la piste F985 (route panoramique), et visites de grottes de glace (19 900 ISK) l'hiver (novembre à mars). La base estivale est à Flatey ; l'hiver, départs de Jökulsárlón.

Où se loger

La plupart des établissements sur ce tronçon de la route circulaire ont augmenté leur capacité d'accueil ces dernières années ; pourtant, la demande dépasse toujours largement l'offre en été, et les prix sont très élevés. N'oubliez pas de réserver, et consultez les tarifs actualisés en ligne.

Les adresses suivantes sont classées en allant de l'ouest vers l'est.

Hali Country Hotel HÔTEL €€€
(☎478 1073 ; www.hali.is ; s/d/app avec petit-déj 28 500/36 500/51 900 ISK ; 📶). Le musée Þórbergssetur (Thórbergssetur, p. 207) tient lieu de réception et de restaurant à cet hôtel élégant (et coûteux), le plus proche de Jökulsárlón. Il jouxte les autres hébergements du hameau de Hali. Chambres d'hôtel haut de gamme et deux très beaux appartements de 2 chambres, tout équipés.

♥ **Skyrhúsið Guesthouse** GUESTHOUSE €€
(☎899 8384 ; skyrhusid.is ; Hali ; d/tr sans sdb avec petit-déj 19 700/23 000 ISK ; 📶). Cette jolie petite pension est située à Hali, juste après Þórbergssetur. C'est un endroit douillet, avec 9 chambres récentes et un petit espace coloré pour le petit-déjeuner. Équipement de cuisine limité.

Gerði Guesthouse GUESTHOUSE €€
(☎478 1905 ; www.gerdi.is ; Hali ; d à partir de 29 000 ISK). Bien situé pour explorer Jökulsárlón, Gerði possède des chambres variées : anciennes, modernes dans la nouvelle aile, et "bungalows" (chambres de type motel). Salles de bains privatives dans tous les cas. Restaurant sur place.

Vagnsstaðir HI Hostel AUBERGE DE JEUNESSE, HÔTEL €
(☎478 1048 ; www.hostel.is ; auberge de jeunesse dort/d sans sdb à partir de 5 100/13 500 ISK, hôtel d/f avec petit-déj 24 400/38 600 ISK ; 📶). C'est ici, sur la route circulaire, qu'est basée l'équipe de Glacier Jeeps, dont on aperçoit les motoneiges à l'entrée. Les lits superposés sont

un peu entassés dans cette petite auberge dotée d'un coin-repas lumineux. Il y a aussi des chalets de 6 lits (tous avec toilettes, mais sans douches) près du bâtiment principal. Un reproche récurrent : les installations sanitaires et la cuisine sont trop petites pour le nombre de lits. Comptez 800 ISK en sus si vous n'êtes pas membre HI.

Hótel Smyrlabjörg HÔTEL €€€

(478 1074 ; www.smyrlabjorg.is ; s/d avec petit-déj 30 000/35 000 ISK ;). Une bonne adresse alliant confort moderne, vue sur la montagne et calme absolu. Vaste et chaleureux, l'hôtel abrite un restaurant réputé pour sa cuisine à base de produits locaux (plats 2 650-7 500 ISK). À 34 km à l'est de Jökulsárlón.

Guesthouse Skálafell GUESTHOUSE €€

(478 1041 ; www.skalafell.net ; d avec/sans sdb 28 500/24 150 ISK avec petit-déj, bung 38 500 ISK ;). Au pied du Skálafellsjökull, cette accueillante ferme familiale compte une poignée de chambres agréables, plus quelques-unes de type motel et des bungalows assez grands pour les familles. Pas de cuisine, mais on peut y dîner. En partenariat avec le parc national, les propriétaires, qui connaissent bien le secteur, ont balisé des **sentiers** (ouverts à tous) dans les paysages glaciaires environnants. Ils pourront vous renseigner.

Hólmur GUESTHOUSE €

(478 2063 ; www.holmurinn.is ; s/d sans sdb à partir de 10 800/14 500 ISK ;). Idéale pour les familles, cette pension située à environ 32 km de Höfn propose un hébergement à la ferme abordable (renseignez-vous sur l'option duvet, encore moins chère) et une adorable **ferme pédagogique** (adulte/enfant 900/700 ISK ; 10h-17h juin à septembre) peuplée de nombreux petits amis à plumes et à poils. Excellent restaurant sur place, le Jón Ríki (p. 211).

Lambhús BUNGALOWS €€

(662 1029 ; www.lambhus.is ; bung option duvet 17 000-21 000 ISK ; juin à mi-sept ;). Des canards, des chevaux... et 11 adorables bungalows (pour 4 à 5 personnes, parfaits pour les familles avec de jeunes enfants), au cœur de paysages splendides. Les propriétaires, une famille aimable et polyglotte, travaillent comme guides depuis des années. Draps : 1 000 ISK/pers. À 31 km de Höfn.

Brunnhóll HÔTEL €€

(478 1029 ; www.brunnholl.is ; d avec petit-déj 26 500 ISK ; fév-nov ;). L'hôtel de cette sympathique ferme laitière propose des chambres simples, avec une vue superbe. Dîner-buffet sans chichis. La joyeuse équipe de Brunnhóll fabrique aussi la délicieuse Jöklaís ("crème glacée du glacier") : arrêtez-vous à toute heure pour en acheter une boule/un pot. À environ 30 km de Höfn.

Lilja Guesthouse GUESTHOUSE €€

(892 4088 ; www.lilja.is ; Hólabrekka ; d avec petit-déj à partir de 27 600 ISK ;). Un bâtiment moderne abrite d'élégantes chambres "delux" – certaines donnant sur le glacier –, et un autre plus ancien aux chambres plus petites et moins chères (avec salle de bains privée). Service aimable. Restaurant haut de gamme au menu abordable, allant du sandwich aux langoustines à l'agneau fumé maison (plats 1 700-3 300 ISK).

Hoffell HÔTEL €€

(Glacier World ; 478 1514 ; www.glacierworld.is ; d avec/sans sdb avec petit-déj 31 100/21 000 ISK ;). La pension du Hoffell, assez originale, est appréciée pour ses chambres claires et récentes, avec salles de bains partagées. Une ancienne étable a été réaménagée en plusieurs chambres d'hôtel avec salle de bains. Les résidents disposent d'un accès gratuit aux **hot pots** (1 000 ISK/pers ; 10h-20h) extérieurs. Restaurants l'été (réservé aux clients de l'hôtel).

Fosshótel Vatnajökull HÔTEL €€€

(478 2555 ; www.fosshotel.is ; ch à partir de 30 000 ISK ;). Cet hôtel de chaîne haut de gamme, à 14 km au nord-ouest de Höfn, est passé de 26 à 66 chambres. L'extension moderne, en béton et bois, est une réussite, avec ses nuances de bleu et de gris qui rappellent la nature environnante. Les plus anciennes, rénovées, sont moins agréables que les nouvelles, plus luxueuses. Restaurant sur place (plats dîner 3 200-6 500 ISK).

Seljavellir Guesthouse GUESTHOUSE €€

(478 1866 ; www.seljavellir.com ; ch avec petit-déj à partir de 29 700 ISK ;). Ce complexe tout en longueur compte 20 chambres à l'élégance minimaliste, qui jouissent toutes d'une vue splendide. Accueil chaleureux. Une adresse de premier choix, située en face de l'Árnanes Country Lodge, à 6 km de Höfn.

Árnanes Country Lodge HÔTEL €€
(☎478 1550 ; www.arnanes.is ; d avec/sans sdb avec petit-déj 32 900/26 900 ISK ; ⏲avr à mi-oct ; 📶). Situé à 6 km de Höfn, ce pimpant établissement de 18 chambres (de motel ou d'hôtel) est ouvert uniquement l'été. L'agréable restaurant (plats 2 600-6 900 ISK) privilégie les produits locaux. **Promenades à cheval** possibles pour cavaliers débutants à confirmés (y compris pour les non-résidents).

Où se restaurer

La plupart des hébergements sur cette section de la route ont des restaurants, souvent ouverts aux non-résidents. Les seuls magasins pour faire vos courses sont à Kirkjubæjarklaustur et à Höfn.

Jöklasel CAFÉ €
(⏲11h-13h juil-août). Jöklasel, qui sert de base à Glacier Jeeps, est situé au sommet de la piste F985, 840 m au-dessus du niveau de la mer. On y a sans doute droit à la vue la plus spectaculaire d'Islande – on se croirait sur le toit du monde. Café et en-cas au menu.

Jón Ríki ISLANDAIS €€
(☎478 2063 ; www.jonriki.is ; plats 2 600-5 900 ISK ; ⏲17h-21h30). Installé dans la ferme Hólmur (p. 210), ce restaurant est une vraie surprise, avec son décor stylé, sa brasserie artisanale et ses plats de choix joliment présentés : langoustine grillée, frites d'avocat, et *panna cotta* en dessert. Mention spéciale à la pizza au levain, qui se marie à merveille avec les bières maison aux parfums intéressants, comme l'IPA à la mangue ou l'ale piment *jalapeño*-citrouille. Très fréquenté ; réservation conseillée.

De septembre à mai, la carte du dîner est plus restreinte qu'en été ; il est recommandé de réserver afin d'avertir de votre venue.

Flatey Farm & Restaurant ISLANDAIS €€
(☎620 1070 ; www.facebook.com/flateyfarm ; plats 1 650-3 500 ISK ; ⏲9h-18h). Installé dans une grande ferme laitière (p. 208), ce nouveau restaurant-cafétéria est un bon endroit pour se restaurer en journée, entre Jökulsárlón et Höfn. Plusieurs guides y établissent leur QG l'été. Petit menu de soupes, plats chauds et sandwichs, gâteaux et tarte aux pommes.

Þórbergssetur Restaurant ISLANDAIS €€
(☎478 1078 ; www.hali.is/restaurant ; Hali ; plats déj 1 950-3 200 ISK, dîner 3 900-4 100 ISK ; ⏲11h-21h). Le musée de Hali, le Þórbergssetur (p. 207), se double d'un excellent café-restaurant dont la spécialité est l'omble chevalier. Situé à 13 km à l'est de Jökulsárlón, il est très fréquenté.

À NE PAS MANQUER

LA BIÈRE DU VATNAJÖKULL

Cette bière a de sérieux atouts : elle est brassée par Ölvisholt Brugghús, près de Selfoss, avec une eau qui a plus de 1 000 ans (celle des icebergs de Jökulsárlón) et parfumée au thym de l'Arctique, cultivé sur place. Elle est en vente dans les restaurants du Sud-Est. Goûtez-en la saveur fruitée et maltée.

Höfn

1 700 HABITANTS

Si peu peuplée qu'elle soit, la principale localité du Sud-Est fait l'effet d'une agglomération importante pour qui a roulé à travers des espaces déserts. Le cadre est stupéfiant : par beau temps, flânez au bord de l'eau, asseyez-vous sur un banc et admirez le Vatnajökull et les autres glaciers.

Höfn signifie "port", un nom approprié pour cette bourgade moderne, dépendante de la pêche et des usines de poisson et connue pour ses *humar* (des langoustines, et non des homards).

Les voyageurs qui empruntent la route circulaire y font souvent étape pour profiter des services. Réservez votre logement à l'avance, surtout l'été. Sur les horaires de bus et autres brochures, vous lirez peut-être Höfn í Hornafirði (qui signifie "Höfn dans le Hornafjörður") ; ça permet de différencier la ville de tous les autres *höfn* (ports) du pays.

À voir et à faire

Les activités permettant d'explorer l'immensité glacée du Vatnajökull – randonnées glaciaires, circuits en Super-Jeep ou en motoneige, exploration de lagunes en kayak – sont proposées le long de la route circulaire à l'ouest de Höfn.

Dans l'ouest de la ville, un **chemin au bord de l'eau** permet de se promener en admirant le paysage.

Gamlabúð ÉDIFICE REMARQUABLE, MUSÉE
(☎470 8330 ; www.vjp.is ; Heppuvegur 1 ; ⏲9h-19h juin-août, 9h-18h mai et sept, 9h-17h oct-avr). GRATUIT Cet entrepôt de 1864, qui abritait autrefois le musée régional des Arts et Traditions populaires, a été transféré de la périphérie

Höfn

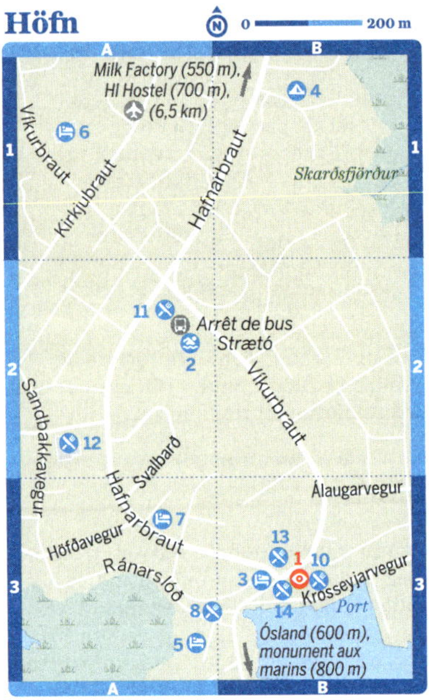

Höfn

À voir

1 Gamlabúð B3

Activités

2 Sundlaug Hafnar A2

Où se loger

3 Guesthouse Dyngja B3
4 Höfn Camping & Cottages B1
5 Hótel Edda A3
6 Hótel Höfn A1
7 Old Airline Guesthouse A3

Où se restaurer

8 Hafnarbúðin A3
10 Íshúsið Pizzeria B3
11 Kaffi Hornið A2
12 Nettó A2
Ósinn .... (voir 6)
13 Otto Matur & Drykkur B3
14 Pakkhús B3

Achats

Vínbúðin .... (voir 12)

Renseignements

Centre des visiteurs de Gamlabúð .... (voir 1)

de la ville à un emplacement plus central, près du port de Höfn. Il a été rénové pour servir de centre d'information, et abrite de belles expositions sur les merveilles naturelles du parc national du Vatnajökull, symbole de la région. Également des projections de films documentaires.

Ósland PROMENADE

Ce promontoire situé à 1 km derrière le port (dirigez-vous vers le **monument aux marins** – Óslandsvegur – sur les hauteurs) est un terrain marécageux parsemé de lagunes, que contourne un sentier de promenade. C'est une belle balade pour observer les oiseaux marins, mais gare aux plongeons en piqué des sternes arctiques !

Sundlaug Hafnar PISCINE

(☎470 8477 ; Víkurbraut 9 ; adulte/enfant 900/200 ISK ; ⏲6h45-21h lun-ven, 10h-19h sam-dim). La piscine municipale découverte ; toboggans, *hot pots* et bain de vapeur.

Fêtes et festivals

Humarhátíð FOIRE GASTRONOMIQUE

Tous les ans, fin juin ou début juillet, la fête de la Langoustine (les homards islandais) de Höfn met à l'honneur ce succulent crustacé, que les pêcheurs locaux trouvent en abondance. Il y a généralement une fête foraine, des danses et de la musique. L'alcool coule à flots.

Où se loger

Voici une liste d'hébergements dans Höfn, mais il y a beaucoup d'autres bonnes adresses (souvent avec un restaurant sur place) sur la route circulaire, à l'ouest de la ville. La région a le vent en poupe : l'été, les tarifs peuvent être *très* élevés. Vous trouverez en ligne des prix actualisés, et parfois des remises importantes l'hiver.

Il y a aussi plusieurs appartements à louer en ville, via les sites Internet habituels.

Höfn Camping & Cottages CAMPING, BUNGALOWS €

(☎478 1606 ; Hafnarbraut 52 ; empl 1 800 ISK/pers, d bung option duvet 12 000 ISK). Nombre de visiteurs séjournent au camping au bord de la route principale. Il y a 11 bungalows (bon rapport qualité/prix), pouvant loger jusqu'à 6 personnes – certains avec W.-C. privatifs ; douches communes. Le camping compte un terrain de jeux, une laverie et du matériel de camping en vente à la réception. Bémols :

peu de douches pour une telle affluence, et pas de Wi-Fi.

HI Hostel AUBERGE DE JEUNESSE €
(478 1736 ; www.hostel.is ; Hvannabraut 3 ; dort/d sans sdb à partir de 4 000/12 000 ISK ;). Depuis la station-service, suivez les panneaux indiquant le seul hébergement de Höfn pour budgets serrés, à l'écart, dans un quartier résidentiel. Bien qu'immense (dans une ancienne maison de retraite), l'auberge est souvent bondée l'été. Il y a tout le nécessaire : laverie et cuisine (mais pas d'espace détente). Supplément de 800 ISK pour les non-membres HI. Draps inclus dans le prix.

Old Airline Guesthouse GUESTHOUSE €€
(478 1300 ; www.oldairline.com ; Hafnarbraut 24 ; s/d sans sdb avec petit-déj 16 500/21 700 ISK). Cette pension au centre de la bourgade resplendit sous les bons soins de Sigga, un hôte très accueillant. Elle compte 5 chambres récentes (salles de bains communes), un spacieux salon et une cuisine (petit-déjeuner en self-service). Mention spéciale pour la laverie gratuite. L'Old Airline est accolée à un petit magasin d'informatique.

Guesthouse Dyngja GUESTHOUSE €€
(866 0702 ; www.dyngja.com ; Hafnarbraut 1 ; d sans sdb avec petit-déj 19 600 ISK ;). Cette petite pension impeccable de 6 chambres trône dans un cadre de choix face au port. Autre atouts : le petit-déjeuner buffet et la terrasse en bois. Suite spacieuse au rez-de-chaussée, avec salle de bains privative (24 000 ISK).

Dynjandi GUESTHOUSE €€
(849 4159 ; www.dynjandi.com ; route 1 ; d/qua sans sdb 18 500-21 500 ISK avec petit-déj). Sur la route circulaire et dans un cadre splendide au pied des montagnes, à 3 km de la bifurcation pour Höfn (et à 9 km du village), cette pension douillette propose 3 chambres dans une ferme équestre (il n'y a pas de cuisine). Les sympathiques hôtes austro-allemands élèvent des chevaux et sont des guides de randonnée (sur terre ou glaciaire) passionnés. Ils vous renseigneront sur la région.

Hótel Edda HÔTEL €€
(444 4850 ; www.hoteledda.is ; Ránarslóð 3 ; ch à partir de 23 000 ISK ; mi-mai à sept ;). Forte d'un bel emplacement sur le port, Edda est une bonne adresse. Superbe panorama depuis le salon et la terrasse du hall. Toutes les chambres, propres et sobres, ont une salle de bains ; certaines donnent sur les glaciers. Petit-déjeuner à 2 400 ISK.

Milk Factory GUESTHOUSE €€€
(478 8900 ; www.milkfactory.is ; Dalbraut 2 ; d/qua avec petit-déj 30 000/39 500 ISK ;). Cette ancienne laiterie au nord de Höfn a été restaurée. Les 17 chambres sont dignes d'un hôtel moderne ; deux sont accessibles aux personnes handicapées. Bien qu'elles ne disposent pas de cuisine, les 6 suites spacieuses avec mezzanine pour 4 personnes sont idéales en famille ou entre amis. Vélos gratuits pour les résidents.

Hótel Höfn HÔTEL €€€
(478 1240 ; www.hotelhofn.is ; Víkurbraut ; s/d avec petit-déj à partir de 25 000/35 200 ISK). Cet hôtel d'affaires est souvent occupé par des groupes en été. Les chambres, bien rénovées, arborent un mobilier tendance, et la vue est à couper le souffle. Préférez celles avec vue sur le glacier (tout le monde se les dispute !). Le restaurant, l'**Ósinn** (plats 2 150-6 990 ISK ; 16h-22h), sert de bons petits-déjeuners (au 3e étage sans ascenseur).

Où se restaurer et prendre un verre

Le humar (langoustine) est la spécialité de Höfn – il est habituellement servi grillé (juste la queue ou entier) dans du beurre à l'ail. Comptez plus de 6 000 ISK pour les plats principaux, ou optez pour des plats à base de *humar*, comme la bisque, les sandwichs, la pizza ou les pâtes aux langoustines.

L'été, en pleine saison, mieux vaut réserver au restaurant. L'hiver, il convient surtout de vérifier les horaires d'ouverture.

L'été, le *food truck* local Höfn Street Food s'installe sur le port. D'un bon rapport qualité/prix, il sert notamment burgers, paninis aux langoustines, et *fish and chips*.

Hafnarbúðin RESTAURATION RAPIDE €
(478 1095 ; Ránarslóð 2 ; en-cas et repas 400-2 600 ISK ; 9h-22h). Ce petit restaurant à l'ancienne est un merveilleux rescapé du genre. Convivial et pas cher, il sert de copieux petits-déjeuners, des classiques de *fast-food* (hot dogs, hamburgers, sandwichs toastés), et de bons sandwichs-baguette à la langoustine pour la somme (relativement) modique de 2 500 ISK. Il y a même un comptoir de vente à emporter pour les automobilistes.

Nettó SUPERMARCHÉ €
(Miðbær ; 9h-20h lun-ven, 9h-19h sam-dim). Dans le centre commercial Miðbær. Faites

À NE PAS MANQUER

LA FERME DE STOKKSNES

À 7 km à l'est de l'embranchement pour Höfn, juste avant que la route circulaire ne s'engage dans un tunnel au col d'Almannaskarð, suivez les panneaux indiquant la ferme de Stokksnes, au sud. Après 4,5 km dans un cadre sauvage dominé par le mont Vestra Horn, vous découvrirez l'adorable petit **Viking Cafe** (☎478 2577 ; www.vikingcafe.is ; en-cas et repas 700-1 500 ISK). Le propriétaire gère le café et loue des chambres. Moyennant 800 ISK, il vous fera visiter son incroyable domaine, notamment un **décor de cinéma figurant un village viking** (élaboré par le réalisateur islandais Baltasar Kormákur en 2009 mais où aucun tournage n'a eu lieu pour l'instant) et des kilomètres de **plages de sable noir** sur lesquelles paressent des phoques, avec le Vestra Horn en arrière-plan. La visite de la ferme est comprise pour les campeurs (2 000 ISK/pers).

des provisions – la prochaine épicerie, dans les deux directions, est à des kilomètres ! La boulangerie vend sandwichs, salades et sushis. DAB devant le centre commercial.

Otto Matur & Drykkur ISLANDAIS €€
(☎478 1818 ; Hafnarbraut 2 ; plats 2 890-5 990 ISK ; ⏲12h-22h). La plus vieille maison de Höfn (datant de 1897) a été transformée en salle élégante au style purement nordique. Le menu, succinct, fait la part belle aux produits frais locaux – la langoustine, bien sûr, et des plats simples et raffinés tels que le saumon et l'agneau. Petit bar charmant au sous-sol (ouvert jusqu'à 1h).

Íshúsið Pizzeria PIZZA €€
(☎478 1230 ; ishusidpizzeria.is ; Heppuvegur 2a ; pizzas 1 950-3 600 ISK ; ⏲12h-22h). Surplombant le port, cette adresse familiale baptisée "glacière" sert des pizzas à pâte fine cuites sur la pierre, dont les garnitures font l'unanimité, de l'hawaïenne à la Lobster festival ("fête du homard").

Kaffi Hornið ISLANDAIS €€
(☎478 2600 ; www.facebook.com/kaffihornid ; Hafnarbraut 42 ; plats 2 250-6 350 ISK ; ⏲11h30-22h). Un bar-restaurant sans prétention, aménagé dans un chalet. L'atmosphère est moins sophistiquée qu'au Pakkhús, et les plats à base de langoustine sont moins chers et plus variés (salade, pizzas, pâtes). Langoustine mise à part, la carte va du sandwich au steak à la pizza au porc effiloché, et quelques plats végans.

♥ **Pakkhús** ISLANDAIS €€€
(☎478 2280 ; www.pakkhus.is ; Krosseyjarvegur 3 ; plats 3 100-6 790 ISK ; ⏲12h-22h). Dans un ancien entrepôt du port, le Pakkhús est réputé pour sa cuisine inventive. La carte, qui mentionne le nom du bateau qui pêche son produit phare, mérite un coup de chapeau. Langoustine locale de premier ordre, agneau, canard, et desserts subtils pour conclure le repas en beauté, tel le "*skyr* du volcan" ? Contrairement à ses concurrents, Pakkhús ne propose aucun plat économique à base de langoustine. Pas de réservations. Vous devrez peut-être attendre pour obtenir une table, mais il y a un bar au rez-de-chaussée.

Vínbúðin VINS ET SPIRITUEUX
(Miðbær ; ⏲11h-18h lun-jeu, 11h-19h ven, 11h-16h sam). Chaîne d'État.

Renseignements

Centre d'information de Gamlabúð (☎470 8330 ; www.visitvatnajokull.is ; Heppuvegur 1 ; ⏲9h-19h juin-août, 9h-18h mai et sept, 9h-17h oct-avr). À deux pas du port, le Gamlabúð abrite un centre d'information sur le parc national du Vatnajökull. On y trouve des expositions intéressantes et un office du tourisme local.

Depuis/vers Höfn

AVION

L'**aéroport** (www.isavia.is ; Hwy 1) de Höfn est à 6,5 km au nord-ouest de la ville. Eagle Air (www.eagleair.is) assure la liaison toute l'année entre Höfn et l'aéroport domestique de Reykjavík (différent de l'aéroport international de Keflavík). Comptez à partir de 20 000 ISK l'aller.

BUS

Durant l'été 2018, Höfn était beaucoup moins bien desservi que les étés précédents, et il n'y avait aucune liaison directe entre Höfn et Egilsstaðir. La situation peut évoluer : consultez le site www.publictransport.is.

Rejoindre l'Est ou en arriver est difficile, mais pas impossible. La bus SVAust (www.svaust.is) n°4 relie Höfn à Breiðdalsvík ; le bus n°2 circule entre Breiðdalsvík et Reyðarfjörður, et le bus n°1 entre Reyðarfjörður et Egilsstaðir. Il y a parfois des changements : consultez les horaires sur www.straeto.is. Si vous allez à Egilsstaðir, consultez les sites de covoiturage (comme www.samferda.is) ou demandez dans votre hôtel si quelqu'un peut vous y déposer.

Strætó (☎ 540 2700 ; www.straeto.is) embarque et débarque ses passagers à l'**arrêt de bus** (Vikurbraut 9) situé devant la piscine. Le bus n°51 qui assure la liaison avec Reykjavík (13 340 ISK, 7 heures, 2/jour) dessert Jökulsárlón, Skaftafell, Kirkjubæjarklaustur, Vík, Skógar, Hvolsvöllur, Hella et Selfoss.

De Höfn à Djúpivogur

La portion de 105 km de route qui longe la partie sud-est de l'Islande, entre Höfn et Djúpivogur, s'enorgueillit de panoramas spectaculaires. Cette route sinueuse ne passe que devant une poignée de fermes, au pied de sommets vertigineux. Les plages de sable noir et les marais peuplés d'oiseaux sont tout aussi saisissants.

Stafafell

Comme posée au milieu de nulle part, Stafafell est une ferme ovine solitaire au pied des montagnes. C'est une base de randonnée idéale pour explorer le Lónsöræfi, l'une des plus grandes réserves naturelles d'Islande.

Les possibilités de balades à la journée sont nombreuses dans les collines et les vallées au nord de Stafafell. Le sentier bien balisé qui relie Stafafell au **Hvannagil**, un canyon de rhyolite coloré sur la rive est de la rivière Jökulsá í Lóni, offre peut-être la plus belle randonnée à la journée de la région (14,3 km ; 4-5 heures aller-retour). La ferme fournit une fiche descriptive de l'itinéraire – disponible en ligne sur www.stafafell.is.

Trois frères possèdent la ferme. L'un tient une **auberge de jeunesse** (☎ 478 1717 ; www.stafafell.is ; d sans sdb 11 300 ISK, bung avec draps 18 000-22 000 ISK) ; un autre gère un **camping** (☎ 699 6684 ; empl 1 500 ISK/pers) sommaire ouvert en été.

Hrafnavellir Guest House GUESTHOUSE €€
(☎ 892 1527 ; hrafnavellir.is ; d avec petit-déj 27 600 ISK ; wifi). Inaugurés en 2018, ces 7 bungalows trônent à 25 km à l'est de Höfn, au milieu d'une étendue d'herbe calme. Belle vue sur le delta et les sommets en arrière-plan. Chaque bungalow offre une chambre moderne, de type hôtel, avec salle de bains et terrasse privées.

Lónsöræfi

Si vous voyagez en Islande pour découvrir l'ermite qui est en vous, la réserve naturelle de Lónsöræfi, reculée et accidentée, est idéale. Cette zone sauvage protégée, qui s'étend sur 320 km² à l'intérieur des terres, au-delà de Stafafell, est un univers minéral de montagnes de rhyolite colorées et escarpées et de vallées profondes, et l'une des plus grandes réserves d'Islande.

Les randonnées dans cette région sont ardues et réservées aux marcheurs chevronnés (certains itinéraires traversent de larges cours d'eau). Les plus longues vont vers la partie est du Vatnajökull, et vers le nord-ouest jusqu'au mont Snæfell ("montagne de neige" ; 1 833 m). Bien que le Lónsöræfi ne fasse pas partie du parc national du Vatnajökull, le site Internet du parc (www.vatnajokulsthjodgardur.is) détaille les sentiers qui y mènent, et les centres d'information des visiteurs de Skaftafell, Höfn et Skríðuklaustur (dans l'Est, et qui couvre la zone du parc national autour du Snæfell) sauront vous conseiller et vous fournir les cartes topographiques adéquates.

Il faut être motorisé pour atteindre cette zone. La seule route de la réserve est la F980, une piste cahoteuse de 25 km qui se termine à Illikambur. Elle ne convient qu'aux conducteurs expérimentés au volant d'une Super-Jeep – il y a une rivière profonde au débit rapide à traverser ; les petits 4x4 n'y parviendront pas.

Le reste de la réserve n'est accessible qu'à pied.

South East ehf EN JEEP
(☎ 846 6313 ; www.southeasticeland.is). De mi-juin à septembre, Siggi organise des circuits en Super-Jeep personnalisés et réputés dans le Sud-Est. Une excursion de 5 heures depuis Höfn vous mène par exemple jusqu'au Lónsöræfi (25 000 ISK/pers). Sur réservation.

Icelandic Mountain Guides RANDONNÉE
(IMG ; ☎ 587 9999 ; www.mountainguides.is). En juillet et août, IMG propose un trek de 4 jours (50 km) à travers le Lónsöræfi (à partir de 139 900 ISK), avec nuitées en refuge de montagne (itinéraire nord-sud, départ à proximité du Snæfell). Retrouvez ce trek sur le site Internet de l'agence, sous le nom de "In the Shadow of Vatnajökull".

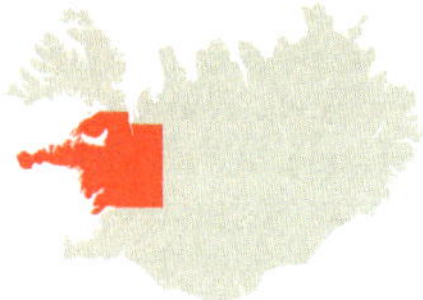

L'Ouest

Dans ce chapitre ➡

Le top des restaurants

- Bjargarsteinn Mathús (p. 239)
- Hótel Húsafell (p. 227)
- Restaurant du Settlement Centre (p. 223)
- Narfeyrarstofa (p. 233)

Le top des hébergements

- Guesthouse Nýp (p. 243)
- Hótel Egilsen (p. 232)
- Hótel Flatey (p. 232)
- Hótel Húsafell (p. 227)
- Bjarg (p. 221)

Pourquoi y aller

Géographiquement proche de Reykjavík, l'Ouest (Vesturland) n'en semble pas moins à des années-lumière de la capitale. De fait, c'est un vrai concentré d'Islande. Maints visiteurs font l'impasse sur cette région merveilleuse, aussi pourrez-vous sans doute en explorer les recoins isolés en toute quiétude.

La péninsule de Snæfellsnes doit avant tout sa renommée à son glacier, le Snæfellsjökull. Le secteur autour de son parc national est une destination de choix pour observer les oiseaux et les baleines, randonner dans les champs de lave et faire des balades à cheval. Les terres au-delà de Reykholt sont ponctuées de tunnels de lave et de glaciers reculés, comme le Langjökull aux insolites grottes de glace. Pour les Islandais, ces terres évoquent aussi les sagas : les célèbres *Saga des gens du Val-au-Saumon* et *Saga d'Egill* ont pour cadre cette région aux eaux sombres, aujourd'hui jalonnée de cairns et dotée, à Borgarnes, d'un musée exceptionnel. L'Ouest associe, dans un même écrin, des plages battues par le vent, des villages historiques et un relief impressionnant.

Distances routières (en km)

	Borgarnes	Húsafell	Stykkishólmur	Hellnar	Buðardalur
Húsafell	65				
Stykkishólmur	99	158			
Hellnar	122	179	90		
Buðardalur	79	103	86	145	
Reykjavík	74	129	173	194	152

LE HVALFJÖRÐUR

Hvalfjörður (prononcé "*kval*-vyeur-zur") et ses environs semblent bucoliques à souhait à quiconque arrive de la capitale, située à 30 minutes de route. Et, si la région n'a pas la majesté de la péninsule de Snæfellsnes, plus au nord, ses fjords étincelants se prêtent à de belles excursions à la journée. Les voyageurs pressés de rejoindre Borgarnes et le secteur situé au-delà prendront le tunnel de 5,7 km qui passe sous le fjord (interdit aux cyclistes).

À voir

Glymur — CASCADE

À l'entrée du Hvalfjörður, en haut de la vallée du Botnsdalur, Glymur est la plus haute cascade d'Islande (198 m). Au départ du sentier, on trouve une carte bien faite accompagnée d'instructions. De là, il faut 2 heures de marche sur des chemins escarpés et glissants pour atteindre les points de vue. L'été, un rondin permet de franchir la rivière. Pour rejoindre le départ du sentier, prenez la bifurcation sur la route 47, vers Botnsdalur.

Munissez-vous de bottes imperméables si vous souhaitez traverser à gué et revenir en longeant la rive ouest ; sinon, rebroussez chemin sur la rive est. Venez après de fortes pluies ou la fonte des neiges pour la voir sous un jour spectaculaire. Le camping est interdit près du départ du sentier.

Mont Esja — RANDONNÉE

Sur la rive sud du Hvalfjörður, l'imposant mont Esja (914 m) invite à une balade en pleine nature. Des sentiers grimpent dans la montagne, mais le plus apprécié, long de 2,8 km, rejoint le sommet depuis l'Esjustofa Hiking Center, juste au nord de Mosfellsbær. Il mène au point de vue du Steinn. Au-delà, le sentier devient plus technique.

Pour rejoindre le départ du sentier en bus, prenez le n°15 depuis Reykjavík, direction Mosfellsbær. Descendez à Háholt et prenez le bus n°57 pour l'Esjustofa Hiking Centre.

Musée de la Guerre et de la Paix — MUSÉE

(Hernámssetrið ; ☎ 433 8877 ; www.warandpeace.is ; Hlaðir, Hvalfjarðarströnd ; adulte/enfant 1 900 ISK/gratuit ; ⌚13h-17h mer-ven, 10h-17h sam-dim fin mai-août). Pendant la Seconde Guerre mondiale, le Hvalfjörður abritait une station de sous-marins et de navires de guerre, par laquelle plus de 20 000 soldats américains et britanniques ont transité. Ce musée renferme des objets d'époque, un petit café et un **camping** (1 500 ISK/pers) avec piscine.

Saurbæjarkirkja — ÉGLISE

(Hallgrímskirkja í Saurbæ ; route 47). De beaux vitraux signés Gerður Helgadóttir ornent l'église de la ferme de Saurbær, édifiée à la mémoire du révérend Hallgrímur Pétursson, qui y servit de 1651 à 1669 et composa l'œuvre sacrée la plus célèbre du pays, les *50 Hymnes de la Passion*.

Où se loger et se restaurer

Le Hvalfjörður compte un hôtel, quelques pensions rustiques et de bons campings installés dans des fermes traditionnelles.

Il n'y a pas d'épicerie.

Hótel Glymur — HÔTEL €€

(☎ 430 3100 ; www.hotelglymur.is ; route 47 ; d avec petit-déj à partir de 28 000 ISK ; @ 📶). Cet hôtel situé sur la rive nord du fjord, près de Saurbær, offre des prestations très modernes – chambres en duplex "*executive doubles*" avec grandes baies vitrées et l'un des "5 meilleurs *hot tubs* du monde" selon le *New York Times*. Le bon restaurant jouit d'une vue grandiose (menu 2 plats 5 900 ISK, plats 3 200-4 800 ISK ; ouvert de 18h30 à 21h).

Hotel Laxárbakki — HÔTEL €€

(☎ 551 2783 ; www.laxarbakki.is ; route 1, Hvalfjarðarsveit ; d sans sdb 12 800 ISK, app/bung à partir de 19 200/24 000 ISK ; 📶 👪). Une sympathique famille a repris ces bungalows, à 6 km au nord du Hvalfjörður. Les appartements, propres et bien équipés, peuvent accueillir de 2 à 6 personnes, et les bungalows 4 personnes. Les chambres standards partagent une salle de bains. Le restaurant sert des classiques (burgers, agneau, poisson ; plats 2 000-4 000 ISK ; tlj 9h-21h).

Kaffi Kjós — CAFÉ €

(☎ 566 8099 ; www.kaffikjos.is ; Meðalfellsvegi, route 461 ; plats 1 500-4 000 ISK ; ⌚12h-20h mai, 11h-22h juin-juil ; 📶 ✍). Dans une vallée verdoyante qui serpente vers le sud-est depuis le Hvalfjörður (route 461), cet accueillant café au bord de la route donne sur un lac scintillant, le Meðalfellsvatn. Idéal pour une pause, il sert des spécialités locales, burgers et sandwichs, et quelques plats végétariens. Également un **camping** (2 000/1 000 ISK adulte/enfant) avec douches et un **bungalow** (double 18 000 ISK) en haut de la route.

Comment circuler

Venez par vos propres moyens : les bus reliant Reykjavík aux destinations plus au nord empruntent le tunnel sous le fjord.

À ne pas manquer

1 Les champs de lave crissant sous les pas, les côtes venteuses et le Snæfellsjökull, cœur glacé du féerique **parc national du Snæfellsjökull** (p. 241)

2 Les maisons colorées de la bourgade portuaire de **Stykkishólmur** (p. 228)

3 L'étroit sentier côtier à l'est de **Hellnar** (p. 244), bordé de roches escarpées et survolé par les oiseaux marins, mène à Arnarstapi

4 La visite de la grotte de glace au cœur du **Langjökull** (p. 227), suivie d'un dîner au camp de base de Húsafell

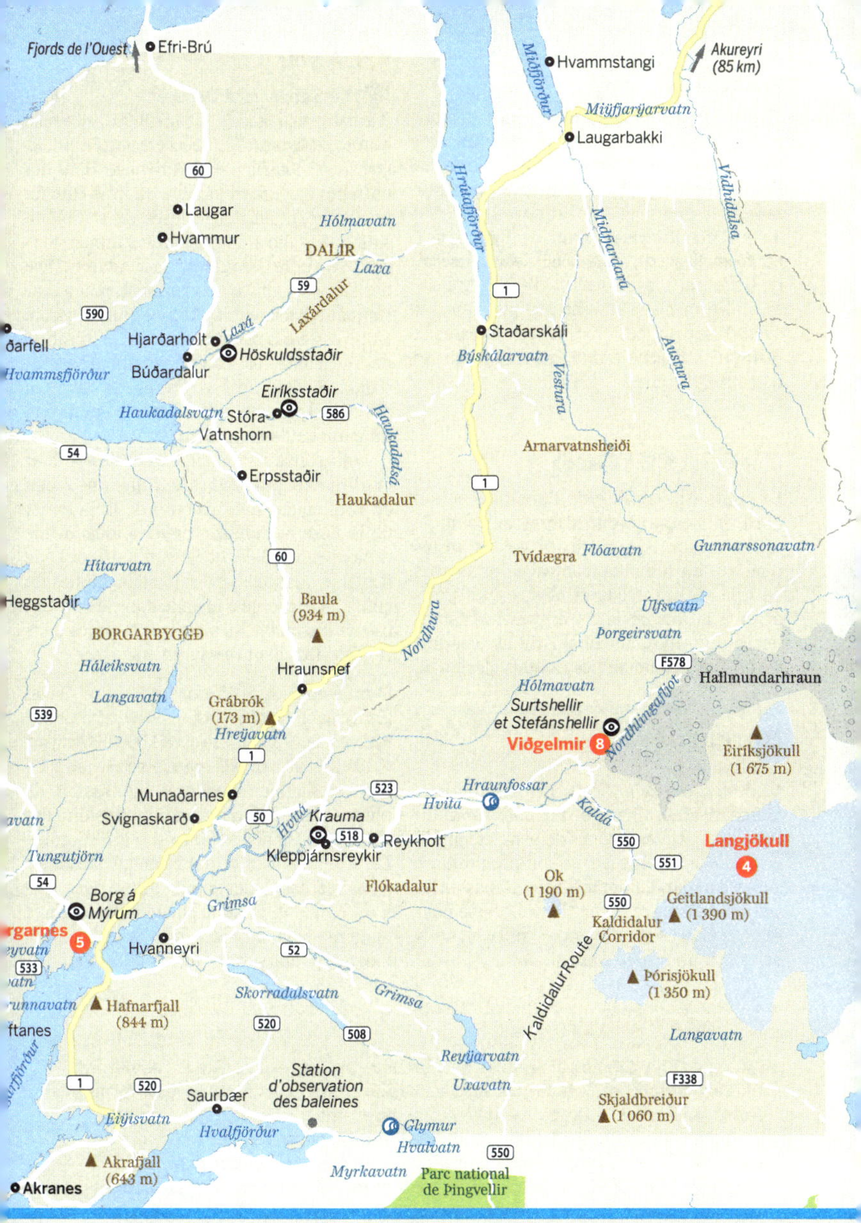

5 The Settlement Centre, impressionnant musée de la Colonisation, pour un retour à l'âge des sagas, dans la sympathique localité de **Borgarnes** (p. 220)

6 Une nuit (ou plus) sur l'île de **Flatey** (p. 232), loin de tout

7 Une sortie en bateau sur le **Breiðafjörður** (p. 228), à l'affût des baleines et des macareux pêchant en piqué

8 La descente dans l'immense tunnel de lave de **Viðgelmir** (p. 227), vestige d'une terrible éruption volcanique

Akranes

Nichée sous l'impressionnant mont **Akrafjall** (572 m), Akranes se dresse au bout de la péninsule séparant le Hvalfjörður du Borgarfjörður. La localité mérite une halte pour son **phare** et son grand **musée des Arts et Traditions populaires** (Byggðasafnið í Görðum Akranesi ; ☎431 5566 ; www.museum.is ; Garðaholti 3 ; adulte/enfant 1 000 ISK/gratuit ; ⏲10h-17h mi-mai à mi-sept, sur rdv mi-sept à mi-mai) regroupant un hangar à bateaux restauré, un séchoir, une église et plusieurs bateaux de pêche.

BORGARBYGGÐ

La petite ville animée de Borgarnes et son fjord, le Borgarfjörður, furent le point de débarquement de plusieurs colons restés célèbres. En remontant la vallée parcourue de rivières, on découvre des fermes prospères à la longue histoire, puis les hautes terres aux imposants tunnels de lave, au-delà desquelles s'étendent des calottes glaciaires.

Borgarnes

1 962 HABITANTS

Modeste bourgade, Borgarnes n'en est pas moins vivante. Chargée d'histoire – ce fut l'une des premières zones de peuplement du pays –, elle se tient sur un joli promontoire au bord du large Borgarfjörður. Dépassez les stations-service et gagnez la vieille ville pour plonger dans son ambiance sympathique et découvrir un musée d'exception.

À voir

The Settlement Centre MUSÉE

(Landnámssetur Íslands ; ☎437 1600 ; www.landnam.is ; Brákarbraut 13-15 ; adulte/enfant 2 500 ISK/gratuit ; ⏲10h-21h ; wifi). Aménagé dans un entrepôt ingénieusement restauré à côté du port, l'incontournable musée de la Colonisation se prête à de fascinantes immersions dans l'histoire des premiers Islandais et l'âge des sagas. Il abrite deux expositions, qui se visitent chacune en 30 minutes environ. L'une couvre la découverte et la colonisation de l'île, l'autre est consacrée aux aventures d'Egill Skallagrímsson (héros de la *Saga d'Egill*) et de sa famille. L'entrée comprend un audioguide multilingue.

Loin d'être un banal musée des Arts et Traditions populaires, ce lieu offre une vision en profondeur de l'histoire, de la faune et de la flore islandaises, prélude idéal à une exploration de l'île. La *Saga d'Egill* est l'une des plus nuancées et des plus haletantes du genre, et le musée a installé dans la ville des cairns marquant les sites clés évoqués dans ce récit. Excellent restaurant sur place.

Musée du Borgarfjördur MUSÉE

(Safnahús ; ☎433 7200 ; www.safnahus.is ; Bjarnarbraut 4-6 ; adulte/enfant 1 000 ISK/gratuit ; ⏲13h-17h mai-août, 13h-16h lun-ven sept-avr). Ce petit musée municipal présente nombre de photos et d'objets qui retracent l'histoire des enfants en Islande au cours du siècle dernier. Les légendes sont traduites en anglais, mais n'hésitez pas à demander des explications à un employé. Chaque cliché renvoie à une histoire passionnante, qui vous hantera longtemps après votre retour d'Islande.

LA SAGA D'EGILL

La *Saga d'Egill* débute par l'histoire de Kvedúlfur, grand-père du poète et guerrier Egill Skallagrímsson, qui s'enfuit en Islande au IXe siècle après une querelle avec le roi de Norvège. Pendant le voyage, Kveldúlfur tomba gravement malade. Avant de mourir, il demanda à son fils, Skallagrímur Kveldúlfsson, de jeter son cercueil à la mer et de construire la ferme familiale à l'endroit où il s'échouerait – ce fut Borg á Mýrum (p. 224). En grandissant, Egill Skallagrímsson se révéla d'une nature féroce et créative : il tua son premier adversaire à 7 ans, mena de multiples raids en Irlande, en Angleterre et au Danemark et sauva sa vie à maintes reprises en composant d'éloquents poèmes. The Settlement Centre, excellent, vous en apprendra plus sur lui.

Pour approfondir les liens entre cette saga et les paysages autour de Borgarnes, téléchargez l'application smartphone/iPad Locatify SmartGuide, très complète, et lancez le circuit "Egils Saga, Borg on the Moors", qui présente les sites locaux évoqués tout au long du récit. The Settlement Centre en a repéré 8 à l'aide de cairns, notamment ceux de Brákin (p. 221), Borg á Mýrum et Skallagrímsgarður (p. 221), le tertre funéraire du père et du fils d'Egill Skallagrímsson.

Brákin SCULPTURE

Þorgerður Brák était la nourrice d'Egill, sans doute une esclave celte. Dans l'un des épisodes les plus dramatiques de la *Saga d'Egill*, elle le sauva de son père, Skallagrímur Kveldúlfssonn, qui tenta de l'assassiner et sauta dans la mer pour échapper à la colère de ce dernier. Une sculpture marque l'endroit où elle se noya, frappée par une pierre que lui lança Skallagrímur.

Skallagrímsgarður PARC

Le musée de la Colonisation a installé des cairns marquant des sites apparaissant dans la *Saga d'Egill*. Vous trouverez dans ce petit parc Skallagrímsgarður, le tumulus sous lequel reposent le père et le fils du héros de la saga, Egill Skallagrímsson.

Activités et circuits organisés

Complexe sportif PISCINE GÉOTHERMALE

(Þorsteinsgata ; adulte/enfant 900/300 ISK ; 6h-22h lun-ven, 9h-18h sam-dim). Le grand complexe sportif de Borgarnes, situé au bord du fjord, jouit d'une belle piscine, de *hot pots* et d'un hammam. C'est un merveilleux havre de paix.

Hestaland RANDONNÉE ÉQUESTRE

(Staðarhús ; 435 1444 ; www.hestaland.net ; ferme de Staðarhús ; randonnée à cheval 10 000 ISK les 1 heure 30 ; lun-sam juin à mi-sept). Cette superbe ferme équestre propose des promenades à travers champs et le long des fjords. Une courte leçon est dispensée dans le manège avant la sortie. À 14 km au nord-est de Borgarnes (à 2 km de la route 1).

Ils possèdent également une charmante **pension** (d 19 900 ISK).

Oddsstaðir RANDONNÉE ÉQUESTRE

(435 1413 ; www.oddsstadir.is ; route 512, ferme d'Oddsstaðir). Cette ferme propose des circuits à cheval de plusieurs jours dans l'Ouest.

Fêtes et festivals

Brákarhátíð CULTURE

(fin juin). En l'honneur de Þorgerður Brák (la nourrice d'Egill) : décorations, défilés, concert et un match de football âprement disputé dans la boue.

Où se loger

Borgarnes HI Hostel AUBERGE DE JEUNESSE €

(695 3366 ; www.hostel.is ; Borgarbraut 11-13 ; dort 5 900 ISK, d avec/sans sdb 18 200/16 300 ISK ;). Cette auberge récemment rénovée arbore des espaces communs élégants et bien éclairés, et des chambres propres et confortables. Remise de 10% pour les adhérents HI.

BIÈRE DE BORGARNES

Une petite brasserie familiale, **Steðji Brugghús** (896 5001 ; www.stedji.com ; dégustation 1 500 ISK ; 13h-17h lun-sam), installée à 25 km au nord de Borgarnes en retrait de la route 50, propose un bon choix de bières : à la fraise, blonde, de saison. Vous pourrez toutes les goûter dans la salle de dégustation.

Camping de Borgarnes CAMPING €

(www.facebook.com/campinborgarnes ; Borgarbraut ; empl adulte/enfant 1 500 ISK/gratuit). Un camping basique au bord du fjord, sur la route principale qui traverse la péninsule de Borgarnes.

Bjarg GUESTHOUSE €€

(437 1925 ; www.facebook.com/bjargborgarnes ; ferme Bjarg ; d avec/sans sdb 20 700/17 300 ISK avec petit-déj ;). Dans l'un des plus beaux sites de la région, à 1,5 km au nord de Borgarnes, de jolis bungalows accolés les uns aux autres donnent sur le fjord et les montagnes. Chambres chaleureuses et confortables, avec boiseries et draps immaculés, cuisines communes, bon petit-déjeuner buffet, barbecue et salles de bains impeccables. Un bungalow au toit végétalisé peut loger 4 personnes.

Helgugata Guesthouse GUESTHOUSE €€

(431 4442 ; www.booking.com/hotel/is/helgugata.html ; Helgugata 5 ; s/d avec petit-déj à partir de 12 000/19 000 ISK). La sympathique Ludmila gère cette pension bien tenue, perchée sur une falaise qui domine le stade de foot et le fjord scintillant qui s'étend au-delà. Pas de salle de bains privatives, sauf une chambre à l'étage équipée d'un W.-C. Espaces communs accueillants et petit-déjeuner somptueux.

Egils Guesthouse & Apartments GUESTHOUSE €€

(860 6655 ; Brákarbraut 11 ; d avec/sans sdb 22 000/18 000 ISK avec petit-déj, studios à partir de 19 125 ISK ;). Choisissez entre les chambres ravissantes et lumineuses de la *guesthouse* Kaupangur avec vue sur le fjord, et les studios et appartements tout équipés en centre-ville. Petit café dans la *guesthouse*.

Borgarnes

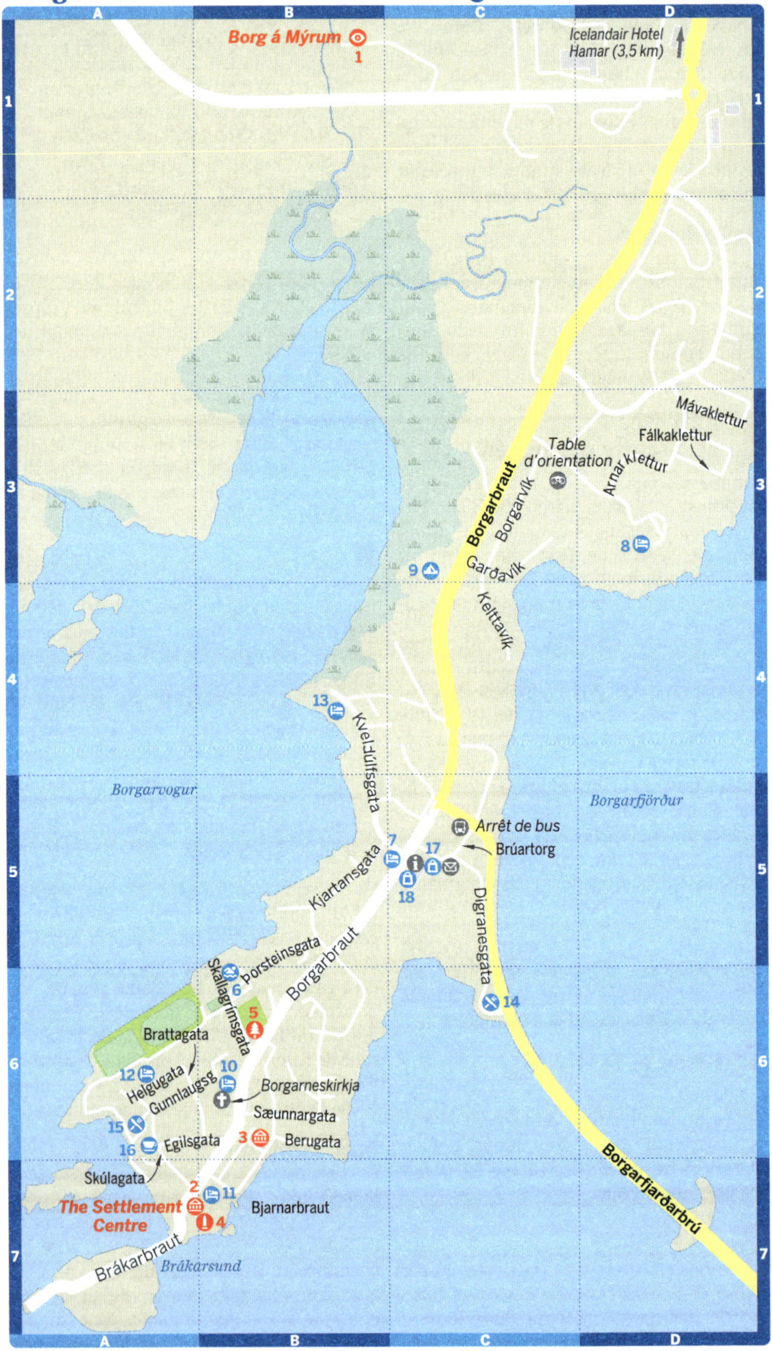
0
500 m
Borg á Mýrum
1
Icelandair Hotel Hamar (3,5 km)
Mávaklettur
Fálkaklettur
Table d'orientation
Arnarklettur
Borgarbraut
Borgarvík
8
9
Garðavík
Kelttavík
13
Kveldúlfsgata
Borgarvogur
Borgarfjörður
Arrêt de bus
Brúartorg
7
17
18
Kjartansgata
Digranesgata
Þorsteinsgata
6
Skallagrímsgata
Borgarbraut
14
5
Brattagata
12
Helgugata
10
Gunnlaugsg
Borgarneskirkja
Sæunnargata
15
16
Egilsgata
3
Berugata
Skúlagata
2
11
The Settlement Centre
4
Bjarnarbraut
Brákarbraut
Brákarsund
Borgarfjarðarbrú

Kría Guesthouse GUESTHOUSE €€
(☎845 4126 ; www.kriaguesthouse.is ; Kveldúlfsgata 27 ; s/d sans sdb avec petit-déj 13 600/18 600 ISK ; 📶). Cette maison privée dans une rue résidentielle compte 2 chambres avec une belle vue sur l'eau. Agréable cuisine commune, grande salle de bains accessible en fauteuil roulant, salon de jardin et *hot pot*.

B59 Hotel & Hostel HÔTEL €€€
(☎419 5959 ; www.b59hotel.is ; Borgarbraut 59 ; dort à partir de 3 500 ISK, d avec petit-déj à partir de 34 000 ISK ; 📶). Dans cet hôtel flambant neuf aux lignes épurées, les chambres ont chacune leur salle de bains. Vous trouverez des produits Sóley Organics côté hôtel et de jolis dortoirs côté auberge de jeunesse.

Où se restaurer et prendre un verre

Les restaurants de la ville servent du café et d'autres boissons. **Vínbúðin** (☎431 3858 ; www.vinbudin.is ; Borgarbraut 58-60, Hyrnu Torg centre ; ⌚11h-18h lun-jeu, 11h-19h ven, 11h-16h sam juin-août, horaires réduits sept-mai) vend de l'alcool.

Bónus SUPERMARCHÉ €
(Digranesgata 6 ; ⌚11h-18h30 lun-jeu, 10h-19h30 ven, 10h-18h sam, 12h-18h dim). À côté du pont sur le fjord en entrant dans la ville.

Restaurant du Settlement Centre INTERNATIONAL €€
(☎437 1600 ; www.landnam.is ; Brákarbraut 13 ; déj buffet 2 500 ISK, plats 2 400-4 900 ISK ; ⌚11h30-21h ; 📶). Ce restaurant spacieux et animé, qui occupe une salle lumineuse construite dans la roche, est une excellente adresse. Choisissez une spécialité islandaise (agneau, ragoût de poisson, etc.). Le buffet (11h30-15h) a beaucoup de succès. Réservez pour le dîner.

Englendingavík CAFÉ €€
(☎555 1400 ; www.englendingavik.is ; Skúlagata 17 ; plats 2 800-4 600 ISK ; ⌚11h30-23h mai-sept, horaires réduits avr et oct ; 📶). Un restaurant décontracté et accueillant, avec une jolie terrasse donnant sur l'eau. Bonne cuisine maison, des plats à base de rôti d'agneau ou de poisson frais aux gâteaux. Installée dans un bâtiment rénové attenant, la **pension** (doubles avec salle de bains commune à partir de 27 400 ISK) a une vue splendide sur la baie.

Blómasetrið-Kaffi Kyrrð CAFÉ
(☎437 1878 ; www.blomasetrid.is ; Skúlagata 13 ; ⌚9h-21h lun-ven, 11h-19h sam-dim ; 📶). Cette boutique de fleurs et cadeaux, au charme désuet, se double d'un café douillet servant boissons chaudes, bières et en-cas. Les fauteuils rembourrés invitent à la détente.

Achats

Ljómalind MARCHÉ
(Marché de producteurs ; ☎437 1400 ; ljomalind.is ; Brúartorg 4 ; ⌚10h-18h mai-sept, 12h-17h oct-avr). Ce marché situé à la périphérie de la ville, près du rond-point, est le fruit d'une collaboration entre producteurs locaux. Produits laitiers d'Erpsstaðir (p. 248), viande bio, articles de bain, tricots, bijoux, etc.

Renseignements

Office du tourisme (☎437 2214 ; www.west.is ; Borgarbraut 58-60 ; ⌚9h-18h lun-ven, 10h-16h sam, 12h-16h dim juin-août, 9h-17h lun-ven sept-

Borgarnes

Les incontournables
1 Borg á Mýrum B1
2 The Settlement Centre A7

À voir
3 Musée du Borgarfjördur B6
4 Brákin B7
5 Skallagrímsgarður B6

Activités
6 Piscine B6

Où se loger
7 B59 Hotel & Hostel C5
8 Bjarg D3
9 Camping de Borgarnes C3
10 Borgarnes HI Hostel B6
11 Egils Guesthouse & Apartments B7
12 Helgugata Guesthouse A6
13 Kría Guesthouse B4

Où se restaurer
14 Bónus C6
15 Englendingavík A6
Restaurant du Settlement Centre .... (voir 2)

Où prendre un verre et faire la fête
16 Blómasetrið–Kaffi Kyrrð A6

Achats
17 Ljómalind C5
18 Vínbúðin C5

mai ;). Le principal office du tourisme de l'ouest de l'Islande, dans le grand centre commercial.

Depuis/vers Borgarnes

Borgarnes est le principal point de transit entre Reykjavík et Akureyri, et la péninsule de Snæfellsnes et les fjords de l'Ouest. La **gare routière** (Borgarbraut) est dans le complexe abritant les stations-service (N1, Orkan).

Services assurés par Strætó (p. 457) :

- Bus n°57 pour Reykjavík (1 840 ISK, 1 heure 30, 7/jour lun-ven, 3/jour sam, 4/jour dim)
- Bus n°57 pour Akureyri (8 740 ISK, 5 heures, 2/jour lun-ven, 1/jour sam, 2/jour dim)
- Bus n°58 pour Stykkishólmur (2 760 ISK, 80 min, 1-2/jour ; 2/jour, correspondance avec le bus n°82 au carrefour de Vatnaleið pour Hellissandur et, de début mai à mi-sept, Arnarstapi)
- Bus n°59 pour Holmavík (5 520 ISK, 2 heures 15, 1/jour lun, mer, ven et dim)
- Bus n°81 pour Reykholt (920 ISK, 40 min, 1/jour lun, mar et jeu). Regagne ensuite Borgarnes.

Environs de Borgarnes

De nombreux hébergements autour de Borgarnes affichent un bon rapport qualité/prix ; l'office du tourisme de Borgarnes ou Hey Iceland (www.heyiceland.is) vous en suggéreront d'autres.

À voir et à faire

Borg á Mýrum SITE REMARQUABLE

(Rocher dans les marécages ; route 54). GRATUIT C'est à Borg á Mýrum, au nord-ouest de Borgarnes sur la route 54, que Skallagrímur Kveldúlfsson, le père d'Egill, bâtit sa ferme lors de la colonisation de l'Islande. Le lieu doit son nom au gros rocher (*borg*) situé derrière la ferme (aujourd'hui une propriété privée). On peut marcher jusqu'au cairn pour admirer la vue et visiter le petit cimetière où une vieille pierre tombale est gravée de runes.

Hafnarfjall RANDONNÉE

Le Hafnarfjall (844 m) est un impressionnant mont escarpé qui se dresse en face de Borgarnes, de l'autre côté du fjord. Le départ du sentier qui rejoint le sommet (7 km) se trouve sur la route circulaire (route 1), près de l'extrémité sud de la chaussée qui entre dans la bourgade. Gare aux éboulis glissants ! Point de vue remarquable depuis le sommet.

CIRCUIT GASTRONOMIQUE

Crisscross Food Tour (897 6140 ; www.crisscross.is) organise des excursions gastronomiques dans l'ouest de l'Islande, avec des arrêts à la ferme, des en-cas et un repas (demi-journée/journée 24 900/39 500 ISK). Visite de sites naturels (cascades ou champs de lave). Départ de Reykjavík ou Borgarnes.

Où se loger et se restaurer

Ensku Húsin GUESTHOUSE €€

(437 1826 ; enskuhusin.is ; route 54 ; d avec/sans sdb 24 900/20 500 ISK avec petit-déj ;). À 8 km au nord-ouest de Borgarnes près de la route 54, dans un cadre splendide en bordure de rivière, cette ancienne maison de pêcheurs a retrouvé sa décoration et son charme d'autrefois. Les chambres à l'étage recréent l'atmosphère de jadis ; il y a aussi une nouvelle aile. Les sympathiques propriétaires louent d'autres chambres dans une ferme à 2 km.

Hotel Varmaland HÔTEL €€

(690 4220 ; www.hotelvarmaland.is ; route 527, Grenihlíð ; @). En rase campagne, cet hôtel sympathique et spacieux est parfait pour qui souhaite décompresser au milieu des pâturages, des rivières et des rochers escarpés. Toutes les chambres ont une salle de bains. Piscine et *hot pot* à proximité.

Fossatún HÔTEL €€

(433 5800 ; fossatun.is ; route 50 ; huttes/bung 8 700/31 000 ISK, d avec/sans sdb à partir de 22 000/14 800 ISK ; @). Une adresse familiale réunissant une pension, un hôtel, un bungalow indépendant et des huttes en bois, proches d'une cascade rugissante. Le spacieux **restaurant** (plats 1 600-3 000 ISK) donne sur la cascade et des sentiers. Sur l'embranchement sud de la route 50, à 23 km à l'est de Borgarnes et à 18 km au sud-ouest de Reykholt.

Icelandair Hotel Hamar HÔTEL, GUESTHOUSE €€

(433 6600 ; www.icehotels.is ; route 1, Golfvöllurinn ; d à partir de 24 000 ISK ; @). Le Hamar est installé sur un golf prisé à 4 km au nord de Borgarnes. Si la façade grise en préfabriqué est peu engageante, elle cache un intérieur singulièrement élégant et tout confort. Restaurants sur place.

Achats

Ullarselið VÊTEMENTS, ART ET ARTISANAT
(☎437 0077 ; www.ull.is ; Hvanneyri ; ⏲11h-17h juin-août, 13h-17h jeu-sam sept-mai). Ce fabuleux magasin de laines et de tricots est situé dans le village de Hvanneyri, à 12 km à l'est de Borgarnes, parmi des maisons au bord du fjord. Chandails tricotés main, écharpes, chapeaux et couvertures côtoient des pelotes de laine filée à la main et des boutons en coquillage et en os, ainsi que des aiguilles et des patrons pour qui souhaite se lancer.

Haut de la vallée du Borgarfjörður

Reykholt

Difficile d'imaginer que la bourgade de Reykholt, qui se résume à une poignée de fermes, était une importante cité médiévale où vécut l'un des plus grands chefs et historiens de l'époque, Snorri Sturluson (qui y trouva la mort). La plupart des sites à voir ici se rapportent à cet éminent personnage.

À voir et à faire

Krauma BAINS GÉOTHERMAUX
(☎555 6066 ; www.krauma.is ; Deildartunguhver, route 50 ; adulte/enfant 4 500/300-2 250 ISK ; ⏲11h-23h mi-juin à mi-août, 11h-21h reste de l'année). La source thermale de **Deildartunguhver** – la plus grande d'Islande – alimente ce complexe thermal moderne en plein air qui compte 5 *hot pots* de températures différentes et deux bains de vapeur, ainsi qu'une salle de relaxation. Les plus courageux s'immergeront dans la piscine froide pour stimuler leur circulation sanguine. Le bistrot attenant sert des plats islandais (plats 2 900-4 500 ISK).

Snorrastofa MUSÉE
(☎433 8000 ; www.snorrastofa.is ; 1 500 ISK ; ⏲10h-18h avr-sept, 10h-17h lun-ven oct-mars). Ce centre d'études médiévales consacré au célèbre poète, historien et homme d'État du Moyen Âge Snorri Sturluson, est installé dans la ferme où il vivait et fut assassiné. On y découvre sa vie et son œuvre (admirez l'édition de 1599 de son *Heimskringla*, une histoire des rois de Norvège), ainsi que le droit, la littérature et la société de l'Islande médiévale. Une exposition retrace les fouilles menées sur le site. Demandez à visiter l'église moderne et la salle de lecture à l'étage.

Snorralaug SOURCE
GRATUIT Principal vestige de la ferme de Snorri Sturluson, le Snorralaug (bassin de Snorri) est un bassin circulaire en pierre alimenté par une source chaude. Les pierres du fond sont d'origine (Xe siècle) et on raconte que Snorri venait s'y baigner. À côté de la source (fermée au public), un tunnel aux parois de bois mène à l'ancienne ferme, où il fut assassiné. Le bassin serait la plus ancienne construction humaine d'Islande encore existante.

Vieille église de Reykholt ÉGLISE
GRATUIT Parmi les bâtiments plus modernes que l'on peut voir dans l'ancienne ferme de Snorri Sturluson, citons cette charmante église de 1896, ouverte au public. En 2001, on a découvert dans ses fondations la citerne d'une forge datant de 1040-1260, que l'on peut observer à travers une plaque vitrée.

Centre des chèvres islandaises FERME
(☎435 1448 ; www.geitur.is ; route 523, Háafell ; visite guidée adulte/enfant 1 500/750 ISK ; ⏲13h-18h juin-août). On vous emmènera à travers de jolis champs où paissent des chèvres islandaises, une espèce menacée, avant de vous offrir un thé ou un café. Le plus célèbre pensionnaire est Casanova, un bouc qui a tourné dans *Game of Thrones* (où il est pourchassé par un dragon). Sur la route 523, une piste au nord-est de Reykholt.

Où se loger et se restaurer

Le restaurant de l'hôtel de Reykholt sert des repas simples. Vous trouverez davantage de choix et quelques épiceries à Borgarnes. Húsafell compte des tables plus raffinés.

Steindórsstaðir GUESTHOUSE €€
(☎435 1227 ; www.heyiceland.is ; route 517, Reykholtsdalur ; s/d/tr sans sdb 11 300/16 300/20 000 ISK ; 📶). Dans une ferme au milieu des champs, à 2 km de Reykholt, cette jolie pension loue des chambres douillettes et propres avec vue sur la campagne. Cuisine commune, Jacuzzi (avec vue) et bon accueil.

Fosshótel Reykholt HÔTEL €€
(☎562 4000, 435 1260 ; www.fosshotel.is ; d avec petit-déj à partir de 22 000 ISK ; P@📶). Le seul hôtel situé dans l'enceinte de Reykholt est un bâtiment insipide aux chambres d'affaires récemment rafraîchies, comptant deux *hot pots* et un restaurant. Une nouvelle aile devrait avoir ouvert lors de votre venue.

SNORRI STURLUSON

Le chef et historien Snorri Sturluson (1179-1241) est l'une des figures majeures de l'histoire médiévale islandaise et l'un des principaux chroniqueurs des sagas et récits nordiques. Né à Hvammur, près de Búðardalur (plus au nord), Snorri fut élevé et éduqué au centre théologique d'Oddi, près de Hella, puis épousa l'héritière de la ferme historique de Borg á Mýrum (p. 224), près de Borgarnes. Il quitta finalement Borg pour se retirer dans le riche domaine ecclésiastique de Reykholt. En ce temps-là, Reykholt comptait entre 60 000 et 80 000 âmes ; il s'agissait d'un important nœud commercial, au carrefour de plusieurs axes majeurs du pays. Snorri y composa nombre de ses œuvres les plus célèbres, notamment l'*Edda en prose* (un manuel de poésie et un florilège de mythes norrois) et la *Heimskringla* (une histoire des rois de Norvège). Par ailleurs, il est généralement considéré comme l'auteur de la *Saga d'Egill*, histoire familiale du *skald* (scalde, poète de cour) viking Egill Skallagrímsson.

À l'âge de 36 ans, Snorri fut nommé *lögsögumaður* ("celui qui dit la loi") de l'Alþingi (Althing, Parlement islandais). Au cours des décennies suivantes, le roi de Norvège Hákon fit pression sur lui, soucieux de le voir défendre ses intérêts. Tout à ses écrits, Snorri n'en fit rien. Frustré, le monarque donna ordre de le capturer, mort ou vif. L'adversaire politique et ex-gendre de Snorri, Gissur Þorvaldsson (Thorvaldsson), vit là une occasion d'impressionner le roi et de briguer le poste de gouverneur d'Islande. Il arriva à Reykholt avec 70 hommes en armes la nuit du 23 septembre 1241 ; le lettré fut assassiné dans la cave de sa ferme.

Restaurant Hverinn INTERNATIONAL €
(☎571 4433 ; www.hverinn.is ; Kleppjámsreykir, route 50 ; plats 1 600-4 000 ISK ; ⏰10h30-21h mai-oct). Repas simples (soupes, burgers, etc.) dans un grand restaurant au personnel aimable, en bord de route. Vend quelques produits alimentaires de base, dispose d'un camping (1 500 ISK/adulte) et d'une *guesthouse* (d avec salle de bains commune 14 500 ISK). À environ 5 km à l'ouest de Reykholt, près du croisement de la route 518 et de la route 50.

Depuis/vers Reykholt

Le bus Strætó (p. 457) n°81 assure la liaison avec Borgarnes (920 ISK, 50 min, 1/jour lun, mar et jeu) ; il dessert aussi Kleppjárnsreykir.

Húsafell

Niché dans une vallée émeraude sillonnée de cours d'eau, entre la rivière Kaldá et un champ de lave spectaculaire, le hameau de Húsafell ravit les habitants de Reykjavík en quête d'un refuge champêtre, avec ses chalets d'été, son camping, son hôtel chic, son bistrot et sa piscine géothermale. C'est aussi l'accès principal au glacier Langjökull.

À voir

Hraunfossar CASCADE
(Route 518). La spectaculaire "cascade du Champ de lave" doit son nom à l'eau cristalline qui jaillit de sous le champ de lave qui l'entoure. Vous pourrez continuer sur le sentier balisé jusqu'à Barnafoss, une autre chute d'eau bouillonnante. Tournez vers le nord depuis la route 518, à 6,5 km à l'ouest de Húsafell.

Sundlaugin á Húsafelli PISCINE GÉOTHERMALE
(Piscine de Húsafell ; ☎435 1552 ; www.husafell.is ; route 518 ; adulte/enfant 1 300/300 ISK ; ⏰10h-20h lun-jeu, 10h-22h ven-sam juin-août, 13h-19h lun-ven, 12h-20h sam-dim sept-mai). Belle piscine géothermale en plein air et deux *hot pots*.

Où se loger et se restaurer

Le complexe de Húsafell compte un bistrot fraîchement rénové (⏰11h-21h juin-août ; plats 2 000-5 000 ISK, dîner buffet 2 700 ISK) et une supérette (⏰9h-21h l'été). Restaurant gastronomique dans l'hôtel. Si vous souhaitez davantage de choix, rejoignez Borgarnes, la ville la plus proche.

Gamli Bær GUESTHOUSE €
(Vieille Ferme ; ☎895 1342 ; sveitasetrid@simnet.is ; route 518 ; d avec/sans sdb à partir de 14 000/10 000 ISK ; ⏰mi-mai à sept). Cette ferme de 1908, pleine de cachet et rénovée, ouvre sur un panorama campagnard. Le *hot pot* est géré par le jovial Sæmi.

Húsafell CAMPING €
(Ferðaþjónustan Húsafelli ; ☎435 1556 ; www.husafell.is ; route 518 ; empl adulte/enfant 1 600/900 ISK ; ⏰mai-sept). Le complexe touristique

de Húsafell propose des emplacements verdoyants, accompagnés d'équipements : douches, supérette, bistrot et une piscine géothermale.

Hótel Húsafell HÔTEL €€€
(☎435 1551 ; www.hotelhusafell.com ; route 518 ; d avec petit-déj à partir de 34 200 ISK ; P). Vedette du village de vacances de Húsafell, cet hôtel chic et contemporain loue des chambres spacieuses et confortables. Les salles de bains, haut de gamme, sont garnies de produits de toilette islandais naturels. Les œuvres d'art sont signées de l'artiste local Páll Guðmundsson. Le **restaurant** (☎435 1551 ; plats déj 2 600-5 400 ISK, dîner 4 800-7 600 ISK ; P) est l'un des meilleurs de la région.

Hraunfossar Cafe CAFÉ €€
(☎435 1155 ; www.facebook.com/hraunfossar ; route 518 ; plats 1 900-2 700 ISK ; 10h-20h juin-août, horaires réduits reste de l'année). Ce café accueillant, situé derrière les cascades du même nom, a l'attrait de grandes terrasses et d'un menu fourni (soupes, burgers, salades et en-cas).

Depuis/vers Húsafell

Un véhicule est nécessaire pour se rendre à Húsafell.

Hallmundarhraun

À l'est de Húsafell, sur la route 518, les immenses coulées de lave provenant du Hallmundarhraun dessinent un merveilleux paysage, désertique et irréel, ponctué de gigantesques tubes de lave. Ces longues galeries ont été formées par de la lave en fusion coulant sous une croûte de lave solide. Il est possible d'en visiter quelques-unes.

Avec un 4x4, vous pourrez poursuivre à l'intérieur des terres au-delà de Surtshellir le long de la route F578 en forme de "L". Vous longerez les lacs d'**Arnarvatnsheiði** et arriverez à **Hvammstangi**. La route F578 n'est ouverte que 7 semaines par an (consultez le site www.road.is).

À voir

Grotte Viðgelmir-The Cave TUNNEL DE LAVE
(☎783 3600 ; www.thecave.is ; en retrait de la route 518 ; visite guidée adulte/enfant à partir de 6 000 ISK/gratuit). Le tunnel de lave le plus facile à visiter et le plus grand d'Islande, long de 1,5 km et vieux de 1 100 ans, se trouve dans une propriété privée près de la ferme de Fljótstunga. Il présente des formations de glace scintillantes et constamment changeantes. On le parcourt sur une passerelle stable, dans le cadre de visites guidées (horaires sur le site Internet). Casques et lampes torches fournis.

Surtshellir TUNNEL DE LAVE
(Route F578). GRATUIT Un peu au sud-est de Fljótstunga sur la route 518, un panneau jaune vif indique la bifurcation pour Arnarvatnsheiði sur la route F578 (interdite aux voitures de location). Empruntez la piste cahoteuse sur 7 km jusqu'au Surtshellir, un impressionnant tunnel de lave de 2 km relié au Stefánshellir, un autre tunnel d'environ 1 km. On peut explorer seul le Surtshellir à condition d'être bien équipé (casque de sécurité, lampe torche, etc.).

Langjökull et la vallée de Kaldidalur

Au sud-est de Húsafell, l'incroyable vallée de Kaldidalur serpente au pied d'une série de glaciers offrant d'incroyables points de vue sur la calotte glaciaire du Langjökull, et par temps clair sur l'Eiríksjökull, l'Okjökull et le Þórisjökull.

La route 550 non goudronnée, appelée piste de Kaldidalur (Kaldidalur Corridor en anglais), est un itinéraire difficile et spectaculaire (glace et roche nue), souvent noyé dans la brume en été. Elle rejoint le Cercle d'or au sud et permet de faire une grande boucle à partir de Reykjavík. La route 550 n'est accessible qu'aux véhicules autorisés – renseignez-vous auprès de votre agence de location avant le départ.

Plusieurs circuits sur le glacier Langjökull et des visites de ses grottes de glace partent de Reykjavík ou Húsafell. N'essayez pas de rejoindre le glacier par vos propres moyens.

À voir

Langjökull GLACIER
La calotte glaciaire du Langjökull est le deuxième plus grand glacier d'Islande et le grand glacier le plus proche de Reykjavík. On y accède en 4x4 par les pistes de Kaldidalur ou de Kjölur. Le village de Húsafell est la base la plus proche pour y accéder. Des excursions partent de Reykjavík et de Húsafell : la grotte "Into the Glacier" (Dans le glacier) attire les foules. Mountaineers of Iceland (p. 78) propose des circuits en motoneige et Dog Sledding (p. 75) en traîneau à chiens l'été.

Into the Glacier GROTTES

(Grottes de glace du Langjökull ; ☎578 2550 ; www.intotheglacier.is). Une immense galerie (300 m) et une série de grottes creusées par l'homme, qui vous font pénétrer au cœur du glacier, à 1 260 m au-dessus du niveau de la mer. Ce réseau scintillant éclairé par des LED a ouvert en 2015. On y trouve des expositions, un café et même une petite chapelle pour ceux qui rêvent de se marier dans un glacier. Les visites partent de Húsafell (navette adulte/enfant 2 000 ISK/gratuit), du bord du glacier (visite adulte/enfant 24 200 ISK/gratuit) l'été si vous avez un 4x4, ou encore de Reykjavík (34 700 ISK). Il existe aussi de nombreuses excursions combinées (motoneige, hélicoptère).

Par groupe de 80 au maximum, les visiteurs montent jusqu'au site à bord de véhicules spéciaux, puis passent environ 45 minutes à explorer le glacier – dont les eaux continueront à ruisseler le long des pentes dans les années à venir.

Où se loger et se restaurer

Vous trouverez hébergement et restauration à Húsafell (p. 226), Reykholt (p. 225) ou Borgarnes (p. 220). Le camp de base d'Ice Cave n'a qu'un petit café.

Depuis/vers le Langjökull

Optez pour une excursion organisée. Vous pourrez conduire sur les routes avec un véhicule autorisé (à vérifier auprès de l'agence de location), mais n'essayez surtout pas de grimper sur le glacier sans guide.

PÉNINSULE DE SNÆFELLSNES

Fjords étincelants, pics volcaniques, falaises abruptes, vastes plages dorées et coulées de lave forment l'incroyable paysage de la péninsule de Snæfellsnes, longue de 100 km. La région est dominée par l'étincelante calotte glaciaire du Snæfellsjökull, immortalisée dans le *Voyage au centre de la Terre* de Jules Verne. Les routes en bon état et les bus réguliers font de ce condensé du meilleur de l'Islande une destination d'excursion aussi aisée que rapide depuis Reykjavík.

Stykkishólmur, sur la populaire côte nord, est la plus grande ville de la région, et un point de chute pratique. En continuant vers l'ouest le long de la côte, on traverse des localités plus petites. Dans la partie ouest de la péninsule, le parc national du Snæfellsjökull comprend un glacier, des colonies d'oiseaux et des champs de lave. La côte sud, tranquille, abrite des élevages de chevaux adossés à d'imposants escarpements rocheux.

Stykkishólmur

1 173 HABITANTS

La bourgade pleine de charme de Stykkishólmur (www.visitstykkisholmur.is) est la plus grande de la péninsule de Snæfellsnes. Construite autour d'un port naturel protégé par un îlot de basalte, elle est ponctuée d'édifices colorés datant de la fin du XIXe siècle. Ses transports en commun efficaces et son choix de restaurants et d'hébergements en font une base idéale pour découvrir la région. Wi-Fi gratuit dans toute la localité.

À voir et à faire

Breiðafjörður CURIOSITÉ NATURELLE

La péninsule découpée de Stykkishólmur avance au nord dans le superbe Breiðafjörður, une immense étendue d'eau séparant la péninsule de Snæfellsnes des imposantes falaises des fjords de l'Ouest. Selon une légende locale, seules deux choses au monde ne peuvent être comptées : les étoiles dans le ciel et les îlots escarpés dans la baie. Vous pourrez contempler des paysages de rêve peuplés d'innombrables oiseaux (macareux, aigles, guillemots, etc.). Des excursions en bateau pour observer les baleines et les macareux partent de Stykkishólmur, Grundarfjörður ou Ólafsvík.

Norska Húsið MUSÉE

(Maison norvégienne ; ☎433 8114 ; www.norskahusid.is ; Hafnargata 5 ; adulte/enfant 1 350 ISK/gratuit ; ⏲11h-18h mai-août, 14h-17h mar-jeu sept-avr ; 📶). Le charme maritime de Stykkishólmur tient surtout à ses entrepôts, boutiques et maisons en bois qui entourent le port. La plupart datent d'il y a 150 ans. L'un des bâtiments les plus intéressants (et anciens) est la Norska Húsið, qui accueille le musée régional. Bâtie par le commerçant et astronome amateur Árni Þorlacius en 1832, elle a été habilement restaurée et conserve une collection d'antiquités très éclectique. L'étage recrée l'intérieur dans lequel vivait

Péninsule de Snæfellsnes

Stykkishólmur

Stykkishólmur

Les incontournables

1 Breiðafjörður D1
2 Norska Húsið C2
3 Súgandisey C1

À voir

4 Bibliothèque de l'Eau C2
5 Stykkishólmskirkja D3
6 Musée des Volcans C3

Activités

7 Ocean Adventures C2
8 Seatours C2
9 Stykkishólmur Swimming Pool C4

Où se loger

10 Akkeri C2
11 Bænir og Brauð C3
13 Fosshotel Stykkishólmur C4
14 Fransiskus Hotel D2
15 Harbour Hostel C2
16 Höfðagata Guesthouse C3
17 Hótel Egilsen C2

Où se restaurer

18 Bónus C3
19 Meistarinn B3
20 Narfeyrarstofa C2
21 Nesbrauð B4
22 Sjávarpakkhúsið C2
23 Skúrinn C3

Achats

24 Gallerí Lundi C3
25 Leir 7 .... C3
26 Vínbúðin B3

Árni, typique d'une demeure de la haute société islandaise du XIXe siècle, avec sa décoration d'origine.

Súgandisey ÎLE

Un **phare** pittoresque se dresse sur l'île basaltique de Súgandisey, et commande un large panorama du Breiðafjörður. On y accède par une jetée en pierres depuis le port de Stykkishólmur.

Musée des Volcans MUSÉE

(Eldfjallasafn ; ☎433 8154 ; www.eldfjallasafn.is ; Aðalgata 8 ; adulte/enfant 1 000 ISK/gratuit ; ⊙voir le site Internet). Aménagé dans l'ancien cinéma, ce musée fondé par le vulcanologue Haraldur Sigurðsson réunit des œuvres d'art de différents styles et pays sur les volcans, et une petite collection scientifique, issue d'éruptions (avec des bombes volcaniques). Film à l'étage.

Bibliothèque de l'eau MUSÉE D'ART

(Vatnasafn ; ☎865 4516 ; www.facebook.com/vatnasafn ; Bókhlöðustígur 17 ; adulte/enfant 650 ISK/gratuit ; ⊙10h-17h mai-sept, mar-sam oct-avr). Pour un beau panorama sur la ville et la baie, gagnez la Bibliothèque de l'eau, en haut de la colline. Admirez l'installation de l'artiste américain Roni Horn, né en 1955. La lumière se reflète et se réfracte à travers 24 colonnes de verre remplies d'eau provenant de plusieurs glaciers islandais. Ceux qui souhaitent s'attarder pourront faire une partie d'échecs.

Stykkishólmskirkja ÉGLISE

(☎438 1560 ; www.stykkisholmskirkja.is ; ⊙10h-17h). Dessinée par Jón Haraldsson, l'église contemporaine de Stykkishólmur est parée d'un grand clocher évoquant une vertèbre de baleine. À l'intérieur, on découvre des centaines de lampes suspendues et une grande peinture de la Vierge à l'Enfant, représentée flottant dans un ciel nocturne.

Stykkishólmur Swimming Pool PISCINE GÉOTHERMALE, HOT POTS

(Sundlaug Stykkishólms ; ☎433 8150 ; Borgarbraut 4 ; adulte/enfant 900/300 ISK ; ⊙7h-22h lun-jeu, 7h-19h ven, 10h-18h sam-dim juin-août, horaires réduits reste de l'année). Toboggans aquatiques et *hot pots* sont les points forts de la piscine du complexe sportif municipal.

Circuits organisés

Seatours EN BATEAU

(Sæferðir ; ☎433 2254 ; www.seatours.is ; Smiðjustígur 3 ; ⊙8h-20h mi-mai à mi-sept, 9h-17h reste de l'année). Diverses sorties en bateau, dont le "Viking Sushi", un circuit de 1/2 heures (5 500/6 000 ISK) à la découverte des îles, des colonies d'oiseaux (macareux jusqu'en août) et des formations basaltiques. Un filet remonte des fruits de mer à déguster crus. Seatours propose également des dîners-croisières et gère le ferry Baldur (p. 233) pour Flatey. Départs possibles de Reykjavík en association avec Reykjavík Excursions. Boutique et café sur place. Gratuit pour les moins de 15 ans.

Ocean Adventures PÊCHE, CIRCUIT NATURE

(☎898 2028 ; www.oceanadventures.is ; Sæbraut ; ⊙9h-18h). Essayez la pêche à la ligne (adulte/enfant 13 000/7 000 ISK) ou faites une sortie d'observation des macareux (8 000/4 500 ISK) avec ce prestataire prisé, dont le kiosque est sur le port.

Où se loger

Harbour Hostel AUBERGE DE JEUNESSE €

(☎517 5353 ; www.harbourhostel.is ; Hafnargata 4 ; dort/d/qua sans sdb à partir de 4 500/9 900/14 900 ISK ;). L'une des meilleures options bon marché, près du port et sans prétention. Dortoirs (4, 8 et 12 lits), doubles et chambres familiales.

Camping CAMPING €

(☎438 1075 ; Aðalgata 27 ; empl adulte/enfant 1 500 ISK/gratuit ; ⊙fin mai à sept ;). Rudimentaire mais avec bloc sanitaire neuf ; géré par le golf voisin.

Akkeri GUESTHOUSE €€

(☎844 1050 ; akkeri.tripcombined.com ; Frúarstígur 1 ; d avec petit-déj à partir de 19 700 ISK ;). Cette pension familiale flambant neuve du centre-ville loue des chambres minimalistes confortables, aux couleurs froides, avec salles de bains chics. L'une possède un balcon. Pas de cuisine à disposition.

Bænir og Brauð GUESTHOUSE €€

(☎554 7700 ; www.baenirogbraud.is ; Aðalgata 7 ; d avec/sans sdb 24 800/20 500 ISK ;). Cette maison douillette et immaculée date de 1896. Greta, l'aimable propriétaire, gère aussi l'Hótel Egilsen, en face. Petit-déjeuner non inclus, mais superbe cuisine partagée. Les prix chutent en basse saison.

VAUT LE DÉTOUR

FLATEY

Des innombrables îles du Breiðafjörður, la petite Flatey ("île plate") est la seule habitée à l'année. Au XIe siècle, Flatey (www.flatey.com) abritait un monastère. Aujourd'hui, cette île séduisante est une étape prisée des voyageurs qui se rendent aux fjords de l'Ouest (ou en reviennent), et des réalisateurs : plusieurs films et séries y ont été tournés. Joignez-vous à eux pour profiter d'un après-midi de farniente parmi les maisons bigarrées survolées par les sternes arctiques.

Où se loger et se restaurer

Krákuvör (☎ 438 1451 ; empl 1 200 ISK/pers ; ⊙ juin-août). Cette ferme de l'île à environ 300 m de la jetée propose des emplacements de camping dans le pré qui s'étend jusqu'à la côte.

Læknishús (☎ 438 1476 ; s sans sdb 10 000 ISK ; ⊙ juin-août et uniquement sur réservation sept-mai). Læknishús est située à environ 400 m de la jetée et propose l'été un hébergement sans prétention, dans l'ancienne maison du médecin. Option duvet à 4 000 ISK. Le reste de l'année, les restaurants de l'île sont fermés : prévoyez des provisions et utilisez la cuisine.

Hótel Flatey (☎ 555 7788 ; www.hotelflatey.is ; s/d/tr sans sdb 25 900/29 900/38 900 ISK avec petit-déj ; ⊙ juin-août). Les chambres de cet hôtel, aux airs d'alcôves à l'ancienne, comptent parmi les plus charmantes d'Islande. Le **restaurant** (plats déj 2 400-3 200 ISK, dîner 4 300-6 100 ISK, menu 3 plats 9 500 ISK ; ⊙ 12h-17h et 18h-21h) est tout aussi fantastique. Concerts au sous-sol certains soirs.

Depuis/vers Flatey

Le ferry Baldur (p. 233) qui traverse le Breiðafjörður fait escale à Flatey – 5 minutes seulement. L'été, lorsqu'il y a deux bateaux par jour, on peut passer quelques heures sur l'île avant de continuer vers les fjords de l'Ouest/Stykkishólmur dans la même journée, à bord du second ferry. Les voitures sont interdites sur l'île ; la vôtre pourra rester sur le bateau et traverser la baie sans supplément pendant que vous visiterez Flatey.

Pour une excursion d'une journée à Flatey depuis Stykkishólmur, prenez l'un des 2 ferrys qui circulent l'été, et reprenez-le plus tard dans l'autre sens, vers Stykkishólmur.

Notez qu'en dehors de la saison estivale (juin à août), il n'y a qu'un ferry par jour. Vous pourrez aussi recourir aux services d'un tour-opérateur local.

Höfðagata Guesthouse GUESTHOUSE €€
(☎ 831 1806 ; www.hofdagata.is ; Höfðagata 11 ; d avec/sans sdb à partir de 22 100/16 500 ISK avec petit-déj, app 25 500 ISK ; 📶). Une *guesthouse* propre et soignée, avec 5 chambres doubles, petites et bien agencées, et un réfrigérateur commun. Également un appartement tout équipé.

♥ **Hótel Egilsen** BOUTIQUE-HÔTEL €€€
(☎ 554 7700 ; www.egilsen.is ; Aðalgata 2 ; s/d à partir de 26 320/31 900 ISK ; @📶). Une de nos auberges préférées, installée dans une maison en bois rénovée avec amour, qui grince quand le vent hurle dans le fjord – c'est là tout son charme ! Le sympathique propriétaire a aménagé des chambres douillettes (quoique petites) avec couvertures en laine traditionnelles, œuvres originales et matelas Coco-Mat en matériaux naturels. Les iPads et le petit-déjeuner maison (2 500 ISK) sont des atouts supplémentaires.

Hôtel Fransiskus HÔTEL €€€
(☎ 422 1101 ; www.fransiskus.is ; Austurgata 7 ; s avec/sans sdb à partir de 19 000/13 100 ISK, d/f à partir de 32 700/38 000 ISK, toutes avec petit-déj ; P📶👪). Cet hôtel, installé dans l'aile rénovée d'un monastère et dispensaire catholique, loue des chambres modernes et bien entretenues, certaines avec salle de bains privative et TV à écran plat. Excellent petit-déjeuner.

Fosshotel Stykkishólmur HÔTEL €€€
(☎ 430 2100 ; www.fosshotel.is ; Borgarbraut 8 ; s/d/tr 30 100/32 800/36 700 ISK ; @📶). Les meilleures chambres de ce vilain bâtiment argenté perché sur une colline ont une

belle vue sur la baie et les îles. Ordinaires et de type motel, elles ont la faveur des groupes.

Où se restaurer et prendre un verre

Pour acheter de l'alcool, rendez-vous chez **Vínbúðin** (☎430 1414 ; www.vinbudin.is ; Aðalgata 24 ; ⏲14h-18h lun-jeu, 13h-19h ven, 11h-14h sam juin-août, horaires réduits reste de l'année). Les restaurants locaux servent aussi à boire ; Sjávarpakkhúsið a de la bière islandaise à la pression.

Nesbrauð BOULANGERIE €
(☎438 1830 ; www.facebook.com/nesbraudehf ; Nesvegur 1 ; en-cas 400-1 200 ISK ; ⏲7h30-16h lun-ven, 8h-16h sam-dim). À l'entrée de la ville, cette boulangerie est un bon choix pour un petit-déjeuner ou un repas rapide. Faites le plein de douceurs comme les *kleinur* (beignets torsadés) ou les *ástar pungur* ("boules d'amour" ; beignets ronds aux raisins secs).

Meistarinn RESTAURATION RAPIDE €
(☎848 0153 ; www.facebook.com/meistarinnsth ; Aðalgata ; hot dogs 540-600 ISK, sandwichs 1 400-1 600 ISK ; ⏲12h-20h juin-août). Venez déguster les meilleurs hot-dogs de la ville dans ce sympathique *pylsuvagninn* (wagon à saucisses). Les plats portent le nom d'un habitant de Stykkishólmur !

Bónus SUPERMARCHÉ €
(Borgarbraut 1 ; ⏲11h-18h30 lun-jeu, 10h-19h30 ven, 10h-18h sam, 12h-18h dim). Près de la piscine.

♥ **Narfeyrarstofa** ISLANDAIS €€
(☎533 1119 ; www.narfeyrarstofa.is ; Aðalgata 3 ; plats 2 000-5 000 ISK ; ⏲11h30-22h mai-sept, horaires réduits oct-avr ; ✎). Ce charmant restaurant est le chouchou gourmet de la péninsule. Réservez à l'étage pour dîner à la lumière douce de lampes anciennes avec vue sur le port. Demandez au serveur de vous parler des portraits au mur : le bâtiment a une histoire intéressante.

Sjávarpakkhúsið ISLANDAIS €€
(☎438 1800 ; www.sjavarpakkhusid.is ; Hafnargata 2 ; plats 2 000-3 500 ISK ; ⏲12h-22h ; 📶). Cette ancienne usine de conditionnement de poisson est devenue un café-bar lambrissé avec une terrasse sur le port. Si les moules fraîchement pêchées dans la baie sont la spécialité de la maison, l'endroit se prête aussi à une agréable pause en journée. Les soirs de week-end, il se transforme en bar où viennent jouer les musiciens des environs.

Skúrinn INTERNATIONAL €€
(☎544 4004 ; Þvervegur 2 ; plats 1 900-3 200 ISK ; ⏲12h-14h et 18h-21h ; 📶). Pour manger en toute décontraction une pizza, un burger, des *nachos* ou un *fish and chips*, avec une bière. Terrasse agréable sous le soleil.

Achats

Leir 7 ART ET ARTISANAT
(☎894 0425 ; www.leir7.is ; Aðalgata 20 ; ⏲14h-17h lun-ven, 14h-16h sam). L'artiste Sigriður Erla fabrique de belles céramiques avec la glaise brune du fjord, dans cet atelier de poterie au cœur de la ville. Lára Gunnarsdóttir (www.smavinir.is) crée des objets en bois.

Gallerí Lundi ART ET ARTISANAT
(☎893 5588 ; Aðalgata 4a ; ⏲12h30-18h mai-sept). De l'artisanat local vendu par de sympathiques villageois. Sert aussi du café.

Depuis/vers Stykkishólmur

BATEAU

Le **ferry Baldur** (☎433 2254 ; www.seatours.is) circule entre Stykkishólmur et Brjánslækur dans les fjords de l'Ouest (2 heures 30), via Flatey (1 heure 30). De juin à août, les bateaux partent tous les jours de Stykkishólmur à 9h et à 15h45 – retour de Brjánslækur à 12h15 et 19h. Le reste de l'année, il n'y a qu'un seul ferry par jour, qui part de Stykkishólmur à 15h (aucun le vendredi et le samedi) et revient à 18h.

L'été, pour Brjánslækur, les adultes paient 5 760 ISK (gratuit pour les enfants). Les véhicules sont à réserver à l'avance (supplément de 5 760/8 340 ISK par voiture/petit camping-car). Un aller-retour entre Stykkishólmur et Flatey coûte 7 840 ISK. Réductions et tarifs d'hiver sur le site Internet.

BUS

On peut rejoindre Reykjavík (4 140 ISK, 2 heures 30) en changeant à Borgarnes. Les liaisons sont fortement réduites en hiver.

Services assurés par Strætó (p. 457) depuis la station-service Olís, dans Aðalgata :

- Bus n°58 pour Borgarnes (2 760 ISK, 80 min, 1-2/jour).
- Bus n°82 pour Hellissandur via Vatnaleið (au croisement des Rtes 54 et 56), Grundarfjörður, Ólafsvík et Rif (1 840 ISK, 1 heure 15, 2/jour de mi-mai à mi-sept ; un bus/jour continue jusqu'à Arnarstapi). Le reste de l'année, il ne va que de Stykkishólmur à Hellissandur (4 jours/sem).

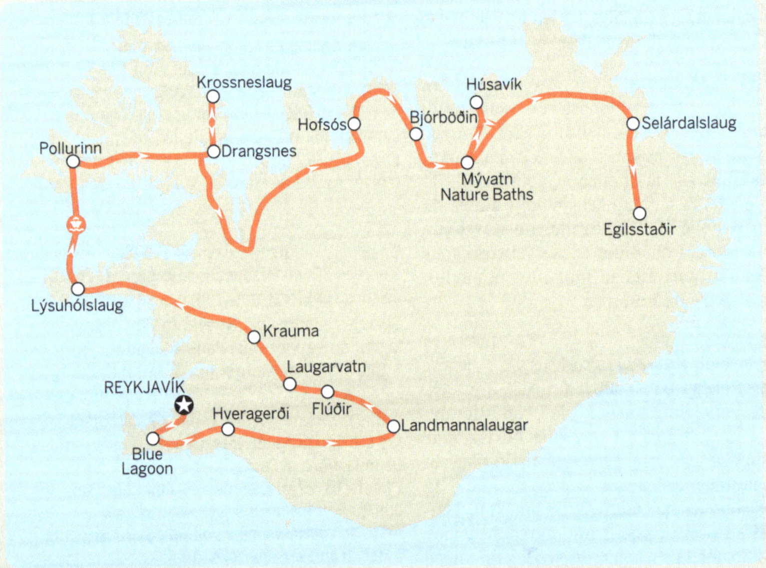
Krossneslaug
Húsavík
Hofsós
Björböðin
Selárdalslaug
Pollurinn
Drangsnes
Mývatn
Nature Baths
Egilsstaðir
Lýsuhólslaug
Krauma
Laugarvatn
REYKJAVÍK
Flúðir
Hveragerði
Landmannalaugar
Blue
Lagoon

VERVERIDIS VASILIS/SHUTTERSTOCK ©

SAM SPICER/GETTY IMAGES ©

En haut : Mývatn Nature Baths (p. 324)
En bas : bain dans une source thermale à Hveragerði (p. 136)

2 SEMAINES

La tournée des *hot pots*

Chères aux Islandais, qui aiment s'y prélasser, les sources chaudes riches en minéraux adoucissent la peau comme les âmes. Vous en apprécierez les charmes à la faveur d'un périple "immersif" dans ce royaume de la géothermie.

➡ Commencez à Reykjavík en vous mélant aux habitués : nagez et échangez quelques potins dans les bassins publics.

➡ Rejoignez le Blue Lagoon, inscrit dans un cadre d'exception, et offrez-vous un masque de silice antioxydante.

➡ Faites une pause à Hveragerði, marqué par une forte activité géothermique alimentant de nombreux bains bouillonnants.

➡ Direction le Landmannalaugar, où vous cèderez aux délices d'un bassin fumant au terme d'une longue randonnée.

➡ Allez à Flúðir, dont le lagon naturel cerné de prairies fut longtemps confidentiel.

➡ Faites un détour par l'ensemble de bains géothermiques de Fontana, à Laugarvatn, alimenté par un geyser naturel.

➡ Laissez-vous tenter par Krauma, nouveau complexe raffiné proche de Reykholt, à cheval sur la plus grande source thermale d'Europe.

➡ Baignez-vous à Lýsuhólslaug et ressortez de la soupe d'algues avec une peau de bébé !

➡ Passez par Pollurinn – prisé des baigneurs islandais –, à la sortie du Tálknafjörður.

➡ Ne manquez pas les *hot pots* de Drangsnes, nichés dans une digue.

➡ Détendez-vous à Krossneslaug, sur une rive sauvage, parsemée de galets.

➡ Profitez du bassin de Hofsós, au bord d'un fjord, d'où l'horizon s'étend à perte de vue.

➡ À Árskógssandur, étanchez votre soif à Bjórböðin, où les baquets en bois sont remplis de bière, d'eau, de houblon et de levure.

➡ Dans le Nord, les Mývatn Nature Baths sont le pendant plus discret du Blue Lagoon.

➡ Observez les baleines, puis revitalisez-vous à la GeoSea, la nouvelle attraction de Húsavík.

➡ Terminez par Selárdalslaug, une piscine aménagée entre deux éminences, à proximité du Vopnafjörður.

➡ À Egilsstaðir, avant de vous envoler pour Reykjavík, ne manquez pas les Vök Baths, spa lacustre dernier cri à la sortie de la ville.

1

HENRYOUDEGBERINK/GETTY IMAGES ©

2

1. *Hot pots* de Drangsnes (p. 278)
D'accès gratuit, les *hot pots* du front de mer de Drangsnes sont encastrés dans la digue.

2. Seljavallalaug (p. 157)
Le bassin géothermal de Seljavallalaug, près de Skogar, est devenu un favori des baigneurs.

3. Landmannalaugar (p. 161)
Hérissé de montagnes bigarrées, le Landmannalaugar abrite aussi des bassins géothermaux.

4. Gamla Laugin (p. 135)
Le "lagon secret" est bondé en milieu d'après-midi : mieux vaut éviter ce créneau.

4

KOVOP58 /SHUTTERSTOCK ©

JEAFISH PING/SHUTTERSTOCK ©

3

GORODISSKIJ/SHUTTERSTOCK ©

De Stykkishólmur à Grundarfjörður

Mythique et mystique, bordée d'eaux scintillantes, l'étendue qui sépare Stykkishólmur de Grundarfjörður est ponctuée de monts sacrés et de champs de lave évoqués dans les sagas.

À voir

Helgafell MONTAGNE

Environ 5 km au sud de Stykkishólmur, la montagne sacrée du Helgafell (73 m) était jadis vénérée par les fidèles du dieu Þór (Thor). De taille pourtant modeste, cette éminence était tellement vénérée à l'âge des sagas que les vieux Islandais tenaient à s'en approcher avant de mourir. Aujourd'hui, les habitants affirment que quiconque en atteint le sommet voit ses vœux se réaliser.

À la fin du Xe siècle, Snorri le Goði, grand adorateur de Thor, se convertit au christianisme et édifia au sommet de la colline une église dont les ruines sont encore debout. Non loin, la ferme du même nom fut la demeure où la sournoise Guðrun Ósvífursdóttir de la *Saga des gens du Val-au-Saumon* vécut les dernières années de sa vie, dans la solitude. Sa tombe se dresse au pied de la montagne.

Berserkjahraun CURIOSITÉ NATURELLE

Environ 15 km à l'ouest de l'intersection des Rtes 54 et 56, le spectaculaire champ de lave de Berserkjahraun (des Berserkers), hérissé de rochers, est dominé par d'imposantes montagnes. Ce paysage lunaire tire son nom de la *Saga de Snorri le Goði*, une saga mineure ayant pour cadre la péninsule de Snæfellsnes.

Bjarnarhöfn Shark Museum MUSÉE

(☎438 1581 ; www.bjarnarhofn.is ; ferme Bjarnarhöfn ; adulte/enfant 1 400 ISK/gratuit ; ⏲9h-18h juin-août, horaires réduits sept-mai). La ferme de Bjarnarhöfn est le plus grand producteur régional de *hákarl* (chair de requin faisandée), un mets traditionnel islandais. Le musée raconte l'histoire de cette curiosité culinaire et présente les bateaux de pêche et les outils de la famille qui vit ici. Une vidéo décrit le processus d'abattage et de fermentation.

Le musée est situé en retrait de la route 54, après un virage sur la route 577, côté fjord, au nord-est du **Bjarnarhafnarfjall** (575 m).

LES VŒUX DU MONT HELGAFELL

La croyance populaire veut que celui qui atteint le sommet du mont Helgafell verra 3 vœux se réaliser, à condition d'énoncer ses requêtes avec un cœur pur et de suivre scrupuleusement les étapes suivantes :

1re étape Commencez votre ascension à la tombe de Guðrún Ósvífursdóttir, héroïne d'une vieille saga régionale.

2e étape Marchez jusqu'au Tótt (ruines de la chapelle) sans prononcer un seul mot et, comme Orphée quittant les Enfers, sans regarder en arrière.

3e étape Une fois aux ruines de la chapelle, vous devez faire vos vœux tourné vers l'est. Et ne les révélez jamais à quiconque, ou ils ne seront pas exaucés !

Le requin du Groenland employé pour le *hákarl* contient des toxines que la fermentation neutralise. Ce vertébré d'une longévité exceptionnelle peut vivre plus de 500 ans. Sachez qu'il s'agit d'une espèce quasi menacée.

La visite s'accompagne d'une dégustation de *hákarl* et de *brennivín* (un alcool surnommé la "mort noire", plus qu'à son tour évoqué dans les *Racontars arctiques* du danois Jorn Riel). Demandez à voir le séchoir à l'arrière, où des centaines de tranches de requin sont mises à sécher, pour la dernière étape du processus.

Grundarfjörður

834 HABITANTS

Au bord d'une baie superbe, Grundarfjörður est adossé à des chutes d'eau et entouré de pics glacés souvent drapés de brouillard. Avec beaucoup plus de préfabriqués que de bâtiments en bois, on se croirait ici dans un village de pêcheurs. Les infrastructures touristiques sont bonnes et les paysages alentour, dominés par l'emblématique Kirkjufell, sont exceptionnels.

À voir et à faire

♥ **Kirkjufell** MONTAGNE

Le Kirkjufell (463 m), qui semble veiller sur le nord-ouest de Grundarfjörður, serait un des sites les plus photographiés d'Islande.

Il apparaît dans la série *Game of Thrones*... et sur pléthore de comptes Instagram. Si vous souhaitez en faire l'ascension, adressez-vous au Saga Center, pour trouver un guide. Vous devrez être encordé pour franchir deux passages ; il serait dangereux de s'y aventurer sans assistance après la pluie.

Juste à côté du Kirkjufell, on peut profiter du spectacle des chutes d'eau de **Kirkjufellsfoss**.

The Saga Centre MUSÉE
(Sögumiðstöðin Grundarfirði, centre d'information touristique ; ☎438 1881 ; www.grundarfjordur.is ; Grundargata 35 ; ⏲9h-17h ; 📶). GRATUIT Un office du tourisme, une bibliothèque, un cybercafé et un petit musée qui présente un vieux bateau, du matériel de pêche et une collection de jouets réunis en un seul lieu. Cartes du parc national en vente ; plan gratuit des randonnées dans le secteur.

♥ **Láki Tours** OBSERVATION DES BALEINES, VIE SAUVAGE
(☎546 6808 ; www.lakitours.com ; Nesvegur 5). Excellentes sorties de pêche ou d'observation des macareux et des baleines depuis Grundarfjörður ou Ólafsvík. L'excursion consacrée aux macareux (adulte/enfant 5 900 ISK/gratuit ; juin à août) au départ de Grundarfjörður rejoint la belle île basaltique de **Melrakkaey** où vivent macareux, mouettes tridactyles et autres oiseaux marins. Les sorties d'observation des baleines (adulte/enfant 10 400 ISK/gratuit ; pas de sorties de mi-oct à mi-déc) couvrent les meilleurs sites de la région : on peut voir des orques, des grands cachalots, des baleines bleues et à bosse, de petits rorquals et des rorquals communs.

Vérifiez les offres et les points de départ sur le site Internet. L'agence de Grundarfjörður possède un **café** (plats 1 300-2 500 ISK ; 9h-16h) qui sert des pizzas et des paninis, ainsi qu'une boutique.

Snæfellsnes Excursions EN BUS
(☎616 9090 ; www.sfn.is ; Sólvellir 5 ; à partir de 9 000 ISK). Excursions privées vers les principaux sites de la péninsule de Snæfellsnes, depuis Stykkishólmur, Grundarfjörður et Ólafsvík. Propose également un circuit sur le glacier Snæfellsjökull (7 900 ISK) depuis Arnarstapi.

Où se loger

Grundarfjörður compte quantité de pensions, d'excellents appartements à louer, ainsi qu'un camping rudimentaire – liste complète sur www.grundarfjordur.is. Hey Iceland (www.heyiceland.is) recense les adresses situées sur les promontoires environnants, comme Suður-Bár.

Grundarfjörður HI Hostel AUBERGE DE JEUNESSE €
(☎562 6533 ; www.hostel.is ; Hlíðarvegur 15 ; dort/s à partir de 6 800/9 700 ISK, d avec/sans sdb à partir de 18 000/13 000 ISK, qua 32 000 ISK ; @📶👪). Différents types d'hébergement, des dortoirs sobres aux chambres aux allures d'appartements. L'adresse indiquée est celle de la maison rouge qui abrite la réception. Les chambres sont réparties dans plusieurs bâtiments de la ville. Remise de 10% pour les adhérents HI.

Hamrahlíð 9 Guesthouse GUESTHOUSE €€
(☎824 3000 ; hamrahlid9@gmail.com ; Hamrahlíð 9 ; d sans sdb 18 700 ISK ; 📶). Centrale et bien tenue, Hamrahlíð 9 dispose de petites chambres soignées. Cuisine commune et salon bien équipés.

H5 Apartments APPARTEMENTS €€
(☎898 0325 ; Hrannarstígur 5 ; app 28 800 ISK ; 📶). Grands appartements modernes au centre du village.

Où se restaurer

Meistarinn RESTAURATION RAPIDE €
(Grundargata ; hot dogs 540-600 ISK, sandwichs 700-1 600 ISK ; ⏲12h-20h juin-sept). Les hot dogs et sandwichs de ce *food truck* portent le nom des membres de la famille royale danoise.

Kjörbúðin SUPERMARCHÉ €
(☎438 6700 ; www.samkaup.is ; Grundargata 38 ; ⏲9h-19h lun-ven, 10h-18h sam, 12h-18h dim). Petit supermarché et station-service N1 avec grill.

♥ **Bjargarsteinn Mathús** FRUITS DE MER €€
(☎438 6770 ; bjargarsteinn.is ; Sólvellir 15 ; plats 2 800-4 900 ISK ; ⏲16h-22h juin-août, 17h-21h sept à mi-déc et mi-jan à mai ; 📶). Ce superbe établissement au bord de l'eau, sur la pointe de Grundarfjörður, est géré par des restaurateurs chevronnés qui ont créé un menu convaincant de spécialités islandaises, riche en fruits de mer et en produits frais. Les desserts conjuguent saveurs et esthétique. Le menu de saison change très régulièrement. Décor au charme ancien et magnifique vue sur le Kirkjufell.

Renseignements

The Saga Center (voir plus haut) propose des informations touristiques et des cartes.

Depuis/vers Grundarfjörður

Le bus Strætó (p. 457) n°82 effectue la liaison Stykkishólmur-Hellissandur (920 ISK jusqu'à Stykkishólmur, 2/jour mi-mai à mi-sept, dont l'un continue jusqu'à Arnarstapi ; le reste de l'année, il relie seulement Stykkishólmur à Hellissandur 4 jours par semaine). Il passe par Vatnaleið (au croisement des Rtes 54 et 56), Ólafsvík, Rif et Hellissandur. Il fait halte à la station-service N1 de Grundarfjörður.

Ólafsvík

970 HABITANTS

Tranquille et ordinaire, Ólafsvík n'est guère engageante avec son usine de conditionnement de poisson. Peu de bâtiments d'origine ont survécu dans celle qui fut la première cité commerçante du pays (la première licence commerciale date de 1687). Aujourd'hui, on s'y arrête surtout pour observer les baleines.

Le **Pakkhúsið** (L'Entrepôt ; ☎433 6930 ; Ólafsbraut ; adulte/enfant 500 ISK/gratuit ; 12h-17h juin à mi-sept) présente une exposition moyennement intéressante racontant comment Ólafsvík est devenue un bourg de négoce. Il abrite une boutique d'artisanat et un café (café inclus dans le droit d'entrée).

Où se loger et se restaurer

Pension Við Hafið GUESTHOUSE €
(☎436 1166 ; vid.hafid@hotmail.com ; Ólafsbraut 55 ; dort/d/qua sans sdb 5 500/16 400/21 500 ISK avec petit-déj ;). Grande pension aux chambres simples et propres, avec cuisine et salles de bains communes.

Camping CAMPING €
(☎433 6929 ; www.snb.is ; Dalbraut ; empl adulte/enfant 1 500 ISK/gratuit ; juin-sept). Camping municipal avec douches et terrain de jeux.

Welcome Apartments HÔTEL €€
(☎487 1212 ; www.welcome.is ; Ólafsbraut 19 ; studio à partir de 17 500 ISK ; @). Agréables studios avec kitchenette, et vue sur la mer pour certains. Prisé des groupes en voyage organisé. Évitez le North Star Hotel (partenaire), qui loue des chambres tout au plus fonctionnelles.

Hraun INTERNATIONAL €€
(☎431 1030 ; Hraunrestaurant.com ; Grundarbraut 2 ; plats 2 900-5 900 ISK ; 11h30-21h lun-ven, 12h-21h sam-dim juin-août, certains week-ends sept-mai ;). Dans la rue principale, ce sympathique établissement occupe un bâtiment en bois blond fort d'une large terrasse. Seul vrai restaurant de la ville, il sert d'excellentes moules fraîches, de l'agneau, des hamburgers, du poisson et de la bière pression.

Renseignements

Ólafsvík est le village le plus peuplé du district de Snæfellsbær. L'**office du tourisme** (☎433 6929 ; www.snb.is ; Kirkjutún 2 ; 9h-17h lun-ven juin-août, horaires réduits reste de l'année) occupe un bâtiment blanc derrière l'usine de conditionnement.

Depuis/vers Ólafsvík

Le bus Strætó (p. 457) n°82 Stykkishólmur-Hellissandur (1 380 ISK jusqu'à Stykkishólmur, 2/jour mi-mai à mi-sept ; un des deux bus continue jusqu'à Arnarstapi) ; le reste de l'année, il relie seulement Stykkishólmur à Hellissandur 4 jours par semaine.

Rif

135 HABITANTS

Comparé à ce hameau portuaire minuscule, le village voisin d'Ólafsvík a des airs de métropole. On aperçoit au loin les belles chutes de **Svödufoss**, avec leurs cascades impétueuses et leur formation de basalte hexagonale.

Entre Rif et Hellissandur, une **église** isolée (1903) se dresse à **Ingjaldshóll**, un site qui a servi de cadre à la *Saga de Víglundar*. Elle renferme un tableau représentant le possible passage de Christophe Colomb en Islande en 1477 : il y serait venu avec la marine marchande et se serait informé sur les incursions vikings dans le Vinland.

Où se loger

Freezer Hostel AUBERGE DE JEUNESSE €
(☎833 8200 ; www.thefreezerhostel.com ; Hafnargata 16 ; dort/app 6 100/21 200 ISK ;). Cette adresse pittoresque, installée dans une ancienne usine de poisson, abrite d'austères dortoirs de 4, 6 et 8 lits, et une salle de spectacles. En été : pièces de théâtre, musique et contes. Consultez la programmation sur le site Internet. Location de 2 appartements à Hellissandur.

Gamla Rif GUESTHOUSE €€

(Háarifi 3 ; d sans sdb à partir de 14 000 ISK ; 📶). Cet ancien café a été transformé en une pension composée de quelques chambres lambrissées donnant sur les montagnes ou la mer, avec également un séjour et une cuisine partagés.

Depuis/vers Rif

Le bus Strætó (p. 457) n°82 Stykkishólmur-Hellissandur (1 840 ISK jusqu'à Stykkishólmur, 2/jour mi-mai à mi-sept) dessert aussi Arnarstapi une fois par jour l'été.

Hellissandur

Hellissandur fut le premier village de pêcheurs des environs. Il n'a pas grand-chose à offrir, hormis une belle vue sur le glacier et le fjord. Le **Sjóminjasafnið** (Musée maritime ; ☎436 6619 ; www.facebook.com/sjominjasafnhellissandi ; Útnesvegur (route 574) ; adulte/enfant 1 300 ISK/gratuit ; ⏲10h-17h juin-sept) abrite le *Bliki*, plus ancien bateau de pêche du pays, la reconstitution d'une maison de pêcheur au toit en herbe, et d'innombrables photos et objets anciens. Remarquez les pierres de levage qui servaient autrefois à tester la force des aspirants pêcheurs.

Le village compte un hôtel rudimentaire et un camping, et la station-service vend de la nourriture. Les gérants du Freezer Hostel de Rif louent deux appartements à Hellissandur.

Parc national du Snæfellsjökull

Le **parc national du Snæfellsjökull** (☎436 6860 ; www.snaefellsjokull.is) englobe une grande partie de la pointe ouest de la péninsule de Snæfellsnes, notamment les pentes accidentées du Snæfellsjökull (prononcé "*snaï*-fells-yeu-kutl"), le glacier qui trône au bout du long bras de la péninsule. À ses pieds s'étirent des tunnels de lave et des champs de lave protégés abritant une faune endémique. On y vient pour randonner, et pour observer oiseaux et baleines.

Quand le brouillard qui enveloppe le glacier se lève, on aperçoit la gigantesque calotte glaciaire rendue célèbre par Jules Verne dans son *Voyage au centre de la Terre*.

À voir

♥ Snæfellsjökull GLACIER

Rien d'étonnant à ce que Jules Verne ait choisi le Snæfell pour son roman : le pic fut détruit par l'explosion d'un volcan sous-jacent qui s'affaissa dans sa chambre magmatique, formant une immense caldeira. Certains groupes new age le considèrent comme un "centre d'énergie" majeur.

Le meilleur moyen d'atteindre son sommet de glace est de s'inscrire pour une excursion auprès de Summit Adventure Guides (p. 243), de Snæfellsjökull Glacier Tours (p. 243) ou de Go West! (p. 245). Ces

ÖNDVERÐARNES

À l'extrémité ouest de la péninsule de Snæfellsnes, la route 574 bifurque en direction du sud, tandis que la route 579, une minuscule piste de gravier bitumée sur certains tronçons, continue vers l'ouest à travers une ancienne coulée de lave jusqu'au bout de la péninsule d'Öndverðarnes (prononcé *eund*-ver-zar-nès), propice à l'observation des baleines.

La route goudronnée serpente le long de falaises de lave charbonneuses. Elle passe devant **Skarðsvík**, une plage de sable blond bordée de cubes de basalte. Une tombe viking fut découverte ici dans les années 1960. De fait, ce lieu idyllique semble convenir à merveille au repos éternel.

Après Skarðsvík, le revêtement disparaît et la piste devient plus accidentée (bien qu'accessible avec un véhicule ordinaire). Garez-vous à la bifurcation (côté gauche) pour partir à pied à travers les coulées de lave jusqu'à l'imposant cratère volcanique de **Vatnsborg** ou continuez tout droit jusqu'à une intersection en T. À 1 km sur la gauche se dressent les **falaises aux oiseaux de Svörtuloft** (Saxhólsbjarg), sillonnées de superbes promenades et où se dresse un grand **phare** orange. À droite, la piste longe la mer sur 1,9 km jusqu'à un autre **phare**, également orange et trapu. Du parking voisin, on peut rejoindre à pied le bout de la péninsule pour **observer les baleines**, ou marcher sur 200 m au nord-est jusqu'à **Fálkí**, un vieux puits en pierre dont on disait jadis qu'il donnait de l'eau fraîche, de l'eau bénite et de la bière !

tour-opérateurs abordent tous le glacier depuis le sud, par la route F570. La partie nord de la route F570, près d'Ólafsvík, est très accidentée (4x4 indispensable) et souvent fermée en raison des dégâts occasionnés par les intempéries. Même en étant bien entraîné et équipé, il est interdit de monter sur le glacier sans un guide : contactez le centre d'accueil des visiteurs du parc national (p. 241), à Malarrif.

Cratère de Saxhöll VOLCAN

(Route 574). Au sud-est du secteur d'Öndverðarnes, sur la route 574, une bifurcation signalée mène au cratère de scories de Saxhöll, en bordure de route, d'où provient une partie de la lave qu'on voit dans la région. On peut se rendre en voiture par une piste jusqu'au pied du cratère : une montée accidentée de 300 m conduit ensuite à un point de vue superbe sur les immenses coulées de lave de Neshraun.

♥ **Plage de Djúpalón** PLAGE

(Djúpalónssandur ; route 572). Sur la côte sud-ouest, la route 572, qui part de la route 574, mène à la spectaculaire plage de sable noir de Djúpalónssandur. On peut s'y promener en passant devant plusieurs formations rocheuses (une église elfique et un **kerling**, troll femelle), deux bassins saumâtres (auxquels la plage doit son nom) et l'arche en pierre de **Gatklettur**. Certaines portions de sable noir sont couvertes de pièces de métal rouillées provenant du chalutier anglais *Eding*, qui s'échoua ici en 1948. Un parking asphalté et des toilettes expliquent la présence de la foule et des cars de tourisme.

Sur la plage, vous verrez 4 **pierres de levage** qui servaient jadis à tester la force des aspirants pêcheurs. La plus petite, Amloði (minable), pèse 23 kg, suivie de Hálfdrættingur (demi-portion, 54 kg), Hálfsterkur (demi-fort, 100 kg) et le plus grand, Fullsterker (très fort, 154 kg). Tout homme qui se révélait incapable de soulever Hálfdrættingur était considéré comme une petite nature inapte à la vie en mer.

En longeant le promontoire vers le nord jusqu'à la plage de sable noir de **Dritvík,** vous verrez émerger de l'océan une série de rochers érodés – à ce qu'on raconte, certains formeraient une église de trolls. Du XVIe au XIXe siècle, Dritvík était le plus grand campement de pêche d'Islande et abritait jusqu'à 60 bateaux. Aujourd'hui, seules des ruines subsistent au bord du champ de lave.

Vatnshellir CURIOSITÉ NATURELLE

(Route 574). Ce tunnel de lave vieux de 8 000 ans et constellé de cavernes s'étend à 32 m sous terre, à 1 km au nord de Malarrif (suivez la bifurcation qui part de la route 574). Il ne se visite que dans le cadre d'un circuit organisé avec Summit Adventure Guides.

Malarrif PHARE

GRATUIT À environ 2 km au sud de Djúpalónssandur, une route bitumée descend au phare de Malarrif, en forme de fusée, d'où l'on peut longer les falaises à pied sur 1 km vers l'est jusqu'aux étonnantes colonnes de pierre de **Lóndrangar** (un cratère érodé ; le site a son propre parking, à proximité de la route 574) dressées vers le ciel. Selon les habitants, les elfes ont transformé ces formations de lave en une église. Un peu plus loin vers l'est, on atteint les **falaises aux oiseaux de Þúfubjarg**, également accessibles par la route 574. Le centre des visiteurs du parc national – Gestastofa se trouve là.

L'EXPLORATRICE GUDRID THORBJARNARDÓTTIR

Surnommée à juste titre la "Grande Voyageuse", Gudrid Thorbjarnardóttir (Guðriður Þorbjarnardóttir en islandais) est l'une des plus célèbres exploratrices d'Islande. Née à Hellnar avant l'an 1000 (une petite sculpture marque l'emplacement de la ferme familiale à Laugarbrekka), Gudrid avait une soif de voyage inextinguible. Elle fut non seulement l'un des premiers Européens à fouler le Vinland (qui serait l'actuelle Terre-Neuve, au Canada), mais elle mit au monde un enfant là-bas : le premier Européen né en Amérique du Nord ! Plus tard, Gudrid se convertit au christianisme et embarqua pour un pèlerinage épique à Rome, où elle aurait rencontré le pape et relaté ses aventures.

Pour en savoir plus sur Gudrid, lisez la *Saga d'Erik le Rouge* et la *Saga des Groenlandais*, ou encore *The Far Traveler* de Nancy Marie Brown et *The Sea Road* de Margaret Elphinstone.

HORS DES SENTIERS BATTUS

DÉTOUR PAR LA ROUTE 590

Cette piste de 85 km (accessible en véhicule ordinaire ; depuis la route 60, prenez la bifurcation au niveau de Fellströnd) longe le littoral de la péninsule méconnue sise entre la péninsule de Snæfellsnes et les fjords de l'Ouest. Les bâtiments de ferme battus par le vent semblent figés dans le temps, et les collines semées de rochers, couronnées de granit aplati, se dressent vers le ciel. Ouvrez l'œil pour apercevoir des pygargues à queue blanche.

Presque au début de la piste, la ferme de **Hvammur** a vu naître une lignée d'Islandais illustres, notamment Snorri Sturluson, connu pour son *Edda en prose*. Elle fut établie vers 895 par Aude la Très-Sage, l'épouse du roi d'Irlande Olaf Godfraidh, qui apparaît dans la *Saga des gens du Val-au-Saumon*. Árni Magnússon, qui sauva la plupart des sagas islandaises d'un incendie à Copenhague en 1728, fut aussi élevé à Hvammur.

Vous pouvez passer la nuit au **Vogur Country Lodge** (☎435 0002 ; www.vogur.org ; route 590, Fellsströnd ; d/tr à partir 12 500/28 800 ISK ; ⏲restaurant 18h-21h ;), joliment rénové, ou à la **Guesthouse Nýp** (☎896 1930 ; www.nyp.is ; route 590, Skarðsströnd ; d sans sdb 13 800 ISK avec petit-déj ;) , ravissante et isolée. Le camping **Á** (☎663 1420, 434 1420 ; traustibjarnason@gmail.com ; route 590, Skarðsströnd ; empl tente ou camping-car 3 000 ISK ; ⏲juin-août) est situé juste avant **Skarð**, une ferme solitaire tenue par la même famille depuis plus de 1 000 ans.

Circuits organisés

Summit Adventure Guides EXCURSIONS

(☎787 0001 ; www.summitguides.is). Circuits de 45 minutes dans le tunnel de lave de Vatnshellir (adulte/enfant 3 750 ISK/gratuit). Les guides présentent les phénomènes géologiques à l'œuvre et les traditions régionales liées aux trolls. Casques et lampes torches fournis. Prenez des vêtements chauds, des chaussures de marche et, si possible, des gants. L'agence organise aussi quantité d'excursions sur le glacier Snæfellsjökull (13 900-22 900 ISK), avec possibilité de skier, ainsi que des excursions ardues en *fatbike* (VTT à très gros pneus) sur le volcan Rauðhóll (25 900 ISK).

Snæfellsjökull Glacier Tours BALADES EN MOTONEIGE

(☎865 0061 ; www.theglacier.is ; Litli-Kambur ; circuits chenillette adulte/enfant 7 900/5 000 ISK, circuits motoneige 18 000 ISK ; ⏲mai-août). Ce tour-opérateur propose des balades de 2 heures en chenillette ou motoneige sur le glacier, jusqu'à 1 410 m d'altitude.

Où se loger et se restaurer

La plupart des villages situés autour du parc, facilement accessibles en voiture, ont des maisons à louer, des campings ou des pensions. Faites des provisions à Borgarnes ou Stykkishólmur – les épiceries et restaurants sont rares et dispersés dans le parc.

Renseignements

Centre des visiteurs du parc national – Gestastofa (centre des visiteurs du parc national du Snæfellsjökull ; ☎591 2000, 436 6888 ; www.snaefellsjokull.is ; Malarrif ; ⏲10h-17h fin avr-oct, 11h-16h lun-ven reste de l'année ;). Le bureau de Malarrif fournit des renseignements, cartes et brochures sur le parc national du Snæfellsjökull. La partie musée présente la géologie, l'histoire, la flore, la faune et les coutumes de la région. L'été, les gardes proposent des **visites guidées gratuites** (informations sur le site Internet ou par mail). Vous trouverez aussi sur place le Primus Café. Attention : le bureau du parc à Hellissandur, purement administratif, est fermé au public.

Depuis/vers le parc national du Snæsfellsjökull

Le meilleur moyen d'explorer le parc est d'être motorisé.

Le bus Strætó (p. 457) n°82 Stykkishólmur-Hellissandur circule 2 fois par jour de mi-mai à mi-septembre ; un des deux bus continue jusqu'à Arnarstapi. Le reste de l'année, 4 bus par semaine circulent de Stykkishólmur à Hellissandur uniquement.

Sud de la péninsule de Snæfellsnes

À l'est du parc national du Snæfellsjökull, la route 574 suit la côte en passant par les hameaux de Hellnar et d'Arnarstapi, où l'on peut voir des formations rocheuses sculptées par la mer et où des agences proposent des circuits sur le glacier. Puis la route continue vers l'est en longeant une large plaine côtière bordée d'un côté par d'immenses baies sablonneuses telle Breiðavík, et de l'autre par de hauts sommets aux versants tapissés de cascades. Ce secteur est idéal pour l'équitation.

Hellnar

Le géant Bárður, héros mi-homme mi-troll de la *Saga de Bárðar Snæfellsáss*, élut domicile près d'ici, à Laugarbrekka, dans un site pittoresque surplombant une baie rocheuse. Vers la fin de sa saga mouvementée, il devint l'esprit gardien du Snæfell. Hellnar, autrefois un village très important, est aujourd'hui un minuscule hameau de pêcheurs aux abords peuplés d'oiseaux marins et de baleines.

À voir

Bárðarlaug, plus haut, non loin de la route principale, aurait servi de bain à Bárður (hélas, l'eau en est désormais froide). Sur le rivage, la grotte de **Baðstofa** accueille une profusion d'oiseaux nicheurs. Le départ du sentier pour Arnarstapi est situé non loin. D'anciennes coulées de lave couvertes de mousse velouteuse s'étendent vers l'est à travers le **Hellnahraun**.

RANDONNÉE CÔTIÈRE DE HELLNAR À ARNARSTAPI

Les cartes locales indiquent d'innombrables sentiers reliant les sites de la péninsule de Snæfellsnes (www.snaefellsjokull.is). L'une des balades les plus appréciées, et les plus belles, est celle de 2,5 km (environ 40 min) entre Hellnar et Arnarstapi. Ce sentier suit le rivage à travers une réserve naturelle en longeant des coulées de lave et des grottes de pierre érodées. Lorsque la mer est agitée, les vagues jaillissent à travers les arches de pierre. S'il fait beau, guettez les oiseaux marins qui y nichent.

Où se loger et se restaurer

Fosshotel Hellnar HÔTEL €€€
(☎435 6820 ; www.fosshotel.is ; Brekkubær ; d à partir de 31 200 ISK ; ⌚mars-nov ; P 📶). Souvent complet, cet hôtel pourvu de chambres confortables et lumineuses est le meilleur des environs. Même si vous ne restez pas dormir, nous vous recommandons de dîner au **restaurant** (plats 3 800-5 000 ISK ; ⌚18h-22h mars-nov ; P 📶), dont le menu islandais puise dans la production bio locale. Le *skyr* (genre de yaourt) est vraiment exquis. Réservez. L'établissement affiche des valeurs écoresponsables.

Primus Café CAFÉ €
(☎865 6740 ; www.facebook.com/primuskaffi ; Hellnavegur ; plats 1 600-2 600 ISK ; ⌚10h-21h mai à mi-sept, 11h-16h mi-sept à avr). Gâteaux, soupes et repas simples. Cadre accueillant.

Fjöruhúsið POISSON €€
(☎435 6844 ; www.facebook.com/Fjoruhusid-Hellnum ; gâteaux et quiches 950 ISK, plats 2 500-2 800 ISK ; ⌚11h-20h juin-août, horaires réduits mars-mai et sept-nov). Prenez la peine de suivre le sentier de pierre jusqu'au rivage pour déguster la soupe de poisson du pittoresque Fjöruhúsið, joliment situé. Proche des falaises aux oiseaux, à l'endroit où part le beau sentier Hellnar-Arnarstapi, il sert aussi du café dans une belle porcelaine ancienne.

Depuis/vers Hellnar

Aucun transport public ne dessert Hellnar. Prenez le bus Strætó (p. 457) n°82 (Stykkishólmur-Anarstapi ; 1/jour mi-juin à mi-sept uniquement) dans le hameau voisin d'Arnarstapi.

Arnarstapi

Relié à Hellnar par la route principale et par un magnifique sentier côtier, ce hameau de petites maisons d'été est niché entre les eaux arctiques, d'un côté, et les formations torturées de deux champs de lave, de l'autre. Un monument rend hommage à Jules Verne, et une pancarte humoristique indique les distances vers les grandes villes du monde en passant par le centre de la Terre. Un second monument figurant un troll a été élevé en l'honneur de Bárður, esprit protecteur de la région et figure centrale d'une saga locale.

Les excursions sur le Snæfellsjökull partent généralement près d'Arnarstapi.

Circuits organisés

Go West! CIRCUITS AVENTURE, EXCURSIONS À VÉLO (695 9995 ; www.gowest.is). Un couple sympathique, Jón Joel et Maggy, organise des sorties à vélo, à pied ou en bateau, et des excursions jusqu'aux sources chaudes et au glacier. Certaines se concentrent sur des aspects culturels, d'autres sur les paysages. Les circuits sur le Snæfellsjökull (à partir de 19 800 ISK) se font à pied ; le matériel (crampons, piolet, etc.) est inclus. Propose aussi des excursions dans le sud de l'Islande, et peut venir vous chercher à Reykjavík.

Où se loger et se restaurer

On trouve des bungalows d'été à louer à Arnarstapi. Prévoyez de faire vos courses à Borgarnes ou Stykkishólmur, car il n'y a pas de magasin à Arnarstapi.

Arnarstapi Center Hotel & Cottages HÔTEL, BUNGALOWS €€€
(Snjófell ; 435 6783 ; arnarstapicenter.is ; Arnarstapavegur ; d/tr/qua avec petit-déj à partir de 30 000/35 800/50 500 ISK, bung à partir de 33 700 ISK, empl tente 2 000 ISK ; mars-oct ;). Un hôtel, des bungalows flambant neufs et désormais un camping, dans le centre d'Arnarstapi. Les chambres sont équipées de salles de bains élégantes, et les bungalows de machine à café, micro-ondes et réfrigérateur. Plus ancienne, la pension est dotée de chambres sobres, avec salle de bains commune. Le **restaurant** (plats 3 600-5 200 ISK ; 9h30-22h), lumineux, sert poisson, agneau et hamburgers.

Stapinn Café CAFÉ €
(766 7229 ; www.facebook.com/Stapinn-Arnarstapa-109776380741549 ; Arnarstapavegur ; plats 500-2 400 ISK ; 12h-20h ou 21h ;). Ce petit café accueillant situé au bord de la route principale sert des boissons caféinées et différents en-cas, notamment des pâtisseries, des escalopes d'agneau panées et des burgers (y compris un burger végétalien).

Depuis/vers Arnarstapi

Il n'y a pas de transport public allant vers l'est. Pour Reykjavík, l'été, prenez le bus n°82 jusqu'au carrefour de Vatnaleið (au croisement des routes 56 et 55), puis le bus n°58 pour Borgarnes, où vous devrez prendre une autre correspondance.

Le bus Strætó (p. 457) n°82 Stykkishólmur-Anarstapi (2 300 ISK, 1/jour mi-mai à mi-sept) ne dessert pas Arnarstapi l'hiver.

D'ARNARSTAPI JUSQU'AU GLACIER

En suivant la route F570 depuis Arnarstapi, on passe devant le **Stapafell** (526 m), où vivrait le Petit Peuple (des pignons miniatures sont peints sur les rochers en son honneur). Plus loin, l'effondrement d'un cratère a créé une série de grottes de lave à environ 1,5 km de la route principale. La plus grande est **Sönghellir** ("grotte des chansons"), couverte de graffitis du XVIIIe siècle, où résonneraient des chants de lutins. Emportez une torche pour lire les inscriptions et n'hésitez pas à chanter à tue-tête votre air préféré !

Rauðfeldsgjá

Au nord d'Arnarstapi et de Stapafell, une piste partant de la route 574 mène à Rauðfeldsgjá (prononcé *reuï*-zvelds-guyao), une crevasse étroite et profonde qui disparaît mystérieusement dans la falaise. Les oiseaux tournoient dans le ciel, un ruisseau court au fond de la gorge et l'on peut se faufiler entre les parois sur une bonne distance. Cette crevasse figure dans un épisode de la *Saga de Bárður* (panneau explicatif sur le parking).

Breiðavík

À l'est de Rauðfeldsgjá, la route 574 longe l'immense baie sablonneuse de Breiðavík (prononcé *breï*-za-vik). Cette étendue de sable jaune balayée par le vent est merveilleusement calme, mais difficile d'accès. Les pâturages qui bordent les montagnes côtières vers l'est jusqu'à Vegamót constituent un terrain rêvé pour des balades à cheval. La région compte plusieurs écuries mondialement réputées.

À l'extrémité est de la baie, une pancarte raconte la sinistre histoire d'Axlar-Björn, célèbre tueur en série qui, au XVIe siècle, gagnait sa vie en assassinant des voyageurs.

Circuits organisés

Stóri Kambur ÉQUITATION
(852 7028 ; www.storikambur.is ; route 574 ; fin mai à mi-sept). Ce centre équestre familial organise des balades de 1 ou 2 heures sur la plage (à partir de 9 000/15 000 ISK), certaines sur le thème d'une saga historique, avec vue sur le glacier par temps clair. Les

promenades pour enfants, plus courtes, coûtent 3 500 ISK. Bungalows 2 places à louer (à partir de 20 000 ISK).

Búðir et Búðahraun

Búðir possède une église solitaire et un hôtel ; ses criques aux roches moussues n'ont gardé aucune trace de son passé de village de pêcheurs. Un sentier traverse le champ de lave de Buðahraun, peuplé d'elfes et classé réserve naturelle. Dans les trous et les crevasses poussent fleurs et fougères, dont beaucoup d'espèces endémiques protégées. Le sentier conduit ensuite au cratère de Búðaklettur. Selon la légende, un tunnel de lave pavé d'or et de pierres précieuses, sous le Buðahraun, mènerait jusqu'à Surtshellir, dans le haut de la vallée du Borgarfjörður. Prévoyez 3 heures pour aller jusqu'au cratère et en revenir.

Où se loger et se restaurer

Hótel Buðir HÔTEL €€€
(☎435 6700 ; www.hotelbudir.is ; Buðir ; d avec petit-déj 39 900-54 500 ISK, ste 72 000 ISK ; @). Cet hôtel romantique se veut raffiné. Isolé et fouetté par les vents, il est aussi pris d'assaut par les groupes en voyage organisé. Néanmoins, vu les prestations, ses prix sont élevés. La chambre 28 a la plus belle vue (et un petit balcon). Restaurant (plats 4 700-6 000 ISK) parfois réservé aux groupes.

HJARÐARHOLT ET LES SAGAS

Bien que Dalir soit au centre de plusieurs des sagas islandaises les plus populaires, il ne reste pas grand-chose des fermes de l'époque. On ne voit ainsi plus trace de **Hjarðarholt**, où vécurent Kjartan Ólafsson et son père Ólaf le Paon. Leur ferme était, dit-on, une merveille du monde nordique : des scènes des sagas étaient gravées sur les murs et une immense salle à manger pouvait accueillir 1 100 convives. Une belle **église** occupe désormais le site. Elle offre une vue magnifique sur la vallée, haut lieu de l'histoire régionale.

Non loin, toujours le long de la Laxá, c'est à **Höskuldsstaðir** que naquit Hallgerður aux longues jambes (alias à la longue chevelure), épouse de Gunnar de Hlíðarendi, personnage principal de la *Saga de Njáll le Brûlé*. D'autres personnages comme Bolli et son frère adoptif Kjartan, héros de la *Saga des gens du Val-au-Saumon*, naquirent dans cette ferme.

De Lýsuhóll à Gerðuberg

Parmi les nombreux ranchs de la région, plusieurs louent des chambres. Les champs verdoyants ou de lave, les plages de sable et les montagnes en arrière-plan se prêtent aux balades à cheval.

À voir et à faire

Lýsuhólslaug PISCINE GÉOTHERMALE
(☎433 9917 ; lysuholslaug@gmail.com ; adulte/enfant 1 000/300 ISK ; 11h-20h30 juin à mi-août). Une source géothermale fournit à Lýsuhólslaug une eau gazeuse riche en minéraux, à une température idéale de 37-39°C. Ne vous souciez pas de la couleur verdâtre de l'eau, dont la haute teneur en fer attire les algues. Juste après la ferme équestre de Lýsuhóll.

Gerðuberg SITE GÉOLOGIQUE
Les spectaculaires tours de basalte de Gerðuberg jaillissent de la plaine là où la route 54 s'incurve en quittant la péninsule de Snæfellsnes.

Lýsuhóll RANDONNÉE ÉQUESTRE, BUNGALOWS
(☎435 6716 ; www.lysuholl.is). Les passionnés de chevaux choisiront naturellement cet élevage. Même si vous ne montez pas, la pension et les bungalows (s/d/qua avec petit-déj 16 500/20 000/35 000 ISK, bung 27 000 ISK) sont agréables pour passer la nuit. Visite des box, balades (10 000 ISK l'heure) et excursions de plusieurs jours (1 950 € les 8 jours).

Ytri-Tunga OBSERVATION DE LA FAUNE
De la ferme abandonnée d'Ytri-Tunga, juste à l'est de Hof, on aperçoit parfois une colonie de phoques au large, surtout en juin-juillet.

Où se loger et se restaurer

Rjúkandi HÔTEL €€
(☎788 9100 ; www.rjukandi.com ; intersection routes 54 et 56, Vegamót ; d/qua avec petit-déj 20 200/36 600 ISK ; café 10h-18h, restaurant 18h-22h juin-août, 18h-20h sept-mai ;). Vegamót signifie “carrefour” et c'est justement là que vous trouverez cet hôtel, café et restaurant aux pratiques écoresponsables. Les chambres, propres et sans prétention, disposent de salles de bains. Vous verrez

sans doute d'abord son café, le Rjúkandi Kaffi (en-cas 450-1 700 ISK), à côté de la station-service N1. Ses gâteaux maison et ses soupes du jour font le bonheur des habitués. Le restaurant sert des plats islandais bien présentés.

Guesthouse Hof GUESTHOUSE, BUNGALOWS €€
(846 3897 ; www.gistihof.is ; route 54, ferme Hof ; d avec/sans sdb 17 500/14 900 ISK, maison 2 chambres à partir de 28 000 ISK ;). Cette adresse accueillante loue des appartements sobres avec Jacuzzi privatif et très belle vue, ainsi que des bungalows indépendants avec salle de bains privative et cuisine commune. On peut aussi dormir dans un lit avec son duvet. Wi-Fi seulement dans les parties communes.

DALIR

Avec ses champs onduleux et ses buttes sculptées par les rivières, le Dalir est le joli corridor entre l'ouest de l'Islande et les fjords de l'Ouest. Il servit de cadre à la *Saga des gens du Val-au-Saumon*. L'histoire a pour thème un triangle amoureux entre Guðrun Ósvífursdóttir, réputée être la plus belle femme d'Islande, et les frères adoptifs Kjartan Ólafsson et Bolli Þorleiksson. Comme il se doit dans une saga, Guðrun mène les deux hommes par le bout du nez et les manipule jusqu'à leur mort – Kjartan est tué par Bolli et Bolli assassiné par les frères de Kjartan. La plupart des Islandais connaissent bien ces histoires et personnages et vouent un grand intérêt à la région qui les vit naître.

Eiríksstaðir

Reconstitution d'Eiríksstaðir SITE HISTORIQUE
(434 1118 ; www.leif.is ; route 586 ; adulte/enfant 1 700 ISK/gratuit ; 10h-16h juin-sept). La ferme d'Eiríksstaðir était la demeure d'Erik le Rouge, le père de Leif Eiríksson. Ce dernier fut le premier Européen à atteindre l'Amérique. Bien qu'il ne reste que quelques vestiges de la ferme d'origine, la reconstitution d'une cabane en tourbe a été réalisée au moyen des matériaux et outils de l'époque. Des guides en costume orientent les visiteurs et racontent l'histoire d'Erik le Rouge, qui fonda la première colonie européenne au Groenland. À 8 km vers l'intérieur des terres sur la route 586 gravillonnée et asphaltée, à l'est de l'église de Stóra-Vatnshorn, au bord de la rivière Haukadalsá.

HORS DES SENTIERS BATTUS

SÉJOUR RURAL

Le charme du Dalir tient pour part à ses vastes terres agricoles ondoyantes et à ses vallées fluviales. Profitez de la quiétude rurale en séjournant à la **Sauðafell Guesthouse** (846 6012 ; www.facebook.com/Saudafell-Guesthouse-1289366557754710 ; route 60, ferme Sauðafell ; d sans sdb 23 300 ISK avec petit-déj ;), une ferme rénovée. Sinon, explorez la lointaine vallée de Hörðudal (route 581), où la péninsule de Snaefellsnes rejoint le Dalir, et dormez dans un bungalow de **Dalahyttur** (586 1025 ; www.dalahyttur.is ; route 581, Hlíð ; bung 22 700 ISK), qui offre une vue imprenable sur le mont Hólsfjall, ou à la pension voisine, la **Seljaland Guesthouse** (434 1116 ; www.seljaland.is ; route 581 ; d/tr 15 000/16 000 ISK ; mi-mai à mi-sept ;).

Búðardalur

272 HABITANTS

Fondé pour servir de dépôt de cargaison à l'âge des sagas, le minuscule village de Búðardalur (prononcé *bou*-zar-da-lur) occupe un site plaisant sur la rive du Hvammsfjörður, à l'embouchure de la Laxá. Il est actuellement connu pour son exploitation laitière qui produit la plus grande partie des fromages islandais. Vous en trouverez un bel échantillon au supermarché du village.

Où se loger et se restaurer

Camping de Búðardalur CAMPING €
(4341644 ; www.visitdalir.is ; empl adulte/enfant 1 500 ISK/gratuit). Au bord de la route, ce camping simple dispose de douches (incluses) et d'une laverie.

Dalakot GUESTHOUSE €€
(434 1644 ; dalakot.inn.fan ; Dalbraut 2 ; d avec/sans sdb 17 500/12 300 ISK ;). Chambres simples et restaurant (12h-21h) spécialisé dans les pizzas et burgers (plats 1 700-3 000 ISK).

VAUT LE DÉTOUR

FERME LAITIÈRE D'ERPSSTAÐIR

Lorsque les enfants commencent à s'impatienter dans la voiture, il est temps de faire une halte à **Erpsstaðir** (868 0357 ; www.erpsstadir.is ; route 60 ; visite étable adulte/enfant 600 ISK/gratuit ; 11h-18h mi-juin à mi-août, 13h-17h mi-mai à mi-juin et mi-août à mi-sept ;). C'est l'endroit idéal pour se dégourdir les jambes et un vrai paradis pour les becs sucrés ! Cette ferme laitière spécialisée dans les crèmes glacées (400 ISK) se trouve sur la magnifique route 60, entre Búðardalur et la route circulaire, ponctuée de vallées de hautes montagnes, de cours d'eau et de cascades. On peut visiter les lieux et saluer vaches, poules, lapins et cochons d'Inde, avant de s'offrir une délicieuse boule de glace. La ferme vend aussi du *skyr* (yaourt islandais) et du fromage ; essayez le *skyr-konfekt* en forme de fusée (il est censé ressembler à un pis), un excellent dessert fait d'une coque en chocolat blanc fourrée de *skyr* épais : un régal !

Pour ceux qui sont tentés par une glace au petit-déjeuner, Erpsstaðir a aussi une **maison à louer** (à partir de 26 000 ISK ; draps 1 000 ISK/pers).

Leifsbúð Café & Restaurant CAFÉ €€
(434 1441 ; vinlandssetur.is ; Búðarbraut 1 ; 11h-16h et 18h-21h mer-lun mai-sept ; en-cas 800-1 800 ISK, plats 1 800-3 200 ISK ;). Ce petit restaurant au bord de l'eau propose gâteaux, soupes et salades, ainsi que des repas complets à base de fruits de mer et de pâtes.

Veiðistaðurinn FRUITS DE MER €€
(434 1110 ; www.facebook.com/pg/veidistadurinn ; Vesturbraut 12a, route 60 ; plats 2 500-5 000 ISK ; 12h-15h et 18h-21h30 lun-jeu, 12h-21h30 ven-dim). Derrière cette vitrine se cache un restaurant de fruits de mer tenu par une famille sympathique. Le menu va du *fish and chips* aux moules.

Achats

Bolli Craft ART ET ARTISANAT
(434 1410 ; www.facebook.com/bollicraft ; Vesterbraut 12 ; 10h-18h mai-sept, ven-dim oct). Jolis objets d'art et d'artisanat (pulls faits main, boutons en corne de chèvre, elfes, etc.).

Depuis/vers Búðardalur

Le bus Stræto (p. 457) n°59 Borgarnes-Bifröst-Búðardalur-Skriðuland-Króksfjarðarnes-Hólmavík (jusqu'à Hólmavík 3 220 ISK, 1 heure, 1/jour lun, mer, ven et dim, horaires réduits l'hiver) s'arrête à la station-service N1 de Búðardalur.

Laugar

Un peu au nord de l'endroit où la route 590 s'écarte de la route 60 vers l'ouest, on arrive à Laugar, où naquit Guðrun Ósvífursdóttir, belle héroïne de la *Saga des gens du Val-au-Saumon*. Les historiens pensent avoir trouvé le **bassin de Guðrun (Guðrúnarlaug)**. Ce bassin chaud est indiqué près de l'entrée de l'Hotel Laugar Saelingsdal et il y a une cabane pour se changer. **Tungustapi**, plus loin, est une grande église réputée liée aux elfes.

Où se loger et se restaurer

Hotel Laugar Saelingsdal HÔTEL €€
(611 9909 ; hotellaugariceland.com ; Sælingsdalur ; d avec/sans sdb 20 325/11 700 ISK ; déb juin-fin août ;). Les chambres de l'aile rénovée sont modernes, tandis que l'aile plus ancienne a des allures de dortoir, avec salles de bains communes et “espace duvet” dans des salles de classe reconverties. Le **restaurant** (plats 1 600-4 350 ISK ; 18h-21h déb juin-fin août) a bonne réputation. Grande piscine.

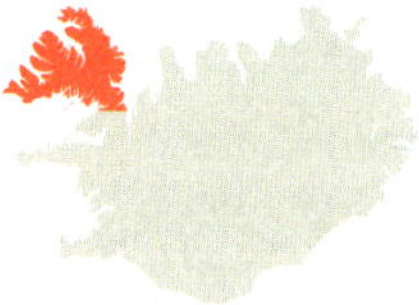

Les fjords de l'Ouest

Dans ce chapitre ➡

Le top des restaurants

- Tjöruhúsið (p. 266)
- Dunhagi (p. 258)
- Fisherman (p. 262)
- Litlibær (p. 269)
- Stúkuhúsið (p. 257)

Le top des hébergements

- Hótel Djúpavík (p. 279)
- Hótel Laugarhóll (p. 279)
- Camping de la réserve naturelle du Hornstrandir (p. 275)
- Stekkaból (p. 256)
- Guesthouse Kirkjuból í Bjarnardal (p. 261)

Pourquoi y aller

Malgré leurs paysages spectaculaires, les fjords de l'Ouest sont épargnés par le tourisme de masse – 10% seulement des visiteurs s'y rendent. Le Sud est bordé de vastes plages et de falaises dentelées abritant des colonies d'oiseaux, tandis que le Nord est ponctué de villages de pêcheurs, de fjords et de montagnes. Dans l'extrême Nord, la superbe réserve du Hornstrandir est sillonnée d'une multitude de sentiers de randonnée, propices à surprendre des oiseaux et des renards polaires, avec l'océan en toile de fond. Entre atmosphère irréelle, sources géothermales et hameaux donnant sur les flots, la côte du Strandir, encore moins fréquentée que le reste, a quelque chose d'un bout du monde.

Un séjour dans les fjords de l'Ouest nécessite du temps : on se déplace ici sur des routes non goudronnées et cahoteuses, qui serpentent autour des fjords et franchissent des cols. Mais le paysage en vaut la peine et vous n'aurez bientôt plus envie de quitter cette contrée superbe.

Distances routières (en km)

	Patreksfjörður	Þingeyri	Ísafjörður	Holmavík	Norðurfjörður
Þingeyri	129				
Ísafjörður	175	47			
Holmavík	234	265	221		
Norðurfjörður	333	348	303	105	
Reykjavík	397	405	450	230	334

À ne pas manquer

❶ Les plages aux teintes rougeâtres, la lagune azurée et les phoques de **Rauðasandur** (p. 254)

❷ Les falaises découpées et les renards arctiques de la **réserve naturelle du Hornstrandir** (p. 272)

❸ Le brouillard enveloppant la cascade de **Dynjandi** (p. 259)

❹ Les macareux qui descendent en piqué des colossales falaises aux oiseaux de **Látrabjarg** (p. 255)

❺ L'avant-garde artistique, dans une ancienne conserverie de harengs au bord du **Reykjarfjörður** (p. 279)

6 L'émouvant passé de la région à **Ísafjörður** (p. 263), sa capitale cosmopolite

7 La magie et le mysticisme de la **côte du Strandir** (p. 276) et la baignade à Krossneslaug, piscine géothermale à débordement

8 Randonner à vélo sur les sentiers de la **péninsule de Þingeyri** (p. 260) jusqu'au phare de Svalvogar

9 Les monstres marins de **Bíldudalur** et le majestueux Arnarfjörður (p. 258)

10 Les sternes arctiques de l'île de Vigur et le kayak sur l'**Ísafjarðardjúp** (p. 269)

LA CÔTE SUD

Peu peuplée, la côte sud affiche un concentré de ce que réservent les magnifiques péninsules sauvages, plus au nord. Des fjords reculés (plus petits dans cette région) sertissent le littoral et, malgré la nouvelle route construite pour désenclaver ces étendues isolées, leur désolation reste spectaculaire. C'est aussi la principale zone de reproduction du pygargue à queue blanche, une espèce menacée.

Reykhólar

La petite Reykhólar occupe la pointe sud de la péninsule de Reykjanes, une zone géothermique de moindre importance qui donne accès aux fjords de l'Ouest les plus méridionaux. Le Gilsfjörður, à l'est, est un site de reproduction des pygargues ; en suivant le littoral à l'ouest, le Þorskafjörður, le Djúpifjörður et le Vatnsfjörður sont les fjords les plus indiqués pour observer ces rapaces.

À voir et à faire

Musée de l'office du tourisme de Reykhólar MUSÉE
(894 1011 ; musée adulte/enfant 750/500 ISK ; 11h-17h déb juin-août ;). Ce petit musée présente des bateaux anciens, des oiseaux empaillés et un film sur la vie dans les années 1950 et 1960. Petit café (en-cas à partir de 600 ISK) et nombreux renseignements sur les fjords de l'Ouest.

Grettislaug PISCINE GÉOTHERMALE, HOT POT
(434 7738 ; Grettisströð ; adulte/enfant 570/250 ISK ; 9h-21h mi-juin à août, horaires restreints reste de l'année). La piscine extérieure a la faveur des familles, tandis que les deux *hot pots* voisins donnent sur les plaines qui plongent dans la mer.

Un petit camping est installé juste derrière (1 700 ISK/pers).

Centre des pygargues à queue blanche EXPOSITION
(894 1011 ; Króksfjarðarnes ; adulte/enfant 600 ISK/gratuit ; 11h-18h mi-juin à mi-août). Ce centre présente les mesures prises pour accroître la population de cette espèce menacée qui comptait 66 nids en 2011. Il abrite aussi un marché d'artisanat. Au nord de la chaussée, sur la route 60 qui traverse le Gilsfjörður.

Le bus Strætó (p. 457) n°59 (Hólmavík-Búðardalur-Borgarnes) s'arrête devant.

Reykhólar Sea Baths HOT POT
(Sjávarsmiðjan ; 577 4800 ; www.sjavarsmidjan.is ; Vesturbraut ; adulte/enfant 3 900 ISK/gratuit ; horaires variables). Bains d'algues avec vue sur la plaine côtière bordée de salines. L'établissement est généralement ouvert de 13h à 19h de début juin à août, mais renseignez-vous en amont, car ces horaires varient.

Norður Salt SITE
(537 9095 ; nordurco.com ; Hafnarslóð 1). Sur le promontoire, cette entreprise produit du sel de mer extrait des salines locales. Jetez un coup d'œil par les fenêtres du bâtiment.

Où se loger et se restaurer

Il n'y pas de restaurant à Reykhólar : juste un café minuscule à l'office du tourisme. La petite station-service (10h-18h) comprend une épicerie. L'Hótel Bjarkalundur, à 15 km au nord-est sur la route 60, sert des repas.

Miðjanes GUESTHOUSE $
(690 3825 ; s/d sans sdb 6 100/11 100 ISK). Cet élevage bovin et ovin, sis au pied d'une crête abrupte et voisin d'une chute d'eau, est un lieu paisible. Les chambres, sans chichis, donnent sur le littoral et le Breiðafjörður. Miðjanes est en retrait de la route 607, à 5 km à l'ouest de Reykhólar.

Reykhólar HI Hostel AUBERGE DE JEUNESSE $
(Álftaland ; 863 2362, 892 7558 ; www.hostel.is ; Maríutröð ; dort/s/d/qua sans sdb 6 100/10 600/15 200/23 300 ISK ; mai-sept ;). Cuisine bien équipée, *lounge* douillet, salles de bains luxueuses et chambres impeccables participent d'un séjour confortable. Les dortoirs et leurs douches sont plus simples, mais de qualité, et tout le monde peut profiter gratuitement du café et du *hot pot* à l'arrière.

Hótel Bjarkalundur HÔTEL $$
(519 2626 ; www.hotelbjarkalundur.is ; d avec/sans sdb 15 100/11 600 ISK, chalets à partir de 16 600 ISK ; mai-oct ;). La rénovation de style ancien de l'auberge de Bjarkalundur rappelle son statut de plus vieil hôtel d'été du pays. Les murs vert foncé encadrent un mobilier en bois vernis, des livres usagés et des fauteuils à oreilles. Les chambres sont d'un style plus simple, et l'établissement a conservé un côté motel.

LES TRANSPORTS DANS LES FJORDS DE L'OUEST

Depuis/vers les fjords de l'Ouest

Depuis l'aéroport domestique de Reykjavík, **Air Iceland Connect** (☎570 3030 ; www.airicelandconnect.is ; Reykjavík Domestic Airport) assure deux vols quotidiens pour Ísafjörður, tandis qu'Eagle Air (p. 453) relie Reykjavík à Bíldudalur et Gjögur.

Le car-ferry Baldur (p. 233) relie l'ouest de l'Islande à Stykkishólmur et Brjánslækur, dans les fjords de l'Ouest. Si vous venez de Reykjavík, prenez le bus Strætó (p. 457) n°57 jusqu'à Borgarnes, puis le bus n°58 pour Stykkishólmur. Le bus **Westfjords Adventures** (☎456 5006 ; www.westfjordsadventures.com) ne dessert le terminal des ferrys de Brjánslækur qu'en été.

Le bus Strætó n°59 partant de Hólmavík, sur la côte du Strandir, dessert toute l'année Borgarnes, d'où partent des correspondances pour Reykjavík, Akureyri et Staðarskáli. Il s'arrête en chemin au Centre des pygargues à queue blanche de Króksfjarðarnes.

Comment circuler

Les dessertes dans les fjords de l'Ouest peuvent changer d'une année sur l'autre. Renseignez-vous sur www.westfjords.is ou sur www.publictransport.is.

Les bus régionaux Hópferðamiðstöð Vestfjarða (p. 268) relient Hólmavík à Ísafjörður de mi-mai à mi-septembre.

Les **bus municipaux** (☎456 5518 ; www.isafjordur.is) d'Ísafjörður desservent Bolungarvík, Suðureyri, Flateyri et Þingeyri.

De juin à août, un bus Westfjords Adventures assure la ligne Patreksfjörður-Brjánslækur-Flókalundur-Dynjandi-Þingeyri-Ísafjörður (1/jour dans chaque direction lundi, mercredi et vendredi). Il fonctionne aussi sur réservation fin-mai et début septembre.

De juin à août, un bus (14 500 ISK quelle que soit la destination) relie Brjánslækur à Patreksfjörður, Látrabjarg et Rauðasandur, puis revient à Brjánslækur à temps pour le ferry de retour à Stykkishólmur.

Un **Flybus** (☎893 0809, 456 2336, 893 2636 ; tarif unique 2 000 ISK) part de Patreksfjörður à la demande pour coïncider avec les vols à l'aéroport de Bíldudalur.

Conduite et carburant

On peut louer des véhicules à Ísafjörður, à Patreksfjörður et à l'aéroport de Bíldudalur. La route entre Hrafnseyri et Þingeyri est fermée 6 à 8 mois de l'année ; renseignez-vous sur www.road.is.

- Les pompes à essence sont rares et éloignées les unes des autres dans les fjords de l'Ouest ; faites le plein à la première occasion.
- Les cartes touristiques officielles indiquent les stations-service N1.
- Beaucoup de stations n'ont que des pompes en libre-service, fonctionnant avec une carte bancaire.
- Procurez-vous une carte prépayée N1 dans une station tenue par des employés – pour le cas où votre carte bancaire ne fonctionnerait pas.
- Les routes sont souvent cahoteuses et non revêtues – mais absolument magnifiques –, bien que praticables avec un véhicule ordinaire.
- Pour covoiturer, consultez le site www.samferda.net.

Il y a également des chalets, un camping (1 500 ISK/pers) et un restaurant correct.

Depuis/vers Reykhólar

Le bus Strætó (p. 457) n°59 (Hólmavík-Búðardalur-Borgarnes) s'arrête au Centre des pygargues à queue blanche de Króksfjarðarnes, mais ne traverse pas Reykhólar.

Flókalundur

À la jonction entre la route pour l'Arnarfjörður et l'Ísafjörður et la route 62 qui dessert les péninsules du Sud-Ouest, Flókalundur se tient au fond du fjord de Vatnsfjörður. Ce hameau de deux maisons doit son toponyme à l'explorateur viking

À NE PAS MANQUER

HELLULAUG

L'extraordinaire *hot pot* naturel de **Hellulaug** (route 62 ; don à l'entrée) est situé à quelque 500 m à l'est de l'Hótel Flókalundur sur la route 62, près du rivage, au milieu des rochers. À marée haute, faites comme les Islandais : plongez dans la mer glaciale avant de courir vous réchauffer dans l'eau à 38°C de ce grand bassin rocheux.

Hrafna-Flóki Vilgerðarson, qui donna au pays le nom d'Islande en 860.

Aujourd'hui, les principaux attraits du secteur sont une magnifique source chaude et la **réserve naturelle du Vatnsfjörður**, fondée pour protéger le secteur du lac Vatnsdalsvatn, zone de reproduction de l'arlequin plongeur et du plongeon imbrin. Plusieurs sentiers sillonnent les rives du lac et les collines alentour. Procurez-vous une brochure sur les randonnées à l'Hótel Flókalundur.

Où se loger

Hótel Flókalundur HÔTEL $$

(☎ 456 2011 ; www.flokalundur.is ; empl 1 500 ISK/pers, d avec petit-déj 24 500 ISK ; ⏲ mi-mai à mi-sept ; 📶). Cet hôtel de plain-pied récemment rénové dispose de petites chambres lambrissées avec salles de bains rénovées. Son **restaurant** (plats déj 1 500-3 500 ISK, plats dîner 3 000-5 000 ISK ; ⏲ 7h30-10h et 11h-21h ; 🍷) a l'attrait d'une belle vue sur le fjord. Le site comprend aussi un camping et une station-service. Seuls les clients de l'hôtel ont accès au Wi-Fi.

Brjánslækur

Brjánslækur se résume au terminus du ferry Baldur reliant Stykkishólmur à Flatey. À l'ouest du débarcadère, la route 62, accidentée, suit la côte jusqu'en haut du pittoresque village de Patreksfjörður, qui marque l'entrée dans les péninsules du sud-ouest.

Un **café** (☎ 860 0220 ; route 62 ; en-cas 450-1 300 ISK ; ⏲ 10h-19h juin-août) tout simple sert de la soupe, des sandwichs et des hot-dogs ; on peut y acheter des tickets de ferry et trouver des brochures.

Depuis/vers Brjánslækur

Brjánslækur est le terminus du **car-ferry Baldur** (☎ 433 2254 ; www.seatours.is ; route 62). Pour rejoindre Reykjavík, prenez le ferry pour Stykkishólmur, puis le bus Strætó (p. 457) n°58 pour Borgarnes et le bus n°57.

De juin à août, un bus Westfjords Adventures (p. 253) dessert l'itinéraire Patreksfjörður-Brjánslækur-Flókalundur-Ísafjörður, avec arrêt à Brjánslækur (pour Patreksfjörður 3 000 ISK, pour Ísafjörður 8 400 ISK, 1/jour dans chaque direction lun, mer et ven). On peut réserver à l'avance pour les dessertes fin mai et début septembre.

Sur réservation à l'avance, Westfjords Adventures, assure aussi une liaison estivale entre Brjánslækur et Patreksfjörður, Látrabjarg et Rauðasandur avec retour à Brjánslækur (14 500 ISK le circuit, quel que soit l'endroit où l'on monte) à temps pour le ferry qui rentre à Stykkishólmur.

Pour louer une voiture, l'agence la plus proche est à Patreksfjörður.

PÉNINSULES DU SUD-OUEST

Les péninsules du sud-ouest des fjords de l'Ouest forment une région magnifique, peu peuplée, authentique et sauvage, avec des plages blanches, noires, rouges et roses, des eaux bleues miroitantes, des falaises vertigineuses et des fjords séparés par des montagnes grandioses. Le site le plus prisé du secteur est Látrabjarg, une étendue de falaises de 12 km de long qui accueille en été des milliers d'oiseaux marins. Les routes sont cahoteuses, et l'on roule lentement.

Péninsule de Látrabjarg

Connue pour ses falaises et son avifaune abondante, la lointaine péninsule de Látrabjarg est ponctuée de plages désertes, comme la belle Rauðasandur, et de nombreux sentiers propices aux longues promenades. Les routes sont ensablées, inégales et cahoteuses, mais on n'en saurait avoir cure.

À voir

En arrivant sur la route 612 par la route 62, remarquez l'épave rouillée du *Garðar*, au fond du fjord. De là, on rejoint des plages désertes au sable doré, la piste d'atterrissage de Sauðlauksdalur et d'autres sites le long de la péninsule.

Rauðasandur
PLAGE

Cette belle plage aux reflets rouges s'étire sur la pointe sud de la péninsule. Bordé par une immense lagune azur, c'est un lieu paisible d'une beauté exceptionnelle. On peut longer la lagune à marée basse, sans oublier de guetter les phoques. Un chemin côtier (20 km aller) relie Rauðasandur aux falaises aux oiseaux de Látrabjarg. On rejoint la plage en voiture depuis la route 612 en empruntant la route 614, sinueuse et abrupte, sur environ 10 km.

Breiðavík
PLAGE

À Breiðavík, les falaises rocheuses encadrent une immense et splendide étendue de sable doré que baignent les eaux turquoise de la baie. Cette plage, parmi les plus belles d'Islande, est généralement déserte. On y trouve l'hôtel du même nom (p. 256).

Phare de Bjargtangar
PHARE

Ce phare au bout de la péninsule de Látrabjarg est le point le plus occidental d'Europe en dehors des Açores. Les fameuses falaises aux oiseaux de Látrabjarg se dressent un peu plus haut.

Hvallátur
PLAGE

À 8 km à l'ouest de Breiðavík, le minuscule hameau de Hvallátur possède une superbe plage de sable blanc, sans infrastructures.

Musée Minjasafn Egils Ólafssonar
MUSÉE

(☎456 1511 ; www.hnjotur.is ; Hnjótur, Örlygshöfn ; adulte/enfant 1 000 ISK/gratuit ; ⏲10h-18h mai-sept ; 📶). À Hnjótur, à 10 km à l'ouest de Sauðlauksdalur, faites escale dans ce musée éclectique qui présente des bateaux de pêche, des expositions sur l'histoire de la région (de la pêche à la baleine à l'élevage) et un film datant de 1947 sur le naufrage d'un chalutier. Petit café (gâteaux 500 ISK).

Activités

Falaises aux oiseaux de Látrabjarg
OISEAUX

Ces célèbres falaises, sur la pointe jouxtant le phare de Bjargtangar, s'étendent sur 12 km. Leur hauteur va de 40 m à 400 m et elles sont envahies en début d'été par des oiseaux marins venus s'y reproduire. Un nombre impressionnant de macareux moines, de pingouins tordas, de guillemots, de cormorans, de fulmars, de goélands et de mouettes tridactyles y nidifient de juin à mi-août. Mieux vaut y aller en fin de journée, quand les oiseaux regagnent leur nid.

Par beau temps, les phoques se prélassent sur les récifs autour du phare. Les falaises sont sujettes à l'érosion et les rambardes sont rares : restez extrêmement prudent, surtout par grand vent. Il n'y a pas d'infrastructures (les toilettes les plus proches sont au camping de Brunnar, à 2 km à l'est, sur la route d'accès) ; le camping est interdit sur les falaises.

Circuits organisés

Westfjord Adventures (p. 256), basé à Patreksfjörður, propose des randonnées et des excursions guidées pour observer les oiseaux et les phoques – les professionnels pourront vous rejoindre sur la péninsule ou vous y conduire.

Où se loger et se restaurer

Les quelques campings et possibilités d'hébergement, isolés et plutôt modestes, s'inscrivent dans des décors fabuleux.

Melanes Camping
CAMPING $

(☎783 6600 ; www.melanes.com ; Rauðasandur ; empl adulte/enfant 1 500 ISK/gratuit, cabanes 9 900 ISK ; ⏲mi-mai à mi-sept). Juste à côté de la grande baie de Rauðasandur, c'est l'un des campings des fjords de l'Ouest au cadre le plus spectaculaire. Enherbé, il dispose de nouvelles toilettes avec chasse d'eau, de douches, d'une cuisine, d'une laverie et, cerise sur le gâteau, de quelques adorables petites huttes en bois pour 2 personnes.

À 4 km au sud-est de l'embranchement pour Rauðasandur sur la route 614.

Camping de Brunnar
CAMPING

GRATUIT Ce camping est juste en bord de plage à environ 2 km avant (au nord-est) les falaises peuplées d'oiseaux de Látrabjarg. Toilettes rudimentaires ; pas d'eau courante. Le camping est interdit sur les falaises.

Hnjótur Guesthouse
GUESTHOUSE, CAMPING $$

(☎456 1596, 893 8024 ; www.hnjoturtravel.is ; Hnjótur, Örlygshöfn ; empl 2 000 ISK/pers, d avec/sans sdb 23 000/18 000 ISK, f 28 000 ISK ; 📶). Rien d'extraordinaire, mais les chambres sont confortables et Kristen, le propriétaire, vous réserve un accueil chaleureux – il peut même vous concocter sur demande un dîner à base de poisson. Les chambres du haut sont plus élégantes et il y a une cuisine et une terrasse. Également quelques chalets neufs en bois à l'extérieur.

Hótel Látrabjarg HÔTEL $$$

(☎456 1500 ; www.latrabjarg.com ; Örlygshöfn ; s/d/tr à partir de 24 160/36 600/46 500 ISK ; ⏲mi-mai à mi-sept). Cette ancienne école avec internat est devenue un hôtel attrayant fort de chambres modernes, décorées avec goût dans des teintes vives. Pour y accéder, prenez la route 615 sur la droite juste après le musée Minjasafn Egils Ólafssonar : l'hôtel est à 3 km environ.

Hótel Breiðavík GUESTHOUSE $$$

(☎456 1575 ; www.breidavik.is ; Breiðavík ; empl adulte/enfant 2 200 ISK/gratuit, d sans/avec sdb 22 600/29 000 ISK avec petit-déj ; ⏲mi-mai à mi-sept ; 📶). Situé derrière la magnifique plage éponyme (p. 245), cet hôtel domine le marché local de l'hébergement. Les prix sont élevés pour les prestations offertes : chambres basiques, lits avec option duvet (non fourni ; 16 500 ISK) et camping. Néanmoins, le cadre est sublime et quel plaisir de passer la nuit sur la péninsule ! Lave-linge, restaurant, cuisine commune et barbecue sur place.

Depuis/vers la péninsule de Látrabjarg

De juin à août, Westfjords Adventures (p. 253) propose un bus (14 500 ISK) reliant Brjánslækur à Patreksfjörður, Látrabjarg et Rauðasandur – il retourne à Brjánslækur à temps pour le ferry qui rentre à Stykkishólmur. Il faut réserver.

Les véhicules ordinaires peuvent emprunter les pistes accidentées, à une allure modérée. Il n'y a pas de station-service sur la péninsule. Faites le plein à Patreksfjörður, au nord, ou à Flókalundur, à l'est.

Patreksfjörður

677 HABITANTS

Plus grand village de cette partie des fjords de l'Ouest, la dynamique bourgade de Patreksfjörður, sur le fjord du même nom, est une base pratique pour visiter la péninsule de Látrabjarg. On y a une vue fabuleuse sur les promontoires, et elle se prête à faire des provisions avant de partir vers des fjords plus reculés. Le bourg tient son nom de saint Patrick d'Irlande, guide spirituel d'Örlygur Hrappson, le premier homme à s'être installé dans la région.

Activités

Piscine de Patreksfjörður BAIGNADE

(☎456 1301 ; Aðalstræti 55 ; adulte/enfant 700 ISK/gratuit ; ⏲8h-21h30 lun-ven, 10h-18h sam-dim mi-mai à mi-sept, horaires restreint l'hiver). Cette superbe piscine à débordement occupe une terrasse à l'étage, donnant sur le fjord. Également un sauna et deux *hot pots*.

Circuits organisés

♥ Westfjords Adventures RANDONNÉES, EXCURSIONS EN JEEP

(☎456 5006 ; www.wa.is ; Þórsgata 8a ; ⏲8h15-17h lun-ven, 10h-12h sam-dim mi-mai à mi-sept, 9h-12h mi-sept à mi-mai). L'offre du principal tour-opérateur local est variée : sorties d'observation des oiseaux, randonnées sur la péninsule de Látrabjarg (8 heures, 29 500 ISK), excursions d'une journée en Jeep autour des fjords (35 700 ISK) ou le long de la “Kjaran's Avenue” (41 900 ISK) – piste gravillonnée taillée dans le fjord –, croisières d'observation des baleines ou de pêche (à partir de 12 500 IKS) dans le Patreksfjörður, expéditions dans des régions plus éloignées...

On peut aussi louer des vélos (2 000/3 600 ISK les 4 heures/la journée), acheter des plans, se faire conseiller et réserver son hébergement. Propose aussi des dessertes régionales en bus (p. 253).

Où se loger

Camping de Patreksfjörður CAMPING $

(☎849 8502 ; Aðalstræti 107 ; empl adulte/enfant 1 700 ISK/gratuit ; ⏲juin à mi-sept ; 📶). Camping municipal sur un terrain herbeux dans la rue principale, avec douches, laverie (1 000 ISK/machine) et cuisine.

Stekkaból GUESTHOUSE $$

(☎864 9675 ; www.stekkabol.net ; Stekkar 14 ; s/d/qua sans sdb, 14 600/18 700/33 200 ISK avec petit-déj ; 📶). Une joyeuse exubérance distingue cette pension donnant sur le fjord, qu'il s'agisse du mobilier en bois recyclé, de la terrasse avec barbecue creusée dans la colline ou des douches en plein air. Un endroit accueillant, chaleureux et plaisant.

Ráðagerði Guesthouse GUESTHOUSE $$

(☎456 1560 ; www.radagerdi.net ; Aðalstræti 31 ; d avec/sans sdb 24 000/19 000 ISK, qua sans sdb 30 500 ISK ; 📶 👪). Bien des chambres de cette élégante pension ont une vue panoramique sur le fjord. La décoration est moderne, les propriétaires sont sympathiques et le petit-déjeuner (inclus) est roboratif.

VAUT LE DÉTOUR

ARNARFJÖRÐUR ET SELÁRDALUR

Le trajet sur la route 619 après Bíldudalur (p. 258) jusqu'à la pointe de l'Arnarfjörður est de toute beauté. Cette route étroite longe de hauts sommets, des vallées aux pâturages verdoyants, des plages sauvages et donne sur le fjord et l'extraordinaire paysage de sa rive nord. À l'approche du crépuscule, par temps couvert, la lumière varie et des arcs-en-ciel se forment parfois.

L'artiste islandais Samúel Jónsson a passé ses dernières années dans une ferme isolée à Selárdalur, à l'extrémité du fjord (24 km). Il occupait ses journées à créer des sculptures de style naïf. On peut voir les vestiges de cette ferme rebaptisée **musée Samúel Jónsson** (☎698 7533 ; www.samueljonssonmuseum.jimdo.com ; Brautarholt, Selárdalur ; adulte/enfant 500 ISK/gratuit ; ⌚24h/24), avec sa maison colorée, son cercle de lions (réalisé d'après une carte postale de l'Alhambra), son église très décorée et la maison de l'artiste.

Fosshótel Westfjords HÔTEL $$
(Fosshótel Vestfirðir ; ☎456 2004 ; www.fosshotel.is ; Aðalstræti 100 ; s/d/ste avec petit-déj à partir de 24 500/28 700/44 500 ISK ; ⌚mai-sept ; 📶). Un édifice historique du village est devenu, après rénovation, cet hôtel raffiné, fort de chambres modernes avec salle de bains, TV à écran plat et vue sur le fjord ou la montagne. Comprend également un bar-restaurant.

Hotel West HÔTEL $$
(☎456 5020 ; www.hotelwest.is ; Aðalstræti 62 ; s/d à partir de 20 000/26 000 ISK ; 📶). Cet hôtel chic, aménagé dans un ancien immeuble d'appartements, loue des chambres ensoleillées qui semblent tout droit sorties d'un magazine de décoration nordique ; beaucoup donnent sur le fjord.

Où se restaurer et prendre un verre

Patreksfjörður est le meilleur endroit pour s'approvisionner ou se restaurer avant de partir vers des fjords plus reculés – régalez-vous à la Stúkuhúsið ou au restaurant du Fosshótel.

Albína SUPERMARCHÉ $
(☎456 1667 ; Aðalstræti 89 ; ⌚8h-22h, 9h-22h sam-dim). Dans ce supermarché, vous trouverez aussi des pâtisseries, des viennoiseries et du pain frais.

♥ **Stúkuhúsið** BISTROT $$
(☎456 1404 ; www.stukuhusid.is ; Aðalstræti 50 ; plats 1 300-4 990 ISK ; ⌚11h-23h mi-mai à août, 12h-16h mer-sam reste de l'année ; 📶✍). Le sympathique personnel de ce restaurant branché sert des salades nourrissantes, de la soupe au poulet, de l'agneau d'Islande et la spécialité maison : du poisson frais pêché dans le fjord que l'on voit de la fenêtre – le cabillaud à la pointe de wasabi est délicieux.

Vínbúðin VINS ET SPIRITUEUX
(☎456 244 ; www.vinbudin.is ; Þórsgata 10 ; ⌚11h-18h lun-jeu, 11h-19h ven, 11h-14h sam). Chaîne d'État où acheter de l'alcool.

ℹ Depuis/vers Patreksfjörður

Utilisez les bus Westfjords Adventures pour vous déplacer (voir p. 253).

Sur demande, un Flybus (p. 253) assure la navette entre Patreksfjörður et l'aéroport de Bíldudalur (p. 259).

Westfjords Adventures fait office d'agence de location de voitures (Europcar) et de vélos (2 000 ISK les 4 heures).

Tálknafjörður

231 HABITANTS

Perdu près d'un large fjord, Tálknafjörður est un village assoupi dans un magnifique écrin de collines verdoyantes et de pics rocheux.

Activités

À la piscine municipale, demandez la carte de randonnée détaillée *Vestfirðir & Dalir 4* (1 200 ISK) avant de vous lancer sur le superbe sentier de 10 km, balisé de cairns, qui mène à Bíldudalur.

♥ **Pollurinn** HOT POT
(⌚24h/24). GRATUIT Les *hot pots* (46°C) naturels tapissés de ciment de Pollurinn ("la flaque") sont un site phare des fjords de l'Ouest. Ces bassins peu profonds sont entourés de montagnes et ont vue sur le fjord. Vous les trouverez à 3,8 km après la piscine de Tálknafjörður sur la route 617 – ils sont indiqués en noir sur un petit panneau blanc.

Piscine de Tálknafjörður PISCINE GÉOTHERMALE, HOT POT
(☎456 2639 ; Sveinseyri ; adulte/enfant 900/370 ISK ; ⌚9h-21h juin-août, horaires réduits reste de l'année). Alimentée par un des champs géothermiques de la région, cette piscine est le principal lieu de rendez-vous du village. En été, le personnel sert d'office du tourisme.

Où se loger et se restaurer

Camping de Tálknafjörður CAMPING $
(☎456 2639 ; empl adulte/enfant 1 400 ISK/gratuit ; ⌚juin-août ; 📶). À côté de la piscine (voir ci-dessus). Il dispose d'une laverie, d'une cuisine et de douches.

Guesthouse Bjarmaland GUESTHOUSE $$
(☎891 8038 ; www.guesthousebjarmaland.is ; Bugatún 8 ; d avec/sans sdb 22 800/17 800 ISK ; P📶). Les chambres de cette pension sont impeccables, et les sympathiques propriétaires proposent aussi un espace pour dormir dans un duvet (4 000 ISK).

Dunhagi ISLANDAIS $
(☎662 0463 ; www.cafedunhagi.is ; Sveinseyri ; plats 1 900-3 900 ISK ; ⌚14h-22h fin mai à août ; 📶). Le vrai goût des fjords de l'Ouest. Cette maison ancienne joliment restaurée avec parquets en bois massif, alcôves confortables et photos anciennes, prête son cadre à des plats d'agneau islandais, de truite pêchée dans le fjord, d'algues et de salades récoltées sur la plage voisine par Dagný, l'affable propriétaire.

Hópið INTERNATIONAL $
(☎456 2777 ; Hrafnardalsvegur 3 ; plats 1 300-4 400 ISK ; ⌚12h-13h et 18h-21h lun-ven, 18h-21h sam-dim ; 📶). Ce restaurant à l'ambiance décontractée sert des burgers et des plats islandais classiques. Possède un billard.

Achats

Villimey COSMÉTIQUES
(☎892 8273 ; www.villimey.is ; Strandagata 44 ; ⌚horaires variables mi-mai à mi-août). Cette marque islandaise réputée et gérée en famille fabrique un choix de baumes et de pommades bio à partir de plantes sauvages islandaises. Il n'y a pas vraiment d'heures d'ouverture : appelez si la boutique est fermée, un membre de la famille viendra vous ouvrir. Il existe une boutique en ligne.

Depuis/vers Tálknafjörður

Le Flybus (p. 253) entre Patreksfjörður et Bíldudalur s'arrête à Tálknafjörður. Il ne circule qu'aux heures des vols. Renseignez-vous à la piscine municipale (voir plus haut).

Bíldudalur

225 HABITANTS

Posté dans une baie merveilleusement calme du majestueux Arnarfjörður et entouré d'impressionnants sommets, le séduisant village de pêcheurs de Bíldudalur occupe l'un des plus beaux sites en bord de fjord du pays. Quel que soit le côté par lequel on arrive en voiture, la vue est splendide. Fondé au XVIe siècle, Bíldudalur est aujourd'hui un grand centre producteur de crevettes et de saumon.

À voir

Musée islandais des Monstres marins Skrímslasetur MUSÉE
(☎456 6666 ; www.skrimsli.is ; Strandgata 7 ; adulte/enfant 1250 ISK/gratuit ; ⌚10h-18h mi-mai à mi-sept ; 📶). Expositions sombres, plaisantes, travaillées et théâtrales sur les légendes de monstres d'Islande et d'ailleurs. Une table multimédia interactive détaille 180 apparitions répertoriées dans le pays. Vous ne verrez plus l'Arnarfjörður du même œil.

Passionnant pour les enfants, même si les maquettes géantes pourront effrayer les plus jeunes. Petit café à l'intérieur.

Où se loger et se restaurer

Camping de Bíldudalur CAMPING $
(☎867 3768 ; Hafnarbraut 3 ; par tente 1 450 ISK ; 🐕). Plantez votre tente sur ce camping herbeux et plat au bord du fjord et réveillez-vous face aux montagnes. Le camping est juste à côté de la piscine municipale, dont on peut utiliser les douches, le *hot pot* et le sauna.

Harbour Inn B&B $$
(☎898 2563 ; harbourinn.is ; Dalbraut 1 ; s/d 16 800/22 800 ISK, sans sdb 12 800/17 800 ISK, toutes avec petit-déj ; 📶). Ces 12 chambres confortables offrent une décoration élégante et moderne à laquelle la vue superbe sur le fjord et la montagne vole toutefois la vedette. Cuisine à la disposition des hôtes, ainsi qu'une agréable salle à manger.

À NE PAS MANQUER

SOURCES NATURELLES

Au fond du minuscule Reykjarfjörður, arrêtez-vous aux splendides bassins géothermaux de **Reykjarfjarðarlaug**. À l'entrée se tient une piscine en béton récemment restaurée (32°C) mais, quelque 30 pas plus loin, s'étend un bassin naturel brûlant (45°C), entouré d'herbe et cerné d'oiseaux de mer, de montagnes et de vues sur le fjord.

Ces bassins sont à 23 km au sud-est de Bíldudalur et à 17 km à l'ouest de l'embranchement de la route 60.

Vegamót CAFÉ $

(☎456 2232 ; Tjarnarbraut 2 ; plats 1650-2570 ISK ; ⏲10h-22h, 12h-22h sam-dim). Par beau temps, rejoignez sans hésiter la terrasse abritée de ce joyeux grill pour profiter du port tout en mangeant burgers, crêpes aux crevettes et à l'ail ou poisson local accompagné de frites. Également une bonne supérette.

Depuis/vers Bíldudalur

Eagle Air assure des vols entre Reykjavík et l'**aéroport de Bíldudalur** (BIU ; ☎456 2266), à 8 km au sud du village (à partir de 20 200 ISK, 45 min, 1/jour).

Flybus (p. 253). Circulent sur demande depuis/vers Patreksfjörður via Tálknafjörður aux heures d'arrivée et de départ des vols.

Hertz (☎522 4400 ; www.hertz.is ; aéroport de Bíldudalur). Location de voitures à l'aéroport de Bíldudalur. Vous en trouverez d'autres à Patreksfjörður et Ísafjörður.

PÉNINSULES CENTRALES

Les péninsules centrales des fjords de l'Ouest commencent au nord avec Ísafjarðardjúp et la ville d'Ísafjörður, particulièrement animée. En continuant vers l'ouest, on tombe sur le petit Súgandafjörður, puis sur l'Önundarfjörður, vaste et bleu, avec son hameau, Flateyri. Un tunnel (p. 262) relie ces trois fjords.

Plus au sud, le spectaculaire Dýrafjörður mérite d'être exploré à partir du village de Þingeyri. Une route accidentée franchit les montagnes jusqu'à Dynjandi, la cascade la plus impressionnante des fjords de l'Ouest, située au fond de l'un des fjords secondaires de l'immense Arnarfjörður.

Dynjandi et ses environs

♥ Dynjandi CASCADE

(Fjallfoss). Dégringolant d'un escarpement rocheux de 100 m de haut, au fond de la baie de Dynjandivogur, Dynjandi est une large cascade. La route accidentée qui y mène est célèbre pour ses points de vue fabuleux. Les chutes d'eau servent de bassin hydrographique aux sommets et aux vallées environnants. Les lundis, mercredis et vendredis de juin à août, le bus Westfjords Adventures (p. 253) reliant Ísafjörður, Brjánslækur et Patreksfjörður s'arrête deux fois par jour à Dynjandi.

En grimpant depuis le parking, on passe devant de nombreuses petites cascades avant d'arriver à cette chute. On peut s'approcher de l'endroit où elle se jette dans le vide ; la vue sur le fjord y est spectaculaire.

Les environs sont classés réserve naturelle. Il y a un camping (gratuit) limité à une nuit et réservé aux cyclotouristes et aux randonneurs (on peut s'y garer pour 24 heures), des toilettes rudimentaires (200 ISK) et – qui l'eût cru… – l'eau courante.

Musée mémorial Jón Sigurðsson MUSÉE

(Hrafnseyri ; ☎456 8260 ; www.hrafnseyri.is ; Hrafnseyri, Arnarfjörður ; ⏲11h-18h juin-déb sept). GRATUIT C'est à la ferme Hrafnseyri qu'est né (le 17 juin 1811) Jón Sigurðsson, artisan de l'indépendance islandaise. Cet intéressant musée moderne retrace sa vie et comprend une reconstitution de sa maison en tourbe, une église du XIXe siècle et un petit café. Il occupe une magnifique pointe avec vue sur le fjord.

Ce musée est indiqué à partir de la route 60 (jalonnée d'ornières), qui longe la rive nord de l'Arnarfjörður. Entre Hrafnseyri et Þingeyri, la route est fermée de 6 à 8 mois par an. Consultez le site www.road.is.

Þingeyri

281 HABITANTS

Ce village minuscule sur la rive sud du Dýrafjörður se trouve en lisière d'un important site viking et commémore cette filiation à travers une fête viking et la réplique d'un navire de l'époque. Le village (www.thingeyri.is) est aussi une bonne base pour partir à pied, à vélo ou à cheval explorer la péninsule de Þingeyri, juste à l'ouest.

À voir et à faire

Péninsule de Þingeyri — RANDONNÉE, VÉLO

À l'ouest de Þingeyri, la péninsule et ses sommets spectaculaires se prêtent à la randonnée à pied et à vélo. Louez des fatbikes (vélos à gros pneus) ou des VTT au café Simbahöllin (voir ci-contre) et suivez la piste qui part vers le nord-ouest en longeant la lisière nord de la péninsule et le Dýrafjörður jusqu'à la magnifique vallée de **Haukadalur**, un important site viking.

Quand les glissements de terrain n'obstruent pas la route (renseignez-vous sur place), on peut faire le tour de la péninsule et passer devant des falaises colonisées par les oiseaux et devant le phare isolé de **Svalvogar**. Il est impossible d'effectuer cet itinéraire avec une voiture ordinaire. Des tour-opérateurs locaux et d'Ísafjörður organisent des circuits dans le secteur.

À l'intérieur des terres, le **Kaldbakur** (998 m), le plus haut sommet des fjords de l'Ouest, est un bon lieu de randonnée. Le chemin escarpé qui y mène débute au bord de la route, à 2 km à l'ouest de Þingeyri.

L'office du tourisme de Þingeyri fournit plans et conseils.

Ancien atelier de forgeron — MUSÉE

(Gamla Smiðjan Þingeyri ; ☎ 456 3291 ; www.nedsti.is ; Hafnarstræti 14 ; adulte/enfant 1 300/1 050 ISK ; ⏲ 9h-17h mi-mai à août). Toute première forge moderne créée en Islande (en 1913), cet atelier pittoresque est encore rempli de machines et d'outils d'origine. Il fait partie du musée patrimonial des fjords de l'Ouest d'Ísafjörður (p. 263) ; un même ticket donne accès aux deux sites.

EXPLORER ÞINGEYRI

Pour découvrir en profondeur la péninsule isolée de Þingeyri, joignez-vous à l'une des randonnées équestres de qualité organisées par **Simba Horses & Bike Rental** (Simbahöllin Cafe ; ☎ 869 5654 ; www.westfjords-horseriding.com ; Fjarðargata 5 ; ⏲ mi-mai à mi-sept) pour de petits groupes. Vous aurez le choix entre la balade de 2 heures dans la tranquille vallée de Sandar (9 900 ISK) ou le trek avec franchissement de cours d'eau jusqu'aux plages de sable noir (12 900 ISK). On peut aussi louer un VTT (à partir de 7 500 ISK) ou un *fatbikes* (vélo à gros pneus ; à partir de 9 000 ISK) pour parcourir seul des sentiers accidentés.

Où se loger et se restaurer

Þingeyri Campsite — CAMPING $

(☎ 450 8470 ; tjald@isafjordur.is ; Hafnarstræti ; empl 1 500 ISK par tente ; ⏲ mi-mai à mi-sept ; wifi). Ce charmant camping, très bien équipé, dispose d'une laverie, de douches luxueuses, d'une cuisine neuve bien conçue et d'une salle à manger. Il se trouve derrière la piscine municipale.

Sandafell — HÔTEL $$

(☎ 456 1600 ; www.hotelsandafell.com ; Hafnarstræti 7 ; s sans sdb 14 400 ISK, d avec/sans sdb 25 700/18 300 ISK, toutes avec petit-déj ; ⏲ mi-mai à mi-sept ; P wifi). Ce sympathique hôtel, à la décoration toute simple, propose des chambres impeccables au centre du village. Pour le dîner (tous les jours de 18h à 21h), on vous servira peut-être du *chili con carne* (3 200 ISK), de la pizza (2 300 ISK) ou une savoureuse soupe de poisson (2 800 ISK).

Við Fjörðinn — GUESTHOUSE $$

(☎ 456 8172 ; vidfjordinn@vidfjordinn.is ; Aðalstræti 26 ; s/d sans sdb à partir de 9 500/20 500 ISK, app à partir de 21 000 ISK ; ⏲ mi-mai à sept ; wifi, enfants). Une pension accueillante aux chambres traditionnelles, confortables et douillettes. Salles de bains communes, et salon TV, barbecue et cuisine pour les hôtes. Wi-Fi capricieux.

Simbahöllin — CAFÉ $$

(☎ 899 6659 ; www.simbahollin.is ; Fjarðargata 5 ; en-cas et plats 1 400-3 100 ISK ; ⏲ 10h-22h mi-juin à août, 12h-18 mi-mai à mi-juin et déb sept). Un agréable café dans une ancienne épicerie de 1915, où des serveurs décontractés proposent de savoureuses gaufres pendant la journée et de copieux tajines d'agneau le soir. Tables en terrasse, vue sur le fjord et ambiance confortable en font l'un des meilleurs refuges des fjords de l'Ouest.

L'établissement organise également des randonnées à cheval et loue VTT et Fatbikes.

Renseignements

Office du tourisme de Þingeyri (☎ 456 8304 ; www.thingeyri.is ; Hafnarstræti 6 ; ⏲ 10h-18h mi-mai à déb sept). Dans la grand-rue.

Depuis/vers Þingeyri

Bus municipaux (p. 253) pour :

- Flateyri (350 ISK, 30 min, 3-4/jour lun-ven)
- Ísafjörður (350 ISK, 1 heure, 3-4/jour lun-ven)

Les bus Westfjords Adventures (p. 253) desservent aussi Þingeyri.

Dýrafjörður

Plusieurs vallées importantes se succèdent sur la rive nord du Dýrafjörður. Le village de Þingeyri, sur la rive sud, offre de beaux itinéraires de randonnée à pied ou à vélo. Du côté nord, sur la route 624 (bosselée), on trouve une charmante **église** en bardages et un jardin botanique très ancien.

Skrúður JARDIN
(24h/24). GRATUIT Ce minuscule jardin botanique, l'un des plus vieux du pays, est un ancien jardin pédagogique fondé en 1909 en bas d'une vallée bordant le côté nord du Dýrafjörður. On y entre par une arche constituée d'os de baleines, sur la route 624.

Ingjaldssandur PLAGE
Sur la rive nord du Dýrafjörður, la route 624 bifurque vers l'ouest depuis la route 60. Elle devient une piste et passe devant une ferme abandonnée, puis oblique vers l'intérieur des terres pour franchir la péninsule accidentée. Il faut 20 minutes pour arriver à Ingjaldsandur, à l'entrée de l'Önundarfjörður. Dans une jolie vallée, cette plage isolée est idéale pour regarder le soleil de minuit frôler l'horizon avant de remonter dans le ciel.

Núpur Sólvellir MAISON À LOUER $$
(route 624, Nupur ; maison 30 500 ISK ;). Cette maison aux lignes épurées est légèrement en retrait du Dýrafjörður. Les grandes pièces contemporaines s'ouvrent sur des panoramas de montagne et de fjord. Dotée de 3 chambres, d'une cuisine équipée et de tout le confort domestique, cette retraite loin de tout a beaucoup de charme.

Il n'y ni site Web, ni adresse e-mail : on réserve sur Internet via des plateformes.

Önundarfjörður

L'Önundarfjörður bleu azur est flanqué de montagnes abruptes, et ses rives sont ponctuées de séchoirs à morues. Le minuscule village de Flateyri donne sur le fjord et ses beaux bancs de sable. Remarquez l'étonnant pare-avalanche qui le protège, construit après une avalanche tragique en 1995.

Où se loger

Korpudalur HI Hostel GUESTHOUSE, AUBERGE DE JEUNESSE $
(Korpudalur Kirkjuból ; 456 7808 ; www.korpudalur.is ; route 627 ; empl 1 600 ISK par tente, dort à partir de 5 400 ISK, d sans sdb à partir de 13 800 ISK ; mi-mai à mi-sept ;) À la pointe de l'Önundarfjörður, un embranchement indiquant “Kirkjuból” (ne pas confondre avec la pension du même nom située dans le voisinage) mène, via 5 km de route accidentée (route 627), jusqu'à cette auberge de jeunesse prisée. L'emplacement extraordinaire et les petits-déjeuners copieux (2 000 ISK) justifient le séjour dans cette ferme centenaire. Seul inconvénient : les petites chambres. Remise de 750 ISK aux adhérents HI.

Kirkjuból í Bjarnardal GUESTHOUSE $$
(456 7679 ; www.kirkjubol.is ; route 60, Bjarnardalur ; d avec/sans sdb 22 000/15 800 ISK avec petit-déj ; juin-août). Juste au sud de l'Önundarfjörður, à l'est de la route 60, un embranchement en direction de Kirkjuból mène à cette charmante ferme isolée, blanche et verte. D'une propreté irréprochable, les jolies chambres sont décorées d'objets anciens. Cuisine commune et salon. Une adresse paisible tenue par des propriétaires sympathiques, avec vue sur le fjord.

Flateyri

177 HABITANTS

Jadis un immense camp de base pour baleiniers norvégiens, Flateyri (www.flateyri.is) est aujourd'hui un village tranquille sis sur une superbe pointe caillouteuse qui s'avance sur les eaux étincelantes de l'Önundarfjörður. Il y a un petit musée et une piscine géothermale, mais le kayak, la pêche et la beauté du cadre sont les principaux atouts du lieu.

À voir et à faire

Ancienne librairie de Flateyri MUSÉE
(Gamla Bókabúðin Flateyri ; 840 0600 ; flateyribookstore.com ; Hafnarstræti 3 ; don apprécié ; 11h-17h mi-mai à mi-sept). La plus vieille boutique d'Islande, une librairie ancienne et son appartement adjacent, merveilleusement figés dans le temps.

UN SI LONG TUNNEL

Achevé en 1996, le **tunnel Ísafjörður-Suðureyrit-Flateyri** (Vestfjarðagöng) franchissant 9 km sous la montagne n'a plus qu'une seule voie par endroits sur les 6 km séparant Ísafjörður de Flateyri. À mi-chemin, il se divise en 2 routes ; l'une mène à Suðureyri (3 km). N'ayez crainte : de nombreuses aires permettent une circulation alternée dans les deux sens lors des passages arrosés sous les chutes.

Kayak Flateyri KAYAK
(☎863 7662 ; www.facebook.com/Kayak-Flateyri-759777867457774 ; Ólafstúni 7 ; à partir de 7 000 ISK). Pour pagayer sur le bel Önundarfjörður, avec ou sans guide.

Iceland ProFishing PÊCHE
(☎861 7442 ; www.facebook.com/IcelandPro-FishingHf ; Melagata 3 ; ⏲avr-sept). Loue des bateaux pour des sorties de pêche dans les fjords (avec guide si vous le souhaitez) et propose des excursions d'une semaine (à partir de 158 100 ISK) avec hébergement à Flateyri et Suðureyri.

Où se loger et se restaurer

Síma Hostel GUESTHOUSE $
(☎897 8700 ; www.icelandwestfjords.com ; Ránargata 1 ; d/f sans sdb à partir de 11 300/19 200 ISK, app 29 400 ISK ; ⏲mi-mai à déb sept ; 📶). Beaucoup de ces appartements confortables et de ces chambres simples et bien tenues donnent sur le fjord.

Litlabyli Guesthouse GUESTHOUSE $$
(☎848 0920 ; www.litlabyli.com ; Ránargata 2 ; d avec/sans sdb 19 200/15 400 ISK ; 📶). Les lampes-tempête, les piles de vieux livres et la machine à écrire ancienne renforcent le côté historique de cette vieille pension. La lumière, les murs peints et les sols nus lui apportent un côté contemporain. Il y a souvent de la pâtisserie maison au petit-déjeuner. Également un **camping** rudimentaire (1 300 ISK/pers).

Bryggjukaffi CAFÉ $
(Café du port ; ☎861 8976 ; www.facebook.com/bryggjukaffi ; Hafnarstræti 4 ; pâtisserie 350-900 ISK, soupe 1 700 ISK ; ⏲11h-18h, 11h-20h sam-lun juin-août, 11h-18h sam-dim reste de l'année ; 📶). Une sympathique Islandaise sert de délicieuses soupes du jour (le ragoût de poisson est remarquable), du pain frais et prépare des pâtisseries et d'irrésistibles gaufres. Des chambres toutes simples occupent l'étage (d/f avec salle de bains commune 12 200/18 200 ISK).

Depuis/vers Flateyri

- Les bus municipaux (p. 253) circulent entre Þingeyri, Flateyri et Ísafjörður (350 ISK, 3-4/jour lun-ven).
- L'arrêt à Flateyri se trouve à Ránargata 1 (face au Síma Hostel, p. 262).

Suðureyri

257 HABITANTS

Perché à la pointe du Súgandafjörður, un fjord long de 13 km, le village de pêcheurs de Suðureyri (www.isafjordur.is) fut longtemps isolé du reste du monde par les montagnes. Désormais relié à Ísafjörður et Flateyri par 9 km de tunnel, le village a pour principaux atouts un passé de port de pêche, des possibilités de pêche à la ligne et d'excellents restaurants de poisson.

Piscine PISCINE GÉOTHERMALE, HOT POT
(☎450 8490 ; ithrottamidstod@isafjordur.is ; Túngata 8 ; adulte/enfant 750/350 ISK ; ⏲11h-19h juin-août, horaires réduits reste de l'année). Les baigneurs des alentours aiment se retrouver dans cette piscine géothermale avec bassins extérieurs et intérieurs, sauna et *hot pots*.

Circuits organisés

Iceland ProFishing (voir plus haut), à Flateyri, propose des excursions depuis Suðureyri. L'hôtel-restaurant Fisherman met en valeur la vie du port de pêche à travers des **visites** (☎450 9000 ; www.fisherman.is ; 5 000 ISK/pers ; ⏲visite 11h mai-sept) sur le thème des produits de la mer, avec exploration de la pêcherie.

Où se loger et se restaurer

Fisherman HÔTEL $$
(☎450 9000 ; www.fisherman.is ; Aðalgata 14 ; d avec/sans sdb 26 000/19 700 ISK avec petit-déj ; ⏲mai-sept ; @📶). Parquets, draps blancs et modernité épurée caractérisent les chambres de ce petit hôtel. C'est un peu le cœur du village, grâce à son **café** (plats 1 490-1 990 ISK ; ⏲10h-22h) et à son excellent **restaurant** (plats 3 900-5 000 ISK ; ⏲18h-21h).

Achats

Á Milli Fjalla ARTISANAT

(☎450 9000 ; sui@simnet.is ; Aðalgata 14 ; ⏲13h-18h juil-août). Cette boutique minuscule, ouverte l'été, vend des pulls fabriqués en Islande, des céramiques et des babioles originales.

Depuis/vers Suðureyri

Bus municipaux (p. 253) pour Ísafjörður (350 ISK, 25 min, 3-4/jour lun-ven).

Ísafjörður

2 620 HABITANTS

Point de départ des circuits aventure dans les fjords de l'Ouest, c'est aussi la localité la plus importante de la région. Ísafjörður (www.isafjordur.is), agréable et prospère, constitue un excellent point de chute pour les voyageurs. S'étirant sur une langue de terre qui avance dans le Skutulsfjörður, elle est entourée de hauts sommets et des eaux sombres du fjord.

Le centre d'Ísafjörður est ponctué de charmants bâtiments en bois et en tôle, dont beaucoup n'ont pas changé depuis le XVIIIe siècle. À l'époque, le port faisait le plein de grands navires et accueillait les équipages des baleiniers norvégiens ou des goélettes bretonnes ou basques venues pêcher la morue. Aujourd'hui, pour qui a passé un certain temps dans les fjords de l'Ouest, cette bourgade à l'ambiance étonnamment cosmopolite prend des airs de grand centre urbain, avec ses cafés et un bon choix de restaurants.

On peut marcher dans les collines environnantes – et skier en hiver. L'été, des bateaux réguliers conduisent les randonneurs sur la péninsule isolée du Hornstrandir.

À voir

Musée patrimonial des fjords de l'Ouest MUSÉE

(Byggðasafn Vestfjarða ; ☎456 3293 ; www.nedsti.is ; Neðstikaupstaður ; adulte/enfant 1 300 ISK/gratuit ; ⏲9h-17h mi-mai à sept). Parmi un ensemble de maisons en bois près du port, ce musée occupe le **Turnhús** (1784), un ancien atelier. Il regorge de matériel de pêche, d'instruments nautiques, d'outils remontant à la "grande" époque de la chasse à la baleine, d'accordéons et de vieilles photos illustrant la vie à Ísafjörður au fil du temps. À droite, le **Tjöruhús** (1781) abrite un excellent restaurant de poisson. Le **Faktorhús** (1765), bâti pour loger le gérant de la boutique du village, et le **Krambúd** (1757), un ancien entrepôt, sont devenus des résidences privées.

Le ticket du musée donne aussi accès à l'ancien atelier du forgeron (p. 260) de Þingeyri.

Musée de la Vie quotidienne MUSÉE

(Hversdagssafn ; ☎694 4266 ; www.everyday-life.is ; Hafnarstræti 5 ; adulte/enfant 700 ISK/gratuit ; ⏲10h-17h lun-ven, 11h-14h sam). Dans ce musée à la gloire des choses ordinaires, chaussures, livres ou courts-métrages, mis en scène au moyen de dispositifs originaux, sont autant de supports à des anecdotes personnelles et des fragments d'histoire. Un aperçu passionnant, poétique et très réussi de la vie dans les fjords de l'Ouest, propice à la réflexion.

Vieille ville QUARTIER

(Tangagata). La vieille ville se trouve contre la lisière est d'Ísafjörður. Commencez la visite par le quartier de Tangagata, où vous verrez des maisons à pignon habillées de tôle, dont beaucoup peintes aux couleurs du pays : rouge ou bleu bordé de blanc. Repérez les dates (fin des années 1890 et début des années 1900) au-dessus des portes.

Maison de la culture CENTRE CULTUREL

(☎450 8220 ; Eyrartúni ; ⏲13h-18h lun-ven, 13h-16h sam). GRATUIT L'intense solidarité de la vie dans les fjords de l'Ouest est évoquée à l'étage de l'ancien hôpital. Vous y découvrirez des toises anciennes pour nouveau-nés, une effrayante scie à métaux, un appareil à lavement et les émouvants témoignages d'anciens patients.

Activités

Route d'Óshlíð MARCHE, VÉLO

D'Ísafjörður, une route fait le tour du promontoire en direction de Bolungarvík et du mont Óshlíð. Cette route étroite, sujette aux éboulis et aux avalanches, était jadis la seule pour rallier Bolungarvík. Renseignez-vous sur son état auprès de l'office du tourisme – en restant prudent, on peut souvent parcourir à pied le tronçon proche du tunnel de Bolungarvík et apercevoir, au loin, le Hornstrandir et Snæfjallaströnd.

Circuits organisés

West Tours CIRCUITS AVENTURE

(Vesturferðir ; 456 5111 ; www.westtours.is ; Aðalstræti 7 ; 8h-18h lun-ven, 8h30-16h30 sam, 10h-15h dim juin-août, 8h-16h lun-ven sept-mai). Cette agence, professionnelle et appréciée, organise nombre d'excursions dans les fjords de l'Ouest : visites de l'île de Vigur (13 500 ISK), randonnées dans le Hornstrandir (à partir de 36 900 ISK), sorties en kayak (à partir de 8 000 ISK), excursions à vélo, à cheval ou en bateau, sorties de pêche, observation des oiseaux et excursions culturelles. Les enfants paient, en général, moitié prix.

Située dans le même bâtiment que le centre d'information touristique (p. 267), l'agence gère aussi les ferrys pour le Hornstrandir et loue des vélos (4/12 heures 7 500/10 000 ISK).

Borea CIRCUITS AVENTURE

(456 3322 ; www.borea.is ; Aðalstræti 18 ; 8h-18h lun-ven, 9h-19h sam, 10h-16h dim juin-août, horaires réduits reste de l'année). Cette agence propose des sorties en kayak dans les fjords (à partir de 14 800 ISK), des randonnées dans le Hornstrandir (à partir de 51 200 ISK) et des sorties à VTT (à partir de 13 800 ISK). Elle assure la liaison en ferry pour le Hornstrandir et gère aussi un refuge privé dans la réserve, à Kvíar.

Wild Westfjords CIRCUITS AVENTURE

(456 3300 ; www.wildwestfjords.com ; Hafnarstræti 9 ; 9h-17h30 mai-sept, horaires réduits reste de l'année). Circuits de plusieurs jours avec ou sans guide dans les fjords et ailleurs en Islande, excursions d'une journée notamment à la cascade de Dynjandi (adulte/enfant 28 000/14 000 ISK), circuits en kayak (à partir de 14 800 ISK), randonnées dans le Hornstrandir (à partir de 33 000 ISK) et treks plus exigeants, réservés aux adultes, jusqu'aux emblématiques falaises de Hornbjarg (47 900 ISK).

Fosshestar ÉQUITATION

(842 6969 ; www.fosshestar.is). Courtes randonnées à cheval (à partir de 15 000 ISK) pour tous les niveaux dans la vallée d'Engidalur, toute proche. On peut aussi nourrir et caresser les chevaux (3 500 ISK). Réservez ; paiement uniquement en espèces. Trajet aller-retour depuis Ísafjörður inclus.

Où se loger

Ísafjörður Hostel AUBERGE DE JEUNESSE $

(456 4611 ; www.isafjordurhotels.is ; Mánagata 1 ; dort 6 500 ISK). Une auberge luxueuse, avec d'impeccables dortoirs de 4 places, des chambres standards avec douches, une cuisine bien équipée et un grand salon où partager ses récits de voyage.

Camping de Tungudalur CAMPING $

(864 8592 ; www.gih.is ; Tungudal ; empl adulte/enfant 1 800 ISK/gratuit ; mi-juin à mi-sept ;). La rivière bouillonnante qui dévale des chutes de Bunarfoss traverse ce camping paisible et pittoresque. Il comprend une laverie (900 ISK), des douches correctes et une cuisine-salle à manger bien chauffée où une guitare acoustique est à la disposition des clients.

Les bus passent à proximité de ce camping situé à 5 km d'Ísafjörður.

Guesthouse Mánagisting GUESTHOUSE, APPARTEMENTS $

(Gistiheimilið Mánagisting ; 615 2014 ; managisting-guesthouse.business.site ; Mánagata 4 ; dort/d sans sdb 6 000/12 000 ISK, studio 16 800 ISK ;). L'entrée et les couloirs de cette immense pension sur 4 niveaux ont vraiment connu des jours meilleurs, mais les chambres sont simples et correctes, quoique fatiguées. Les matelas sont parfois trop fins.

GentleSpace GUESTHOUSE, APPARTEMENTS $$

(892 9282 ; www.gentlespace.is ; Hlíðarvegur 14 ; d/app à partir de 13 200/20 500 ISK ;). Un ensemble de détails distingue cette adresse : couleurs naturelles apaisantes, parquets, chauffage par le sol dans la salle de bains (commune), café et biscuits offerts ; et, bien sûr, l'accueil extrêmement chaleureux de Robert.

Gamla Gistihúsið GUESTHOUSE $$

(456 4146 ; www.gistihus.is ; Mánagata 5 ; d/tr sans sdb 23 200/29 800 ISK avec petit-déj ; @). Lumineuse, accueillante et bien tenue, cette pension loue des chambres simples, mais confortables, que des touches, ici ou là, rendent d'autant plus chaleureuses. Les salles de bains sont communes, mais les chambres doubles disposent de téléphone, lavabo et peignoirs de bain. La pension appartient à l'Hotel Ísafjörður, où il faut habituellement se rendre pour les formalités.

Ísafjörður

Ísafjörður

Les incontournables
1 Musée de la Vie quotidienne C2
2 Musée patrimonial des fjords de l'Ouest B4

À voir
3 Maison de la culture B1
4 Vieille ville D2

Activités
5 Borea C3
6 West Tours C3
7 Wild Westfjords C2

Où se loger
8 Gamla Gistihúsið C1
9 GentleSpace Guesthouse B1
10 Hótel Edda A2
11 Hótel Ísafjörður C2
12 Ísafjörður Hostel C2
13 Koddinn B1
14 Litla D2
15 Mánagisting Guesthouse C2

Où se restaurer
17 Hamraborg C2
Húsið .... (voir 13)
18 Netto C2
19 Thai Koon C2
20 Tjöruhúsið B4
Við Pollinn .... (voir 11)

Où prendre un verre et faire la fête
21 Edinborg C3

Achats
22 Fiskbúð Sjávarfangs C4
23 Karitas C3
24 Centre Neisti C2
25 Rammagerð Ísafjarðar C3
26 Vínbúðin B3

VAUT LE DÉTOUR

VIGUR

Cette ravissante bourgade est une destination prisée pour les excursions d'une journée au départ d'Ísafjörður. En saison, des centaines de macareux viennent s'y reproduire. Le reste de l'année, c'est un coin tranquille à l'embouchure du Hestfjörður, avec une vue panoramique sur le fjord dans toutes les directions, des phoques qui plongent dans l'eau et la possibilité d'apercevoir baleines et dauphins.

Outre l'observation des animaux et une belle balade, on peut y photographier le plus vieux phare d'Islande (1837) et s'offrir de délicieuses pâtisseries au café, une des ravissantes maisons éparpillées sur l'île (ne manquez surtout pas les roulés à la cannelle, s'il y en a). West Tours, à Ísafjörður, et Ögur Travel (p. 269), à Ögur, organisent des excursions en bateau et des sorties en kayak jusqu'à l'île.

Koddinn GUESTHOUSE $$
(☎456 5555 ; lovisa@snerpa.is ; Hrannargata 2 ; s/d 7 000/1 7000 ISK). Dans les 5 chambres douillettes aménagées au-dessus du café-bar Húsið (voir plus bas), le mobilier ancien s'accommode d'une cuisine et de tout le confort moderne. Les salles de bains sont communes. Si vous n'êtes pas un couche-tard, évitez les vendredis et samedis soir : le bar ne ferme qu'à 3h. Vous pourrez dormir dans votre duvet pour payer un peu moins cher.

Hótel Edda HÔTEL, CAMPING $$
(☎444 4960 ; Menntaskólinn ; d/tr sans sdb 20 000/23 000 ISK ; ⏲déb juin à mi-août). Durant les vacances d'été uniquement, on peut loger dans l'école secondaire de la ville, laquelle comprend 33 chambres simples mais élégantes avec salle de bains, et d'autres, plus rudimentaires, où l'on dort dans son duvet (2 700 ISK), et un camping réservé aux tentes (à partir de 1 200 ISK).

Litla GUESTHOUSE $$
(☎474 1455 ; Sundstræti 43 ; d/tr sans sdb 16 000/17 800 ISK ; 📶). La palette tire sur le vert sale et les chambres sont très simples, mais cette pension douillette occupe une des rues historiques les plus pittoresques d'Ísafjörður.

Hótel Ísafjörður HÔTEL D'AFFAIRES $$
(☎456 4111 ; www.hotelisafjordur.is ; Silfurtorg 2 ; d/tr avec petit-déj 25 800/43 300 ISK ; @📶). Le type même de l'hôtel d'affaires de centre-ville privilégié par les groupes en voyage organisé. Belle vue sur les toits et le fjord depuis les chambres des étages supérieurs.

Où se restaurer

Hamraborg RESTAURATION RAPIDE $
(☎456 3166 ; www.facebook.com/pg/hamraborgehf ; Hafnarstraeti 7 ; plats à partir de 1 200 ISK ; ⏲9h-23h30 ; 📶). Dans ce restaurant (élu meilleur de sa catégorie à la faveur d'un sondage radiophonique national), les habitants viennent bavarder autour d'un burger sauce béarnaise ou d'une pizza. TV branchée sur les programmes sportifs.

Thai Koon THAÏLANDAIS $
(☎456 0123 ; Hafnarstræti 9, centre Neisti ; plats à partir de 1 800 ISK ; ⏲11h30-20h lun-sam, 17h-20h dim). Après plusieurs jours dans une région reculée aux choix gastronomiques limités, ce petit restaurant thaïlandais vous paraîtra exotique en diable. Le cadre est quelconque, mais on y sert des nouilles et currys copieux et savoureux.

♥ **Tjöruhúsið** POISSON ET FRUITS DE MER $$
(☎456 4419 ; www.facebook.com/tjoruhusid ; Neðstakaupstaður 1 ; plats 2 600-5 700 ISK ; ⏲12h-14h et 19h-21h juin-sept). Installé dans un bâtiment de 1781, ce restaurant chaleureux et rustique sert l'une des meilleures cuisines de la mer des environs. Le menu du soir, en self-service, comprend soupe, poisson du jour (en arrivage direct du port tout proche) et dessert du type mousse au chocolat. Bancs à l'extérieur par beau temps. Le dîner, qui débute à 19h précises, est très prisé – réservez.

♥ **Húsið** INTERNATIONAL $$
(☎456 5555 ; Hrannargata 2 ; plats 1 890-3 590 ISK ; ⏲cuisine 11h-22h ; 📶). Asseyez-vous dans la salle devant une table en bois grossièrement taillée ou sur la terrasse ensoleillée pour savourer un excellent repas et une bière pression dans une ambiance détendue. Sur fond de musique tendance, les serveurs vous apporteront poisson, burgers, pizzas et agneau d'Islande. Un point de chute plaisant où jouent régulièrement groupes et DJ.

Við Pollinn ISLANDAIS, POISSON $$$
(456 3360 ; www.vidpollinn.is ; Silfurtorg 2 ; plats 2 700-5 900 ISK ; 11h-21h mai-sept, horaires réduits reste de l'année). La cuisine servie au restaurant de l'Hótel Ísafjörður compense largement un cadre minimaliste et un brin fade. Les plats islandais, en particulier le poisson (ultra-frais), sont préparés avec brio, et l'on jouit depuis les fenêtres d'une belle vue sur le fjord et le port.

Faire son marché

Ísafjörður est l'endroit idéal pour se ravitailler avant de rejoindre quelque coin reculé.

Bónus SUPERMARCHÉ $
(527 9000 ; www.bonus.is ; Skeiði 1 ; 11h-18h30 lun-jeu, 10h-19h30 ven, 10h-18h sam, 12h-18h dim). Prix modérés. Sur la route principale.

Netto SUPERMARCHÉ $
(www.netto.is ; Hafnarstræti 9 ; 10h-19h). Dans Hafnarstræti.

Vínbúðin ALCOOL
(456 3455 ; www.vinbudin.is ; Suðurgötu 8 ; 11h-18h, 11h-19h sam, 11h-16h dim). Chaîne de spiritueux islandaise.

Où prendre un verre et faire la fête

Edinborg CAFÉ, BAR
(456 8335 ; Aðalstræti 7 ; 12h-23h lun-jeu, 12h-3h ven, 16h-3h sam, 16h-23h dim ;). Une ambiance sereine distingue ce café, où un bar décontracté et un billard côtoient un restaurant servant d'excellents burgers et du poisson. Avec les musiciens qui viennent jouer de temps en temps et la bière locale pression – la Dokkan, ambrée et acidulée –, l'ensemble concourt au succès de l'endroit. Dans le même bâtiment que l'office du tourisme, qui date de 1907.

Achats

Fiskbúð Sjávarfangs ALIMENTATION ET BOISSON
(869 2429 ; kari10@simnet.is ; Sindragata 11 ; 11h-18h lun-ven). Des produits débarqués à quelques centaines de mètres de là garnissent les comptoirs de cette sympathique poissonnerie. Kári, propriétaire, vous montrera les crevettes cuites, la truite arc-en-ciel fumée et l'omble chevalier, ainsi que le haddock, le flétan et le poisson-chat *harðfiskur* (séché). On y vend aussi, dans de nombreux coloris, des cuirs tirés de la peau de saumon. On peut acheter des peaux entières (à partir de 4 300 ISK) ou transformées en sacs à main et nœuds papillon.

Karitas VÊTEMENTS
(Aðalstræti 20 ; 11h-18h lun-jeu, 11h-16h ven-sam). Petite boutique saisonnière vendant des pulls traditionnels islandais faits main, des chaussettes, des bonnets, des châles et des bijoux.

Rammagerð Ísafjarðar ARTISANAT
(456 3041 ; Aðalstræti 14 ; 13h-18h lun-ven, 12h-14h sam). Beaux tricots et artisanat local.

Centre Neisti CENTRE COMMERCIAL
(Hafnarstræti 9 ; 10h-20h, 12h-20h sam-dim). Ce centre commercial central regroupe la poste, un supermarché et la cantine Thai Koon.

Renseignements

Centre d'information régional des fjords de l'Ouest (450 8060 ; www.isafjordur.is ; Aðalstræti 7, Edinborgarhús ; 8h-18h lun-ven, 8h-15h sam-dim juin-août, 8h-16h lun-ven sept-mai). Près du port, dans l'Edinborgarhús (1907), le sympathique personnel est une mine de renseignements sur les fjords de l'Ouest et la réserve naturelle du Hornstrandir. Poste Internet (10 min gratuites) et consigne à bagages (200 ISK/jour).

Hôpital (Heilbrigðisstofnun Vestfjarða Ísafirði ; 450 4500 ; www.fsi.is ; Torfnes). Le grand hôpital d'Ísafjörður, dont dépendent d'autres centres médicaux de la région.

Poste (580 1000 ; www.postur.is ; Hafnarstræti 9 ; 9h-16h30 lun-ven)

Depuis/vers Ísafjörður

AVION

Air Iceland Connect (p. 253) assure 2 vols quotidiens entre l'**aéroport d'Ísafjörður** (IFJ ; 570 3000 ; www.airicelandconnect.com), à 5 km au sud de la ville le long du fjord, et l'aéroport domestique de Reykjavík. Également : circuits d'une journée.

Un Flybus coïncidant avec les vols relie Ísafjörður à l'aéroport (1 000 ISK). Il s'arrête près de l'Hótel Ísafjörður et pousse jusqu'à Bolungarvík (1 500 ISK).

BATEAU

En été, des ferrys West Tours (p. 264) et Borea (p. 264) pour le Hornstrandir partent du port de Sundahöfn, sur le côté est du promontoire de la ville.

BUS

Ísafjörður est le principal nœud de transports dans les fjords de l'Ouest. L'arrêt des bus longue distance (p. 253) est à l'office du tourisme.

Services assurés par Westfjords Adventures (p. 253) :

- De juin à août, un bus dessert Patreksfjörður (9 900 ISK) et Brjánslækur (terminal du ferry pour Stykkishólmur ; 8 400 ISK) via Þingeyri, Dynjandi et Flókalundur (1/jour dans chaque direction lun, mer et ven).
- Sur réservation fin mai et début septembre.
- Pas de bus de mi-septembre à fin mai.

Les bus suivants partent d'Ísafjörður de mi-mai à début septembre (service réduit en hiver) :

- **Bus pour Hólmavík** (7 000 ISK, 3 heures, 3/sem). Gérés par **Hópferðamiðstöð Vestfjarða** (☎893 1058 ; vidfjordinn@vidfjordinn.is). Réservez la veille.
- **Bus pour Reykjavík** (13 900 ISK, 7 heures, 3/sem). Prenez un bus pour Hólmavík ou Brjánslækur, puis une correspondance. À Hólmavík, prenez le bus Strætó (p. 457) n°59 pour Borgarnes, puis faites un autre changement. À Brjánslækur, prenez le ferry pour Stykkishólmur, puis le bus Strætó n°58 pour Borgarnes et la correspondance pour Reykjavík.
- **Bus pour Akureyri** Prenez le bus jusqu'à Brjánslækur, puis le ferry jusqu'à Stykkishólmur, où vous passerez la nuit avant de prendre le bus le lendemain et une correspondance à Borgarnes (25 500 ISK, 24 heures, 3/semaine). On peut aussi prendre un bus à Hólmavík pour Borgarnes puis une correspondance pour Akureyri (19 400 ISK, 12 heures, 3/sem). Cette dernière formule n'est faisable en une journée que le dimanche ; les mercredis et vendredis, il faut passer la nuit à Borgarnes ou à Bifröst. Ce trajet est assuré par Hópferðamiðstöð Vestfjarða et les bus Strætó.

Les bus municipaux (p.253) s'arrêtent à Pollgata, sur le front de mer :

- Flateyri et Þingeyri (350 ISK, 3-4/jour lun-ven)
- Suðureyri (350 ISK, 20 min, 3-4/jour lun-ven)
- Un bus pour Bolungarvík (1 000 ISK, 15 min, 5/jour lun-ven) part du kiosque de Hamraborg, près du supermarché Netto.

Consultez les horaires au centre d'information ou sur www.westfjords.is.

VOITURE

Pour du covoiturage, consultez les sites www.samferda.net.

Avis (☎591 4000 ; www.avis.com ; aéroport d'Ísafjörður)

Europcar (☎840 6074 ; www.holdur.is ; aéroport d'Ísafjörður)

Hertz (☎522 4400 ; www.hertz.is ; aéroport d'Ísafjörður)

Comment circuler

Les bus de ville (350 ISK) circulent de 7h30 à 18h15 et relient le centre-ville à Hnífsdalur et Holtahverfi, en périphérie. Ils marquent un arrêt sur le front de mer.

West Tours (p. 264) loue des vélos (7 500/10 000 ISK pour 4/12 heures).

Bolungarvík

924 HABITANTS

Malgré une situation spectaculaire au bout du fjord, Bolungarvík est en soi une bourgade assez terne et dénuée d'âme, bien que le Musée maritime mérite une visite. Bolungarvík était autrefois reliée à Ísafjörður par une route dangereuse (p. 266) au pied du mont Óshlíð qui n'est plus empruntée que par les piétons depuis la construction d'un tunnel de 5,4 km entre les deux localités.

À voir

Musée maritime Ósvör — MUSÉE

(Ósvör Sjóminjasafn ; ☎892 5744 ; www.osvor.is ; adulte/enfant 1 000 ISK/gratuit ; 9h-17h, 10h-17h sam-dim juin à mi-août, sur rdv reste de l'année). Les cabanes en tourbe et en pierre présentées dans ce musée sont la saisissante évocation d'une époque révolue. Un guide arborant le costume typique des pêcheurs, en peau de mouton, vous fera découvrir ce village installé sur le rivage. Il en détaillera l'histoire et le mode de vie traditionnel, de l'époque de la colonisation à nos jours. Il y a aussi une cabane de pêcheur exiguë remplie d'objets anciens et un bateau à rames.

Quand on vient d'Ísafjörður, le musée se trouve après un virage à droite, juste après la sortie du tunnel conduisant à Bolungarvík.

Muséum d'Histoire naturelle — MUSÉE

(Náttúrugripasafn Bolungarvíkur ; ☎456 7507 ; www.nabo.is ; Vitastígur 3). Ce musée présentant des minéraux (tel le lignite, rappelant l'époque où l'Islande était couverte de végétaux) et des animaux empaillés était fermé à l'été 2021 pour une complète renovation.

Où se loger et se restaurer

Un seul restaurant est ouvert à Bolungarvík : la pittoresque Einarshúsið. Il y a plus de choix, ainsi que des épiceries, à Ísafjörður.

Einarshúsið — GUESTHOUSE $$

(☎456 7901 ; einarshusid.is ; Hafnargata 41 ; d/ste sans sdb 15 300/20 300 ISK ; mai-sept ; wifi). Installée près du port, dans une demeure du début du XXe siècle, l'Einarshúsið est la meilleure adresse de la ville pour se loger et se restaurer. Les 8 charmantes chambres sont décorées dans le style ancien de la maison, mais jouissent de salles de bains modernes (évitez toutefois la chambre du sous-sol). Le restaurant (10h-20h ; plats 1 900-3 900 ISK) sert des petits-déjeuners, des burgers, des soupes (etc.) et du poisson du jour.

Achats

O-Design ARTISANAT

(☎692 5607 ; www.facebook.com/odesigniceland ; Vitastígur 1 ; ⏲16h-18h30 jeu-ven, 12h-16h sam). Cette petite boutique lumineuse vend de l'artisanat et des objets de décoration islandais. Les horaires sont parfois erratiques.

Depuis/vers Bolungarvík

Des bus (p. 253) desservent Ísafjörður (1 000 ISK, 5/jour lun-ven) – départ de l'intersection entre Vitastígur et Aðalstræti.

Le trajet en Flybus jusqu'à l'aéroport d'Ísafjörður (p. 267) coûte 1 500 ISK et les horaires coïncident avec les vols.

Ísafjarðardjúp

Ísafjarðardjúp, le plus grand fjord de la région (75 km de long), forme une immense échancrure dans le territoire des fjords de l'Ouest. Sur sa rive sud, la route 61 contourne une série de fjords plus petits, si bien qu'en se rendant de la trépidante localité d'Ísafjörður (la plus grande des fjords de l'Ouest) à Hólmavík, sur la côte du Strandir, on a l'impression de passer en revue toutes les dents d'un peigne.

Le Drangajökull, un énorme glacier, s'étend de l'autre côté du fjord. La réserve naturelle du Hornstrandir (p. 272) se trouve plus loin, tout au nord.

Súðavík

À l'est d'Ísafjörður, ce petit village de pêcheurs jouit d'une vue incroyable sur la péninsule de Snæfjallaströnd, de l'autre côté du fjord. Ensemble de maisons colorées sans grand intérêt, il mérite toutefois une visite pour le **Centre du renard arctique** (Melrakkasetur ; ☎456 4922 ; www.arcticfoxcenter.com ; Eyrardalur ; 📶), qui avait temporairement fermé ses portes à cause de la pandémie de Covid-19. L'étude de ce renard a débuté il y a des années dans le Hornstrandir et cette exposition détaille la vie de ces animaux, leurs relations avec l'homme et leur habitat. Le centre abrite, outre une multitude de renards empaillés dans des poses réalistes, des spécimens bien vivants, recueillis orphelins et gardés dehors, dans un enclos. Il occupe la ferme rénovée d'**Eyrardalur**, l'un des bâtiments les plus anciens du secteur. Le café du centre est idéal pour côtoyer les habitants – goûtez la soupe du jour (1 600 ISK), accompagnée de pain maison. Le centre emploie des bénévoles ; consultez le site Internet.

Skötufjörður

♥ **Litlibær** CAFÉ $

(☎456 4809 ; litlibaer.is ; Skötufjörður ; gaufres et café 1 200 ISK ; ⏲10h-17h mi-mai à mi-sept). Cette maison du XIXe siècle au toit de tourbe, remplie de photos de famille et de souvenirs, est l'un des restaurants les plus pittoresques des fjords de l'Ouest. Les propriétaires, nés et élevés dans cette ferme, concoctent de savoureuses gaufres en forme de cœur garnies de crème fouettée et de confiture de myrtille et de framboise maison.

Un **point de vue** (route 61 ; ⏲24h/24) GRATUIT sur les phoques se trouve à 1 km au nord.

Ögur

Ögur Travel CIRCUITS

(☎857 1840 ; www.ogurtravel.com ; route 61, Ögur ; ⏲mai-sept). Cette agence propose des circuits en kayak ou à pied (à partir de 5 500 ISK) de quelques heures à plusieurs jours. Très prisée, la sortie en kayak de 4 heures à Vigur (p. 266 ; 24 500 ISK) permet d'admirer le paysage exceptionnel et l'avifaune. Réservez. Les excursions partent d'un agréable **café** (en-cas 700-1 400 ISK ; ⏲10h-18h juin-déb août) situé sur le promontoire, à l'est du Skötufjörður.

Mjóifjörður

Heydalur GUESTHOUSE, CAMPING $$

(☎456 4824 ; www.heydalur.is ; Mjóifjörður ; empl 1 500 ISK par adulte, s/d/bung à partir de 15 500/20 350/25 600 ISK ; 📶🍴). Cette adresse, cachée au bout du Mjóifjörður, vaut bien un détour de 11 km depuis la route 61. Des chalets sont regroupés autour d'une grange aménagée, le camping longe la rivière, et des *hot pots* en plein air ou abrités et une piscine géothermale sont disséminés un peu partout. Le **restaurant** (plats 1 800-3 600 ISK ; 10h-21h juin-août) sert une cuisine consistante.

Culture islandaise

La météo n'est pas propice aux activités de plein air ? Nul souci : vous aurez largement de quoi vous occuper avec la riche culture et l'inventivité islandaises. Les sagas ont forgé un patrimoine de contes et de légendes ; la musique comme le design s'inspirent de la nature ; et la tradition et l'innovation sont toutes deux à l'honneur. Les Islandais, attachés à leur l'identité, l'affichent résolument.

3

DARIA MEDVEDEVA/SHUTTERSTOCK ©

4

ARCTIC-IMAGES/GETTY IMAGES ©

1. Musée des Sagas (p. 60)
Reconstitution de la bataille d'Örlygsstaðir (1238) au musée des Sagas.

2. Sculpture
Sculpture en plein air *Waiting* (*L'Attente*), d'Aðalheiður S. Eysteinsdóttir, à Siglufjörður (p. 294).

3. Reykjavík Pride (p. 26)
Une rue piétonne décorée pour le défilé de la *gay pride*.

4. Hallgrímskirkja (p. 61)
La Hallgrímskirkja, lors du Winter Lights Festival.

5. Nuit de la Culture à Reykjavík (p. 27)
Une journée et une nuit dédiées à l'art, à la musique, à la danse et aux feux d'artifice.

5

KONDRUKHOV/SHUTTERSTOCK ©

On peut faire de l'**équitation** (8 000 ISK/heure) et du **kayak** (7 000 ISK les 2 heures), avec un guide.

Reykjarfjörður

Saltverk Reykjanes ALIMENTATION
(☎519 6510 ; www.saltverk.com ; Reykjarfjörður ; adulte/enfant 2 000 ISK/gratuit). Des restaurants réputés du monde entier utilisent ce sel croquant, conditionné dans une usine artisanale de Reykjanes. Ici, vous verrez les bassins couverts fumants où l'on recueille les cristaux de sel floconneux dans d'immenses cuves. On peut acheter du sel en bocal en fin de visite ; il y a des sels aux algues, à la réglisse ou fumés. Appelez pour être sûr de pouvoir visiter.

Snæfjallaströnd

Sur la rive nord-est de l'Ísafjarðardjúp, la route 635 non goudronnée mène au nord vers la magnifique vallée verdoyante de **Kaldalón**, qui se prolonge jusqu'à la calotte glaciaire du **Drangajökull**. Vous pouvez marcher jusqu'au départ du glacier, mais ne vous aventurez pas plus avant sans guide, car la neige dissimule des crevasses dangereuses.

Plus au nord-ouest, **Snæfjallaströnd** a été abandonnée en 1995, mais les marcheurs bien préparés peuvent effectuer une randonnée de 2 jours (30 km) sur la "Route postale" qui part de l'église d'Unaðsdalur et longe le littoral jusqu'au baraquement de **Grunnavík**, d'où l'on peut prendre le bateau pour Ísafjörður.

Juste avant l'église d'Unaðsdalur, le refuge de **Dalbær** (☎893 6405 ; www.snjafjallasetur.is/tourism.html ; route 635 ; dort 4 000 ISK, empl 1 500 ISK ; ⌚mi-juin à fin août) est en pleine nature en lisière du Hornstrandir – on peut dormir avec son duvet ou camper.

Steinshús MUSÉE
(☎822 1508 ; www.steinnsteinarr.is ; route 635, Nauteyri ; ⌚10h-20h juin-sept). GRATUIT Ce musée à la mémoire de Steinn Steinarr (1908-1958), l'un des plus célèbres poètes islandais, occupe l'ancienne maison de l'artiste. Il retrace, en islandais et en anglais, son enfance malheureuse au sein d'une famille déchirée, puis sa découverte de la poésie et son essor en tant qu'écrivain. À 3 km au nord de la route 61, sur la route 635, non goudronnée.

HORNSTRANDIR

Montagnes escarpées, littoral aux falaises dangereuses et cascades entourent cette péninsule à peine habitée à l'extrémité nord des fjords de l'Ouest. Ce territoire – l'un des derniers authentiquement sauvages d'Europe – occupe l'une des régions les plus inhospitalières du pays. C'est une destination de choix pour les randonneurs chevronnés, ainsi que pour observer renards arctiques, phoques, baleines et oiseaux.

Quelques hardis fermiers ont habité le Hornstrandir jusque dans les années 1950 mais, depuis 1975, ces 580 km² de toundra, de fjord, de glacier et de hauteurs alpines font partie de la **réserve naturelle du Hornstrandir** (☎591 2000 ; www.ust.is/hornstrandir), régie par des règles parmi les plus strictes du pays, avec pour but notamment d'en protéger la flore, aussi riche que fragile. Des descendants des anciens fermiers sont récemment venus s'installer et rénover les anciennes maisons ; une grande partie des terres est privée (respectez l'intimité des propriétaires). Restez sur les sentiers balisés, cantonnez-vous aux campings indiqués et emportez tous vos déchets.

Météo, sécurité et équipement

Les services étant inexistants, vous devrez parer à tout incident. Entre relief escarpé, fortes pluies qui rendent les rivières rapidement infranchissables, brouillards parfois épais : toute randonnée ici est lente et complexe. Les rivières se transforment au gré des marées ; procurez-vous les horaires. La plupart des sentiers ne sont pas balisés : il est impératif d'avoir une carte (comme la *Vestfirðir & Dalir 1*), une boussole et un GPS. Les vêtements imperméables de bonne qualité sont indispensables, car la progression se fait souvent sous la pluie froide avec de trop brefs répits. Une mauvaise préparation pourrait nécessiter l'intervention des secours.

Bien que les ferrys circulent de juin à août et que la saison touristique s'étende de fin juin à mi-août, juillet est la meilleure période pour visiter le Hornstrandir. Passé l'été, les gens sont encore plus rares et le temps est encore plus imprévisible. De septembre au 15 juin, il est obligatoire de notifier sa présence aux gardes du parc.

RANDONNÉE DANS LE HORNSTRANDIR

Comment choisir parmi tous les sentiers qui sillonnent la péninsule du Hornstrandir ? Les habitants comme les touristes s'accordent à dire que la Corne royale (ou Hornsleið) est de loin le meilleur itinéraire pour admirer toutes les merveilles de la réserve. Cette randonnée de 4 ou 5 jours peut être facilement modifiée en cas de mauvais temps. Les sentiers balisés par des cairns et peu fréquentés permettent de ne pas s'égarer et de profiter pleinement de cette région isolée. Préparez-vous soigneusement, réservez votre retour en bateau et renseignez-vous auprès des gardes sur les conditions météo avant de vous lancer.

La Corne Royale

1er jour : Prenez le bateau à Ísafjörður pour le Veiðileysufjörður, l'un des *jökulfirðir* (fjords glaciaires) locaux. La randonnée part d'une rue proche du pied du fjord et suit un chemin marqué par des cairns qui gravit la pente et passe le col. De là, il est possible de descendre par l'autre versant jusqu'au camping de Höfn, dans le Hornvík. L'étape entre le Veiðileysufjörður et le Hornvík peut prendre entre 4 et 8 heures. Un poste de *rangers* (gardes forestiers) est installé dans le camping de Höfn (Hornvík). Arrêtez-vous pour demander les prévisions météo et des renseignements sur l'état des sentiers.

2e jour : Passez une deuxième nuit dans le Hornvík et profitez du 2e jour pour aller voir **Hornbjarg**, l'une des plus belles falaises colonisées par les oiseaux et par une faune et une flore variées.

3e jour : Du Hornvík, ralliez le Hlöðuvík. Le chemin, en partie balisé, traverse un col. À l'arrivée, mieux vaut camper près du **Hlöðuvíkurós** (l'embouchure du fleuve Hlöðuvík). Comme le Hornvík, le Hlöðuvík donne au nord : c'est l'endroit idéal pour admirer le soleil de minuit. Prévoyez environ 6 heures pour cette étape.

4e jour : Traversez le **Kjarnsvíkurskarð** (un col) et le **Hesteyrarbrúnir** jusqu'à **Hesteyri** (environ 8 heures). Hesteyri est un vieux village qui fut abandonné vers le milieu du XXe siècle. On y voit quelques maisons bien conservées, au milieu des champs d'angéliques. Les ruines d'une station baleinière du début du siècle se trouvent près du village. Le café de Hesteyri est une bonne halte en fin de parcours. On peut y attendre le ferry pour Ísafjörður à bord duquel on a réservé son retour.

5e jour : On peut aussi passer une nuit à Hesteyri et consacrer une journée à la découverte des environs avant de reprendre le bateau. Vous pourrez loger au camping ou, si vous avez réservé, dans la Old Doctor's House, à Hesteyri.

Version courte

Prenez le ferry jusqu'à Veiðileysufjörður, grimpez jusqu'à Hornvík et passez-y 2 ou 3 nuits sans oublier d'aller sur le Hornbjarg. Revenez sur vos pas pour prendre le bateau à Veiðileysufjörður, où vous devrez avoir préalablement réservé votre place.

Autre solution : ralliez Hesteyri en bateau et faites une excursion d'une journée. (Réservez votre nuit à l'Old Doctor's House pour y dormir dans votre duvet.)

Même en été, il est bon de se signaler sur www.safetravel.is. Il est également indispensable de s'organiser à l'avance et de demander conseil sur place : de grandes congères à façade presque verticale peuvent boucher les cols, les rivières peuvent devenir impraticables et des ours polaires débarquent parfois, arrivés sur des banquises à la dérive.

Le parc abrite plusieurs refuges d'urgence équipés d'une radio VHF réglée sur la fréquence des gardes-côtes d'Islande, en cas d'urgence. Ils sont souvent situés à proximité des campings.

Par sécurité, réservez votre trajet de retour en bateau. L'alerte sera donnée si vous ne vous présentez pas. Les ferrys ne desservent pas quotidiennement tous les points de ramassage : organisez-vous pour arriver au bon moment.

Avant de vous lancer, n'oubliez pas de vous renseigner sur l'état du parcours auprès des gardes du parc. Les agences d'Ísafjörður organisent des excursions guidées dans la réserve.

Hornstrandir

Circuits organisés

Installées à Ísafjörður, les agences West Tour (p. 264), Borea (p. 264) et Wild Westfjords (p. 264) se taillent la part du lion pour ce qui est d'organiser des activités (bateau, kayak, ski, etc.) dans les étendues du Hornstrandir.

Où se loger

Dans la partie centrale du Hornstrandir, vous trouverez des hébergements avec option duvet à Hesteyri, Hornbjargsviti et Grunnavík. Deux autres vous attendent à l'extrême est, à Reykjarfjörður et Bolungarvík.

Le camping est néanmoins à privilégier dans le Hornstrandir, où il est gratuit. Veillez à ne laisser aucun déchet et à rester dans les emplacements prévus, car le camping sauvage est interdit dans la réserve naturelle. Tous les terrains de camping disposent de toilettes sèches. Les portes des toilettes sont lestées avec de lourds morceaux de bois, afin d'éviter les dégâts que causerait inévitablement le vent si elles étaient laissées ouvertes – n'oubliez pas de les refermer convenablement.

Le camping sur une propriété privée aménagée coûte environ 1 500 ISK/pers. Prévoyez jusqu'à 5 000 ISK pour une nuit avec option duvet, à réserver bien à l'avance, surtout à Hesteyri.

Old Doctor's House GUESTHOUSE $

(☎845 5075, juin-août 899 7661 ; www.hesteyri.net ; Heysteri ; d avec petit-déj et dîner 16 000 ISK ; ⏲mi-juin à fin août). C'est de loin le logement le plus complet du Hornstrandir. Le séjour dans ce café-pension inclut dîner, couchage et petit-déjeuner buffet. Réservez tôt.

Hornbjargsviti REFUGE $

(☎852 0333, Ferðafélag Íslands 568 2533 ; www.fi.is ; empl 2 100 ISK/pers, dort 9 000 ISK ; ⏲mi-juin à fin août). Gérée par Ferðafélag Íslands (FI) et adjacente au phare du même nom sur la côte est, cette auberge de 40 places propose cuisine, salle de séchage et douches à pièces.

Grunnavík AUBERGE DE JEUNESSE $

(☎866 5491, 456 4664 ; www.facebook.com/thjonustagrunnavik ; Jökulfjirðir ; empl 1 500 ISK/pers, dort 5 000 ISK ; ⏲juil à mi-août). En dehors de la réserve naturelle du Hornstrandir, le Grunnavík dispose d'un camping et peut héberger une vingtaine de personnes avec leur duvet.

Bolungarvík á Ströndum REFUGE $

(☎861 1425, 893 6926 ; 4 000 ISK/pers ; ⏲juil, reste de l'année sur réservation). Refuge sommaire, sur la côte sud-est du Hornstrandir, généralement fréquenté par les marcheurs au départ ou à l'arrivée de leur randonnée.

Reykjarfjörður REFUGE $

(☎892 1545, Reykjarfjörður 853 1615 ; www.reykjarfjordur.is ; empl adulte/enfant 1 500 ISK/gratuit, dort 4 700 ISK, bung à partir de 15 600 ISK ; ⏲juin-juil ; 🏊). Camping, lit avec option duvet (sans électricité), petit bungalow de 5 personnes, piscine géothermale de 20 m et *hot pot*. Dans la réserve naturelle du Hornstrandir, à ne pas confondre avec l'autre Reykjarfjörður, plus au sud sur la côte du Strandir.

Où se restaurer

Sauf si vous vous contentez des repas rudimentaires servis à l'Old Doctor's House (ci-contre) à Hesteyri, vous devrez prévoir vos propres repas.

Les feux de camp sont interdits dans la réserve et les réchauds doivent être utilisés avec précaution.

Renseignements

Rangers du Hornstrandir (Agence islandaise pour l'environnement ; ☎591 2000 ; www.ust.is/hornstrandir). En arrivant dans la réserve naturelle du Hornstrandir (p. 272) entre septembre et le 15 juin, il faut obligatoirement se signaler auprès d'un garde.

Depuis/vers le Hornstrandir

Pour rejoindre le Hornstrandir, prenez le ferry à Ísafjörður (quai de Sundahöfn (p. 267) à l'est du promontoire de la ville) ou à Norðurfjörður (sur la côte du Strandir), de juin à août. Un aller coûte entre 9 500 et 15 700 ISK, selon la destination – moitié prix pour les enfants. Pour des raisons de sécurité, il faut réserver son retour.

Depuis Ísafjörður, West Tours (p. 264) gère les bateaux *Sjóferðir* desservant notamment :

Aðalvík (10 700 ISK, 2/sem)
Grunnavík (10 300 ISK, 1/sem)
Hesteyri (10 300 ISK, 6/sem)
Hornvík (6 800 ISK, 1/sem)
Hrafnfjörður (15 700 ISK, 1/sem)
Veiðileysufjörður (2 700 ISK, 2/sem)

Depuis Ísafjörður également, Borea (p. 264) gère les bateaux *Bjarnarnes* pour :

Aðalvík (11 500 ISK, 2/sem)

Grunnavík (9 500 ISK, 2/sem)
Hesteyri (10 500 ISK, 4/sem)
Hornvík (14 500 ISK, 2/sem)
Veiðileysufjörður (11 500 ISK, 6/sem)

Hornbjargsviti, Hlöðuvík, Fljótavík, Slétta (Sléttunes) et Lónafjörður sont desservis sur demande. Début juin et fin août, il faut un minimum de 8 passagers.

De juin à mi-août, des bateaux Strandferðir partent à heure fixe (affrètement à la demande également) de Norðurfjörður, sur la côte du Strandir, pour Drangar (9 000 ISK), Reykjarfjörður (10 000 ISK), Þaralátursfjörður/Furufjörður (13 000 ISK), Látravík/Hornbjargsviti (15 000 ISK) et Hornvík (16 000 ISK). Ces prix correspondent à un aller simple ; les enfants paient demi-tarif.

RANDONNÉE

On peut randonner dans la réserve de Dalbær, dans le Sud, Grunnavík, dans le Sud-Ouest ou Norðurfjörður sur la côte du Strandir, mais ne sous-estimez pas les distances ou le relief. La carte *Vestfirðir & Dalir: 1* donne des durées approximatives pour les diverses sections des sentiers.

CÔTE DU STRANDIR

Faiblement peuplée, incroyablement paisible et très prisée des voyageurs, la côte est des fjords de l'Ouest est l'une des étendues les plus spectaculaires de l'île. Découpée par une succession de fjords et bordée de falaises irrégulières, la route qui part vers le nord de Hólmavík, seule localité importante de la région, est dure, sauvage et superbe. Le Strandir, la zone la plus reculée d'Islande, était jadis considéré comme un haut lieu de la sorcellerie. Au sud, de douces collines s'étirent le long du littoral jusqu'à Staðarskáli, où la densité de la circulation rappelle que l'on a rejoint la route circulaire.

De Staðarskáli à Hólmavík

Si le paysage est moins spectaculaire que plus au nord, le trajet sur la route 68 entre Staðarskáli (anciennement Brú) et Hólmavík longe de vastes fjords. Un bel itinéraire pastoral et vallonné, jalonné de petites fermes et d'églises solitaires.

À 12 km au sud de Hólmavík, le petit **musée de l'Élevage ovin** (Sauðfjársetur á Ströndum ; ☎693 3474, 451 3324 ; www.facebook.com/saudfjarsetur ; adulte/enfant 1 000 ISK/gratuit ; ⏲10h-18h juin-août ; 📶) revient sur l'histoire pastorale de la région au moyen de photos et d'objets et comprend un accueillant **café**. Pour se loger, il n'y a guère que les dortoirs du **Broddanes HI Hostel** (☎618 1830 ; www.hostel.is ; dort/d sans sdb 5 800/15 300 ISK ; ⏲mi-mai à mi-sept ; 📶), une auberge de jeunesse moderne sur la pointe au sud de Kollafjörður.

Aucun transport public n'emprunte la route 68, mais des bus Strætó (p. 457) relient Staðarskáli à Reykjavík et Akureyri (bus n°57), et Hólmavík à Borgarnes (bus n°59).

Hólmavík

320 HABITANTS

Le village de pêcheurs de Hólmavík donne sur le panorama d'eaux tranquilles du Steingrímsfjörður et se distingue par un pittoresque musée de la Sorcellerie (voir ci-dessous). C'est le meilleur endroit où s'approvisionner avant de partir vers les étendues plus sauvages au nord.

À voir et à faire

Musée de la Sorcellerie MUSÉE
(Strandagaldur ; ☎897 6525 ; www.galdrasyning.is ; Höfðagata 8 ; adulte/enfant 950 ISK/gratuit ; ⏲9h-19h mai-sept, horaires réduits reste de l'année ; 📶). Les expositions multilingues de ce musée primé relatent brillamment des histoires sombres et dramatiques. Contrairement aux procès de Salem en Nouvelle-Angleterre, la plupart des personnes condamnées pour sorcellerie en Islande furent des hommes. Leurs pratiques occultes tenaient en fait pour l'essentiel de traditions vikings ou de superstitions. Cependant, leurs grimoires cachés, pleins d'étranges symboles runiques, suffirent aux chasseurs de sorciers (les notables locaux) pour condamner au bûcher une vingtaine d'entre eux (pour la plupart des paysans). Ne manquez pas les descriptions détaillées des sorts ni l'étonnante "culotte du mort" (*nábrók*).

Le musée abrite l'office du tourisme et le Restaurant Galdur.

Une autre partie du musée, une maison couverte de tourbe appelée maison du Sorcier (p. 279), se trouve plus haut sur la côte à Bjarnarfjörður.

SINGULIERS PANTALONS

De tous les objets mystiques exposés au musée de la Sorcellerie, le plus étrange est sans doute la réplique en plastique d'un *nábrók*, culotte en peau humaine fabriquée à partir des jambes et du bas-ventre d'un mort. Selon une croyance établie, si le donneur donnait son accord verbal de son vivant pour que sa peau lui soit retirée après sa mort, ces culottes de peau apportaient la richesse à qui les portait (le scrotum était perpétuellement rempli de pièces de monnaie). Pour que cela fonctionne, la peau devait être exempte du moindre trou, le sorcier devait l'enfiler immédiatement et placer dans le scrotum une pièce volée à une veuve pauvre.

Si l'inépuisable richesse du scrotum était une aubaine, il avait un hic : le sorcier devait faire en sorte que quelqu'un d'autre enfilât ces culottes avant qu'il meure, sans quoi il était infesté de poux pour l'éternité.

Láki Tours OBSERVATION DES BALEINES
(☎ 546 6808 ; www.lakitours.com ; Hafnarbraut 14 ; adulte/enfant 10 400/5 200 ISK ; ⏲ mi-juin à août). Vous aurez sans doute la chance, à la faveur de ces excursions organisées par une petite agence écoresponsable, d'apercevoir des baleines à bosse jouant à l'abri dans le Steingrímsfjörður. Tentez aussi de repérer des baleines de Minke, des globicéphales, des dauphins à nez blanc et même des orques et des cachalots.

Circuits organisés

Strandahestar ÉQUITATION
(☎ 862 3263 ; www.strandahestar.is ; Víðidalsá ; 8 000 ISK/pers ; ⏲ juin-août). Équitation pour tous niveaux dans les vallées tranquilles proches de Hólmavík. À réserver par téléphone ou auprès de l'office du tourisme.

Où se loger

Iceland Visit Hostel AUBERGE DE JEUNESSE $
(☎ 860 6670 ; Hafnarbraut 25 ; dort 6 500 ISK ; Wi-Fi). Chaque couchette est équipée d'une smart TV, de rideaux et de lampes. Il y en a 4 par dortoir. Douches et cuisine chics et modernes.

Camping de Holmavík CAMPING $
(☎ 451 3560 ; www.strandabyggd.is ; empl adulte/enfant 1 290 ISK/gratuit ; ⏲ mi-mai à mi-sept). Camping herbeux avec laverie, à côté de la piscine municipale (où l'on paie).

Kríukot GUESTHOUSE $$
(☎ 892 6737 ; Hafnarbraut 17 ; d sans sdb à partir de 16 150 ISK ; Wi-Fi). Derrière la façade patinée par les éléments se cachent des chambres élégantes mêlant lits anciens, chaises fines et modernes et influences orientales. La cuisine est vaste et le séjour confortable donne sur la mer.

Il n'y a ni e-mail ni site Internet, mais on peut réserver sur des plateformes en ligne.

Finna Hótel HÔTEL $$
(☎ 451 3136 ; www.finnahotel.is ; Borgarbraut 4 ; d avec/sans sdb 22 500/15 500 ISK avec petit-déj ; Wi-Fi). Dans ce tout petit hôtel à flanc de colline, un couloir dallé de noir et blanc dessert les portes rouge cerise des chambres modernes et ingénieusement agencées, dont la moitié donne sur la mer. La salle du petit-déjeuner est ensoleillée et a vue sur le fjord.

Où se restaurer et prendre un verre

Kaupfélag SUPERMARCHÉ $
(☎ 455 3107 ; www.ksholm.is ; Höfðatúni 4 ; ⏲ 9h-22h30 juin-août, fermé dim reste de l'année). La plus grande épicerie du secteur est à côté de la station-service N1 et compte un petit café.

Restaurant Galdur CAFÉ $$
(☎ 897 6525 ; www.galdrasyning.is ; Höfðagata 10 ; plats 2 200-3 800 ISK ; ⏲ 9h-21h ; Wi-Fi). La carte change quotidiennement dans ce restaurant sympathique : il y a du poisson en provenance directe du fjord, des pizzas croustillantes et de la rhubarbe à la crème en dessert. Les tables extérieures sont agréables par beau temps.

Café Riis INTERNATIONAL $$
(☎ 451 3567 ; www.caferiis.is ; Hafnarbraut 39 ; plats 2 000-3 650 ISK ; ⏲ 11h30-21h, bar 11h30-22h ; Wi-Fi). Très apprécié, le pub-restaurant de la ville occupe un bâtiment en bois historique avec des symboles magiques gravés sur le bar. Délicieux poulet en croûte d'amande et de sésame.

Vínbúðin ALCOOL
(☎461 2114 ; www.vinbudin.is ; Höfðatúni 4 ; ⏲16h-18h lun-ven, 13h-19h sam, 14h-16h dim). Chaîne nationale de vins et spiritueux.

Renseignements

Centre d'information touristique (☎451 3111 ; www.holmavik.is/info ; Höfðagata 10 ; ⏲9h-18h ; 📶). Dans le musée de la Sorcellerie. Accès Internet, renseignements et cartes de randonnée (1 500 ISK).

Depuis/vers Hólmavík

Les bus font halte au supermarché près de la station-essence N1.

Reykjavík Prenez le bus Strætó (www.bus.is ; ☎540 2700) n°59 de Hólmavík à Borgarnes, puis le bus n°57 jusqu'à Reykjavík (6 900 ISK, 4 heures, 4/sem de mi-mai à mi-sept, 2/sem de mi-sept à mi-mai).

Akureyri Le dimanche de juin à août, prenez le bus Strætó n°59 jusqu'à Bifröst ou Borgarnes, puis le bus n°57 jusqu'à Akureyri (14 200 ISK, 8 heures). Le mercredi et le vendredi, il n'y a pas de correspondance le jour-même : il faut passer la nuit à Bifröst ou à Borgarnes.

Ísafjörður Un bus (7 000 ISK, 3 heures, 3/sem) géré par Hópferðamiðstöð Vestfjarða (p. 268) circule de mi-mai à mi-sept. Réservez la veille.

Pour acheter de l'essence à Hólmavík, il faut obligatoirement une carte N1 prépayée (non vendue sur place) ou une carte bancaire.

Drangsnes

77 HABITANTS

Sur l'autre rive du Steingrímsfjörður en face de Hólmavík, Drangsnes est un village reculé avec vue sur le nord de l'Islande et la petite île inhabitée de Grímsey. Cette localité vaut le détour pour ses inoubliables *hot pots* au bord de l'océan, sa cheminée de pierre liée à une légende et les excursions d'observation des oiseaux en bateau.

Au nord de Drangsnes, la route 645 accidentée serpente le long de superbes escarpements de roches friables et de minuscules baies jonchées de bois flotté. Cette route n'est pas desservie par les transports, mais les personnes motorisées seront enchantées par l'incroyable tranquillité, la vue magnifique et la sensation d'isolement. Les férus de littérature apprendront avec intérêt que la *Saga de Njáll le Brûlé* commence ici.

À voir et à faire

La **piscine municipale** (☎451 3201 ; sundlaug@drangsnes.is ; Grundargata 15 ; adulte/enfant 600 ISK/gratuit ; ⏲10h-21h lun-ven, 11h-18h sam-dim déb juin à fin août, horaires restreints le reste de l'année) possède deux *hot pots* – commode quand l'océan est trop agité pour qu'on puisse utiliser ceux en bord de mer.

♥ **Hot pots de Drangsnes** HOT POTS
(Aðalbraut ; don à l'entrée). Ne manquez pas ces *hot pots* géothermaux construits dans la digue le long de la route littorale. Il faut un œil de lynx pour repérer le petit panneau "baignade" et, au-delà de la route, le bâtiment blanc et bleu des douches et des toilettes. N'oubliez pas de vous doucher soigneusement avant de rejoindre les 3 bassins géométriques.

Kerling CURIOSITÉ NATURELLE
Selon la légende, cette cheminée de pierre courtaude serait tout ce qui reste d'un troll pétrifié et la formation située en mer, près de l'île de Grímsey, serait Uxi, son taureau. On dit qu'un jour les trolls creusèrent une tranchée pour séparer les fjords de l'Ouest de l'île principale, et que, trop absorbés par leur tâche, ils ne virent pas que le soleil se levait. Touchés par ses rayons, ils furent figés sur place.

Malhorn Boat Tours BATEAU
(☎899 4238, 451 3238 ; www.malarhorn.is ; Grundargata 17 ; adulte/enfant à partir de 8 900/4 000 ISK ; ⏲mi-juin à mi-août). À bord du *Sundhani ST3* à la proue relevée, vous verrez peut-être des phoques, des macareux et des baleines dans le Steingrímsfjörður. L'excursion de 4 heures à Grímsey démarre à 14h les jeudis et dimanches par beau temps.

Où se loger et se restaurer

Malarhorn GUESTHOUSE $$
(☎853 6520 ; www.malarhorn.is ; Grundargata 17 ; d avec/sans sdb à partir de 28 400/22 800 ISK, app à partir de 38 600 ISK ; 📶👪). Ces chalets en pin alignés semblent à la fois modernes et très douillets ; également, un cottage de 4 chambres bien conçu. Le petit-déjeuner, servi dans le lumineux **café** (plats 1 950-5 900 ISK ; ⏲8h-21h juin-août, sur rdv reste de l'année ; 📶), est inclus l'été dans le prix des *guesthouses* ; l'hiver, ou si vous louez l'appartement, il coûte 2 000 ISK/pers.

Bjarnarfjörður

Les curiosités de cette bourgade tranquille – la reconstitution d'une maison de sorcier et un *hot pot* alimenté par une source sacrée – offrent un aperçu du passé, teinté de magie, de cette portion du littoral. Bjarnarfjörður donne aussi accès à la spectaculaire route du Nord, qui offre une belle vue sur la péninsule de Skagi. Cette route est souvent fermée dès les premières chutes de neige en automne et jusqu'au printemps. Renseignez-vous auprès des habitants sur les conditions de circulation.

À **Kaldbaksvík**, le versant escarpé d'un large fjord dévale jusqu'à un petit village de pêcheurs au pied duquel se reflètent paisiblement les montagnes. Derrière le lac, un sentier de 4 km grimpe jusqu'au sommet du **Lambatindur** (854 m). Vous remarquerez les quantités de bois flotté accumulé le long du rivage – il vient pour une bonne part de Sibérie, par-delà l'océan Arctique.

♥ Piscine géothermale PISCINE GÉOTHERMALE
(Adulte/enfant 600/300 ISK ; ⌚8h-22h mai-sept). L'Hótel Laugarhóll possède une piscine géothermale (température de l'eau : 32°C à 35°C), située dans un cadre magnifique. Ne manquez pas le petit *hot pot* (41°C) juste à côté. Ce profond trou naturel dans la roche ne peut accueillir qu'une personne et est alimenté par **Gvenderlaug** GRATUIT, le bassin sacré situé en amont dans la montagne.

Maison du Sorcier MUSÉE
(www.galdrasyning.is ; Bjarnarfjörður ; ⌚8h-22h juin-août). GRATUIT Cette maison de 3 pièces au toit végétalisé fait partie du musée de la Sorcellerie de Hólmavík (p. 276). Elle montre le mode de vie qu'on suppose avoir été celui des sorciers de jadis. L'intérieur sombre, exigu et encombré est particulièrement évocateur – repérez les formules magiques sculptées dans le bois pour chasser les démons, jeter des sorts ou porter chance. La direction de la maison est indiquée derrière l'Hótel Laugarhóll.

♥ Hótel Laugarhóll HÔTEL $$
(☎451 3380 ; www.laugarholl.is ; s avec/sans sdb 19 200/14 500 ISK, d avec/sans sdb 26 600/20 700 ISK ; ⌚mai-sept ; @ 📶 🏊 👪). C'est l'une des retraites les plus séduisantes des fjords de l'Ouest. Parmi les plaines encadrées de montagnes, une ancienne école est devenue un hôtel chic et décontracté, tenu par deux des anciens enseignants. Les chambres sont garnies de couettes blanches et d'œuvres originales ; un copieux petit-déjeuner buffet est inclus dans le prix. L'hôtel comprend aussi un magnifique *hot pot* et une **piscine** géothermale.

Le **restaurant** (12h-17h et 19h-21h) de l'hôtel propose un dîner buffet (3 800-5 000 ISK) comprenant des plats traditionnels islandais, comme le porc en cuisson lente à la confiture de rhubarbe, le cabillaud poêlé à la fondue d'oignons et un pudding de pain de seigle aux raisins secs.

Reykjarfjörður

Accessible par une route ponctuée de points de vue fabuleux sur la montagne et l'océan, l'étrange **conserverie** (☎451 4037 ; www.djupavik.is ; Reykjarfjörður ; ⌚9h-18h30 juin-août) GRATUIT de **Djúpavík** se niche sous une paroi rocheuse où s'écoule une immense cascade sur le fjord Reykjarfjörður. Jadis centre florissant du traitement du hareng, la région fut désertée après la fermeture de l'usine en 1950. Une conserverie abandonnée (qui accueille aujourd'hui des expositions d'avant-garde) et un chalutier échoué dominent ce hameau et font du rivage de ce vaste et profond fjord une vision mémorable.

Visite de la conserverie TOURISME INDUSTRIEL
(☎451 4037 ; www.djupavik.is ; Reykjarfjörður ; 2 000 ISK/pers ; ⌚visites 10h et 14h juin-août). L'immense conserverie de harengs abandonnée au bord du Reykjarfjörður doit sa célébrité à la vidéo du concert *Heima*, de Sigur Rós, donné ici en 2007. Les visites du site partent de l'Hótel Djúpavík et comprennent aussi bien les espaces abandonnés que le passé du lieu.

Les photographes peuvent réserver une visite particulière pour profiter du bâtiment à leur rythme (6 000 ISK, plus 2 000 ISK/personne supplémentaire).

♥ Hótel Djúpavík AUBERGE $$
(☎451 4037 ; www.djupavik.com ; s/d/tr sans sdb, 16 200/22 600/29 000 ISK avec petit-déj ; 📶 👪). Dans l'ancien dortoir pour femmes de la conserverie de harengs, cette charmante auberge meublée d'ancien dégage une ambiance chaleureuse dès l'entrée dans le restaurant animé du rez-de-chaussée (plats 2 000-5 000 ISK). Localisation idéale dans l'une des plus belles baies d'Islande.

Norðurfjörður

Au bout de la longue route cahoteuse suivant la côte du Strandir, on atteint le minuscule village de pêcheurs de Norðurfjörður (du même nom que le fjord). On y trouve un café, une station-service et quelques *guesthouses*. C'est le dernier endroit où s'approvisionner avant de gagner la réserve naturelle du Hornstrandir (p. 272), à pied ou en bateau.

Au nord de Djúpavík, en direction du Norðurfjörður, **Árnes** compte deux églises intéressantes, l'une traditionnelle en bois et l'autre (pratiquement en face) d'un futurisme singulier. Le petit **musée Kört** (451 4025 ; Árnes 2 ; adulte/enfant 800 ISK/gratuit ; 10h-18h juin-août, sur rdv le reste de l'année) présente des expositions consacrées à la pêche et à l'élevage, et vend de l'artisanat.

Allez voir **Kistan** ("le Cercueil"), une zone rocheuse escarpée qui servit de principal lieu d'exécution des sorciers dans la région. D'après les documents, c'est ici qu'on brûla pour la dernière fois une sorcière en Islande. Le site est indiqué depuis la route principale, mais il est plus facile de le trouver en demandant son chemin.

Où se loger et se restaurer

Il y a un restaurant sur le port et une petite supérette près de la station-essence.

Chalet Norðurfjörður CHALET $

(655 0368 ; www.fi.is ; dort 7 000 ISK ; juin-sept). Gérée par Ferðafélag Íslands (FI), cette auberge de jeunesse toute simple, située dans la baie du Norðurfjörður, contient 22 lits et une cuisine.

Également un camping rudimentaire (2 500 ISK).

Bergistangi GUESTHOUSE $

(842 5779 ; www.bergistangi.is ; d 11 400 ISK). L'une des chambres sans chichis de cette auberge à l'ancienne jouit d'une belle vue sur le fjord et la montagne. Faites des économies avec l'option duvet (4 700 ISK).

La même équipe gère aussi une auberge sur le port (dort 4 000 ISK).

♥ **Urðartindur** GUESTHOUSE $$

(843 8110 ; www.urdartindur.is ; Norðurfjörður ; d 18 900 ISK ; mai-sept). Les chambres de cette pension simple et moderne jouissent d'une vue imprenable sur le fjord, mais aussi de salles de bains particulières et de réfrigérateurs – les meilleures ont un balcon donnant sur une plage de sable noir. Deux bungalows (23 400 ISK l'un) accueillent 4 personnes chacun, et l'on peut aussi camper (empl adulte/enfant 1 350 ISK/gratuit).

Demandez aux propriétaires de vous indiquer le sentier secret conduisant au lac caché.

♥ **Kaffi Norðurfjörður** ISLANDAIS $$

(862 3944 ; www.facebook.com/KaffiNordurfjordur ; port de Norðurfjörður ; plats 1 390-4 850 ISK ; 12h-21h juin-août). Installé à une table donnant sur le minuscule port, laissez les deux sympathiques restauratrices travailler les produits des fjords et des montagnes – leur agneau islandais sauce Béarnaise et leur cabillaud aux câpres sont réputés. N'oubliez pas de commander à l'avance votre petit-déjeuner, qui se composera de pancakes, porridge islandais à la cannelle, bacon et œufs.

> **À NE PAS MANQUER**
>
> **KROSSNESLAUG**
>
> Ne manquez pas **Krossneslaug** (adulte/enfant 650/200 ISK ; 24h/24), une piscine géothermale (à débordement) avec un *hot pot*. On rejoint le site, au bord d'une plage de galets noirs, en suivant un chemin de terre à environ 3 km de Norðurfjörður. C'est un endroit de choix pour regarder le soleil de minuit flirter avec les vagues rugissantes.

Depuis/vers Norðurförður

AVION

Eagle Air (p. 453) propose 2 vols par semaine entre l'aéroport domestique de Reykjavík et l'aérodrome de Gjögur (22 300 ISK, 50 min, 1/sem), à 16 km au sud-est de Norðurfjörður.

BATEAU

Les bateaux **Strandferðir** (849 4079, 859 9570 ; www.strandferdir.is ; port de Norðurfjörður) pour la réserve naturelle du Hornstrandir (p. 272) partent à heures fixes (ou sur réservation) de juin à mi-août. Ils rejoignent Drangar (9 000 ISK), Reykjarfjörður (10 000 ISK), Þaralátursfjörður/Furufjörður (13 000 ISK), Látravík/Hornbjargsviti (15 000 ISK) et Hornvík (16 000 ISK). Les prix correspondent à un aller simple, les enfants paient demi-tarif.

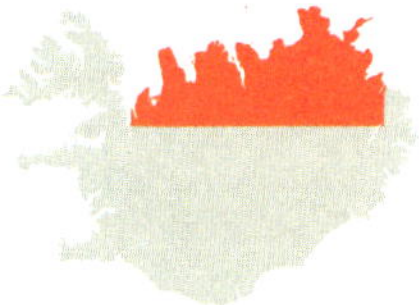

Le Nord

Dans ce chapitre ➡

Le top des restaurants

- Vogafjós (p. 320)
- Gísli, Eiríkur, Helgi (p. 300)
- Siglunes Guesthouse Restaurant (p. 298)
- Sjávarborg (p. 285)
- Naustið (p. 331)

Le top des hébergements

- Tungulending (p. 332)
- Deplar Farm (p. 294)
- Halllandsnes (p. 315)
- Kaldbaks-Kot (p. 330)
- Nordic Natura (p. 335)

Pourquoi y aller

Immense et magnifique, le nord de l'Islande est un paradis pour les géologues. Alliant champs de lave lunaires, marmites de boue actives, étonnantes cascades, pics enneigés et baies où évoluent des baleines, il incarne tout ce qui fait le charme de l'Islande. Les principaux sites de la région se déclinent sur deux belles variations : les grondements sourds des volcans actifs, et l'eau et la glace s'échappant vers le littoral.

Bien des surprises vous y attendent, entre la petite ville d'Akureyri, très animée, les pâturages venteux en bord de fjord où paissent des chevaux vikings, et les pistes de terre menant à de pittoresques villages de pêcheurs.

L'aventure se trouve également au gré des îles peuplées de colonies d'oiseaux de mer et de quelques courageux habitants, des péninsules isolées aux confins du cercle polaire, des chemins de randonnée sillonnant les parcs nationaux, des pistes de ski presque désertes, ou encore des merveilles sous-marines, qui attirent les plongeurs dans des profondeurs glaciales.

Distances routières (en km)

	Reykjavík	Akureyri	Siglufjörður	Húsavík	Reykjahlíð (Mývatn)
Akureyri	389				
Siglufjörður	384	76			
Húsavík	476	92	168		
Reykjahlíð (Mývatn)	478	100	176	54	
Þorshöfn	613	235	311	142	172

À ne pas manquer

1 La majesté des baleines émergeant des profondeurs au large de **Húsavík** (p. 327)

2 Les cascades, les formations rocheuses et la gorge érodée du parc national de **Jökulsárgljúfur** (p. 333)

3 Les vastes panoramas et les montagnes abruptes qui se succèdent entre deux points de ravitaillement sur la **péninsule de Tröllaskagi** (p. 292)

4 Une balade parmi les châteaux de lave, les pseudo-cratères et les fissures bouillonnantes du **Mývatn** (p. 316), suivie d'un bain dans les Nature Baths (p. 324)

5 Le pan nord-islandais de la vie urbaine dans la deuxième ville du pays, **Akureyri** (p. 303)

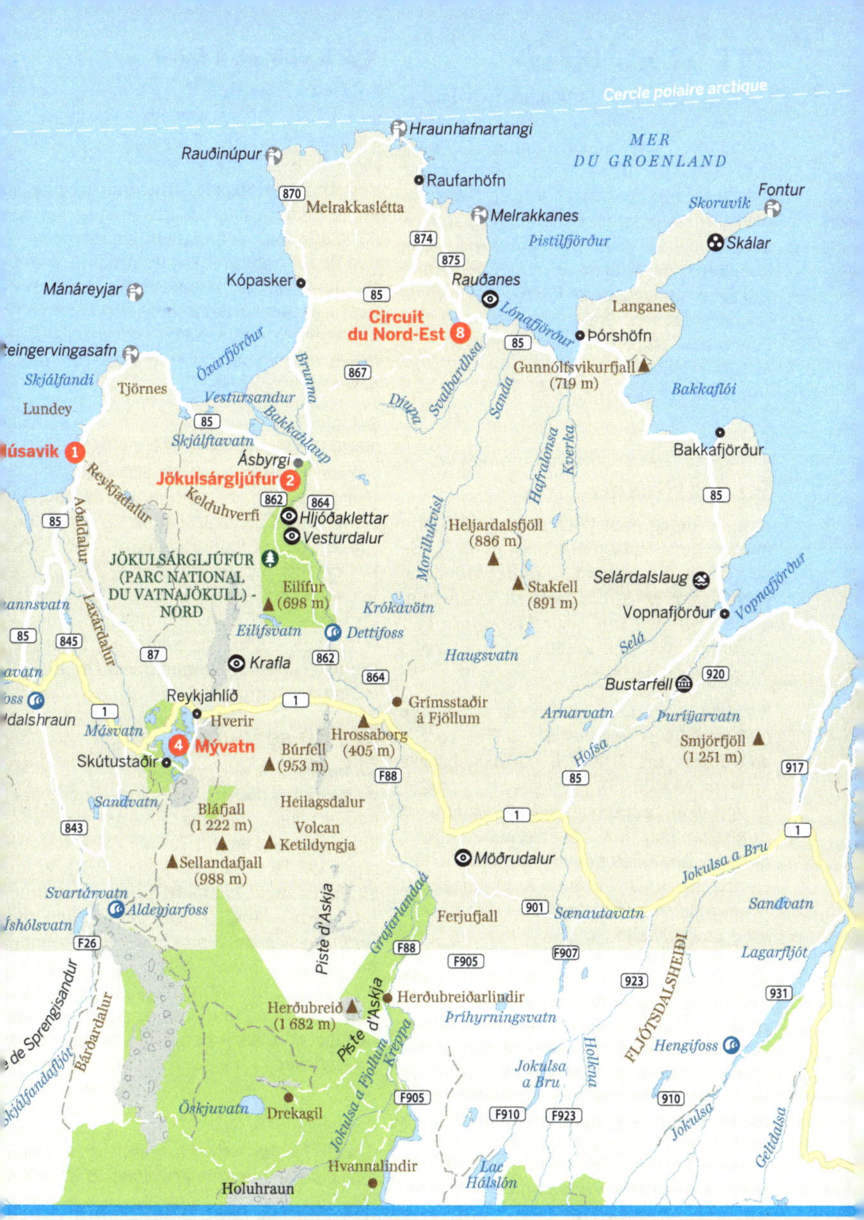

6 Le rafting, les *hot pots* et les randonnées équestres dans le **Skagafjörður** (p. 287)

7 L'île de **Grímsey** (p. 312), hantée par les oiseaux et les trolls, seule parcelle d'Islande du cercle arctique

8 Le **circuit du Nord-Est** (p. 338), semé de chicots rocheux côtiers, d'étangs et de hameaux bucoliques

9 Une rencontre au sommet avec les macareux de la petite île de **Drangey** (p. 292)

10 La piscine de **Hofsós** (p. 293), posée au bord du fjord, et sa vue infinie

EST DE HÚNAFLÓI

Guère peuplée, avec sa poignée de villages, la baie de Húnaflói est riche d'une faune abondante. Elle est surnommée la "baie des Ours", par allusion aux plantigrades polaires qui, parfois, dérivent sur la banquise depuis le Groenland jusqu'ici. Le paysage est bien plus doux que dans les fjords de l'Ouest, et une multitude d'oiseaux nichent dans les basses collines dénuées d'arbres. Ajoutez à cela quelques bourgades coquettes, des phoques, des fermes équestres et des musées, et vous comprendrez pourquoi l'ennui n'y est pas de mise.

Hrútafjörður

L'entrée de ce petit fjord marque la limite entre le nord-ouest de l'Islande et les fjords de l'Ouest. En suivant la route circulaire, vous arriverez à **Staðarskáli** (anciennement Brú). Il s'agit pour l'essentiel d'un carrefour avec une grande station-service N1 et une cafétéria.

Sæberg HI Hostel AUBERGE DE JEUNESSE €
(☎894 5504 ; www.hostel.is ; Reykjaskóli ; dort/d sans sdb 3 800/10 000 ISK, bung à partir de 16 000 ISK ; ⏲mars-oct ; 📶). À Reykjaskóli, hameau situé à 13 km au nord de Staðarskáli, une paisible auberge avec *hot pots*, bungalows et vue imprenable. Les campeurs sont les bienvenus ; apportez des provisions, car le magasin le plus proche est à Staðarskáli.

Staðarskáli N1 RESTAURATION RAPIDE €
(☎440 1336 ; www.n1.is ; Staðarskáli ; ⏲8h-23h30 ; 📶). Essence, toilettes, magasin, bar-grill et Wi-Fi : il est conseillé d'y marquer une halte, car vous ne trouverez pas d'autres commerces sur cette partie de la route circulaire (au moins jusqu'à Blönduós, si vous roulez vers l'est).

Hvammstangi

578 HABITANTS

À 6 km au nord de la route circulaire, ce paisible village doit sa renommée à ses colonies de phoques. Les visiteurs y viennent pour observer, depuis un bateau, ses pinnipèdes, se promener à cheval dans les environs ou emprunter la route qui fait le tour de la péninsule de Vatnsnes.

À voir et à faire

Selasetur Íslands MUSÉE
(☎451 2345 ; www.selasetur.is ; Strandgata 1 ; adulte/enfant 1 100 ISK/gratuit ; ⏲9h-19h juin-août, 9h-16h mai et sept, 12h-15h lun-ven avr-oct). La principale attraction du village est le Centre islandais du phoque, sur le port, qui vous renseignera sur la protection de ces animaux, sur les produits qu'on en tire et sur la présence de ces créatures dans les contes traditionnels. Un **comptoir d'information touristique** y est installé ; le personnel vous indiquera où l'on peut observer des phoques.

Selasigling EN BATEAU
(☎897 9900 ; www.sealwatching.is ; Höfðabraut 13 ; 1 heure 45 adulte/enfant 8 500/4 500 ISK ; ⏲mi-mai à sept). Excursions de découverte des phoques et de la nature, à bord d'un bateau de pêche traditionnel en bois. Les circuits partent du port à 10h, 13h et 16h tous les jours (si le temps le permet). Croisières "soleil de minuit" sur rendez-vous. Les billets, en vente au Selasetur Íslands (ci-dessus), comprennent l'excursion et l'entrée au musée.

Où se loger

Camping de Kirkjuhvammur CAMPING €
(☎899 0008 ; hvammur.camping@gmail.com ; Kirkjuhvammi ; empl 1 200 ISK/pers, taxe de séjour 333 ISK ; ⏲déb mai à mi-oct ; 📶). Vaste et bien tenu, ce camping à flanc de colline est voisin d'une vieille église. Repérez l'embranchement à proximité de la piscine municipale. Entre autres équipements, on y trouve un bâtiment de services, très pratique, avec une grande salle où l'on peut prendre ses repas. Belles balades dans les environs.

Hvammstangi Cottages & Hostel CHALETS €€
(☎860 7700 ; www.stayinhvammstangi.is ; Kirkjuhvammsvegur ; chalets avec draps 18 200 ISK ; 📶). Tout près du camping, les 9 petits chalets du Hvammstangi sont ravissants et tout équipés, avec salle de bains, kitchenette et TV. Ils peuvent accueillir jusqu'à 4 personnes (3 lits, un canapé-lit). L'auberge de jeunesse, flambant neuve, est située sur la route du front de mer (Norðurbraut 22a ; route 711) ; les chambres épurées, avec salle de bains et cuisine communes, affichent un bon rapport qualité/prix.

Mörk Homestay GUESTHOUSE €€
(☎862 5466 ; route 711 ; d 25 000 ISK). Au nord de la ville, cette charmante propriété au bord du fjord loue de belles chambres modernes, assorties de terrasses avec vue sur l'eau. Le petit-déjeuner (2 500 ISK/pers) est servi dans les chambres. Réservation sur les sites d'hébergement en ligne.

Où se restaurer

KVH Supermarket SUPERMARCHÉ €
(☎455 2310 ; www.kvh.is ; Strandgata 1 ; ⏲9h-18h, 10h-18h sam, 11h-16h dim, horaires réduits avr-oct). Pour faire vos courses.

Sjávarborg ISLANDAIS €€
(☎451 3131 ; www.sjavarborg-restaurant.is ; Strandgata 1 ; plats 2 500-5 000 ISK ; ⏲11h-14h et 18h-22h lun-ven, 18h-22h sam-dim, horaires réduits oct-mai ; 📶). Chapeau bas à cet élégant restaurant qui surplombe le Centre islandais du phoque (p. 284). Réservez une table près des grandes baies vitrées donnant sur le fjord. Au menu : thon poêlé, burgers gastronomiques et souris d'agneau braisée. La glace aux myrtilles maison est un pur délice (elle suffit amplement pour 2 personnes).

Hlaðan Kaffihús CAFÉ €€
(Brekkugata 2 ; repas 1 700-3 500 ISK ; ⏲9h-21h, 10h-21h dim mai-août ; 📶). Sur le port, ce café au charme désuet sert les habituels paninis, soupes, quiches et gâteaux, ainsi que des plats plus consistants (côtelettes d'agneau ou filets de truite notamment).

Renseignements

Procurez-vous la brochure *Húnaþing vestra* (en ligne sur www.visithunathing.is) qui contient des informations détaillées sur Hvammstangi et sa région. Le site Internet www.northwest.is est utile pour préparer votre séjour.

Depuis/vers Hvammstangi

Le bus Stræto (p. 457) n°57 circule toute l'année entre Reykjavík et Akureyri. Il s'arrête au carrefour de Hvammstangi, à 6 km du village. Un autre bus Strætó assure un service depuis/vers le carrefour (bus n°83 ; 460 ISK), mais il doit être réservé au moins 2 heures à l'avance.

Services assurés par Strætó :

- Bus n°57 pour Reykjavík (5 980 ISK, 3 heures 30, 2/jour dim-ven, 1/jour sam).
- Bus n°57 pour Akureyri (4 600 ISK, 3 heures, 2/jour dim-ven, 1/jour sam).

Péninsule de Vatnsnes

D'une austère beauté, la courte péninsule de Vatnsnes, qui s'avance dans la baie de Húnaflói, est traversée tout du long par une crête de collines tortueuses. La route 711, cahoteuse et gravillonnée, serpente le long de la côte ; elle constitue un splendide détour à partir de la route circulaire (comptez 82 km pour aller de la route circulaire à Hvammstangi, avant de faire le tour de la péninsule par la route 711).

À voir

Hvítserkur PAYSAGE
(Route 711). Sur la côte est de la péninsule, à 30 km au nord de la route circulaire, se trouvent un parking, un point de vue et un sentier menant à Hvítserkur, un piton rocheux de 15 m qui surgit de la mer. Selon la légende, il s'agirait d'un troll surpris par le lever du soleil, alors qu'il tentait de détruire le monastère de Þingeyrar.

Depuis le parking, une courte promenade mène à un point de vue sur Hvítserkur ; en sens inverse, un sentier descend vers une plage de sable noir d'où vous pourrez observer une colonie de phoques.

L'Ósar HI Hostel se trouve non loin. On y trouve des toilettes publiques et un bar (à la réception) servant bière, café et en-cas.

Où se loger et se restaurer

Ósar Hostel AUBERGE DE JEUNESSE €
(☎862 2778 ; www.facebook.com/osarhostel ; route 711 ; dort/d sans sdb 5 400/17 000 ISK ; ⏲sur réservation uniquement nov-avr ; 📶). Au sud de Hvítserkur (ou à 30 km au nord de la route circulaire sur une route non goudronnée), voici une agréable auberge rurales. Cela tient autant à l'accueil du sympathique gérant, qu'à la vue, et à la présence d'une faune et d'une flore exceptionnelles. Aménagée dans une ferme ovine et équestre en activité, elle loue des chambres et des bungalows sobres. Cuisine commune et laverie.

Geitafell ISLANDAIS €€
(☎861 2503 ; www.geitafell.is ; route 711 ; soupe de poisson 3 200 ISK ; ⏲11h-22h déb mai à sept). À 25 km de Hvammstangi (3 km au nord d'Illugastaðir), cet excellent restaurant, établi dans une grange rénovée, a pour spécialité une soupe de poisson accompagnée de salade et de pain maison. La carte, peu fournie, affiche également une tarte

À LA GRÂCE DES HOMMES

La péninsule de Vatnsnes fut le théâtre d'un crime sanctionné par la dernière exécution publique d'Islande (1830). Agnes Magnúsdóttir et Friðrik Sigurðsson, reconnus coupables du meurtre de deux hommes à **Illugastaðir** (route 711), furent décapités à **Þrístapar** (Thrístapar), au sud de Blönduós. Leurs dépouilles reposent dans une tombe du cimetière de l'église de **Tjörn**, dans le nord de la péninsule.

Ces événements ont inspiré le film islandais *Agnes* (1995) et le roman à succès *À la grâce des hommes* (*Burial Rites*, 2013), de l'Australienne Hannah Kent. Un film tiré du roman, avec Jennifer Lawrence, sortira bientôt. La brochure *Burial Rites: The Story of Agnes* répertorie les différents sites. **Seal Travel** (www.sealtravel.is) propose un circuit sur ce thème.

au *skyr* (yaourt islandais) très prisée. Les propriétaires, Sigrún et Robert, qui vivent sur place depuis longtemps, connaissent bien la région.

De Hvammstangi à Blönduós

Si vous êtes engagé sur la route circulaire entre Hvammstangi et Blönduós, n'hésitez pas à la quitter, le temps de quelques jolies découvertes entre églises en pierre et fermes équestres.

À voir et à faire

Kolugljúfur GORGE

(Route 715). Empruntez la route 715 au sud de la route circulaire pour rejoindre les belles cascades de Kolugljúfur, qui doivent leur nom à un troll qui aurait vécu ici. À 6 km par la route en venant de l'embranchement situé 7 km après la ferme équestre de Gauksmýri.

Þingeyrar ÉGLISE

(www.thingeyraklausturskirkja.is ; route 721 ; adulte/enfant 500 ISK/gratuit ; 10h-17h juin-août). À 19 km à l'ouest de Blönduós, un détour de 6 km sur la route 721 conduit à Þingeyrar, une superbe église en pierre au bord de la paisible lagune de Hóp. L'édifice actuel date des années 1860 ; 800 ans auparavant, le site accueillait le *þing* (assemblée) du district et un monastère bénédictin. Un petit centre d'accueil des visiteurs présente une exposition et vend des rafraîchissements. Le billet d'entrée donne accès à une visite guidée.

Gauksmýri Lodge ÉQUITATION

(451 2927 ; route 1). Ce centre est réputé pour ses hébergements et son restaurant, mais aussi pour ses balades guidées à cheval ; en particulier, celle de 1 heure 30 (adulte/enfant 9 500/7 000 ISK), proposée chaque jour si le temps le permet. Réservation conseillée. Des circuits plus longs sont également proposés, ainsi que des visites de l'écurie et des spectacles équestres.

Brekkulækur ÉQUITATION

(451 2938 ; www.abbi-island.is ; route 704). Les cavaliers confirmés pourront réserver des treks équestres aventureux et appréciés (à partir de 1 520 € les 8 jours). La ferme (et pension) est située 9 km au sud de l'embranchement pour Hvammstangi, sur la route 704. Vaste gamme de randonnées de plusieurs jours et possibilité de se rendre à cheval au *réttir* (transhumance automnale des moutons) en septembre (1 740 €). Hébergement possible.

Où se loger et se restaurer

Gauksmýri Lodge HÔTEL €€

(451 2927 ; route 1 ; d avec/sans sdb 24 050/16 500 ISK avec petit-déj ;). Véritable paradis pour les amoureux des chevaux, Gauksmýri est une ferme équestre réputée qui se trouve sur la route circulaire, à 3,5 km à l'est de l'embranchement vers Hvammstangi. Le lodge propose hébergements et balades. Chambres confortables ; restaurant, salon et jardin très agréables.

Le restaurant, ouvert aux non-résidents, propose un copieux buffet déjeuner/dîner (2 900/5 900 ISK ; juin à mi-sept) ; les viandes proposées ne font pas l'unanimité, notamment le poulain, mais le menu est varié (omble local, agneau...).

Blönduós

821 HABITANTS

Deux musées, une église moderne singulière et une promenade dans la nature insulaire : Blönduós se résume presque à cela. Hormis une pension gastronomique (voir ci-dessous), elle ne mérite pas vraiment le détour, mais c'est une halte appréciable pour faire le plein et se dégourdir les jambes.

La rivière Blanda traverse la localité. La station-service N1 est à l'entrée nord.

À voir

La petite île de **Hrútey**, au milieu de la rivière Blanda, est reliée à la ville par une passerelle. Il fait bon s'y promener pour observer les oiseaux, notamment les canards arlequins. Prévoyez de bonnes chaussures, les sentiers sont parfois glissants.

Musée du Textile MUSÉE
(Heimilisiðnaðarsafnið ; www.textile.is ; Árbraut 29 ; adulte/enfant 1 500 ISK/gratuit ; 10h-17h juin-août). Dans un fascinant bâtiment moderne, sur la rive nord de la rivière Blanda, ce séduisant petit musée présente de l'artisanat local, des broderies aux motifs sophistiqués et des costumes islandais d'antan.

Il accueille un festival du tricot en juin.

Où se loger et se restaurer

On trouve deux restaurants basiques au bord de la route principale, un **super-maché** (455 9020 ; Húnabraut 4 ; 9h-19h lun-ven, 10h-18h sam, 12h-18h dim) et, juste à côté, un café.

Brimslóð Atelier GUESTHOUSE €€
(820 0998 ; www.brimslod.is ; Brimslóð 10 ; d/tr sans sdb 22 400/31 100 ISK avec petit-déj ; mars-nov ;). Cette excellente pension de bord de mer, gérée par des habitants, offre sans conteste le meilleur hébergement de Blönduós. Aussi accueillante qu'élégante, c'est aussi une référence en matière culinaire (organisation d'ateliers gastronomiques, édition de livres de recettes). Elle compte 4 chambres, 2 salles de bains communes et un beau salon. Petit-déjeuner délicieux. Repas 3 plats à base d'ingrédients locaux (7 500 ISK, sur réservation). Les ateliers révèlent les secrets de la cuisine traditionnelle islandaise.

Glaðheimar CAMPING, BUNGALOWS €€
(820 1300 ; www.gladheimar.is ; route 1 ; camping 1 350 ISK/pers, bung à partir de 15 500 ISK). Dans un joli cadre au bord de la rivière, Glaðheimar possède un camping et des bungalows indépendants pouvant loger jusqu'à 6 personnes (les plus grands ont aussi un Jacuzzi, et quelques-uns un sauna). Supplément pour les draps.

Comment s'y rendre et circuler

Services assurés par Strætó (p. 457) :
- Bus n°57 pour Reykjavík (7 360 ISK, 4 heures, 2/jour dim-ven, 1/jour sam).
- Bus n° 57 pour Akureyri (3 220 ISK, 2 heures 15, 2/jour dim-ven, 1/jour sam).

Le bus n°84 dessert Skagaströnd (920 ISK, 30 min, 3/jour dim-ven, 2/jour sam) uniquement sur réservation. Appelez le 540 2700 au moins 2 heures avant le départ.

OUEST DU SKAGAFJÖRÐUR

Contrée fabuleuse et pourtant méconnue, le Skagafjörður est réputé pour ses élevages de chevaux et ses paysages sauvages. À cela s'ajoutent des vestiges historiques et des activités riches en émotions.

Les bourgades de la partie ouest de la péninsule de Tröllaskagi (Hólar í Hjaltadalur, Hofsós, Lónkot) sont regroupées sur la côte du Skagafjörður. Deux ou trois îles sur le fjord – celle de Drangey (p. 292) en particulier – valent le détour. Renseignements sur le site www.visitskagafjordur.is.

Varmahlíð

127 HABITANTS

Plus grand qu'un simple carrefour et plus petit qu'une vraie bourgade, ce centre commerçant sur la route circulaire est une bonne base pour pratiquer le rafting et l'équitation. La plupart des prestataires sont regroupés sur la route 752 (goudronnée), au sud du village.

Varmahlíð (prononcé *var*-ma-liz) est aussi un point d'accès pratique vers les hautes terres : la piste de Kjölur (route 35) part de la route circulaire à environ 25 km à l'ouest de la ville (elle est interdite aux véhicules ordinaires de location ; un 4x4 est obligatoire). Un bus dessert ce trajet quotidiennement en été.

Activités

De nombreuses fermes équestres de la région organisent des spectacles d'une heure, avec démonstration des 5 allures du cheval islandais et présentation des origines de cette race. Ils sont plutôt prévus pour les groupes, mais néanmoins

VAUT LE DÉTOUR

GLAUMBÆR

En suivant la route 75 au nord de Varmahlíð, vous rejoindrez le **musée de Glaumbær** (www.glaumbaer.is ; route 75 ; adulte/enfant 1 700 ISK/gratuit ; 9h-18h mi-mai à mi-sept, 10h-16h lun-ven déb mai et mi-sept à mi-oct), une ferme en tourbe du XVIIe siècle. Ce musée, le meilleur du genre dans le Nord, mérite largement le détour de 8 km depuis la route circulaire.

La ferme islandaise traditionnelle en tourbe était composée de plusieurs petits bâtiments, reliés par un couloir central. Celle de Glaumbær, avec des pièces ornées de meubles et d'ustensiles d'époque, offre un fascinant aperçu des conditions de vie d'autrefois.

accessibles aux visiteurs indépendants. Renseignez-vous au centre d'information touristique (p. 289) ou contactez directement les fermes.

L'été, le centre Lýtingsstaðir organise des soirées hebdomadaires “Horses & Heritage” (“chevaux et patrimoine”, 2 000 ISK), autour d'anecdotes et récits historiques ayant pour cadre la Vieille Écurie, une très belle maison végétalisée. On peut aussi visiter l'exposition de la Vieille Écurie (adulte/enfant 1 000 ISK/gratuit ; tlj mai-sept).

Circuits organisés

Équitation

À Varmahlíð et alentour, une poignée de centres proposent des balades (1 à 2 heures) pour débutants et des sorties à la journée. Certains organisent des excursions à la semaine dans les hautes terres et proposent même de participer au rassemblement des moutons (*réttir*) en septembre.

Lýtingsstaðir ÉQUITATION
(453 8064 ; www.lythorse.com ; route 752 ; balade 1/2 heures 6 000/9 000 ISK). Cette charmante ferme équestre, située à 20 km au sud de Varmahlíð, propose des balades courtes et longues. La formule *Stop and Ride* comprend une nuit dans un chalet indépendant et une balade de 2 heures (32 000 ISK pour 2 pers, draps fournis). Des excursions longues (à partir de 1 400 € pour 6 jours) dans les hautes terres et une participation au rassemblement saisonnier des moutons sont possibles. Chalets confortables.

Hestasport ÉQUITATION
(453 8383 ; www.riding.is ; route 752). Ce centre équestre proche de la route circulaire sur la route 752 offre un accueil agréable et est particulièrement apprécié. Il propose des parcours de 1 ou 2 heures le long de la Svartá (8 500/12 000 ISK ; débutants acceptés) et des promenades d'une journée (22 000 ISK). Pour les treks équestres (à réserver bien à l'avance), comptez à partir de 117 000 ISK. Courtes balades en hiver (10 000 ISK).

Rafting

Les environs de Varmahlíð se prêtent au rafting (de mai à septembre). On pourra descendre l'impétueuse Austari-Jökulsá (rivière glaciaire de l'Est – East Glacial River ; classe IV + rapides) ou la Vestari-Jökulsá (rivière glaciaire de l'Ouest – West Glacial River ; classe II + rapides), plus adaptée aux familles. Combinaisons fournies.

Bakkaflöt RAFTING
(453 8245 ; bakkaflot.is). Tenue par une famille locale, la ferme de Bakkaflöt propose des descentes en rafting familiales sur la belle Vestari-Jökulsá (14 500 ISK), et une descente trépidante de 5 heures sur l'impétueuse Austari-Jökulsá (24 500 ISK ; à partir de 18 ans). Il y a aussi des circuits en kayak en eaux vives, ou plus tranquilles en soirée (9 900 ISK). Bon choix d'**hébergements** – camping, pension confortable ou coquets bungalows –, ainsi qu'un bon **restaurant**. Également des forfaits combinant randonnée à cheval et navigation. À 11 km au sud de Varmahlíð, à proximité de la route 752.

Viking Rafting RAFTING
(823 8300 ; vikingrafting.is ; route 752). Parmi les sorties proposées : une descente de la Vestari-Jökulsá de 4 heures, parfaite pour les familles (adulte/enfant 14 990/ 9 990 ISK ; à partir de 6 ans) ; une aventure plus sportive de 6 heures sur l'Austari-Jökulsá (21 990 ISK ; à partir de 18 ans) ; et une expédition de 3 jours (189 990 ISK) qui part des hautes terres de Sprengisandur. Des sorties guidées en kayak dans les rapides peuvent être organisées.

Le camp de base de l'agence est situé à Hafgrímsstaðir, à 15 km au sud de Varmahlíð sur la route 752. On peut camper. Transferts envisageables, à partir d'Akureyri, pour les plus longues excursions.

Où se loger et se restaurer

Il existe de nombreux hébergements dans la campagne alentour ; renseignez-vous au centre d'information touristique (ci-contre). Si vous participez à un circuit de rafting ou à cheval organisé par les fermes de Bakkaflöt ou Lýtingsstaðir, sachez que toutes deux possèdent d'excellents hébergements, ouverts à tous ; consultez les sites Internet.

Le bar-grill de la station-service est l'endroit le plus animé de la ville ; on y trouve aussi un **supermarché** (☎455 4680 ; route 1 ; ⏲9h-22h). Le restaurant de l'**Hótel Varmahlíð** (☎453 8170 ; www.hotelvarmahlid.is ; Laugavegur 1 ; d/tr avec petit-déj à partir de 20 000/23 000 ISK ; @📶) jouit d'une bonne réputation, mais le meilleur endroit pour se restaurer est Áskaffi, à Glaumbær (vous pouvez accéder au café sans payer l'entrée du musée).

Camping CAMPING €

(☎899 3231 ; www.tjoldumiskagafirdi.is ; empl 1 600 ISK/pers, taxe de séjour 333 ISK ; ⏲mi-mai à mi-sept). Suivez les panneaux depuis l'Hotel Varmahlíð pour rejoindre ce camping isolé et abrité qui surplombe la ville, à proximité des sentiers de randonnée.

♥ **Hestasport Cottages** CHALETS €€

(☎453 8383 ; www.riding.is/cottages ; chalets pour 2/4/6 pers 25 000/35 000/40 000 ISK ; 📶 👪). Perchés sur la colline au-dessus de Varmahlíð, cet ensemble de 7 chalets en bois haut de gamme possède des chambres confortables, un attrayant *hot pot* en pierre et une belle vue ; jusqu'à 6 couchages dans certains chalets, draps fournis et cuisine équipée pour tous. Excellent rapport qualité/prix, surtout pour les familles et les groupes.

Achats

Alþýðulist ARTISANAT

(☎453 7000 ; route 1 ; ⏲10h-18h). Dans une adorable maison au toit végétalisé, juste à côté de la station-service N1, cette boutique propose des pulls colorés et de l'artisanat de la région du Skagafjörður. Certains *lopapeysur* (pulls traditionnels islandais) sont ornés de chevaux. L'office du tourisme est installé ici.

Renseignements

Centre d'information touristique (☎455 6161 ; www.visitskagafjordur.is ; route 1 ; ⏲9h-18h mi-mai à sept, 10h-16h lun-ven reste de l'année ; 📶). Installé dans une maison au toit végétalisé à côté de la station-service, il fournit cartes et brochures.

Depuis/vers Varmahlíð

Tous les bus s'arrêtent à la station-service N1.

Services assurés par SBA-Norðurleið (p. 380) :

- Bus n°610a pour Reykjavík via la piste de Kjölur (13 700 ISK, 9 heures, 1/jour mi-juin à mi-sept)

Services assurés par Strætó (p. 457) (2/jour dim-ven, 1/jour sam) :

- Bus n°57 pour Reykjavík (7 820 ISK, 5 heures 15).
- Bus n°57 pour Akureyri (2 760 ISK, 1 heures 15).
- Bus n°57 pour Sauðárkrókur (920 ISK, 20 min).

Öxnadalur

Si vous n'avez pas le temps d'explorer le Skagafjörður ou la magnifique péninsule de Tröllaskagi, vous pourrez jeter votre dévolu sur les panoramas splendides de l'Öxnadalur, une étroite vallée longue de 30 km sur la route circulaire entre Varmahlíð et Akureyri. Des pics grandioses et des aiguilles rocheuses flanquent le col ; l'imposante flèche du **Hraundrangi** (1 075 m) et les sommets environnants le **Háafjall** sont particulièrement spectaculaires.

Louez une chambre ou toute la maison d'**Auðnir** (☎847 9309 ; audnir1@gmail.com ; route 1 ; d sans sdb 10 400 ISK), une ferme verdoyante joliment située dans l'ombre du Hraundrangi. Cuisine et salon partagés.

Sauðárkrókur

2 574 HABITANTS

Sauðárkrókur (prononcé *seuï*-zaor-krau-kur) borde la Jókulsá à l'endroit où la rivière se jette dans le delta marécageux du Skagafjörður supérieur.

La prospérité de cette jolie bourgade dynamique repose sur la pêche, la tannerie et le commerce. Elle offre tous les services nécessaires, ainsi que de bons hébergements et restaurants. Le musée fournit des informations touristiques. C'est également d'ici qu'on accède aux trésors des environs de Tindastóll (p. 291) et à la belle île de Drangey (p. 292).

À voir

Centre des visiteurs de la tannerie TANNERIE
(Gestastofa Sútarans ; ☎512 8025 ; www.facebook.com/tanneryvisitorcenter ; Borgarmýri 5 ; ⊙8h-16h, 8h-12h sam-dim mi-mai à mi-sept, 11h-16h lun-ven reste de l'année). Des visites de l'unique tannerie d'Islande (500 ISK) sont organisées en semaine à 9h et 14h (de mi-mai à mi-septembre). On peut aussi venir à tout moment pour admirer (et acheter) des produits : magnifiques peaux de mouton à poil long, articles en cuir coloré et pièces uniques en galuchat (peau de raie ou de requin tannée).

Puffins & Friends MUSÉE
(☎845 1590 ; www.facebook.com/puffinandfriends ; Aðalgata 24 ; adulte/enfant 1 500/500 ISK ; ⊙9h-17h, à partir de 12h sam-dim). Devenez incollable sur les macareux, les baleines et les phoques, et visionnez un film à 360° sur les oiseaux marins et les aurores boréales.

Minjahúsið MUSÉE
(Aðalgata 16b ; ⊙12h-19h juin-août). GRATUIT La "maison du patrimoine" présente une collection éclectique : une série d'ateliers d'artisan restaurés, une Ford A de 1930 en parfait état, ou encore un ours polaire naturalisé, capturé dans la région en 2008.

Où se loger

Grand-Inn Bar & Bed GUESTHOUSE €
(☎844 5616 ; www.facebook.com/GrandinnBarandBed ; Aðalgata 19 ; s/d sans sdb 10 500/12 400 ISK ; 📶). Dans le bâtiment jouxtant le Grand-Inn Bar (p. 291) de la rue principale, 10 couchages à bas prix répartis dans 5 chambres de bonne taille. Une petite cuisine et un salon sont à disposition.

Camping CAMPING €
(☎899 3231 ; www.tjoldumiskagafirdi.is ; Skagfirðingabraut ; empl 1 500 ISK/pers, taxe de séjour 333 ISK ; ⊙mi-mai à mi-sept). Le camping, à côté de la piscine, sans arbres et un peu aride, possède des équipements corrects.

♥ **Gamla Posthúsið** APPARTEMENTS €€
(☎892 3375 ; www.ausis.is ; Kirkjutorg 5 ; app 23 000-25 500 ISK ; 📶). Vicki, une Australienne, a restauré la vieille poste en face de l'église, où elle a aménagé 2 appartements spacieux. On s'y sent comme chez soi. Chacun possède une chambre séparée, une cuisine moderne (avec un panier garni de bienvenue) et une décoration de style scandinave chic. En hiver, les prix baissent presque de moitié : une excellente affaire !

♥ **Guesthouse Hofsstaðir** GUESTHOUSE €€
(☎453 7300 ; www.hofsstadir.is ; route 76 ; d/tr avec petit-déj 21 400/27 400 ISK ; 📶). Fort d'un emplacement exceptionnel, à l'entrée du fjord Skagafjörður et à égale distance (20-25 km) de Sauðárkrókur, Varmahlíð et Hofsós, cet établissement haut de gamme, chaleureux et accueillant, s'enorgueillit de belles chambres et d'un agréable restaurant (ouvert d'avril à octobre). On profite de la vue depuis les terrasses privatives.

Helluland Guesthouse GUESTHOUSE €€
(☎853 3220 ; www.facebook.com/Helluland-Guesthouse-110465424200043 ; Helluland 1 ; d sans sdb avec petit-déj 15 500 ISK). Les chambres rustiques et bien tenues de cette ferme équestre offrent une vue imprenable sur le fjord et l'océan. Cuisine à disposition et salles de bains communes modernes. Randonnées à cheval possibles.

Keldudalur Farm Cottages CHALETS €€
(☎453 6233 ; www.keldudalur.is ; route 754 ; app/bung à partir de 19 300/24 300 ISK ; 📶). De magnifiques rivières et pâturages entourent cette ferme ; ses appartements et maisonnettes sont dotés de TV, de cuisines équipées et d'un *hot pot* partagé.

Où se restaurer et prendre un verre

Sauðárkróksbakarí BOULANGERIE, CAFÉ €
(Aðalgata 5 ; ⊙7h-18h lun-ven, 9h-16h sam-dim). Dans cette boulangerie de la rue principale, véritable épicentre du bourg, on trouve de tout : pain frais, soupes, beignets surgelés, délicieux cookies aux pépites de chocolat…

Hard Wok Cafe INTERNATIONAL €
(☎453 5355 ; www.facebook.com/Hard.Wok.Cafe.Island ; Aðalgata 8 ; plats 1 800-3 000 ISK ; ⊙11h30-21h30 juin-août, horaires réduits reste de l'année ; 📶). Dernier venu sur la scène gastronomique de Sauðárkrókur, ce restaurant décontracté, spécialisé dans les nouilles et la cuisine asiatique fusion, propose aussi des classiques prisés, tels que pizzas et *fish and chips*. Personnel chaleureux et glaces maison.

MERVEILLES HIVERNALES

Le nombre de visiteurs en Islande a grimpé en flèche ces dernières années. Pour autant, il reste possible d'apprécier la beauté naturelle du pays à l'écart de la foule : il suffit de venir en hiver. Pour les aurores boréales, bien sûr, mais pas seulement. Ne croyez pas devoir vous contenter de Reykjavík et ses environs. Des vols intérieurs desservent Akureyri toute l'année, et un nombre croissant d'activités et de tour-opérateurs dans le nord du pays permettent de profiter des montagnes enneigées.

Akureyri, la péninsule de Tröllaskagi et Mývatn sont de parfaites destinations hivernales : Akureyri offre un accès facile à Hlíðarfjall (p. 306), la plus grande station de ski du pays, et des festivals y sont organisés en hiver. Sur la péninsule de Tröllaskagi, on trouve des domaines skiables plus petits (à Dalvík, Ólafsfjörður et Siglufjörður) et il existe d'excellentes agences d'héliski (mois principaux : mars et avril) ; vous trouverez des informations relatives au ski et des forfaits intéressants sur www.skiiceland.is. À Mývatn, vous pourrez partir pour des circuits en raquettes ou en ski nordique, à motoneige sur le lac gelé ou en traîneau à chiens dans les collines. Un conseil : venez à partir de février, quand les jours rallongent (même si la période festive de Noël et du Nouvel An est aussi plaisante).

Si vous n'avez pas l'expérience de la conduite sur neige ou sur glace, mieux vaut avoir recours à des professionnels, équipés de Super-Jeeps et dotés d'une solide expérience, comme Saga Travel (p. 307), basé à Akureyri et Mývatn. Consultez aussi les sites de Bergmenn Mountain Guides (p. 300) et Viking Heliskiing (p. 299), ainsi que Geo Travel (p. 318), Hike&Bike (p. 318) et Sel-Hótel (p. 323) à Mývatn, pour voir ce qui vous tente.

Skagfirðingabúð SUPERMARCHÉ €
(☎455 4530 ; Ástorg 1 ; ⏲9h-19h lun-ven, 10h-16h sam). Au sud de la ville, près de la station-service N1.

KK Restaurant ISLANDAIS €€
(☎453 6454 ; www.kkrestaurant.is ; Aðalgata 16 ; plats 1 700-7 000 ISK ; ⏲11h45-21h, jusqu'à 22h ven-sam ; 📶). Ce restaurant, à l'engageante façade jaune, propose un menu plébiscité. Il est réputé pour ses sandwichs aux langoustines et aux crevettes, ses burgers, ses pizzas et son agneau.

Grand-Inn Bar BAR
(Aðalgata 19 ; ⏲16h-22h lun-mer, 16h-minuit jeu, 16h-3h ven-sam, 15h-18h dim). Belles illustrations de sommets montagneux et canapés vintage pour le décor de cette adresse conviviale, dans l'artère principale de Sauðárkrókur. On y sert des bières du cru à la pression (et beaucoup d'autres en bouteille). Gæðingur (Indian Pale Ale, bière de blé ou brune) est la meilleure marque locale.

Vínbúðin VINS ET SPIRITUEUX
(Smáragrund 25 ; ⏲11h-18h lun-jeu, 11h-19h ven, 11h-16h sam). Chaîne d'État.

Depuis/vers Sauðárkrókur

L'arrêt de bus est au niveau de la station-service N1, à 1,3 km au sud du centre, sur Aðalgata.

Services assurés par Strætó (p. 457) :

- Bus n°57 pour Reykjavík (7 820 ISK, 5 heures, 2/jour dim-ven, 1/jour sam).
- Bus n°57 pour Akureyri (2 760 ISK, 1 heure 30, 2/jour dim-ven, 1/jour sam).
- Bus n°57 pour Varmahlíð (920 ISK, 20 min, 2/jour dim-ven, 1/jour sam).
- Bus n°85 pour Hólar et Hofsós (920 ISK pour chaque destination, 2/jour mer, ven et dim). Uniquement sur réservation. Appelez Strætó au moins 2 heures avant le départ.

Tindastóll et Grettislaug

Au nord de Sauðárkrókur, la côte ouest du Skagafjörður est un royaume silencieux, entouré de montagnes, dont le Tindastóll est le point culminant. À l'extrême nord, on trouve un secteur marqué par une forte activité géothermique et le Grettislaug, un bassin naturel en bord de mer alimenté par une source chaude.

Gardant l'embouchure du Skagafjörður, les îles désertes de Drangey et Málmey sont de paisibles refuges pour les oiseaux de mer. En été, les excursions en bateau vers Drangey partent d'un petit port à côté du Grettislaug.

Au Grettislaug, on trouve un camping (1 500 ISK/pers) et une modeste **pension** (☎841 7313 ; fagranesgisting@gmail.com ; route 748, Reykir ; d sans sdb 16 800 ISK), dotée

À NE PAS MANQUER

DRANGEY

Le petit îlot rocheux de **Drangey**, au milieu du Skagafjörður, est une masse de tuf volcanique au sommet plat, dont les falaises abruptes semblent surgir de la mer à 180 m de haut. Un million d'oiseaux marins (macareux, guillemots, fous de Bassan, mouettes tridactyles, fulmars, puffins à bec grêle et faucons gerfauts) viennent s'y reproduire, et l'îlot sert depuis la nuit des temps de "garde-manger naturel" aux Islandais (pour la chasse aux oiseaux et aux œufs).

La *Saga de Grettir* raconte que le héros et son frère, Illugi, vécurent sur l'île 3 ans durant et y furent tués. Des fans de sagas intrépides (ou inconscients ?) viennent pour reproduire l'exploit de Grettir : franchir à la nage les 7 km entre Drangey et Reykir.

Drangey Tours (☎ 821 0090 ; www.drangey.net ; excursions adulte/enfant 13 900/ 7 500 ISK) propose un fabuleux circuit (3 heures) à Drangey (réservation nécessaire), au départ du petit port, à côté du Grettislaug. Il combine une excursion en bateau et une randonnée guidée sur la falaise abrupte. L'ascension comprend des cordes et des échelles : l'expérience ne convient pas aux personnes sujettes au vertige ou à mobilité réduite, qui pourront rester dans le bateau.

Les macareux quittent en général Drangey avant la mi-août.

d'un café. On peut y faire juste une halte et séjourner à Sauðárkrókur.

À voir et à faire

Grettislaug BASSIN GÉOTHERMIQUE

(Bain de Grettir ; route 748 ; adulte/enfant 1 000 ISK/gratuit). À l'extrêmité nord du massif du Tindastóll, le secteur de Reykir est marqué par une forte activité géothermique. Il est mentionné dans la *Saga de Grettir*. Grettir serait arrivé à la nage de l'île de Drangey et se serait délassé dans une source. Aujourd'hui, le Grettislaug, un bassin naturel alimenté par une source chaude, est un lieu de baignade populaire, flanqué d'un second *hot pot*.

Tindastóll MONTAGNE

Le massif du Tindastóll (989 m) s'étire sur 18 km le long de la côte du Skagafjörður. La montagne et ses grottes seraient peuplées de monstres marins, de trolls et de géants. Du sommet, la vue sur le fjord est spectaculaire. Pour y accéder, suivez le chemin balisé qui part de la butte au bord de la route 745, à l'ouest de la montagne (c'est une randonnée ardue). On y fait du **ski** en hiver (consultez le site www.skitindastoll.is).

TRÖLLASKAGI

La péninsule Tröllaskagi (des Trolls) est un massif montagneux qui s'étend entre le Skagafjörður et l'Eyjafjörður. Ses monts escarpés, ses vallées profondes et ses rivières tumultueuses évoquent davantage les fjords de l'Ouest (mais en plus grands) que les collines vallonées qui couvrent la majeure partie du Nord. Pour les amateurs de routes spectaculaires, des tunnels routiers relient désormais les localités de Siglufjörður et Ólafsfjörður, dans le nord de la péninsule, qui étaient jadis des culs-de-sac peu fréquentés par les touristes.

Mieux vaut être motorisé pour visiter la région. Le trajet de 95 km le long de la route circulaire entre Varmahlíð et Akureyri est splendide. Toutefois, si vous avez du temps et que vous aimez sortir des sentiers battus, l'itinéraire de 186 km qui suit la côte de Tröllaskagi entre ces deux villes (routes 76 et 82) est ponctué de paysages magiques et de nombreux endroits à explorer.

Hólar í Hjaltadalur

94 HABITANTS

Avec son église imposante dominée par les montagnes, la petite localité de Hólar (www.holar.is), dans la jolie vallée de Hjaltadalur, constitue un intéressant détour historique. L'évêché de Hólar fut la capitale œcuménique et le grand centre d'enseignement du nord de l'Islande de 1106 à la Réforme. Elle demeura un centre religieux et le siège des évêques du Nord jusqu'en 1798, date à laquelle l'évêché fut supprimé.

Hólar devint ensuite un presbytère (paroisse anglicane) jusqu'en 1861, avant que celui-ci ne soit transféré à Viðvík, à l'ouest (il est finalement revenu à Hólar en 1952). L'actuel Hólar University College, fondé en 1882, est spécialisé dans la science équine, l'aquaculture et le tourisme rural. En 1952, le presbytère fut réinstallé à Hólar. Dans un autre registre, le **Festival islandais de la bière artisanale** (juin) attire aussi les foules.

Une brochure (disponible au comptoir d'information des hébergements de la localité) détaille un itinéraire historique qui croise quelques édifices de Hólar. **Nýibær**, une ferme en tourbe du milieu du XIXe siècle, fut habitée jusqu'en 1945. L'**Auðunarstofa**, une copie de l'évêché du XIVe siècle construite avec des outils et des méthodes traditionnels, mérite aussi une visite.

Quelques hébergements basiques sont proposés sur le campus universitaire ; il existe aussi un agréable camping.

Hólar est située à 11 km de la route 76. L'embranchement est signalé à 20 km à l'est de Sauðárkrókur et à 15 km au sud de Hofsós.

Cathédrale ÉGLISE

(Hóladómkirkja ; 10h-18h juin à mi-sept). Achevée en 1763, cette cathédrale en grès rouge est la plus vieille église en pierre d'Islande. Elle recèle de nombreuses œuvres d'art anciennes et des fonts baptismaux de 1674, sculptés dans un bloc de stéatite qui dériva du Groenland sur un morceau de banquise. Concerts en été – renseignez-vous en ligne.

Centre historique du cheval islandais MUSÉE

(Sögusetur Íslenska Hestsins ; 455 6345 ; www.sogusetur.is ; adulte/enfant 900 ISK/gratuit ; 10h-18h mar-dim juin-août). Abrite une exposition très complète sur cette race unique et son rôle dans l'histoire du pays. Le billet d'entrée donne accès à une visite guidée. Le centre est installé dans une ancienne écurie au cœur de Hólar.

Hofsós

147 HABITANTS

Le village de pêcheurs de Hofsós s'imposa comme bourg de négoce à partir des années 1500. Sa spectaculaire piscine au bord du fjord le place désormais sur les itinéraires touristiques.

À voir et à faire

Piscine de Hofsós PISCINE

(Sundlaugin á Hofsósi ; 455 6070 ; www.facebook.com/sundlauginhofsosi ; Suðurbraut ; adulte/enfant 900/300 ISK ; 7h-21h juin-août, horaires réduits reste de l'année). La splendide piscine municipale en plein air (avec *hot pot* adjacent) a fait connaître Hofsós dans tout le pays. Elle fut ouverte en 2010 grâce aux donations de deux villageoises. Sa conception en bord de fjord, son intégration dans le paysage et un horizon presque à perte de vue frisent la perfection.

Infinity Blue propose une formule-détente (*"float therapy"*, 4 900 ISK), tous les soirs entre 22h et minuit (si les conditions sont réunies, on se baigne alors au soleil de minuit ou sous une aurore boréale). Réservation indispensable.

Centre de l'émigration islandaise MUSÉE

(Vesturfarasetrið ; 453 7935 ; hofsos.is ; adulte/enfant 1 700 ISK/gratuit ; 11h-18h juin-août). Dans le port, plusieurs bâtiments restaurés ont été reconvertis pour accueillir un musée où sont détaillées les causes de l'émigration islandaise en Amérique du Nord, les espoirs des migrants pour une vie nouvelle et la réalité des conditions lors de leur arrivée. De 1870 à 1914, 16 000 personnes ont quitté ce petit pays, réduisant sa population à seulement 88 000 habitants.

L'exposition principale, "Nouvelle terre, nouvelle vie", décrit la vie des migrants à travers des photos, des lettres et des objets. Consultez la page Facebook du musée.

Où se loger et se restaurer

Il existe quelques hébergements simples en ville, un camping basique dans la rue Skólagata (1 300 ISK/pers) et quelques autres options alentour.

Pour une option originale, continuez 25 km vers le sud, jusqu'à la Guesthouse Hofsstaðir (p. 290).

Sunnuberg GUESTHOUSE €

(893 0220 ; www.sunnuberg.is ; Suðurbraut 8 ; s/d 11 800/15 700 ISK ;). Cette pension accueillante loue des chambres cosy avec salle de bains (pas de cuisine). Elle est située 200 m après la piscine, en face de la supérette et de la pompe à essence.

KS Hofsósi SUPERMARCHÉ €
(☎455 4692 ; www.ks.is ; Suðurbraut 9 ; ⊙9h30-21h30 lun-ven, 11h-20h sam dim juin-août, 9h30-18h lun-ven, 11h-16h sam sept-mai). Supermarché et bar-grill proposant des plats simples. Station-service juste devant.

Depuis/vers Hofsós

S'il est difficile d'accéder à Hofsós sans être motorisé, cela reste néanmoins possible.

Le bus Strætó (p. 457) n°85 circule entre Sauðárkrókur et Hofsós (920 ISK, pour l'une ou l'autre destination, 2/jour, mer, ven et dim), uniquement s'il a été réservé. Appelez Strætó au moins 2 heures avant le départ. L'horaire d'arrivée du bus n°85 coïncide avec le passage du bus n°57 Akureyri-Reykjavík.

Nord-ouest de Tröllaskagi

Long de 60 km, le trajet entre Hofsós et Siglufjörður est un régal pour les yeux : au large, la minuscule île de **Málmey** et le promontoire de **Þórðarhöfði** ; au nord, les lacs. À l'intérieur des terres, quelques fermes ponctuent un paysage de champs, de vallées et de montagnes (ces dernières voient affluer, en hiver et au printemps, les adeptes de l'héliski). Les rivières attirent les passionnés de pêche.

Vous devrez impérativement être motorisé, car il n'y a pas de transports publics.

Où se loger et se restaurer

Brúnastaðir CHALETS €€
(☎467 1020 ; www.brunastadir.is ; route 76, Fljótsdalur ; chalet à partir de 29 000 ISK ;). Cette ferme, dotée d'une vue superbe et d'un jardin fleuri, réserve un bel accueil aux grandes familles et aux groupes. Les 2 chalets de 3 chambres chacun, tout équipés, peuvent loger jusqu'à 10 personnes. Kayaks et bateaux sont à disposition ; nombreux animaux. Draps en supplément (2 000 ISK/pers).

Ferme pédagogique ouverte aux visiteurs extérieurs (10h-18h, tlj l'été) pour une somme modique. Située sur la route 76, à 22 km de Siglufjörður.

Lónkot GUESTHOUSE €€
(☎453 7432 ; route 76 ; d avec/sans sdb à partir de 26 900/21 900 ISK avec petit-déj ; ⊙mai-sept ;). Une étape gourmande sur la côte sauvage, balayée par les vents. À 13 km au nord de Hofsós, cette "station rurale" assure des prestations dignes d'un boutique-hôtel (il y a notamment une spacieuse suite familiale) – magnifique vue sur la mer et *hot pot* intérieur. Les plats du restaurant (4 300-5 200 ISK ; 12h-21h30 mi-mai à août) puisent dans les produits locaux, lentement mijotés.

Pause-déjeuner ou pause-café (avec pâtisseries si on le souhaite). Campeurs bienvenus (1 000 ISK/pers) ; les installations sont toutefois limitées.

Deplar Farm CHALETS €€€
(☎349 7761 ; www.elevenexperience.com ; route 82, Fljótsdalur ; d à partir de 257 250 ISK ;). Le nord-ouest du Tröllaskagi est si beau que l'établissement le plus select d'Islande s'est installé dans la vallée de Fljót. Cette ferme ultra-luxueuse, coupée du monde, est fréquentée par des célébrités et des millionaires. Service de premier ordre. Parés des équipements modernes et de tout le nécessaire pour pratiquer une foule d'activités, les chalets aux toits végétalisés n'ont pas leurs pareils en Islande. Réservation obligatoire.

Siglufjörður

1 182 HABITANTS

Sigló (comme la surnomment ses habitants) se tient au pied d'une pente escarpée, en surplomb d'un fjord splendide. À son apogée, la bourgade comptait 10 000 travailleurs et des bateaux de pêche se pressaient dans le port pour décharger leurs prises que les femmes vidaient et salaient.

Après la disparition du hareng sur la côte nord islandaise à la fin des années 1960, Siglufjörður a décliné ; depuis, la localité ne s'est jamais totalement rétablie. Des tunnels routiers la relient à Ólafsfjörður et à d'autres destinations plus au sud. Ces derniers temps, les visiteurs se sont, à juste titre, épris des belles randonnées, de la marina et des distractions de Sigló. Elle a aussi servi de cadre, en 2015, à la série télévisée islandaise *Trapped*, et apparaît dans les romans policiers de Ragnar Jónasson. Dans les deux sens, on y accède par un trajet époustouflant.

À voir

Musée de l'Ère du hareng MUSÉE
(Síldarminjasafnið ; ☎467 1604 ; www.sild.is ; Snorragata 10 ; adulte/enfant 1 800 ISK/gratuit ; ⊙10h-18h juin-août, 13h-17h mai et sept, sur rdv

reste de l'année). Ce musée, primé et minutieusement conçu, retrace brillamment l'âge d'or de Siglufjörður entre 1903 et 1968, quand elle était la capitale islandaise de la pêche au hareng. Installé dans 3 anciens édifices d'une station norvégienne de pêche au hareng, le musée décrit le travail et la vie des habitants. Commencez par le bâtiment rouge sur la gauche.

Centre de musique folklorique islandaise MUSÉE
(Þjóðlagasetur ; ☎467 2300 ; www.folkmusik.is ; Norðurgata 1 ; adulte/enfant 800 ISK/gratuit ; 12h-18h juin-août). Les amateurs de musique traditionnelle seront intéressés par ce joli petit musée qui présente des instruments du XIXe siècle, et propose des enregistrements de chansons et mélopées islandaises. Entrée gratuite avec le billet du musée de l'Ère du hareng.

Segull 67 Brugghús BRASSERIE
(☎863 2120 ; www.segull67.is ; Vetrarbraut 8-10). Goûtez quelques bières locales dans cette microbrasserie qui propose des visites guidées et des dégustations (à partir de 2 pers, 2 500 ISK). Elle ouvre généralement les vendredis et samedis, mais mieux vaut téléphoner au préalable.

Activités

Siglufjörður constitue une excellente base de randonnée. L'été, vous pourrez faire aussi une partie de golf dans un cadre splendide sur le green de 9 trous.

L'hiver, les remontées mécaniques fonctionnent dans le populaire domaine skiable de **Skarðsdalur** (☎878 3399 ; www.skardsdalur.is), au-dessus de la pointe du fjord. Le site Internet www.skiiceland.is recense les meilleurs forfaits de ski. On trouve de nombreuses agences qui organisent des sorties d'héliski dans les environs de Tröllaskagi ; renseignez-vous auprès de Viking Heliskiing (p. 299), situé à la sortie d'Ólafsfjörður.

Randonnée

Quelque 19 km de chemins balisés longent la barrière d'avalanche au-dessus du village ; il existe plusieurs points d'accès. Un panneau d'information à la sortie nord de Siglufjörður, à côté d'un parking, recense ces **pare-avalanches**.

Une autre randonnée prisée franchit les cols de Hólsskarð et de Hestsskarð pour rejoindre le superbe **Héðinsfjörður**, le fjord voisin et inhabité, à l'est. C'est là que débouchent les tunnels routiers qui relient Siglufjörður à Ólafsfjörður.

Vous trouverez quantité d'informations relatives aux sentiers sur le site Internet www.fjallabyggd.is.

Fêtes et festivals

Festival de musique folklorique MUSIQUE
(siglofestival.com ; juil). Pendant 5 jours, début juillet.

Fête du Hareng CULTURE
(août). La plus grande fête de Siglufjörður a lieu pendant un week-end prolongé début août. La localité y retrouve un temps l'ambiance de son âge d'or. De nombreux événements animent la semaine qui précède : chants, danses et festins de poissons.

Où se loger

Camping CAMPING €
(Snorragata ; empl 1 400 ISK/pers ; mi-mai à mi-sept). Curieusement situé au milieu du village, près du port, il comprend un petit bloc sanitaire et une laverie (800 ISK). Un second terrain herbeux se trouve en dehors de la localité – suivez Suðurgata (ou empruntez Norðurtún, indiquée près de Snorragata).

♥ **Siglunes Guesthouse** GUESTHOUSE €€
(☎467 1222 ; www.hotelsiglunes.is ; Lækjargata 10 ; d avec/sans sdb à partir de 23 000/19 100 ISK, qua 30 100 ISK ; restaurant 18h-21h mar-jeu, 18h-22h ven-sam ;). Cette pension séduit par son caractère et son ambiance détendue, issus de l'association de meubles rétro et d'œuvres d'art contemporain dans l'aile de style hôtel. Côté pension, les chambres (salle de bains partagée, pas de cuisine) sont tout aussi attrayantes, mais le clou est sans doute le restaurant (voir plus bas) piloté par Jaouad Hbib, chef marocain d'exception.

Herring Guesthouse GUESTHOUSE €€
(☎868 4200 ; www.theherringhouse.com ; Hávegur 5 ; s/d sans sdb 14 700/19 200 ISK, app 4 pers 48 200 ISK ;). Þorir (l'ancien maire) et Erla, des hôtes charmants et bien informés, assurent un service personnalisé dans leur pension chic avec vue, qui possède également une annexe

1

Les aurores boréales

Les aurores boréales attirent, tels des aimants, d'innombrables visiteurs qui affrontent le froid en croisant les doigts, les yeux rivés vers le ciel nocturne.

Qu'est-ce qu'une aurore boréale ?

Les Inuits pensaient qu'il s'agissait des âmes des défunts ; dans le folklore scandinave, elles sont décrites comme les esprits des femmes restées célibataires ; les Japonais croyaient qu'un enfant conçu sous ces lumières dansantes aurait une vie heureuse. La science moderne offre une tout autre explication.

Les fabuleux voiles de couleur qui traversent la nuit nordique sont créés par le vent solaire, un flot de particules provenant du Soleil qui entre en collision avec l'oxygène, l'azote et l'hydrogène de la haute atmosphère. Ces collisions produisent les envoûtantes traînées vertes et magenta lorsque le champ magnétique terrestre attire le vent vers les pôles.

Où et comment les voir ?

Pour apercevoir une aurore boréale, il faut un ciel sombre sans trop de nuages… et un zeste de chance. Rien de moins, rien de plus.

De nombreux voyagistes proposent des “excursions aurores boréales” (en bateau, en Jeep ou en bus) ; ils se contentent de vous conduire dans des zones sans trop de pollution lumineuse ni couverture nuageuse, pour augmenter vos chances d'admirer le phénomène. Vous pouvez aisément partir seul, mais ne prenez pas de risque si vous n'avez pas l'habitude de conduire sur neige la nuit.

Privilégiez les zones d'observation connues autour de Reykjavík (le phare

KRISSANAPONG WONGSAWARNG/SHUTTERSTOCK ©

ARIIET/SHUTTERSTOCK ©

1. Jökulsárlón (p. 206)
2. Péninsule de Snæfellsnes (p. 228)
3. Skaftafell (p. 195)

COOLKENGZZ/SHUTTERSTOCK ©

de Grótta à Seltjarnarnes ou la colline d'Öskjuhlíð, par exemple) ou réservez quelques nuits dans une auberge rurale, où vous guetterez la nuit venue l'arrivée du spectacle. De nombreux hôtels proposent à leurs clients de les réveiller si les lumières apparaissent au milieu de la nuit.

Ces dernières années, les hivers ont été riches en aurores boréales – on a même pu en observer dès la fin août. La saison habituelle s'étend de la mi-septembre à la mi-avril ; elle peut se prolonger si les conditions sont réunies. Le cœur de l'hiver est le plus sombre (un facteur primordial pour l'observation des aurores), mais gare à la couverture nuageuse.

Sachez enfin qu'il n'est pas forcément nécessaire de s'éloigner des villes pour apprécier ce spectacle : si l'aurore boréale est importante, elle sera visible même à Reykjavík, malgré l'éclairage public.

Prévoir leur formation

Il est presque impossible de prédire la formation d'une aurore boréale ; il existe toutefois des outils et applications qui fournissent des indications, concernant notamment l'activité solaire – qui permet de mesurer la probabilité de la formation d'une aurore à court terme.

Le site de la météo islandaise, très complet, détaille l'activité des aurores boréales, la couverture nuageuse, l'ensoleillement et l'intensité de la lumière de la Lune, pour en tirer un bulletin "aurores boréales" (prévisions à une semaine, de septembre à mi-avril), consultable sur le site Internet en.vedur.is/weather/forecasts/aurora.

(Hlíðarvegur 1, derrière l'église). La maison principale comprend une cuisine commune ; délicieux petit-déjeuner proposé (2 500 ISK). Les familles apprécieront l'appartement de 2 chambres.

Siglo Harbour Hostel & Apartments AUBERGE DE JEUNESSE, APPARTEMENTS €€
(☎897 1394 ; Tjarnargata 14 ; d sans sdb 13 500 ISK, app 32 000 ISK ;). La partie "*hostel*" (auberge de jeunesse) de l'établissement s'apparente davantage à une pension à prix modéré : elle compte 5 chambres doubles avec draps, avec salle de bains et cuisine communes (laverie gratuite). Parfaitement adaptés aux familles et aux groupes, les 2 appartements spacieux peuvent accueillir 6 personnes. Réduction pour les séjours de plusieurs nuitées.

♥ **Sigló Hótel** HÔTEL €€€
(☎461 7730 ; www.siglohotel.is ; Snorragata 3 ; d/ste avec petit-déj à partir de 40 140/70 900 ISK). Sur le port, cet hôtel de luxe de 68 chambres fait partie d'un empire local comptant plusieurs restaurants. Si les chambres sont chics et bien équipées, les espaces communs sont plus impressionnants encore : élégant bar-restaurant qui s'avance sur l'eau, *lounge* raffiné et *hot pot* au bord de l'eau.

Où se restaurer et prendre un verre

Une **boulangerie** (☎467 1720 ; Aðalgata 28 ; en-cas 200-900 ISK ; 7h-17h lun-ven, 8h-17h sam, 9h-16h dim), très fréquentée, qui fait aussi pizzeria, est installée dans Aðalgata (la rue face à la supérette). Aux heures des repas, les couleurs chatoyantes de la marina se mêlent aux plaisirs gustatifs.

Frida Chocolate CAFÉ €
(Frida Súkkulaðikaffihús ; frida.is ; Túngata 40a ; 13h-18h). Du chocolat artisanal (notamment airelles-sel de mer) à déguster dans la galerie d'un artiste de la région : qui dit mieux ? La façade, unique en son genre, donne sur la rue principale, au nord de la ville. Chaises extravagantes et toilettes tapissées de bandes dessinées.

Kjörbúðin SUPERMARCHÉ €
(☎467 1987 ; www.samkaup.is ; Túngata 2-4 ; 9h-19h lun-ven, 11h-18h sam, 12h-18h dim). Bien approvisionné. DAB à l'intérieur.

♥ **Siglunes Guesthouse Restaurant** MAROCAIN €€
(☎467 1222 ; www.hotelsiglunes.is ; Lækjargata 10 ; plats 3 000-4 000 ISK ; 18h-21h mar-jeu, 18h-22h ven-dim). Heureuse surprise dans ce village reculé, le restaurant paré de boiseries de la Siglunes Guesthouse est le domaine du chef Jaouad Hbib. Il y concocte une délicieuse cuisine marocaine à partir de produits locaux. Les tajines fumants ravissent les papilles et la carte des entrées offre un éventail bien pensé de salades délicates et de fromages maison. Régalez-vous d'une crème brûlée en dessert. Réservez.

Kaffi Rauðka ISLANDAIS €€
(☎461 7730 ; www.raudka.is ; Gránugata 19 ; plats 1 900-2 500 ISK ; 12h-17h, 12h-22 ven-sam juin-août ;). Rouge rubis, le Rauðka dégage une atmosphère informelle. On y sert toute la journée sandwichs, salades et plats savoureux, notamment la pêche du jour.

Hannes Boy ISLANDAIS €€
(☎461 7734 ; www.hannesboy.is ; Gránugata 23 ; plats 2 300-4 200 ISK, buffet adulte/enfant 6 600/3 300 ISK ; 11h30-21h30 juin-août). Un lieu à la façade jaune vif, élégant, lumineux et original, avec des sièges confectionnés à partir d'anciens tonneaux à harengs. Il appartient aux mêmes personnes que le Sigló Hótel et propose une belle sélection de fruits de mer, viandes et desserts locaux.

Vínbúðin VINS ET SPIRITUEUX
(☎467 1262 ; www.vinbudin.is ; Eyrargata 25 ; 11h-18h lun-jeu, 11h-19h ven, 11h-14h sam mai-août, fermé sam reste de l'année). Chaîne d'État.

Renseignements

On trouve de nombreux services dans le village : banque, pharmacie, poste...

Centre d'information touristique (☎467 1555 ; www.visittrollaskagi.is ; Gránugata 24 ; 9h-17h lun-ven, 11h-15h sam-dim juin-août, horaires réduits reste de l'année ;). Bureau utile installé dans la bibliothèque municipale.

Depuis/vers Siglufjörður

Bus Strætó (p. 457) n°78 Akureyri-Dalvík-Ólafsfjörður-Siglufjörður (jusqu'à Akureyri 2 760 ISK, 1 heure 10, 3/jour lun-ven, 1/jour dim).

Ólafsfjörður

792 HABITANTS

Nichée entre deux versants escarpés et les eaux sombres du fjord, cette bourgade de pêcheurs semble toujours isolée malgré les tunnels routiers qui la relient désormais à Siglufjörður, au nord.

D'Akureyri, vous devrez traverser un étroit tunnel de 3 km pour entrer dans l'agglomération.

Activités et circuits

Ólafsfjörður bénéficie d'un bon enneigement en hiver. Le site Internet www.skiiceland.is vous renseignera sur les forfaits de ski intéressants. Basés à Ólafsfjörður et alentour, les prestataires sont de plus en plus nombreux à proposer des activités d'hiver sur les sommets sauvages de Tröllaskagi.

La bourgade compte aussi une belle **piscine** et un **golf** (9 trous). Le Brimnes Hotel loue bateaux et kayaks. Consultez son site Internet pour connaître les activités locales.

Viking Heliskiing SKI
(☎846 1674 ; www.vikingheliskiing.com ; formule 3 jours à partir de 4 900 €). Des guides expérimentés (certains ont concouru aux Jeux olympiques d'hiver) proposent des sorties d'héliski sur les monts de la péninsule (dépose jusqu'à 1 500 m), de mi-mars à mi-juin environ (quand la météo est favorable). Également : formules tout compris avec transferts depuis Akureyri, et pension complète en *lodge*.

Arctic Freeride AVENTURE
(☎8598800; www.facebook.com/arcticfreeride; 2 heures adulte/enfant 9 000/5 500 ISK ; ⏲jan-mai). Un duo père-fils originaire du coin organise des parcours à bord d'autochenilles. Optez pour un circuit jusqu'au sommet du mont Múlakolla (984 m) ou une excursion plus longue, en soirée, à la saison des aurores boréales. Possibilité de monter en dameuse et de redescendre à skis.

Où se loger et se restaurer

Pour manger, mieux vaut aller à Siglufjörður.

Camping CAMPING €
(☎466 4044 ; www.fjallabyggd.is ; Aðalgata ; empl 1 300 ISK/pers, taxe de séjour 333 ISK ; ⏲mi-mai à mi-sept). Toilettes, eau et électricité à disposition ; les campeurs utilisent les douches de la piscine voisine.

Brimnes Hotel & Bungalows HÔTEL, BUNGALOWS €€
(☎466 2400 ; www.brimnes.is ; Bylgjubyggð 2 ; s/d avec petit-déj à partir de 9 900/12 400 ISK, bung à partir de 19 800 ISK ; wifi). De fabuleux bungalows en rondins au bord du lac (diverses tailles, jusqu'à 7 pers), avec *hot tub* (Jacuzzi) dans la véranda et vue sur l'eau : tel est l'atout majeur du plus bel hébergement de la ville. Également 11 chambres privatives lumineuses et un bon restaurant servant les traditionnels poissons, soupes et burgers (18h30-21h30 juin-août).

Gistihús Jóa GUESTHOUSE €€
(Joe's Guesthouse ; ☎847 4331 ; www.kaffiklara.is ; Strandgata 2 ; d/qua sans sdb à partir de 12 300/24 400 ISK avec petit-déj ; wifi, famille). La pension "Joe" cohabite avec le Kaffi Klara (où l'on sert le petit-déjeuner), au rez-de-chaussée. Les six petites chambres, charmantes, occupent une ancienne poste rénovée. Elles arborent un petit lavabo, un sol original et un décor moderne aux tons bruns.

Kaffi Klara CAFÉ €
(☎466 4044 ; www.kaffiklara.is ; Strandgata 2 ; plats 950-2 000 ISK ; ⏲10h-17h30, 10h-21h ven-sam). Cet adorable café installé dans un ancien bureau de poste fournit des renseignements sur la région. Il propose des soupes, des sandwichs, des gâteaux et du vin. Et, pour passer le temps les jours de pluie, des livres et des jeux de plateau sont à disposition.

Kjörbúðin SUPERMARCHÉ €
(☎466 2200 ; www.samkaup.is ; Aðalgata 2-4 ; ⏲9h-19h lun-ven, 10h-18h sam, 12h-18h dim). Pour les voyageurs indépendants.

Renseignements

Centre d'information touristique (☎464 9215 ; www.visittrollaskagi.is ; Ólafsvegur 4 ; ⏲13h-17h lun-ven). À l'intérieur de la bibliothèque municipale, tout près de la rue principale. Utile.

Depuis/vers Ólafsfjörður

Services assurés par Strætó (p. 457) :

- Bus n°78 pour Siglufjörður (920 ISK, 15 min, 3/jour lun-ven, 1/jour dim)
- Bus n°78 pour Akureyri (2 300 ISK, 55 min, 3/jour lun-ven, 1/jour dim). Via Dalvík.

Dalvík

1 367 HABITANTS

La bourgade somnolente de Dalvík se niche dans un endroit pittoresque entre l'Eyjafjörður venteux et les collines de Svarfaðardalur. La plupart des touristes y viennent pour prendre le ferry pour Grímsey (p. 312). Si vous avez du temps, de nombreuses raisons invitent à s'attarder – excellentes activités dans le secteur, musées intéressants, superbes hébergements...

À voir et à faire

Byggðasafnið Hvoll MUSÉE

(☎460 4928 ; www.dalvik.is/byggdasafn ; Karlsbraut ; adulte/enfant 800 ISK/gratuit ; ⏲11h-18h déb juin à mi-août, 14h-17h sam reste de l'année). Le musée de Dalvík mérite la palme de l'insolite. Négligez les animaux empaillés pour visiter les salles consacrées à l'histoire poignante de Jóhann Pétursson, un géant local de 2,34 m qui fut le plus grand homme d'Islande (et du monde, selon certains).

Arctic Sea Tours OBSERVATION DES BALEINES

(☎771 7600 ; www.arcticseatours.is ; Hafnarbraut 22 ; 3 heures adulte/enfant 9 900/4 950 ISK ; ⏲mars-nov). Ce prestataire propose des croisières de 3 heures, jusqu'à 4 fois par jour en très haute saison, et des circuits d'observation des baleines de mars à novembre. Tous les circuits comprennent un intermède de pêche en mer, avec préparation de votre prise au barbecue dès votre descente du bateau. Rendez-vous dans leurs locaux, situés dans la rue principale, à proximité de la station-service N1.

Bergmenn Mountain Guides AVENTURE

(☎858 3000 ; www.bergmenn.com). Cette compagnie réputée, installée en dehors de Dalvík, est spécialisée dans le ski de fond, le ski alpin, l'héliski, l'escalade glaciaire ou alpine, et d'autres activités liées à la montagne. Le nom du propriétaire, Jökull Bergmann, signifie "montagnard des glaciers" – sans doute l'origine de sa vocation... La société possède également Arctic Heli Skiing (www.arcticheliskiing.com), ainsi que 4 *lodges* répartis sur la péninsule.

> **FORFAIT DE SKI**
>
> Le ski ou le snowboard vous tentent ? Le forfait 5x5 Ski Pass (www.skiiceland.is ; adulte/enfant 140/45 €, avec snowboard 190/100 €) comprend 5 jours dans 5 grandes stations du Nord : Akureyri, Sauðárkrókur, Siglufjörður, Ólafsfjörður et Dalvík.

Où se loger et se restaurer

♥ Dalvík HI Hostel AUBERGE DE JEUNESSE €

(☎699 6616, 865 8391 ; www.dalvikhostel.com ; Hafnarbraut 4 ; dort/d/tr sans sdb 5 700/15 200/18 900 ISK). Cette auberge de jeunesse, l'une des meilleures d'Islande (y compris pour le rapport qualité/prix), ressemble à une pension de charme. Heiða, l'une des aimables propriétaires, a créé un cadre original d'inspiration rétro. L'établissement de 7 chambres occupe, dans le centre-ville, un bâtiment blanc appelé Gimli.

Camping CAMPING €

(www.dalvik.is ; Svarfaðarbraut ; empl camping-car/tente 2 500/1 700 ISK, taxe de séjour 333 ISK ; ⏲juin-août). Grande aire de camping jouxtant la piscine municipale ; suivez les panneaux indiquant Hotel Dalvík (règlement à la piscine).

Vegamót COTTAGE €€

(☎699 6616, 865 8391 ; www.dalvikhostel.com ; Skiðarbraut ; cottages 19 900-29 500 ISK ; 📶). Heiða et Bjarni, les sympathiques propriétaires de l'excellente auberge de jeunesse de la ville, louent aussi 3 chalets en bois et la Gamli Bærinn ("la vieille ferme"), un chalet indépendant au charme romantique. Tous se trouvent dans leur propriété face à la station-service Olís, à l'entrée sud de la ville.

♥ Gísli, Eiríkur, Helgi ISLANDAIS €

(Kaffihús Bakkabræðra ; ☎666 3399 ; www.facebook.com/bakkabraedurkaffi ; Grundargata 1 ; soupe et buffet salades 1 990 ISK ; ⏲10h-22h, 10h-1h ven-sam, 10h-19h dim). Ce café lambrissé, dont le nom évoque trois frères d'un conte traditionnel, est rempli d'un bric-à-brac vintage et de porcelaines dépareillées. Il a un charme fou, et l'on s'y régale d'une délicieuse soupe de poisson et de gâteaux maison. Il comprend un coin bar et un petit théâtre à l'arrière.

Kjörbúðin SUPERMARCHÉ €
(☎466 3211 ; www.samkaup.is ; Hafnarbraut ; ⏲9h-19h lun-ven, 10h-18h sam, 14h-18h dim). Supermarché central.

Renseignements

Un utile **point d'information touristique** (☎846 4928 ; www.dalvikurbyggd.is ; Goðabraut ; ⏲9h-17h lun-ven, 12h-17h sam) est installé dans le Menningarhúsið Berg, le centre culturel moderne qui abrite la bibliothèque municipale et un café. Le personnel vous renseignera sur les activités dans la région – équitation, ski, golf, randonnées, observation des oiseaux...

Depuis/vers Dalvík

Dalvík est le point de départ des ferrys pour Grímsey (p. 312) et de quelques bateaux pour Hrísey (p. 302) ; mais la plupart des ferrys pour Hrísey partent d'Árskógssandur.

Services assurés par Strætó (p. 457) :

- Bus n°78 pour Siglufjörður (1 380 ISK, 35 min, 3/jour lun-ven, 1/jour dim)
- Bus n°78 pour Akureyri (1 840 ISK, 40 min, 3/jour lun-ven, 1/jour dim)

AKUREYRI ET SES ENVIRONS

Akureyri est nichée au fond du plus long fjord d'Islande, l'Eyjafjörður, où il n'est pas rare d'apercevoir des baleines s'ébattre dans les eaux scintillantes. Après la visite de cette localité, si vous avez du temps et un véhicule, quittez la route circulaire pour explorer les environs, qui méritent le détour. Des ferrys rallient fréquemment la petite île de Hrísey, au milieu du fjord.

Akureryi est bien fournie en hébergements en tous genres. On trouve aussi de nombreuses pensions rurales dans la vallée de l'Eyjafjarðará et autour du fjord. Renseignez-vous à l'office du tourisme d'Akureyri (p. 313) sur les autres options, notamment le camping.

De Dalvík à Akureyri

Une riche région agricole s'étend au nord, sur la route 82 reliant Akureyri à Dalvík. Des routes secondaires mènent à des villages de pêcheurs sur la rive ouest d'Eyjafjörður : Hjalteyri, Hauganes et Árskógssandur (du sud au nord). Árskógssandur est le point de départ principal pour se rendre sur Hrísey (p. 302), la principale île du fjord.

À voir et à faire

Bjórböðin SPA
(☎414 2828 ; www.bjorbodin.is ; Ægisgata 31, Árskógssandur ; bain de bière 7 900 ISK ; ⏲12h-20h lun-jeu, 11h-21h ven-sam). Lancé par la première microbrasserie d'Islande, Bruggsmiðjan (bière Kaldi), ce spa et son restaurant se concentrent sur les bienfaits de la bière, avec pour temps fort une immersion privée de 25 minutes dans un baquet en bois artisanal rempli de bière. Renouvelé pour chaque client, c'est un bain riche en vitamine B, en antioxydants et en acides alpha. Le *hot pot* extérieur offre une vue spectaculaire sur le fjord.

Whale Watching Hauganes OBSERVATION DES BALEINES
(☎867 0000 ; www.whales.is ; Hafnargata 2, Hauganes ; adulte/enfant 10 600/4 900 ISK les 3 heures ; ⏲mai à mi-nov). Au départ du hameau de Hauganes, embarquez sur l'un des deux anciens bateaux de pêche pour une excursion carboneutre, incluant pêche et observation des baleines. Ce prestataire fut le premier d'Islande à proposer des sorties en mer à la rencontre des cétacés.

Bruggsmiðjan – Kaldi BRASSERIE
(Bière Kaldi ; ☎466 2505 ; www.bruggsmidjan.is ; Öldugata 22, Árskógssandur ; 2 000 ISK ; ⏲sur rdv). La microbrasserie Bruggsmiðjan, qui est établie à Árskógssandur, produit la très demandée bière Kaldi suivant des méthodes tchèques. Elle est ouverte au public, mais il vaut mieux téléphoner au préalable. Basée à Akureyri, Saga Travel (p. 307) propose aussi des visites de la brasserie (à partir de 15 900 ISK).

Hjalteyri VILLAGE
Hjalteyri (43 habitants), à 20 km au nord d'Akureyri, était autrefois un important port de pêche au hareng ; l'ancienne usine de transformation du poisson, construite en 1937, était alors la plus grande d'Islande. L'activité de pêche cessa dans les années 1960, entraînant la fermeture de l'usine. Depuis quelques années, devenue un lieu d'agrément, Hjalteyri réserve quelques bonnes surprises, notamment des expositions artistiques l'été et de l'artisanat. Stryten Divecentre (p. 306) propose des sorties en mer pour les plongeurs, et

VAUT LE DÉTOUR

HRÍSEY

Deuxième plus grande île islandaise après Heimaey, Hrísey (166 habitants), paisible et plutôt plate, est aisément accessible depuis le littoral islandais. Nichée au milieu de l'Eyjafjörður, elle offre des panoramas spectaculaires. Connue en tant que site de reproduction et secteur protégé du lagopède alpin, elle abrite aussi une impressionnante colonie de sternes arctiques. Des lagopèdes incroyablement familiers fréquentent les rues du village. De là, trois sentiers balisés contournent le sud-est de l'île et conduisent à de beaux points de vue.

Un **bureau d'information** (☎695 0077 ; www.hrisey.is ; Norðurvegur 3 ; ⌚13h-17h juin-août) se tient dans le petit musée Hús Hákarla Jörundur (500 ISK) consacré à la pêche au requin, à côté de l'église du village pittoresque où accoste le bateau. Vous y trouverez une brochure utile consacrée à Hrísey, également disponible sur le site Internet.

Si une demi-journée suffit pour explorer l'île, vous apprécierez mieux la vie insulaire en y passant la nuit. Vous trouverez quelques maisons à louer sur l'île sur le site www.visithrisey.is.

Un **camping** (☎461 2255 ; Austurvegur ; empl 1 500 ISK/pers ; ⌚juin-août), avec réception et équipements, jouxte le complexe sportif moderne de la piscine. **Verbúðin 66** (☎467 1166 ; www.facebook.com/verbudin66 ; Sjávargata 2 ; repas 2 000-3 600 ISK ; ⌚11h-22h juin-août) est un agréable petit restaurant à proximité du quai. Au menu du déjeuner : soupe, sandwichs, burgers et poisson pêché du jour. L'adorable petit café **Eyjakaffi** (☎864 5901 ; www.facebook.com/pg/Eyjakaffi.Brynjolfshus ; Austurvegur 12 ; ⌚12h-19h juil-août) ouvre brièvement l'été, en pleine saison, dans la cuisine et le salon d'un particulier. Il sert de la soupe, du café, du vin et d'excellents gâteaux maison. Vous pourrez par ailleurs faire des courses au magasin du village, **Hríseyjarbúðin** (Norðurvegur 7 ; ⌚11h30-18h lun-ven, 13h-16h sam-dim).

Le ferry **Sævar** (☎695 5544 ; www.hrisey.is) relie Árskógssandur à Hrísey (15 min ; adulte/enfant 1 500/750 ISK) au moins 7 fois/jour toute l'année ; horaires sur le site Internet. Le bus n°78 qui arrive d'Akureyri n'entre pas dans le village d'Árskógssandur ; il s'arrête à environ 1 km de l'embarcadère des ferrys. Le ferry Sæfari (p. 313) dessert Dalvík (30 min ; adulte/enfant 1 500 ISK/gratuit) une ou deux fois par semaine.

North Sailing (p. 329) des excursions d'observation des baleines.

Où se loger et se restaurer

♥ Hótel Hjalteyri BOUTIQUE-HÔTEL €€

(☎897 7070, 462 2770 ; www.facebook.com/hotelhjalteyri ; Hjalteyri ; d/app avec petit-déj à partir de 21 400/26 000 ISK ; 📶). Cette ancienne école transformée en un superbe hôtel donne sur la route du port de Hjalteyri. Rénové, il abrite désormais 3 chambres doubles et 4 appartements de tailles diverses (notamment un magnifique penthouse avec Jacuzzi et terrasse) et respire le bon goût : grands volumes, abondance d'œuvres d'art et de livres, décor raffiné.

♥ Skjaldarvík GUESTHOUSE €€

(☎552 5200 ; www.skjaldarvik.is ; route 816 ; s/d sans sdb avec petit-déj 20 900/22 600 ISK ; @📶👪). Cette ravissante pension est installée dans une ferme bucolique à 6 km au nord d'Akureyri. Propriété d'une jeune famille, elle s'agrémente de détails originaux (plantes poussant dans des chaussures, vieilles machines à écrire accrochées aux murs). À cela s'ajoutent un copieux buffet au petit-déjeuner, des promenades à cheval et en buggy (p. 307), la location de VTT, un *hot pot* et un salon confortable avec bar en libre-service.

Le charmant restaurant (18h30-20h30 mai-sept) propose un menu succinct, mais de qualité (buffet 4 900 ISK). Il est ouvert aux non-résidents, sur réservation. Les excellentes formules “Ride & Bite” et “Buggy & Bite” combinent dîner et activités.

Eyri Restaurant FRUITS DE MER €€

(☎618 3716 ; www.facebook.com/EyriRestaurant ; Hjalteyri ; plats 2 600-4 000 ISK ; ⌚10h-21h juin-août). Détendez-vous dans un chalet en rondins en dégustant du poisson fraîchement pêché dans le fjord, ou d'autres plats locaux à base d'agneau ou de bœuf.

Baccalá Bar FISH AND CHIPS €€

(☎620 1035 ; www.ektafiskur.is ; Hafnargata 6 ; Hauganes ; plats 1 900-3 200 ISK ; ⏲11h-21h mi-mai à sept). À côté de Whale Watching Hauganes (p. 301), le prestataire local Ektafiskur, réputé pour son *bacalao* (morue salée) traditionnel, gère cette adresse amusante et kitsch (un bateau viking fait office de terrasse). Le menu bref et simple se compose de classiques à base de poisson (soupe, *fish and chips*...), de boissons et de glaces.

Akureyri

18 600 HABITANTS

Deuxième ville du pays (malgré sa faible population), Akureyri témoigne d'une étonnante vitalité : ses cafés animés, ses restaurants de qualité, ses quelques galeries d'art et sa riche vie nocturne la distinguent des autres localités de l'Islande rurale.

La localité est nichée au fond de l'Eyjafjörður, le plus long fjord islandais (60 km), au pied de pics enneigés. En été, les jardins fleuris font oublier, un moment, la proximité du cercle polaire arctique. En hiver, des festivals animés et d'excellentes possibilités de ski en font une destination attrayante. Cette ville plutôt détendue, riche d'un beau choix d'hébergements et de restaurants, est aussi le point de départ idéal pour découvrir l'Eyjafjörður et ses environs. De plus en plus de bateaux de croisière font escale à Akureyri, avec l'affluence que l'on devine. De nombreux visiteurs désireux de se rendre à Tröllaskagi, Mývatn et Húsavík partent d'ici.

À voir

Akureyri compte plusieurs musées. Les importants travaux d'agrandissement du musée d'Art d'Akureyri – le plus intéressant – viennent juste d'être achevés. La brochure *Akureyri Art Trail* (disponible à l'office du tourisme) répertorie les œuvres d'art disséminées dans la ville. D'autres musées sont dédiés à l'aviation, à l'industrie locale, aux motos et aux jouets d'antan. Akureyri peut servir de point de chute pour visiter Tröllaskagi, Mývatn et Húsavík.

Lystigarðurinn JARDIN

(☎462 7487 ; www.lystigardur.akureyri.is ; Eyrarlandsholt ; ⏲8h-22h lun-ven, 9h-22h sam-dim juin-sept). GRATUIT Ce jardin botanique, parmi les plus septentrionaux du monde, est un endroit charmant. À considérer la proximité du cercle arctique, le nombre de plantes est stupéfiant. Le lieu recèle toutes les espèces endémiques d'Islande, ainsi que d'autres de toutes latitudes et altitudes du globe. On y trouve un café, superbement situé.

Akureyrarkirkja ÉGLISE

(☎462 7700 ; www.akureyrarkirkja.is ; Eyrarlandsvegur ; ⏲généralement 10h-16h lun-ven). Perchée sur une colline qui domine la ville, l'église emblématique d'Akureyri fut conçue par Guðjón Samúelsson (1887-1950), l'architecte qui dessina la Hallgrímskirkja de Reykjavík. Bien que l'une et l'autre soient en basalte, l'Akureyrarkirkja évoque davantage un édifice Art déco que sa grande sœur de la capitale.

Construite en 1940, l'église contient un orgue monumental de 3 200 tuyaux et des reliefs originaux retraçant la vie du Christ. Le modèle réduit de bateau suspendu au plafond reflète une vieille tradition nordique d'offrandes votives pour la protection des êtres aimés en mer. Le superbe vitrail central du chœur, qui provient de la cathédrale de Coventry (Angleterre), est sans doute son plus bel ornement.

L'église accepte les visiteurs presque tous les jours ; consultez le tableau à l'extérieur pour les horaires, très variables.

Musée d'Art d'Akureyri MUSÉE

(Listasafnið á Akureyri ; ☎461 2610 ; www.listak.is ; Kaupvangsstræti 8 ; 1 900 ISK ; ⏲10h-17h juin-août, 12h-17h mar-dim sept-mai). Le musée d'Art d'Akureyri stimule les sens avec ses expositions éclectiques et innovantes, allant du design graphique à l'art du portrait. Il est voisin d'une poignée de galeries d'art. D'importants et récents travaux d'agrandissement ont été réalisés et une boutique et un café ont été ajoutés.

Into the Arctic MUSÉE

(Norðurslóð ; ☎588 9050 ; www.nordurslod.is ; Strandgata 53 ; adulte/enfant 1 500 ISK/gratuit ; ⏲11h-18h lun-ven, 11h-17h sam-dim). Le plus récent musée d'Akureyri présente la faune du Grand Nord, ses villages, ses explorateurs et sa culture (des traîneaux à chiens à

Akureyri

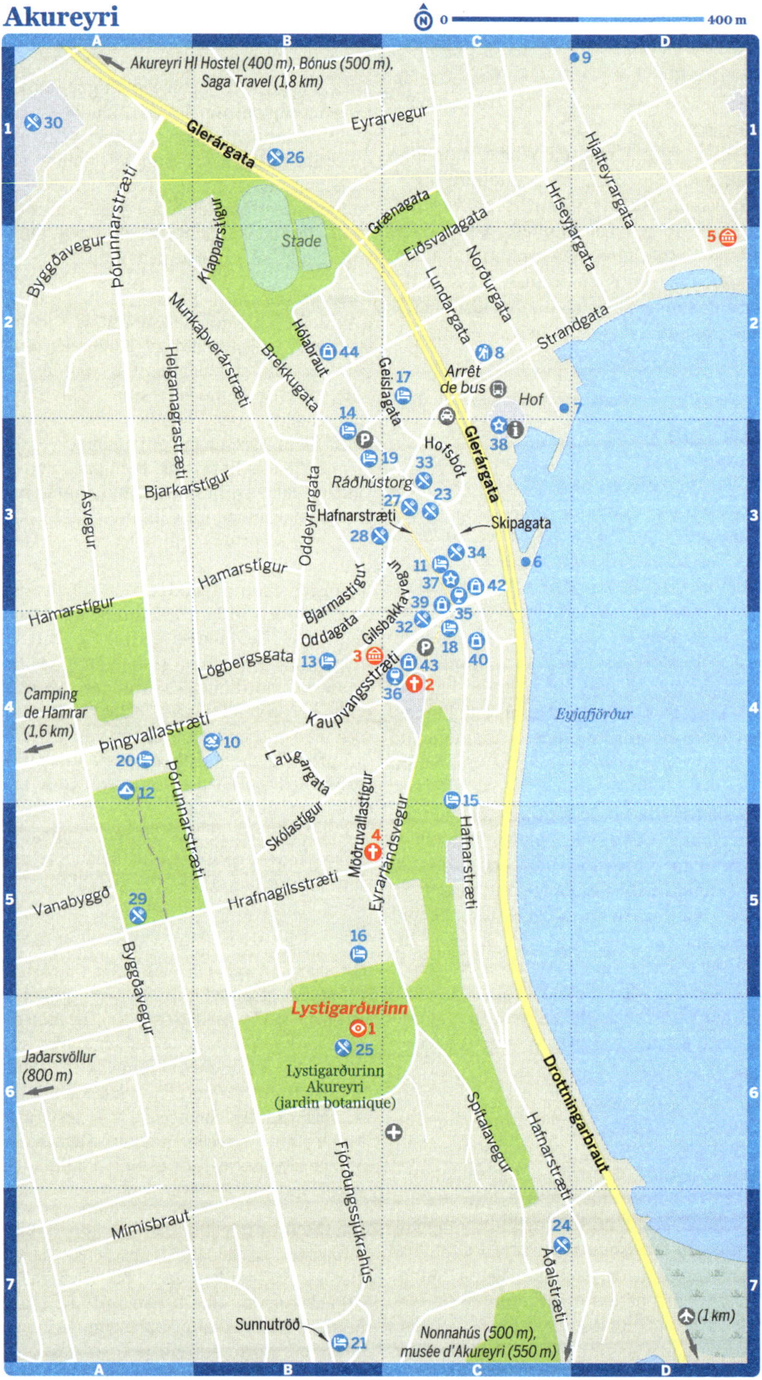
0
400 m
Akureyri HI Hostel (400 m), Bónus (500 m), Saga Travel (1,8 km)
Eyrarvegur
Glerárgata
Stade
Grænagata
Eiðsvallagata
Norðurgata
Lundargata
Hríseyjargata
Hjalteyrargata
Strandgata
Byggðavegur
Þórunnarstræti
Klapparstígur
Munkaþverárstræti
Helgamagrastræti
Brekkugata
Hólabraut
Geislagata
Arrêt de bus
Hof
Hofsbót
Ráðhústorg
Hafnarstræti
Skipagata
Bjarkarstígur
Ásvegur
Oddeyrargata
Hamarstígur
Bjarmastígur
Oddagata
Gilsbakkavegur
Lögbergsgata
Kaupvangsstræti
Camping de Hamrar (1,6 km)
Þingvallastræti
Laugargata
Skólastígur
Möðruvallastígur
Eyrarlandsvegur
Hafnarstræti
Eyjafjörður
Vanabyggð
Hrafnagilsstræti
Byggðavegur
Lystigarðurinn
Lystigarðurinn Akureyri (jardin botanique)
Jaðarsvöllur (800 m)
Spítalavegur
Drottningarbraut
Hafnarstræti
Mímisbraut
Fjórðungssjúkrahús
Aðalstræti
Sunnutröð
Nonnahús (500 m), musée d'Akureyri (550 m)
(1 km)
1 2 3 4 5 6 7 8 9 10 11 12 13 14 15 16 17 18 19 20 21 23 24 25 26 27 28 29 30 32 33 34 35 36 37 38 39 40 42 43 44

Akureyri

Les incontournables
1 Lystigarðurinn B6

À voir
2 Akureyrarkirkja C4
3 Musée d'Art d'Akureyri B4
4 Église catholique B5
5 Into the Arctic D2

Activités
6 Ambassador C3
7 Elding C2
8 Ferðafélag Akureyrar C2
9 SBA-Norðurleið D1
10 Sundlaug Akureyrar B4

Où se loger
11 Akureyri Backpackers C3
12 Camping municipal A4
13 Guesthouse Hvítahúsið B4
14 Gula Villan B3
15 Hótel Akureyri C4
16 Hótel Edda B5
17 Hótel Íbúðir C2
18 Hótel Kea C4
19 Hrafninn B3
20 Icelandair Hotel Akureyri A4
21 Sæluhús B7

Où se restaurer
23 Berlin C3
Blaá Kannan ..... (voir 35)
24 Brynja C7
25 Café Laut B6
26 Greifinn B1
Icelandair Hotel Akureyri ..... (voir 20)
27 Indian Curry House C3
28 Kaffi Ilmur B3
29 Krambúð A5
30 Nettó A1
32 Rub23 ..... C4
33 Serrano C3
34 Strikið C3

Où prendre un verre et faire la fête
Akureyri Backpackers ..... (voir 11)
35 Götubarinn C3
36 Ölstofa Akureyrar C4

Où sortir
37 Græni Hatturinn C3
38 Hof C3

Achats
39 Eymundsson C3
40 Flora C4
42 Hornið C3
43 Sjoppan C4
44 Vínbúðin B2

l'aviation et à l'artisanat). La riche collection de cartes géographiques des fondateurs est également exposée.

Musée d'Akureyri MUSÉE
(Minjasafnið á Akureyri ; ☎462 4162 ; www.akmus.is ; Aðalstræti 58 ; adulte/enfant 1 800 ISK/gratuit ; ⏲10h-17h juin-sept, 13h-16h oct-mai). Ce joli musée bien conçu renferme des objets historiques et des œuvres d'art ayant trait à la ville, dont des cartes, des photos et des reconstitutions d'anciennes maisons islandaises. Le **jardin du musée** s'étend sur le site de la première pépinière d'Islande, qui fut créée en 1899. Remarquez la petite **église** voisine, en bois goudronné, de 1846. Le billet combiné (2 000 ISK) inclut la Nonnahús (juste à côté) et plusieurs musées de la ville.

Nonnahús MUSÉE
(☎462 4162 ; www.minjasafnid.is ; Aðalstræti 54 ; adulte/enfant 1 800 ISK/gratuit ; ⏲10h-17h juin-août, jeu-dim sept-oct). La Nonnahús est la résidence d'artiste la plus intéressante d'Akureyri. Ce fut la maison d'enfance du révérend Jón Sveinsson (1857-1944), célèbre auteur de livres pour enfants surnommé Nonni. Ses histoires de bravoure à l'ancienne possèdent une riche saveur locale. La maison date de 1850 ; ses pièces exiguës et son mobilier modeste offrent un aperçu de la vie en Islande au XIXe siècle.

Activités

Un sentier côtier longe le fjord entre le centre-ville et l'aéroport. En hiver, les versants enneigés attirent les skieurs. L'été est propice à la randonnée, au golf, à la baignade dans des *hot pots*... Akureryi sert aussi de base pour organiser des circuits et activités guidés dans tout le nord de l'Islande.

Sundlaug Akureyrar PISCINE
(☎461 4455 ; www.visitakureyri.is ; Þingvallastræti 21 ; adulte/enfant 950/250 ISK ; ⏲6h45-21h lun-ven, 8h-21h sam, 8h-19h30 dim ; 👪). Cœur de la vie locale, la piscine en plein air d'Akureyri est l'une des plus belles du pays. Elle compte 3 bassins chauffés, récemment

PLONGÉE DANS L'EYJAFJÖRÐUR

La plongée sous-marine évoque habituellement des plages ensoleillées et des poissons tropicaux. Pourtant, les froides eaux islandaises cachent un site fascinant. Si la plupart des plongeurs affluent dans l'eau cristalline de Silfra, près de Þingvellir (Thingvellir), dans le Sud, l'endroit le plus fabuleux se trouve dans l'Eyjafjörður. Il s'agit d'un cône géant (55 m) appelé **Strýtan**, qui s'élève du fond de l'océan et crache une eau bouillante. Cette cheminée géothermique composée de dépôts de silicate de magnésium est une véritable anomalie. Les seules autres structures de ce type connues ont été découvertes à des profondeurs de 2 000 m et plus. Or, le sommet du Strýtan n'est qu'à 15 m sous la surface.

Outre le majestueux Strýtan, il existe des cônes de vapeur plus petits de l'autre côté du fjord. Appelées **Arnanesstrýtur**, ces formations ne sont pas aussi spectaculaires, mais l'on estime que l'eau qui jaillit des évents aurait 11 000 ans. Il s'agit d'eau douce ; vous pourrez placer une Thermos au-dessus d'un évent, récupérer l'eau bouillante et l'utiliser pour faire une boisson chaude, une fois remonté à la surface !

Plonger autour de l'île de Grímsey (p. 312, où l'eau est étonnamment claire, est mémorable. Les oiseaux constituent ici la principale attraction : des guillemots plongent en piqué à la recherche de nourriture, et nager parmi eux donne l'impression de voler !

Pour découvrir ces sites et d'autres curiosités sous-marines du Nord (notamment des crevasses et des rivières géothermiques), contactez Erlendur Bogason au **Strytan Divecentre** (☎862 2949 ; www.strytan.is ; Hjalteyri ; 2 explorations guidées 40 000 ISK), basé à Hjalteyri, environ 20 km au nord d'Akureyri. Erlendur a découvert le Strýtan en 1997 ; il est désormais officiellement chargé de sa préservation. Consultez le site Internet pour connaître le niveau de plongée requis ; sachez enfin que certains endroits sont accessibles en snorkeling avec combinaison.

rénovés, des *hot pots*, des toboggans, des saunas et des bains de vapeur.

Domaine skiable de Hlíðarfjall — SKI

(☎462 2280 ; www.hlidarfjall.is ; route 837 ; forfait journée adulte/enfant 4 900/1 400 ISK ; 👪). Le principal domaine skiable d'Islande se trouve à 5 km à l'ouest de la ville. Avec un dénivelé de 537 m et un nouveau remonte-pente, la plus longue piste dépasse désormais 2,6 km. Le domaine possède en tout 8 remontées mécaniques, 23 pistes de ski alpin et des pistes de ski nordique.

La saison de ski s'étend de novembre à mai. Les conditions sont optimales en février et mars ; Pâques marque un pic de fréquentation.

On peut louer des skis et des snowboards dans la station, qui compte aussi deux restaurants et une école de ski. En saison, des bus assurent la liaison avec Akureyri ; consultez le site Internet pour plus de détails, et la page www.skiiceland.is pour trouver des forfaits intéressants.

Kjarnaskógur — BOIS

(👪). À 3 km au sud de la ville, les bois de Kjarnaskógur (600 ha) sont la "forêt" la plus visitée du pays. Ils comportent des sentiers pédestres et de VTT, des aires de pique-nique et des barbecues, et des terrains de jeux pour les enfants. En hiver, le site se prête au ski de fond (il y a notamment une piste éclairée de 7 km). Le camping de Hamrar (p. 308) offre un accès facile à Kjarnaskógur.

Ferðafélag Akureyrar — RANDONNÉE

(Touring Club d'Akureyri ; ☎462 2720 ; www.ffa.is ; Strandgata 23 ; ⏲14h-17h lun-ven mai-août, 11h-13h lun-ven sept-avr). Pour des renseignements sur la randonnée dans la région. Son site Internet répertorie (en anglais) les refuges que l'association possède dans le Nord et dans les hautes terres, il décrit la piste d'Askja et il détaille son programme de randonnées et de ski.

Mont Súlur — RANDONNÉE

Une randonnée d'une journée, agréable mais exigeante, remonte la vallée de Glerárdalur jusqu'au sommet du mont Súlur (1 213 m). Le sentier débute à Súluvegur ; bifurquez sur la gauche depuis Þingvallastræti (Thingvallastræti) juste avant le pont de Glerá. Comptez au moins 6 heures aller-retour.

Circuits organisés

Saga Travel AVENTURE
(☎558 8888 ; www.sagatravel.is ; Fjölnisgata 6a ; ⏲bureau des réservations 8h-16h lun-ven, 8h-14h sam-dim). Un programme riche et varié d'excursions et d'activités dans le Nord, toute l'année. Il couvre aussi bien des destinations incontournables comme Mývatn (à partir de 19 900 ISK), Húsavík (pour observer les baleines) et Askja, dans les hautes terres, que des circuits thématiques innovants (gastronomie, art et design…).

Les sorties hivernales sont variées (motoneige, balades en raquettes, observation des aurores boréales avec conseils pour les photographier). Des itinéraires individuels peuvent être organisés. Les guides connaissent parfaitement la région, dont ils sont originaires. Maximum : 19 participants par circuit (2 personnes au minimum).

The Traveling Viking AVENTURE
(☎896 3569 ; www.ttv.is ; 👪). Nombreux circuits, classiques (Mývatn, Dettifoss, Húsavík) ou originaux, notamment une formule familiale de 4 heures consacrée au "peuple caché" (les Huldufólks, créatures des légendes et croyances du peuple islandais), une excursion de pêche sur glace l'hiver, un circuit *Game of Thrones* dans la région de Mývatn et des sorties en kayak.

Skjaldarvík ÉQUITATION, AVENTURE
(☎552 5200 ; www.skjaldarvik.is ; balade à cheval à partir de 11 900 ISK, voiturette s/d 23 900/38 800 ISK). Skjaldarvík propose deux excellentes activités au départ de son site en bord de fjord, à 6 km au nord de la ville : des randonnés à cheval et d'amusantes balades en buggy (montée d'adrénaline garantie !). À bord de ces puissantes voiturettes de golf, vous arpenterez les sentiers de la ferme (permis de conduire obligatoire ; casque et tenue fournis). Superbe pension (p. 302) et restaurant sur place.

Elding OBSERVATION DES BALEINES
(☎519 5000 ; www.elding.is ; port d'Akureyri ; adulte/enfant 10 990/5 495 ISK les 3 heures). Installée sur le port, derrière le centre culturel Hof, cette équipe venue de Reykjavík organise des croisières d'observation des baleines (3 heures), toute l'année, ainsi que des "circuits express" en Zodiac (20 000 ISK/pers ; à partir de 10 ans) d'avril à septembre. Excursions "aurores boréales" en hiver.

Ambassador OBSERVATION DES BALEINES, EN BATEAU
(☎462 6800 ; www.ambassador.is ; embarcadère de Torfunefsbryggja ; adulte/enfant 10 990/5 495 ISK les 3 heures). Ce prestataire affiche un nombre croissant de formules sur l'Eyjafjörður, de l'observation des baleines (3 heures) aux circuits à vive allure en Zodiac (2 heures, adulte 19 990 ISK). Également des croisières hivernales à la découverte des aurores boréales ; l'apparition du phénomène n'est évidemment pas garantie.

Circle Air EN AVION
(☎588 4000 ; www.circleair.is). Au départ de l'aéroport d'Akureyri, cette société propose un survol de la région, notamment des vols de 1 heure 30 au-dessus de Dettifoss et Mývatn (45 000 ISK) et des hautes terres centrales (52 000 ISK). Possibilité de faire une escale de 1 heure à Grímsey (54 000 ISK).

SBA-Norðurleið EN BUS
(☎550 0700 ; www.sba.is ; Hjalteyrargata 10). Cette compagnie de bus propose des circuits touristiques dans le Nord, notamment à Mývatn, Dettifoss, Ásbyrgi et Húsavík.

Fêtes et festivals

La rubrique *Calendar* (calendrier) du site Internet www.visitakureyri.is recense les manifestations à venir.

Iceland Winter Games SPORTS
(www.icelandwintergames.com ; ⏲mars). La neige est à l'honneur en mars, dans la capitale islandaise des sports d'hiver, qui accueille alors des compétitions internationales de freestyle et de snowboard.

Summer Arts Festival CULTURE
(Listasumar ; www.listasumar.is ; ⏲mi-juil à août). De mi-juillet à fin août, Akureyri célèbre les arts : 6 semaines d'expos, de concerts, etc.

Fête d'Akureyri CULTURE
(⏲août). La plus grande fête estivale d'Akureyri commémore la fondation de la ville le dernier week-end d'août – concerts, expositions et événements variés.

Où se loger

Akureyri Backpackers AUBERGE DE JEUNESSE €
(☎571 9050 ; www.akureyribackpackers.com ; Hafnarstræti 98 ; dort à partir de 4 900 ISK, d sans

SE LOGER À AKUREYRI

- Akureyri est très fréquentée l'été. Pensez à réserver.
- Nombreux hébergements hors du centre-ville, notamment d'excellentes fermes (il faut un véhicule pour y accéder). Consultez Hey Iceland (www.heyiceland.is).
- La plupart des hébergements restent ouverts à l'année (les week-ends d'hiver, ils sont pris d'assaut par les skieurs).
- Le site Internet de l'office du tourisme (p. 314) recense la plupart des adresses du secteur.
- Consultez les sites d'hébergements pour les tarifs mis à jour et les réductions hors saison.

sdb 14 300 ISK ;). Très bien située au cœur de la ville, cette auberge de jeunesse à l'ambiance détendue possède un bar fort prisé. Les dortoirs (4 à 8 lits) sont répartis sur 3 niveaux ; des chambres occupent le dernier étage. Toilettes et lavabos à tous les étages, mais – petit bémol – les douches et le sauna (gratuit) sont au sous-sol. Petite cuisine et laverie. Petit-déjeuner : 1 215 ISK.

Camping de Hamrar CAMPING €
(461 2264 ; www.hamrar.is ; empl 1 800 ISK/pers ; mi-mai à fin sept). Cet immense camping, à 1,5 km au sud de la ville, s'inscrit dans un cadre verdoyant, dans les bois de Kjarnaskógur. Il affiche des équipements plus récents que ceux du camping municipal et donne sur la montagne. Les couchages les plus économiques de la ville sont proposés dans un bâtiment aux allures d'auberge de jeunesse : 2 000 ISK pour un matelas à même le sol.

Akureyri HI Hostel AUBERGE DE JEUNESSE €
(Stórholt ; 462 3657 ; www.hostel.is ; Stórholt 1 ; dort 5 400 ISK, d sans/avec sdb 20 350/14 600 ISK ;). Cette auberge de jeunesse, accueillante et bien tenue, est à 15 minutes à pied au nord du centre. Elle comprend un salon TV et 2 cuisines (TV dans toutes les chambres) dans la maison principale, ainsi qu'une terrasse avec barbecue et 2 cottages pouvant loger jusqu'à 8 personnes. Le propriétaire partage volontiers sa connaissance de la région. L'horaire d'arrivée (à partir de 15h) est strict. Remise de 10% pour les membres HI.

Camping municipal CAMPING €
(462 3379 ; www.hamrar.is ; Þórunnarstræti 23 ; empl 1 800 ISK/pers ; déb juin à mi-sept). Ce camping central, bien situé, n'a guère de charme. On y trouve un petit espace pour les repas, des douches (500 ISK) et un lave-linge, mais pas de cuisine. Les voitures sont interdites (sauf pour charger et décharger ses bagages ; camping-cars autorisés). À proximité de la piscine municipale (p. 305) et d'un supermarché.

Icelandair Hotel Akureyri HÔTEL €€
(518 1000 ; www.icelandairhotels.com ; Þingvallastræti 23 ; d à partir de 22 100 ISK ;). Cet hôtel haut de gamme expose des artistes et designers islandais dans un cadre pimpant blanc et caramel. Les chambres, compactes, sont bien conçues. La terrasse extérieure, le bon restaurant et le *lounge* (p. 311), où l'on sert le thé l'après-midi et des cocktails durant le *happy hour* en début de soirée, sont autant d'atouts supplémentaires.

Guesthouse Hvítahúsið GUESTHOUSE €€
(869 9890 ; www.facebook.com/Hvítahúsið-guesthouse-596311113739249 ; Gilsbakkavegur 13 ; d sans sdb à partir de 16 400 ISK ;). Dans une zone résidentielle à l'écart, derrière Kaupvangsstræti, cet établissement de caractère (la "Maison blanche") compte 5 chambres et une cuisine commune. Le thé et le café sont offerts (pas de petit-déjeuner). Demandez une chambre sous les toits – mention spéciale à celle avec balcon.

Hrafninn GUESTHOUSE €€
(462 5600 ; Brekkugata 4 ; s/d à partir de 20 000/24 700 ISK ;). Cet établissement central, qui se présente comme une "boutique-pension", ressemble à un élégant manoir, la prétention et l'esprit guindé en moins. Réparties sur 3 niveaux, ses chambres ont une salle de bains privative et la TV. Les espaces communs sont joliment décorés et les clients ont accès à une kitchenette. Attention : pas de petit-déjeuner.

Hótel Íbúðir APPARTEMENTS €€
(892 9838 ; Geislagata 10 ; studio 21 500 ISK, app 19 400-37 600 ISK ;). Íbúðir loue 6 appartements assez luxueux, de tailles

variées (le plus grand peut loger jusqu'à 8 personnes). L'emplacement central et les balcons, offrant une vue sur la ville, en font une bonne adresse pour les familles et les groupes.

Hótel Akureyri HÔTEL €€

(☎462 5600 ; Hafnarstræti 67 ; d avec petit-déj à partir de 19 200 ISK ; 📶). Cet hôtel de charme comprend des chambres compactes et bien équipées, avec vue sur le fjord en façade et sur la verdure à l'arrière (n'hésitez pas à payer plus cher pour une vue sur le fjord). Les propriétaires sont sympathiques et attentifs au service.

Gula Villan GUESTHOUSE €€

(☎863 1400 ; www.facebook.com/gulavillanguesthouse ; Brekkugata 8 ; s/d/qua sans sdb à partir de 12 100/17 400/26 290 ISK ; 📶👪). Chambres lumineuses et bien tenues dans une villa colorée (jaune et blanche). Emplacement central et tarifs raisonnables. La villa et le second bâtiment, Gula Villan II, possèdent chacun une cuisine et servent le petit-déjeuner (2 000 ISK). Option duvet (plus économique).

Hótel Edda HÔTEL €€

(☎444 4900 ; www.hoteledda.is ; entrée par Þórunnarstræti 14 ; d avec/sans sdb à partir de 16 575/9 775 ISK ; ⏲mi-juin à mi-août ; @📶). Ce vaste hôtel occupe l'internat local en été ; il loue plus de 200 chambres, plutôt impersonnelles. Celles de la nouvelle aile moderne sont lumineuses et bien équipées (salle de bains, TV) ; l'aile ancienne, moins chère et défraîchie, comporte des salles de bains communes. Salons charmants. L'hôtel est situé à courte distance de la piscine (p. 305) et du jardin botanique (p. 303). Petit-déjeuner à 2 050 ISK. Au dîner, le buffet est très apprécié (6 300 ISK).

♥ Sæluhús APPARTEMENTS €€€

(☎412 0800 ; www.saeluhus.is ; Sunnutröð ; studio/maison à partir de 26 750/32 250 ISK ; 📶👪). Ce superbe ensemble de studios et maisons modernes est parfait pour quelques jours de détente. Les maisons sont très bien équipées : 3 chambres (pouvant loger 7 personnes), une cuisine, une machine à laver et une véranda avec Jacuzzi et barbecue. Les studios sont plus petits, avec cuisine et accès à une buanderie (certains, plus chers, avec Jacuzzi) ; idéals pour les couples.

Hótel Kea HÔTEL €€€

(☎460 2000 ; www.keahotels.is ; Hafnarstræti 87-89 ; d avec petit-déj à partir de 34 500 ISK ; @📶). Voici le plus grand hôtel à rester ouvert toute l'année à Akureyri. Prisé des groupes et très central, il compte 104 chambres dans le style des hôtels d'affaires, bien équipées (minibar et machines à thé/café) ; certaines disposent d'un balcon avec vue sur le fjord. S'il manque de cachet, l'établissement accueille en ses murs le Múlaberg, un restaurant chic, et il possède un *lounge* douillet.

Où se restaurer

Malgré un très large choix, les établissements sont vite complets : n'hésitez pas à réserver en été. Des fast-foods sont regroupés du côté est de Ráðhústorg.

Kaffi Ilmur CAFÉ €

(☎571 6444 ; www.kaffiilmur.com ; Hafnarstræti 107 b ; plats 1 500-2 500 ISK, buffet déj 2 400 ISK ; ⏲8h-23h, 8h-19h ven-dim). Dans un bâtiment historique de couleur jaune (qui était autrefois une sellerie), cet accueillant café propose de superbes petits-déjeuners et un copieux buffet à l'heure du déjeuner. La cuisine ferme à 15h30 ; on sert ensuite gâteaux, en-cas et boissons.

Berlin CAFÉ €

(☎772 5061 ; www.facebook.com/berlinakureyri ; Skipagata 4 ; petit-déj 800-1 700 ISK ; ⏲8h-18h ; 📶🥕). Vous recherchez un petit-déjeuner servi à toute heure ? Direction le Berlin, un confortable café aux lignes design, qui vous régalera d'œufs au bacon, de tartines à l'avocat ou de gaufres nappées de caramel. Bon café. À partir de 11h30, quelques plats sont proposés – *dhal* de légumes, ailes de poulet…

Blaá Kannan CAFÉ €

(☎461 4600 ; www.facebook.com/blaakannan ; Hafnarstræti 96 ; buffet déj 1 800 ISK ; ⏲9h-22h30, 10h-23h30 sam-dim). Dans l'artère principale, la "Théière bleue" est un café fréquenté, idéalement situé pour observer les passants (dans le bâtiment bleu foncé du Cafe Paris). L'intérieur, lambrissé, est éclairé de lustres ; paninis et bagels sur la carte ; desserts dans la vitrine pour les gourmands. Le lieu est très prisé pour un café ou un verre de vin en soirée.

LONG WEEK-END : LE CERCLE DE DIAMANT

Idéalement située entre l'Amérique du Nord et l'Europe, l'Islande est devenue la destination tendance pour une escapade d'un long week-end. L'afflux constant de visiteurs a transformé le circuit de 3 jours Reykjavík-Cercle d'or-Blue Lagoon en autoroute touristique. Aussi, pourquoi ne pas s'écarter des sentiers battus pour découvrir le Cercle de diamant ? Cet itinéraire de 260 km passe notamment par Húsavík, Ásbyrgi, Dettifoss et le Mývatn (pour plus de détails, voir le site Internet www.diamondcircle.is).

C'est moins compliqué qu'il n'y paraît. L'idéal est d'arriver directement à l'aéroport d'Akureyri. Sinon, depuis l'aéroport international de Keflavík, prenez un bus ou une correspondance aérienne pour Akureyri (dans ce cas, il vous faudra rejoindre l'aéroport domestique de Reykjavík).

1er jour : Akureyri

Débutez votre périple dans le Nord par une activité typiquement islandaise : l'équitation, qui plus est, dans un cadre grandiose ! Consacrez ensuite une demi-journée à flâner dans le centre-ville ou, si un autre vol ne vous rebute pas, passez l'après-midi à Grímsey (p. 312), la seule partie du territoire islandais située au niveau du cercle arctique. Le soir, dînez au Strikið (p. 310) ou au Rub23 (p. 311), puis profitez de l'animation nocturne.

2e jour : Húsavík et ses environs

Le matin, rejoignez Húsavík. Commencez par visiter le musée de la Baleine (p. 327), puis embarquez pour un circuit d'observation des baleines. Poursuivez vers l'est pour une promenade dans la gorge d'Ásbyrgi (p. 334), écoutez le grondement de la cascade de Dettifoss (p. 337), puis racontez vos aventures en dînant au Naustið (p. 331), à Húsavík. Pour terminer, offrez-vous une soirée détente dans les bains d'eau de mer de GeoSea (p. 327).

3e jour : Mývatn

Si les spas islandais aux eaux turquoise vous font rêver, découvrez les Mývatn Nature Baths (p. 324), à Mývatn, la version locale du Blue Lagoon. Après un bain délassant, entamez une randonnée de 3 heures dans l'est du Mývatn, émaillé d'anomalies géologiques. Ne manquez pas l'incontounable Hverir (p. 324) et ses odeurs de soufre et, si vous avez le temps, promenez-vous parmi les jets de vapeur jusqu'aux eaux turquoise du cratère Víti (p. 325) de Krafla. Regagnez ensuite Akureyri pour prendre l'avion, après avoir vu la splendide cascade de Goðafoss (p. 315). Si vous avez un 4x4, poussez jusqu'à celle d'Aldeyjarfoss (p. 316).

Café Laut CAFÉ €

(☎461 4601 ; www.facebook.com/cafelaut ; Eyrarlandsvegur 30 ; plats 1 000-2 600 ISK ; ⊙10h-22h juin-sept). Ce café design installé dans le jardin botanique (p. 303) tombe à pic ; il sert un bon café, des bagels et des paninis, et propose un buffet de soupes et de salades (1 590 ISK) à l'heure du déjeuner. Magnifiques baies vitrées et grande terrasse ensoleillée, quand le beau temps est de la partie.

Brynja GLACIER €

(www.facebook.com/Brynjuis ; Aðalstræti 3 ; glaces à partir de 500 ISK ; ⊙10h-23h30 ; 🚸). Cette adresse légendaire a la réputation de fabriquer les meilleures glaces de toute l'Islande (avec du lait, et non de la crème). À 500 m du jardin botanique (p. 303).

Serrano RESTAURATION RAPIDE €

(www.serrano.is ; Ráðhústorg 7 ; repas 1 500-1 800 ISK ; ⊙11h-21h, 12h-21h dim). Copieux *burritos*, *nachos*, *quesadillas* et salades.

♥ **Strikið** INTERNATIONAL €€

(☎462 7100 ; www.strikid.is ; Skipagata 14 ; plats déj 2 000-3 200 ISK, plats dîner 4 000-5 500 ISK ; ⊙11h30-22h lun-jeu, 11h30-22h30 ven-sam). Appréciez, un cocktail à la main, la vue magique sur le fjord depuis les baies vitrées de ce restaurant installé au 5e étage. La carte fait la part belle aux produits frais islandais (burger de renne, sushis extra-frais, épaule d'agneau, soupe de crustacés).

La crème brûlée clôt délicieusement le repas. Le menu 4 plats (9 000 ISK) est la spécialité de la maison. Réservez.

Icelandair Hotel Akureyri DESSERTS €€
(www.icelandairhotels.com ; Þingvallastræti 23 ; thé complet 2 750 ISK ; ⏲thé complet 14h-17h). Au cours d'un après-midi indolent, offrez-vous le thé complet servi tous les jours dans l'élégant salon de l'hôtel Icelandair (p. 308). D'un excellent rapport qualité/prix, il se compose d'un plateau à 3 étages de délices salés et sucrés (café/thé inclus, champagne en option).

Greifinn INTERNATIONAL €€
(☎460 1600 ; www.greifinn.is ; Glerárgata 20 ; plats 1 700-5 000 ISK ; ⏲11h30-22h ; 👪). Cher aux familles et invariablement bondé, ce restaurant est l'un des plus appréciés de la ville. La carte met l'accent sur des mets roboratifs : burgers, plats tex-mex, pizzas, pâtes, milk-shakes et glaces alléchantes. Plats à emporter également.

Indian Curry House INDIEN €€
(☎461 4242 ; www.facebook.com/IndianCurryHutAkureyri ; Ráðhústorg 3 ; plats 1 900-2 500 ISK ; ⏲11h30-13h30 et 17h30-21h mar-ven, 17h30-21h sam-dim). Les savoureux currys de ce restaurant familial sauront réchauffer les fraîches soirées. Plats à emporter également.

Rub23 INTERNATIONAL €€€
(☎462 2223 ; www.rub23.is ; Kaupvangsstræti 6 ; plats déj 2 600-3 200 ISK, plats dîner 5 000-5 900 ISK ; ⏲11h30-14h et 17h30-22h lun-ven, 17h30-22h sam-dim). Ce bel établissement aux influences japonaises met à l'honneur les produits de la mer et les marinades (piment et mangue, agrumes et romarin...). La cuisine est exceptionnelle. Vaste gamme de formules au dîner (notamment un menu sushis et des menus dégustation). Réservation conseillée.

Faire ses courses

Nettó SUPERMARCHÉ €
(Glerárgata ; ⏲10h-19h). Installé dans le centre commercial Glerártorg.

Bónus SUPERMARCHÉ €
(Langholt 1 ; ⏲11h-18h30 lun-jeu, 10h-19h30 ven, 10h-18h sam, 12h-18h dim). Discount.

Krambúð SUPERMARCHÉ €
(www.samkaup.is ; Byggðavegur 98 ; ⏲8h-22h30, 9h-22h30 sam-dim). Près du camping municipal (p. 308).

Où prendre un verre et faire la fête

En soirée, promenez-vous dans Hafnarstræti pour découvrir les établissements les plus fréquentés.

♥ Ölstofa Akureyrar BAR
(☎663 8886 ; www.facebook.com/olstofak ; Kaupvangsstræti 23 ; ⏲18h-1h lun-jeu, 18h-3h ven-sam, 18h-22h dim). *La* meilleure adresse de la ville pour déguster une bière pression ou locale. Ce bar convivial s'est récemment associé à la brasserie locale Einstök (très en vue) pour créer une brasserie-*lounge* (www.brewerslounge.is) où goûter leurs délicieuses créations fraîchement sorties des cuves.

Akureyri Backpackers BAR
(☎571 9050 ; www.akureyribackpackers.com ; Hafnarstræti 98 ; ⏲accueil 7h30-23h dim-jeu, 7h30-1h ven-sam). Rendez-vous convivial dans l'artère principale, le sympathique bar lambrissé de l'Akureyri Backpackers (p. 307) est prisé des habitants et des voyageurs pour ses concerts occasionnels, ses burgers d'un bon rapport qualité/prix, son brunch le week-end et son grand choix de bières, dont celles des microbrasseries locales, Kaldi et Einstök.

Götubarinn BAR
(☎462 4747 ; www.facebook.com/gotubarinn ; Hafnarstræti 96 ; ⏲13h30-21h mar, 17h-1h jeu, 17h-3h ven-sam). Bar favori des habitants, joyeux et central, le Götubarinn ("Bar de la rue") est étonnamment cosy : bois, miroirs et canapés ; piano au rez-de-chaussée, autour duquel on chante en chœur jusque tard dans la nuit.

Vínbúðin VINS, SPIRITUEUX
(☎462 1655 ; www.vinbudin.is ; Hólabraut 16 ; ⏲11h-18h lun-jeu et sam, 11h-19h ven). Boutique de vins et spiritueux géré par l'État.

Où sortir

♥ Græni Hatturinn CONCERTS
(☎461 4646 ; graenihatturinn.is ; Hafnarstræti 96). Nichée dans une petite rue à côté du Blaá Kannan (p. 309), cette salle intime est le meilleur endroit de la ville pour écouter de la musique live. Quel que soit le programme, n'hésitez pas à prendre une place.

GRÍMSEY

Connue pour être la seule portion du territoire islandais située au-delà du cercle polaire arctique, la lointaine île de Grímsey, à 40 km au large de l'île principale, est un endroit désert où les oiseaux sont environ 10 000 fois plus nombreux que les hommes. Si l'île est petite (5 km²), l'accueil est inversement proportionnel à ses faibles dimensions.

De belles falaises côtières et de spectaculaires formations basaltiques servent de logis à d'innombrables espèces d'oiseaux, dont des macareux et des sternes arctiques. À l'aérodrome, il faut d'ailleurs chasser les sternes installées sur la piste d'atterrissage chaque fois qu'un avion s'en approche.

Plongez ou faites du snorkeling parmi les oiseaux – les macareux et les guillemots s'adonnent à la pêche sous-marine – avec l'agence locale Arctic Trip. Ornithologues amateurs, sachez que les macareux ne sont pas toujours au rendez-vous à partir de début août (ils sont surtout visibles de mai à juillet) et que les sternes (visibles de mai à septembre) sont assez agressives en juillet, lorsque leurs petits prennent leur envol. Attention : ne vous approchez pas trop du bord des falaises. L'office du tourisme d'Akureyri pourra vous aider à organiser votre visite ; consultez aussi le site Internet www.grimsey.is ou renseignez-vous dans la boutique de l'île.

Le cercle polaire arctique

L'attrait de Grímsey doit beaucoup à son caractère symbolique. On y vient pour décrocher son "certificat de traversée du cercle polaire" et profiter du cadre balayé par les vents. Bien que, sur les cartes, le cercle polaire arctique figure invariablement au 66,5°, il se déplace suivant l'inclinaison de l'axe de la Terre (de 2,4° tous les 40 000 ans). Depuis 2017, une sphère de béton de 7 980 kg marque son emplacement actuel sur l'île ; il se trouve aujourd'hui à environ 45 minutes de marche de la piste d'atterrissage. Donc, à moins de courir très vite, si vous voulez *vraiment* atteindre le cercle polaire arctique, vous devrez faire la traversée en bateau (on reste plus de temps sur place) ou passer la nuit sur l'île.

Où se loger et se restaurer

Pour profiter de l'atmosphère détendue et du bon air polaire de Grímsey, séjournez dans l'une des deux pensions ou au petit **camping** (1 500 ISK/pers) aux installations rudimentaires, près du foyer rural. Renseignez-vous dans la boutique.

Básar (☎467 3103 ; www.gistiheimilidbasar.is ; s/d sans sdb 14 900/19 200 ISK avec petit-déj ; wifi). À deux pas de l'aérodrome, cette pension douillette offre une vue paisible sur les falaises et le large. Option duvet possible. Cuisine à disposition et salon confortable.

Gullsól (☎467 3190 ; www.gullsol.is ; s/d sans sdb à partir de 7 500/13 000 ISK ; wifi). On accède par une trappe aux minuscules chambres de Gullsól, au-dessus de la boutique de l'île

Hof MUSIQUE, SPECTACLES VIVANTS
(☎450 1000 ; www.mak.is ; Strandgata 12). L'Hof est un centre culturel moderne dédié à la musique et à d'autres arts de la scène. Outre des salles de conférence et d'exposition et un bon restaurant (1862 Nordic Bistro, ouvert en journée), il abrite l'office du tourisme d'Akureyri (p. 313). Renseignez-vous sur place ou consultez le site Internet pour connaître la programmation.

Achats

Plusieurs boutiques dans Hafnarstræti vendent les traditionnels *lopapeysur* (pulls islandais en laine), des livres, des bibelots et des souvenirs. Vérifiez bien l'origine des pulls (certains proviennent de Chine) et renseignez-vous sur le système de détaxe.

Le centre commercial Glerártorg (www.glerartorg.is), au bord de la route 1, à 1 km au nord du centre-ville, abrite un immense supermarché Nettó et d'autres boutiques et services.

♥ **Flora** DESIGN
(☎661 0168 ; floraflora.is ; Hafnarstræti 90 ; ⏲10h-19h, 12h-19h dim). Cette boutique de design et d'artisanat, gérée par un collectif d'artistes, vend des produits écoresponsables en matériaux recyclés.

(café, en-cas, souvenirs), dont les horaires suivent les arrivées des ferrys. Cuisine équipée pratique pour les voyageurs indépendants.

Krían (☎467 3112 ; ⏲12h-21h mi-mai à déb sept, horaires variables reste de l'année). L'agréable "sterne arctique" (*kría* en islandais), seul restaurant de l'île, est dotée d'une terrasse donnant sur le port. Elle sert habituellement des soupes et du poisson.

Búðin (☎898 2058 ; ⏲tlj). Supérette bien fournie. Si elle est fermée, il suffit en général de demander à un habitant de la faire ouvrir (la vie peut être simple, quand on y pense). Renseignements sur le camping et le bassin géothermal.

Depuis/vers Grímsey

Grímsey est accessible en ferry ou en avion. Des circuits guidés sur l'île sont habituellement proposés en été.

Avion

Norlandair (www.norlandair.is) assure la liaison avec Akureyri (tlj en juin ; 5/sem juil-août ; 3/sem sept-mai). Le survol de 25 minutes longe la totalité de l'Eyjafjörður, ce qui est déjà une expérience en soi ! La billetterie est gérée par Air Iceland Connect. Comptez à partir de 10 300 ISK l'aller. Les vols Reykjavík-Akureyri se combinent avec les vols pour Grímsey. Lors de la réservation en ligne, au lieu du billet standard, vous pouvez choisir la formule "daytour" (supplément de 40 €), qui comprend une visite guidée. Plusieurs prestataires, comme Mýflug Air (p. 318 ; 48 000 ISK), à Mývatn, et Circle Air (p. 307 ; 54 000 ISK), à Akureyri, proposent des vols panoramiques avec escale d'une heure sur l'île.

Bateau

Un ferry assure toute l'année des liaisons entre Dalvík et Grímsey. Le ferry **Sæfari** (☎458 8970 ; www.saefari.is ; 3 heures ; adulte/enfant 3 500 ISK/gratuit) quitte Dalvík à 9h les lundis, mercredis, jeudis et vendredis. L'heure du retour est variable (comptez 2 à 5 heures sur l'île). De juin à août, le service est assuré le dimanche.

Si vous arrivez d'Akureyri, le bus Strætó (p. 457) ne pourra pas vous amener à temps pour prendre le ferry à Dalvík. Si vous n'êtes pas motorisé, vous devrez passer une nuit à Dalvík.

Basée à Grímsey, l'agence **Arctic Trip** (☎848 1696 ; www.arctictrip.is) organise des excursions d'une journée (26 000 ISK) au départ de Dalvík ; le trajet se fait à bord du ferry Sæfari. Arctic Sea Tours (p. 300), basé à Dalvík, propose un circuit de 10 heures comprenant une randonnée guidée de 4 heures à Grímsey (25 200 ISK). À Húsavík, Gentle Giants (p. 329) propose des excursions d'une journée en Zodiac à Grímsey (72 300 ISK).

Sjoppan DESIGN

(☎864 0710 ; www.facebook.com/sjoppanvoruhus ; Kaupvangsstræti 21 ; ⏲horaires variables). Ce magasin de poche, en face du musée d'Art (p. 303), vend des objets design, que l'on vous tendra par une petite fenêtre (sonnez pour que quelqu'un vienne). Plus d'infos sur la page Facebook.

Eymundsson LIVRES, SOUVENIRS

(☎540 2180 ; www.eymundsson.is ; Hafnarstræti 91-93 ; ⏲9h-22h, 10h-22h sam-dim ; Wi-Fi). Cette excellente librairie vend aussi des cartes et un large choix de magazines internationaux. Bon café sur place, avec Wi-Fi pour les clients.

Hornið SPORTS ET PLEIN AIR

(☎461 1516 ; www.utivistogveidi.is ; Kaupvangsstræti 4 ; ⏲10h-18h lun-ven, 10h-16h sam). Vous êtes à court de caleçons longs ? Vous trouverez ici de quoi vous équiper pour battre la campagne et faire du sport.

Renseignements

OFFICE DU TOURISME

Cet **office du tourisme** (☎450 1050 ; www.visitakureyri.is ; Hof, Strandgata 12 ; ⏲8h-18h30 juin à mi-sept, 8h-16h lun-ven mi-sept à avr, 8h-16h mai ; Wi-Fi), sympathique et efficace, situé dans le Hof (p. 312), propose quantité de brochures et de cartes. Accès Internet et superbe boutique de design.

Le personnel compétent vous conseillera sur les circuits et les transports.

SERVICES MÉDICAUX

Apótekarinn (www.apotekarinn.is ; Hafnarstræti 95 ; ⌚9h-17h30 lun-ven). Pharmacie centrale.

Centre médical Heilsugæslustöðin (☎460 4600 ; 3e ét., Hafnarstræti 99 ; ⌚8h-16h lun-ven)

Hôpital d'Akureyri (☎463 0100 ; www.sak.is ; Eyrarlandsvegur). Au sud du jardin botanique.

Médecins de garde (☎1700 ; ⌚24h/24). En cas d'urgence uniquement.

URGENCES

Police (☎464 7700 ; Þórunnarstræti 138)

Depuis/vers Akureyri

AVION

L'**aéroport d'Akureyri** (www.isavia.is ; route 821) est situé à 3 km au sud du centre-ville.

Air Iceland Connect (☎460 7000 ; www.airicelandconnect.is) assure jusqu'à 8 vols par jour entre Akureyri et l'aéroport domestique de Reykjavík (45 min), et quelques vols pour/depuis Keflavík destinés uniquement aux correspondances internationales – il n'est pas obligatoire de passer par Reykjavík pour rejoindre Akureyri. Ces vols ne peuvent être réservés que combinés à un vol international depuis/vers l'Islande sur Icelandair (www.icelandair.com).

Norlandair (www.norlandair.is). Vols au départ d'Akureyri pour l'île Grímsey (30 min) et le Groenland. En semaine, un vol dessert Vopnafjörður et Þórshöf, dans le Nord-Est.

Super Break (www.superbreak.com). Vols hivernaux pour le Royaume-Uni.

BUS

Les services changent constamment en Islande. Procurez-vous des horaires et tarifs actualisés sur le site Internet des compagnies ou dans les offices du tourisme. Service réduit en hiver.

Akureyri se trouve au cœur du réseau de bus du Nord. Les bus Strætó (p. 457) partent d'un **arrêt de bus** (Strandgata 12) situé devant le Hof (p. 312). L'été, SBA-Norðurleið assure un trajet supplémentaire.

Services assurés par Strætó – généralement toute l'année :

- Bus n°56 pour Egilsstaðir (8 280 ISK, 3 heures 30), via Mývatn (2 760 ISK, 1 heure 30), 1/jour ; seulement 4/sem en hiver.
- Bus n°57 pour Reykjavík via la route circulaire (10 120 ISK, 6 heures 30, 2/jour, 1/jour sam).
- Bus n°78 Akureyri-Dalvík-Ólafsfjörður-Siglufjörður (2 760 ISK, 70 min, 3/jour lun-ven, 1/jour dim).
- Bus n°79 pour Húsavík (2 760 ISK, 1 heure 30, 3/jour lun-ven, 1/jour sam, 2/jour dim).

Service assuré par SBA-Norðurleið (p. 307) :

- Bus n°610a pour Reykjavík via la piste de Kjölur (17 900 ISK, 10 heures 30, 1/jour mi-juin à mi-sept).

VOITURE

Akureyri est le deuxième nœud de transports après Reykjavík. Toutes les grandes enseignes de location de voitures sont présentes à l'aéroport. Moyennant un supplément, la plupart acceptent que vous preniez le véhicule à Akureyri et le rendiez à Reykjavík (ou inversement).

Pour des informations sur le covoiturage, consultez le site Internet www.samferda.is et les panneaux d'affichage des auberges de jeunesse.

Comment circuler

Le centre d'Akureyri, compact, se parcourt aisément à pied.

BUS

Des bus municipaux gratuits (jaunes) desservent 6 itinéraires. Ils circulent régulièrement de 7h à 20h en semaine et de 13h à 18h le week-end. Aucune ligne ne dessert l'aéroport. L'office du tourisme fournit des plans et horaires de bus imprimés.

TAXI

Station de taxis **BSO** (☎461 1010 ; www.bso.is ; Strandgata). En face du Hof (p. 312) ; possibilité de réserver un taxi 24h/24. Le site Internet et un panneau à la station indiquent les prix d'un trajet jusqu'aux différents sites alentour.

VOITURE

Akureyri applique le système du disque de stationnement dans le centre-ville (placez-le sur le tableau de bord, afin qu'il soit visible de l'extérieur). Le stationnement est gratuit ; la durée maximale (de 15 minutes à 2 heures entre 10h et 16h en semaine) diffère selon les emplacements. Notez que "1 klst" signifie "1 heure". Tout dépassement est passible d'une amende. Des disques de stationnement (gratuits) sont disponibles à l'office du tourisme (p. 313), ainsi que dans les banques et les stations-service.

Sud d'Akureyri

Eyjafjarðarsveit, la vallée au sud d'Akureyri, est desservie par les routes 821 et 829. La rivière Eyjafjarðará traverse une région agricole fertile, avec d'idylliques paysages champêtres sur fond de montagnes. Le **Kaffi Kú** (☎867 3826 ; www.kaffiku.is ; route 829 ; plats 500-2 500 ISK ; ⏱10h-18h, 12h-18h sam-dim ; 👪) est installé au-dessus d'une étable ultramoderne (on assiste à la traite automatisée des vaches). Dégustez un goulash de bœuf ou un bagel au rosbif, suivi de gaufres à napper de crème de la ferme. La boutique **Christmas Garden** (Jólagarðurinn ; ☎463 1433 ; route 821 ; ⏱10h-21h juin-août, 14h-21h sept-déc, 14h-18h jan-mai), à l'architecture proche d'une maison en pain d'épices sortie d'un conte de fées, vend un nombre incroyable de décorations de Noël (fabrication locale) et des spécialités culinaires typiquement islandaises.

Est de l'Eyjafjörður

La rive est de l'Eyjafjörður est nettement plus calme que la rive ouest. Plusieurs endroits invitent à marquer une pause dans un environnement exceptionnel. Visitez par exemple le **musée d'Art populaire et d'Art brut islandais** (Safnasafnið ; ☎461 4066 ; www.safnasafnid.is ; route 1 – Svalbarðsströnd ; adulte/enfant 1 000 ISK/gratuit ; ⏱10h-17h mi-mai à sept), à 12 km d'Akureyri sur la route circulaire.

Plus au nord, la route 83 part de la route circulaire et conduit au petit village de pêcheurs de **Grenivík**, à 20 km au nord, riche d'une vue magnifique. Vous y trouverez notamment un camping avec piscine, un petit musée de la mer et une supérette avec un restaurant. En chemin (sur la route 83), vous découvrirez les toits en tourbe de **Laufás** (☎462 4162 ; www.minjasafnid.is ; route 83 ; adulte/enfant 1 800 ISK/gratuit ; ⏱9h-17h juin-août) et les fameuses écuries de **Pólar Hestar** (☎463 3179 ; www.polarhestar.is ; route 83, Grýtubakki II ; balade 1/2 heures 6 000/10 000 ISK).

À Grenivík et alentour, Nollur (www.nollur.is) loue des maisons de vacances à l'architecture étudiée. Location à la semaine en haute saison (2 nuitées minimum de septembre à mai ; réservation en ligne). La plupart offrent une vue superbe et tout le confort voulu (notamment des *hot pots*).

♥ **Halllandsnes** APPARTEMENTS €€
(☎895 6029 ; www.halllandsnes.is ; route 1 ; app à partir de 18 900 ISK ; 📶👪). Sorte de refuge aux faux airs cycladiques sur la route circulaire, cette belle propriété, à 6 km à l'est d'Akureyri, possède des bâtiments chaulés, un superbe espace extérieur avec vue sur le fjord, et un intérieur impeccable. Appartements pour 4 à 6 personnes entièrement équipés, avec électroménager de qualité (lave-vaisselle, lave-linge séchant).

Hotel Natur HÔTEL €€
(☎467 1070 ; www.hotelnatur.com ; Þórisstaðir ; s/d avec petit-déj 20 500/29 400 ISK ; 📶). Situé à 15 km à l'est d'Akureyri sur la route circulaire, cet hôtel, géré par une famille, offre des chambres minimalistes, à la simplicité toute nordique, et possède une immense salle à manger et une vue époustouflante sur le fjord. Les chambres sont aménagées dans une ancienne étable (ce que vous n'auriez jamais deviné !). Une attention particulière a été accordée aux équipements de loisirs : sympathique "tour d'observation", sentiers de randonnée, *hot pot*, billard...

Goðafoss

Entre Akureyri et Mývatn, la magnifique cascade de Goðafoss (prononcé *go-za-foss*) incite de nombreux voyageurs à s'écarter de la route circulaire pour venir l'admirer.

♥ **Goðafoss** CHUTE
(Route 1). La Goðafoss (chute des Dieux) dévale directement à travers le champ de lave de Bárðardalur, le long de la route circulaire. Plus petite et moins puissante que d'autres chutes islandaises, c'est sans conteste l'une des plus belles. Le site compte 2 parkings : l'un sur la route circulaire, l'autre plus loin, à côté de la station-service. Empruntez le chemin qui passe derrière la cascade pour un point de vue moins fréquenté.

Goðafoss a marqué l'histoire islandaise. En l'an 1000, à l'Alþingi (Althing, le Parlement), le *lögsögumaður* ("celui qui dit la loi") Þorgeir (Thorgeir) fut contraint de choisir une religion d'État. Après 24 heures de réflexion, il trancha en faveur du christianisme. En regagnant sa ferme, il passa devant la cascade dans laquelle il jeta ses sculptures païennes de divinités nordiques, d'où le nom de "chute des Dieux".

HORS DES SENTIERS BATTUS

ALDEYJARFOSS

L'impressionnante cascade d'**Aldeyjarfoss** (route F26), située à 41 km au sud de Goðafoss, mérite le détour. La rivière Skjálfandafljót s'engouffre dans un étroit passage et dégringole dans un bassin profond, le long d'une gorge bordée de curieux orgues basaltiques.

Pour y accéder, prenez la route 842 (non goudronnée) jusqu'à l'accès nord de la piste de Sprengisandur (route F26, p. 382), longue et solitaire, qui traverse les hautes terres du centre. Accessible uniquement en 4x4, elle s'étend sur les 3,5 km qui mènent au petit parking d'Aldeyjarfoss, au sud.

Un parking pour véhicules ordinaires jouxte l'accès à la route F26 ; si vous n'avez pas de 4x4, vous pourrez parcourir à pied les 3,5 km restants.

Où se loger et se restaurer

Kiðagil GUESTHOUSE, CAMPING €€

(☎464 3290 ; www.kidagil.is ; route 842 ; empl 1 800 ISK par tente, d avec/sans sdb 23 200/ 14 400 ISK avec petit-déj ; ⌚déb mai à sept ;). Une sympathique famille gère cet établissement aux chambres bien tenues, et sert une bonne cuisine. Un repos bienvenu dans cette pension, qui est aussi la plus proche de l'accès nord à la piste de Sprengisandur, à 24 km au sud de Goðafoss. Chambres familiales et camping.

Fosshóll GUESTHOUSE €€

(☎464 3108 ; route 1 ; d avec/sans sdb 26 000/21 500 ISK avec petit-déj ; ⌚mai à mi-oct ;). Les chambres (onéreuses) de cet établissement jaune vif sont situées à proximité de la cascade de Goðafoss. Vous pourrez économiser en choisissant l'option duvet. Restaurant sur place.

Tourist Complex CAFÉTÉRIA €

(Route 1 ; ⌚8h-22h ;). Un complexe touristique proche de la cascade. Point d'information, Wi-Fi gratuit, petite épicerie, boutique de souvenirs, toilettes publiques, pompe à essence et cafétéria correcte (soupes, burgers, pizzas, etc.).

Depuis/vers Goðafoss

On accède directement à Goðafoss par la route circulaire, juste à l'est de l'embranchement pour Húsavík, via la route 85 (repérez la station-service N1).

Les bus qui relient Akureyri à Mývatn s'arrêtent à ce niveau. Les bus entre Akureyri et Húsavík n'y font pas halte systématiquement ; certains empruntent la route 85.

RÉGION DU LAC MÝVATN

Joyau incontesté du Nord-Est, le lac Mývatn peuplé d'oiseaux et ses alentours composent un paysage surréaliste d'une beauté austère, ponctué de marmites de boue, d'étranges formations de lave, de fumerolles et de cratères volcaniques.

Le bassin du Mývatn, qui s'étire sur la dorsale médio-atlantique, doit son aspect accidenté aux violents soubresauts géologiques propres à la région. Le paysage ne ressemble à aucun autre en Islande.

Histoire et géologie

Il y a 10 000 ans, le bassin du Mývatn était couvert d'une calotte glaciaire. Elle fut détruite par des éruptions volcaniques qui firent également disparaître le lac présent à l'époque. Les explosions donnèrent naissance aux sommets symétriques des *móberg* (montagnes aplaties formées par des éruptions volcaniques sous-glaciaires) qui se dressent au sud du lac actuel, tandis que l'activité volcanique à l'est généra le téphra de Lúdent (le téphra constitue la matière solide projetée dans l'air lors d'une éruption).

Une autre phase d'activité violente, après plus de 6 000 ans, fut à l'origine du volcan Ketildyngja, à 25 km au sud-est du Mývatn. La lave qui s'écoula de ce cratère vers le nord-ouest, le long de la vallée de Laxárdalur, forma un barrage et un nouveau lac. Près d'un millénaire plus tard, une explosion volcanique le long de la même fissure fit surgir le Hverfjall, le cratère de téphra qui domine le paysage actuel. Durant les 200 ans qui suivirent, l'activité s'intensifia le long du littoral est, et des cratères apparurent dans une vaste région, vomissant un flot continu de débris en fusion coulant vers l'Öxarfjörður. Le barrage de lave formé à la fin de ce cycle créa le rivage du Mývatn.

Mývatn et Krafla

Entre 1724 et 1729, les éruptions de Mývatnseldar (les “feux du Mývatn”) surgirent de la colline de Leirhnjúkur, près de Krafla, au nord-est du lac. Cette fissure à l'activité irrégulière entra de nouveau en éruption dans les années 1970 (c'est ce que l'on appela les Kröflueldar, ou “feux de Krafla”) ; l'épisode dura cette fois 9 ans.

Depuis 1974, la région du Mývatn est protégée par l'**aire de conservation de Mývatn-Laxá**. Le Hverfjall et le champ de pseudo-cratères de Skútustaðir, à la pointe sud du lac, sont classés monuments naturels d'importance nationale.

Orientation

Une route goudronnée de 36 km (route circulaire sur les rives ouest et nord, et route 848 sur les rives sud et est) fait le tour du Mývatn. La principale localité, Reykjahlíð, est située dans le coin nord-est ; le centre d'accueil des visiteurs et la plupart des hébergements et des restaurants y sont regroupés.

Presque tous les sites sont accessibles par la route circulaire (route 1). C'est notamment le cas des formations de lave à l'est du Mývatn, des pseudo-cratères, proches, au sud, et des plaines marécageuses peuplées d'oiseaux à l'ouest.

Au nord du lac, la route circulaire oblique vers l'est après Reykjahlíð, puis franchit le col de Námaskarð pour rejoindre le secteur géothermique de Hverir. Un embranchement vers le nord (route 863) conduit à Krafla, à 14 km de Reykjahlíð. En continuant 20 km sur la route circulaire, vous atteindrez la bifurcation vers la cascade de Dettifoss sur la route 862 (goudronnée).

Si vous êtes motorisé, vous pourrez explorer la région en une journée ; en bus ou à vélo, prévoyez 2 jours. Comptez au moins 3 jours si vous souhaitez découvrir des montagnes et des champs de lave plus éloignés.

Activités

Le tourisme règne en maître à Reykjahlíð, où sont proposés de nombreux circuits organisés dans la région (certains au départ d'Akureyri). Ils sont vite complets en été.

Plusieurs tour-opérateurs organisent des circuits en Super-Jeep dans les hautes terres, jusqu'à Askja (p. 384) et ses alentours, de mi-juin (date de l'ouverture de la route) jusqu'à fin septembre si le climat le permet. Prévoyez une longue journée d'excursion, jusqu'à 15 heures au départ d'Akureyri ou 12 heures depuis Reykjahlíð. Les transferts sont assurés par les prestataires depuis/vers le parking du centre d'accueil des visiteurs.

Saga Travel (p. 307) propose de fabuleux circuits dans la région du Mývatn, toute l'année : visites guidées, spéléologie, observation des oiseaux, randonnées dans les champs de lave... Offre détaillée sur le site Internet. Les participants aux circuits des aurores boréales ont droit à des conseils photo. Il est souvent possible de rejoindre un circuit depuis Akureyri ou Reykjahlíð.

Geo Travel AVENTURE
(☎464 4442 ; www.geotravel.is). Une petite agence tenue par deux habitants bien établis, qui plantent des arbres pour compenser l'empreinte carbone de leurs circuits. Ils proposent toute l'année d'excellentes sorties en petits groupes : excursions à la grotte de lave et de glace de Lofthellir (26 500 ISK), circuits en Super-Jeep à destination d'Askja et Holuhraun (37 900 ISK), observation des aurores boréales (19 900 ISK), virées en motoneige ou encore observation des oiseaux.

Mývatn Activity – Hike&Bike AVENTURE
(☎899 4845 ; myvatnactivity.is). Hike & Bike possède un kiosque à côté de la taverne Gamli Bærinn (p. 320) à Reykjahlíð, où il est possible de réserver des circuits et de louer des VTT (adulte/enfant 5 000/4 000 ISK par jour). Parmi les nombreuses randonnées à vélo et à pied figurent une excursion en *fatbike* à la grotte de lave et de glace de Lofthellir (24 900 ISK), un circuit en 4x4 de 1 heure (22 500 ISK) et une sortie à vélo, en soirée, qui s'achève par un bain aux Nature Baths (p. 324 ; 13 500 ISK, entrée incluse).

Mýflug Air SURVOL
(☎464 4400 ; www.myflug.is ; aéroport de Reykjahlíð). Survols quotidiens (en fonction de la météo) : 20 minutes au-dessus du Mývatn et de Krafla (22 000 ISK) ; "super tour" de 2 heures (70 000 ISK) passant également au-dessus de Dettifoss, Ásbyrgi, Kverkfjöll, Herðubreið et Askja ; et survol de Grímsey avec escale sur place de 1 heure (58 000 ISK).

Snowdogs TRAÎNEAU À CHIENS
(☎847 7199 ; www.snowdogs.is ; en retrait de la route 849 ; adulte/enfant 30 000/10 000 ISK). Dans la ferme isolée de Heiði, à 8 km de la route 848, au sud du Mývatn (prenez la route 849 à l'ouest de Skútustaðir), Sæmi et sa famille organisent, l'hiver, des balades en pleine nature, en traîneau à chiens. Le trajet varie en fonction de l'attelage, des participants, de la météo et de l'état des sentiers. La durée est généralement comprise entre 45 et 60 minutes, pour une distance de 8 km. Circuits en charrette à chiens l'été (20 000 ISK). La famille fait aussi visiter son chenil (5 000 ISK).

Saltvík ÉQUITATION
(☎847 6515 ; www.saltvik.is ; route 848 ; 2 heures 10 500 ISK). Au sud de Reykjahlíð, Saltvík organise des randonnés à cheval dans les environs du Mývatn (tous niveaux, même débutants), de juin à août. Il existe une autre antenne, plus grande, à Húsavík (p. 330).

Safarí Hestar ÉQUITATION
(☎464 4203 ; www.safarihorserental.com ; route 848, Álftagerði III ; 1/2 heures 8 000/18 000 ISK). De belles balades à cheval sur les rives du lac et parmi les pseudo-cratères au départ de la ferme d'Álftagerði III, du côté sud du lac (à 400 m à l'ouest du Sel-Hótel, p. 322).

SBA-Norðurleið CIRCUITS EN BUS
(☎550 0700 ; www.sba.is). SBA propose un circuit à Dettifoss et Asbyrgi (15 300 ISK ; fin juin à août), qui part de Reykjahlíð et s'achève à Akureyri. Également d'autres visites guidées dans le Nord-Est.

Où se loger et se restaurer

La popularité du Mývatn va de pair avec une envolée des tarifs d'hébergement l'été, la demande excédant largement l'offre. Réservez bien à l'avance. La plupart des prix sont surévalués : une chambre double ordinaire en haute saison vaut 275 €. Hors saison, les tarifs chutent. Dans les pensions, vous ferez des économies en choisissant l'option duvet.

La plupart des hébergements et des restaurants sont concentrés à Reykjahlíð, Vógar et Dimmuborgir (sur la rive nord-est du lac) et à Skútustaðir (rive sud). Les gros hôtels disséminés sur la rive ont tous un restaurant. À noter : vin et bière sont proposés uniquement si vous mangez ; le Vínbúðin (p. 331) le plus proche est à Húsavik.

La spécialité locale est un pain de seigle humide semblable à un gâteau, appelé *hverabrauð* (souvent traduit par "pain de Geysir"). Il est cuit lentement sous terre grâce à la chaleur géothermique.

Renseignements

Centre d'accueil des visiteurs de Mývatnsstofa (☎464 4390 ; www.visitmyvatn.is ; Hraunvegur 8 ; ⏲8h30-18h juin-août, horaires réduits reste de l'année). Ce centre bien informé à Reykjahlíð (près du supermarché) présente des expositions intéressantes sur la géologie locale. Les *rangers* du parc vous renseigneront sur les différents points d'intérêt. Procurez-vous une carte *Mývatn*, bien utile, qui fournit un bon aperçu des sentiers du secteur (bien qu'elle ne soit pas à l'échelle).

Depuis/vers le Mývatn

Tous les bus prennent/déposent les passagers au centre d'accueil des visiteurs (ci-dessus) de Reykjahlíð ; les bus s'arrêtent également à Skútustaðir, à côté du Sel-Hótel (p. 322).

Services assurés par Strætó (p. 457) – réduits l'hiver :

- Bus n°56 pour Akureyri (2 760 ISK, 1 heure 30, 1/jour).
- Bus n°56 pour Egilsstaðir (5 980 ISK, 2 heures, 1/jour).

Services assurés par Reykjavík Excursions (p. 457) :

- Bus n°14/14a pour Landmannalaugar par la piste de Sprengisandur dans les hautes terres (16 100 ISK, 10 heures, 1/sem juil-août).

Comment circuler

De superbes chemins de randonnée sillonnent les alentours du Mývatn (ils ne sont pas tous reliés). Sans moyen de transport, vous devrez marcher longtemps sur la route au bord du lac.

Vous pouvez louer une voiture à Akureyri ou, par beau temps, un VTT auprès de Hike & Bike (p. 318). Le tour du lac (36 km) peut s'effectuer en une journée.

S'il vous faut un taxi, appelez le ☎893 4389 (de juin à août).

Reykjahlíð

208 HABITANTS

Reykjahlíð (prononcé *rèé*-kya-liz), sur la rive nord-est du lac, est le principal village et la base la plus pratique pour explorer la région du Mývatn. On n'y trouve guère plus que quelques pensions et hôtels, un supermarché, une station-service et le centre d'accueil des visiteurs (voir plus haut), consacré au Mývatn.

À voir

Église de Reykjahlíð ÉGLISE

(Reykjahlíðarkirkja). À l'éruption du Krafla en 1727, le cratère de Leirhnjúkur (p. 325), à 11 km au nord-est de Reykjahlíð, fut actif durant une période de 2 ans. La lave dévala les vieilles moraines glaciaires en direction du lac. Le 27 août 1729, une coulée traversa le village, détruisant fermes et bâtiments. Curieusement (miraculeusement diraient certains), elle passa à quelques mètres de l'église en bois, sans la toucher. Celle-ci fut reconstruite sur ses fondations d'origine en 1876, puis en 1962.

Où se loger

Bjarg CAMPING €

(☎464 4240 ; ferdabjarg@simnet.is ; route 1 ; empl 2 000 ISK/pers ; ⏲mi-mai à sept). Ce camping jouit d'un emplacement calme et magnifique au bord du lac de Reykjahlíð (il est toutefois bondé et bruyant l'été), presque en face du supermarché. Cuisine (non équipée), service de blanchisserie (1 200 ISK par lavage ou séchage), comptoir de réservation de circuits et location de vélos. Pas de Wi-Fi.

Hlíð CAMPING, GUESTHOUSE €

(☎464 4103 ; www.myvatnaccommodation.is ; en retrait de la route 1, Hraunbrún ; empl 2 000 ISK/pers, dort 5 600 ISK, d avec petit-déj 26 000 ISK, cottages 2 chambres 40 000 ISK ; @📶👪). Vaste et bien tenu, ce camping, situé 300 m au-dessus de l'église, offre un choix complet d'hébergements : camping, dortoirs avec option duvet, chambres avec accès à une cuisine commune, bungalows sommaires, cottages pouvant accueillir jusqu'à 6 personnes et chambres avec salle de bains. Buanderie, terrain de jeux et location de vélos.

Icelandair Hotel Mývatn HÔTEL €€

(☎444 4000 ; www.icelandairhotels.com ; route 1 ; d avec petit-déj à partir de 22 000 ISK ; @🛜). Acquis par Icelandair et rénové en 2018, l'Hotel Reynihlíð était jadis le "Grand Hôtel" du Mývatn. Il s'agit désormais d'un établissement fringant. Ses 50 chambres raffinées sont dotées d'équipements modernes et de salles de bains flambant neuves. Bar agréable. Vous apprécierez aussi l'une des 9 chambres de la confortable annexe "économique", l'**Hótel Reykjahlíð**, installé dans un joli cadre au bord du lac.

Helluhraun 13 B&B €€

(☎464 4132 ; www.helluhraun13.blogspot.com ; Helluhraun 13 ; d sans sdb 19 000 ISK avec petit-déj ; ⌚juin-août ; 🛜). Une petite maison d'hôtes douillette donnant sur les champs de lave, tenue par la charmante Ásdis. Une salle de bains et 3 chambres lumineuses, impeccables et joliment décorées.

Vógar GUESTHOUSE, CAMPING €€

(☎464 4399 ; www.vogahraun.is ; route 1, Vógar ; empl par pers/tente 1 500/500 ISK, pension d avec/sans sdb à partir de 27 700/18 100 ISK ; 🛜). À 2,5 km au sud de Reykjahlíð, cet établissement propose divers types d'hébergements : camping, bungalows rudimentaires et fonctionnels en préfabriqué, ou chambres compactes dans un bâtiment plus récent (avec ou sans salle de bains). Réduction avec l'option duvet et pour les longs séjours. Toutes les chambres donnent acccès à la cuisine ; celles avec salle de bains comprennent le petit-déjeuner.

Vogafjós Guesthouse GUESTHOUSE €€

(☎464 3800 ; www.vogafjosfarmresort.is ; route 1, Vógar ; d avec petit-déj à partir de 25 600 ISK ; 🛜👪). Ces bungalows en rondins, avec chauffage au sol, fleurent bon le pin et le cèdre. Ils sont installés dans un champ de lave, à 2,5 km au sud de Reykjahlíð, et à deux pas du restaurant Cowshed, où le petit-déjeuner est servi. Majorité de chambres doubles ; chambres familiales également.

Eldá GUESTHOUSE €€

(☎464 4220 ; www.elda.is ; Helluhraun 9 ; s/d sans sdb 16 400/21 300 ISK avec petit-déj ; @🛜). Cette pension sympathique est composée de 3 propriétés réparties le long de Helluhraun. Elle assure un hébergement simple et douillet, avec cuisines communes et salons TV.

Où se restaurer

Kjörbúðin SUPERMARCHÉ €

(☎464 4466 ; www.samkaup.is ; route 1 ; ⌚9h-19h lun-ven, 10h-18h sam, 12h-18h dim). Ce supermarché, bien approvisionné, est voisin du centre d'accueil des visiteurs (p. 319). Grill et tables de pique-nique à l'extérieur.

♥ **Vogafjós** ISLANDAIS €€

(☎464 3800 ; www.vogafjosfarmresort.is ; route 848 ; repas 2 000-5 900 ISK ; ⌚10h-23h juin-août, horaires réduits reste de l'année ; 🛜🌶👪). À 2,5 km au sud de Reykjahlíð, "L'Étable" est un restaurant mémorable, où l'on peut contempler un paysage verdoyant et découvrir la laiterie de la ferme (traite des vaches à 7h30 et 17h30). La carte est une ode aux produits locaux : agneau fumé, mozzarella maison, omble chevalier à l'aneth, pain de Geysir, pâtisseries et glaces maison. Tout est délicieux. La cuisine ferme à 22h l'été.

Gamli Bærinn ISLANDAIS €€

(☎464 4270 ; www.myvatnhotel.is ; route 1 ; plats 2 300-3 500 ISK ; ⌚10h-23h ; 🛜). À proximité de l'Hótel Reynihlíð, cette taverne gaie et animée, baptisée la "Vieille Ferme", sert toute la journée une cuisine de pub de qualité : soupe à la viande d'agneau, burgers, truite grillée ou pizzas. Le soir, l'établissement attire les habitués. Les horaires peuvent être étendus le week-end, mais la cuisine ferme invariablement à 22h.

Daddi's Pizza PIZZERIA €€

(☎773 6060 ; www.vogahraun.is ; route 848, Vógar ; pizzas 1 720-2 900 ISK ; ⌚12h-23h ; 🌶). Dans le camping Vogár, ce petit comptoir vend de savoureuses pizzas à manger sur place ou à emporter. Goûtez sa spécialité, avec truite fumée, noix et crème de fromage.

Est du Mývatn

Si vous manquez de temps, commencez par la rive est du Mývatn, riche en curiosités, que l'on peut explorer lors d'une randonnée d'une demi-journée.

À voir

Grjótagjá GROTTE

(Route 860). Les fans de *Game of Thrones* reconnaîtront peut-être le lieu où Jon Snow et Ygritte se sont unis pour la première fois. La Grjótagjá, une faille béante avec une grotte remplie d'eau à 45°C, se trouve dans une propriété privée. Il est interdit de s'y baigner, mais les propriétaires permettent les visites et les photos. C'est un endroit magnifique, surtout quand le soleil filtre à travers les lézardes du plafond. On y accède facilement par la route.

Hverfjall FORMATION GÉOLOGIQUE

(En retrait de la route 848). Le Hverfjall (ou Hverfell) est un cône de téphra dominant les champs de lave à la lisière est du Mývatn. Cet imposant cratère de forme très régulière est apparu il y a 2 700 ans, à l'issue d'une éruption cataclysmique. Haut de 452 m et large de 1 040 m, il est emblématique de la région du Mývatn.

Le cratère est composé de graviers ; un chemin facile, qui mène de l'extrémité nord-ouest au sommet (où vous trouverez des toilettes publiques), offre une vue époustouflante sur le cratère et le paysage alentour. Un sentier suit le bord ouest jusqu'à un point de vue à l'extrémité au sud, avant de descendre en pente raide vers le Dimmuborgir.

On accède au sentier via une route de gravier balisée ; le parking est à 2,5 km de la route principale.

Dimmuborgir CHAMP DE LAVE

(Route 884). Les gigantesques formations déchiquetées de Dimmuborgir (littéralement "Châteaux noirs") en font l'un des plus fascinants champs de lave du pays. Un réseau de chemins balisés sillonne ce paysage aux contours anthropomorphes. La boucle de l'église (2,3 km) est la plus fréquentée. L'été, renseignez-vous au centre d'accueil des visiteurs de Reykjahlíð (p. 319) ou au café de Dimmuborgir (voir ci-dessous) sur les randonnées gratuites guidées par les *rangers*.

Il est communément admis que les étranges aiguilles et crevasses de Dimmuborgir sont apparues il y a près de 2 000 ans, lorsqu'un lac de lave, jailli des cratères de Þrengslaborgir et de Lúdentarborgir, se forma à cet endroit, au-dessus d'un marais ou d'un petit lac. L'eau du marais se mit à bouillonner, et des jets de vapeur traversèrent la lave en fusion et la refroidirent, créant les colonnes. Tandis que la lave continuait de s'écouler plus bas, les colonnes creuses de lave solidifiée demeurèrent.

RANDONNÉE SUR LA RIVE EST DU LAC

Facilement accessibles en voiture, les sites le long de la rive est du Mývatn peuvent aussi se découvrir au cours d'une agréable randonnée d'une demi-journée. Un chemin balisé court de Reykjahlíð au Hverfjall (p. 321 ; 4 km), en passant par la Grjótagjá. Il continue ensuite jusqu'à Dimmuborgir (p. 321 ; 3 km), aux formations de lave ruiniformes. Si vous partez en fin d'après-midi et marchez d'un bon pas, vous pourrez terminer la journée par un repas à Dimmuborgir, à l'heure où le soleil couchant éclairera le paysage lunaire. Autre possibilité : le circuit du coin nord-ouest du Hverfjall jusqu'aux Nature Baths (p. 324 ; 2,3 km) – le crépuscule y est tout aussi surprenant.

Höfði FORMATIONS GÉOLOGIQUE

(Route 848). Le promontoire de lave de Höfði, couvert de fleurs sauvages, bouleaux et épicéas, offre l'un des paysages les plus doux de la région ; au large, des îlots et une eau cristalline attirent des oiseaux migrateurs.

Depuis les chemins qui longent le rivage, vous verrez de petites grottes et d'étonnantes *klasar* (colonnes de lave), dont les plus fameuses surgissent des flots à **Kálfaströnd**, sur la rive sud de la péninsule de Höfði. L'endroit a également servi de décor à la série télévisée *Game of Thrones*.

Où se loger et se restaurer

Dimmuborgir Guesthouse GUESTHOUSE €€

(☎464 4210 ; www.dimmuborgir.is ; Geiteyjarströnd 1, en retrait de la route 848 ; d/chalets à partir de 23 300/37 200 ISK ;). Cet établissement au bord du lac, à côté du champ de lave de Dimmuborgir, loue des chambres avec salle de bains (accès à la cuisine commune et à la salle à manger). Quelques chalets complètent l'offre : ils sont bien équipés et peuvent, pour certains, convenir aux familles. Le petit-déjeuner est servi dans le bâtiment principal, à l'abri de baies vitrées dominant le lac.

Birkilauf GUESTHOUSE €€
(☎554 0618 ; birkilauf.com ; près de la route 860 ; d 27 900 ISK). Cette pension flambant neuve trône au milieu des champs de lave et des forêts de la rive est du lac Mývatn. Si la façade n'est pas très engageante, les chambres (avec salle de bains) sont douillettes et joliment décorées. Spacieux espaces communs ; cuisine et terrasse pour les clients.

Kaffi Borgir ISLANDAIS €€
(☎464 1144 ; www.kaffiborgir.is ; route 884 ; plats 1 950-3 950 ISK ; ⏲11h-16h juin-août, horaires réduits reste de l'année). Ce café-boutique de souvenirs se tient au sommet de la crête qui domine le champ de lave de Dimmuborgir. Installez-vous en terrasse, commandez la spécialité de la maison (la truite grillée) et contemplez les ombres que le soleil dessine parmi les pics de lave. Buffet de soupes à 1 950 ISK.

Sud du Mývatn

Si l'est du Mývatn est un trésor d'anomalies géologiques, la rive sud séduit par son ensemble de pseudo-cratères.

HORS DES SENTIERS BATTUS

LOFTHELLIR

Avec ses magnifiques sculptures naturelles de glace, la grotte de lave de Lofthellir est l'un des plus beaux sites du Mývatn. Bien qu'il s'agisse d'un des incontournables de la région, la grotte se trouve sur une propriété privée et n'est accessible que lors de circuits d'une demi-journée avec Geo Travel (p. 318). La visite comprend le trajet d'une heure en 4x4, une marche de 25 minutes dans les magnifiques champs de lave jusqu'à la grotte et le prêt du matériel (lampe frontale, chaussures cloutées, etc.). Attendez-vous à vous contorsionner dans des espaces étroits et prévoyez des vêtements chauds et imperméables.

L'hiver, les circuits traversent des champs de neige. L'été, vous pourrez rejoindre la grotte à vélo avec Mývatn Activity – Hike&Bike (p. 318). C'est Geo Travel qui organise les circuits, mais on peut également les réserver auprès de Saga Travel (p. 307).

Seul autre village autour du lac avec Reykjahlíð, **Skútustaðir** compte plusieurs infrastructures touristiques, notamment quelques hôtels, une pension, une pompe à essence et un arrêt de bus.

À voir

Skútustaðagígar FORMATION GÉOLOGIQUE
Les pseudo-cratères de Skútustaðagígar ont été formés quand de la lave en fusion a coulé dans le lac, provoquant des explosions de vapeur. Ces plissements spectaculaires sont apparus quand l'eau bloquée sous la surface est devenue bouillante et a forcé le passage, formant ainsi des petits cônes et cratères de scories.

L'ensemble de pseudo-cratères le plus accessible longe un court sentier en face de Skútustaðir, qui mène aussi au **Stakhólstjörn**, un étang peuplé d'oiseaux aquatiques.

Où se loger et se restaurer

Skútustaðir Farmhouse GUESTHOUSE €€
(☎464 4212 ; www.skutustadir.is ; route 848, Skútustaðir ; d avec/sans sdb 27 000/21 000 ISK, avec petit-déj 31 200/23 700 ISK, f 34 200 ISK ; ⏲fermé déc ; 📶👪). Ouverte toute l'année, cette pension impeccable est une valeur sûre. Des chambres avec salle de bains commune dans le bâtiment de la ferme, une annexe de 5 chambres avec salle de bains, un bungalow de 2 chambres (53 500 ISK) et une nouvelle aile abritant des chambres et une grande cuisine commune. Propriétaires sympathiques.

Hótel Laxá HÔTEL €€€
(☎464 1900 ; www.hotellaxa.is ; route 848 ; d avec petit-déj à partir de 41 400 ISK ; 📶). À 2 km à l'est de Skútustaðir, cet hôtel à l'architecture saisissante et respectueuse de l'environnement a ouvert ses portes en 2014. Il compte 80 chambres modernes, simples et confortables, dont les couleurs sont en harmonie avec le cadre. Les grandes fenêtres et les canapés verts du bar-*lounge* invitent à la contemplation. L'élégant Eldey Restaurant (plats 3 200-5 900 ISK ; 18h-21h) est réputé.

Sel-Hótel Mývatn HÔTEL €€€
(☎464 4164 ; www.myvatn.is ; route 848, Skútustaðir ; s/d avec petit-déj 28 700/35 000 ISK ; @📶). Adresse fiable, avec des chambres milieu de gamme, un lobby, de bonnes installations et un service aimable. Les remises hivernales sont néanmoins son plus bel atout. Le

restaurant, assez simple, propose des buffets (déj/dîner 3 900/6 900 ISK) appréciés des groupes en voyage organisé, mais on peut aussi commander à la carte. Propose éalement des circuits (Super-Jeep, motoneige, cheval, etc.).

Kaffi Sel CAFÉTÉRIA €

(Route 848, Skútustaðir ; en-cas 350-1 800 ISK ; 8h-21h juin-août, 10h-17h sept-mai). En cas de petite faim, cette cafétéria/boutique de souvenirs propose hot dogs, soupes et sandwichs sous vide. Elle jouxte l'hôtel Sel.

Ouest du Mývatn

Plus sauvage, la rive ouest du Mývatn attire les amoureux des oiseaux.

La route circulaire (route 1) passe par la rive ouest du lac, moins peuplée. Les bus empruntent plutôt les rives sud et est.

À voir et à faire

L'ouest du Mývatn est l'un des meilleurs endroits du pays pour **observer les oiseaux**, avec plus de 115 espèces, dont 28 sortes de canards. La plupart des oiseaux aquatiques d'Islande vivent ici en grand nombre. Parmi les 15 espèces de canards qui y nichent, trois – la macreuse, le canard chipeau et le garrot d'Islande – ne se reproduisent nulle part ailleurs en Islande.

Arlequins plongeurs, fuligules morillons, colverts, fuligules milouinans, cygnes chanteurs, plongeons huards, sternes arctiques et pluviers dorés comptent parmi les autres espèces qui fréquentent la région. Les tourbières, les marais, les étangs et la toundra humide constituent d'importants secteurs de nidification pour les oiseaux aquatiques ; aussi, il est interdit de sortir des sentiers entre le 15 mai et le 20 juillet (période de la couvée). Les affûts aménagés près du musée ornithologique de Sigurgeir (voir ci-contre) permettent toutefois d'observer les oiseaux.

Vindbelgjarfjall RANDONNÉE

(Route 1). Escarpé, bien que relativement facile à gravir, le Vindbelgjarfjall (ou Vindbelgur ; 529 m), sur la rive ouest, offre l'une des meilleures vues sur le lac de Mývatn et ses étranges pseudo-cratères. Du parking, le sentier débute au sud, près de la ferme de Vagnbrekka. Comptez 30 minutes pour rejoindre la montagne et autant pour atteindre le sommet.

LES MARIMO, CURIEUSES BOULES D'ALGUES

Les *marimo* sont de petites boules d'algues vertes qui semblent se développer à l'état naturel dans seulement quelques endroits du monde (notamment le Mývatn et le lac Akan au Japon). En japonais, *marimo* signifie "boules d'algues" ; en Islande, on les nomme *kúluskítur*, ce qui signifie littéralement... "boules de merde". Vous en verrez au musée ornithologique de Sigurgeir, dans un petit bassin rempli d'eau lacustre (demandez qu'on vous indique l'endroit). Selon des études récentes, le nombre de *marimo* du Mývatn est en chute libre ; toutefois, durant les étés 2016 et 2017, on a observé une légère amélioration.

Musée ornithologique de Sigurgeir MUSÉE

(Fuglasafn Sigurgeirs ; 464 4477 ; www.fuglasafn.is ; en retrait de la route 1, ferme Ytri-Neslönd ; adulte/enfant 1 800/1 000 ISK ; 12h-17h mi-mai à oct, horaires réduits reste de l'année). Pour approfondir vos connaissances sur les oiseaux, visitez ce musée, installé au bord du lac dans un superbe bâtiment alliant design et éléments hérités des maisons de tourbe traditionnelles. Il renferme une impressionnante collection d'oiseaux naturalisés, avec plus de 180 espèces du monde entier, dont toutes celles présentes en Islande (à l'exception du phalarope à bec large). Les explications détaillées, l'éclairage étudié et le petit café enrichissent la visite.

Le musée est dédié à Sigurgeir Stefansson, qui débuta cette collection à titre privé et se noya dans le lac à 37 ans. Il prête des télescopes high-tech aux passionnés d'ornithologie. Des affûts sont loués pour l'observation.

Laxá RIVIÈRE

Limpide et tumultueuse, la rivière Laxá (rivière aux Saumons) n'est pas la seule du nom en Islande. Elle sillonne l'ouest du Mývatn, traversant la toundra en ligne droite en direction de la baie de Skjálfandi (peuplée de baleines), à Húsavík. Elle est réputée pour être l'une des meilleures rivières d'Islande pour la pêche au saumon (et l'une des plus chères). On peut aussi pêcher la truite commune (moins onéreux).

Nord du Mývatn

La route circulaire (route 1) longe la rive nord du Mývatn à travers les typiques champs de lave, parsemés de fermes bucoliques.

Eldhraun CHAMP DE LAVE

Le champ de lave qui borde la rive nord du Mývatn comprend la coulée qui faillit engloutir l'église de Reykjahlíð (p. 319). Elle fut crachée par le Leirhnjúkur durant les fameux feux de Mývatn en 1729, et se déversa dans le canal Eldá. Vous pourrez découvrir l'Eldhraun à pied depuis Reykjahlíð – la progression est lente.

Hlíðarfjall RANDONNÉE

Si vous marchez directement jusqu'à Krafla depuis Reykjahlíð, sur la rive nord du Mývatn, vous passerez par l'imposante montagne rhyolitique de Hlíðarfjall (771 m), juste avant la marque indiquant la moitié du parcours. À 5 km de Reykjahlíð, ce mont peut faire l'objet d'une agréable promenade d'une journée – vue spectaculaire sur le lac d'un côté et sur les champs de lave de Krafla de l'autre.

♥ **Fosshotel Mývatn** HÔTEL €€€

(☎453 0000 ; www.fosshotel.is ; route 1, Grímsstaðir ; d/ste à partir 25 000/62 000 ISK ; @ⓦ). En pénétrant dans cet hôtel flambant neuf, vous serez subjugué par sa magnifique salle à manger (plats 4 000-5 000 ISK ; dîner 18h-21h45) aux grandes baies vitrées donnant sur le champ de lave et le lac. Les chambres modernes sont faites de matériaux respectueux de l'environnement. Celles avec vue sur la lave et le lac méritent bien le supplément.

Est de Reykjahlíð

Les trésors géologiques du nord du Mývatn bordent la route circulaire, tandis qu'elle serpente dans un terrain inhospitalier, entre le nord du lac et l'embranchement vers Krafla. De nombreux chemins permettent d'explorer le secteur à pied.

Bjarnarflag SECTEUR GÉOTHERMIQUE

(Route 1). Bjarnarflag, à 3 km à l'est de Reykjahlíð, est un secteur marqué par une forte activité géothermique. La terre se soulève et bouillonne, et des colonnes de vapeur bordent la vallée. Bjarnarflag a toujours attiré des entrepreneurs désireux d'exploiter ses ressources naturelles. Des fermiers ont même tenté de faire pousser des pommes de terre, mais la chaleur extrême du sol a anéanti leurs espoirs.

Dans les années 1960, 25 forages-tests furent réalisés pour juger de la faisabilité d'une centrale géothermique. L'un atteint 2 300 m ; la vapeur s'en échappe à 200°C.

Une usine de transformation de la diatomite fut construite par la suite ; il ne reste plus aujourd'hui qu'un étang turquoise que les habitants ont surnommé le "Blue Lagoon". Ce charmant lagon est en réalité toxique et ne doit pas être confondu avec les Mývatn Nature Baths (parfois appelés "Blue Lagoon du Nord"), juste à côté.

♥ **Mývatn Nature Baths** SPA

(Jarðböðin ; ☎464 4411 ; www.myvatnnaturebaths.is ; en retrait de la route 1 ; adulte/enfant 5 700 ISK/gratuit ; ⏲9h-minuit mai-sept, 12h-22h oct-avr). Le pendant septentrional du Blue Lagoon est plus petit et moins chic que son homologue du Sud (une bonne chose !). Il est aussi moins médiatisé (autre bon point). C'est un endroit superbe où vous vous baignerez dans une eau bleu ciel, riche en minéraux, en admirant le paysage. Essayez l'un des deux bains de vapeur naturelle et/ou allez manger à la cafétéria (soupe 1 700 ISK). Pour éviter les groupes de touristes, arrivez plus tôt ou plus tard qu'eux. À 3 km à l'est de Reykjahlíð.

Námafjall MONTAGNE

(Route 1). Des colonnes de vapeur jalonnent la crête rose-orangé du Námafjall, à 3 km à l'est de Bjarnarflag (du côté sud de la route circulaire). Formée par une éruption fissurale, la crête se tient entièrement sur la dorsale médio-atlantique. Franchissez le col de Námaskarð, à l'est, et dévalez l'autre côté pour entrer dans l'univers surréaliste de Hverir.

♥ **Hverir** SOURCES THERMALES

(Route 1). Monde magique aux tons ocre, Hverir (également appelé Hveraröndl) se déploie en un paysage lunaire de chaudrons de boue, de colonnes de vapeur, de dépôts minéraux et de fumerolles. Les gargouillis de la boue et l'odeur de soufre peuvent sembler peu attrayants, mais tous les visiteurs sont saisis par la beauté éthérée de Hverir.

Des sentiers sécurisés sont délimités par des cordes. Pour éviter des blessures graves et ne pas dégrader l'environnement naturel, ne marchez pas sur les sols plus clairs et n'enjambez pas les cordes. Un chemin de randonnée relie Hverir à la crête du Námafjall. Cette ascension de 30 minutes est sublimée par une vue splendide sur le paysage fumant.

Krafla

Le paysage de Krafla, une région volcanique active à 7 km au nord de la route circulaire, englobe un ensemble de colonnes de vapeur et de cratères. Le nom Krafla, qui désigne au sens strict du terme le volcan de 818 m de haut, est communément employé pour la région entière, ainsi que pour la centrale géothermique et la série d'éruptions qui créèrent le plus impressionnant champ de lave d'Islande. Le cycle d'éruptions, appelé feux du Mývatn, se produisit entre 1724 et 1729, quand s'ouvrirent de nombreuses fissures. Les feux de Krafla (1975-1984), un phénomène très similaire, se caractérisèrent par des éruptions fissurales et des mouvements magmatiques intermittents, qui se prolongèrent pendant 9 ans.

À voir et à faire

De Reykjahlíð, une randonnée assez facile de 13 km (3 à 5 heures) conduit au Hlíðarfjall et au Leirhnjúkur par un chemin balisé qui débute près de l'aérodrome. Un autre itinéraire (difficile ; 3 à 5 heures) part du col de Namaskarð (face au Námafjall) et longe la crête du Dalfjall jusqu'à Leirhnjúkur.

Centrale de Krafla CENTRALE GÉOTHERMIQUE

(www.landsvirkjun.com ; route 863 ; centre des visiteurs 10h-17h juin à mi-sept). L'idée de construire une centrale géothermique à Krafla naquit en 1973 ; les travaux préliminaires commencèrent par des forages destinés à vérifier la faisabilité du projet. En 1975, après une longue période de tranquillité, la fissure du Krafla entra dans une phase d'activité. La centrale fut cependant construite et agrandie ultérieurement. Le centre des visiteurs explique son fonctionnement.

Ne ratez pas l'impressionnant point de vue sur la région : pour y accéder, continuez sur la route 863.

Leirhnjúkur SECTEUR GÉOTHERMIQUE

Le cratère du Leirhnjúkur et ses solfatares forment le site le plus impressionnant et potentiellement dangereux de Krafla. Il apparut en 1727 sous la forme d'une fontaine de lave et rejeta des débris en fusion pendant deux ans avant de se calmer.

Un sentier bien tracé court du nord-ouest du parking (doté de toilettes publiques) de Krafla jusqu'au Leirhnjúkur. En raison de l'activité volcanique, des hautes températures et de la présence de marmites de boue et de jets de vapeur, ne vous écartez pas des chemins balisés.

En 1975, les feux de Krafla débutèrent par une petite éruption de lave à côté du Leirhnjúkur. Après 9 ans d'activité intermittente, le Leirhnjúkur devint le trou de boue sulfureuse à l'aspect menaçant que l'on connaît aujourd'hui. La croûte de terre est extrêmement fine et, par endroits, le sol est brûlant.

Víti VOLCAN

(Route 863). Le cratère ocre du Víti recèle un lac turquoise, formé par les eaux de crue, que l'on découvre depuis le bord du volcan. Large de 300 m, le cratère d'explosion apparut en 1724, au début des dévastateurs feux de Mývatn. Un sentier circulaire part du parking et longe le bord du cratère.

Attention : ne confondez pas le cratère du Víti ("l'enfer" en islandais !) avec celui situé à côté de la caldeira d'Askja (dans lequel on peut se baigner, ce qui n'est pas le cas ici).

Depuis/vers Krafla

Au départ de Reykjahlíð, vous pourrez venir à pied, à vélo ou en voiture ; à 15 km par la route circulaire et la route 863.

DU MÝVATN À EGILSSTAÐIR

En quittant Reykjahlíð par l'est en direction d'Egilsstaðir, la route circulaire passe par le sommet du Námafjall (p. 324) et Hverir (p. 324 ; gare à l'odeur !), et bifurque vers Krafla (ci-dessus). Après 20 km, elle atteint l'embranchement vers le nord menant à Dettifoss (p. 337) par la route 862 (goudronnée), puis la bifurcation vers la route 88 réservée aux 4x4 qui part en direction du sud vers Askja, dans les hautes terres.

En poursuivant sur la route circulaire, vous franchirez bientôt le pont au-dessus de la Jökulsá à Fjöllum ; la route 864 est signalée en direction du nord juste à l'est du pont ; cette rude piste de gravier, généralement ouverte de juin à octobre, rejoint Dettifoss (porte de l'Est) 31 km plus loin, puis Ásbyrgi, à 60 km.

À partir du pont, la route circulaire coupe au travers des hautes terres désolées de l'arrière-pays du Nord-Est. Si vous ne souhaitez pas explorer les hautes terres, vous en aurez un aperçu ici. Le paysage gris et aride est parsemé de basses collines, de petits lacs formés par la fonte des neiges et de cours d'eau qui serpentent au petit bonheur.

Möðrudalur

Les fermes sont rares dans cette région qui a toujours été rude. À 469 m d'altitude, Möðrudalur est la ferme la plus élevée d'Islande ; elle évoque une oasis perdue dans ce désert islandais. On y trouve aujourd'hui un hameau très fréquenté en été et où les touristes viennent se ravitailler. Un centre d'information touristique est destiné aux personnes venues explorer la région ; film instructif sur les hautes terres volcaniques (500 ISK). Après Möðrudalur, les voyageurs poussent vers les hautes terres centrales (p. 375) par la route F905, toute proche (vous devrez être parfaitement équipé et circuler en 4x4).

À voir et à faire

Volcano Heli EN HÉLICOPTÈRE

(☎647 3300 ; www.volcanoheli.is ; route 901, Möðrudalur). Originaire du Liechtenstein, le pilote d'hélicoptère Matthias et son équipe s'installent en été dans la ferme de Möðrudalur. Les paysages grandioses des hautes terres sont à portée d'ailes : Askja, Holuhraun, le lac Mývatn, Kverkfjöll... L'hélicoptère peut emmener 3 personnes ; les tarifs valent pour la sortie (et non par personne). Premier prix : 95 700 ISK/30 minutes.

Sænautasel MUSÉE

(☎853 6491 ; www.facebook.com/Saenautasel ; près de la route 907 ; 500 ISK ; 12h-18h juin à mi-sept). Reconstruite, cette ferme au toit végétalisé date de 1843. Elle ressuscite une époque révolue... tout en vendant des pancakes traditionnels et du café. Il s'agit de l'une des anciennes fermes de la lande de Jökuldalsheiði, abandonnées après l'éruption de l'Askja en 1875. La région inspira à l'écrivain Halldór Laxness (1902-1998) son chef-d'œuvre *Gens indépendants* (1934) – plusieurs fermes portent le même nom que celles du roman. Sænautasel trône au bord d'un lac, à environ 35 km au sud-est de Möðrudalur. Elle possède un camping rudimentaire. La ferme est indiquée depuis la route 907, à 5 km au sud de la route 901.

Où se loger et se restaurer

Fjalladýrð GUESTHOUSE, CAMPING €€

(☎4711858 ; www.fjalladyrd.is ; route 901, Möðrudalur ; empl 1 350 ISK/pers, d avec/sans sdb 35 000/ 15 900 ISK ;). Fjalladýrð est la partie touristique de la ferme de Möðrudalur. Elle comprend un large choix d'excellents hébergements, pour tous les budgets : camping, couchages avec duvet (7 800 ISK), pensions, adorables chalets au toit végétalisé (45 000 ISK), suites familiales et luxueuses chambres privatives flambant neuves (avec copieux petits-déjeuners) offrant une vue paisible sur Herðubreið. Hors saison, les tarifs chutent de 30%.

N'hésitez pas à y passer la nuit si vous comptez explorer l'intérieur des terres ; d'excellentes excursions en Super-Jeep vers Askja et Kverkfjöll sont organisées.

Restaurant Fjallakaffi ISLANDAIS €€

(☎471 1858 ; www.fjalladyrd.is ; route 901, Möðrudalur ; plats 2 150-7 490 ISK ; 7h-22h mai-sept, horaires réduits reste de l'année ;). Si vous ne faites que passer à Möðrudalur, arrêtez-vous ici pour un café et un *kleina* (beignet traditionnel tressé) ou un *ástarpungur* ("boule d'amour") maison. Des plats à base de produits locaux sont également proposés : viande d'agneau de montagne, magret d'oie, omble chevalier poêlé ou steak de renne. Mais on peut aussi se contenter d'une soupe (au lichen d'Islande !) ou d'un croque-monsieur.

Depuis/vers Möðrudalur

Möðrudalur est à 8 km au sud de la route circulaire sur la route 901 – l'embranchement est à environ 63 km à l'est de Reykjahlíð et à 104 km à l'est d'Egilsstaðir. On y trouve de l'essence. Après Möðrudalur, de nombreux visiteurs s'aventurent dans les hautes terres centrales via la route F905 (réservée au 4x4, elle n'ouvre généralement que fin juin). Vous pourrez aussi emprunter, à l'est, la route 901, gravillonnée (il s'agit de l'ancienne route 1 ; bien qu'accidentée, elle est accessible aux véhicules ordinaires l'été).

HÚSAVÍK

2 307 HABITANTS

Húsavík, capitale islandaise de l'observation des baleines, attire de nombreux voyageurs. Avec ses maisons colorées, ses musées passionnants et ses sommets enneigés de l'autre côté de la baie, c'est le plus joli port de pêche du Nord-Est.

À voir

Musée de la Baleine de Húsavík — MUSÉE

(Hvalasafnið ; ☎414 2800 ; www.hvalasafn.is/en ; Hafnarstétt 1 ; adulte/enfant 1 900/500 ISK ; 🕘9h-18h mai-sept, horaires réduits reste de l'année). Cet excellent musée vous apprendra tout ce qu'il faut savoir sur les baleines de la baie de Skjálfandi. Installé sur le port, dans un ancien abattoir, il présente admirablement l'écologie et les mœurs de ces cétacés, leur protection et l'histoire de la pêche à la baleine en Islande. On y voit d'énormes squelettes (authentiques), notamment celui d'une gigantesque baleine bleue.

Húsavíkurkirkja — ÉGLISE

(☎464 1317 ; www.husavikurkirkja.is ; Garðarsbraut 9a ; 🕘9h-17h). L'église de Húsavík est sans équivalent en Islande. Construite en 1907 avec du bois norvégien et délicatement proportionnée, cet édifice blanc et rouge serait plus à sa place dans les Alpes. Son plan cruciforme se remarque plus à l'intérieur, où une représentation de la résurrection de Lazare surplombe le maître-autel.

Skrúðgarður — JARDIN

Aussi plaisant que soit le front de mer, flâner dans le charmant parc de la ville, le long du cours d'eau rempli de canards, offre un agréable moment de tranquillité. Accès via une passerelle dans Ásgarðsvegur ou à côté de la pension Árból (p. 330).

Flatey — ÎLE

Flatey (prononcé *Flat*-èé) est une île paisible de 2,5 km de long située à la pointe nord-ouest de la baie de Skjálfandi, à 9 km de Húsavík. Son nom signifie "l'île plate" (point culminant : 20 m). Aujourd'hui, Flatey abrite un hameau comprenant une église, un phare et des résidences d'été. Elle est peuplée de 30 espèces d'oiseaux, notamment de sternes arctiques plongeant en piqué et de colonies de macareux (de mai à août). Gentle Giants (p. 329) organise des circuits et propose des forfaits yoga l'été.

Musée de l'Exploration — MUSÉE

(☎464 2328 ; www.explorationmuseum.com ; Héðinsbraut 3 ; adulte/enfant 1 000/500 ISK ; 🕘14h-18h juin-août, 12h-15h sept, sur rdv reste de l'année). Inauguré en 2014, ce musée retrace l'histoire de l'exploration humaine, des voyages des Vikings aux expéditions polaires. La section la plus singulière concerne les astronautes d'Apollo, qui furent envoyés en Islande dans les années 1960 pour s'exercer dans les paysages "lunaires" autour d'Askja. Les photos de l'époque sont fascinantes. Plusieurs de ces astronautes sont revenus en Islande en 2015, invités par les responsables du musée.

Maison de la culture — MUSÉE

(Safnahúsið ; ☎464 1860 ; www.husmus.is ; Stórigarður 17 ; adulte/enfant 1 000 ISK/gratuit ; 🕘10h-18h juin à mi-sept, 10h-16h lun-ven mi-sept à mai ; 📶). À la fois musée des traditions populaires, musée maritime et muséum d'histoire naturelle, la Maison de la culture est l'un des plus intéressants musées régionaux du Nord. L'exposition "Homme et Nature" retrace un siècle de vie dans la région, de 1850 à 1950. La collection d'animaux naturalisés comprend un phoque à capuchon et un ours polaire, abattu en 1969 à Grímsey.

Activités

GeoSea — SPA

(☎860 0202 ; www.geosea.is ; Vitaslóð 1 ; adulte/enfant 4 900/2 200 ISK ; 🕘9h-minuit mai-sept, 12h-22h oct-avr). Ce spa d'eau de mer flambant neuf est niché au pied du phare, à la lisière nord de la ville, offrant une vue sur la vaste baie et les sommets enneigés. Grâce à la géothermie, les bassins d'eau de mer atteignent une température idéale (38-39°C). Le café moderne offre un beau panorama sur l'océan.

Piscine de Húsavík — PISCINE

(Sundlaug Húsavíkur ; ☎464 6190 ; Laugarbrekka 2 ; adulte/enfant 700/300 ISK ; 🕘6h45-21h lun-ven, 10h-18h sam-dim juin-août, horaires réduits reste de l'année ; 👪). La piscine municipale comprend des *hot pots* et des toboggans.

Húsavík

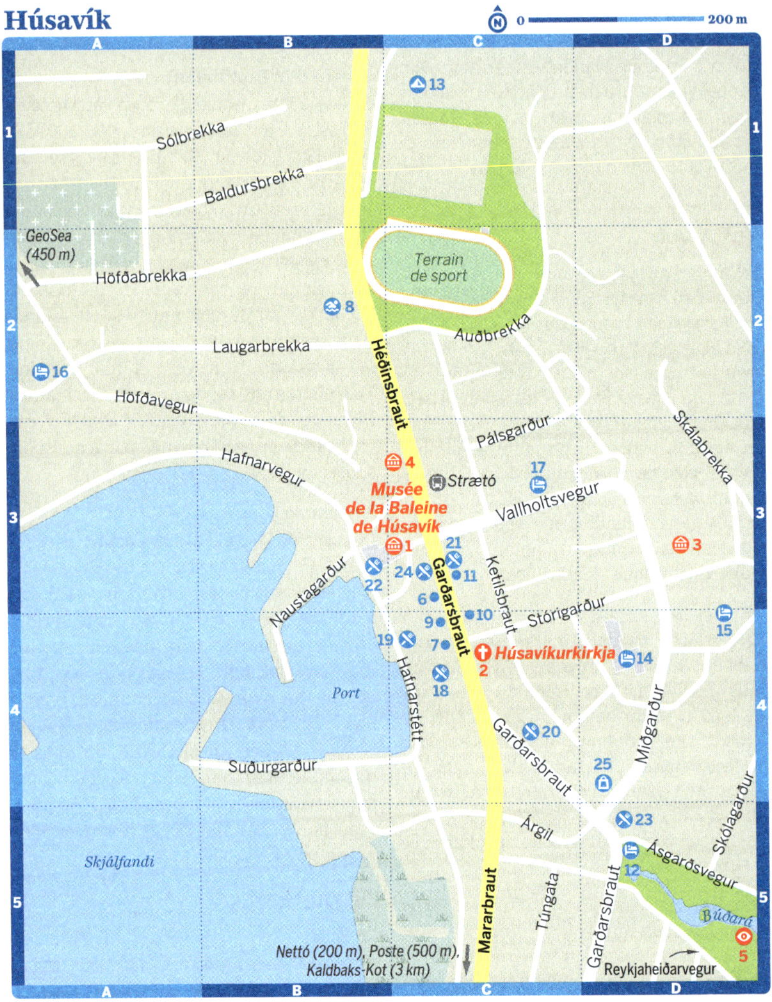

Circuits organisés

Observation des baleines

Bien que d'autres localités proposent des circuits d'observation des baleines (Reykjavík et Eyjafjörður, au nord d'Akureyri), Húsavík est devenue la destination phare en la matière. Et pour cause : jusqu'à 11 espèces de cétacés viennent s'y nourrir en été. La meilleure période s'étend de juin à août. C'est la haute saison touristique et vous aurez pratiquement 100% de chances d'en voir.

Quatre tour-opérateurs partent du port de Húsavík. Ils pratiquent des prix similaires et proposent des services comparables pour le circuit standard de 3 heures (survêtements chauds inclus). Pendant la période de nidification des macareux (de mi-avril à mi-août), toutes les agences proposent des circuits combinant observation des baleines et excursion aux abords de Lundey, une île peuplée de macareux.

Les offres diffèrent pour les excursions moins classiques. North Sailing (p. 329) hisse les voiles de sa vieille goélette pittoresque quand la météo est favorable, tandis que Gentle Giants (p. 329) utilise un

Húsavík

Les incontournables
1 Musée de la Baleine de Húsavík C3
2 Húsavíkurkirkja C4

À voir
3 Maison de la culture D3
4 Musée de l'Exploration C3
5 Skrúðgarður D5

Activités
6 Gentle Giants C3
7 Húsavík Adventures C4
8 Piscine de Húsavík B2
9 North Sailing C4
10 Salka C4
11 Travel North C3

Où se loger
12 Árból D5
13 Camping C1
14 Húsavík Green Hostel D4
15 Gamli Skólinn D4
16 Húsavík Cape Hotel A2
17 Húsavík Hostel C3

Où se restaurer
18 Fish & Chips C4
19 Gamli Baukur C4
20 Heimabakarí Konditori C4
21 Krambúð C3
22 Lókal B3
23 Naustið D5
24 Salka Restaurant C3

Achats
25 Vínbúðin D4

canot pneumatique à coque rigide pour un circuit incluant l'idyllique île de Flatey.

Des circuits partent toute la journée de 8h à 20h environ (de juin à août). De grands panneaux situés au niveau des guichets indiquent l'heure du prochain départ. Les bateaux circulent aussi en avril, mai, septembre et octobre, mais sont bien moins nombreux en mars, novembre et décembre. L'hiver, certains bateaux partent pour des croisières "aurores boréales". Les bureaux sont bien visibles sur le front de mer.

Lors de la réservation, renseignez-vous sur la taille du bateau et le nombre de passagers. Partez tôt le matin ou en soirée (les groupes en bus viennent en milieu de journée). Attention, les circuits en Zodiac ne conviennent pas aux moins de 7 ans.

Gentle Giants — FAUNE SAUVAGE

(☎464 1500 ; www.gentlegiants.is ; Garðarsbraut ; circuit 3 heures adulte/enfant 10 490/4 400 ISK). Le propriétaire, Stefán, dont la famille habite la baie depuis des générations, possède une flotille de bateaux de pêche en bois dévolue aux circuits de 3 heures, tandis que ses Zodiacs (circuits à partir de 19 000 ISK), plus rapides, couvrent de plus grandes distances dans la baie. Également des sorties sur l'idyllique île de Flatey (p. 327) pour observer les oiseaux (29 900 ISK), des sorties de pêche et des excursions d'une journée en Zodiac à Grímsey (72 300 ISK).

North Sailing — OBSERVATION DES BALEINES

(☎464 7272 ; www.northsailing.is ; Garðarsbraut ; 3 heures adulte/enfant 10 690/3 9500 ISK). Le plus ancien prestataire d'observation des baleines possède une flotte de bateaux traditionnels rénovés avec soin. Certains circuits sont signalés comme neutres en carbone (le bateau avance grâce aux énergies renouvelables). La sortie à bord d'une vieille goélette (adulte/enfant 12 500/4 000 ISK) sort de l'ordinaire : si les conditions le permettent, on coupe les moteurs et on hisse les voiles. Circuit d'observation des aurores boréales (13 990 ISK) l'hiver, et excursions en bateau à voile au Groenland. Certains circuits proposent des parcours en ski.

Salka — OBSERVATION DES BALEINES

(☎464 3999 ; www.salkawhalewatching.is ; Garðarsbraut 7 ; 3 heures adulte/enfant 10 500/4 200 ISK ; ⏲mai-sept). Relativement récent, ce prestataire affronte la concurrence des anciens grâce à ses deux petits bateaux en chêne, ses tarifs un peu plus bas et un choix de circuits plus réduit. Si vous souhaitez voir des macareux, l'excursion coûtera un peu plus cher (adulte/enfant 12 100/4 200 ISK). Salka est basé dans son café (p. 331), baigné de lumière, dans la rue principale. Possibilité d'inclure une promenade à cheval.

Húsavík Adventures — FAUNE SAUVAGE

(☎853 4205 ; www.husavikadventures.is ; Garðarsbraut 5 ; circuit en Zodiac 2 heures adulte/enfant 17 900/11 900 ISK). De mai à septembre, ce prestataire propose des excursions de 2 heures en Zodiac (3 à 7 par jour). En partenariat avec Mývatn Activity-Hike & Bike (p. 318), il organise aussi des circuits en 4x4, toute l'année.

Autres circuits organisés

Les deux plus grands spécialistes des sorties d'observation des baleines proposent des formules combinant croisière et promenade à cheval à Saltvík. Gentle Giants (p. 329) organise également de la pêche en mer, du yoga à Flatey, et des treks de 2 jours. North Sailing offre en avril-mai une formule de plusieurs jours intitulée "Ski jusqu'à la mer", en collaboration avec des guides de ski ; et, en été, des excursions à la semaine au Groenland. Détails sur les sites Internet.

Fjallasýn AVENTURE

(☎464 3941 ; www.fjallasyn.is). Ce prestataire bien établi, basé à Húsavík, propose des circuits d'un ou plusieurs jours – 4x4, randonnée, observation des oiseaux... – à Húsavík et au-delà, dans le Nord-Est et les hautes terres.

Ferme équestre de Saltvík ÉQUITATION

(☎847 9515 ; www.saltvik.is ; route 85 ; 2 heures 10 500 ISK). Des balades à cheval de 2 heures, avec une vue somptueuse sur la baie de Skjálfandi, sont proposées par la ferme équestre de Saltvík, à 5 km au sud de Húsavík. Aucune compétence particulière requise. Également : chevauchées d'une semaine (autour du Mývatn, dans les confins du Nord-Est ou sur la piste de Sprengisandur dans les hautes terres) et hébergement à la ferme.

Travel North RANDONNÉES

(☎894 1470 ; www.travelnorth.is ; Garðarsbraut 5 ; circuits à partir de 4 000 ISK). Cette agence locale propose des randonnées guidées à Húsavík et alentour. Un moyen agréable et décontracté de découvrir la région. Beaucoup d'autres circuits et forfaits.

Où se loger

Les pensions et les hôtels sont très demandés. Réservez suffisamment à l'avance.

Húsavík Green Hostel AUBERGE DE JEUNESSE €

(☎866 0882 ; www.husavikgreenhostel.is ; Vallholtsvegur 9 ; dort 5 500 ISK, d avec/sans sdb 21 700/14 500 ISK ; 📶). Le seul hébergement économique de la ville compte 21 couchages, répartis entre des dortoirs avec lits superposés et quelques chambres privatives (dans lequelles les draps sont fournis). Cuisine et salon communs. Elke Christine Wald, une amie des baleines très impliquée dans la conservation de l'environnement, gère cet établissement dans un esprit écoresponsable.

Árbót AUBERGE DE JEUNESSE €

(☎464 3677 ; www.hostel.is ; près de la route 85, Aðaldalur ; dort/d sans sdb 5 600/15 300 ISK ; ⏲avr-sept ; @📶). Une des deux auberges HI de la région (la seconde, Berg, est tout aussi appréciée). Tenues par la même famille, elles sont situées à environ 20 km au sud de Húsavík, près de la route 85, dans de paisibles propriétés rurales isolées. Vous devrez avoir un véhicule et faire le plein de provisions. Bonnes installations et espaces communs douillets. Remise de 10% pour les adhérents HI.

Camping CAMPING €

(camping@nordurthing.is ; Héðinsbraut ; empl 1 650 ISK/pers ; ⏲mi-mai à sept ; 📶). À côté du terrain de sport à l'extrémité nord de la ville, ce camping soigné dispose de lave-linge et d'installations limitées pour cuisiner – un peu justes pour faire face à la demande en été. On paie à la piscine (p. 327) ou auprès du gardien qui passe le soir.

♥ **Kaldbaks-Kot** CHALETS €€

(☎892 1744 ; www.kaldbakskot.com ; route 85 ; chalets 2/4 pers à partir de 22 000/26 000 ISK ; ⏲mai-fin sept ; @📶👪). Ce bel ensemble de confortables chalets est à 3 km au sud de Húsavík. À vous de choisir votre formule : apportez vos draps ou louez-les (1 900 ISK/pers) ; apportez des provisions ou prenez le petit-déjeuner (1 850 ISK) dans la superbe étable aménagée.

Le séjour minimal de 2 nuits invite à profiter de la propriété, des *hot pots*, de la tranquillité et de l'avifaune. Des maisons plus grandes peuvent loger jusqu'à 10 personnes.

♥ **Árból** GUESTHOUSE €€

(☎464 2220 ; www.arbol.is ; Ásgarðsvegur 2 ; s/d/qua sans sdb 12 400/21 100/36 500 ISK avec petit-déj ; 📶👪). Cette demeure de 1903 jouxte un joli ruisseau et le parc municipal. De grandes chambres impeccables sont réparties sur 3 niveaux ; celles du rez-de-chaussée et du dernier étage sont les plus attrayantes (les chambres lambrissées sous les toits sont tout à fait charmantes). Pas de cuisine.

Gamli Skólinn GUESTHOUSE €€€
(☎847 5722 ; Stórigarður 6 ; app à partir de 50 000 ISK ;). Cette "vieille école" propose de grands appartements de 2 ou 3 chambres, avec cuisine équipée. De quoi faire croire à tout le monde que vous avez de la famille à Húsavík.

Fosshótel Húsavík HÔTEL €€€
(☎464 1220 ; www.fosshotel.is ; Ketilsbraut 22 ; d avec petit-déj à partir de 30 000 ISK ;). Fosshótel, une chaîne d'hôtels, a marqué de sa patte élégante et contemporaine cet établissement de 110 chambres aux tons anthracite rehaussés de quelques touches de couleur. Les "chambres de luxe" sont très chics. Les beaux volumes de l'entrée donnent une excellente première impression et le bar joue subtilement sur le thème des baleines.

Húsavík Cape Hotel HÔTEL €€€
(☎463 3399 ; www.husavikhotel.com ; Laugarbrekka 16 ; s/d avec petit-déj 28 400/35 500 ISK ;). Une adresse raffinée pour cet établissement installé dans une ancienne usine de poisson, au-dessus du port. Chambres fraîches, modernes et spacieuses (certaines avec lits superposés, pour les familles). Prix élevés en été.

Où se restaurer

Fish & Chips RESTAURATION RAPIDE €
(☎464 2099 ; Hafnarstétt 19 ; fish and chips 1 800 ISK ; 11h30-20h mai-oct). Comme son nom l'indique, cette petite gargote sert du poisson (souvent du cabillaud) et des frites. Elle dispose de quelques tables en terrasse et d'une salle à l'étage. On y accède par le port ; depuis le centre-ville, descendez les marches en face de l'église et tournez à gauche.

Lókal CAFÉ €
(Hafnarstétt 1 ; en-cas 300-1 600 ISK ; 8h-20h ;). Offrez-vous un en-cas ou consultez vos e-mails dans ce petit café où tout est fait maison, la garniture des wraps, les muffins ou gâteaux. En dessous du musée de la Baleine (p. 327).

Heimabakarí Konditori BOULANGERIE, CAFÉ €
(☎464 2901 ; www.heimabakari.is ; Garðarsbraut 15 ; 7h-18h lun-ven, 8h-16h sam-dim). Du pain frais, des sandwichs et une vitrine pleine de pâtisseries alléchantes.

♥ **Naustið** PRODUITS DE LA MER €€
(☎464 1520 ; www.facebook.com/naustid ; Ásgarðsvegur 1 ; plats 2 000-4 000 ISK ; 11h45-22h ;). Cet établissement jaune poussin recueille bien des louanges pour son poisson extra-frais et son concept simple et parfaitement maîtrisé : brochettes de poisson et légumes grillés à la commande. Au menu également : une soupe de poisson exceptionnelle, des tacos de poisson, de la langoustine et, en dessert, un gâteau maison à la rhubarbe.

Gamli Baukur ISLANDAIS €€
(☎464 2442 ; www.gamlibaukur.is ; Hafnarstétt 9 ; plats 3 400-4 700 ISK ; 11h30-minuit juin-août, horaires réduits reste de l'année, fermé l'hiver). Orné de souvenirs nautiques pimpants, ce restaurant-bar lambrissé sert une cuisine de qualité (spaghettis aux fruits de mer, orge aux champignons sauvages, agneau bio). L'été, sa magnifique terrasse et des concerts occasionnels en font un lieu couru dans la région. La cuisine ferme à 22h en été.

Salka Restaurant INTERNATIONAL €€
(☎464 2551 ; Garðarsbraut 6 ; plats 2 100-4 500 ISK ; 11h30-22h). Ce bâtiment historique, qui abritait autrefois la première coopérative d'Islande, est devenu un restaurant convivial qui attire les foules. Il sert un menu varié, allant des steaks végétariens aux pizzas, en passant par les langoustines, les burgers, les clubs sandwichs ou la morue salée.

Pour cuisiner

Nettó SUPERMARCHÉ €
(☎464 1750 ; www.netto.is ; Garðarsbraut 64 ; 10h-19h). Au sud de la ville, près de la station-service Olís.

Krambúð SUPERMARCHÉ €
(☎464 1779 ; www.samkaup.is ; Garðarsbraut 5 ; 8h-22h, 10h-22h sam-dim). Supermarché central.

Vínbúðin VIN ET SPIRITUEUX
(☎464 2230 ; Garðarsbraut 21 ; 11h-18h lun-jeu, 11h-19h ven, 11h-16h sam mai-août, horaires réduits sept-avr). Chaîne d'État.

Renseignements

Consultez le site Internet www.visithusavik.is pour plus d'informations.

Depuis/vers Húsavik

L'aéroport de Húsavík est situé à 12 km au sud de la ville. Eagle Air (www.eagleair.is) relie toute l'année Reykjavík et Húsavík.

Le **bus Stræto** (☎540 2700 ; www.straeto.is) n°79 pour Akureyri (2 760 ISK, 1 heure 15, 3/jour lun-ven, 1/jour sam, 2/jour dim) part de la station-service N1.

Renseignez-vous auprès des offices du tourisme locaux ou sur le site Internet www.publictransport.is pour des informations à jour.

VOITURE

Húsavík Car Rental Service (☎464 1888 ; www.bilaleigahusavikur.is ; Garðarsbraut 66) permet de rendre son véhicule à Akureyri, dans la région du Mývatn et à l'aéroport de Keflavík.

PÉNINSULE DE TJÖRNES ET LE VESTURSANDUR

En suivant la route 85 vers le nord à la sortie de Húsavík, vous longerez la côte de la **péninsule de Tjörnes**, large et fissurée, connue pour ses falaises côtières riches en fossiles (les strates les plus anciennes datent d'environ 2 millions d'années). À la pointe de la péninsule, le **musée de Mánárbakki** (☎464 1957 ; route 85 ; adulte/enfant 1 000 ISK/gratuit ; 9h-18h déb juin-août) vaut le détour.

D'immenses fissures et grabens (dépressions entre des failles géologiques) strient le sol à **Kelduhverfi**, où la dorsale médio-atlantique pénètre dans l'océan Arctique. Comme la faille du rift de Þingvellir (Thingvellir, site de l'ancien Parlement), la région révèle des preuves manifestes de la dislocation de l'Islande.

On trouve un très beau point de vue sur la côte à environ 12 km à l'est du musée de Mánárbakki ; des panneaux informatifs expliquent les mouvements telluriques.

La route descend ensuite vers les lagunes et deltas peuplés d'oiseaux du **Vestursandur**.

Où se loger et se restaurer

Outre l'excellente pension Tungulending (ci-contre), située à environ 13 km au nord-est de Húsavík, on trouve quelques hébergements à 12 km à la ronde autour d'Ásbyrgi, dans le secteur du Vestursandur.

Il y a un restaurant à l'Hótel Skúlagarður (voir ci-dessous), et les repas sont préparés sur demande à Tungulending et Keldunes (voir ci-dessous). Le supermarché le plus proche est à Húsavík ; Ásbyrgi compte également une épicerie.

Tungulending GUESTHOUSE €€
(☎896 6948 ; www.tungulending.is ; en retrait de la route 85 ; d/tr sans sdb à partir de 17 000/23 900 ISK avec petit-déj ;). L'isolement de cette pension de charme au bord de l'eau invite à marquer le pas. L'embranchement se trouve à 11 km au nord-est de Húsavík ; continuez sur 2,5 km au milieu des terres agricoles (laissez les barrières que vous franchirez en chemin comme vous les aurez trouvées, ouvertes ou fermées). Pas d'accès à la cuisine, mais le café (ouvert à tous) sert un délicieux dîner. Séjour minimal de 2 nuitées – profitez-en !

Hótel Skúlagarður HÔTEL €€
(☎465 2280 ; www.skulagardur.com ; route 85 ; s/d avec petit-déj 14 100/21 200 ISK ;). Derrière la façade rébarbative d'un ancien pensionnat, cet hôtel réserve un accueil chaleureux. Il possède des chambres compactes et modernes avec salle de bains (un peu surévaluées) et un restaurant simple servant une bonne cuisine maison (omble chevalier au four ou filet d'agneau ; plats 3 200-4 500 ISK). À 13 km à l'ouest d'Ásbyrgi.

Keldunes GUESTHOUSE €€
(☎465 2275 ; www.keldunes.is ; route 85, Keldunes II ; s/d sans sdb 14 900/20 900 ISK avec petit-déj). À 11 km à l'ouest d'Ásbyrgi, cette pension comporte une cuisine-salle à manger, un *hot pot* et de grands balcons d'où l'on voit les oiseaux. Cottages avec salle de bains (20 900 ISK) et des bungalows sommaires avec option duvet (4 000 ISK/pers). Dîner sur demande.

Depuis/vers la péninsule de Tjörnes et le Vestursandur

La route 85 offre un magnifique panorama sur 65 km entre Húsavík et Ásbyrgi.

Pendant l'été 2018, aucun bus ne circulait entre Húsavík et Ásbyrgi. Consultez les offices du tourisme locaux ou le site Internet www.publictransport.is pour des informations à jour.

JÖKULSÁRGLJÚFUR (PARC NATIONAL DU VATNAJÖKULL – NORD)

Le parc national du Vatnajökull, l'un des plus grands secteurs protégés d'Europe, a été créé en 2008 en réunissant le parc national de Jökulsárgljúfur et celui de Skaftafell, au sud. Il est destiné à préserver la calotte glaciaire du Vatnajökull et ses ruissellements.

Le secteur de Jökulsárgljúfur (prononcé *yeu*-kul-saor-glyou-vur) englobe une crête éruptive subglaciaire unique et des gorges de 25 km creusées par le deuxième fleuve d'Islande, la **Jökulsá á Fjöllum** – Jökulsárgljúfur signifie littéralement “gorge de la rivière glaciaire”.

La Jökulsá á Fjöllum court sur plus de 200 km avant de se jeter dans l'océan Arctique, à Öxarfjörður. Des *jökulhlaup* (crues provoquées par une éruption volcanique sous-glaciaire) ont formé les gorges et sculpté un gouffre de 100 m de profondeur sur 500 m de largeur. Les gorges sont réputées pour leurs cascades – celle de Dettifoss est la plus célèbre.

La partie nord du parc national du Vatnajökull peut se diviser en 3 parties :

Ásbyrgi L'entrée nord. Une plaine boisée et verdoyante encerclée par les parois verticales des gorges. Le centre des visiteurs (p. 334) est installé ici.

Vesturdalur La partie centrale, truffée de grottes et d'anomalies géologiques.

Dettifoss Cette chute d'eau puissante marque l'entrée sud du parc.

Une superbe randonnée de 2 jours (p. 336) serpente le long des gorges, et inclut ses principaux attraits. Si vous ne marchez pas, sachez que les sites majeurs, comme les cascades à l'extrémité sud du parc et la gorge d'Ásbyrgi en forme de fer à cheval à la lisière nord, sont desservis par de bonnes routes asphaltées. Certains tronçons de la route entre Ásbyrgi et Dettifoss (route 862), qui longe les gorges par l'ouest, sont en cours de goudronnage.

Circuits organisés

Des agences du Mývatn (comme Geo Travel ; p. 318), d'Akureyri (comme Saga Travel ; p. 307) et de Húsavík (comme Fjallasýn ; p. 330) proposent des circuits organisés dans le parc.

Jökulsárgljúfur N 0 — 2 km

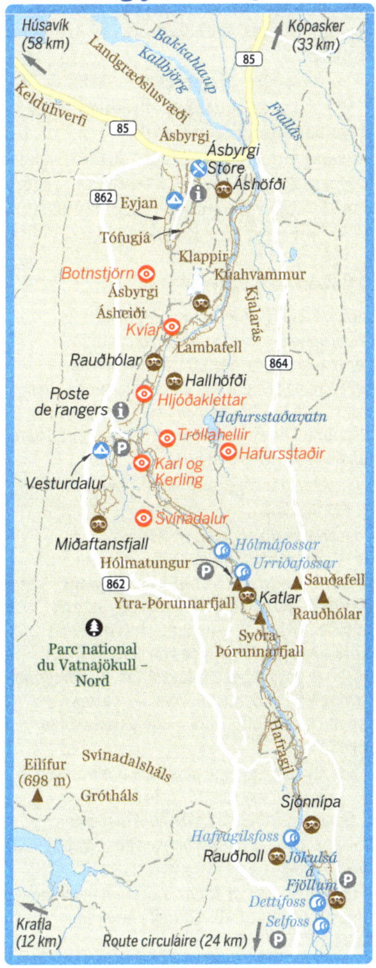

De mi-juin à mi-août, les *rangers* guident des **randonnées** tous les jours au départ du parking le plus proche de la gorge d'Ásbyrgi. Renseignements sur le site Internet du parc ou sur place auprès du personnel.

Où se loger et se restaurer

Plusieurs hébergements sont à moins de 15 km du parc : Nordic Natura (p. 335) est à la lisière ; d'autres sont disséminés entre Húsavík et Ásbyrgi. On compte quelques adresses au nord d'Ásbyrgi, sur la route de Kópasker, et au sud de Dettifoss.

Dans l'enceinte du parc, sont installés plusieurs campings – le plus grand, doté des meilleures installations, se trouve à Ásbyrgi.

Le magasin près du centre des visiteurs d'Ásbyrgi vend quelques produits d'épicerie et comprend un bar-grill. Si vous partez en randonnée, faites plutôt des provisions à Húsavík ou dans le Mývatn, ou encore dans le supermarché bien achalandé situé 35 km au nord de Kópasker.

Renseignements

Quand la route 862 sera entièrement goudronnée, l'accroissement du nombre de visiteurs aura inévitablement un impact sur l'aménagement des infrastructures et des transports (notamment les bus). Tenez-vous au courant en consultant le site Internet du parc (ou du centre des visiteurs).

Le poste de *rangers* de Vesturdalur ouvre seulement l'été.

Le **centre d'accueil des visiteurs de Gljúfrastofa** (470 7100 ; www.vjp.is ; route 85, Ásbyrgi ; 9h-18h fin mai-août, 10h-16h sept-oct, horaires réduits reste de l'année ;) du parc national, fort utile, est situé à Ásbyrgi (à deux pas de la route 85). Il possède un guichet d'information, au personnel compétent. Vous y trouverez des cartes et brochures en vente et des expositions sur la région.

Les *rangers* ont créé plusieurs bonnes cartes de la région. L'excellente carte du parc au 1/55 000 (350 ISK), également disponible en ligne, classe les randonnées par niveau de difficulté.

Les cartes *Útivist & afþreying* sont également utiles. La n°3 (790 ISK) décrit l'itinéraire Ásbyrgi-Dettifoss.

Depuis/vers Jökulsárgljúfur

Pendant l'été 2018, aucun bus ne circulait entre le parc et Húsavík ou le Mývatn. Consultez le site Internet du parc, les offices du tourisme locaux ou la page Internet www.publictransport.is pour des informations actualisées.

Les choses changeront certainement quand l'asphaltage de la route 862 sera achevé.

DRONES INTERDITS

Les drones sont interdits dans le parc national du Jökulsárgljúfur, sauf avec une autorisation délivrée par les autorités du parc.

Vous pourrez louer une voiture pour explorer le parc à Akureyri, Húsavík ou Egilsstaðir, ou rejoindre un circuit organisé.

VOITURE

La route 85 (goudronnée) conduit à la partie nord du parc et au centre d'accueil des visiteurs d'Ásbyrgi (à 65 km de Húsavík).

Deux routes nord-sud courent parallèlement de part et d'autre des gorges. Le parc est ouvert toute l'année ; en revanche, les routes gravillonnées ne le sont que de fin mai/début juin à début octobre ou novembre (selon la météo ; consultez www.road.is).

Route 862 (ouest). Asphaltée de la route circulaire jusqu'à Dettifoss (24 km), la route 862 est ensuite gravillonnée sur 29 km au nord de Dettifoss. Elle passe par Hólmatungur et Vesturdalur avant de rejoindre la route 85 et Ásbyrgi. Certains tronçons sont goudronnés et d'autres sont en passe de l'être ; renseignez-vous sur place de l'avancement des travaux.

Route 864 (est). Cette mauvaise piste gravillonnée de 60 km est accessible avec une voiture ordinaire. Attention toutefois : les ornières et les nids-de-poule rendent la conduite éreintante – pas d'amélioration en perspective.

Le tronçon goudronné de la route 862 qui relie la route circulaire à Dettifoss est ouvert toute l'année. L'accès à Dettifoss n'est pas garanti en hiver : la météo peut imposer la fermeture de la route pour une durée indéterminée. Dans ce cas, vous pourrez avoir recours à un circuit en Super-Jeep au départ de Mývatn.

Où que vous soyez, ne vous aventurez pas en dehors des routes et des chemins balisés : c'est interdit, pour protéger le fragile écosystème.

Ásbyrgi

À l'extrémité nord du parc national du Vatnajökull, la gorge verdoyante d'Ásbyrgi (prononcé *aos*-bér-yi) forme un immense fer à cheval de 3,5 km de long (nord-sud), avec une largeur moyenne de 1 km. Depuis le parking proche du bout de la route (à 3,5 km au sud du centre des visiteurs), plusieurs courts sentiers faciles traversent la forêt jusqu'à de beaux panoramas. Le chemin en direction de l'est mène à une source à proximité de la paroi de la gorge, tandis que celui qui s'élance vers l'ouest grimpe jusqu'à un point de vue sur le fond de la vallée. Celui qui part tout droit aboutit à **Botnstjörn**, petit étang peuplé d'oiseaux, au bout d'Ásbyrgi. Un sentier circulaire balisé permet de découvrir la flore de la région.

LA FORMATION DE LA GORGE

Il existe deux explications concernant l'apparition de la gorge d'Ásbyrgi. Les premiers colons nordiques croyaient que le cheval volant à 8 pattes d'Odin, Slættur (plus connu dans les Eddas sous le nom de Sleipnir), avait accidentellement touché le sol et laissé l'empreinte d'un sabot. L'autre théorie est plus scientifique : d'après les géologues, la gorge aurait été créée par une énorme éruption du volcan Grímsvötn, en contrebas du lointain Vatnajökull ; elle aurait déclenché une gigantesque *jökulhlaup* qui se serait déversée au nord jusqu'à la Jökulsá á Fjöllum et aurait creusé la gorge en quelques jours. Le fleuve aurait coulé dans Ásbyrgi pendant une centaine d'années, puis son cours dévia vers l'est.

Au centre de la gorge, se trouve un énorme rocher au sommet plat (mesa), l'Eyjan ; son ascension est possible. Il est accessible depuis le camping d'Ásbyrgi (4,5 km l'aller-retour) ou en empruntant le sentier qui part du centre d'accueil des visiteurs – dans le second cas, le plus simple est d'emprunter la route qui longe le terrain de golf à l'est et de bifurquer vers le sud à l'intersection.

Où se loger et se restaurer

Dettifoss Guesthouse GUESTHOUSE €
(☎869 7672 ; www.facebook.com/dettifossguesthouse ; route 85, Lundur ; s/d/qua sans sdb 6 600/13 600/18 800 ISK ; 📶). Ne vous méprenez pas : cette pension est à 7 km au nord d'Ásbyrgi en direction de Kópasker (et non en direction du sud, vers Dettifoss). Prix raisonnables, confort, 11 chambres de tailles diverses, accès à une cuisine, salles de bains communes. Campeurs acceptés (1 200 ISK/pers).

Camping d'Ásbyrgi CAMPING €
(☎470 7100 ; www.vjp.is ; empl par adulte/ado/enfant 1 900/800 ISK/gratuit ; ⏲mi-mai à sept ; 📶). Le camping installé dans l'enceinte du parc est strictement réglementé. Des emplacements sont prévus à Ásbyrgi et Vesturdalur, ainsi qu'à Dettifoss pour les randonneurs. Le grand camping d'Ásbyrgi, facilement accessible, comprend un bâtiment avec douches (500 ISK) et lave-linge (500 ISK). Certains emplacements sont reliés à l'électricité, mais il n'y a pas d'équipement pour cuisiner. Pas de réservation.

♥ Nordic Natura BUNGALOWS €€
(☎862 7708 ; www.nordicnatura.is ; route 85, Meiðavellir ; bung 26 000 ISK ; 📶👪). Ces 3 adorables bungalows flambant neufs offrent une vue fabuleuse sur la gorge d'Ásbyrgi. La charmante famille du cru qui les a construits dans l'enceinte de sa ferme, à l'orée du parc national, accueille les visiteurs à bras ouverts. Les bungalows sont très modernes, avec coin cuisine équipé, TV à écran plat et Wi-Fi – vous n'en profiterez peut-être pas beaucoup, absorbé par la vue de la terrasse.

Ásbyrgi Store RESTAURATION €€
(☎465 2260 ; route 85 ; plats 900-2 950 ISK ; ⏲9h-22h juin-août, 10h-18h sept-mai). Ce magasin sur la route 85, proche du centre d'accueil des visiteurs, vend des produits d'épicerie et des plats simples (soupe, agneau, poisson, burgers, sandwichs). Il y a aussi une pompe à essence. Le grill ferme parfois l'hiver.

Vesturdalur

Vesturdalur est une destination hors des sentiers battus prisée des randonneurs, offrant des paysages variés. Du camping, des sentiers sinueux traversent les broussailles jusqu'aux pics criblés de grottes et aux formations rocheuses de Hljóðaklettar, aux cratères de Rauðhólar, aux bassins d'Eyjan (à ne pas confondre avec l'Eyjan, à Ásbyrgi) et à la gorge de Jökulsárgljúfur elle-même.

En été, un *ranger* est basé à Vesturdalur.

Camping de Vesturdalur CAMPING €
(☎470 7100 ; www.vjp.is ; en retrait de la route 862 ; empl par adulte/ado/enfant 1 900/800 ISK/gratuit ; ⏲déb juin à mi-sept). Le camping installé dans l'enceinte du parc est strictement réglementé. Des emplacements sont prévus à Ásbyrgi (p. 334) et Vesturdalur, ainsi qu'à Dettifoss pour les randonneurs. Le camping de Vesturdalur est proche du poste des *rangers*. Il n'a ni électricité, ni douches, ni eau chaude. Il a pour seul "confort" des toilettes et l'eau courante.

Vesturdalur est à 14 km au sud d'Ásbyrgi, en retrait de la route 862. Lors

HORS DES SENTIERS BATTUS

RANDONNÉE D'ÁSBYRGI À DETTIFOSS

La randonnée la plus prisée à Jökulsárgljúfur est celle qui relie en 2 jours (30 km environ) Dettifoss à Ásbyrgi ; elle est ponctuée de bosquets de bouleaux, d'extraordinaires formations rocheuses, de vallées luxuriantes et d'impressionnantes falaises. L'itinéraire inclut les sites majeurs de la région. La vue sur les différentes gorges est fantastique.

La randonnée peut se faire dans l'un ou l'autre sens. Toutefois, les *rangers* recommandent de partir de Dettifoss pour remonter vers le nord. Au centre d'accueil des visiteurs d'Ásbyrgi (p. 334), vous trouverez des renseignements et une carte (également téléchargeable sur le site Internet). Sinon, renseignez-vous par téléphone.

Comptez 6 à 8 heures pour aller de Dettifoss à Vesturdalur. Il existe deux itinéraires. Considérablement plus ardu, le premier comprend un passage abrupt et une portion spectaculaire de 18 km sur le sentier de Hafragil ; il n'est pas adapté aux randonneurs inexpérimentés ou aux personnes souffrant de vertige. Le trajet plus facile passe au nord de Hafragil (19,5 km).

Le lendemain, marchez sur les sentiers menant aux principaux sites de Vesturdalur, puis rentrez tranquillement à Ásbyrgi (12 km ; 3 à 4 heures). Vous pourrez, au choix, longer la gorge d'Ásbyrgi ou le fleuve Jökulsá. Vous trouverez une douche chaude au camping d'Ásbyrgi.

Actuellement, aucun bus ne dessert Ásbyrgi. On devra venir vous chercher (à prévoir). N'oubliez pas d'enregistrer votre itinéraire sur le site Internet www.safetravel.is.

de nos recherches, il fallait emprunter un tronçon goudronné de 8 km depuis la route 85, puis faire 4 km sur une portion non goudronnée jusqu'à l'embranchement de Vesturdalur, avant les 2 derniers kilomètres.

♥ Hljóðaklettar FORMATIONS ROCHEUSES

Les colonnes et formations de basalte de Hljóðaklettar (les rochers des Échos) comptent parmi les grands attraits d'une randonnée à Vesturdalur. Il est difficile d'imaginer qu'une activité volcanique ait pu produire ces formations rocheuses tordues. Outre des roches en accordéon et des motifs répétés, vous verrez des colonnes de basalte (formées par de la lave qui se refroidit rapidement) horizontales, et non verticales comme à l'accoutumée.

Ces étranges formations créent un effet acoustique qui rend impossible de déterminer d'où vient le grondement du fleuve, une curiosité qui a donné son nom à la région.

Une **boucle de randonnée** part du parking (3 km ; environ 1 heure). Les plus belles formations, également criblées de grottes de lave, se trouvent le long du fleuve, au nord-est du parking.

Rauðhólar FORMATIONS ROCHEUSES

Les cônes couverts de cendre de la rangée de cratères de Rauðhólar (collines Rouges), juste au nord de Hljóðaklettar, présentent une belle palette de couleurs vives. Une boucle de 5 km à partir du parking de Vesturdalur permet d'en faire le tour à pied.

Karl og Kerling FORMATIONS ROCHEUSES

Deux colonnes rocheuses, les Karl og Kerling ("Vieil Homme et Vieille Femme"), qui seraient des trolls pétrifiés, se dressent sur la rive ouest du fleuve – une marche de 2 km aller-retour depuis le parking de Vesturdalur. Sur l'autre rive, **Tröllahellir**, la plus grande grotte de la gorge, est uniquement accessible par une randonnée de 5 km à partir de la route 864, du côté est.

Eyjan FORMATIONS ROCHEUSES

Eyjan est un gros rocher surélevé baptisé "l'île", couvert de forêt basse, de broussailles et de petits étangs. Un sentier de 7 km reliant Karl og Kerling au Vesturdalur en fait le tour. Depuis Karl og Kerling, longez la rivière au sud jusqu'à Kallbjarg, puis bifurquez à l'ouest le long de la piste jusqu'au site abandonné de **Svínadalur**, où la gorge se transforme en une large vallée, et longez les falaises d'Eyjan par l'ouest pour regagner le parking du Vesturdalur.

♥ Hólmatungur SECTEUR

(Route 887). Au sud de Vesturdalur, une végétation luxuriante, des cascades et un calme absolu font de Hólmatungur l'un des plus beaux secteurs du parc. Des sources souterraines jaillissent pour former de courtes rivières qui serpentent et dévalent jusqu'à la gorge de Jökulsárgljúfur.

Pour un beau panorama de Hólmatungur, grimpez au sommet de l'**Ytra-Þórunnarfjall**, une colline au sud du parking.

La randonnée la plus prisée, une boucle de 4,5 km, part du parking vers le nord le long de la rivière Hólmá jusqu'à Hólmáfossar, où les parois abruptes de la gorge s'adoucissent et sont ponctuées de plusieurs jolies cascades.

Elle retourne ensuite vers le sud le long de la Jökulsá jusqu'à sa confluence avec la Melbugsá, où le fleuve dévale par-dessus une saillie, formant la cascade d'**Urriðafossar**. Pour voir la chute d'eau, vous devrez suivre le chemin escarpé de 2 km vers Katlar.

On accède à Hólmatungur en bifurquant de la route 862 sur la route 887. Il n'est pas nécessaire d'avoir un 4x4, mais c'est néanmoins conseillé (il faut une bonne garde au sol sur la route 887, même s'il n'y a que 1 km à parcourir). Vous pourrez vous garer à Vesturdalur et partir pour une longue randonnée d'une journée. Il est interdit de camper à Hólmatungur, mais le site est idéal pour pique-niquer.

Dettifoss

La puissance de la nature apparaît dans toute sa gloire à Dettifoss, l'une des cascades les plus impressionnantes d'Islande.

Bien que haute de 45 m seulement et large de 100 m, elle déverse 400 m³ d'eau par seconde l'été, créant un panache de gouttelettes visible à 1 km. Ce débit, inégalé en Europe, en fait un site spectaculaire. Quand le soleil est au rendez-vous, deux arcs-en-ciel se forment au-dessus du fracas des eaux glaciales, et il faut jouer des coudes pour profiter de la vue.

La cascade est visible de part et d'autre de la gorge, mais il n'existe aucun passage (par exemple, un pont) au niveau du site lui-même. L'un et l'autre points de vue se valent, et les deux nécessitent de marcher 15 à 20 minutes depuis les parkings respectifs. Le côté est a souvent la faveur des photographes, surtout l'hiver : l'accès étant plus facile côté ouest, on y trouve davantage de cars de touristes. N'hésitez pas à découvrir la cascade par les deux côtés, en vous arrangeant pour le faire au soleil de minuit estival, afin d'éviter la plus forte affluence. Soyez prudent sur les chemins, rendus glissants par les gouttelettes.

Une route asphaltée, la route 862, relie la route circulaire au **côté ouest de**

COMMENT REJOINDRE DETTIFOSS

Il existe de nombreux circuits pour Dettifoss, mais, durant l'été 2018, la liaison en bus public était totalement interrompue. Consultez le site du parc, les offices du tourisme locaux ou le site Internet www.publictransport.is pour des informations actualisées. Les choses s'amélioreront sans doute une fois que la route 862 sera entièrement goudronnée.

En été, il existe 3 itinéraires pour rejoindre Dettifoss en voiture – contre un seul en hiver (sans garantie d'arriver à Dettifoss !). Assurez-vous que les routes sont ouvertes, sur le site Internet www.road.is.

Route 862, au nord de la route circulaire La bifurcation vers Dettifoss se trouve à 27 km à l'est de Reykjahlíð (Mývatn) ; il reste alors une portion goudronnée de 24 km pour arriver à la cascade. Attention, des chutes de neige peuvent entraîner la fermeture de cette route en hiver ; l'accès n'est donc pas garanti. Si vous souhaitez voir la cascade, il vous faudra alors suivre un circuit en Super-Jeep depuis le Mývatn.

Route 862, au sud d'Ásbyrgi (37 km). Lors de nos recherches, cette route était goudronnée par petits tronçons (la portion nord de 16 km pourrait l'être d'ici votre passage). Elle est ouverte de juin à début octobre environ (selon la météo).

Route 864, sur la rive est de la rivière La portion de 60 km, non goudronnée, entre la route circulaire et Ásbyrgi n'est pas classée F (réservée aux seuls véhicules 4x4), mais elle peut être difficilement praticable avec un véhicule ordinaire. La route 864 est ouverte de juin à début octobre environ (selon la météo).

Dettifoss. Elle aboutit dans un grand parking avec toilettes. De là, la cascade n'est plus qu'à 1 km. Vous pourrez aussi suivre une boucle de 2,5 km conduisant au splendide panorama de Dettifoss, au bord de la gorge, qui permet aussi d'admirer une chute plus modeste, **Selfoss**. Prévoyez des vêtements imperméables pour vous prémunir des éclaboussures.

Si vous arrivez à l'**est des cascades** par la route 864 (non goudronnée), continuez 2 km au nord du parking de Dettifoss et repérez le panneau indiquant **Hafragilsfoss** : il s'agit d'une belle petite cascade en amont de Dettifoss, avec un superbe point de vue sur la gorge.

Où se loger et se restaurer

Il n'y a pas d'hébergements à Dettifoss, mais on trouve quelques pensions côté est (route 864), près de la route circulaire. Les visiteurs font une halte pour admirer Dettifoss sous divers angles, mais le grand village le plus proche est Reykjahlíð (Mývatn), à 52 km de là.

Il y a un petit camping rudimentaire au nord de Dettifoss, sur la route 862, strictement réservé aux randonneurs.

Grímsstaðir GUESTHOUSE, CAMPING €€
(464 4292 ; www.grimsstadir.is ; route 864 ; Grímsstaðir á Fjöllum ; camping 750 ISK/pers, d sans sdb 19 900 ISK avec petit-déj ; fin juin à mi-sept). Cette ferme des hautes terres est située à 28 km au sud de Dettifoss, près du croisement avec la route circulaire. Un vieux bâtiment de ferme est réservé aux duvets (6 000 ISK/pers) et il y a 3 chambres doubles (avec draps) à louer dans la maison du fermier. Possibilité de camper dans les champs, près d'un ruisseau.

Grímstunga Cafe & Guesthouse GUESTHOUSE €€
(464 4294 ; www.grimstunga.is ; route 864 ; Grímstunga 1 ; Grímsstaðir á Fjöllum ; d avec/sans sdb à partir de 24 500/17 500 ISK ;). L'accueillante Grímstunga, à 28 km au sud de Dettifoss, près de l'intersection avec la route circulaire, propose des chambres basiques, mais douillettes, avec salle de bains commune et cuisine. Le café (9h-19h) sert gâteaux et café en journée, ainsi qu'un buffet-dîner (4 800 ISK). Elle gère également une maison avec des chambres privatives à Hólssel, situé à 6 km au nord de la route 864.

CIRCUIT DU NORD-EST

Ignorée par les touristes qui filent le long de la route circulaire, une route côtière sauvage et peu peuplée, qui fait le tour de la péninsule nord-est, constitue une alternative intéressante à la route directe Mývatn-Egilsstaðir. Elle traverse une région de landes désolées et de paysages superbes, qui s'étend à quelques kilomètres du cercle arctique, et permet d'accéder à une Islande authentique, encore exempte de touristes.

Renseignements

Pour plus d'informations sur le Nord-Est, consultez le site Internet www.edgeofthearctic.is. Les amoureux des oiseaux pourront se procurer la carte *Birding Trail* (consultez le site www.birdingtrail.is).

Comment s'y rendre et circuler

Durant l'été 2018, aucun bus ne desservait le secteur. Consultez les sites Internet www.bus.is et www.publictransport.is pour des informations actualisées.

La route 85, presque entièrement goudronnée, relie Vopnafjörður, Þórshöfn, Raufarhöfn et Kópasker. Des pistes accidentées continuent au-delà.

Air Iceland Connect (p. 453) offre en semaine un vol par jour reliant Akureyri, Þórshöfn et Vopnafjörður.

Kópasker

122 HABITANTS

Le petit village de Kópasker se trouve à la lisière ouest des confins sauvages du Nord-Est. Vous pourrez y faire le plein de provisions si vous prévoyez de camper dans des lieux plus reculés, comme Melrakkaslétta.

Kópasker HI Hostel AUBERGE DE JEUNESSE €
(465 2314 ; www.hostel.is ; Akurgerði 7 ; dort/d sans sdb 5 000/12 700 ISK ; mai à mi-oct ;). Cette accueillante auberge de jeunesse gérée par Benni loue des chambres dans 2 maisons bien tenues ; le secteur est propice à l'observation des oiseaux (et parfois des phoques). Remise de 10% pour les membres HI. Paiement uniquement en espèces.

HORS DES SENTIERS BATTUS

DÉTOUR PAR LA ROUTE 870

Magnifique mais non goudronnée, l'ancienne route côtière 85 (rebaptisée route 870) fait le tour de la **Melrakkaslétta** ("la plaine du renard arctique"), méconnue mais peuplée d'animaux. La route cahote sur 55 km entre Kópasker et Raufarhöfn, bordée de bois flotté, de champs ondoyants, d'étangs et de marais propices à l'observation des oiseaux. Des chemins conduisent à des phares solitaires sur des caps isolés. La route n'est pas bien entretenue – les 4x4 circuleront sans difficultés, mais renseignez-vous sur place pour savoir ce qu'il en est pour les véhicules ordinaires.

Camping CAMPING €
(☎864 3013 ; www.nordurthing.is ; Austurtröð 4 ; empl adulte/enfant 1 600 ISK/gratuit ; ⏲juin-août). Ce petit camping propre est situé à l'entrée sud du village.

Skerjakolla SUPERMARCHÉ, CAFÉ €
(☎465 1150 ; www.facebook.com/budinaskerinu.skerjakolla ; Bakkagata 10 ; en-cas et pizza 300-2 200 ISK ; ⏲10h-20h, à partir de 12h sam, 12h-18h dim juin-août, horaires réduits sept-mai). Cette supérette comprend un coin café qui sert pizzas, sandwichs, café et gâteaux. On y trouve même un **Vínbúðin** (vins et spiritueux ; ☎465 1118 ; www.vinbudin.is ; Bakkagata 10 ; ⏲16h-18h lun-jeu, 13-18h ven), ainsi qu'une pompe à essence.

Raufarhöfn

186 HABITANTS

Localité la plus septentrionale d'Islande "continentale", la lointaine Raufarhöfn (prononcé "*reuï*-var-heup"), est un lieu paisible à la pointe duquel se dresse un phare orange pimpant. Son port date de l'âge des sagas. Toutefois, il fallut attendre le début du XXe siècle pour que l'économie locale connaisse son apogée durant le boom du hareng : Raufarhöfn était alors deuxième après Siglufjörður en termes de volume pêché. Aujourd'hui, les rangées de tristes maisons préfabriquées témoignent peu de ce glorieux passé. Elle est sutout connue pour l'Arctic Henge.

À voir

Arctic Henge MONUMENT
(www.arctichenge.com ; route 870 ; ⏲24h/24). GRATUIT Les arches de pierre de l'Arctic Henge ornent la couverture de nombreuses brochures touristiques et sont encore plus impressionnantes en vrai. Le grand cercle de monolithes qui se dressent sur la colline, juste au nord de Raufarhöfn, mesure 50 m de diamètre et comprend 4 portes atteignant 7 m de haut (symbolisant les saisons). Ce cercle de pierres devrait servir de cadran solaire pour célébrer les solstices. On viendra aussi pour contempler le soleil de minuit et mieux comprendre les croyances locales liées à la mythologie du poème *Völuspá* (Prophétie de la voyante) de l'*Edda*.

Ce projet de longue haleine est encore en cours.

Où se loger et se restaurer

Raufarhöfn possède un **camping** (☎465 2254 ; www.nordurthing.is ; route 870 ; empl adulte/enfant 1 600 ISK/gratuit, taxe de séjour 333 ISK ; ⏲juin à mi-sept), ainsi qu'un hôtel sans prétention et deux pensions correctes.

Nest GUESTHOUSE €
(Gistiheimilið Hreiðrið ; ☎472 9930 ; www.nesthouse.is ; Aðalbraut 16 ; s/d/app sans sdb 8 900/14 000/23 900 ISK ; 📶👪). Cette pension, située dans la rue principale, possède des chambres lumineuses et attrayantes, ainsi qu'un salon et une cuisine commune.

Hótel Norðurljós HÔTEL €€
(☎465 1233 ; www.hotelnordurljos.is ; Aðalbraut 2 ; d avec/sans sdb 24 800/18 100 ISK ; ⏲juin-sept ; 📶). L'hébergement le plus "chic" de la ville (c'est le seul avec salle de bains privatives). Il a changé de gérant : autrefois un peu fade, il connaît un second souffle. Il comprend une salle à manger et une terrasse donnant sur la mer. L'un des rares restaurants de Raufarhöfn.

♥ **Kaupfélagið Raufarhöfn** CAFÉ €
(☎849 3536 ; www.facebook.com/kaupfelagidRaufarhofn ; Aðalbraut 24 ; soupe et café 1 500 ISK ; ⏲10h30-21h, 10h30-19h ven, 10h30-17h dim). Ce beau café (également galerie d'artisanat) ne manque pas de caractère (bois flotté, toiles, cafetières). Buffet au

petit-déjeuner, café et gâteaux l'après-midi, plats simples le soir.

Rauðanes

Rauðanes RÉSERVE NATURELLE

On peut faire une belle randonnnée dans le Þistilfjörður (Thistilfjörður) autour du promontoire de Rauðanes. Un sentier balisé de 7 km mène à de curieuses formations rocheuses, des arches naturelles, des grottes et des plages isolées. On y aperçoit quantité d'oiseaux (notamment des macareux). La bifurcation vers Rauðanes est entre Raufarhöfn (42 km) et Þórshöfn (32 km) – le panneau est petit. Le sentier conduit, 1,5 km plus loin, à des panneaux d'information (avec des détails sur les sentiers de randonnée) et à un petit parking. De là, une piste réservée aux 4x4 permet d'approcher de la côte.

Þórshöfn

352 HABITANTS

Þórshöfn (prononcé *zaurs*-heup) qui fut un port animé dès l'âge des sagas, connut son âge d'or quand une usine de salage de harengs s'installa au début du XXe siècle. Aujourd'hui, ce modeste village constitue une base idéale pour rejoindre la péninsule de Langanes.

À voir et à faire

Sauðaneshús MUSÉE

(468 1860 ; route 869 ; adulte/enfant 800 ISK/gratuit ; 11h-17h mi-juin à août). L'ancien presbytère situé dans ce domaine ecclésiastique, à 7 km au nord de la ville (sur la route de Langanes), offre un aperçu du mode de vie des habitants il y a un siècle. Il abrite un café.

Sports Complex PISCINE

(Íþróttahús ; 468 1515 ; Langanesvegur 18b ; adulte/enfant 800/400 ISK ; 8h-20h lun-ven, 11h-17h sam-dim juin-août, horaires réduits reste de l'année). Grande piscine/complexe sportif abritant un point d'information touristique.

Þórshöfn Kayak KAYAK

(468 1250 ; www.baranrestaurant.is ; Eyrarvegur 3 ; mai-sept). Au niveau du restaurant Báran, près du port, ce prestataire propose des circuits en kayak, de la simple sortie (1 heure, 4 000 ISK) à l'excursion de cabotage qui croise de petites falaises, un phare et une multitude d'oiseaux marins (3 heures, 9 700 ISK). Circuit soleil de minuit en juin et juillet. Combinaisons incluses dans le tarif.

Où se loger et se restaurer

Lyngholt Guesthouse GUESTHOUSE €

(897 5064 ; www.lyngholt.is ; Langanesvegur 12 ; s/d sans sdb 9 900/15 500 ISK, cottage 21 000 ISK ;). Ce bel établissement en bois se trouve près de la piscine. Il est bien aménagé, avec cuisine et salon. Les propriétaires possèdent deux autres pensions et louent une maison de vacances.

Camping de Þórshöfn CAMPING €

(468 1220 ; Miðholt ; empl 1 600 ISK/pers ; juin à mi-sept). Camping herbeux et propre, proche du centre-ville.

Grásteinn Guesthouse GUESTHOUSE €€

(895 0834 ; www.grasteinnguesthouse.is ; route 868, Holt ; bung 20 500 ISK ;). La déconnexion est totale dans ces charmants chalets situés dans une ferme ovine isolée, à 14 km au sud-ouest de Þórshöfn. Les fermiers Siggi et Hildur ont aménagé des chambres douillettes et discrètes, toutes dotées d'un coin cuisine et certaines d'un balcon. Le petit-déjeuner (à base de produits fermiers) est servi directement dans votre chalet. Parfait pour une journée farniente ou pour préparer une sortie d'observation des oiseaux.

Kjörbúðin SUPERMARCHÉ €

(468 1100 ; Langanesvegur 2 ; 9h-19h lun-ven, 10h-18h sam, 12h-18h dim). Pour les voyageurs indépendants.

Báran ISLANDAIS €€

(468 1250 ; www.baranrestaurant.is ; Eyrarvegur 3 ; plats 2 900-4 300 ISK ; 10h-22h, 10h-1h ven, 10h-3h sam mai-sept, horaires réduits oct-avr). Derrière la station-service N1, sur le port, ce restaurant réserve de belles surprises : un espace confortable, une carte variée, une cuisine de qualité et d'excellentes bières locales. Les pizzas, pâtes et burgers sont bons, tout comme les plats d'agneau et de poisson de la région. Certains tiqueront sur le petit rorqual figurant au menu. Le week-end, venez en fin de soirée prendre un verre avec les habitués.

Vínbúðin VINS, SPIRITUEUX

(560 7883 ; www.vinbudin.is ; Langanesvegur 2 ; 16h-18h lun-jeu, 13h-18h ven). Magasin de vins et spiritueux géré par l'État.

Langanes

La brumeuse péninsule de Langanes, dont la forme évoque une oie à grosse tête, est l'un des endroits les plus isolés d'Islande. Son terrain plat, couvert de prairies moussues et parsemé de bâtisses en ruine, se prête à la randonnée.

La route 869 (goudronnée) s'achève juste au nord de Þórshöfn. La piste défoncée continue sur 50 km le long de la péninsule de Langanes. Il est possible de continuer en 4x4 jusqu'au phare de Fontur, au bout de la presqu'île, mais certains tronçons sont difficiles.

Si vous n'êtes pas motorisé, vous pouvez appeler l'Ytra Lón Farm Lodge (voir ci-dessous) pour que l'on vienne vous chercher à Þorsförn (moyennant un supplément).

Ytra Lón Farm Lodge APPARTEMENTS €€

(☎846 6448 ; www.ytralon.is ; route 869 ; s/d avec petit-déj 22 000/24 500 ISK ; 📶). Rien de mieux pour découvrir Langanes que de séjourner dans cet excellent établissement tenu par une accueillante famille islando-néerlandaise, à 14 km au nord-est de Þórshöfn, à la sortie de la route 869, dans un élevage de moutons. Des studios colorés, avec salle de bains et kitchenette privatives, sont installés dans des conteneurs de marchandises réhabilités et alignés sous ce qui ressemble à un toit de serre. Buffet de produits locaux au petit-déjeuner et un *hot pot*.

Vopnafjörður et ses environs

526 HABITANTS

Selon la légende, le fjord était jadis le territoire d'un dragon redouté qui protégeait le nord-est de l'Islande. Les dragons ont aujourd'hui disparu et le village somnole. La région est néanmoins réputée pour ses rivières pleines de saumons. (Le prince Charles et le président George H. W. Bush sont venus pêcher dans la région, et le milliardaire James Ratcliffe est en train d'y acquérir des terres).

Attention : le Vopnafjörður est officiellement dans l'est de l'Islande. Vous trouverez des informations en ligne sur www.east.is. Nous avons choisi de le traiter dans *Le Nord* pour l'intégrer dans le circuit du Nord-Est via la route 85.

À voir et à faire

♥ Selárdalslaug PISCINE

(Près de la route 85 ; adulte/enfant 700/350 ISK ; ⏲10h-22h mi-mai à sept, horaires réduits reste de l'année). Cette magnifique piscine trône sur une rive de l'impétueuse rivière Selá, sous un ciel immense, au milieu de nulle part. Elle est située 8 km au nord de Vopnafjörður (c'est indiqué), près de la route 85, juste au sud de la rivière. Faites une halte pour vous baigner dans l'eau géothermale du *hot pot*, dans le bassin glacé et celui d'eau tiède.

Kaupvangur CENTRE CULTUREL

(☎473 1200 ; Hafnarbyggð 4a). GRATUIT Ce centre culturel, le site le plus important du village de Vopnafjörður, occupe une ancienne douane. Il accueille un bon café, un centre d'information touristique et une boutique d'artisanat au rez-de-chaussée. À l'étage, une exposition bien pensée présente deux figures locales et une autre retrace le parcours d'émigrés qui quittèrent le pays pour tenter leur chance en Amérique du Nord. De 1850 à 1914, c'est ici qu'ils venaient acheter leur aller simple en bateau.

Sur place, le **Centre de l'émigration est-islandaise** permet aux "Islandais de l'Ouest" (c'est-à-dire les Américains d'origine islandaise) de renouer avec leur héritage.

Bustarfell MUSÉE

(☎471 2211 ; www.visitvopnafjordur.com ; en retrait de la route 920 ; adulte/enfant 1 100/300 ISK ; ⏲10h-17h mi-juin à mi-sept). Ce musée des traditions est installé dans

SAGA DES GENS DU VOPNAFJÖÐUR

Le Vopnafjöður sert de décor à une saga haute en couleurs se déroulant dans les années 960-990. Écrite au XIIIe siècle, la *Saga des gens du Vapnafjöður* relate les aventures du chef local Helgi Þorgilsson (Helgi Thorgilsson, aussi surnommé Brodd-Helgi), de son ami Geitir Lytingsson et de leurs clans : cruelles alliances et violentes querelles, suivies de réconciliations. Vous trouverez à l'office du tourisme une brochure retraçant l'histoire. Il existe des circuits thématiques dans le fjord (à réserver 24 heures à l'avance).

un magnifique manoir au toit végétalisé du XVIIIe siècle, au sud-ouest de Vopnafjörður. Sur place, le Cafe Croft sert des gâteaux maison et du café. À 8 km en retrait de la route 85, à environ 19 km de Vopnafjörður (à proximité de la route 920, goudronnée).

Où se loger et se restaurer

On trouve quelques excellentes pensions rurales dans les vallées autour de Vopnafjörður.

Camping CAMPING €
(☎473 1330 ; www.vopnafjardarhreppur.is ; Hamrahlíð 9-15 ; empl 1 300 ISK/pers ; ⏲mai à mi-oct). Un bon camping avec vue sur le fjord et le village en contrebas. Suivez Miðbraut vers le nord et tournez à gauche à l'école.

Hótel Tangi HÔTEL €€
(☎473 1203 ; www.facebook.com/Hoteltangi ; Hafnarbyggð 17 ; d avec/sans sdb 21 600/16 200 ISK avec petit-déj ;). Situé en centre-ville, ce sympathique hôtel ouvert toute l'année compte un restaurant (accueillant aussi les non-résidents) et un salon agréable. Chambres avec salle de bains privative ou commune. Le studio (l'option la plus chic) peut loger jusqu'à 4 personnes.

♥ **Kaupvangskaffi** CAFÉ €
(☎473 1331 ; Hafnarbyggð 4a ; buffet soupes 1 390 ISK, pizzas 1 360-4 620 ISK ; ⏲11h-21h juin-sept, horaires réduits reste de l'année ;). Tout Vopnafjörður semble s'être donné rendez-vous ici, et on comprend pourquoi. On y trouve des canapés propices à la détente, un excellent café, un copieux buffet de soupes au déjeuner, des pizzas maison (sur place ou à emporter ; essayez la succulente pizza ail-langoustine) et d'alléchants desserts.

VAUT LE DÉTOUR

LA ROUTE 917

À l'est de Vopnafjörður, un spectaculaire trajet de 73 km dans les montagnes le long de la route 917, essentiellement non goudronnée, grimpe à 665 m jusqu'à **Hellisheiði**, puis descend vers la côte est. Impraticable par mauvais temps, la route est généralement accessible avec une petite voiture ordinaire en été. Elle gravit une succession de lacets avant de dévaler jusqu'aux stupéfiants deltas glaciaires du **Héraðssandur**.

Kauptún SUPERMARCHÉ €
(☎473 1403 ; www.facebook.com/Kauptun ; Hafnarbyggð 4 ; ⏲9h30-18h lun-ven, 12h-16h sam). Entre l'épicerie et la superette. Les pâtisseries sont préparées sur place. Parking.

Renseignements

Centre d'information touristique (☎473 1331 ; www.visitvopnafjordur.com ; Hafnarbyggð 4a ; ⏲11h-17h lun-ven). Dans le Kaupvangur. Possibilité d'obtenir des brochures et des renseignements même en dehors des heures d'ouverture. Procurez-vous les guides pratiques et gratuits sur les itinéraires de randonnée alentour, et la brochure dédiée à la *Saga des gens du Vapnafjöður*. Pour les circuits, réservez 24 heures à l'avance.

Plus d'informations sur les sites Internet www.vopnafjordur.com et www.east.is.

Depuis/vers Vopnafjördur

Aucun bus ne dessert Vopnafjörður, qui se trouve à 137 km de Reykjahlíð et à 136 km d'Egilsstaðir (par la route 85 et la route circulaire) ; vérifiez votre jauge d'essence avant de partir.

La route 917 (route de montagne gravillonnée) offre un itinéraire plus court, plus pittoresque et plus vertigineux jusqu'à Egilsstaðir (95 km).

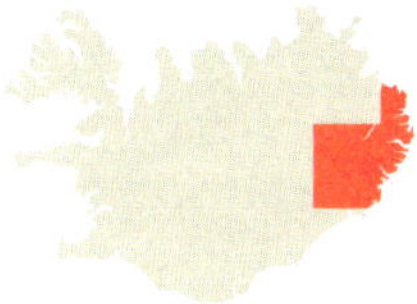

L'Est

Dans ce chapitre ➡

Le top des restaurants

- Klausturkaffi (p. 352)
- Norð Austur Sushi & Bar (p. 361)
- Beituskúrinn (p. 368)
- Randulffssjóhús (p. 367)

Le top des hébergements

- Hafaldan Old Hospital Hostel (p. 360)
- Fosshotel Eastfjords (p. 369)
- Silfurberg (p. 372)
- Wilderness Center (p. 352)
- Blábjörg Guesthouse (p. 356)

Pourquoi y aller

Contrée aussi singulièrement variée que peu peuplée, l'est de l'Islande (appelé Austurland) tire bonne part de son charme de sa discrétion. De fait, il compte peu de grands sites touristiques. Les fjords de l'Est en forment sans conteste la plus belle partie ; le paysage est spectaculaire autour des villages du fjord nord, adossés à des montagnes abruptes constellées de cascades. Par beau temps, plusieurs jours de randonnée dans la région vous laisseront des souvenirs inoubliables.

À l'écart de la côte accidentée, le lac le plus long du pays s'étire vers le sud-ouest à partir d'Egilsstaðir, et ses rives sont superbes. À l'intérieur des terres : des fermes oubliées, des montagnes, des landes peuplées de rennes et le Snæfell, l'un des plus beaux sommets d'Islande. Aussi ne saurait-on se contenter d'une simple halte à Egilsstaðir, car la région recèle son lot de trésors, entre fjords majestueux, chemins de randonnée, merveilles géologiques et villages accueillants.

Distances routières (en km)

	Djúpivogur	Reykjavík	Egilsstaðir	Borgarfjörður Eystri	Seyðisfjörður	Neskaupstaður
Reykjavík	552					
Egilsstaðir	85	698				
Borgarfjörður Eystri	155	702	70			
Seyðisfjörður	111	660	27	92		
Neskaupstaður	164	703	72	140	96	
Breiðdalsvík	64	612	84	153	109	100

À ne pas manquer

1 L'arrivée en Islande par bateau, le long d'un beau fjord, jusqu'au village de **Seyðisfjörður** (p. 356), à l'ambiance bohème

2 Une rencontre avec le peuple caché et les colonies de macareux de la petite localité de **Borgarfjörður Eystri** (p. 354)

3 Une promenade le long des berges boisées du **Lagarfljót** (p. 350), ravissant lac où vivrait un monstre marin

4 Le bien nommé **Mjóifjörður** (p. 364), entouré de collines parsemées de ruines – doux sentiment d'isolement assuré

5 La splendide collection de minéraux du petit village de **Stöðvarfjörður** (p. 369)

6 La rudesse des hautes terres et les randonnées du **Wilderness Center** (p. 352), une ferme unique du bout du monde

7 L'observation à cheval des oiseaux, des phoques et des beaux paysages des environs de la **ferme équestre de Húsey** (p. 355)

8 Le calme de **Breiðdalur** (p. 371), vallée peu fréquentée cernée de pics colorés où les rivières s'entrecroisent

Vopnafjörður (10 km)
Héraðssandur
Húsey 7
Héraðsflói
Njarðvík
Borgarfjörður
Vatnsskarð
Borgarfjörður Eystri 2
Hafnarhólmi
Miklavatn
Smjörfjöll (1 251 m)
Stórurð
Geitfell (587 m)
Dyrfjöll
Refuge de Breiðavík
Staðarfjall (621 m)
Álftavatn
Húsavík
Eiðavatn
Refuge de Klyppstaður
Jokulsa a Bru
Hjalmardalsheiði
Seyðisfjörður
Skálanes
Dalatangi
Urriðavatn
Sandvatn
Fellabær
Egilsstaðir
Bjólfur (1 085 m)
1 Seyðisfjörður
Stóravatn
Brekkuþorp
4 Mjóifjörður
Móraujavatn
Hengifossárvatn
Goðaborg (1 148 m)
Neskaupstaður
Norðfjörður
3 Lagarfljót
Tunnel de Neskaupstaður
Hellisfjörður
Hallormsstaðaskógur
Svartafjall (1 021 m)
Oddsskarð
Falaises de Gerpir
Kistufell (1 239 m)
Eskifjörður
Col d'Oddsskarð (fermé)
Hengifoss
Hallormsstaður
Hólmatindur (985 m)
Vöðlavík
Helgustaðanáma
Reyðarfjörður
Fonderie d'aluminium Alcoa
Skriðuklaustur et Snæfellsstofa
Geltdalsa
Hádegisfjall (809 m)
Reyðarfjörður
Fáskrúðsfjörður
Vattarnes
Skriðuvatn
Breiðdalsheiði
Fáskrúðsfjörður
Wilderness Center
Sandfell (743 m)
Hafnarnes
Col d'Öxi
Norðurdalur
5 Stöðvarfjörður
Geltdalsa
8 Breiðdalur
Breiðdalsvík
Líkárvatn
Búlandstindur (1 069 m)
Berunes
Þrándarjökull
Berufjörður
Þrándarjökull (1 248 m)
Djúpivogur
Djúpivogur
Geithellnadalur
Hofsjökull (1 180 m)
Papey
Kollumúli
Jokulsa i Loni
OCÉAN ATLANTIQUE NORD
Stafafell
Lon
Eystrahorn
Lonsvik

Comment s'y rendre

Le site Visit East Iceland (www.east.is) fournit des renseignements sur les transports – pour arriver dans l'Est et y circuler.

AVION

L'aéroport d'Egilsstaðir est à 1 km au nord de la ville. Air Iceland Connect (www.airicelandconnect.is) assure 3 vols/jour toute l'année entre Egilsstaðir et l'aéroport domestique de Reykjavík (et *non* l'aéroport international de Keflavík). Ces vols sont très empruntés (en plein hiver, ils sont parfois la seule possibilité de transport depuis la capitale).

BUS

Egilsstaðir est une étape majeure sur la route circulaire, mais, au moment de nos recherches, il n'existait plus de liaison directe entre Egilsstaðir et Höfn.

Il est possible de rejoindre le Sud-Est en bus grâce aux dessertes locales de **SVAust** (☎ 471 2320 ; www.svaust.is), mais cela implique 2 correspondances : bus 1 d'Egilsstaðir à Reyðarfjörður, bus 2 de Reyðarfjörður à Breiðdalsvík, puis bus 4 de Breiðdalsvík à Höfn. Nous vous conseillons plutôt de consulter les sites de covoiturage ou d'essayer d'arranger un transfert par le biais de votre hébergement.

Strætó (☎ 540 2700 ; www.straeto.is), est la seule compagnie reliant Egilsstaðir à Akureyri et Mývatn, au nord. L'arrêt est au camping :

- Bus n°56 pour Reykjahlíð, Mývatn (5 980 ISK, 2 heures, 1/jour)
- Bus n°56 pour Akureyri (8 280 ISK, 3 heures 30, 1/jour)

Comment circuler

BUS

Les bus locaux de la compagnie SVAust desservent les villages des fjords depuis Egilsstaðir (jusqu'à Höfn au sud). Les vélos sont interdits à bord (sauf sur le trajet Egilsstaðir-Seyðisfjörður).

Outre des services directs pour Borgarfjörður Eystri et Seyðisfjörður, la compagnie de bus SVAust dessert les itinéraires suivants toute l'année, essentiellement pour les employés d'Alcoa. Les bus 1 et 2 circulent quotidiennement (service réduit le week-end) ; le bus 4 ne roule pas tous les jours.

Bus 1 Egilsstaðir-Reyðarfjörður-Eskifjörður-Neskaupstaður (Nordfjörður)

Bus 2 Reyðarfjörður-Fáskrúðsfjörður-Stöðvarfjörður-Breiðdalsvík

Bus 3 Egilsstaðir-Seyðisfjörður

Bus 4 Breiðdalsvík-Djúpivogur-Höfn

Bus 5 Egilsstaðir-Borgarfjörður Eystri

Consultez les horaires et les tarifs en ligne (le prix du billet dépend de la distance – comptez

CHOIX D'ITINÉRAIRES

Trois possibilités s'offrent à vous entre Egilsstaðir et Djúpivogur : deux routes de montagne et une le long des fjords. Celle-ci se confond désormais avec la route 1 (route circulaire), depuis la redéfinition de parcours de cette dernière en novembre 2017.

Les 3 itinéraires sont magnifiques. En hiver, la route 1 est souvent la seule praticable ; les routes fermées sont indiquées sur le site www.road.is. Attention : la plupart des GPS et Google Maps indiquent l'itinéraire par la route 939, lequel est le plus court, mais dont vous devrez vous assurer qu'il est le plus adapté pour vous. Ne l'empruntez sous aucun prétexte lorsque la route est signalée comme impraticable ("Impassable").

Les itinéraires sont ici décrits d'Egilsstaðir vers le sud ; circulez en sens inverse si vous allez de Djúpivogur vers le nord.

Route 1 La route circulaire passe désormais par les fjords de Reyðarfjörður, Fáskrúðsfjörður et Stöðvarfjörður.

Route 95 Depuis Egilsstaðir, la route 95 (l'ancienne route circulaire) continue vers le sud, descend abruptement depuis les landes désertiques de Breiðdalsheiði et emprunte vers l'est la superbe vallée de Breiðdalur jusqu'à Breiðdalsvík, avant de longer la côte jusqu'à Djúpivogur. La route est gravillonnée sur 25 km (entre Breiðdalsheiði et Breiðdalur). En hiver, cette route de montagne est souvent fermée à Breiðdalsheiði en raison du mauvais temps et des chutes de neige.

Route 939 Ce raccourci gravillonné ouvert en été uniquement passe par le **col d'Öxi** (à éviter en cas de mauvais temps ou de brouillard ; fermé en hiver). La route 939 part de la route 95 à environ 45 km au sud d'Egilsstaðir et rejoint 19 km plus loin le fond du Berufjörður. Un itinéraire escarpé réservé aux conducteurs expérimentés.

720 ISK entre 16 et 30 km) ou renseignez-vous auprès d'un office du tourisme de la région.

VOITURE

La route circulaire (route 1) traverse Egilsstaðir ; elle fut détournée en 2017 pour passer par les fjords de Reyðarfjörður, Fáskrúðsfjörður et Stöðvarfjörður, au sud.

Voilà 3 possibilités pour explorer la région depuis Egilsstaðir :

Route 93 Vers l'est jusqu'à Seyðisfjörður.

Route 94 Vers le nord jusqu'à Borgarfjörður Eystri.

Route 95 Vers le sud, puis la route 931 jusqu'au Lagarfljót.

Location de voiture

Si vous arrivez en avion ou en ferry sans voiture, les principaux loueurs (Avis, Budget, Hertz et Europcar) sont présents à Egilsstaðir.

100% LOCAL

RENCONTRER LES HABITANTS

L'objectif de **Tanni Travel** (☎476 1399 ; www.meetthelocals.is) : vous faire vivre des expériences uniques dans l'est du pays. Cette agence propose notamment des promenades guidées dans les villages en été ; elle peut aussi établir des itinéraires à thème (de la gastronomie locale à la nostalgie de Noël) et vous mettre en relation avec des guides et tour-opérateurs locaux, ce qui est particulièrement utile en hiver. Elle organise aussi des dîners chez l'habitant (adulte/enfant 15 300/7 650 ISK).

INTÉRIEUR DES TERRES

L'intérieur des terres de l'Est recèle quelques surprises hors des sentiers battus. Le Lagarfljót déploie des kilomètres de rives d'une grande beauté, des rennes sauvages parcourent les landes désertiques, et le Snæfell (dans le parc national du Vatnajökull) a la faveur des randonneurs expérimentés.

Egilsstaðir

2 875 HABITANTS

Il faut bien l'avouer, Egilsstaðir (prononcé "eyils-stazer") n'a guère de charme en soi. Or, attendu que l'endroit constitue à la fois le principal nœud régional de transports, et le centre du commerce local, on y trouve de bons services, dont des hôtels et des restaurants de qualité. Pour le reste, la localité grandit rapidement, de manière anarchique et sans véritable centre.

Son attrait tient à la proximité du ravissant Lagarfljót, le troisième plus grand lac du pays. Depuis l'âge des sagas, il est question d'un monstre qui hanterait ses profondeurs. Pour quiconque souhaiterait jouer les cryptozoologues, ou plus simplement explorer la forêt de la rive orientale du lac, Egilsstaðir est un bon point de chute.

À voir et à faire

Minjasafn Austurlands MUSÉE

(Musée de l'Est de l'Islande ; www.minjasafn.is ; Laufskógar 1 ; adulte/enfant 1 500 ISK/gratuit ; ⏲10h-18h juin-août, 11h-16h mar-ven sept-mai). Le musée culturel d'Egilsstaðir présente des expositions sympathiques, sans être remarquables, consacrées à l'histoire de la région, ainsi qu'au renne sauvage de l'Est.

♥ **Vök Baths** SPA

(☎470 9500 ; vokbaths.is ; route 925 ; adulte/enfant 6-16 ans 5 500/1 900 ISK, gratuit - de 5 ans, accès premium à partir de 8 200 ISK ; ⏲lun-ven 17h-22h, sam-dim 12h-22h mai-sept, 12h-22h juin-août, à partir de 10h au milieu de l'été). Ce complexe géothermal inauguré en 2019 et réalisé par les architectes du Blue Lagoon et des Mývatn Nature Baths se trouve à 5 km au nord d'Egilsstaðir, sur le superbe lac Urriðavatn. Au sens propre, puisqu'il s'agit de bassins flottants et chauffés ! au milieu du lac, dont l'eau doit difficilement atteindre les 12°C. Restaurant-bar sur place.

Sundlaugin Egilsstöðum PISCINE, HOT POT

(Tjarnarbraut 26 ; adulte/enfant 900/270 ISK ; ⏲6h30-21h30 lun-ven, 10h-18h sam-dim juin-août, ferme 1 heure plus tôt sept-mai). Au nord du centre, avec saunas, *hot pots* et salle de sport.

Baðhúsið Spa SPA

(☎471 1114 ; www.lakehotel.is ; client/non-client de l'hôtel 2 000/3 500 ISK ; ⏲10h-22h). Ce spa délicieusement rustique, installé au sein du Gistihúsið – Lake Hotel Egilsstaðir (p. 349), invite à reposer ses muscles fourbus après une bonne randonnée. *Hot tub* (sorte de Jacuzzi à l'extérieur), sauna et vue sur le lac. Réservation obligatoire.

Circuits organisés

Jeep Tours EN JEEP

(☎898 2798 ; www.jeeptours.is). Agnar, très compétent, organise d'excellents circuits en

Egilsstaðir

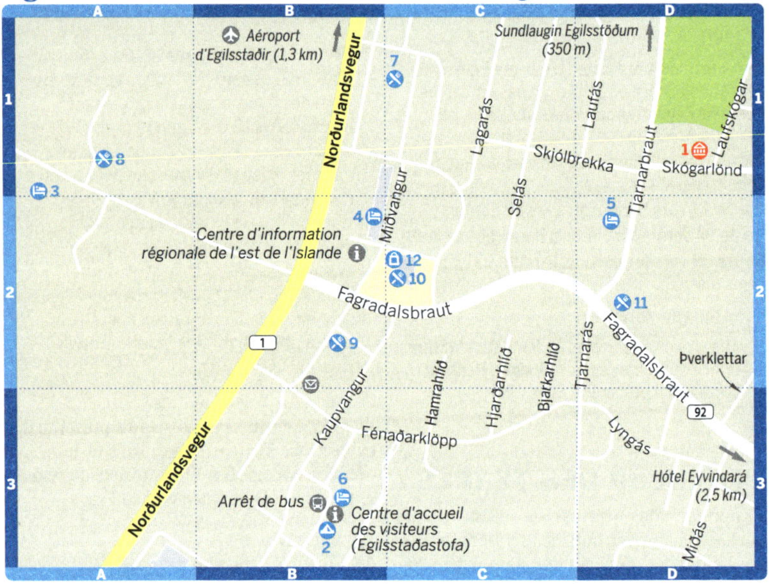

Egilsstaðir

À voir
1 Minjasafn Austurlands D1

Activités
Baðhúsið Spa .... (voir 3)

Où se loger
2 Camping d'Egilsstaðir B3
3 Gistihúsið – Lake Hotel Egilsstaðir A1
4 Icelandair Hótel Hérað B2
5 Olga Guesthouse D2
6 Tehúsið Hostel B3

Où se restaurer
7 Bónus C1
Eldhúsið .... (voir 3)
8 Fjóshornið A1
9 Nettó B2
10 Salt C2
11 Skálinn Diner D2

Achats
12 Vínbúðin C2

4x4 d'une journée d'Egilsstaðir aux hautes terres : à Askja et Herðubreið (46 500 ISK) ; safaris d'observation des rennes (38 000 ISK) . Jeep Tours est l'une des seules agences à proposer des excursions au Kverkfjöll dans la journée (46 500 ISK) – en passant par la route 910 (asphaltée) jusqu'au barrage de Kárahnjúkar, puis par des pistes reculées. Circuits hivernaux également.

Wild Boys RANDONNÉES
(☎864 7393 ; www.wildboys.is). Ce petit opérateur organise des randonnées guidées dans la région : une journée au Snæfell, à Dyrfjöll et Stórurð près de Borgarfjörður Eystri ou à Askja ; plusieurs jours dans les hautes terres de l'Est.

Où se loger

Évitez si possible Egilsstaðir le mercredi soir en été : le ferry vers l'Europe part de Seyðisfjörður (à 27 km) le jeudi matin et les hôtels et campings affichent complet. Si vous prenez le bateau, réservez une chambre longtemps à l'avance. Consultez les sites Internet pour les tarifs actualisés.

Tehúsið Hostel AUBERGE DE JEUNESSE €
(☎471 2450 ; www.tehusidhostel.is ; Kaupvangur 17 ; dort/d sans sdb à partir de 6 850/19 000 ISK ; 📶). Nouvelle venue sur la scène locale, cette auberge du "salon de thé" comporte 6 chambres garnies de lits superposés, un peu exiguës mais à des prix raisonnables

(certaines peuvent être réservées en tant que doubles ou familiales). Cuisine commune. Le café-bar, plein de charme, est idéal pour se détendre devant un verre.

Camping d'Egilsstaðir CAMPING €
(☎470 0750 ; camping@egilsstadir.is; Kaupvangur 17 ; empl adulte/enfant 2 000 ISK/gratuit ; @ 📶 👪). On apprécie la situation centrale et les équipements corrects (moins les emplacements disposés en rangées). Laverie, mais pas de cuisine. Vous pourrez louer des vélos à la réception (3 000 ISK/24 heures) et réserver des circuits.

Icelandair Hótel Hérað HÔTEL €€
(☎471 1500 ; www.icelandairhotels.com ; Miðvangur 1-7 ; ch à partir de 25 400 ISK ; @ 📶). Un hôtel d'affaires chic, accueillant et très confortable, où des touches de couleur égaient les 60 chambres douillettes. Bon restaurant (plats 2 390-7 550 ISK), avec le renne pour spécialité – ne manquez pas le burger de renne pour un concentré de saveurs locales. Petit-déjeuner buffet à 3 000 ISK.

Olga Guesthouse GUESTHOUSE €€
(☎860 2999 ; www.gistihusolgu.com ; Tjarnabraut 3 ; d avec/sans sdb à partir de 23 260/18 660 ISK ; 📶). Centrale et peinte en rouge, cette pension compte 5 chambres (toutes avec machines à café/thé, TV et réfrigérateur), 3 salle de bains communes et une petite cuisine. Deux maisons plus bas, la **Birta Guesthouse**, peinte en jaune et gérée par les mêmes sympathiques propriétaires, offre des équipements identiques et de qualité. Également des chambres avec salle de bains dans une annexe.

Hótel Eyvindará HÔTEL, CHALETS €€
(☎471 1200 ; www.eyvindara.is ; Eyvindará II ; s/d avec petit-déj à partir de 21 900/25 200 ISK ; ⏲avr-nov ; 📶 👪). À 4 km de la ville sur la route 94, l'Eyvindará, tenu en famille, réunit un bel ensemble d'options : chambres d'hôtel (récentes), chambres de style motel avec véranda et vue, et bungalows cachés dans les sapins. Il est réputé pour son personnel sympathique. Restaurant correct (juin à août), élégant coin salon et *hot pots* récents.

Gistihúsið – Lake Hotel Egilsstaðir HÔTEL €€€
(☎471 1114 ; www.lakehotel.is ; Egilsstöðum 1-2 ; d avec petit-déj à partir de 29 400 ISK ; @ 📶). La ville tire son nom de cette ferme, où se dresse un splendide hôtel historique (1903) sur les rives du Lagarfljót, à 300 m à l'ouest du carrefour. Dans l'aile ancienne, les chambres (avec salle de bains) ont conservé leur cachet. En revanche, les 30 chambres de l'extension sont un peu anonymes. Excellent restaurant et spa (voir ci-dessous).

Où se restaurer

Fjóshornið CAFÉ €
(☎471 1508 ; www.facebook.com/fjoshorn ; Egilsstöðum ; repas léger 750-1 600 ISK ; ⏲12h-18h mar-dim). Voisin du Gistihúsið – Lake Hotel Egilsstaðir, le "coin de l'étable" vend des produits locaux en provenance directe de la ferme – bœuf et laitages (*skyr*, le yaourt islandais, et feta). Également des bagels, soupes, gaufres et gâteaux.

Bókakaffi Hlöðum CAFÉ €€
(☎471 2255 ; www.bokakaffi.is ; Helgafelli 2 ; repas 1 750-2 500 ISK ; ⏲9h-18h lun-ven, 12h-18h sam ; 📶). À Fellabær, à l'extrémité ouest du pont sur la rivière en venant d'Egilsstaðir, cet établissement charmant et discret sert du bon café et d'excellentes pâtisseries, crêpes et soupes, dans un cadre tout en mobilier rétro, disques vinyles et livres d'occasion.

Salt INTERNATIONAL €€
(☎471 1700 ; www.saltbistro.is ; Miðvangur 2 ; en-cas et repas 990-3 900 ISK ; ⏲10h-22h lun-sam, 12h-22h dim ; 📶 🌿 👪). Cet agréable café-bistrot est très apprécié, et l'on comprend pourquoi – sa carte est l'une des plus variées à des kilomètres à la ronde. Le service se révèle parfois lent, mais la cuisine est bonne : pizzas à l'orge aux garnitures originales, burgers, salades, kebabs et spécialités tandoori. Nombreux plats végétariens et menu enfant.

Skálinn Diner AMÉRICAIN €€
(☎471 1899 ; skalinndiner.is ; Fagradalsbraut ; plats 990-2 800 ISK ; ⏲8h-23h). Petit coin d'Amérique dans l'Islande sauvage, ce restaurant de station-service a été rénové avec originalité en 2018. Il y règne une ambiance rétro à la mode années 1950 : sol en damier, juke-box, milk-shakes, pancakes au petit-déjeuner et poulet frit. On y sert aussi des incontournables islandais (hot-dogs, côtes d'agneau, ragoût de poisson) ; cuisine servie jusqu'à 23h.

♥ **Eldhúsið** ISLANDAIS €€€
(☎471 1114 ; www.lakehotel.is ; Egilsstöðum 1-2 ; plats déj 1 490-3 990 ISK, dîner 3 390-64 390 ISK ; ⏲11h30-22h ; 📶 🌿). La cuisine proposée par

VAUT LE DÉTOUR

DU PRODUCTEUR À LA TABLE

Vallanes (☎471 1747 ; www.vallanes.is ; buffet déj 2 500 ISK ; ⏰9h-18h tlj juin-août, lun-ven avr-mai et sept-oct ; ☑) est une exploitation agricole biologique cultivant des céréales (principalement de l'orge), des herbes aromatiques et des légumes vendus sous la marque Móðir Jörð ("Mère Nature"). La ferme accueille ses visiteurs dans un café-boutique à l'élégance rustique, entièrement construit à partir de bois coupé sur l'exploitation ; on peut y déguster un déjeuner-buffet végétarien ou réserver un petit-déjeuner à base de produits de la ferme associé à une visite guidée du domaine (4 500 ISK).

De nombreuses spécialités sont en vente : confiture, pesto, crackers, etc.

Vallanes propose également des hébergements (lit duvet 5 000-6 000 ISK, bungalow double 22 000 ISK, appartement 4 pers 34 000 ISK) et accueille des bénévoles du programme WWOOF (Worldwide Opportunities on Organic Farms ; www.wwoof.net).

La ferme se situe sur la route 931, à 13 km d'Egilsstaðir.

le restaurant du Gistihúsið – Lake Hotel Egilsstaðir (ci-contre) se distingue par sa créativité. La carte fait la part belle aux produits locaux (agneau, poisson, gibier). La spécialité est le bœuf élevé à la ferme : goûtez l'entrecôte nappée de béarnaise ou le poisson fraîchement pêché dans le fjord avec sa salade de raisins et mayonnaise à l'aneth. Desserts raffinés. Réservation conseillée.

Faire ses courses

Nettó SUPERMARCHÉ
(⏰9h-20h). Derrière la station-service N1.

Bónus SUPERMARCHÉ
(⏰11h-18h30 lun-jeu, 10h-19h30 ven, 10h-18 sam, 12h-18h dim). Sur la route circulaire au nord de la station-service N1.

Vínbúðin VINS ET SPIRITUEUX
(Miðvangur 2-4 ; ⏰11h-18h lun-jeu, 11h-19h ven, 11h-16h sam). Chaîne d'État.

Renseignements

Centre d'accueil des visiteurs (Egilsstaðastofa Visitor Center ; ☎470 0750 ; www.visitegilsstadir.is ; Kaupvangur 17 ; ⏰7h-23h juin-août, 8h-15h lun-ven mai-sept, 8h-12h lun-ven oct-avr ; 📶). Bureau à la réception du camping. Renseignements sur Egilsstaðir et ses environs. Possibilité d'acheter des billets de bus et de s'inscrire pour des activités variées : randonnées, circuits en Super-Jeep, pêche en mer, etc. Location de vélos (2 000 ISK/4 heures, 3 000 ISK/24 heures).

Centre d'information régional de l'est de l'Islande (☎471 2320 ; www.east.is ; Miðvangur 1-3 ; ⏰8h30-18h lun-ven, 10h-16h sam, 13h-18h dim juin-août, horaires réduits sept-mai ; 📶). Tout ce dont vous avez besoin pour explorer l'Est (y compris des cartes et des brochures). Excellente boutique d'objets d'art et de design dans le même bâtiment.

Depuis/vers Egilsstaðir

Egilsstaðir est le principal nœud de transports de l'est de l'Islande. Il y a un aéroport, et la plupart des bus (p. 346) partent de la ville ou la traversent. Le principal **arrêt de bus** se trouve au camping.

Lagarfljót

Les eaux grisâtres du lac Lagarfljót (ou Lögurinn) abriteraient un monstre effrayant, le **Lagarfljótsormur**, qui vivrait là depuis l'époque viking. La dernière "apparition" de l'animal (également appelé *wyrm*, le ver) a fait sensation : en 2012, un fermier du coin a filmé une grande créature serpentine nageant dans le fleuve. Le clip a été regardé plus de 5 millions de fois sur YouTube et a suscité l'intérêt des médias internationaux. Plus de détails sur le site www.lagarfljotsormur.com.

Réel ou imaginaire, l'animal doit être gelé : la rivière Lagarfljót prend sa source dans la calotte glaciaire du Vatnajökull et coule en direction du nord jusqu'à l'océan Arctique, formant un lac de 38 km de long et 50 m de profondeur, souvent appelé Lögurinn, au sud d'Egilsstaðir.

Il s'agit d'un joli plan d'eau, dont on peut faire le tour en voiture. La route 931, qui comprend des tronçons asphaltés ou gravillonnés (ces derniers sont sur la rive ouest moins fréquentée), part de la route 95, à 10 km au sud d'Egilsstaðir, et fait le tour du lac jusqu'à Fellabær – un circuit de 70 km.

Il est nécessaire de disposer d'un véhicule particulier pour explorer ce secteur.

Vous trouverez des renseignements utiles sur la région sur le site www.hengifoss.is.

Hallormsstaðaskógur

Hallormsstaðaskógur (740 ha ; www.skogur.is), l'une des plus grandes forêts d'Islande, est vénérée dans ce pays doté d'une faible couverture forestière. Si petite qu'elle soit dans l'absolu, elle offre un cadre sylvestre bienvenu après le paysage morne et désolé des versants montagneux au nord et au sud d'Egilsstaðir. Elle est plantée de bouleaux nains et de sorbiers des oiseleurs, deux espèces endémiques, ainsi que de 85 autres essences provenant d'un peu partout dans le monde.

La forêt (prononcé "hatlorm-staza-skau-khur") est un lieu de promenade populaire, parcouru de sentiers balisés. Procurez-vous une carte de randonnée gratuite, sur place ou dans l'un des centres des visiteurs d'Egilsstaðir.

Circuits organisés

East Highlanders CIRCUITS AVENTURE
(☎852 5450 ; www.easthighlanders.is ; circuits 1 heure à partir de 17 000 ISK). East Highlanders propose l'été d'amusantes excursions en quad 4x4 dans Hallormsstaðaskógur, pour découvrir les sites et l'histoire de la forêt tout en franchissant des ruisseaux et en roulant dans la boue. Les circuits durent entre 1 et 3 heures. Permis de conduire requis pour quiconque prend le volant ; possibilité de monter à deux sur un véhicule. Également des circuits en Super-Jeep.

Où se loger

Apportez votre pique-nique ; les aires de pique-nique sont nombreuses dans la forêt et au bord du lac. Sinon, prenez votre repas à l'Hótel Hallormsstaður.

Camping d'Atlavík CAMPING €
(Empl 1 600 ISK/pers ; mi-mai à sept). Un camping idyllique et fréquenté, au bord du lac dans une anse boisée. Des fêtes s'y déroulent souvent les week-ends d'été. En juillet, location de pédalos, de barques et de canoës.

Camping de Höfðavík CAMPING €
(Empl 1 600 ISK/pers ; mi-mai à sept). Un autre camping au bord du lac, juste au nord de la station-service. Petit et tranquille. Bornes électriques à disposition.

Hótel Hallormsstaður HÔTEL €€
(☎471 2400 ; foresthotel.is ; hôtel d à partir de 31 600 ISK, pension s/d sans sdb 16 900/22 700 ISK, toutes avec petit-déj ; wifi). Ce vaste ensemble aménagé au milieu des arbres comprend des chambres d'hôtel modernes, des cottages et la petite pension Grái Hundurinn. Il y a deux restaurants (un buffet réputé ouvert au dîner et un restaurant indien), un spa et un espace extérieur attrayant. Promenades dans la forêt, VTT à louer et organisation d'excursions.

Hengifoss

Hengifoss CASCADE
Traversez le pont qui franchit le Lagarfljót sur la route 931 pour accéder au parking de Hengifoss, la deuxième plus haute cascade du pays, qui se déverse sur 128 m dans une gorge striée de brun et de rouge et jonchée de rochers.

Prévoyez 1 ou 2 heures de marche aller-retour pour atteindre Hengifoss, à 2,5 km du parking. De là, un escalier et un chemin montent à flanc de colline et la cascade apparaît bientôt au loin. La montée est raide par endroits ; le chemin devient plat à l'entrée de la gorge.

Litlanesfoss, une cascade plus petite mais digne d'intérêt, se trouve à mi-chemin. Elle est entourée de colonnes de basalte formant une structure alvéolaire.

Skriðuklaustur

De Hengifoss, parcourez 5 km vers le sud pour arriver au site de Skriðuklaustur (prononcé "skri-zu-cleuï-stur"), où vous plongerez à la fois dans l'histoire médiévale et dans celle du XXe siècle – n'oubliez pas de goûter les excellents produits locaux. À côté du centre culturel de Skriðuklaustur, le centre d'accueil des visiteurs, consacré à la partie est du parc national du Vatnajökull, mérite une halte.

Skriðuklaustur CENTRE CULTUREL
(☎471 2990 ; www.skriduklaustur.is ; adulte/enfant 1 100 ISK/gratuit ; 10h-18h juin-août, 11h-17h mai et sept, 12h-16h avr et oct). Skriðuklaustur regroupe les vestiges d'un monastère catholique de la fin du XVe siècle et la belle demeure de Gunnar Gunnarsson (1889-1975), auteur islandais dont les œuvres furent traduites en allemand dès 1913, et

À NE PAS MANQUER

LE WILDERNESS CENTER

Ouvert depuis 2016, l'exceptionnel **Wilderness Center** (Óbyggðasetur Íslands ; ☎440 8822 ; www.wilderness.is ; musée adulte/enfant 2 700 ISK/gratuit) défie toute classification. Cette ferme isolée propose à la fois, tout au long de l'année, un espace d'exposition, un hébergement unique, de la cuisine locale, des randonnées à pied et à cheval et des excursions personnalisées. Elle se trouve 13 km après Skriðuklaustur sur la route 934, au bout de la Norðudalur (vallée du nord), aux confins des hautes terres. Le musée qui retrace l'histoire de la région a été conçu par les propriétaires des lieux, un réalisateur et une historienne ; il est d'une très grande qualité, comme le centre dans son ensemble.

Côté hébergement, vous aurez le choix entre des chambres modestes décorées à l'ancienne, avec sdb commune (d 18 600 ISK) et, plus original, un dortoir aménagé comme une *baðstofa*, la pièce à vivre/chambre traditionnelle des fermes islandaises (d 14 100-15 100 ISK). Nourriture disponible toute la journée (mi-mai à septembre). De nouveaux *hot pots* ont été installés, ainsi qu'une hutte pour contempler les aurores boréales en hiver. Des excursions guidées variées sont proposées, de la randonnée à cheval de 3 heures (15 000 ISK), à l'exploration d'une ferme abandonnée des environs (8 500 ISK). Il est possible de louer un VTT et de participer à des sorties en Super-Jeep. Également : des activités sur plusieurs jours. L'offre est détaillée sur le site Internet.

N'hésitez pas à vous installer pour quelques jours et à parcourir le **Waterfall Trail** (piste des cascades). Cette randonnée facile de 6 heures vous emmènera jusqu'à Laugarfell (p. 353) – possibilité de prise en charge pour l'aller ou le retour.

qui compta plus tard parmi les écrivains nordiques célébrés par le IIIe Reich. L'inhabituelle maison de Gunnarsson, une grande ferme aux murs de basalte noir assemblés au mortier blanc et à toit de tourbe, fut édifiée en 1939 sur les plans d'un architecte allemand. Elle abrite désormais un centre culturel (notamment dédié à l'écrivain) et scientifique. Cet auteur prolifique connut une immense popularité au Danemark et en Allemagne où, au sommet de sa gloire, il fut l'écrivain le plus vendu, après Goethe. Vous pourrez notamment lire en français *Frères jurés* (1918).

Snæfellsstofa – centre d'accueil des visiteurs du parc national INFORMATIONS
(☎470 0840 ; www.vatnajokulsthjodgardur.is ; ⏲9h-17h juin-août, 10h-15h mai et sept). GRATUIT Couvre la partie est du gigantesque parc national du Vatnajökull. D'intéressantes expositions présentent le mont Snæfell ("montagne de neige") et l'environnement naturel des hautes terres de l'Est. Cartes et conseils aux visiteurs et aux randonneurs.

♥ **Klausturkaffi** CAFÉ €€
(☎471 2990 ; www.skriduklaustur.is ; buffet déj adulte/enfant 3 900/1 950 ISK ; ⏲10h-18h juin-août, 11h-17h mai et sept, 12h-16h avr et oct). Le Klausturkaffi, sur le site de Skriðuklaustur (voir plus haut), sert au déjeuner un excellent buffet à base de produits locaux (soupe de poisson, tourte au renne, gâteau aux mûres et au *skyr* – yaourt islandais). Plus alléchant encore, un buffet de desserts à volonté (adulte/enfant 2 700/1 350 ISK) est servi à partir de 15h. Enfants bienvenus. Inutile d'acheter un billet pour Skriðuklaustur, si vous allez juste au café.

Hautes terres de l'Est

Le Snæfell (1 833 m) domine l'extrémité sud de Fljótsdalsheiði, une étendue de toundra humide, de champs ponctués de rochers, de plaques de neige éternelle et de lacs alpins, qui s'étire du Lagarfljót vers les hautes terres à l'ouest.

La construction controversée du barrage de Kárahnjúkar et de la centrale hydroélectrique de Fljótsdalur a permis l'amélioration des voies de circulation autour du Snæfell. La route 910 goudronnée qui part de Fljótsdalur est la meilleure ; en chemin, guettez les rennes sauvages et arrêtez-vous aux sources thermales du Laugarfell. Si vous n'êtes pas motorisé, consultez les offres d'agences comme Jeep Tours (p. 385), à Egilsstaðir.

L'embranchement vers la route 910 est juste au nord de Skriðuklaustur (sur la route 934) ; cet axe, accessible en véhicule ordinaire l'été, grimpe *rapidement*, puis s'aplanit. La route est souvent fermée en hiver. Aucun transport public ne dessert cette zone ; il existe quelques circuits guidés (partant pour la plupart d'Egilsstaðir).

Pour poursuivre vers le sud après le point de vue du barrage de Kárahnjúkar (vers Askja ou Kverkfjöll, par exemple), il vous faudra un gros 4x4 à garde élevée et un GPS. Fini les routes goudronnées...

Barrage de Kárahnjúkar POINT DE VUE

Un trajet pittoresque de 60 km depuis l'embranchement de la route 910 conduit au barrage de Kárahnjúkar et au lac artificiel de Hálslón, où un bureau d'information et des points de vue permettent d'apprécier ce chef-d'œuvre d'ingénierie et de découvrir l'incroyable gorge de **Hafrahvammagljúfur**, en contrebas.

Aðalból SITE HISTORIQUE

La route F923 (qui part de la route 910, accessible en 4x4 uniquement) mène à la vallée de **Hrafnkelsdalur**, qui renferme de nombreux sites liés à la *Saga de Hrafnkell* ; celle-ci retrace la lutte entre chefs de clan et fermiers dans l'est de l'Islande au Xe siècle. La ferme isolée d'Aðalból était la demeure du héros, Hrafnkell Freysgoði, et renferme sa sépulture. Un sentier balisé relie les différents lieux mentionnés dans l'histoire.

On peut aussi rejoindre Aðalból depuis la route circulaire ; il faut prendre sur 43 km la route 923, non goudronnée (qui devient une route F au sud de la ferme, où il y a une rivière à franchir).

Laugarfell GUESTHOUSE, CAMPING €€

(☎773 3323 ; www.laugarfell.is ; d/f sans sdb 17 000/30 000 ISK ; ⏱juin-sept ; 👪). À 2 km de la route 910 (accessible avec un véhicule ordinaire), le Laugarfell attire les visiteurs grâce à ses **sources chaudes** (adulte/enfant 1 500/500 ISK) et à sa pension douillette. Cette ancienne auberge de jeunesse dispose de différentes chambres (à lits jumeaux, familiales jusqu'à 6 pers). Draps fournis. Pas de cuisine ; petit-déjeuner (1 900 ISK) et dîner (3 500 ISK) proposés ; café et en-cas dans la journée.

Snæfell

Le Snæfell (prononcé “snaï-vètl”) est-il éteint ou assoupi ? Le doute subsiste. Plus haut sommet d'Islande après le Vatnajökull, il est relativement accessible et prisé des randonneurs et des alpinistes.

Le Snæfell fait partie du vaste parc national du Vatnajökull, dont le site (www.vjp.is) fournit des renseignements utiles. Au centre d'accueil des visiteurs du parc (ci-contre), vous trouverez également des informations, ainsi que des expositions et des cartes ; le personnel pourra répondre à vos questions et vous conseiller.

Un 4x4 est indispensable pour emprunter la route F909 (qui part de la route 910) et atteindre le refuge du Snæfell, au pied du volcan. Il y a 12 km de la route 910 au refuge. Aucun transport en commun ne dessert le secteur. Apportez tout ce dont vous aurez besoin : le supermarché le plus proche est à Egilsstaðir.

Activités

Si l'ascension ne présente pas de difficultés pour des randonneurs expérimentés et bien préparés, la météo peut poser problème. En outre, il est conseillé de se munir de crampons. Cette ascension s'effectue généralement par l'ouest ; comptez de 6 à 9 heures de marche selon l'état de la glace. Discutez de l'itinéraire avec le gardien du refuge.

L'une des plus belles randonnées d'Islande, mais aussi l'une des plus ardues, part du Snæfell pour rejoindre le district de Lónsöræfi dans le Sud-Est. Parcouru généralement en 3 à 5 jours, l'itinéraire de 45 km part du refuge du Snæfell, traverse le glacier Eyjabakkajökull (un bras du Vatnajökull), passe par les refuges de Geldingafell, Egilssel et Múlaskáli avant de rejoindre la côte à Stafafell.

Cette randonnée, destinée aux marcheurs expérimentés, n'est pas à prendre à la légère. Munissez-vous d'un GPS. L'emploi d'une corde, de crampons et d'un piolet doit être familier à quiconque souhaite traverser le glacier. Si vous doutez de vos capacités, optez pour une excursion guidée avec une agence comme **Icelandic Mountain Guides** (IMG ; ☎587 9999 ; www.mountainguides.is). Celle-ci propose un circuit de 4 jours et 50 km à travers le Lónsöræfi (139 900 ISK), intitulé “Dans l'ombre du Vatnajökull”, mais il part des terres humides de l'Eyjabakkar à l'est du Snæfell et évite la traversée du glacier.

Refuge du Snæfell REFUGE €

(Snæfellsskáli ; ☎842 4367 ; snaefellsstofa@vjp.is ; N 64°48.223', O 15°38.479' ; emp/dort 1 700/6 500 ISK par pers). Ce refuge géré par le parc national peut accueillir 45 personnes. Doté d'un camping, d'une cuisine et de douches, il n'est accessible qu'en 4x4. Des *rangers* sont présents en été.

FJORDS DE L'EST

Les fjords sont les joyaux de l'est de l'Islande. Malgré un (relativement) bon réseau routier et l'activité générée par l'usine Alcoa, ils semblent toujours en marge du monde – un sentiment renforcé par les hautes montagnes qui les encadrent et la présence de minuscules hameaux de pêcheurs.

La région est sillonnée de magnifiques parcours de randonnée. Des caps isolés peuvent être rejoints en kayak et des milliers d'oiseaux marins nichent dans les falaises. Difficile de déterminer lequel des fjords est le plus beau : Borgarfjörður avec ses falaises en rhyolite, d'aspect irréel, et ses parcours de randonnée bien balisés ; Seyðisfjörður, avec son atmosphère bohème et enjouée ; Mjóifjörður et ses nombreuses cascades ; ou Neskaupstaður, qui reçoit régulièrement la visite de baleines. Vous vous ferez votre opinion.

Certaines petites villes pourraient bien se développer à l'avenir, à la suite de la déviation de la route circulaire par Reyðarfjörður, Fáskrúðsfjörður et Stöðvarfjörður.

Borgarfjörður Eystri

110 HABITANTS

Ce minuscule village (prononcé "bor-gar-vjeur-zur éstré") a l'atout d'un cadre époustouflant, entre pics de rhyolite déchiquetés d'un côté et les spectaculaires monts Dyrfjöll de l'autre. Un réseau de sentiers balisés sillonne la région, propice à de sublimes randonnées. S'il n'y a pas grand-chose à voir dans le village (également connu sous le nom, moins courant, de Bakkagerði), les sculptures en bois flotté, les elfes cachés et les cris des oiseaux de mer lui confèrent une magie propre. C'est également l'un des endroits les plus accessibles du pays pour observer des macareux pendant la nidification.

Pour des informations locales, consultez le site www.borgarfjordureystri.is.

À voir

Hafnarhólmi ÎLE

(www.puffins.is). À 5 km du village se trouve le pittoresque petit port et îlot de Hafnarhólmi, peuplé d'une importante **colonie de macareux**. Un escalier et des plateformes d'observation permettent d'approcher ces jolies créatures pataudes et d'autres oiseaux de mer. Les macareux, qui arrivent mi-avril, repartent au début ou au milieu du mois d'août. D'autres espèces (dont des mouettes tridactyles, des fulmars, ainsi que des eiders communs) s'attardent davantage.

Bakkagerðiskirkja ÉGLISE

Jóhannes Sveinsson Kjarval (1885-1972), l'un des grands peintres islandais, a grandi près d'ici et s'est beaucoup inspiré de Borgarfjörður Eystri et ses environs. Au-dessus de l'autel de la petite église, une peinture insolite signée de sa main représente le Sermon sur la montagne et

HORS DES SENTIERS BATTUS

RANDONNER DANS LES MONTS DYRFJÖLL

Les monts Dyrfjöll forment un massif spectaculaire. Ils s'élèvent abruptement jusqu'à 1 136 m d'altitude, entre les plaines marécageuses de Héraðssandur et de Borgarfjörður Eystri. Dyrfjöll signifie "porte de la montagne". Le massif doit son nom à l'énorme entaille dans le sommet le plus élevé.

De nombreux sentiers traversent le massif, où l'on peut randonner à la journée depuis Borgarfjörður Eystri. **Stórurð**, oasis parsemée d'énormes rochers, est un paradis pour les randonneurs.

Procurez-vous la carte *Borgarfjörður Eystri & Víknaslóðir Hiking Map – Trails of the Deserted Inlets* (1 000 ISK), qui vous aidera à planifier vos itinéraires. Si vous avez besoin d'un guide ou d'un transfert au point de départ d'un sentier, contactez Travel East Iceland (p. 355), basé à côté de l'hôtel Álfheimar (p. 356), à Borgarfjörður Eystri.

Des organismes proposent des randonnées guidées à la journée aux monts Dyrfjöll et à Stórurð, au départ d'Egilsstaðir. Vous pourrez contacter notamment Wild Boys (p. 348).

Les points de départ des sentiers jalonnent la route 94 en direction de Borgarfjörður Eystri, ou se trouvent dans le village de Borgarfjörður Eystri.

s'adresse directement au village : Jésus prêche depuis l'Álfaborg, avec le mont Dyrfjöll en arrière-plan.

Álfaborg RÉSERVE NATURELLE

L'Álfaborg (rocher des Elfes), un petit tertre classé réserve naturelle près du camping (voir ci-contre), est le "*borg*" qui a donné son nom à Borgarfjörður Eystri. Certains habitants croient que la reine des elfes islandais vit ici. Du sommet, la vue sur les champs est fabuleuse.

Lindarbakki MAISON REMARQUABLE

Impossible de manquer la maison la plus photogénique du village. D'un rouge vif, la Lindarbakki (1899) est une adorable demeure couverte d'herbe verte touffue, sur laquelle n'apparaissent que quelques fenêtres et une paire de bois de rennes. Cette résidence privée est fermée au public, mais un intéressant panneau informatif relate son histoire.

Activités

De nombreux sentiers bien balisés sillonnent les environs de Borgarfjörður – des balades faciles d'une heure ou randonnées ardues en montagne. Procurez-vous la carte *Borgarfjörður Eystri & Víknaslóðir Hiking Map – Trails of the Deserted Inlets* (1 000 ISK), disponible dans divers points de vente en ville et dans les centres des visiteurs d'Egilsstaðir.

Le site Internet du Touring Club of Fljótsdalshérað (www.ferdaf.is) fournit abondance d'informations sur les parcours. Un programme de randonnées est organisé en été ; les participants extérieurs sont les bienvenus.

Plusieurs agences proposent des randonnées guidées à la journée ou sur plusieurs jours ; la plupart gèrent le transfert depuis Egilsstaðir. Contactez **Travel East Iceland** (☎471 3060 ; www.traveleast.is), la Borg Guesthouse (ci-contre) ou Wild Boys (p. 348).

Musterið Spa SPA

(☎861 1792 ; www.blabjorg.com ; adulte/enfant 3 000/1 000 ISK ; ⊙15h-22h ou sur rdv). Au rez-de-chaussée de la Blábjörg Guesthouse, ce spa comporte des Jacuzzis et des saunas intérieurs et extérieurs (les plus courageux pourront plonger dans l'océan). Idéal pour se détendre après une randonnée. Gratuit pour les résidents de la Blábjörg Guesthouse.

VAUT LE DÉTOUR

HÚSEY

Pour rejoindre la **ferme équestre de Húsey** (☎471 3010 ; www.huseyfarm.is ; 2/4 heures 9 000/19 365 ISK), vous devrez couvrir un long et beau trajet de 30 km depuis la route circulaire sur les mauvaises routes 925 et 926, non asphaltées, qui suivent le fleuve Jökulsá á Brú (en tout 60 km depuis Egilsstaðir). On s'aventure jusqu'à cette ferme isolée pour observer les oiseaux en randonnant en bord de mer et voir les phoques qui s'ébattent. Húsey (prononcé "hou-say") propose une expérience unique : des randonnées à cheval d'observation des phoques. Les excursions de 2 heures (9 000 ISK) partent tous les jours à 10h et 17h. Il est indispensable de réserver. Vous ne regretterez pas de séjourner plusieurs jours à l'**auberge de jeunesse HI de Húsey** (☎471 3010 ; www.huseyfarm.is ; dort/d sans sdb 5 300/11 100 ISK ; ⊙mi-mars à mi-nov ; 📶👪), une petite auberge conviviale et sans prétention. Apportez vos provisions – le supermarché le plus proche est à Egilsstaðir.

Fêtes et festivals

Bræðslan MUSIQUE

(www.facebook.com/braedslan ; ⊙fin juil). Organisé dans une ancienne conserverie de harengs tout un week-end fin juillet, le Bræðslan est l'un des meilleurs festivals musicaux de l'été. Il est réputé pour sa programmation de qualité et son ambiance intime. Des célébrités locales (et quelques stars internationales) s'y produisent chaque année.

Où se loger

Borg Guesthouse GUESTHOUSE €

(☎894 4470, 472 9870 ; gistingborg@simnet.is ; s/d/tr sans sdb 11 000/18 000/23 000 ISK ; 📶). Une adresse fiable et économique. Chambres vieillottes mais correctes, cuisine et salon. Petit-déjeuner à 1 250 ISK. Options duvet intéressantes (d sans draps 14 000 ISK). Possibilité d'organiser randonnées, circuits guidés et transferts de bagages.

Camping CAMPING €
(Empl 1 500 ISK/pers ; mi-mai à mi-oct). Ce camping bien entretenu comporte une cuisine, une machine à laver et des douches.

Blábjörg Guesthouse GUESTHOUSE €€
(861 1792 ; www.blabjorg.com ; s/d sans sdb à partir de 12 500/16 200 ISK avec petit-déj ;). Cette pension impeccable ouverte toute l'année occupe une ancienne conserverie de poisson habilement transformée. Il y a 11 chambres d'un blanc immaculé (supplément pour la vue sur l'océan), une cuisine et un salon. Quelques très beaux studios et appartements familiaux (à partir de 38 600 ISK). Atouts de taille : le spa Musterið, au rez-de-chaussée, gratuit pour les hôtes, et le nouveau café-bar.

Álfheimar HÔTEL €€
(471 2010 ; www.alfheimar.com ; s/d/f avec petit-déj 22 200/28 900/40 800 ISK ; avr-oct ;). L'Álfheimar loue 32 chambres de style motel dans de longues annexes (les seules du village avec salle de bains privative). Si les chambres lambrissées ont plus de charme que celles du nouveau bâtiment, toutes sont très propres et bien équipées. Les aimables propriétaires connaissent parfaitement la région ; ils font partie de Travel East Iceland (p. 355) et organisent des circuits de randonnée.

Le **restaurant** (4 800/6 200 ISK pour 2/3 plats ; 19h-21h) est ouvert à tous et approvisionné par les pêcheurs et agriculteurs du fjord.

DRÔLE DE BUVETTE

À mi-chemin entre Egilsstaðir et Borgarfjörður, sur la route 94, on découvre une curiosité : une cabane vert vif au milieu de nulle part, abritant un distributeur de boissons réfrigérées fonctionnant à l'énergie solaire. S'il est éteint, mettez l'interrupteur sur "*on*" (ce n'est pas une plaisanterie), attendez 2 minutes (profitez-en pour signer le livre d'or), puis choisissez une boisson ou un en-cas. Notez que vous aurez besoin de pièces islandaises.

Où se restaurer

Búðin ÉPICERIE €
(895 0176 ; www.facebook.com/Búðin-Borgarfirði-2116285045256048 ; Bakkagerði ; 12h-18h30 lun-ven 12h-15h30 sam). Après une belle mobilisation des villageois, Borgarfjörður est de nouveau doté de sa petite épicerie (le supermarché local avait fermé en 2017), où vous trouverez aussi des informations touristiques.

Frystiklefinn INTERNATIONAL €€
(846 0085 ; www.blabjorg.com ; plats 1 690-3 200 ISK ; 12h-22h mai-sept, horaires réduits en hiver ;). Le nouveau café-bar de la Blábjörg Guesthouse est un espace accueillant, élégant et aéré. La carte est courte mais intéressante, allant du *plokkfiskur* (gratin de poisson traditionnel) au burger de poulet, sans oublier les plats du jour et d'appétissants desserts. Si vous visitez Borgarfjörður Eystri en hiver, renseignez-vous sur ses horaires, car il s'agira sans doute du seul restaurant ouvert.

Já Sæll Fjarðarborg ISLANDAIS €€
(472 9920 ; repas 1 500-3 700 ISK ; 11h30-minuit juin-août ;). Ce restaurant installé dans le Fjarðarborg (centre communal) affiche une carte simple et un décor quelconque, mais se prête à manger un burger ou des côtes d'agneau et à boire une bière en compagnie des habitants. Concerts hebdomadaires en été.

Depuis/vers Borgarfjörður Eystri

Le village se trouve à 70 km d'Egilsstaðir sur la route 94, dont la moitié est goudronnée (praticable avec une voiture ordinaire en été). La route serpente abruptement dans les monts Dyrfjöll avant de descendre vers la côte.

Il y a une pompe à essence installée à l'entrée du village. Toute l'année, en semaine, un **bus** (894 8305 ; www.svaust.is ; 1 800 ISK ; 1 heure) circule entre le centre communal de Fjarðarborg (départ à 8h) et Egilsstaðir (départ du camping d'Egilsstaðir à 12h).

Seyðisfjörður

650 HABITANTS

Si vous ne visitez qu'un seul village dans les fjords de l'Est, choisissez celui-là. Tout en maisons de bois colorées et fort de son cadre de montagnes enneigées et de cascades, Seyðisfjörður (prononcé "sé-zis-vjeurzur")

RANDONNÉE DE BORGARFJÖRÐUR À SEYÐISFJÖRÐUR

Belle, sauvage et inexplorée, la campagne accidentée entre Borgarfjörður et Seyðisfjörður réserve l'une des plus belles randonnées de plusieurs jours dans la région.

Pour préparer votre itinéraire, procurez-vous *Borgarfjörður Eystri & Víknaslóðir Hiking Map – Trails of the Deserted Inlets* (1 000 ISK). Contactez Travel East Iceland (p. 355) ou Wild Boys (p. 348) si vous avez besoin d'un guide. Pour des renseignements sur les refuges le long de cet itinéraire, consultez le site www.ferdaf.is.

L'été, Icelandic Mountain Guides (www.mountainguides.is) propose cette randonnée en 6 jours, guidée ou non, sous le nom de "Hiking at the End of the World" ("Randonnée au bout du monde") ; ils prennent en charge les transferts et la réservation des refuges.

Jour 1 : Partez de Kolbeinsfjara, à 4 km de Borgarfjörður Eystri, et pénétrez dans les montagnes par le col de Brúnavíkurskarð (chemin n°19 sur la carte). Tournez vers le sud (chemin n°21) à hauteur du refuge d'urgence de Brúnavík, puis dépassez le beau mont Kerlingarfjall. Après 5 ou 6 heures de marche (12,5 km), installez-vous pour la nuit dans la ferme-camping à Breiðavík.

Jour 2 : Préparez-vous à 5 heures de marche spectaculaire (13,5 km sur le chemin n°30). Vous traversez d'abord les prés au pied du Hvítafjall, avant de rejoindre la piste de 4x4 courant vers le sud jusqu'au refuge de Húsavík, où vous passerez la deuxième nuit. Le secteur entre Breiðavík et Húsavík est hanté par le "peuple caché" – le shérif elfe vit à Sólarfjall et l'évêque elfe à Blábjörg, plus au sud le long du littoral.

Jour 3 : Suivez le chemin n°37 sur 14 km (5 heures de marche) pour rejoindre la côte au niveau du paisible Loðmundarfjörður. La piste de 4x4 s'achève au refuge de Klyppstaður, sur le delta de la Norðdalsá, au fond du fjord.

Jour 4 : Le dernier jour vous mènera sur plus de 12 km du Loðmundarfjörður au Seyðisfjörður (chemin n°14). Au sommet du col, un registre est signé par les randonneurs. Le grondement des cascades accompagne la descente dans le Seyðisfjörður.

est incroyablement pittoresque. C'est la localité la plus intéressante de la région, tant sur le plan historique qu'architectural. Il s'agit de surcroît d'un endroit accueillant, cher aux artistes, artisans et étudiants étrangers.

Par beau temps, le trajet le long de la route 93 à partir d'Egilsstaðir est superbe : vous monterez jusqu'à un haut col, avant de redescendre en suivant la rivière Fjarðará, jalonnée de cascades.

L'été est la saison la plus animée, surtout quand le ferry de Smyril Line remonte majestueusement le fjord sur 17 km jusqu'au village – c'est une façon magique d'arriver en Islande. À cette saison, vous préférerez peut-être éviter Seyðisfjörður le mercredi soir, car le ferry à destination de l'Europe continentale part le jeudi matin. Les hôtels et les restaurants sont bondés. Si vous prenez le bateau, réservez votre hébergement dès que possible.

Histoire

Seyðisfjörður fut fondé en tant que centre marchand en 1848. Il prospéra plus tard grâce à "l'argent de la mer", le hareng. Son long fjord protégé l'avantageait par rapport aux autres villages de pêcheurs, et il devint la plus grande et la plus prospère localité de l'est de l'Islande. La plupart de ses édifices en bois furent construits par des marchands norvégiens, attirés par l'industrie du hareng.

Durant la Seconde Guerre mondiale, Seyðisfjörður servit de base aux forces britanniques et américaines. Le village n'essuya qu'une seule attaque, le bombardement d'un pétrolier (*El Grillo*) par 3 avions allemands. Les bombes manquèrent leur cible, mais l'une d'elles explosa si près du fjord que le bateau coula – il repose toujours au fond et constitue un bon site de plongée.

Les versants escarpés de la vallée de Seyðisfjörður la rendent sujette aux avalanches. En 1885, une avalanche dévala du Bjólfur, tuant 24 personnes et entraînant plusieurs maisons directement dans le fjord. En 1996, une avalanche détruisit une usine, sans faire de victime.

Le 18 décembre 2020, après des pluies diluviennes, c'est un gigantesque glissement de terrain qui s'est abattu sur le village et a détruit ou endommagé une trentaine de maisons (là encore sans faire de victime,

Seyðisfjörður

Seyðisfjörður

Les incontournables
1 Rainbow Street A3

À voir
2 Mémorial des avalanches A3
3 Bláa Kirkjan A3
4 Skaftfell – Center for Visual Art C3

Activités
5 Austursigling C2
6 Hlynur Oddsson B3
7 Sea Fishing Seyðisfjörður C2
8 Seyðisfjörður Tours A3
9 Sundhöll Seyðisfjarðar B4

Où se loger
10 Camping A3
11 Hafaldan Harbour Hostel A1
12 Hafaldan Old Hospital Hostel B4
13 Hótel Aldan B3
14 Hótel Aldan (Old Bank) A3
15 Hótel Aldan (Snæfell) B3
16 Seyðisfjörður Guesthouse C3
17 Við Lónið A3

Où se restaurer
18 Kjörbúðin B4
Norð Austur Sushi & Bar .... (voir 13)
Nordic Restaurant .... (voir 13)
19 Skaftfell Bistro C3

Où prendre un verre et faire la fête
20 Kaffi Lára – El Grilló Bar A3

Où sortir
Concerts d'été à la Bláa Kirkjan ..... (voir 3)

Achats
21 Vínbúðin C3

miraculeusement). Un phénomène qui pourrait se multiplier en Islande avec le dérèglement climatique.

À voir

Seyðisfjörður compte maints bâtiments en bois du XIXe siècle, apportés en kit de Norvège ; plusieurs ont été transformés en ateliers d'artisan. Un rapide parcours dans le village vous donnera à découvrir des boutiques vendant des œuvres d'art, de l'artisanat, des lainages ou des articles de décoration design. La galerie installée au-dessus du bistrot-centre culturel Skaftfell mérite une visite.

Rainbow Street RUE

(Norðurgata). Avec son arc-en-ciel peint sur le sol qui se déroule jusqu'à la charmante église bleue de Seyðisfjörður, cette rue est particulièrement photogénique. Elle figure d'ailleurs dans de nombreuses publicités.

Bláa Kirkjan ÉGLISE

(Église bleue ; www.blaakirkjan.is ; Bjólfsgata 10). Star de nombreuses photos de vacances, la belle "Église bleue" se détache sur un paysage de montagnes. Souvent fermée, elle ouvre ses portes chaque semaine en été pour des concerts (p. 361).

Tvisöngur SCULPTURE

En 15-20 minutes de montée, une balade particulièrement appréciée mène du parking, au sud de Tækniminjasafn Austurlands, jusqu'à la "sculpture sonore" Tvísöngur, installation en béton de l'artiste allemand Lukas Kühne. Elle est composée de 5 dômes communicants, de tailles différentes, chacun produisant un son différent.

Mémorial des avalanches MONUMENT

(Ránargata). Ce monument élevé près de l'église a été réalisé avec les poutres tordues d'une usine détruite par l'avalanche de 1996. Les poutres ont été peintes en blanc et érigées telles qu'elles avaient été trouvées.

Skaftfell – Center for Visual Art GALERIE D'ART

(472 1632 ; www.skaftfell.is ; Austurvegur 42 ; 12h-18h juin-août, horaires variables sept-mai). Au-dessus du Skaftfell Bistro (p. 361), ce centre d'art contemporain mérite le détour. Au programme ici : expositions et autres événements, ateliers et résidences d'artistes. Plus d'informations sur le site.

Activités

De courts sentiers montent du secteur du musée jusqu'aux cascades et à la "sculpture sonore" de **Tvísöngur**, avec ses 5 dômes en béton communicants. Une autre petite marche mène de la route à la rive nord du fjord (à 6 km de la Bláa Kirkjan) et au **Dvergasteinn** (rocher des Nains) ; selon la légende, il s'agirait d'une église de nains qui se serait déplacée de l'autre côté du fjord pour suivre l'église des hommes.

Les collines qui surplombent Seyðisfjörður se prêtent à une randonnée plus longue. **Vestdalur**, une vallée herbeuse au nord du village, est renommée pour ses cascades. Le départ se situe juste avant les chalets de Langahlið. En longeant la rivière Vestdalsá pendant 2 ou 3 heures, vous arriverez au **Vestdalsvatn**, un petit lac gelé la majeure partie de l'année (généralement recouvert de neige jusqu'en juillet).

Les chemins sont indiqués sur la carte *Borgarfjörður Eystri & Víknaslóðir Hiking Map – Trails of the Deserted Inlets* (1 000 ISK), en vente partout ; le site Internet www.visitseydisfjordur.com présente de beaux itinéraires, dont le circuit "Seven Peaks Hike" (qui gravit 7 sommets à plus de 1 000 m autour du village).

Domaine skiable de Stafdalur SKI

(www.stafdalur.is ; 17h-20h mar-ven, 11h-16h sam, 10h-16h dim déc-mai). De décembre à mai, on peut pratiquer le ski alpin ou nordique (location de matériel sur place) à Stafdalur, à 9 km de Seyðisfjörður sur la route d'Egilsstaðir. La fréquentation est maximale le week-end. Les horaires varient selon la météo. Renseignez-vous à l'office du tourisme (p. 361).

Sundhöll Seyðisfjarðar PISCINE, HOT POT

(Suðurgata 5 ; adulte/enfant 950/300 ISK ; 7h-11h et 15h-20h lun-ven, 13h-16h sam juin-août, horaires réduits sept-mai). Une piscine couverte, avec sauna et *hot pots*.

Circuits organisés

Seyðisfjörður Tours CIRCUITS

(785 4737 ; www.seydisfjordurtours.com ; Norðurgata 6 ; juin-mi-sept). Centrale et sympathique, cette agence propose des locations de vélo et des randonnées guidées dans la ville et alentour, de longueurs variables ("Histoires de Seyðisfjörður" 1 heure 15, 4 500 ISK ; randonnée facile de 2 heures

6 000 ISK). Organisation de circuits à vélo et de sorties en mer personnalisés.

Hlynur Oddsson KAYAK
(☎865 3741 ; hlynur@hotmail.de ; Austurvegur 15b ; ⏲juin-août). Pour une expérience mémorable, contactez le sympatique Hlynur, qui passe l'été dans le village et met sur pied des itinéraires sur mesure – comme différents circuits dans le fjord (de 1 à 6 heures), avec visite d'une épave ou de cascades (4 000 ISK l'heure, 8 000 ISK les 3 heures). Les kayakistes chevronnés préféreront des circuits plus longs (25 000 ISK/jour, 2 pers minimum).

Sea Fishing Seyðisfjörður BATEAU, PÊCHE
(☎785 4737 ; www.seydisfjordurtours.com ; 1 heure 30 000 ISK ; ⏲juin-août, sept sur demande). Depuis le petit port, Halli, un pêcheur expérimenté, emmène jusqu'à 7 personnes à bord de son bateau. Au programme : pêche ou visite guidée du fjord. Il est possible d'aller jusqu'au Loðmundarfjörður voisin. Sorties de 1 heure minimum – 2 heures permettent d'en profiter davantage. Réservez auprès de Seyðisfjörður Tours. Notez que votre prise pourra être cuisinée au Nordic Restaurant (p. 361).

Austursigling BATEAU
(☎899 2409 ; www.facebook.com/austursigling). Depuis l'embarcadère situé près d'Austurvegur, Beggi emmène des visiteurs sur son bateau de 12 places. La sortie standard dure 3 heures (la durée peut être facilement allongée ou raccourcie) et peut s'organiser autour de différents thèmes : pêche à la ligne en mer, observation des oiseaux, du coucher du soleil ou des aurores boréales (en hiver). Contactez Beggi pour l'organisation ; le prix varie selon le nombre de passagers et la durée de l'excursion (15 000 ISK/heure minimum pour un petit groupe).

Où se loger

Les logements du village sont de très bonne qualité. Réservez longtemps à l'avance pour le mercredi soir en été (le ferry part pour l'Europe continentale le jeudi matin).

♥ **Hafaldan Old Hospital Hostel** AUBERGE DE JEUNESSE €
(☎611 4410 ; hafaldan.is ; Suðurgata 8 ; dort 5 400 ISK, d avec/sans sdb 16 300/14 700 ISK ; ⏲avr à mi-sept ; 📶👪). Excellent logement pour les voyageurs à petit budget, l'auberge HI de Seyðisfjörður occupe 2 sites : le Harbour Hostel, un peu en dehors du village, et l'Old Hospital Hostel, plus central, qui abrite la réception, des dortoirs, quelques chambres avec salle de bains, un spa au sous-sol (agréables bains et sauna) et une belle cuisine-salle à manger. Draps inclus dans le prix.

Hafaldan Harbour Hostel AUBERGE DE JEUNESSE €
(☎611 4410 ; hafaldan.is ; Ránargata 9 ; dort/d/qua sans sdb 5 400/12 930/23 100 ISK ; ⏲avr-oct ; 📶👪). Une salle à manger et un salon confortables, forts d'une belle vue : tels sont les atouts majeurs du Harbour Hostel, près de la Bláa Kirkjan (p. 359). Les chambres aux murs trop fins sont petites et banales mais plaisantes. Salles de bains partagées. Draps inclus dans le prix.

Camping CAMPING €
(Ránargata 5 ; empl 2 000 ISK/pers ; ⏲mai-sept ; 📶). Ce camping est réparti entre 2 secteurs : l'un protégé et herbeux pour les tentes, en face de la Bláa Kirkjan ; l'autre, à proximité, destiné aux camping-cars. Cuisine, douches et buanderie.

♥ **Hótel Aldan** HÔTEL €€
(☎472 1277 ; www.hotelaldan.com ; Norðurgata 2 ; 📶👪). Ce superbe hôtel occupe 3 vieux bâtiments en bois. La réception et le bar-restaurant (où on sert le petit-déjeuner) sont dans le Norðurgata. Les chambres sont dans le Snæfell et l'Old Bank. Renseignez-vous sur les appartements du bâtiment central (à partir de 35 000 ISK) avec cuisine équipée et lave-linge ; ils sont vastes (2 ou 3 chambres) et arborent un style rétro.

➡ **Hótel Aldan (Snæfell)** HÔTEL €€
(☎472 1277 ; www.hotelaldan.com ; Austurvegur 3 ; s/d avec petit-déj à partir de 14 300/18 000 ISK ; 📶👪). L'hôtel Snæfell, suranné et plein de cachet, abrite, sur 3 niveaux, des chambres à prix doux, peintes en blanc et dotées de couvre-lits indiens. Suites familiales au rez-de-chaussée (à partir de 32 000 ISK).

➡ **Hótel Aldan (Old Bank)** HÔTEL €€€
(☎472 1277 ; www.hotelaldan.com ; Oddagata 6 ; d avec petit-déj à partir de 33 900 ISK ; 📶). Une pension de charme à l'ambiance raffinée, avec mobilier ancien.

Við Lónið GUESTHOUSE €€
(☎899 9429 ; vidlonidguesthouse.com ; Norðurgata 8 ; ch à partir de 24 000 ISK ; 📶). “Au bord du lagon” est une nouvelle pension décorée dans un style minimaliste nordique. Une

rénovation très contemporaine a transformé la maison en kit de 1907 en une belle demeure noire renfermant 8 chambres, au centre du village. Les meilleures chambres ont un balcon et vue sur le lagon.

Seyðisfjörður Guesthouse GUESTHOUSE €€
(☎898 6242 ; seydisfjordurguesthouse.is ; Hafnargata 4 ; d avec/sans sdb à partir de 25 000/22 000 ISK ;). Plus qu'une auberge de jeunesse, cet établissement, installé dans un ancien bureau de poste, est une excellente pension aux chambres agréables et rénovées, dont certaines adaptées aux familles (avec lits superposés pour les enfants), une belle cuisine et une laverie.

Langahlið CHALETS €€€
(☎897 1524 ; www.langahlid.com ; chalets couchages 4/6 pers à partir de 32 300/37 400 ISK ;). Réservez dès que possible les confortables chalets de 3 chambres, qui peuvent accueillir jusqu'à 6 personnes. Ils ont une cuisine et un salon, et sont prolongés par une terrasse en bois avec *hot tub* et barbecue, forte d'une vue splendide. À 2 km au nord de l'Hótel Aldan. Les sympathiques propriétaires italiens sont aux petits soins ; n'hésitez pas à rester 2 nuits !

Où se restaurer et prendre un verre

Kjörbúðin SUPERMARCHÉ €
(Vesturvegur 1 ; ⏲9h-18h lun-jeu, ven 9h-19h, 10h-17h sam, 12h-17h dim). Pour faire vos provisions. Distributeur de billets à l'extérieur.

Norð Austur Sushi & Bar SUSHIS €€
(☎787 4000 ; www.nordaustur.is ; 2 ét., Norðurgata 2 ; plats 690-2 190 ISK, makis 2 190-2 690 ISK ; ⏲17h-22h mer-dim, juin-déb sept). Les habitants adorent cet endroit, et on les comprend. Le saumon, la truite et l'omble passent directement des bateaux de pêche aux mains de chefs *es*-sushis accomplis, venus de différents pays. Menus dégustation d'un bon rapport qualité/prix (5/7 plats 6 800/10 000 ISK). Le décor est aussi tendance que les cocktails et le saké. Réservation conseillée.

Skaftfell Bistro INTERNATIONAL €€
(☎472 1633 ; skaftfell.is/en/bistro ; Austurvegur 42 ; pizzas 1 600-3 500 ISK ; ⏲15h-22h ;). Ce fabuleux bistrot-bar culturel est parfait pour se détendre, prendre un repas rapide et rencontrer les habitants et les artistes locaux. À la courte carte, qui change chaque semaine, s'ajoutent des pizzas (dont une au renne et une autre aux langoustines). Intéressantes expositions dans la galerie (p. 359), à l'étage. La cuisine ferme à 21h. Réservez pour manger en groupe.

Nordic Restaurant ISLANDAIS €€
(☎472 1277 ; www.hotelaldan.is ; Norðurgata 2 ; déj 1 250-2 650 ISK, plats dîner 2 900-4 600 ISK ; ⏲12h-21h). Dans le bâtiment de la réception de l'Hótel Aldan, ce restaurant au chic rustique sert café et gâteaux toute la journée. Salades (par exemple au fromage de chèvre), burgers et frites au déjeuner. Le soir, des chandelles embellissent les tables et la carte mise sur les plats islandais traditionnels (agneau, renne, poisson), préparés avec une touche de modernité. Réservation conseillée.

Kaffi Lára – El Grilló Bar BAR
(☎472 1703 ; www.facebook.com/kaffilara ; Norðurgata 3 ; ⏲11h-1h30 dim-jeu, 11h30-3h30 ven-sam ;). Si vous ne pouvez obtenir une table ailleurs dans le village, vous trouverez sans doute une place dans cet accueillant café-bar sur 2 niveaux. Les grillades sont simples et goûteuses, et il y a plus de 20 sortes de bières islandaises. Goûtez à l'El Grillo, brassée selon une recette à l'histoire fascinante (elle porte le nom du pétrolier britannique gisant au fond du fjord).

Vínbúðin VINS ET SPIRITUEUX
(Hafnargata 4a ; ⏲16h-18h lun-jeu, 13h-18h ven). Chaîne d'État.

Où sortir

Concerts d'été à la Bláa Kirkjan MUSIQUE LIVE
(www.blaakirkjan.is ; Bjólfsgata 10 ; adulte/enfant 3 000 ISK/gratuit ; ⏲20h30 mer juil à mi-août). Le mercredi soir de juillet à mi-août, la jolie Église bleue (p. 359) accueille des concerts de jazz, de musique classique ou de folk ; consultez la programmation sur le site. Si vous partez un jeudi par le ferry, c'est une belle façon de conclure un séjour islandais !

Renseignements

Il y a un distributeur automatique de billets (DAB) devant le supermarché.

Le site Internet www.visitseydisfjordur.com est excellent.

Au terminal des ferrys, l'**office du tourisme** (☎472 1551 ; www.visitseydisfjordur.com ;

BECKI SCOTT/GETTY IMAGES ©

1. Chiens de traîneau 2. Domaine skiable de Hlíðarfjall (p. 306)
3. Grotte de glace dans le Gígjökull (p. 169) 4. Skógafoss (p. 158)

2

DARIA MEDVEDEVA/SHUTTERSTOCK ©

4

ARCTIC-IMAGES/GETTY IMAGES ©

Tourisme hivernal

Aurores boréales, nature à l'état brut, cadence soutenue de courtes journées : l'Islande séduit de plus en plus de visiteurs en hiver ! D'autant que, malgré une affluence accrue, la saison hivernale ne connaît pas les foules de l'été.

Au départ de Reykjavík

Malgré la brièveté des heures diurnes, la vie suit son cours dans la capitale. Les activités extérieures abondent, entre cascades gelées, monts enneigés, patin à glace, ski, raquettes... En hiver, les agences locales garantiront votre sécurité et les excursions à la journée depuis Reykjavík (p. 52) sont recommandées.

Ski et sports d'hiver

Bláfjoll, près de Reykjavík, attire les skieurs de novembre à avril, mais c'est dans le nord du pays que se rendent les vrais passionnés. Dans la région d'Akureyri, Hlíðarfjall est le plus grand domaine skiable d'Islande (p. 306). Encore plus au nord, on trouve de plus petites stations et la péninsule de Tröllaskagi, qui se prête à l'héliski (p. 292). Faites coïncider votre séjour avec les Iceland Winter Games, organisés fin mars à Akureyri (p. 24).

Grottes de glace

En hiver, les grottes de glace du Sud-Est se parent d'une beauté irréelle. Certaines se visitent de novembre à mars, généralement aux abords des glaciers, et en compagnie d'un guide. Des agences locales partent de plusieurs endroits entre le Skaftafell et Höfn. Le bleu dont se teintent parfois les paysages participe du charme de l'hiver.

Raquettes et chiens de traîneau

L'Islande se prête toute l'année aux balades en motoneige, à l'escalade, à la randonnée sur les glaciers et aux sorties en traîneau à chiens. Pour un surcroît de magie, direction Mývatn pour des circuits en raquettes, du ski nordique et d'autres périples, en motoneige sur lac gelé ou en traîneau attelé dans les collines.

Ferjuleira 1 ; ⌚9h-17h lun-ven mai-sept, 13h-17h lun-ven oct-avr) propose des brochures sur la région et des renseignements sur l'ensemble du pays. Ouvre aussi le mardi matin en hiver (8h-12h), lorsque le ferry de Smyril Lines est à quai, ou qu'arrive un bateau de croisière.

ℹ Depuis/vers Seyðisfjörður

BATEAU

Le car-ferry *Norröna* de **Smyril Line** (☎îles Féroé 298 345900 ; www.smyrilline.com ; Ferjuleira 1) relie chaque semaine, toute l'année, Hirsthals (Danemark) à Seyðisfjörður via Tórshavn (îles Féroé).

De mi-juin à la fin août, le *Norröna* arrive à Seyðisfjörður le jeudi à 8h30 ; il en repart pour la Scandinavie 2 heures plus tard. Le reste de l'année, il arrive à Seyðisfjörður le mardi à 9h et repart le mercredi à 20h. Des traversées sont également possibles en hiver (selon les conditions météorologiques d'octobre à mars) ; consultez le site Internet.

BUS

SVAust (☎893 2669, 472 1515) assure un service entre Egilsstaðir et Seyðisfjörður (1 080 ISK, environ 45 min) toute l'année, avec 1 à 3 bus/jour du lundi au samedi. Horaires à jour sur le site www.visitseydisfjordur.com.

Le bus prend des passagers au **terminal du ferry** lorsqu'un ferry est à quai ; sinon, le principal arrêt est à côté de la bibliothèque sur **Austurvegur**. À Egilsstaðir, le bus dessert l'aéroport et le camping.

Mjóifjörður

Premier fjord au sud de Seyðisfjörður, Mjóifjörður ("fjord étroit", prononcé "myo-é-vjeur-zur") est flanqué de falaises et de superbes cascades. Avec une voiture ordinaire, vous devrez rouler lentement sur la route qui le dessert (praticable en été uniquement). Une fois arrivé, vous serez entouré de collines verdoyantes parsemées de ruines, et verrez les poissons d'élevage sautant hors de l'eau glacée du fjord. Un bateau de pêche au hareng rouillé, photogénique en diable, est échoué sur la plage.

Réputé pour la cueillette des baies, Mjóifjörður séduit davantage par son calme que son animation : le fjord ne compte que 14 habitants permanents.

Les alentours du Mjóifjörður réservent de belles **randonnées**. Moyennant finances, le personnel du Sólbrekka vous conduira de l'autre côté du fjord, d'où une marche de 4 heures mène à Neskaupstaður ; vous pourrez aussi franchir les montagnes du Nord pour rejoindre Seyðisfjörður au cours d'un trek de 6 ou 7 heures (la meilleure période pour randonner est la fin de l'été, à partir de la mi-juillet, lorsque la neige de haute altitude a enfin fondu).

Depuis le bout du Mjóifjörður, il faut parcourir 12 km pour atteindre **Brekkuþorp** (souvent étiqueté plus petit village d'Islande). La route continue vers l'est sur 14 km jusqu'au **phare de Dalatangi**, plus ancien du pays, qui date de 1895 (à côté, le phare "moderne" de 1908 est toujours en service). Après Brekkuþorp, mieux vaut avoir un 4x4.

Le **Sólbrekka Cafe** (en-cas et sandwichs 350-650 ISK ; ⌚11h-19h juil à mi-août) sert café et en-cas, ainsi que le petit-déjeuner et le dîner si vous y passez la nuit. Prévoyez de faire vos courses à Egilsstaðir ou à Reyðarfjörður.

Sólbrekka GUESTHOUSE, CHALETS **€€**
(☎476 0007 ; mjoifjordur.weebly.com ; chalets sans draps 20 000 ISK ; ⌚pension juil à mi-août, chalets juin-sept). Le Sólbrekka, une ancienne école proche de l'océan, est le seul hébergement du côté nord du Mjóifjörður. Il y a des emplacements de camping (1 400 ISK/pers) et des chambres rudimentaires avec salle de bains commune (s/d 9 850/12 300 ISK), mais les hébergements les plus attrayants sont en haut de la colline. Il s'agit de 2 petits chalets en pin indépendants pouvant loger jusqu'à 6 personnes, un peu à l'étroit (une chambre, une petite mezzanine et un canapé-lit).

ℹ Depuis/vers Mjóifjörður

D'Egilsstaðir, il faut parcourir 30 km pour arriver au bout du Mjóifjörður (via les routes 1 et 953), puis encore 12 km jusqu'à Brekkuþorp. Il n'y a pas de transports publics dans le fjord. La route du Mjóifjörður peut rester impraticable d'octobre à mai ; un bateau dessert alors le fjord 2 fois par semaine au départ de Neskaupstaður.

Reyðarfjörður

1 270 HABITANTS

Reyðarfjörður (prononcé "rè-var-vjeur-vur") n'est pas, loin s'en faut, le plus attrayant des villages des fjords de l'Est. Cette localité relativement récente fut fondée au XXe siècle en tant que port de commerce.

Plus récemment, Reyðarfjörður a fait parler de lui lorsqu'Alcoa a installé une gigantesque fonderie d'aluminium s'étirant sur 2 km le long du fjord, après la ville. Les écologistes ont crié au scandale, mais l'arrivée de travailleurs étrangers a conféré une petite touche internationale à la localité et aux villages voisins. Les emplois générés par Alcoa (environ 450) ont aussi apporté une certaine prospérité à la région, dont témoignent les maisons récemment construites par les nouveaux arrivants.

Ce paysage irréel vous sera peut-être familier : Reyðarfjörður apparaît en effet dans la série britannique *Fortitude* (2015).

À voir

Íslenska Stríðsárasafnið MUSÉE

(stridsarasafn.fjardabyggd.is ; Spítalakampu ; adulte/enfant 1 500 ISK/gratuit ; 13-17h juin-août). Durant le second conflit mondial, quelque 3 000 soldats alliés – soit près de 10 fois la population locale – furent basés à Reyðarfjörður. Au bout de Heiðarvegur, l'excellent (mais cher) musée islandais de la Seconde Guerre mondiale retrace ces années étranges. Le bâtiment, entouré de mines, de Jeeps et d'hélices d'avion, abrite d'autres reliques de la guerre. Des photos et des tableaux donnent un aperçu de l'implication du pays dans le conflit.

Où se loger

Reyðarfjörður HI Hostel AUBERGE DE JEUNESSE €

(Hjá Marlín ; 474 1220, 892 0336 ; www.hostel.is ; Vallargerði 9 ; dort 6 500 ISK, d avec/sans sdb 21 000/15 600 ISK, qua avec sdb 32 000 ISK ;). Marlín, un Belge polyglotte qui habite en Islande depuis plus de 20 ans, est l'hôte chaleureux de cette auberge de jeunesse qui ne cesse de s'agrandir. La maison principale abrite des chambres avec salle de bains, ainsi que la salle du petit-déjeuner (2 000 ISK) ; dans la même rue, une autre grande maison comprend des chambres simples, un barbecue et un sauna. Non loin, dans Austurvegur, un magasin de meubles récemment reconverti compte 12 dortoirs de 4 lits avec salle de bains.

Camping CAMPING €

(Empl 1 500 ISK/pers ; mi-avr à mi-oct). À l'entrée du village sur la route 92, et près d'une mare peuplée de canards, ce camping offre de bons équipements (machine à laver).

Tærgesen GUESTHOUSE €€

(470 5555 ; www.taergesen.com ; Búðargata 4 ; d avec/sans sdb 24 300/16 200 ISK avec petit-déj ;). Le Tærgesen, une pension dotée d'un restaurant au rez-de-chaussée, occupe un bâtiment noir en tôle ondulée de 1870. Ses confortables chambres lambrissées (salles de bains communes) sont ornées de volets blancs. Une nouvelle annexe propose 22 chambres spacieuses de style motel avec salle de bains.

Où se restaurer et prendre un verre

Sesam Brauðhús BOULANGERIE, CAFÉ €

(www.sesam.is ; Hafnargata 1 ; en-cas à partir de 300 ISK ; 7h30-17h lun-ven, 9h-16h sam). Entrez dans cette boulangerie-café et choisissez dans la vitrine remplie de sandwichs, de salades et de pâtisseries.

Supermarché Krónan SUPERMARCHÉ €

(Hafnargata 2 ; 11h-18h lun-jeu, 11h-19h ven, 11h-17h sam, 12h-16h dim). Adresse centrale.

Tærgesen ISLANDAIS €€

(470 5555 ; www.taergesen.com ; Búðargata 4 ; plats 1 690-5 840 ISK ; 10h-22h). Le Tærgesen est renommé pour ses pizzas et sa copieuse cuisine traditionnelle – du sandwich au steak à la truite frite au beurre.

Le Kaffi Kósý voisin est géré par la même équipe. Ce bar très apprécié des habitants est ouvert les vendredis et samedis soir.

Vínbúðin VINS ET SPIRITEUX

(Hafnargata 2 ; 11h-18h lun-jeu, 11h-19h ven, 11h-16h sam). Chaîne d'État.

Renseignements

Les cartes et les panneaux indiquent parfois Fjarðabyggð – il s'agit de la commune, qui a pour centre Reyðarfjörður et qui englobe les fjords compris entre le Mjóifjörður, au sud, et le Stöðvarfjörður. Le site Internet visitfjardabyggd.is est très bien renseigné.

Depuis/vers Reyðarfjörður

Tous les jours, des bus SVAust (p. 346) relient Reyðarfjörður à Egilsstaðir et aux fjords voisins.

Eskifjörður

1 015 HABITANTS

Cette bourgade accueillante et prospère s'étend dans un repli du Reyðarfjörður. Le cadre est magnifique, face à l'imposant mont Hólmatindur (985 m), qui sort abruptement de l'eau scintillante du fjord.

À voir

Helgustaðanáma — MINE

À l'est d'Eskifjörður, subsistent les vestiges de l'une des plus grandes carrières de spath du monde. Le spath d'Islande (*silfurberg* en islandais) est une variété de calcite cristalline ; ce fut un composant essentiel des premiers microscopes.

Pour rejoindre l'ancienne mine, suivez la route gravillonnée après le Mjóeyri sur 7 km le long de la côte jusqu'à un panneau d'information et des toilettes publiques : la carrière est à 500 m à flanc de montagne (vous devrez monter à pied).

Sjóminjasafn Austurlands — MUSÉE

(Strandgata 39b ; adulte/enfant 1 500 ISK/gratuit ; ⌚13-17h juin-août). Dans l'entrepôt en bois noir "Gamlabuð" de 1816, le Musée maritime de l'est de l'Islande retrace deux siècles de l'industrie régionale du hareng, du requin et de la baleine. Pour plus d'anecdotes, direction Randulffssjóhús (p. 367).

Activités

De nombreux sentiers de randonnée grimpent dans les montagnes voisines, et les itinéraires de trekking sur plusieurs jours ne manquent pas autour des péninsules à l'est d'Eskifjörður – la région connue sous le nom de Gerpir est particulièrement prisée. Lors de nos recherches, il était difficile de se procurer une carte de randonnée sur place ; renseignez-vous. Les propriétaires du Ferðaþjónustan Mjóeyri sauront vous conseiller au sujet des randonnées, guidées notamment, et des activités (ils louent des canots à moteur).

La Semaine de la randonnée, la **"Gönguvikan"**, organisée après le solstice d'été, est un événement majeur dans la région.

♥ Péninsule de Hólmanes — RANDONNÉE

La rive sud de la péninsule de Hólmanes, au pied du pic **Hólmatindur**, est classée réserve naturelle. En la découvrant à pied, vous profiterez de beaux panoramas maritimes et apercevrez peut-être des bancs de dauphins. La randonnée de Hólmaborgi, au sud de la route principale, est très appréciée (1-2 heures).

Oddsskarð — SKI

Si les conditions sont bonnes, il est possible de skier de décembre à avril sur les pentes autour de l'Oddsskarð, le col qui domine la ville. Le site visitfjardabyggd.is fournit des infos actualisées.

Sundlaug Eskifjarðar — PISCINE, HOT POTS

(Eskifjarðarvegur ; adulte/enfant 900/250 ISK ; ⌚6h-21h lun-ven, 10h-18h sam-dim). Une piscine avec toboggans, *hot pots* et sauna ; au bord de la route principale.

Où se loger

Camping — CAMPING €

(Strandgata ; empl 1 200 ISK/pers ; ⌚mi-mai à mi-sept). Un camping simple dans un joli cadre, près de l'entrée de la bourgade.

♥ Ferðaþjónustan Mjóeyri — GUESTHOUSE, CHALETS €€

(☎696 0809, 477 1247 ; www.mjoeyri.is ; Strandgata 120 ; s/d sans sdb 15 400/20 100 ISK, chalets à partir de 31 900 ISK ; 📶👪). Un charmant ensemble de petites maisons traditionnelles (certaines anciennes) à l'extrémité est de la localité, sur une parcelle s'avancant dans l'eau à la pointe d'une petite péninsule – la vue est magnifique. Au choix : chambres d'hôtes dans le bâtiment principal ou chalets confortables, assez grands pour les familles, disséminés sur la propriété. On peut aussi camper ; *hot pot* original, dans un bateau transformé. Une adresse de choix.

Hotel Eskifjörður — HÔTEL €€

(☎476 0099 ; www.hoteleskifjordur.is ; Strandgata 47 ; d 27 000-29 000 ISK ; 📶). Un hôtel élégant et agréable, au centre du village, dans le bâtiment d'une ancienne banque. La décoration fait la part belle aux macareux. Les tarifs varient selon la taille de la chambre et la vue. La chambre la plus chère dispose d'un balcon. Petit-déjeuner à 1 500 ISK.

Où se restaurer et prendre un verre

Il y a peu de restaurants et la plupart n'ouvrent que l'été. L'hiver, vous devrez peut-être vous rendre dans l'une des localités voisines pour faire un repas digne de ce nom. Pour manger sur le pouce, essayez le grill de la station-service. Le restaurant thaïlandais **Hús Fílsins - Ban Chang** (☎476 1150 ; Strandgata 86 ; plats 2 000-2 800 ISK ; ⏲12h-14h et 18h-21h30 mer-lun) est un choix plus original.

Kjörbúðin SUPERMARCHÉ €
(Strandgata 50 ; ⏲9h-19h lun-ven, 10h-18h sam, 12h-18h dim). Pour faire vos courses. Un distributeur automatique de billets (DAB) est installé à l'entrée.

Randulffssjóhús ISLANDAIS €€
(☎477 1247 ; www.mjoeyri.is ; plats 3 590-6 890 ISK ; ⏲17h-21h juin-août ou sur rdv). Ce superbe hangar à bateaux date de 1890. Quand les propriétaires ont emménagé en 2008, rien n'avait changé depuis 80 ans. Ils ont laissé en l'état les dortoirs des pêcheurs à l'étage, et installé un restaurant orné de souvenirs maritimes au rez-de-chaussée. Sans surprise, la carte privilégie le poisson (les spécialités locales sont le requin et le poisson séché). Sur le domaine du Mjóeyri.

Depuis/vers Eskifjörður

Eskifjörður se trouve à 15 km au nord-est de Reyðarfjörður par la route 92. Un tunnel de 8 km a ouvert, en 2017, entre Eskifjörður et Neskaupstaður, plus à l'est.

Une belle route de montagne franchit le col d'Oddsskarð ; c'était autrefois la seule route d'accès à Neskaupstaður. La route reliant Eskifjörður à Oddsskarð reste ouverte tout l'été (contrairement à celle entre Oddsskarð et Neskaupstaður). Le trajet jusqu'à Oddsskarð vaut la peine : la pente est raide et les points de vue sont fabuleux !

Neskaupstaður

1 460 HABITANTS

Neskaupstaður (prononcé "nès-keuïp-stazur", aussi connue sous le nom de Norðfjörður) est l'une des plus grandes localités de la région des fjords. Toutefois, du fait de son emplacement en bout de route, elle paraît petite et bien isolée.

À l'instar de nombreuses bourgades des fjords de l'Est, Neskaupstaður fut fondée au XIXe siècle en tant que centre de commerce, et prospéra au début du XXe siècle grâce au boom du hareng. Son avenir fut assuré par la construction de la plus importante conserverie et usine de congélation d'Islande, la Síldarvinnslan (SNV), au bout du fjord. La ville possède le principal hôpital de l'est de l'Islande.

À voir et à faire

Fólkvangur Neskaupstaðar RÉSERVE NATURELLE
À l'extrémité est de la ville, là où la route s'achève, cette jolie réserve naturelle invite à de courtes promenades. Plusieurs chemins empruntent des passerelles en bois, contournent rochers et tourbières, longent des falaises et l'océan, avec les cris des oiseaux en fond sonore. Vous apercevrez peut-être des baleines au large.

Safnahúsið MUSÉE
(Egilsbraut 2 ; adulte/enfant 1 600 ISK/gratuit ; ⏲13h-21h lun-sam, 13h-17h dim juin-août). Trois collections sont regroupées dans un entrepôt rouge vif sur le port, appelé la "Maison Musée". Le **Tryggvasafn** présente une collection de peintures abstraites de Tryggvi Ólafsson, l'un des grands artistes contemporains islandais, né en 1940 à Neskaupstaður. Au 1er étage, le **Musée maritime** renferme une collection privée d'objets anciens associés à la mer ; au dernier étage, le **Muséum d'histoire naturelle** présente une importante collection de roches locales (dont du spath de la carrière de Helgustaðanáma ; p. 366), ainsi que divers animaux empaillés et spécimens entomologiques.

Stefánslaug PISCINE
(Miðstræti 15 ; adulte/enfant 900/250 ISK ; ⏲6h-20h lun-ven, 10h-18h sam-dim juin-août, horaires réduits sept-mai). Cette piscine, fierté du village, comprend des *hot pots* et des toboggans aquatiques, et a l'attrait de superbes points de vue.

Circuits organisés

Skorrahestar RANDONNÉE ÉQUESTRE
(☎477 1736 ; www.skorrahestar.is ; Skorrastaður ; balades à cheval 1/2 heures 8 500/19 500 ISK ; ⏲circuits courts mi-mai à mi-oct). Dans une ferme à l'ouest de la bourgade, Skorrahestar organise de longues randonnées pour cavaliers expérimentés, dont des excursions d'une semaine jusqu'à des fjords inhabités conduites par Doddi, un guide conteur et guitariste, ancien biologiste et professeur. En version courte, une bonne formule comprend 2 heures de randonnée guidée à pied ou à cheval, suivies d'une collation avec pancakes et café. Bonne pension également.

Fêtes et festivals

Eistnaflug MUSIQUE
(www.facebook.com/EistnaflugFestival ; juil). Festival apprécié de métal et de punk, l'Eistnaflug ("Testicules volants") a lieu à Neskaupstaður, le 2e week-end de juillet. Quelque 60 groupes attirent des métalleux sous le soleil de minuit pour une grande fête estivale.

Où se loger

Camping CAMPING €
(Empl 1 500 ISK/pers ; mi-mai à mi-sept). Perché au-dessus de la localité près des barrières anti-avalanches, ce camping (indiqué depuis l'hôpital) jouit d'une vue splendide.

Tónspil GUESTHOUSE €
(894 1580 ; www.tonspil.is ; Hafnarbraut 22 ; s/d/tr sans sdb à partir de 5 900/9 900/14 900 ISK ;). Vous devrez vous adresser au disquaire pour les chambres sans prétention au-dessus de la boutique. Elles sont simples et bon marché. La pension comprend une salle TV et une cuisine avec lave-linge.

Hildibrand Hotel HÔTEL €€
(477 1950 ; www.hildibrand.com ; Hafnarbraut 2 ; d/app à partir de 18 500/28 700 ISK). Un ensemble de 15 appartements, très spacieux et entièrement équipés, dans le centre de Neskaupstaður. Chaque appartement (1 à 3 chambres) possède une cuisine et un balcon (vue superbe) ; les plus grands peuvent loger 8 personnes. Petites chambres standards, lumineuses et bien équipées, dans un autre bâtiment.

Où se restaurer et prendre un verre

Nesbær Kaffihus CAFÉ €
(www.facebook.com/nesbaerkaffihus ; Egilsbraut 5 ; déj 890-2 290 ISK ; 9h-18h lun-mer et ven, 9h-22h jeu, 10h-18h sam ;). Ce café-boulangerie-boutique d'artisanat sert d'excellentes crêpes, des gâteaux, des sandwichs, des gaufres et des soupes.

Kjörbúðin SUPERMARCHÉ €
(Hafnarbraut 13 ; 10h-19h lun-ven, 10h-18h sam, 12h-18h dim). Dans le centre, en face de l'hôtel Hildibrand.

Beituskúrinn PRODUITS DE LA MER €€
(Bait Shack ; 477 1950 ; beituskurinn.is ; Egilsbraut 26 ; plats 1 990-3 600 ISK ; 12h-22h dim-jeu, 12h-2h ven-sam). Un coin de Nouvelle-Angleterre dans les fjords islandais ! Ce hangar photogénique sis au bord de l'océan a été transformé en bar-restaurant rustique à l'atmosphère enjouée. Il est prolongé par une terrasse à la vue imprenable. Le menu varié comprend des focaccias et des pizzas, mais vaut surtout pour ses spécialités islandaises comme le *plokkfiskur* (gratin de poisson traditionnel) et le *fiskipanna* (poisson frais à la poêle cuisiné avec des pommes de terre et servi avec de la salade).

Kaupfélagsbarinn ISLANDAIS €€
(477 1950 ; www.hildibrand.com ; Hafnarbraut 2 ; plats 2 500-5 690 ISK ; 17h-21h ;). Dans le complexe de l'hôtel Hildibrand, le restaurant le plus chic du secteur est un vaste espace de style moderne du milieu du XXe siècle où l'on se régale de produits locaux : sandwich à la langoustine, burger d'agneau, salade personnalisée ou délicieuse assiette de dégustation "Fermiers et pêcheurs".

Vínbúðin VINS ET SPIRITEUX
(Hafnarbraut 15 ; 14h-18h lun-jeu, 11h-19h ven, 11h-14h sam). Chaîne d'État.

Depuis/vers Neskaupstaður

Un tunnel de 8 km inauguré en 2017 relie le fjord à Eskifjörður. Auparavant, le seul moyen d'accéder au village était de franchir le plus haut col praticable en voiture d'Islande (632 m), puis d'emprunter un tunnel à voie unique de 630 m qui mettait les nerfs des conducteurs à rude épreuve ! Celui-ci est désormais fermé à la circulation.

Quelques bus (p. 346), peu nombreux, desservent la ville. Mieux vaut toutefois être motorisé, comme la plupart des visiteurs.

Fáskrúðsfjörður

710 HABITANTS

Le village de Fáskrúðsfjörður (prononcé "fao-skrouz-svjeur-vur"), parfois appelé Búðir, fut fondé par des marins français, originaires de Paimpol notamment, qui venaient pêcher au large de l'Islande entre la fin du XIXe siècle et 1914 (on pourra lire à ce sujet *Pêcheur d'Islande*, de Pierre Loti, paru en 1886). Afin de rappeler ce passé, les noms des rues sont en islandais et en français. À la sortie de Fáskrúðsfjörður, le cimetière de Krossar est la dernière demeure d'une cinquantaine de marins belges et français.

L'histoire des Français de Fáskrúðsfjörður est désormais relatée au Fosshotel Eastfjords, ensemble de bâtiments historiques (dont l'ancien hôpital français) magistralement rénovés.

À voir et à faire

Frakkar á Íslandsmiðum MUSÉE

(Musée des Français en Islande ; 475 1170 ; Hafnargata 12 ; en.visitfjardabyggd.is ; adulte/enfant 2 000 ISK/gratuit ; 10h-18h mi-mai à sept, sur rdv reste de l'année). Ce musée, excellent mais cher, auquel on accède par le hall du Fosshotel Eastfjords, explique en détail le lien entre le fjord et les pêcheurs français. La réception de l'hôtel se trouve dans l'ancienne maison du médecin, qu'un passage sous Hafnargata relie à l'ancien hôpital (où se trouvent aujourd'hui les chambres d'hôtel). Visitez la reconstitution des quartiers des marins. Entrée au musée gratuite pour les résidents de l'hôtel.

Sandfell RANDONNÉE

Les géologues apprécieront le Sandfell (743 m), qui domine la rive sud du fjord ; ce mont lacolithique a été formé par de la rhyolite en fusion qui a jailli à travers d'anciennes couches de lave. C'est l'un des plus beaux exemples au monde de ce type de roche ignée. L'aller-retour jusqu'au sommet prend 4 heures.

Où se loger et se restaurer

Guesthouse Elín Helga GUESTHOUSE €

(868 2687 ; elinhelgak99@gmail.com ; Stekkholt 20 ; d sans sdb à partir de 9 800 ISK ;). Nous aimons cette maison d'hôtes de 4 chambres, haut perchée au-dessus du village (suivez Skólavegur, puis Holtavegur), pour son confort, ses lambris en pin, son excellent petit-déjeuner (1 120 ISK) et ses beaux points de vue. Laverie ; pas de cuisine à disposition. L'hôtesse est charmante.

Camping CAMPING €

(Óseyri ; empl 1 500 ISK/pers ; mi-mai à mi-sept). Un camping petit et simple, à l'extrémité ouest du village.

Fosshotel Eastfjords HÔTEL €€

(470 4070 ; www.fosshotel.is ; Hafnargata 11-14 ; d avec petit-déj à partir de 27 200 ISK). Cet hôtel plébiscité a ouvert en 2014 dans des bâtiments historiques, dont l'ancien hôpital français (1903). Tout n'est qu'élégance : les 56 chambres haut de gamme sont décorées de tons subtils bleus et gris, dans un mélange savant de moderne et d'ancien. Vue grandiose depuis le restaurant et le bar-*lounge*.

Kjörbúðin SUPERMARCHÉ €

(Skólavegur 59 ; 9h-19h lun-ven, 10h-18h sam, 12h-18h dim). Épicerie comprenant un Vínbúðin, où acheter de l'alcool.

L'Abri ISLANDAIS €€

(470 4070 ; www.fosshotel.is ; Hafnargata 9 ; plats dîner 3 290-7 990 ISK ; 12h-23h). Fidèle à l'esprit du village, L'Abri cultive le côté français. Le restaurant du Fosshotel, installé dans l'ancien hôpital français, propose des produits locaux (soupe de poisson, filet de bœuf), ainsi que de la cuisine de bistrot plus légère et abordable (salades et pizzas autour de 2 500 ISK). La vue sur le fjord est splendide. Parfait pour une pause café avec un gâteau.

Vínbúðin VINS ET SPIRITUEUX

(16h-18h lun-jeu, 13h-18h ven). Chaîne d'État.

Depuis/vers Fáskrúðsfjörður

Fáskrúðsfjörður est juste en retrait de la route circulaire (route 1). La desserte en bus est limitée (p. 346) et la plupart des visiteurs viennent par leurs propres moyens.

Stöðvarfjörður

185 HABITANTS

Ce minuscule village (prononcé "steurz-varv-jeur-zur"), aujourd'hui traversé par la route circulaire, doit sa renommée à une remarquable collection minéralogique et à son goût pour la créativité. Un adorable observatoire à oiseaux vous attend au bout du fjord à l'ouest de la localité.

Sur les cartes et les panneaux, vous verrez peut-être des références à Fjarðabyggð : c'est la municipalité qui englobe la région des fjords de Stöðvarfjörður (au sud) à Mjóifjörður (au nord). Le site Internet visitfjardabyggd.is est très bien renseigné.

À voir

Steinasafn Petru MUSÉE

(475 8834 ; www.steinapetra.is ; Fjarðarbraut 21 ; adulte/enfant 1 500 ISK/gratuit ; 9h-18h mai à mi-oct). La merveilleuse "collection de pierres de Petra" a été constituée par Petra

Sveinsdóttir (1922-2012) tout au long de sa vie. Dans sa maison, les pierres et minéraux s'empilent du sol au plafond ; 70% proviennent de la région. Il y a de superbes morceaux de jaspe, d'agate polie, d'améthyste, de cristal de quartz scintillant… Une vraie malle aux trésors !

Fish Factory CENTRE CULTUREL
(☎537 0711 ; www.inhere.is ; Bankastræti 1). Connue sous différents noms (Fish Factory, Sköpunarmiðstöð, "In Here"), cette ancienne conserverie désaffectée près du port est une véritable ruche de créativité. Il s'agit d'un espace collaboratif qui héberge des ateliers d'artistes, un studio d'enregistrement et des ateliers (bois, métal, textile…), et accueille aussi des concerts dans une petite salle. Restez à l'affût des événements qui s'y déroulent, ou passez tout simplement, en prévenant si possible : il s'agit d'un espace de travail sans heures d'ouverture fixes, mais les visiteurs sont généralement les bienvenus (don de 500 ISK apprécié).

Où se loger et se restaurer

Camping CAMPING €
(Empl 1 500 ISK/pers ; mi-mai à mi-sept). Un petit camping bien tenu, juste à l'est du village, signalé depuis la route principale. Pas de douches, mais la piscine municipale n'est pas loin.

Saxa GUESTHOUSE €€
(☎511 3055 ; www.saxa.is ; Fjarðarbraut 41 ; s/d/tr à partir de 10 100/16 800/21 300 ISK ;). Le meilleur hébergement du village prouve que les Islandais ne manquent pas d'imagination pour convertir des bâtiments de tous types en pensions ! Celle-ci occupe un ancien supermarché. Elle loue des chambres d'un excellent rapport qualité/prix, avec salle de bains privative. Pas de cuisine, mais un agréable **café** (en-cas et repas 400-3 900 ISK) est ouvert toute la journée ; cuisine maison (les gâteaux sont délicieux) et carte succincte de plats pour le dîner.

Kaffi Sunnó CAFÉ €
(Fjarðarbraut 21 ; soupe 1 300 ISK ; 10h-17h juin à mi-sept). Ce petit kiosque installé en face du Steinasafn Petru (p. 369) vend soupes, cafés et viennoiseries à emporter. Bonne cuisine de bord de route.

Achats

Salthússmarkaður ARTISANAT
(Fjarðarbraut 43 ; 11h-17h mi-mai à mi-sept). Dans le centre communal, ce marché vend de charmants objets artisanaux locaux (gravures, pierres, céramiques, etc.). Excellent choix de tricots.

Depuis/vers Stöðvarfjörður

Stöðvarfjörður est désormais traversé par la route circulaire (route 1), depuis qu'elle a été déviée fin 2017.

La desserte en bus est limitée (p. 346) ; le plus simple est d'avoir son propre véhicule.

Breiðdalsvík

135 HABITANTS

Joliment situé au bout de la vallée de Breiðdalur, Breiðdalsvík est un paisible village de pêcheurs (vue imprenable sur l'océan et les plages de sable noir) ; c'est une base idéale pour se balader dans les collines alentour, et pêcher dans les rivières et les lacs voisins. La ville compte depuis peu une microbrasserie, un lieu agréable qui a la faveur des curieux.

Renseignements sur www.breiddalsvik.is.

Tinna Adventure AVENTURE
(☎832 3500 ; www.tinna-adventure.is ; Selnes 28-30). Cette agence organise toutes sortes de circuits et d'activités dans les environs, de la pêche aux randonnées guidées à thème "yoga". Large choix de circuits en Jeep organisés toute l'année, dont un d'une demi-journée sur les plus beaux sites de Breiðdalur (24 900 ISK ; uniquement l'été).

Où se loger et se restaurer

Campsite CAMPING €
(Empl 1 100 ISK/pers ; mai-sept). Un petit camping derrière l'Hótel Bláfell.

Hótel Bláfell HÔTEL €€
(☎470 0000 ; www.hotelblafell.is ; Sólvellir 14 ; s/d avec petit-déj à partir de 12 800/17 100 ISK ;). Au centre du village, cet hôtel aux belles chambres monochromes (certaines lambrissées) dispose d'un sauna et d'un superbe salon avec cheminée. L'hôtel gère également de très beaux appartements de 2 chambres dans le village et possède l'Hotel Post voisin.

Hamar GUESTHOUSE €€
(☎846 5547 ; www.facebook.com/hamarkaffihus ; route 1 ; d avec petit-déj à partir de 23 700 ISK).

BIÈRES LOCALES

Chaque village devrait avoir sa microbrasserie, en particulier si celle-ci confine à l'excellence de **Beljandi Brugghús** (☎860 9905 ; www.facebook.com/beljandibrugghus ; Sólvellir 23, Breiðdalsvík ; ⏰11h-23h45 ven-mer juin-août, horaires réduits reste de l'année). Cette brasserie et le bar qui l'accompagne ont ouvert en 2016 et proposent des dégustations gratuites de leurs bières : la Beljandi (une pale ale), la Skuggi (une porter) et la Spaði (une IPA). Le bar, qui sert aussi d'autres boissons, accueille de temps à autre des événements (musique live, sport sur écran géant).

Ce lodge, situé sur la route 1 en direction de Stöðvarfjörður, loue 5 chambres confortables. Celles-ci sont simples et modernes (certaines ont un balcon), et le **café** (plats 1 590-2 990 ISK ; ⏰11h-21h), au rez-de-chaussée, est excellent.

Kaupfjélagið CAFÉ €

(☎475 6670 ; www.facebook.com/kaupfjelagid ; Sólvellir 23 ; repas légers 370-1 650 ISK ; ⏰10h-19h lun-jeu, 10h-20h ven-sam, 10h-17h dim). En plus de vendre des produits d'épicerie, le Kaupfjélagið sert des cafés et des repas légers aux voyageurs. Remarquez l'amusante collection d'articles rétro retrouvés dans le grenier (certains sont à vendre).

Frystihúsið ISLANDAIS €

(www.breiddalsvik.is ; Sólvellir ; plats 1 250-1 950 ISK ; ⏰horaires variables). L'ancienne conserverie de poisson située en face de l'Hótel Bláfell est aujourd'hui un centre communal vaste et lumineux accueillant des événements. Presque tous les jours en été, des déjeuners de style cafétéria sont proposés aux groupes et visiteurs de passage. Le bâtiment renferme une intéressante carte en relief de l'Islande, réalisée en béton par l'artiste Axel Helgason dans les années 1930 (accès gratuit).

Depuis/vers Breiðdalsvík

Une route partant de la route circulaire permet d'accéder à Breiðdalsvík, à 1 km. Le village est peu desservi par les bus (p. 346) ; mieux vaut disposer de votre propre véhicule.

Breiðdalur

L'arrière-pays de Breiðdalsvík recèle Breiðdalur, la "large vallée". Cette vallée nichée entre des sommets de rhyolite colorés et parcourue par une rivière appréciée des pêcheurs, la Breiðdalsá, est un lieu tout à la fois superbe et paisible.

La route 95 qui traverse la vallée faisait autrefois partie de la route circulaire (route 1), mais celle-ci fut déviée par la côte fin 2017. Depuis, les visiteurs sont moins nombreux à l'emprunter, si bien que vous pourrez profiter du paysage en toute tranquillité.

Flögufoss CASCADE

Si vous aspirez à vous dégourdir les jambes dans un beau cadre, prenez l'embranchement depuis la route 966 pour rejoindre Flögufoss, une cascade de 60 m de hauteur, située à 19 km à l'ouest du village de Breiðdalsvík.

Circuits organisés

Strengir Angling Service PÊCHE

(☎660 6890 ; www.strengir.com). Strengir emmène les pêcheurs à la ligne dans des eaux riches en saumons et gère l'Eyjar Fishing Lodge.

Où se loger et se restaurer

Eyjar Fishing Lodge GUESTHOUSE €€

(☎567 5204 ; www.strengir.com ; ch avec petit-déj 25 000 ISK ; 📶). Bien que géré par Strengir, une agence de Reykjavík organisant des sorties de pêche dans les eaux riches en saumons de la région, cet hébergement de qualité situé sur la route 964 (en retrait de la route 1) est ouvert à tous, toute l'année. Il comprend un Jacuzzi, un sauna et un superbe coin salon. Dîner envisageable sur place.

Hótel Staðarborg HÔTEL €€

(☎475 6760 ; s/d avec petit-déj à partir de 13 600/20 200 ISK ; 📶). Dans une ancienne école à 6 km à l'ouest de Breiðdalsvík, cet hôtel accueillant foisonne de plantes. Ses chambres, modernes, sont impeccables. Possibilité de pêcher dans un lac et de faire des balades à cheval. Quelques charmants bungalows d'une chambre, ainsi qu'un Jacuzzi et un sauna. Possibilité de dîner sur place (plats autour de 4 000 ISK).

Silfurberg GUESTHOUSE €€€
(☎475 1515 ; www.silfurberg.com ; Þorgrímsstaðir ; d avec petit-déj à partir de 48 000 ISK ; ⌚juin-août ; 📶). Cette pension de charme occupe une propriété rurale à 50 km au sud d'Egilsstaðir (à 30 km de Breiðdalsvík). Avec style, humour et savoir-faire, la grange a été transformée en un hébergement haut de gamme, dotée de 4 chambres, d'une suite et de luxueuses parties communes. Le sauna en plein air et le *hot pot* sous une coupole ajoutent à l'attrait du lieu. Restauration envisageable sur demande.

Berufjörður

Entre Djúpivogur et Breiðdalsvík, la route circulaire serpente autour du superbe Berufjörður, long fjord flanqué de pics de rhyolite escarpés. Pas de village ici, rien qu'une poignée de fermes disséminées sur le majestueux rivage. La rive sud-ouest est dominée par le **Búlandstindur**, une montagne pyramidale qui s'élève à 1 069 m.

Teigarhorn RÉSERVE NATURELLE
(☎869 6550 ; www.teigarhorn.is ; ⌚9h-17h juin-août). Les amateurs de minéralogie se plairont à découvrir l'exposition de zéolithes présentée dans cette ferme à 5 km au nord-ouest de Djúpivogur. Le petit **musée** peut être ouvert sur demande ; mieux vaut contacter le conservateur à l'avance. Des petits sentiers charmants ont été aménagés sur la côte ; ils sont parfaits pour se dégourdir les jambes et observer les oiseaux.

Col d'Öxi (route 939) SITE NATUREL
Au fond du Berufjörður, le col d'Öxi (route 939) de 19 km offre, l'été venu, un raccourci aux conducteurs depuis/vers Egilsstaðir. Passer par le col permet d'économiser 70 km sur le trajet entre Djúpivogur et Egilsstaðir (par rapport à la route circulaire qui passe par la côte) et de profiter de surcroît de fabuleux points de vue. Attention toutefois, la route gravillonnée est déconseillée en cas de mauvais temps ou de brouillard, ainsi qu'aux conducteurs nerveux. Elle est fermée en hiver.

Il se peut que Google Maps et les GPS indiquent l'itinéraire par le col d'Öxi comme étant le plus rapide (ce qui est le cas en été), mais nous vous conseillons de réfléchir aux différentes possibilités et de ne pas suivre aveuglément les instructions.

Où se loger et se restaurer

Berunes HI Hostel AUBERGE DE JEUNESSE €€
(☎478 8988, 869 7227 ; www.berunes.is ; dort/d sans sdb 6 600/16 200 ISK, chalets à partir de 22 620 ISK ; ⌚avr-oct ; @📶👪). L'auberge de jeunesse de Berunes occupe une ferme centenaire, tenue par l'aimable Ólafur et sa famille. Ce bâtiment délicieusement suranné abrite des chambres, des alcôves, une cuisine et un salon. Il y a également des chambres dans le nouveau bâtiment, ainsi qu'un camping (1 500 ISK/pers) et des petits chalets (avec salle de bains). Gâteaux et pain faits maison au petit-déjeuner. Restaurant en été (vous pouvez aussi apporter des provisions). Remise pour les membres HI ; draps : 1 750 ISK.

Si vous n'êtes pas membre HI, vous devrez payer un petit supplément ou adhérer sur place.

L'auberge est située à 22 km au sud de Breiðdalsvík sur la route circulaire, et à 40 km de Djúpivogur. De beaux sentiers de randonnée partent de la ferme.

Djúpivogur

350 HABITANTS

Si les bâtiments historiques impeccables, le petit port et l'atmosphère discrètement créative de Djúpivogur valent le détour, on vient avant tout dans cet accueillant village de pêcheurs, à l'embouchure du Berufjörður, pour prendre le bateau pour l'île de Papey. Lors de nos recherches, les circuits étaient interrompus en raison de négociations ayant trait aux licences de navigation, mais ils devraient avoir repris au moment de votre visite.

Djúpivogur est l'un des plus anciens ports du pays ; il fut fondé au XVIe siècle, lorsque des marchands allemands venaient commercer dans la région. Le dernier fait marquant remonte à 1627 : des pirates d'Afrique du Nord débarquèrent, pillèrent le village et les fermes alentour, et emmenèrent des dizaines d'habitants en esclavage.

Aujourd'hui, Djúpivogur a rejoint le réseau Cittaslow ("ville lente" ; www.cittaslow.org), une ramification du mouvement Slow Food, dont l'objectif est de promouvoir la culture du bien-vivre. C'est la seule cité membre en Islande.

À voir

Un esprit créatif discret règne dans ce village, où quelques artisans fabriquent des bijoux et objets d'art avec des pierres locales et du bois flotté. Certains ateliers sont ouverts quand les artistes s'y trouvent (habituellement tous les jours en été).

Eggin í Gleðivík ART PUBLIC

Rejoignez le front de mer derrière le Langabuð, à pied ou en voiture, et suivez la route vers l'est jusqu'à cette œuvre contemporaine réalisée par l'artiste islandais Sigurdur Gudmundsson (né à Reykjavík en 1942) : 34 œufs de pierre géants le long de la jetée représentent chacun un oiseau de la région. Profitez-en pour visiter l'ancienne conserverie de poisson (Bræðsla), qui accueille des expositions d'art contemporain en été.

JFS Handcraft & Stone Garden GALERIE

(www.facebook.com/JFSHandcraft ; Hammersminni 10 ; 10h-18h). GRATUIT Ce tout petit endroit a acquis, grâce à son propriétaire, une excellente réputation. Figure locale et hôte accueillant, Jón possède une superbe collection de minéraux et crée de beaux bijoux et souvenirs.

Langabúð Museum MUSÉE

(Adulte/enfant 500/300 ISK ; 10h-18h juin-août). Le plus vieil édifice de Djúpivogur est le **Langabúð**, rouge vif, un long entrepôt en rondins dans le port datant de 1790. Il abrite un **café** (899 7600 ; déj 550-1 750 ISK ; 10h-18h dim-jeu, 10h-23h30 ven-sam mai-sept) et un musée singulier. Au rez-de-chaussée sont exposées des œuvres du sculpteur Rikarður Jónsson (1888-1977) : bustes grandeur nature d'Islandais célèbres, miroirs décorés de sirènes, reliefs représentant des personnages de sagas... À l'étage, le grenier (qui sent le goudron) abrite une collection d'objets anciens liés à l'histoire locale.

Activités

Pour vous accompagner dans l'exploration des montagnes et des fjords des environs, achetez un exemplaire de la carte *Göngu-leiðir í Djúpavogshreppi* (Chemins de randonnée de la municipalité de Djúpivogur ; 1 000 ISK).

L'avifaune locale est particulièrement riche. Les amateurs d'ornithologie consulteront avec profit le site www.birds.is (bonnes informations d'ordre général, mais pas systématiquement à jour).

Où se loger

Camping CAMPING €

(Empl 1 750 ISK/pers ;). Derrière le Við Voginn, ce camping est géré par l'Hótel Framtíð ; payez à la réception de l'hôtel ou au comptoir d'information. Possibilité de faire la cuisine ; douches et laverie à pièces. De sympathiques cabanes en forme de tonneaux ont été récemment ajoutées – elles comptent 3 lits et pas grand-chose d'autre (à partir de 16 800 ISK, draps non inclus).

Bragðavellir Cottages BUNGALOWS €€

(787 2121 ; www.bragdavellir.is ; bung 1/2 ch 25 000/36 000 ISK ;). À quelque 13 km de Djúpivogur, cette propriété en pleine nature a pour atouts de magnifiques points de vue, la présence d'animaux (canards, poulets, éventuellement des rennes en hiver) et la perspective d'excellentes randonnées dans les environs. Les quelques bungalows, confortables et indépendants, existent en 2 formats (1 ou 2 chambres). Restaurant dans une grange sur place.

Hótel Framtíð HÔTEL €€€

(478 8887 ; www.hotelframtid.com ; Vogaland 4 ; d avec/sans sdb 34 900/21 000 ISK ;). Cet hôtel accueillant surprend dans ce petit village. Établi de longue date (le bâtiment d'origine a été apporté en kit de Copenhague en 1906), il dispose d'un choix d'hébergements (et de prix) dans plusieurs bâtiments : chambres d'hôtel lambrissées, 4 jolis chalets et 5 appartements (dont 2 chics et modernes).

Où se restaurer et prendre un verre

Kjörbúðin SUPERMARCHÉ €

(Búland 2 ; 9h-19h lun-ven, 10h-18h sam, 12h-18h dim). Sur la route principale ; Vínbúðin attenant.

Við Voginn FAST-FOOD €€

(478 8860 ; www.vidvoginn.is ; Vogaland 2 ; repas 1 000-2 100 ISK ; 9h-21h lun-ven, 10h-21h sam-dim). Ce grill central et très apprécié propose *fish and chips*, burgers, hot dogs et pitas, ainsi que des œufs au bacon pour le petit-déjeuner.

Restaurant de l'Hótel Framtíð ISLANDAIS €€€

(478 8887 ; www.hotelframtid.com ; Vogaland 4 ; plats dîner 3 860-6 400 ISK ; 10h-21h). Ce restaurant est de loin le meilleur du village.

Au dîner, les queues de langoustine et le filet d'agneau sont aussi succulents que coûteux ; pizzas (à partir de 1 830 ISK), gâteaux et café sont proposés toute la journée.

Vínbúðin VINS ET SPIRITUEUX
(Búland 1 ; ⌚16h-18h lun-jeu, 13h-18h ven juin-août). Chaîne d'État.

Renseignements

Vous trouverez un plan du village, qui offre des services corrects (banque, poste, etc.), au **centre d'information** (☎470 8740 ; ⌚9h-17h lun-ven, 10h-14h sam-dim mi-mai à mi-sept), à côté du camping.

Depuis/vers Djúpivogur

Lors de nos recherches, il n'existait plus de liaison en bus l'été entre Egilsstaðir et Höfn via Djúpivogur.

SVAust (www.svaust.is ; ☎471 2320) gère un réseau de bus local dans l'est du pays. Le bus 4 circule entre Breiðdalsvík, Djúpivogur et Höfn, mais pas tous les jours. Consultez les horaires en ligne, en prenant garde aux petites notes indiquant les jours de circulation.

L'arrêt de bus se trouve devant l'Hótel Framtíð. Depuis Djúpivogur, comptez 1 heure pour Breiðdalsvík (1 800 ISK) et 1 heure 20 pour Höfn (2 520 ISK).

Les hautes terres

Dans ce chapitre ➡

Le top des restaurants

- Highland Center Hrauneyjar (p. 384)
- Hveravellir (p. 381)
- Kerlingarfjöll Highland Centre (p. 381)
- Árbúðir (p. 378)

Le top des hébergements

- Kerlingarfjöll Highland Centre (p. 381)
- Þorsteinsskáli Hut (p. 387)
- Laugafell Hut (p. 382)
- Sigurðarskáli Hut (p. 390)
- Hveravellir (p. 381)
- Gíslaskáli (p. 378)

Pourquoi y aller

Entre coulées de lave bigarrées, langues glaciaires, volcans bouillonnants et vastes étendues de sable, de roches et de montagnes se déroulant à perte de vue, le cœur des hautes terres évoque un autre monde. De fait, ces paysages semblent si étrangers que les astronautes des missions *Apollo* s'y sont entraînés avant de marcher sur l'astre lunaire.

Les hautes terres abritent "le Roi et la Reine des montagnes" d'Islande. En revanche, hormis quelques *Homo sapiens*, vous ne croiserez guère de traces de vie, si ce n'est, ici ou là, de la mousse, une fleur délicate ou une explosion de verdure le long d'une rivière thermale. Ce sont l'isolement et l'immensité de ce pan de nature qui attirent les visiteurs. La solitude y a quelque chose de grisant, tout comme le panorama, infini. Toutefois, les services, les hébergements et les ponts sont presque inexistants, et vous ne trouverez guère d'assistance en cas de problème. Une bonne organisation et un réel esprit d'aventure sont indispensables.

Bon à savoir

- L'accès aux hautes terres n'est pas garanti toute l'année et dépend de la date d'ouverture des routes de montagne (entre début juin et début juillet), tributaire des conditions météo. Toutes les routes n'ouvrent pas en même temps. Elles deviennent impraticables et ferment à nouveau en septembre ou octobre.
- Pour plus d'informations, consultez le site www.road.is ou téléphonez au 1777.
- L'hiver, l'accès à certaines zones n'est envisageable que dans le cadre d'un circuit organisé en motoneige ou à bord de grosses Super-Jeeps transformées, pilotées par des habitants chevronnés.

À ne pas manquer

1 La marche dans le champs de lave, la vue sur la caldeira et un bain dans les eaux du cratère Víti à **Askja** (p. 388)

2 Les sentiers qui sillonnent le majestueux massif de **Kerlingarfjöll** (p. 381) et sa vallée géothermique couverte de stries

3 Un hommage à la "Reine des montagnes", le **Herðubreið** (p. 387)

4 Les paysages de pierre et de glace de la **piste de Kjölur** (p. 378), bordée

de sources thermales et de rochers escarpés faciles à escalader

5 Les incroyables grottes géothermiques sous-glaciaires du **Kverkfjöll** (p. 389)

6 Une pensée pour les proscrits (et les fantômes) sur la **piste de Sprengisandur** (p. 382), la plus longue et la plus isolée d'Islande

7 Un cours de géologie grandeur nature et une balade impressionnante sur le dernier champ de lave en date, à **Holuhraun** (p. 389)

PISTE DE KJÖLUR

Pour découvrir les déserts centraux de l'Islande sans devoir traverser des rivières à gué, empruntez la piste de Kjölur (prononcé *kyeu*-lour), longue de 200 km, qui comporte des ponts sur tous les cours d'eau. En été, des bus quotidiens l'utilisent même comme "raccourci" entre Reykjavík et Akureyri.

En venant du sud, la route 35 commence juste après Gullfoss ; elle traverse deux grands glaciers avant d'arriver près de Blönduós, sur la côte nord-ouest. Elle atteint son plus haut point (environ 700 m) entre les calottes glaciaires du Langjökull et du Hofsjökull, près du mont Kjalfell (1 000 m). Sa section nord passe par Blöndulón, un grand lac artificiel exploité par la centrale hydroélectrique Blanda. La route est en meilleur état au nord qu'au sud.

Habituellement, la piste de Kjölur ouvre mi-juin et ferme en septembre (en fonction des conditions climatiques).

Circuits organisés

Plusieurs agences proposent des circuits à pied et à cheval sur la piste de Kjölur (comme Eldhestar, p. 78 ; sinon, faites une recherche en ligne avec le terme "Kjalvegur" – l'autre nom de la piste). Certains organisent aussi des circuits en Super-Jeep (comme Saga Travel). L'été, les services de bus réguliers peuvent servir à se déplacer ou à organiser des excursions à la journée.

Saga Travel PLONGÉE

(☎558 888 ; www.sagatravel.is). De juin à septembre (selon la météo), Saga Travel organise des circuits d'une journée de Reykjavík à Akureyri (215 900 ISK par véhicule 4 places). Il passe par les sites phares du Cercle d'or, puis emprunte la piste de Kjölur au nord, avec une étape à Hveravellir (le temps d'un bain). À l'arrivée, vous pourrez choisir de séjourner à Akureyri ou de reprendre l'avion pour Reykjavík (vol non compris dans le tarif).

Où se loger et se restaurer

Outre les hébergements très fréquentés du Kerlingarfjöll et de Hveravellir, deux organisations gèrent des refuges le long de la piste (apportez votre duvet). Il est indispensable de réserver. Les campeurs peuvent s'installer à côté des refuges.

Vous pourrez vous restaurer au Kerlingarfjöll, à Árbúðir et à Hveravellir ; partout ailleurs, vous devrez prévoir des provisions. Les refuges possèdent généralement une cuisine – où vous ne trouverez pas toujours des ustensiles.

Gljásteinn REFUGES €

(☎486 8757 ; www.gljasteinn.is ; empl 1 200 ISK/pers, dort 6 000-6 800 ISK ; ⏲mi-juin à août). Possède 3 refuges bien équipés à proximité immédiate de la route, parfaits pour qui se déplace en voiture, à pied ou à cheval. Les campeurs sont les bienvenus. Du nord au sud :

➡ **Fremstaver**

(N 64°45.207', O 19°93.699' ; empl 1 200 ISK/pers, dort 6 000 ISK). Refuge confortable de 25 couchages, avec cuisine. Sur le versant sud du mont Bláfell.

➡ **Árbúðir**

(N 64°609.036', O 19°702.947' ; empl 1 000 ISK/pers, dort 6 800 ISK). Bon refuge de 30 places. Cuisine et douche chaude (750 ISK). Sur les berges de la Svartá, au bord de la route 35, à 42 km au nord de Gullfoss. Sur place, un petit café vend de la nourriture et de l'artisanat.

➡ **Gíslaskáli**

(N 64°744.187', O 19°432.508' ; empl 1 200 ISK/pers, dort 6 000 ISK). Cet excellent refuge peut accueillir 50 personnes. Cuisine, salle à manger, salon et douches chaudes. Électricité quelques heures par jour. À 4 km

RANDONNÉE À KJÖLUR

À la recherche d'une randonnée de plusieurs jours en indépendant dans la région ?

Ancienne piste de Kjalvegur (www.fi.is). Une randonnée facile et pittoresque de 3 jours (39 km) de Hvítárvatn à Hveravellir (ou inversement). Le chemin suit l'ancienne piste cavalière de Kjölur (à l'ouest de la piste actuelle), en passant par les refuges de montagne de Hvítárnes, Þverbrekknamúli et Þjófadalir (p. 379).

Hringbrautin (www.kerlingarfjoll.is). Un éprouvant circuit de 3 jours (47 km) autour du massif du Kerlingarfjöll, depuis/vers le Kerlingarfjöll Highland Centre (p. 381) ; refuges à Klakkur et Kisubotnar.

PARCOURIR LES HAUTES TERRES

Voici quelques éléments à prendre en compte avant de visiter les hautes terres :

Conditions climatiques Imprévisibles. La neige n'est pas rare, même en plein été. Prévision sur www.vedur.is (il existe également une application).

Date d'ouverture des routes Dépend de la météo ; généralement entre début juin et début juillet. Consultez www.road.is ou appelez le ☎1777.

Sécurité Ne partez pas sans avoir consulté les alertes et conseils mis en ligne sur www.safetravel.is. Enregistrez votre itinéraire sur ce site et dans le livre d'or des refuges où vous séjournez. Munissez-vous de cartes et de GPS fiables. Tenez compte de votre expérience et de votre type de véhicule avant de choisir un itinéraire (voir p. 459 pour plus d'informations sur les routes F).

4x4 Les pistes des hautes terres sont réservées aux robustes 4x4 surélevés (et non aux 4x4 ordinaires), car le terrain est accidenté et les passages de rivières peuvent se révéler hasardeux. Apprenez à franchir un cours d'eau avant le départ – cela ne s'improvise pas – et renseignez-vous auprès des habitants sur l'état des rivières.

Convoi Il est recommandé de voyager à deux voitures. Ainsi, si l'une s'embourbe ou tombe en panne, l'autre pourra la tirer, chercher de l'aide ou conduire les passagers à l'abri. Sachant que la circulation est plus importante en juillet et août, cette précaution n'est pas indispensable sur les itinéraires les plus populaires en été – cela reste en revanche vivement conseillé sur les pistes moins fréquentées.

Carburant La seule station-service des hautes terres est à Hrauneyjar, au sud de la piste de Sprengisandur. On trouve également du carburant à Möðrudalur, près de l'une des entrées nord à la piste d'Askja. Il n'y a pas de station-service à Hveravellir sur la piste de Kjölur (malgré ce qui est annoncé sur certains sites Internet). Faites le plein avant de partir.

Approvisionnement Selon votre itinéraire, il vous faudra peut-être un supplément d'essence. Dans tous les cas, faites le plein de provisions avant votre départ, car les points de vente sont très rares dans les hautes terres.

Bus et/ou circuits Ils constituent une bonne solution. En été, vous pourrez prendre les bus tout-terrain sur les pistes de Kjölur et de Sprengisandur pour effectuer un circuit d'une journée (par exemple, de Reykjavík à Akureyri) ; ou prévoir des étapes le long de l'itinéraire. Des agences proposent des Super-Jeeps confortables et emploient des chauffeurs/guides expérimentés.

Voies balisées Dans les hautes terres, comme ailleurs en Islande, restez sur les routes numérotées et les sentiers balisés. La conduite hors piste, illégale, nuit gravement au fragile écosystème islandais. La police est désormais présente dans les hautes terres pour faire respecter la loi.

au nord de l'embranchement vers le Kerlingarfjöll et à 1 km de la route 35.

Ferðafélag Íslands REFUGES €
(☎568 2533 ; www.fi.is ; empl 2 000 ISK/pers, dort 5 500-6 000 ISK). Les refuges présentés ci-dessous (du nord au sud) possèdent chacun des toilettes et une cuisine sans ustensiles. Réservez pour les couchages. Il y a des frais d'utilisation (500 ISK/jour) si vous ne dormez pas au refuge.

➡ **Hvítárnes**
(N 64°37.007', O 19°45.394' ; empl 2 000 ISK/pers, dort 6 000 ISK). Tenu par un gardien bénévole presque tout le mois de juillet et une partie du mois d'août, ce refuge compte 30 lits (réservation indispensable). Il y a une gazinière dans la cuisine, mais pas d'ustensiles pour cuisiner (les campeurs peuvent l'utiliser moyennant 500 ISK).

➡ **Þverbrekknamúli**
(N 64°43.100', O 19°36.860' ; empl 2 000 ISK/pers, dort 6 000 ISK). Situé à environ 4 km au sud-est de la petite calotte glaciaire du Hrútafell : 20 couchages (réservation indispensable) – pas de gardien. En temps normal, on ne peut pas y accéder en voiture.

➡ **Þjófadalir**
(N 64°48.900', O 19°42.510' ; empl 2 000 ISK/pers, dort 5 500 ISK). Situé au pied du mont

CIRCUITS DANS LES HAUTES TERRES

Outre les excursions à la journée à destination d'Askja et de Kverkfjöll, et les lignes de bus d'été desservant les pistes de Kjölur et de Spengisandur, des circuits de plusieurs jours permettent de découvrir les hautes terres.

Certains prestataires comme Fjalladýrð (www.fjalladyrd.is) à Möðrudalur, Geo Travel (www.geotravel.is) au Mývatn et Wild Boys (www.wildboys.is) à Egilsstaðir proposent des excursions de 2 jours sur réservation préalable.

Ferðafélag Akureyrar (www.ffa.is) organise des treks de 5 jours sur la piste d'Askja, avec hébergement en refuge.

Eldhestar (www.eldhestar.is) organise des treks à cheval de 6 jours sur les pistes de Kjölur et de Spengisandur – réservés aux cavaliers chevronnés.

Icelandic Mountain Guides (www.mountainguides.is) propose l'hiver des circuits de ski de 10 jours sur la piste de Sprengisandur.

Si le temps vous manque, les survols touristiques offrent un superbe aperçu des paysages de la région – en avion depuis Akureyri et Mývatn, ou en hélicoptère depuis Möðrudalur.

Rauðkollur, à environ 12 km au sud-ouest de Hveravellir : 11 couchages (réservation indispensable) – pas de gardien. Inaccessible en voiture.

Depuis/vers la piste de Kjölur

BUS

En été, des bus circulent régulièrement le long de la piste de Kjölur entre Reykjavík et Akureyri (dans les deux sens). On peut les emprunter comme simples moyens de transport ou pour des excursions à la journée. L'itinéraire est également couvert par le forfait de bus de Reykjavík Excursions.

Services assurés par **SBA-Norðurleið** (www.sba.is) :

Bus n°610 Reykjavík-Akureyri, n°610a Akureyri-Reykjavík (17 900 ISK aller, 10 heures 30, 1/jour mi-juin à mi-sept). Arrêts de 30 minutes à Geysir et Gullfoss. Le bus s'arrête ensuite au carrefour de Hvítárnes et à Árbúðir. Il fait étape 15 minutes à Kerlingarfjöll, et 1 heure à Hveravellir (le temps d'un bain). Les deux derniers arrêts avant Akureyri sont Svartá et Varmahlíð.

Si le bus semble attrayant à première vue, sachez qu'après 1 heure d'émerveillement dans ce paysage désolé, les 9 heures suivantes pourront vous sembler longuettes si vous ne descendez pas en chemin.

VÉLO

De toutes les pistes de l'intérieur, Kjölur est probablement la plus adaptée au vélo. Tim Moore livre un témoignage humoristique de son expérience dans *Frost on My Moustache*.

Notez que, l'été, les bus réguliers qui circulent sur la piste de Kjölur peuvent transporter des vélos (4 000 ISK) sur réservation.

VOITURE

La piste de Kjölur ou route 35 (à ne pas confondre avec la F35) est une piste de montagne : s'il est techniquement possible de l'emprunter au volant d'un véhicule ordinaire, cela n'est pas autorisé (des panneaux vous avertissent clairement !). Les agences de location interdisent formellement d'emprunter cet itinéraire avec leurs véhicules ordinaires (certains nids-de-poule/ornières sont presque assez profonds pour engloutir une petite voiture, vous risquez d'endommager le châssis et le trajet serait lent et cahoteux). Vous serez tenu responsable de toute détérioration.

Les conducteurs de 4x4 n'auront pas de problèmes. Si vous avez une voiture de tourisme et souhaitez avoir un aperçu des hautes terres, sachez que les premiers 14 km de la piste (au nord de Gullfoss) sont asphaltés.

Hvítárvatn

Le lac bleu pâle de Hvítárvatn (prononcé *kvi*-tôr-vatn), à 35 km au nord-est de Gullfoss, est la source de la rivière glaciaire Hvítá. C'est une destination prisée des agences de rafting de Reykjavík. Une langue du Langjökull, la seconde plus grande calotte glaciaire d'Islande, plonge dans le lac et forme des icebergs, qui ajoutent à la beauté du site.

Pour venir en bus, descendez au carrefour de Hvítárnes et longez la piste de 4x4 sur 8 km jusqu'au refuge.

Kerlingarfjöll

Jusque dans les années 1850, les Islandais croyaient que cette chaîne de montagnes abritait de dangereux hors-la-loi. On pensait qu'ils vivaient dans une vallée isolée, au cœur du massif de 150 km². Si forte était cette croyance qu'il fallut attendre le milieu du XIXe siècle pour que quelqu'un s'aventure dans le Kerlingarfjöll, lequel ne fut entièrement exploré qu'en 1941 par l'association Ferðafélag Íslands.

Le paysage bigarré et spectaculaire est entrecoupé de pics et d'arêtes déchiquetés. Le plus haut sommet, le Snækollur (1 477 m) est parcouru par des sources thermales. La vallée de **Hveradalir**, une zone géothermique fumante et nervurée, est l'un des plus beaux sites.

Le Kerlingarfjöll est à 10 km de la route 35 sur la route F347. Le bus s'y arrête.

Il n'y a pas de pompe à essence au Kerlingarfjöll Highland Centre (bien qu'une icône figurant sur quelques cartes et panneaux laisse penser le contraire).

Activités

Une marche de 5 km, superbe mais difficile, grimpe du Kerlingarfjöll Highland Centre au secteur géothermique de **Hveradalir** à travers des paysages colorés. Renseignez-vous sur les conditions avant de partir – la boue rend souvent le sentier trop dangereux jusqu'à la mi-juillet. La plupart des visiteurs préfèrent rejoindre en voiture le parking du mont Keis, situé à 15 minutes de route. De là, Hveradalir n'est plus situé qu'à une courte marche en descente (abrupte).

Où se loger et se restaurer

Si vous transportez des provisions, vous pourrez les cuisiner au Kerlingarfjöll Highland Centre. Sinon, un petit restaurant propose un petit-déjeuner buffet (2 200 ISK), des sandwichs et des soupes durant la journée, et des plats simples et savoureux le soir (ragoût de poisson, saumon au four, soupe d'agneau).

Kerlingarfjöll Highland Centre GUESTHOUSE €€
(été 664 7878, toute l'année 664 7000 ; www.kerlingarfjoll.is ; empl 2 000 ISK/pers, d avec sdb et petit-déj 32 850 ISK ; mi-juin à mi-sept ;). Ce superbe centre d'accueil isolé rassemble un vaste choix d'hôtels, de refuges et de chalets, avec différents types de salles de bains et de couchages (option duvet 5 900-7 900 ISK). Il dispose également d'un camping, d'une cuisine équipée d'ustensiles de base, d'un restaurant simple (plats dîner 3 100-3 800 ISK) et de *hot pots* naturels. L'équipe gère aussi deux refuges de montagne, ce qui permet de faire une boucle de 3 jours dans le secteur.

Hveravellir

La réserve naturelle de Hveravellir, située à mi-chemin entre Gullfoss au sud et la route circulaire au nord, est appréciée pour sa zone géothermique avec fumerolles et sources thermales. Elle compte parmi ses bassins, le Bláhver, d'un bleu scintillant ; l'Öskurhólshver (prononcé *eusk*-ur-hôls-kver), qui émet un jet continu de vapeur ; et un magnifique **bassin** artificiel. Une autre source thermale, l'Eyvindurhver, doit son nom au hors-la-loi Fjalla-Eyvindur : Hveravellir aurait été l'une de ses nombreuses cachettes dans les hautes terres.

Tous les usagers du parking, des toilettes et des douches devront s'acquitter de 500 ISK de frais de service.

Hveravellir REFUGE €
(été 452 4200, toute l'année 894 1293 ; www.hveravellir.is ; empl 1 900 ISK/pers, dort 7 500 ISK, ch avec petit-déj 28 500 ISK ; juin-sept, appelez en avance oct-mai ;). L'"Old Hut", équipé d'une cuisine, peut loger jusqu'à 30 personnes en dortoir (location de draps 2 000 ISK). Le "New Hut" loue des chambres privées (28 800 ISK) avec salle de bains commune, mais ne dispose pas de cuisine. Le Hveravellir propose également une aire de camping et un café-boutique sans chichis. Le personnel, aimable, vous conseillera sur les sentiers des environs. Il gère aussi le refuge d'Áfangi, situé environ 38 km au nord, près du lac artificiel de Blöndulón.

Le petit café (ouvert de 7h à 22h) sert le petit-déjeuner (1 800 ISK), ainsi que des soupes, des sandwichs, des pâtisseries et des plats chauds (2 900-3 100 ISK), notamment du poisson cuit au four et du poulet accompagné de pommes de terre. Le Wi-Fi est payant.

PISTE DE SPRENGISANDUR

Pour les Islandais, le nom de Sprengisandur évoque des hors-la-loi, des fantômes et de longs cortèges de moutons dans un paysage désolé. La piste de Sprengisandur (F26), la plus longue d'Islande sur un axe nord-sud, traverse d'inquiétantes landes désertiques.

La Sprengisandur est ponctuée de panoramas splendides sur le Vatnajökull, le Tungnafellsjökull et le Hofsjökull, ainsi que l'Askja et le Herðubreið. Une piste plus ancienne, aujourd'hui abandonnée, court à quelques kilomètres à l'ouest.

La piste

La piste de Sprengisandur part de la route 842, près de Goðafoss, dans le nord-ouest de l'Islande. Après 41 km, on passe sous un portail métallique rouge ; c'est là que démarre la F26. Un panneau présente les sites et points d'intérêt de l'itinéraire ; 1 km plus loin, vous atteindrez l'une des plus belles cascades d'Islande, l'Aldeyjarfoss (p. 316). L'eau dévale de la falaise dans une gorge étroite, bordée d'orgues basaltiques caractéristiques. Un peu plus loin, vous découvrirez les chutes multiples de la **Hrafnabjargafoss** (F26) – il faut prendre la bifurcation comme indiqué et parcourir 1 km.

Après la cascade, la piste continue sur 240 km vers le sud-ouest à travers un territoire inhospitalier jusqu'à la vallée de Þjórsárdalur. Il existe deux autres itinéraires pour rejoindre Sprengisandur ; tous deux sont reliés à la route principale à mi-chemin.

Depuis l'Eyjafjörður Du nord, la F821 (voie d'accès à l'Eyjafjörður), qui part du sud de l'Eyjafjörður (au sud d'Akureyri), rejoint l'itinéraire venant du Skagafjörður à Laugafell.

Depuis le Skagafjörður Du nord-ouest, la F752 (voie d'accès au Skagafjörður), longue de 81 km, relie le sud du Skagafjörður (la ville la plus proche est Varmahlíð sur la route circulaire) à la piste de Sprengisandur. Les routes se rejoignent près du lac de Fjórðungsvatn (prononcé *fyorz*-ungs-vatn), à 20 km à l'est de Hofsjökull.

La piste principale ouvre en général à partir de début juillet.

Depuis/vers la piste de Sprengisandur

BUS

En juillet et août, Reykjavík Excursions (www.re.is/iceland-on-your-own) propose 2 services sur la piste de Sprengisandur (la mise en service coïncide avec la date d'ouverture des routes).

Reykjavík Excursions gère les bus n°14 Landmannalaugar-Mývatn et n°14a Mývatn-Landmannalaugar (1/sem, trajet complet 10 heures, 16 100 ISK). Ce service régulier sert aussi de bus touristique – longs arrêts à Nýidalur, Aldeyjarfoss et Goðafoss.

Les bus réguliers transportent les vélos (4 000 ISK) sur la piste de Sprengisandur.

VOITURE

Seuls les 4x4 à suspensions rehaussées (Super-Jeep) peuvent emprunter la piste de Sprengisandur ; de grandes rivières barrent la route. Même si vous avez loué un 4x4, vous serez tenu responsable par l'agence en cas de dommage causé par une traversée à gué. Si vous n'avez pas l'habitude de ce type de conduite, abstenez-vous.

Il n'y a aucune station-service le long de la piste. Hrauneyjar est à 240 km de Goðafoss ; soyez prévoyant.

Les stations-service les plus proches sont à Akureyri (en venant de l'Eyjafjörður), à Varmahlíð (en venant du Skagafjörður) ou à Fosshóll, près de Goðafoss (en venant du nord par la route principale via Bárðardalur). Vous trouverez du carburant à Hrauneyjar si vous arrivez du sud.

Laugafell

Principal site en venant du Skagafjörður, le Laugafell, une montagne haute de 879 m, comporte quelques sources thermales sur son versant nord-ouest. On trouve dans les environs un refuge de randonneurs doté d'une piscine naturelle chauffée par géothermie.

Refuge de Laugafell REFUGE €

(☎462 2720, juil-août 822 5192 ; www.ffa.is ; N 65°01.630', O 18°19.950' ; empl 2 000 ISK/pers, dort 7 500 ISK ;). Proche de Laugafell, le refuge de Ferðafélag Akureyrar, compte 35 lits, une cuisine et une magnifique piscine naturelle chauffée par géothermie. Un gardien est présent en juillet et août.

Depuis/vers Laugafell

Laugafell est situé à la fois près de la voie d'accès au Skagafjörður (à 93 km par la route 752 et la F752) et de la voie d'accès à l'Eyjafjörður (à 87 km au sud d'Akureyri via la route 821 et la F821) en direction de la piste de Sprengisandur.

Il n'est pas possible d'y accéder en bus.

Des agences d'Akureyri, dont The Traveling Viking (p. 307), organisent des excursions en 4x4 d'une journée dans la région.

TERRITOIRES HORS LA LOI

Traditionnellement en Islande, les proscrits perdaient tous leurs droits, et leurs ennemis pouvaient les tuer sans conséquence. De nombreux *útilegumenn* (hors-la-loi), tel Eiríkur Rauðe (Erik le Rouge), s'exilèrent à l'étranger. D'autres se réfugièrent dans les montagnes et les vallées de l'arrière-pays, où rares étaient ceux à oser les poursuivre.

Quiconque pouvait survivre une année entière dans ces déserts désolés devait être hors du commun. Les hors-la-loi islandais étaient crédités de toutes sortes d'exploits terribles, et la population craignait ces territoires inhospitaliers, considérés comme le repaire du Mal. Les *útilegumenn* vinrent ainsi grossir les rangs des géants et des trolls, et enrichir les récits populaires, comme la fantastique *Saga de Grettir*.

Un hors-la-loi devint le sujet de quantité de légendes. Fjalla-Eyvindur ("Eyvindur des montagnes"), un charmant et incorrigible voleur du XVIIIe siècle, s'enfuit dans les hautes terres avec son épouse et continua à se faire des ennemis en volant des moutons pour survivre. Dans toute la région, vous verrez des abris et des cachettes où il se serait terré, et entendrez des récits sur sa capacité à survivre dans des conditions extrêmes tout en gardant une longueur d'avance sur ses poursuivants.

Nýidalur

Le Nýidalur (également appelé Jökuldalur), le massif juste au sud de la calotte glaciaire de Tungnafellsjökull, fut découvert par un voyageur égaré en 1845. Avec un camping, des refuges et de belles randonnées, c'est l'étape la plus appréciée des voyageurs sur la piste de Sprengisandur. À environ 100 km de Hrauneyjar.

Apportez des provisions de bouche. Le refuge a une cuisine (avec casseroles et ustensiles). Attention : les campeurs n'ont pas accès aux installations.

Un **ranger du parc national du Vatnajökull** (☎842 4377 ; www.vjp.is ; ⊙juil-août) est présent l'été.

Refuge de Nýidalur REFUGE €
(☎juil-août 860 3334 ; www.fi.is ; N 64°44.130', O 18°04.350' ; empl 2 000 ISK/pers, dort 9 500 ISK). Avec un camping, deux refuges (79 lits) et de nombreux sentiers, Nýidalur tient d'une halte agréable lors d'un voyage à Sprengisandur. Les refuges disposent de cuisines et de douches (500 ISK) ; un gardien est présent en juillet-août. Il est indispensable de réserver. Les installations du refuge ne sont pas ouvertes aux campeurs.

ℹ Depuis/vers Nýidalur

Parmi les deux rivières, celle à 500 m du refuge peut être difficile à franchir, même avec un 4x4. Renseignez-vous sur place sur l'état de l'itinéraire.

Les services de bus réguliers de la piste de Sprengisandur s'arrêtent ici.

Lac de Þórisvatn

Avant que la rivière Kaldakvísl ne soit déviée vers le Þórisvatn (Thórisvatn, prononcé *zor*-is-vatn), suite aux aménagements hydroélectriques sur la rivière Tungnaá, dans le Sud-Ouest, le lac avait déjà une superficie de 70 km². Il s'agit désormais d'un des plus grands lacs du pays (85 km²).

Le lac se trouve à 11 km au nord-est de la jonction entre la route F26 et la piste de Fjallabak (F208). Les restaurants les plus proches sont ceux du complexe de Hrauneyjar, au sud-ouest du lac.

Veiðivötn

Réputée pour la pêche à la truite, la splendide région des Veiðivötn (prononcé *vi*-zi-veutn), au nord-est de Landmannalaugar (p. 160), est un enchevêtrement de petits lacs dans un bassin volcanique désert, un prolongement de la fissure qui a formé le Laugahraun, dans la réserve naturelle de Fjallabak.

Les hébergements de Hrauneyjar sont à environ 30 km. L'été, on trouve sur place des refuges et un camping rudimentaires (duvet 3 500 ISK, empl 4000 ISK), ainsi que des permis de pêche – consultez la page www.veidivotn.is ou envoyez un e-mail (ampi@simnet.is). Des permis de pêche pour les lacs situés plus au sud sont en vente à Landmannahellir.

Vous devrez être totalement autonome ; apportez vos provisions.

On accède aux Veiðivötn via la F228, à l'est de Hrauneyjar.

Hrauneyjar

Contre toute attente, au milieu des champs de lave et des éboulis qui s'étendent à l'ouest du Þórisvatn, dans la région de Hrauneyjar, vous tomberez sur une pension et un hôtel ouverts toute l'année. Situés au croisement de la piste de Sprengisandur (F26) et de la F208 vers Landmannalaugar, ils sont pratiques pour explorer la région, sillonnée de sentiers balisés.

Un **ranger du parc national du Vatnajökull** (☎ 842 4376 ; www.vjp.is ; ⌚ 9h-17h mi-juin à août) est présent l'été.

Les hébergements de Hrauneyjar sont coûteux mais très demandés, du fait de la proximité du Landmannalaugar.

Il n'y a pas de cuisine au Highland Center. Celui-ci compte en revanche deux restaurants et vend quelques produits de base. Faites malgré tout le plein de provisions avant d'arriver.

Highland Center Hrauneyjar HÔTEL **€€€**
(☎ 487 7782 ; www.thehighlandcenter.is ; route 26 ; d/tr avec petit-déj à partir de 24 900/38 800 ISK, app 53 500 ISK ; @ 📶 ♿). Hrauneyjar abrite une pension sobre proposant de petites chambres et l'option duvet (13 400 ISK), avec restaurant (plats 1 900-5 800 ISK) sur place. À environ 1,4 km de là, se trouve un complexe doté de chambres plus spacieuses et luxueuses, d'un bar et d'un restaurant gastronomique assez chic, d'un *hot pot* et d'un sauna ; d'octobre à mai, il accueille les groupes de 8 personnes minimum.

On trouve essence et gasoil au Highland Center. En venant de l'ouest par la route 32 (qui bifurque de la route 30 entre Selfoss et Flúðir), une route asphaltée mène à Hrauneyjar. On peut aussi arriver par la route 26, qui quitte la route circulaire près de Hella.

Les bus qui empruntent la piste de Sprengisandur passent à Hrauneyjar.

PISTE D'ASKJA

La superbe piste d'Askja (Öskjuleið) traverse les hautes terres bigarrées jusqu'au Herðubreið (1 682 m), la "Reine des montagnes" chère au cœur des Islandais, et l'immense caldeira d'Askja, la grande merveille de la région.

Principale route d'accès, la F88 part de la route circulaire à 32 km à l'est du Mývatn. On peut aussi accéder à l'Askja plus à l'est, via les routes F905 et F910 (près de Möðrudalur), où les passages à gué sont moins périlleux.

La piste

La route F88 quitte la route circulaire au niveau du **Hrossaborg**, un cratère en forme d'amphithéâtre vieux de 10 000 ans – il a servi de décor au film de science-fiction *Oblivion* (de Joseph Kosinski ; 2013), avec Tom Cruise. La F88, plate sur la majeure partie du trajet, longe la rive ouest de la rivière glaciaire Jökulsá á Fjöllum, serpente à travers un désert de téphra, puis sinue dans l'**Ódáðahraun** (prononcé *o-dô-za-royn* ; littéralement "champ de lave des Criminels"), un champ de lave accidenté de 4 400 km^2.

Il faut ensuite traverser deux rivières, dont l'une submerge régulièrement les petites Jeeps. Renseignez-vous sur les conditions avant de partir.

Après un long parcours à travers des paysages hypnotiques – des plaines érodées par la lave et les inondations – on atteint l'oasis verdoyante de **Herðubreiðarlindir**, au pied du **Herðubreið**. La route se dirige alors vers l'ouest à travers des dunes et des coulées de lave reculées, dépasse la **gorge de Drekagil** et ses refuges et grimpe à flanc de colline vers l'Askja, où vous laisserez votre voiture pour rejoindre à pied la **caldeira**, à 2,5 km.

Notez qu'en accédant à Askja via les routes F905 et F910 (près de Möðrudalur), les passages à gué sont plus fiables. Mieux vaut toutefois s'en assurer avant de partir.

Activités

Pour les randonneurs indépendants, le site Internet de Ferðafélag Akureyrar (www.ffa.is) décrit le **sentier de l'Askja** (Öskjuvegurinn en islandais). Cet itinéraire du FFA, sur lequel on trouve des refuges dans l'Ódáðahraun, part de Herðubreiðarlindir et va jusqu'à la ferme de Svartárkot, dans la vallée supérieure de Bárðardalur (prononcé *bôr*-zar-dalur ; route 843). Les lits dans les refuges doivent être réservés bien à l'avance auprès de FFA. Consultez le site Internet.

Le site du parc national (www.vatnajokulsthjodgardur.is) affiche également des renseignements sur les randonnées.

Il est recommandé aux marcheurs indépendants au long cours d'informer les *rangers* et de consigner leur itinéraire sur www.safetravel.is ; lorsque vous faites étape dans un refuge, indiquez aussi votre parcours dans le livre d'or.

Pour le transport, les randonneurs indépendants peuvent s'adresser à Mývatn Tours (p. 386) ou Fjalladýrð. Ils pourront vous déposer à un refuge et vous récupérer quelques jours plus tard.

Circuits organisés

Plusieurs tour-opérateurs proposent des circuits en Super-Jeep à Askja, de mi-juin (quand la route ouvre) à septembre/octobre (aussi tard que le temps le permet).

D'Akureyri, le trajet est vraiment long (jusqu'à 15 heures). Partez plutôt de Reykjahlíð, près du Mývatn (comptez quand même 11 à 12 heures), ou, encore mieux, de Möðrudalur (9 à 10 heures). Si vous préférez un rythme moins soutenu (et souhaitez découvrir le calme absolu des soirées dans les hautes terres), optez pour un circuit de 2 jours.

Pour tous les circuits, vous devrez apporter ou commander votre pique-nique et de l'eau. Certains opérateurs font halte pour un café en fin d'après-midi à Möðrudalur, d'autres poursuivent plus au sud jusqu'au nouveau champ de lave de Holuhraun. Prenez un maillot de bain et une serviette pour un plongeon dans le cratère du Víti, à Askja.

Avec le développement du tourisme, la plupart des tour-opérateurs organisent davantage d'excursions dans les hautes terres, dont des circuits sur mesure de plusieurs jours, des randonnées guidées et des expéditions en 4x4 vers des sites naturels moins connus. Ils proposent aussi plus de circuits en hiver (à bord d'énormes Super-Jeeps insensibles aux intempéries ou de motoneiges).

Consultez les sites Internet des tour-opérateurs pour des tarifs et un choix de circuits actualisés, et des conseils sur le matériel à prévoir.

Fjalladýrð EN JEEP, À PIED
(☎ 471 1858 ; www.fjalladyrd.is ; route 901, Möðrudalur). Basés à la ferme de Möðrudalur, sur la route 901, ces guides locaux chevronnés sont idéalement situés pour les circuits à Askja (36 000 ISK) via la F905 et la F910. D'autres circuits passent par Askja et Kverkfjöll (un peu plus d'une journée/2 jours 44 000/72 000 ISK) ou conduisent au sommet du Herðubreið (36 000 ISK). Hébergement (p. 326) et restauration (p. 326) de qualité, juste au départ des circuits.

PAYSAGES LUNAIRES

Si le sable gris à perte de vue et les formations déchiquetées du désert de lave d'Ódáðahraun vous semblent surnaturels, vous ne serez pas surpris d'apprendre que les astronautes de la NASA de la mission *Apollo* y sont venus deux fois pour suivre un entraînement géologique dans les années 1960 (près de Drekagil, au sud de la F910, à l'est d'Askja).

Geo Travel EN JEEP
(☎ 864 7080 ; www.geotravel.is). Une excellente petite agence, gérée par deux Islandais de la région. Excursions en petit groupe à la journée au départ de Reykjahlíð et à destination d'Askja et de Holuhraun (34 900 ISK). Circuit de 2 jours à Holuhraun, Askja et Kverkfjöll également (le tarif dépend du nombre de participants).

Wild Boys RANDONNÉE
(☎ 896 4334, 864 7393 ; www.wildboys.is). Randonnées au départ d'Egilsstaðir, principalement dans l'est des hautes terres, notamment à Kverkfjöll et au Snaefell. Réservez un trek de plusieurs jours (par exemple un circuit de 3 jours à Kverkfjöll, pour 129 900 ISK) via le site www.traveleast.is.

Ferðafélag Akureyrar RANDONNÉE
(Touring Club d'Akureyri ; FFA ; carte p. 304 ; ☎ 462 2720 ; www.ffa.is ; Strandgata 23, Akureyri). Deux fois par an (en été), il organise une randonnée de 5 jours d'un refuge à un autre (85 000 ISK/pers) sur le sentier de l'Askja. Consultez la page "*Touring Program*" sur son site. Programme en islandais ; cherchez "Öskjuvegur" en juillet-août pour trouver les dates.

Saga Travel EN JEEP, EN BUS
(☎ 558 8888 ; www.sagatravel.is). Un prestataire fiable proposant tous les jours un circuit en bus au départ d'Akureyri et du Mývatn (Akureyri/Mývatn 34 900/24 900 ISK – notez que le départ d'Akureyri est fixé à 6h30 et que le trajet peut durer jusqu'à 16 heures). Également un circuit en Super-Jeep au départ du Mývatn (34 900 ISK) et des circuits privés de plusieurs jours.

Jeep Tours EN JEEP
(☎ 898 2798 ; www.jeeptours.is ; Egilsstaðir). Des circuits uniques depuis Egilsstaðir, dans

LES PLUS GRANDES PISTES DES HAUTES TERRES

Piste de Kjölur (route 35/F35). Route nord-sud traversant le pays. Desservie par des bus en été. Pas de rivière à traverser à gué.

Piste de Sprengisandur (route 26/F26). Route nord-sud traversant le pays. Desservie par des bus en été.

Piste d'Askja (Öskjuleið ; route F88 ou F905/910). Accès depuis le nord de l'Islande à la caldeira d'Askja, au mont Herðubreið et au nouveau champs de lave de Holuhraun. Empruntée par de nombreux tour-opérateurs, en particulier au départ de Mývatn.

Piste de Kverkfjöll (routes F905, F910, puis F902). Accès depuis le nord ou l'est de l'Islande aux grottes de glace de Kverkfjöll et au glacier de Kverkjökull. Quelques agences passent par cet itinéraire.

Landmannalaugar Le fameux trek du Laugavegurinn, la réserve naturelle de Fjallabak, dans le Sud-Ouest, et le Snæfell, à l'est, réservent de belles surprises.

l'est de l'Islande – les autres prestataires rejoignent Askja par le nord. Excursions d'une journée à Askja (46 500 ISK), Kverkfjöll (46 500 ISK) et dans l'est des hautes terres. Vous suivrez la route 910 (goudronnée) jusqu'au barrage de Kárahnjúkar, puis emprunterez des pistes de 4x4 moins connues.

Fjallasýn EN JEEP, EN BUS
(☎464 3941 ; www.fjallasyn.is). Circuits quotidiens à Askja (24 900 ISK), en bus et en Jeep, au départ de Reykjahlíð. Également de nombreuses excursions dans l'intérieur des terres (notamment un circuit de 2 jours à Kverkfjöll sur demande) et des randonnées guidées de plusieurs jours. Possibilité de démarrer à Húsavík, où est basée l'agence.

North Travel EN BUS
(☎566 4000 ; www.northtravel.is). Un circuit prisé et hebdomadaire de 3 jours Askja-Kverkfjöll-Vatnajökull (via Holuhraun), de début juillet à août, en partenariat avec la compagnie de bus SBA-Norðurleið. Départ tous les lundis d'Akureyri, avec arrêt à Akureyri et au Mývatn pour prendre des passagers. Comptez 58 500 ISK, transport et services du guide compris – nourriture et hébergement en sus (les places en refuge sont réservées).

Mývatn Tours EN BUS
(☎464 1920 ; www.askjatours.is ; Mývatn). Circuits en bus tout-terrain, tous les jours de fin juin à début septembre (23 000 ISK) au départ de Reykjahlíð, ainsi que d'autres formules. La meilleure option pour les randonneurs qui veulent être déposés dans la région et reprendre le bus un autre jour.

ℹ Renseignements

Askja est située dans le vaste parc national du Vatnajökull. Vous trouverez sur le site Web du parc (www.vjp.is) des informations utiles et de bonnes cartes recensant les sentiers du secteur.

Un poste de *rangers* du parc national est installé à Drekagil (☎842 4357) en été. Les visiteurs y trouveront des renseignements.

ℹ Depuis/vers la piste d'Askja

Aucun transport public ne circule le long de la piste d'Askja, mais les circuits organisés ne manquent pas. Sinon, louez une Super-Jeep pour pouvoir conduire sur les rochers (demandez conseil aux habitants pour le passage des rivières à gué). La piste ouvre habituellement en juin (milieu ou fin du mois).

Si vous avez rejoint Askja par la F88, repartez par la F910/F905 (le passage des rivières est plus facile) pour éviter de revenir par le même itinéraire. Autres options : d'Askja, prenez vers l'est en direction d'Egilsstaðir, ou vers l'ouest en direction de Sprengisandur, via la piste de Gæsavatnaleið (F910 ouest) très ardue et réservée aux Super-Jeeps (renseignez-vous sur place sur l'état de la piste). Pour rejoindre Kverkfjöll, suivez la F910 vers l'est, puis la F902 vers le sud.

Attention : il n'y a aucune station-service le long de la piste. Les plus proches sont à Möðrudalur (90 km d'Askja) et Mývatn (120 km d'Askja).

Herðubreiðarlindir

L'oasis de Herðubreiðarlindir, une réserve riche en mousses, en angéliques et en épilobes à feuilles larges (fleur rose violacé de l'Arctique), a été créée par des sources naissant sous la coulée de lave de l'Ódáðahraun. Elle offre une vue superbe sur le Herðubreið (à condition que vous ne trouviez pas un épais brouillard ou une tempête de sable).

Herðubreiðarlindir compte un charmant refuge doublé d'un camping, ainsi qu'un poste de *rangers* l'été. Derrière le refuge, on découvre une autre cachette de Fjalla-Eyvindur : le hors-la-loi aurait vécu dans ce trou durant l'hiver 1774-1775, se nourrissant de racines d'angélique et de viande de cheval crue conservée sur le toit de sa cachette pour retenir la chaleur, et buvant l'eau du ruisseau qui coulait au fond.

Le refuge et le camping de Þorsteinsskáli, très courus, affichent un paysage plus vert et plus accueillant que ceux de Drekagil.

Pas de magasin d'alimentation ; apportez vos provisions.

Refuge de Þorsteinsskáli REFUGE €
(☎822 5191 ; www.ffa.is ; N 65°11.544', O 16°13.360' ; empl/dort 2 000/7 500 ISK). La verdoyante Herðubreiðarlindir abrite un point d'information tenu par des gardiens en été, un camping, et ce confortable lodge de 30 lits, avec douches (500 ISK) et cuisine. Il est impératif de réserver.

Herðubreiðarlindir se trouve à environ 60 km du Hrossaborg, à la pointe nord de la route F88 ; il faut parcourir encore 35 km pour rejoindre Drekagil.

Herðubreið

Pour les Islandais, le Herðubreið (prononcé *hair*-ze-brez) est la "Reine des montagnes" (1 682 m). La majestueuse Herðubreið (littéralement "large d'épaules") est en effet le sommet le plus caractéristique du pays, visible à des kilomètres à la ronde. Il apparaît à maintes reprises dans l'œuvre des poètes et des peintres islandais, subjugués par sa beauté.

Il s'agit d'un mont *móberg*, formé par des éruptions volcaniques sub-glaciaires. Si la glace du Vatnajökull devait soudainement disparaître, le Grímsvötn et le Kverkfjöll ressembleraient au Herðubreið.

Le refuge et le camping qui servent de base pour visiter le Herðubreið sont situés non loin, à Herðubreiðarlindir.

Drekagil

La gorge de Drekagil ("gorge du Dragon"), à 35 km au sud-ouest du Herðubreið, doit son nom à la formation rocheuse (en forme de dragon) qui la surplombe. Un sentier grimpe en zigzags le long de la **gorge** (derrière les refuges de Dreki) et conduit à une imposante cascade uniquement accessible lorsque la rivière est suffisamment basse.

Vous pouvez aussi parcourir à pied (ou en voiture) la piste balisée de 8 km qui grimpe vers Askja. Un sentier de 20 km mène au refuge de Bræðrafell (prononcé *bri*-zrafetl) ; renseignez-vous préalablement auprès des *rangers* de Dreki, car le refuge est souvent fermé.

Les refuges de Dreki constituent une base idéale pour explorer le secteur ; pour utiliser

À L'ASSAUT DU HERÐUBREIÐ

Pour gravir le Herðubreið, une carte topographique ne vous sera pas d'une grande utilité. Malgré la beauté placide de la "Reine des montagnes", l'ascension peut se révéler coriace, frustrante et dangereuse sans une bonne préparation. Au printemps, quand les températures commencent à remonter, les chutes de pierres modifient les sentiers et la topographie. À cause des nuages qui enveloppent la montagne, il est souvent difficile de s'orienter. Un GPS est indispensable, ainsi qu'un casque, des crampons et un piolet (il faut aussi savoir s'en servir...).

L'ascension du Herðubreið était autrefois réputée impossible. Finalement, la première ascension eut lieu en 1908. Quand les conditions sont optimales, l'été, il est possible de gravir la montagne en une (longue) journée. Au départ du refuge de Þorsteinsskáli, un chemin balisé de 12 km fait le tour du Herðubreið jusqu'au départ du sentier qui serpente de la base du flanc ouest jusqu'au sommet. Ne vous méprenez pas : il s'agit d'une randonnée exigeante. En raison des risques de chutes de neige, d'éboulements, de glissements de terrain et de mauvais temps, il est indispensable de prévoir du matériel d'alpinisme adapté.

N'y allez pas seul, soyez prêt à affronter une météo exécrable et faites part de votre intention aux gardiens de Herðubreiðarlindir. L'ascension peut se faire dans le cadre d'un circuit – Fjalladýrð, à Möðrudalur, en organise.

les installations (salle de bains, etc.), comptez 500 ISK par jour et par personne.

Un **poste de rangers** (☎842 4357 ; ⏲8h-19h) s'installe à Drekagil l'été.

Il n'y a pas de magasin d'alimentation. Apportez votre propre nourriture.

Refuges de Dreki REFUGES €
(Askja Camp ; ☎822 5190 ; www.ffa.is ; N 65°02.503', O 16°35.690' ; empl/dort 2 000/8 500 ISK par pers ; ⏲mi/fin juin à déb sept). Ces refuges tenus par Ferðafélag Akureyrar (Touring Club d'Akureyri) et gardés peuvent loger jusqu'à 60 personnes. Ils comprennent des douches, une cuisine et un point d'information des *rangers* (8h-19h). Le camping est autorisé, mais le vent (chargé de poussière) et le froid peuvent être oppressants (le site de Herðubreiðarlindir, à 35 km, est plus confortable).

Les refuges de Dreki et le camping attenant sont prisés. Réservez votre couchage.

Depuis/vers Drekagil

Depuis Drekagil, une route de 8 km mène au parking d'Askja. Un sentier pittoresque de 2,5 km traverse ensuite les champs de lave de la caldeira jusqu'au lac.

À Drekagil, la piste de Gæsavatnaleið (prononcé *gi*-sa-vatna-leiz ; F910) quitte la piste d'Askja pour traverser de vastes étendues. Elle rejoint la piste de Sprengisandur à Nýidalur, à 125 km. Cet itinéraire, qui implique plusieurs passages de rivière, est réservé aux gros 4x4. En empruntant la F910 vers l'est, vous atteindrez la F902 en direction de Kverkfjöll.

Askja

Askja, superbe et isolée, est la principale destination des circuits du nord-est des hautes terres. De fait, cette immense caldeira de 50 km² est incontournable : en pénétrant sur ce site multicolore et bordé de neige, vous aurez peine à imaginer quelles forces titanesques présidèrent à sa formation.

La couleur saphir du **lac Öskjuvatn**, au cœur de la dépression, est inoubliable. Elle contraste avec les eaux d'un bleu laiteux du petit **cratère du Víti** jouxtant la caldeira.

Bien que l'eau soit un peu fraîche (environ 22°C actuellement), la baignade dans le lac du Víti fait partie des charmes d'une excursion à Askja (certains se passent de maillot de bain). Cette marche facile peut devenir de difficulté moyenne pendant la fonte des neiges et si la météo est mauvaise.

Des balades gratuites (1 heure) guidées par un *ranger* partent du parking d'Askja tous les jours à 13h de mi-juillet à mi-août.

Où se loger et se restaurer

Les refuges de Dreki et le camping de Drekagil constituent les bases les plus proches. On trouve aussi un refuge et un camping dans le secteur fertile et hospitalier de Herðubreiðarlindir.

Pas de magasin d'alimentation ; apportez vos provisions. Vous pourrez pique-niquer près des refuges de Dreki, ou vous asseoir sur les rives du lac Öskjuvatn par beau temps.

ET LA CALDEIRA FUT

Le cataclysme qui forma le lac de la caldeira d'Askja (et le cratère du Víti) se produisit en 1875, quand le volcan projeta 2 km³ de téphras, avec une force telle que des débris atteignirent l'Europe continentale. Les cendres de l'éruption empoisonnèrent de nombreuses têtes de bétail en Islande du Nord, provoquant une vague d'émigration aux États-Unis. Le volcan n'est pas éteint et une telle catastrophe pourrait se reproduire.

Après l'éruption initiale, l'effondrement d'une des chambres magmatiques généra un cratère de 11 km², à 300 m sous le bord du cratère d'explosion d'origine. Cette nouvelle dépression se remplit d'eau et devint le lac Öskjuvatn, le deuxième d'Islande en profondeur (220 m).

Durant l'éruption, un évent proche du coin nord-est du lac explosa et forma le cratère du Víti, dont l'eau est chauffée par la géothermie. Il y a un autre cratère du Víti ("enfer" en islandais) à Krafla, près de Mývatn.

En 1907, les chercheurs allemands Max Rudloff et Walther von Knebel canotaient sur le lac quand ils disparurent ; leurs corps ne furent jamais retrouvés. Des courants et des tourbillons furent évoqués ; néanmoins, le mauvais état du bateau et l'eau glacée peuvent facilement expliquer leur mort. Un cairn et une plaque commémorative dédiés aux deux hommes se dressent au bord de la caldeira.

LE RÉVEIL DU BÁRÐARBUNGA

Le 16 août 2014, des détecteurs ont constaté une augmentation de l'activité sismique sur et autour du volcan Bárðarbunga, l'un des nombreux volcans enfouis sous la calotte glaciaire du Vatnajökull. Cet immense système volcanique s'étend sous la partie nord-ouest de la calotte glaciaire.

Le magma dans la caldeira du Bárðarbunga a formé une lame de roche magmatique sous un glacier émissaire, le Dyngjujökull. Le 29 août, une fissure éruptive, avec de spectaculaires fontaines de lave, est apparue à Holuhraun, un champs de lave vieux de 200 ans à 5 km du bord du Dyngjujökull.

L'éruption s'est poursuivie pendant près de 6 mois, devenant ainsi l'éruption la plus importante d'Islande depuis 230 ans. Les chiffres sont impressionnants : le nouveau champ de lave basaltique s'étend sur 85 km^2, mesure de 10 à 14 m d'épaisseur et pèse aussi lourd qu'un troupeau de 600 millions d'éléphants. La lave était à 1 180°C en atteignant la surface. La rivière et la terre alentour sont encore en pleine évolution.

ℹ Depuis/vers Askja

Depuis Drekagil, une route de 8 km rallie le parking d'Askja (doté de nouvelles toilettes sèches). De là, un sentier pédestre pittoresque de 2,5 km traverse la caldeira (difficulté faible à moyenne, en fonction de la fonte des neiges et des conditions météo) et les champs de lave jusqu'au cratère du Víti et au lac.

Holuhraun

Ce champ de lave récent s'est formé en 2014-2015. Un vol panoramique permet d'en apprécier l'étendue. Holuhraun est accessible par la route depuis Drekagil : suivez les panneaux indiquant le parking, puis le sentier balisé qui permet de marcher sur une petite portion de lave (elle est fragile, tranchante et inégale : prudence). Au point d'accès au champ, on remarque aisément la délimitation entre l'ancien champ de lave et le nouveau, ainsi que l'interaction entre la rivière et la lave.

Les *rangers* de Drekagil vous renseigneront sur le site et vous rappelleront quelques consignes de sécurité. Ils proposent des randonnées gratuites d'une heure au départ du parking (1/jour, de mi-juil à mi-août). S'agissant d'une zone volcanique active, il ne faut quitter sous aucun prétexte les pistes et sentiers balisés.

Les refuges de Dreki, à Drekagil, constituent l'hébergement le plus proche.

Venez muni de provisions : il n'y a aucun magasin où se ravitailler.

ℹ Depuis/vers Holuhraun

Depuis Drekagil, prenez la F910 vers le sud et suivez-les panneaux indiquant le parking de Holuhraun (environ 24 km).

Plusieurs excursions d'une journée à Askja passent par Holuhraun.

PISTE DE KVERKFJÖLL

La piste de Kverkfjöll (prononcé *kverk*-fyeutl) se faufile dans les hautes terres jusqu'au secteur du Kverkfjöll, au nord de la calotte glaciaire du Vatnajökull.

Le Kverkfjöll, un groupe de pics formés par un grand volcan central, est partiellement recouvert par la glace du Kverkjökull, une langue septentrionale du Vatnajökull. Ce nom désigne désormais aussi les grottes de glace remplies de sources thermales qui se forment souvent sous le bord est du glacier Dyngjujökull, en raison de l'intense activité géothermique dans le secteur.

Plusieurs sites intéressants jalonnent la route secondaire F902 (qui bifurque de la route F910), dont les deux collines pyramidales d'**Upptyppingar**, près du pont sur la Jökulsá á Fjöllum, et l'oasis de **Hvannalindir**, à 20 km au nord du refuge de Sigurðarskáli (hébergement et infos pour le Kverkfjöll).

Derrière le refuge, un chemin balisé (2 km aller-retour) grimpe au sommet du **Virkisfell** (1 108 m), d'où la vue sur le Kverkfjöll et la source de la Jökulsá á Fjöllum (prononcé *yeuk*-ul-sow ow *fyeu*-tloum) est spectaculaire.

Kverkfjöll

Source de la tumultueuse Jökulsá á Fjöllum, la rivière la plus importante du centre du pays, le Kverkfjöll forme aussi l'une des plus grandes zones géothermiques d'Islande.

PROJET DE PARC NATIONAL DANS LES HAUTES TERRES

De nombreuses associations et organisations islandaises (associations de loisirs, défenseurs de l'environnement, agences gouvernementales, professionnels du tourisme...) conjuguent leurs efforts pour obtenir la création d'un parc national dans les hautes terres. L'objectif est d'assurer la protection de la vaste étendue sauvage, ainsi qu'une gestion responsable de ses ressources. La zone envisagée couvrirait quelque 40 000 km² (et engloberait la totalité de l'actuel parc national du Vatnajökull).

Depuis 2018, un nouveau comité gouvernemental œuvre à ce projet.

De fait, la création d'un parc dans les hautes terres vise en partie à contrecarrer l'expansion du tourisme et des industries énergétiques en Islande. En obtenant le classement, les défenseurs du projet espèrent limiter le développement de la zone et empêcher la captation des rivières et l'exploitation des secteurs géothermiques (ils craignent la construction de barrages, de centrales hydroélectriques et de pylônes à haute tension).

Les sondages montrent que la population est favorable à 61% à la création de ce parc. Le soutien de la communauté internationale est important : une pétition circule. Retrouvez le projet détaillé sur www.halendid.is.

Les **grottes de glace inférieures du Kverkfjöll** sont situées à 3 km du refuge de Sigurðarskáli et à 15 minutes de marche du bout de la piste de 4x4. À cet endroit, une rivière chaude coule sous la glace, et des nuages de vapeur se forment sur la rivière. L'accès aux grottes est interdit (une personne y a péri). Chaque année, les ouvertures dans la glace se forment à des endroits différents.

Les circuits conduits par les *rangers* grimpent jusque sur le glacier. Des circuits guidés plus longs mènent au-delà du glacier jusqu'au remarquable secteur géothermique de Hveradalur.

Le Kverkfjöll fait partie du vaste parc national du Vatnajökull. Consultez le site Internet du parc (www.vjp.is).

Il n'y a pas de magasin d'alimentation. Apportez vos provisions.

Refuge de Sigurðarskáli REFUGE €
(☎ été 863 9236, tte l'année 863 5813 ; www.ferdaf.is ; N 64°44.850', O 16°37.890' ; empl/dort 2 000/8 000 ISK ; ⏲ mi-juin à déb sept). Ce grand refuge douillet (75 lits) occupe un nouveau chalet et se double d'un terrain de camping bien entretenu. Cuisine équipée, toilettes et douches (500 ISK). Les campeurs paient un supplément de 800 ISK pour utiliser les installations du chalet (cuisine, etc.).

Circuits organisés

À moins d'avoir un robuste 4x4, un circuit organisé est le seul moyen de visiter le Kverkfjöll. Si vous en avez un, garez-vous et grimpez à pied jusqu'au point de vue sur les grottes de glace (l'entrée est strictement interdite) – il est vivement déconseillé de s'aventurer au-delà sans guide.

Certains étés, les *rangers* basés au refuge de Sigurðarskáli proposent des randonnées guidées sur le **glacier émissaire du Kverkjökull** ou dans la zone géothermale de **Hveradalur** (17 500 ISK), à 1 700 m d'altitude. Envoyez un e-mail à ferdaf@ferdaf.is ou appelez le 863 9236 (l'été) pour être tenu au fait des circuits proposés.

Des agences proposent également des circuits. Depuis l'est, Jeep Tours (p. 385) propose une excursion à la journée en Super-Jeep au départ d'Egilsstaðir. Wild Boys (p. 385) propose un large choix de circuits d'un ou plusieurs jours, et un circuit de 2 jours au départ de Möðrudalur figure au catalogue de Fjalladýrð (p. 385). Depuis Mývatn, Geo Travel (p. 385) offre un circuit sur 2 jours (Askja-Kverkfjöll). Le circuit très apprécié de North Travel (p. 386 ; 3 jours, Askja-Kverkfjöll-Vatnajökull) permet d'embarquer à Akureyri ou à Mývatn.

Depuis/vers la piste de Kverkfjöll

La piste de Kverkfjöll (F902 ; Kverkfjalaleið) ouvre en juin (milieu ou fin du mois).

La piste de Kverkfjöll relie Möðrudalur (à 70 km à l'est de Mývatn, près de la route circulaire) au refuge de Sigurðarskáli, via la F905, la F910 et la F902. Après avoir visité Askja, vous pourrez rejoindre Kverkfjöll en suivant la Rte F902 vers le sud (70 km).

La station-service de Möðrudalur est le dernier endroit où vous pourrez faire le plein.

Comprendre l'Islande

L'Islande aujourd'hui

Tandis que l'essor fulgurant du tourisme avait permis au pays de stabiliser son économie après la crise bancaire de 2008, la pandémie de Covid-19 a brusquement freiné sa croissance en 2020. L'effondrement du tourisme a eu des effets dévastateurs sur les emplois et le commerce, de nombreux établissements ayant fermé faute de fréquentation. Mais alors que les touristes reviennent timidement, le gouvernement s'inquiète de diversifier son économie, sa dépendance envers ce secteur la rendant trop vulnérable, et l'affluence touristique faisant peser une menace de plus en plus prégnante sur l'environnement.

À voir

101 Reykjavík (Baltasar Kormákur, 2000). Comédie noire, à Reykjavík, adaptée d'un livre de Hallgrímur Helgason.
Jar City (Baltasar Kormákur, 2006). Très bon film policier, d'après un roman d'Arnaldur Indriðason.
Heima (2007). Documentaire sur la tournée du groupe Sigur Rós.
Des chevaux et des hommes (Benedikt Erlingsson, 2013). Une description poétique des liens qui unissent hommes et chevaux.
Béliers (*Hrútar* ; Grímur Hákonarson, 2015). L'histoire de deux frères et de leurs moutons.
The Homecoming (*Blóðberg* ; Björn Hlynur Haraldsson, 2015). Comédie dramatique moderne et malicieuse.

À lire

Sagas islandaises (traduction Régis Boyer, 1987). Indispensable pour qui s'intéresse à ce genre littéraire.
Gens indépendants (Halldór Laxness, 1934). Tragi-comédie pessimiste.
Islandia (Marc Védrines, 2006-2008). BD en 3 tomes mêlant aventure, fantastique et sorcellerie dans l'Islande du XVIIe siècle.
L'Homme du lac (Arnaldur Indriðason, 2008). Histoire captivante, par le maître du polar nordique.
Le Moindre des mondes (Sjón, 2003). Récit d'aventures fantastique dans un XIXe siècle poétique.

L'essor du tourisme et la pandémie

Les voyageurs ont afflué en masse après l'éruption de l'Eyjafjallajökull en 2010 et une campagne publicitaire contribuant à faire connaître les charmes du pays. Le tourisme a augmenté de 444% entre 2010 et 2017, le nombre de visiteurs atteignant cette année-là 2,2 millions (à mettre en rapport avec les 350 000 habitants de l'île...). Représentant 8% du PIB, le tourisme employait en 2019 près de 32% de la population active.

L'Islande a donc été particulièrement touchée par la pandémie de Covid-19. Au plus fort de la crise, à cause des restrictions de voyages et des quarantaines, le nombre de visiteurs avait même reculé de 99%. En 2020 la banque nationale a évalué la baisse du PIB à 8,4%. Ayant très bien contrôlé l'épidémie, l'Islande a cependant pu rouvrir en mars 2021 ses frontières aux touristes vaccinés.

Le revers de la médaille

Nombre d'Islandais apprécient les nouveaux services, la visibilité internationale et la hausse des salaires (7,3% entre 2017 et 2018) imputables à l'industrie touristique.

Mais tout n'est pas rose. Les locations à court terme accroissent la pression sur les appartements du centre de Reykjavík. La construction hôtelière a explosé dans la capitale, même si elle a bien évidemment marqué le pas avec la pandémie de Covid-19.

Les dégradations de l'environnement (conduite hors route, détritus, déjections) font régulièrement l'actualité, comme les sauvetages de touristes égarés sur les glaciers, les plages ou à flanc de montagne par des secouristes (bénévoles et financés par des dons). En 2016, 75% des Islandais estimaient que le tourisme exerçait une pression trop forte sur l'environnement, s'agissant de la consommation de baleines et de macareux, ou des sites naturels envahis par la foule.

Le besoin en main-d'œuvre étrangère (environ 13% des employés en 2018) a aussi un impact et modifie la vie des Islandais et l'emploi de leur langue (l'anglais est de plus en plus usité).

Des remèdes ont été mis en place : limitation des locations de courte durée, panneaux d'avertissement et barrières plus nombreux sur les sites, limitation du camping sauvage, sensibilisation des touristes et information sur la sécurité et enregistrement des randonneurs (www.safetravel.is). Pourtant, malgré la position officielle en faveur d'un développement touristique étendu à tout le pays, les dessertes en bus ont été réduites dans le Nord et l'Est.

Protéger l'Islande

Le fragile environnement islandais peut-il résister à ces contraintes ? Les beautés naturelles intactes du pays constituent un atout majeur. L'île a été certes été désertée par les touristes pendant la crise sanitaire, mais si la croissance devait repartir de plus belle, l'Islande pourrait rapidement accueillir près de 3 millions de visiteurs. Autre inquiétude : l'achat par des étrangers de grandes étendues de terre, incluant d'importantes rivières de pêche au saumon.

Combien de visiteurs les cascades, sentiers de randonnée et champs de lave peuvent-ils supporter ? Et comment protéger ces sites naturels en continuant à y accueillir les voyageurs et les Islandais ?

L'accent est mis sur la promotion du tourisme durable et la sensibilisation à la préservation de cet environnement unique. Il existe aussi un projet de parc national des Hautes Terres (p. 390) qui protégerait 40% du territoire national, et une initiative populaire promeut l'observation des baleines plutôt que leur consommation dans les restaurants.

L'Islande tire profit de ses ressources en énergies renouvelables (surtout géothermique et hydraulique), qui couvrent une partie des besoins quotidiens et attirent de gros consommateurs d'énergie bon marché : d'importantes fonderies d'aluminium (controversées) sont déjà installées (p. 412) et les fermes de serveurs, dont l'impact est moindre, sont en plein essor.

Scandales politiques

L'Islande, qui est l'un des rares pays à avoir poursuivi les banquiers tenus pour responsables de la crise financière de 2008, garde à l'œil ses dirigeants. En avril 2016, le scandale des Panama Papers a causé la chute du Premier ministre Davíð Gunnlaugsson et, en 2017, une controverse a renversé la coalition du Premier ministre Bjarni Benediktsson (dont le père avait défendu un pédophile condamné) : les Islandais demandent des comptes à leurs dirigeants.

Malgré des inquiétudes, le contrôle des changes mis en place après l'effondrement financier a été levé en 2018. La même année, l'Islande faisait sensation en devenant le premier pays au monde à instaurer une loi sur la parité des salaires hommes/femmes.

POPULATION :
350 000 HABITANTS

SUPERFICIE : **103 000 KM²**

VISITEURS : **2,2 MILLIONS (2017)**

MOUTONS : **459 000**

ÉLECTRICITÉ PRODUITE À PARTIR D'ÉNERGIES RENOUVELABLES : **100%**

Sur 100 personnes en Islande

91 sont islandaises
4 sont polonaises
4 sont d'un autre pays européen
1 est d'une autre nationalité

Religions

(% de la population)

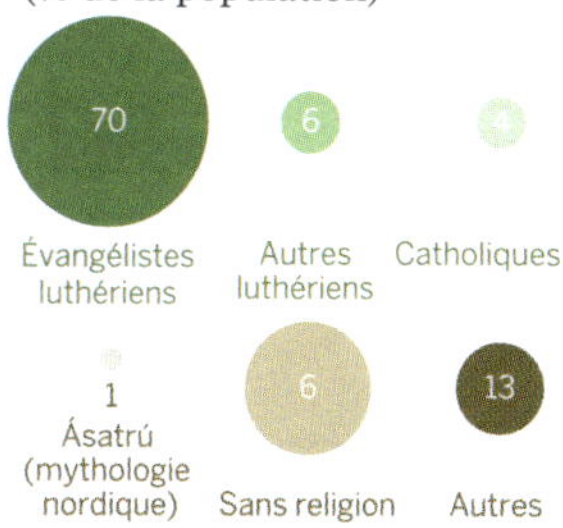

Population au km²

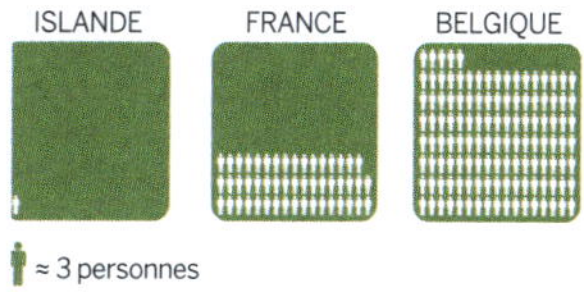

Histoire

Jeune d'un point de vue géologique, résolument indépendante et sujette à de sporadiques catastrophes naturelles, l'Islande est riche d'une histoire mouvementée, où se mêlent Vikings, littérature et batailles politiques. Rien, en ces contrées inhospitalières, n'augurait d'une vie facile. Les épreuves et les difficultés ont façonné l'âme de l'Islande moderne, consciente de son passé orageux, remarquablement résiliente, sereinement novatrice et fière d'elle, à juste titre.

Premiers voyageurs et moines irlandais

Si, sur le plan géologique, l'Islande est née il y a quelque 20 millions d'années, c'est autour de 330 av. J.-C. que l'île apparaît pour la première fois dans l'histoire européenne. Ainsi, Pythéas, explorateur grec, décrit-il l'île de Thulé, située à 6 jours de navigation au nord de la Bretagne, comme une terre absente de ses cartes, surgissant d'une "mer figée".

Le mot "Viking" vient de *vik*, qui signifie "baie" ou "crique" en vieux norrois. Il renverrait aux mouillages choisis par les Vikings lors de leurs attaques.

Pendant longtemps, les mythes et récits de tempêtes violentes, de vents furieux et de pertes corps et biens gardèrent les explorateurs à distance du grand océan du Nord, l'*oceanus innavigabilis*. Les moines irlandais, installés aux îles Féroé en quête de solitude et d'isolement, furent les premiers à débarquer en Islande. Les *papar* (pères) irlandais se seraient installés sur l'île autour de l'an 700. En 825, le moine Dicuil décrivit un territoire plongé dans l'obscurité en hiver, mais où l'on pouvait, pendant les nuits d'été, "effectuer n'importe quelle tâche, même ôter les poux d'une chemise, comme en plein jour". À n'en pas douter un portrait de l'Islande et de ses longues nuits d'été. Les *papar* fuirent à l'arrivée des Vikings, au début du IXe siècle.

L'arrivée des Vikings

Après les moines irlandais, la vague suivante d'installations vint de Norvège. Ce fut l'âge de la colonisation, qui s'étala de 870 à 930, période durant laquelle des conflits politiques en Scandinavie continentale amenèrent nombre de ses habitants à fuir. La majorité de ces colons étaient d'extraction populaire : fermiers, éleveurs et commerçants, qui

CHRONOLOGIE

600-700

Des moines irlandais accostent et s'installent en Islande. S'il existe peu de preuves archéologiques de cette présence, l'élément *"papar"* (pères) figure dans des noms de lieux.

850-930

Des colons vikings arrivent de Norvège et de Suède, baptisent l'île Snæland (terre de Neige), puis Garðarshólmi (île de Garðar) et enfin Ísland (terre de Glace). Les fermes se multiplient sur le territoire.

871

Le Viking norvégien Ingólfur Arnarson, considéré comme le premier habitant de l'île, accoste sur la côte sud-ouest et finit par s'installer dans une baie engageante qu'il nomme Reykjavík.

souvent se mariaient là où ils s'installaient, que ce fût à des Bretonnes (d'Angleterre), à des Irlandaises ou à des Écossaises.

Les Vikings ont probablement découvert l'Islande par hasard, après s'être égarés sur la route des îles Féroé. Le premier d'entre eux, Naddoddr, partit de Norvège et atteignit la côte est vers l'an 850. Il baptisa l'endroit Snæland (terre de Neige), avant de prendre le chemin du retour.

Deuxième visiteur de l'Islande, Garðar Svavarsson fit le tour de l'île et s'installa à Húsavík, sur la côte nord, pour passer l'hiver. À son départ, au printemps, une partie de son équipage resta ou fut laissée sur place, ses membres formant le premier établissement scandinave pérenne.

Vers 860, le Norvégien Flóki Vilgerðarson accosta au Snæland. Il navigua en suivant les corbeaux et, après quelques erreurs, arriva à destination, ce qui lui valut le surnom de Hrafna-Flóki (Flóki aux Corbeaux). Hrafna-Flóki atteignit le Vatnsfjörður, sur la côte ouest, mais déchanta devant les icebergs qui flottaient dans le fjord. Il rebaptisa le pays Ísland (terre de Glace) et repartit en Norvège. Finalement, il revint en Islande et s'établit dans la région du Skagafjörður, sur la côte nord.

Selon le *Livre des Islandais*, écrit au XIIe siècle, la première installation volontaire revint à Ingólfur Arnarson, qui quitta la Norvège avec son frère de sang Hjörleifur. Il débarqua à Ingólfshöfði (sud-est de l'Islande) en 871, puis longea la côte et construisit sa maison en 874 dans un lieu qu'il nomma Reykjavík (baie des Fumées), en référence aux vapeurs des sources thermales. Hjörleifur s'installa à côté de l'actuelle ville de Vík ; il fut assassiné par ses esclaves peu de temps après.

C'est un fascinant rituel païen qui aurait conduit Ingólfur à Reykjavík. Chez les Vikings, la tradition voulait qu'à l'approche d'une terre, on jetât à la mer des piliers du trône (symboles d'autorité du chef de clan). Là où les dieux les échouaient, on établissait sa demeure – une pratique qui fut ensuite respectée par d'innombrables migrants arrivant de Norvège.

Où retrouver l'esprit viking

- *Musée national, Reykjavík*
- *The Settlement Exhibition, Reykjavík*
- *Parc national de Þingvellir, près de Selfoss*
- *Víkingaheimar (musée du Monde viking), Njarðvík*
- *Reconstitution d'Eiríksstaðir, Dalir*
- *Vestiges de la ferme de Stöng, Þjórsárdalur*
- *The Settlement Centre, Borgarnes*
- *Sites de la Saga de Njáll le Brûlé, Hvolsvöllur*

La formation de l'Althing (Alþing)

Lorsque le fils d'Ingólfur, Þorsteinn, atteignit l'âge adulte, l'île était déjà largement colonisée par de nombreux fermiers, et le besoin de se doter d'un gouvernement se faisait sentir. Les propriétaires terriens se réunirent dans des assemblées régionales pour réguler le commerce et gérer les conflits. Mais la nécessité d'une assemblée à l'échelle de l'île entière s'imposa rapidement. À l'époque, cette idée était encore nouvelle ; les Islandais la tinrent pour une amélioration au regard du caractère oppressif de la monarchie telle qu'ils l'avaient connue.

Au début du Xe siècle, Þorsteinn Ingólfsson présida la première grande assemblée régionale près de Reykjavík et, dans les années 920, le légiste autoproclamé Úlfljótur fut envoyé en Norvège pour étudier les lois norvégiennes et proposer un système de gouvernance pour l'Islande.

L'Althing (Alþing) est le plus ancien Parlement démocratique du monde : il a fonctionné sans discontinuer depuis sa fondation, en 930.

930

Fondation de l'Alþing, le plus ancien Parlement du monde encore en activité. Un représentant élu mémorise les lois et aide à résoudre les différends lors des rassemblements annuels.

986

Erik le Rouge donne naissance à la première colonie européenne pérenne au Groenland et fonde les villes d'Eystribyggð et de Vestribyggð dans le sud-ouest du pays.

999-1000

L'Islande se convertit au christianisme sous la pression du roi norvégien, mais les croyances et les rituels païens perdurent. Leif le Chanceux débarque à Terre-Neuve – il serait le premier Européen à avoir gagné l'Amérique.

1100-1230

Âge d'or de la littérature islandaise et écriture des sagas en vieux norrois. De nombreux textes sont attribués à Snorri Sturluson – historien, poète et homme politique le plus habile de son temps.

LES VIKINGS

Au VIIIe siècle, de plus en plus de Norvégiens se retrouvèrent sans terre. Les progrès dans le domaine de la construction navale les poussèrent à partir en quête de fortune et d'aventure.

Dès les années 780, des fermiers norvégiens s'étaient pacifiquement installés dans les Orcades et les Shetland. L'âge des Vikings proprement dit fut inauguré par un événement sanglant : en 793, des Vikings pillèrent le monastère de Saint-Cuthbert, sur l'île de Lindisfarne, au large de la côte du Northumberland (Angleterre).

Les attaques de monastères se révélant très fructueuses, après les îles Britanniques, les Vikings jetèrent leur dévolu sur le reste de l'Europe continentale. Bien qu'assez belliqueux, ils n'étaient pas plus violents que les autres envahisseurs. C'est probablement le succès rapide et l'étendue géographique de leurs prises qui furent à l'origine de leur terrible réputation.

Les Vikings revinrent de leurs premières attaques avec de puissants navires : ils assassinèrent, réduisirent en esclavage, assimilèrent ou déplacèrent les populations locales, et envahirent de nombreuses régions en Grande-Bretagne, en Irlande, en Normandie et jusqu'en Russie. Ils atteignirent même l'Espagne maure (Séville fut attaquée en 844) et le Moyen-Orient (jusqu'à Bagdad). Constantinople fut assaillie 6 fois mais jamais soumise, et des Vikings finirent par devenir mercenaires à la solde de l'Empire byzantin.

Selon la tradition islandaise, l'installation des Vikings en Islande serait due au tyrannique Harald Haarfager (Harald à la Belle Chevelure), roi de la région de Vestfold, au sud-est de la Norvège. En 890, pris d'aspirations expansionnistes, il remporta une importante victoire navale à Hafrsfjord (Stavanger), où les chefs et les fermiers vaincus préférèrent fuir plutôt que de se soumettre. Beaucoup se rendirent alors en Islande.

En 986, tandis que les attaques vikings se poursuivaient en Europe, Eiríkur Rauðe (Erik le Rouge) partit vers l'ouest avec 500 hommes et fonda la première colonie européenne permanente au Groenland. Leif le Chanceux, son fils, explora la côte nord-est de l'Amérique en l'an 1000 et baptisa ce nouveau continent Vínland ("terre du Vin"). L'hostilité des *skrælings* (Indiens d'Amérique) empêcha les Vikings de s'y installer durablement.

Les raids se raréfièrent à mesure que la Scandinavie se dotait de structures nationales. L'âge des Vikings s'acheva en 1066 avec la mort du roi de Norvège Harald Harðráði, dernier grand aventurier viking, lors de la bataille de Stamfordbridge, en Angleterre.

Dans le même temps, Grímur Geitskör fut chargé de trouver un lieu pour établir l'Althing (ou Alþing, Parlement). Situé près de la frontière est de la propriété d'Ingólfur, le site de Bláskógar semblait idéal, entre lac et plaine boisée. Cette dernière était bordée d'une longue falaise (du fait

1104

Éruption du Hekla. Le volcan recouvre la vallée de Þjórsárdalur et ses fermes prospères d'une épaisse couche de cendres, de pierres et de scories.

1200

L'Islande sombre dans l'anarchie pendant l'âge des Sturlungar. Le gouvernement est dissous ; en 1281, l'île passe sous domination norvégienne.

1241

Soixante-dix hommes armés se présentent chez Snorri Sturluson, à Reykholt, avec l'ordre de l'emmener en Norvège pour répondre d'une accusation de trahison. Snorri est poignardé à mort dans sa cave.

1397

Le 17 juin, l'union de Kalmar, conclue en Suède, unit la Norvège, la Suède et le Danemark sous la coupe d'un roi unique. Ce traité confère au Danemark le contrôle de l'Islande.

de la dorsale médio-atlantique) d'où les orateurs et les représentants pourraient surplomber la foule en contrebas.

En 930, Bláskógar fut renommé Þingvellir (Thingvellir), plaines de l'Assemblée. Þorsteinn Ingólfsson obtint le titre honorifique d'*allsherjargoði* (chef suprême) et Úlfljótur devint le premier *lögsögumaður* ("celui qui dit la loi"), tenu de mémoriser et de réciter chaque année les lois du pays. Il partageait le pouvoir législatif avec 48 *goðar* (chefs).

Malgré des querelles entre certains chefs et la remise en cause permanente des allégeances, le nouveau système parlementaire perdura. Lors de la convention annuelle de l'an 999 ou 1000, une terrible division survint dans l'assemblée entre païens et chrétiens ; la guerre civile menaçait. Selon le *Livre des Islandais,* Þorgeir, juriste et fin diplomate, se retira pendant une journée et une nuit pour trouver une solution. À son retour, il décréta que l'Islande devait se convertir au christianisme. Cependant, les païens (comme lui) garderaient le droit de pratiquer leur croyance en privé. Cette décision préserva l'unité nationale et, bientôt, les premiers évêchés furent fondés à Skálholt, dans le Sud-Ouest, et à Hólar, dans le Nord.

Au cours des années qui suivirent, les assemblées organisées sur plusieurs jours à Þingvellir devinrent le plus grand événement social de l'année. Tout homme libre pouvait y assister. Les célibataires venaient chercher un conjoint, des mariages étaient contractés et célébrés, on négociait des affaires commerciales, on procédait à des duels ou des exécutions, et la Cour d'appel statuait sur les cas litigieux.

Régis Boyer, le grand spécialiste français de l'Islande médiévale, a publié maints ouvrages et traductions, dont *L'Islande médiévale* (Belles Lettres, 2001) et *Les Vikings* (Perrin, coll. Tempus, 2015), dans lequel il remet en cause l'image du Viking sanguinaire.

L'anarchie et l'âge des Sturlungar

La fin du XIIe siècle correspond à l'âge des sagas, période au cours de laquelle des historiens et des écrivains immortalisèrent des histoires mettant en scène les premiers établissements, les luttes familiales, les passions amoureuses et les personnages héroïques. Ce que l'on sait de cette époque vient en grande partie de deux imposants volumes traitant de la colonisation : l'*Íslendingabók* (le *Livre des Islandais*), une fresque historique écrite au XIIe siècle par Ari Þorgilsson (Ari l'Érudit), et le *Landnámabók* (le *Livre de la colonisation*).

Au début du XIIIe siècle, la relative paix qui régnait depuis 200 ans fut mise à mal. Les perpétuelles luttes de pouvoir entre chefs rivaux provoquèrent de violents affrontements, et des armées privées, à l'instar des bandes de Vikings de jadis, attaquèrent des fermes. Cette sombre période de l'histoire islandaise est connue sous le nom d'âge des Sturlungar, en référence au puissant clan éponyme. Les événements tragiques et sanglants de cette période de 40 années sont rapportés avec force illustrations dans les 3 volumes de la *Saga des Sturlungar*.

1402-1404

La peste noire (la "mort noire") s'abat sur l'Islande, 50 ans après la première épidémie en Europe. L'île perd environ la moitié de sa population.

1550

Après plusieurs tentatives, le roi Christian III finit par imposer le luthéranisme après que l'évêque catholique Jón Árason fut capturé et décapité à Skálholt, de même que deux de ses fils.

1590

L'évêque Guðbrandur Þorláksson publie une carte assez précise de l'Islande. La mer est parsemée de monstres aux allures de baleines et il est précisé que le Hekla "vomit des roches avec un bruit terrible".

1602

Le Danemark instaure un monopole commercial qui donne aux entreprises danoises et suédoises des droits exclusifs en Islande. S'ensuit un appauvrissement de l'île.

Alors que l'Islande sombrait dans le chaos, le roi norvégien Hákon Hákonarson encouragea les chefs, prêtres et nouveaux aristocrates à se soumettre à son autorité. Les Islandais n'eurent d'autre choix que de dissoudre le gouvernement local et de jurer fidélité au roi. Un accord de confédération entre les deux territoires fut signé en 1262. En 1281, un nouveau code de loi, le Jónsbók, fut instauré par le roi, et l'Islande passa sous domination norvégienne.

La Norvège envoya immédiatement des évêques à Hólar et à Skálholt et instaura de lourds impôts. Les anciens chefs se disputèrent les postes importants, en particulier celui de *járl* (comte), qui fut finalement attribué à l'impitoyable Gissur Þorvaldsson. Celui-ci avait assassiné, en 1241, le célèbre historien et écrivain Snorri Sturluson.

On doit également à Régis Boyer la version française du *Livre de la colonisation de l'Islande* (Brepols, 2000).

Pendant ce temps, le volcan Hekla connut trois éruptions, couvrant de cendres un tiers du territoire. Une mini-période de glaciation s'ensuivit, marquée par de terribles hivers qui anéantirent troupeaux et récoltes. La peste noire tua la moitié de la population de l'île.

Les Danois entrent en scène

En 1397, l'union de Kalmar, signée par la Norvège, la Suède et le Danemark, mit l'Islande sous tutelle danoise. Après des conflits opposant l'Église et l'État, le gouvernement danois saisit les propriétés du clergé et imposa la Réforme luthérienne en 1550. L'évêque catholique de Hólar, Jón Árason, entouré de fidèles, tenta de résister. Mais il fut emmené avec ses deux fils à Skálholt, où ils furent décapités.

En 1602, le roi du Danemark imposa un monopole commercial attribuant aux entreprises suédoises et danoises des droits exclusifs en Islande pour des périodes de 12 ans. S'ensuivirent des extorsions généralisées, des importations de marchandises abîmées ou de qualité inférieure, et d'autres calamités qui allaient durer encore 250 ans. Ce monopole eut néanmoins un aspect positif. Afin de contourner l'embargo et de stimuler l'industrie locale, le puissant trésorier royal Skúli Magnússon créa des ateliers de tissage, de tannerie et de teinture de la laine, posant ainsi les fondations de la Reykjavík moderne.

Nouvelles épreuves

Cet appauvrissement sous la férule danoise se doubla de raids barbaresques dans les fjords de l'Est et la péninsule de Reykjanes, puis dans les îles Vestmann en 1627. La population sans défense tenta de se cacher dans les falaises et les grottes de Heimaey, mais les pirates razzièrent l'île, tuant ou emmenant des centaines d'habitants à bord de leurs navires. Certains furent conduits jusqu'à Alger pour y être vendus comme esclaves. Treize d'entre eux furent libérés après le versement d'une rançon par les Islandais. La plus célèbre fut Guðríður

1625-1685

Période de la chasse aux sorcières dans les fjords de l'Ouest : 21 Islandais sont exécutés, à commencer par Jón Rögnvaldsson, mort sur le bûcher pour avoir notamment "élevé un fantôme".

1627

"Enlèvements par les Turcs" : des pirates barbaresques envahissent l'est de l'Islande et les Vestmannaeyjar, faisant des centaines de prisonniers et tuant tous ceux qui leur résistent.

1703

Premier recensement : le pays compte 50 358 habitants, dont 55% de femmes. Les hommes, occupés aux travaux de force, sont plus touchés par la malnutrition.

1783-1784

Le Laki entre en éruption ; les gaz toxiques provoquent la mort de 25% de la population et de plus de 50% du bétail. Les nuages de cendres touchent toute l'Europe.

Símonardóttir, qui rentra en Islande et épousa le célèbre poète islandais Hallgrímur Pétursson – les trois cloches de la Hallgrímskirkja portent leur nom et celui de leur fille.

À cette même période, la chasse aux sorcières qui sévissait en Europe toucha aussi les rivages islandais. Contrairement au continent, la plupart des persécutions concernèrent des hommes : sur les 130 cas répertoriés dans les annales des tribunaux, seuls 10% visaient des femmes. Les accusés les plus chanceux étaient condamnés au fouet, tandis qu'une vingtaine furent brûlés vifs. L'accusation principale portait sur l'empoisonnement ou sur la possession d'objets ou d'ouvrages traitant de magie.

Si le XVIIIe siècle fut le siècle des Lumières pour une partie de l'Europe continentale, ce fut celui des fléaux pour l'Islande. La population, estimée à 50 000 personnes, fut en proie à de nombreuses épidémies, dont celle de la variole. En 1707, 18 000 victimes furent comptabilisées. À cela s'ajoutèrent plusieurs éruptions volcaniques, dont celles du Katla en 1660, en 1721 et de nouveau en 1755 ; celles du Hekla en 1693 et en 1766 ; et celles de l'Öræfajökull en 1727.

En 1783, le Laki entra dans une phase éruptive exceptionnelle d'une durée de 8 mois, crachant des milliards de tonnes de lave et de nuages toxiques. Des dizaines de fermes furent détruites et les poussières et vapeurs toxiques détruisirent les cultures et le bétail. La famine provoqua la mort de quelque 9 000 Islandais. Les nuages de cendres touchèrent toute l'Europe, provoquant des phénomènes météorologiques tels que des pluies acides ou des inondations. Les autorités danoises envisagèrent alors sérieusement de "rapatrier" ce qui restait de la population islandaise (réduite à seulement 47 000 personnes en 1801) au Danemark.

Régis Boyer a traduit plusieurs sagas majeures, réunies dans un volume intitulé *Sagas islandaises*, publié à la Bibliothèque de la Pléiade (Gallimard, 1987, rééditées depuis). Certains autres récits figurent dans le volume *Sagas légendaires islandaises* (Anacharsis, 2012).

Le retour à l'indépendance

Au XIXe siècle, après 5 siècles d'oppression étrangère et sensibles à l'appel de la liberté qui soufflait sur l'Europe, les premières revendications des indépendantistes se firent entendre. En 1855, l'érudit islandais Jón Sigurðsson fit rétablir le libre commerce et, en 1874, le pays se dota d'un projet de Constitution et reprit le contrôle de ses affaires intérieures.

Les premiers partis politiques islandais se formèrent à cette époque et l'urbanisation commença autour de la capitale et de quelques autres bourgades. Le développement de l'industrie de la pêche attira de nombreux paysans miséreux touchés par les éruptions volcaniques successives ; celle de l'Askja en 1875 fut la plus spectaculaire et anéantit une partie du bétail de l'île. Incapables de trouver du travail sur les seuls bateaux de pêche, près de 16 000 Islandais émigrèrent, entre 1870 et 1914, vers l'Amérique du Nord en quête d'une vie meilleure.

À la grâce des hommes (Pocket, 2016), de Hannah Kent, est un roman inspiré de l'histoire vraie de la dernière exécution publique en Islande. Minutieusement documenté, il se déroule en 1829 et évoque à merveille l'éprouvante vie rurale islandaise.

1786

Fondation officielle de Reykjavík, qui compte à peine 200 habitants. La ville reçoit une charte de commerce et les marchands sont incités à s'y installer au moyen d'avantages fiscaux.

1855-1890

L'Islande avance vers l'indépendance, avec le rétablissement du libre commerce et un projet de Constitution. Les Islandais migrent en masse en Amérique du Nord pour échapper à la misère.

1917-1918

L'Islande est touchée par "l'hiver des grands gels". Les températures atteignent -38°C et des icebergs bloquent tous les ports.

1918

L'emprise du Danemark sur l'Islande se relâche peu à peu. Après l'autonomie de 1904, l'acte de l'Union est signé le 1er décembre. L'Islande devient un État indépendant au sein du royaume du Danemark.

En 1918, l'Islande signa l'acte de l'Union et devint un État indépendant au sein du royaume du Danemark ; ce dernier continua à gérer la défense et la politique étrangère des Islandais.

Pendant la Première Guerre mondiale, l'augmentation des prix à l'exportation de la laine, de la viande et du poisson permit au pays de se développer. À la veille de la Seconde Guerre mondiale, l'Islande déclara sa neutralité, dans l'espoir de maintenir ses liens commerciaux à la fois avec la Grande-Bretagne et l'Allemagne.

Le 9 avril 1940, l'invasion du Danemark par l'Allemagne contraignit l'Althing à gérer les affaires étrangères de l'Islande. Un an plus tard, le 17 mai 1941, les Islandais réclamèrent l'indépendance totale. La république d'Islande naquit officiellement à Þingvellir, le 17 juin 1944, jour officiel de la fête de l'Indépendance.

La Seconde Guerre mondiale et l'intervention des États-Unis

L'absence totale de forces militaires islandaises inquiétant les Alliés, en mai 1940, les Britanniques envoyèrent des troupes dans l'île, ce qui permit la modernisation d'une partie des infrastructures du pays.

En 1941, les forces du Royaume-Uni furent remplacées par celles américaines, étant entendu qu'elles quitteraient le territoire à la fin de la guerre. De fait, l'armée américaine se retira en 1946, en conservant toutefois une base militaire à Keflavík. Après la guerre, une fois repris le contrôle de leur pays, les Islandais devinrent très méfiants à l'égard de toute ingérence étrangère. Lorsque le gouvernement fut sollicité pour devenir membre fondateur de l'OTAN en 1949, des émeutes éclatèrent à Reykjavík. Les autorités acceptèrent finalement d'adhérer à l'OTAN, mais à condition que l'Islande ne participât à aucune manœuvre ou opération militaire et qu'aucune base ne fût établie dans le pays en temps de paix.

Cet accord fut rapidement rompu. Lorsque la guerre de Corée éclata, les États-Unis s'installèrent à nouveau sur l'île à partir des années 1950 et 1951. Pendant 40 ans, l'Islande devint une importante station de surveillance : les effectifs en hommes et en matériel ne cessèrent de s'accroître à la base de Keflavík. Très controversée, la présence militaire américaine ne prit fin qu'en septembre 2006, à la fermeture de la base.

L'Islande moderne

En moins d'un siècle, l'Islande passa du statut de pays parmi les plus pauvres d'Europe à celui de nation dont le niveau de vie est parmi les plus élevés de la planète, en première place au palmarès mondial du développement humain.

1940-1941
Après l'occupation du Danemark par les nazis, le Royaume-Uni envoie des troupes en Islande, de peur que l'Allemagne n'y installe une garnison. Une base américaine est ensuite établie à Keflavík.

1944
Une majorité d'Islandais vote pour l'indépendance vis-à-vis du Danemark ; la république d'Islande est officiellement fondée le 17 juin. Le roi Christian X adresse ses félicitations par télégramme.

1966
La télévision publique islandaise diffuse ses premières émissions en septembre.

1974
La construction de la Route circulaire autour de l'île s'achève par l'ouverture du pont de Skeiðarárbrú le 14 juillet. Jusqu'alors, la ville de Höfn était l'une des plus isolées d'Islande.

Pendant la guerre froide, l'Islande connut une période de croissance, de reconstruction et de modernisation. Achevée en 1974, la Route circulaire désenclava les régions isolées, en particulier celle du Sud-Est. Des projets comme la centrale géothermique de Krafla, dans le Nord-Est, et celle de Svartsengi, à côté de Reykjavík, furent lancés. Dans les années 1970, l'essor de l'industrie de la pêche amena l'Islande à repousser les limites de sa zone de pêche. En résulta une "guerre de la morue", le Royaume-Uni refusant d'entériner cette nouvelle zone. Durant 7 mois de conflit, de multiples incidents opposèrent les navires islandais et les chalutiers britanniques : coups de feu, filets de pêche sectionnés et abordages volontaires visaient à intimider l'adversaire.

Il faut dire que, malgré une évolution en dents de scie, l'industrie de la pêche a toujours revêtu une importance capitale pour l'île. Après la réévaluation à la baisse des quotas dans les années 1990 (pour permettre le renouvellement des ressources halieutiques après une période de surpêche), le secteur connut une crise, qui fit monter le chômage et chuter fortement la couronne. Aujourd'hui, cette industrie représente encore 33,6% des exportations, 12% du PIB et 4% des emplois. Elle demeure sensible au déclin des stocks halieutiques.

À partir de 2003, en dépit d'un moratoire à l'échelle mondiale, l'Islande, comme la Norvège et le Japon, recommença à chasser les baleines sous le prétexte d'un programme de recherche scientifique. Aujourd'hui, la chasse aux baleines de Minke se poursuit dans les eaux territoriales islandaises, suscitant de nouvelles condamnations internationales. La chasse des espèces menacées, suspendue en 2016, a repris en 2018.

Pêcheur d'Islande (1886 ; Gallimard, 1988), de Pierre Loti, évoque la vie des "Islandais", ces marins bretons qui partaient pêcher en mer d'Islande entre 1850 et 1930.

Crise financière et éruptions volcaniques

La forte dépendance de l'Islande à la pêche et aux importations de marchandises s'est toujours traduite par des prix relativement élevés et par la vulnérabilité d'une économie dépendante du contexte international. Cette fragilité est apparue de façon spectaculaire en septembre 2008, quand la crise économique mondiale a frappé le pays de plein fouet. De violentes manifestations se sont déroulées pendant des mois devant le Parlement islandais, tandis que la popularité du gouvernement de l'époque fondait aussi rapidement que les réserves bancaires du pays.

Le Premier ministre Geir Haarde a démissionné en janvier 2009. La première mesure importante de sa remplaçante, Jóhanna Sigurðardóttir, a été de demander l'adhésion à l'UE et à la zone euro (malgré une forte opposition).

On pourra lire *Comment l'Islande a vaincu la crise* (Éditions Versilio, 2013), par le cofondateur de Rue 89, Pascal Riché.

1975

Troisième "guerre de la morue" entre l'Islande et le Royaume-Uni. Ces querelles portant sur les zones de pêche dans l'Atlantique nord éclatent au moment où l'Islande accroît ses eaux territoriales (années 1950-1970).

1980

Vigdís Finnbogadóttir est élue présidente du pays. Elle est la première femme au monde à accéder à ce poste.

1986

Mikhaïl Gorbatchev, secrétaire général de l'URSS, et Ronald Reagan, président des États-Unis, participent à une rencontre au sommet à la maison Höfði (Reykjavík).

2006

Après 45 ans d'existence, la base militaire américaine de Keflavík ferme ses portes. Le gouvernement approuve la reprise de la chasse commerciale à la baleine.

LA DÉBÂCLE ÉCONOMIQUE DE L'ISLANDE

Jusqu'au début de l'année 2008, l'Islande était confiante dans son économie. Pourtant, le naufrage économique est bel et bien venu de son navire financier. Alors que les banques locales avaient grossi au point de peser 10 fois le PIB de l'île, les effets de la crise financière mondiale prirent des allures de tremblement de terre, balayant en quelques mois l'économie du pays.

En octobre 2008, la Bourse islandaise s'effondra : la couronne plongea, perdant la moitié de sa valeur en quelques jours ; les 3 banques nationales furent placées sous administration judiciaire et le pays entier frôla la banqueroute.

En novembre 2008, le Fonds monétaire international (FMI) accorda un prêt de 2,1 milliards de dollars à l'Islande, tandis que ses voisins scandinaves renflouaient ses caisses à hauteur de 3 milliards de dollars. En raison de l'inflation galopante, de la baisse des salaires et des licenciements, les revenus des Islandais diminuèrent d'un quart en termes réels. La crise économique se doubla d'une crise politique ; d'importantes manifestations à Reykjavík entraînèrent la démission du Premier ministre en janvier 2009.

Hausse de l'endettement des ménages et de l'inflation, chômage à 10%, et émigration massive d'Islandais vers la Norvège furent quelques-uns des effets de cette crise.

La situation économique du pays s'est toutefois largement redressée. Alors que d'autres pays en difficulté ont décidé de renflouer leurs institutions financières, le gouvernement islandais a refusé d'utiliser l'argent du contribuable pour soutenir les banques en faillite. Il a donné la priorité à la protection sociale, choisissant d'aider les Islandais les plus affectés par la crise et de laisser les créanciers des banques privées encaisser le choc. Ces mesures ont été saluées par le FMI et par de nombreux économistes.

De fait, la stratégie s'est révélée payante. Tandis que d'autres nations pataugent encore dans le bourbier financier et font face à des taux de chômage record, l'Islande a renoué avec la croissance. En 2018, le chômage se maintenait autour de 2,8% et le contrôle des changes (restriction des mouvements et sorties d'espèces et de capitaux) mis en place pour renflouer le pays a enfin été levé.

En avril 2010, l'Islande est revenue en tête de l'actualité internationale quand un nuage de cendres causé par l'éruption de l'Eyjafjallajökull a paralysé le trafic aérien en Europe pendant 6 jours. En comparaison de cette éruption, celle du volcan Grímsvötn, l'année suivante, a semblé relever de la broutille – ses cendres n'ayant perturbé les transports aériens que pendant 3 jours. En 2014, les grondements du volcan Bárðarbunga ont à nouveau rappelé l'instabilité géologique du pays, tout comme les soubresauts du Katla en 2016. En 2018, l'activité sismique était en hausse sous l'Öræfajökull et se poursuit dans le Bárðarbunga.

2008
La crise économique mondiale frappe l'Islande de plein fouet, provoquant une débâcle bancaire. Les trois plus grandes banques s'effondrent.

2009
L'Islande fait acte de candidature à l'adhésion à l'UE. Les négociations sont ouvertes en 2010, puis interrompues en 2013.

2009
Jóhanna Sigurðardóttir accède au poste de Premier ministre et devient le premier chef de gouvernement ouvertement homosexuel de l'ère moderne.

2010
Le volcan situé sous le glacier Eyjafjallajökull entre en éruption en mars. En avril, son panache de cendres haut de 9 km bloque l'activité aérienne européenne pendant 6 jours.

Essor touristique et scandales politiques

Consécutif à l'éruption volcanique de 2010, et à la visibilité qu'elle a paradoxalement donnée au pays, l'essor touristique ne se dément pas et a augmenté de 440% entre 2010 et 2017. Le pays est devenu la destination touristique européenne à la croissance la plus rapide, avec toutes les retombées positives (croissance économique, emplois) et négatives (problèmes d'infrastructures, impact écologique) que cela implique.

C'est dans ce contexte de convalescence économique que les Islandais se sont rendus aux urnes en avril 2013. La population était alors sévèrement touchée par les mesures d'austérité du gouvernement et les sociaux-démocrates au pouvoir ont subi un revers cinglant – le centre-droit, rassemblant le Parti du progrès et le Parti de l'indépendance, a fait campagne avec succès sur les thèmes de l'allègement de la dette, de la baisse des impôts et de l'opposition à l'adhésion de l'Islande à l'UE.

Au début de l'année 2014, ce gouvernement de coalition a mis un frein à toutes les négociations avec l'UE – et ce, en dépit de sa promesse d'organiser un référendum sur la poursuite ou non des négociations. En mars 2015, l'Islande a officiellement retiré sa candidature à l'adhésion à l'UE. Le retour de la croissance économique sur l'île et l'impopularité des quotas de pêche imposés par Bruxelles sont en grande partie à l'origine de cette décision.

En avril 2016, la fuite des documents du cabinet d'avocats Mossack Fonseca (les "Panama Papers") a révélé l'implication dans le scandale financier de 3 ministres islandais, et notamment du Premier ministre Sigmundur Davíð Gunnlaugsson, contraint à la démission à la suite de manifestations monstres. Sigurður Ingi Jóhannsson l'a remplacé à ce poste et des élections anticipées n'ont pas permis de dégager une nette coalition.

En juin 2016, le pays, gagné par un sentiment antisystème, a élu, après 6 mandats consécutifs du sortant, Olafur Ragnar Grimsson, un nouveau président : l'historien et écrivain Guðni Thorlacius Jóhannesson.

En janvier 2017, une coalition éphémère s'est formée, ne comptant que 32 membres du Parlement sur 63, dirigée par le Parti de l'indépendance et Bjarni Benediktsson, mais, en septembre, un scandale touchant le père de ce dernier, qui avait défendu un pédophile avéré, a entraîné la chute de ce gouvernement.

Une nouvelle coalition gouvernementale s'est formée fin 2017, dirigée par la Première ministre Katrín Jakobsdóttir, présidente du Parti de la gauche verte, en partenariat avec le Parti de l'indépendance et le Parti progressiste (Framsóknarflokkurinn), dont les agriculteurs forment le socle électoral.

Pour des informations sur l'actualité du pays, reportez-vous au chapitre *L'Islande aujourd'hui*, p. 392.

2013

Lors des élections législatives, les sociaux-démocrates essuient un échec cinglant. Un nouveau gouvernement de coalition rassemblant les partis de centre-droit prend la tête du pays.

2013

807 000 étrangers visitent l'Islande (contre 320 000 en 2003). Un an plus tard, ils sont près d'un million, et 2,2 millions en 2017.

2014-2016

En 2014, on relève un accroissement de l'activité sismique près du Bárðarbunga. Des éruptions se produisent en 2015. Mi-2016, on détecte une recrudescence de l'activité sismique du Katla.

2016

Des manifestations éclatent à la suite du scandale financier mis au jour par les "Panama Papers" ; le Premier ministre, Sigmundur Davíð Gunnlaugsson, est contraint à la démission.

Environnement

Difficile de ne pas être ébloui par la variété des paysages islandais, entre désolation lunaire des champs de lave et des vastes étendues désertiques, splendeur des fjords abrupts et des collines émeraude, vallées glaciaires, bouillonnantes mares de boue et majestueux volcans nimbés de givre et de brume. Cette incroyable diversité et cette rencontre des extrêmes attirent, puis captivent les curieux.

Ci-dessus : Heimaey (p. 179)

Instable Islande

Située sur la dorsale médio-atlantique, une immense fracture de 15 000 km de long séparant deux des principales plaques tectoniques terrestres, l'Islande tient en soi d'une formidable leçon de géologie grandeur nature. Tentez de vous rappeler vos devoirs d'écolier sur les types de volcans, la définition d'une solfatare (soufrière ; une ouverture volcanique émettant des vapeurs sulfureuses), ou encore la différence entre lave et magma.

L'Islande est l'une des plus jeunes terres de la planète, formée par des éruptions volcaniques sous-marines à la frontière entre les plaques nord-américaine et eurasiatique il y a environ 20 millions d'années. La croûte terrestre n'y mesure qu'un tiers de son épaisseur normale, et du magma continue de s'élever en faisant s'écarter les deux plaques. Le résultat est clairement visible à Þingvellir (Thingvellir), où la grande faille d'Almannagjá s'élargit de 1 à 18 mm par an, et au mont Námafjall (près de Mývatn), où des fumerolles jalonnent le rift.

Volcans

La finesse de la croûte terrestre et le mouvement des plaques tectoniques provoquent de passionnants phénomènes volcaniques. Certains volcans sont actifs, d'autres sont éteints ou en sommeil. Les éruptions linéaires, à la faveur desquelles des cratères se forment à la suite de l'ouverture d'une fissure active, constituent la forme d'éruption la plus répandue en Islande. Toujours instable, la série de cratères autour du Laki, appelés Lakagígar – il y en a plus d'une centaine sur un rayon de 25 km –, en est l'exemple le plus extraordinaire. L'éruption qui survint au Laki en 1783 fut exceptionnelle. La lave recouvrit alors 565 km² sur une épaisseur de 12 m, et d'énormes quantités de gaz sulfuriques furent dégagées dans l'atmosphère ; près de 20% de la population islandaise disparut du fait des conséquences de ce cataclysme et de la famine qui s'ensuivit. Des historiens considèrent que cette éruption fut l'un des éléments déclencheurs de la Révolution française de 1789. Elle perturba en effet pendant plusieurs années les récoltes des pays d'Europe occidentale.

Certains des volcans islandais les plus actifs se trouvent sous des glaciers. Dans ce cas, les éruptions de lave en fusion provoquent la fonte des glaces, ainsi que des inondations (*jökulhlaup*, ou débâcle glaciaire) et des coulées de boue (*lahar*) qui peuvent être encore plus dévastatrices. Ce fut le cas lors de l'éruption de l'Eyjafjallajökull en 2010, à l'origine d'inondations destructrices qui endommagèrent notamment une partie de la Route circulaire ; le volcan projeta par ailleurs dans l'atmosphère un immense panache de cendres volcaniques qui cloua au sol pendant près d'une semaine les avions de l'hémisphère Nord. Également très actif, le Grímsvötn, situé sous la calotte glaciaire du Vatnajökull, se réveilla à son tour en mai 2011, mais avec de moindres conséquences pour l'environnement.

Outre les éruptions sous-glaciaires, les phénomènes sous-marins ne sont pas rares. L'île de Surtsey sortit littéralement de mer en 1963 ;

L'Islande a une superficie de 103 000 km², ce qui équivaut environ à celle du Portugal. Le pays compte 30 volcans actifs. Son territoire est recouvert à 3% par des lacs, à 11% par des glaciers et des calottes glaciaires, à 23% par de la végétation, et à 23% par de la lave et d'autres zones désertiques.

GLOSSAIRE GÉOLOGIQUE

Basalte Type le plus commun de lave solidifiée. Cette roche volcanique noire, dure et dense se solidifie souvent sous la forme de colonnes hexagonales.

Roche ignée Roche formée par la lave ou le magma se solidifiant.

Moraine Accumulation de pierres, d'argile et de sable entraînés puis déposés par un glacier.

Obsidienne Roche de couleur sombre à noire, vitreuse, formée par la solidification rapide de lave sans cristallisation.

Rhyolite Roche volcanique claire à grain fin, proche du granit par sa composition.

Scorie Gravier volcanique poreux qui a refroidi rapidement tout en bougeant, créant ainsi une surface vitreuse composée de cristaux riches en fer qui lui donnent une apparence étincelante.

Téphra Fragments solides projetés dans l'air lors d'une éruption volcanique.

elle a depuis donné aux scientifiques l'occasion d'observer comment les morceaux fumants d'une terre nouvellement créée sont colonisés par la faune et la flore. Surtsey est interdite au public, mais on peut gravir de nombreux cônes comme le Hekla, l'Eldfell – qui a bien failli ensevelir Heimaey en 1974 – et le Snæfellsjökull, sur la péninsule de Snæfellsnes.

La deuxième édition révisée d'*Iceland – Classic Geology in Europe* de Þór Þórdarson et Armann Hoskuldsson (2014, en anglais) est une mine d'informations sur la diversité géologique du pays.

Les dernières éruptions ont été moins tragiques – on les qualifie souvent d'"éruptions touristiques" car leurs fontaines de lave et leurs nuages de cendres sont très impressionnants et photogéniques, mais ne causent pas de graves dégâts, aussi bien en raison de leur nature propre (différente de celle des phénomènes bruteux – notamment pyroclastiques, observés ailleurs), que de la faible densité de population.

Cela dit, le principal danger réside dans les émissions gazeuses : dioxyde de carbone, gaz acides et gaz fluorés, qui empoisonnèrent les habitants et ravagèrent les troupeaux lors de l'éruption du Laki en 1783. Le bureau de météorologie islandais (Veðurstofa Íslands ; www.vedur.is) surveille les éruptions, les tremblements de terre qui souvent les précèdent, et les émissions qui en découlent. Lors de l'éruption du Bárðarbunga en 2014-2015, ils établirent chaque jour un bulletin d'information. Actuellement, ce sont le Katla, le Hekla et l'Öræfajökull qu'il faut garder à l'œil, car des éruptions semblent s'annoncer.

Geysers, sources chaudes et fumerolles

À 70 km à l'est de la capitale, le site de Geysir (du verbe islandais qui signifie "jaillir") a donné son nom aux phénomènes éruptifs de sources chaudes décrits en géologie. Le Grand Geyser, qui existe depuis au moins 800 ans, est plus ou moins puissant selon les périodes ; la hauteur de son jet dépend de la pression interne et donc de l'activité sismique de l'île. Il fut un temps où il crachait de l'eau jusqu'à une hauteur de 80 m (et même 120 m en 2000) ; mais il s'est depuis considérablement assagi et ne jaillit plus que 2 ou 3 fois par jour. Son voisin, le geyser Strokkur, est nettement plus fiable. Tel un véritable métronome, il se déclenche toutes les 5 à 10 minutes et crache une colonne d'eau de 15 à 30 m de hauteur.

En 2002, les scientifiques ont découvert la deuxième plus petite créature du monde, le *Nanoarchaeum equitans*, un micro-organisme de 0,4 micromètres qui vit dans l'eau proche de l'ébullition d'une cheminée hydrothermique près de la côte nord de l'Islande. Son nom signifie "qui chevauche la sphère de feu".

Les geysers sont des phénomènes assez rares puisqu'il n'en existe qu'un millier sur Terre. En Islande, l'eau qui a traversé la roche par percolation avant d'être surchauffée par le magma peut faire surface de plusieurs autres manières. Elle peut prendre la forme de sources, de bassins ou de rivières à la température élevée. On trouve des sources chaudes partout en Islande, notamment à Landmannalaugar, dans la rivière de Hveragerði et dans le bassin situé au pied du cratère du Víti (Askja). Les Islandais ont depuis longtemps apprivoisé ces cadeaux de la nature en construisant des piscines géothermales et des spas. Les deux plus beaux sites sont les Mývatn Nature Baths et le fameux Blue Lagoon ; il ne s'agit pas de piscines naturelles creusées dans la roche, mais de lagunes artificielles alimentées par l'eau provenant des centrales géothermiques voisines.

Les fumerolles apparaissent là où l'eau à très haute température atteint la surface de la Terre sous forme de vapeur – l'exemple le plus intéressant se trouve à Hverir, où le sol semble littéralement cuire et où la vapeur d'eau chargée de soufre jaillit par des fissures. Les marmites de boue, plus tranquilles, sont aussi plus opaques ; dans celle de Seltún (Krýsuvík), sur la péninsule de Reykjanes, une source d'eau chaude se mêle à la boue et à l'argile. Les giclées colorées de certaines marmites sont dues à la présence de minéraux (soufre jaune, fer rouge), ainsi qu'à des bactéries et à des algues extrêmophiles qui se plaisent dans ce milieu bouillonnant et acide.

En haut : blocs de glace sur la lagune Jökulsárlón (p. 206)

En bas : cratère de Hverfjall (p. 321)

LEONOVO/SHUTTERSTOCK ©

Glaciers

Les glaciers et les calottes glaciaires recouvrent environ 11% du territoire islandais. La plupart sont le résultat d'une période de mini-glaciation qui débuta sur l'île il y a 2 500 ans. Ils se forment du fait de l'accumulation de la neige et des températures le plus souvent négatives. Sous son propre poids, la neige se comprime lentement et finit par constituer la calotte glaciaire.

Le Vatnajökull, le prince des glaciers d'Islande (il est à peu près grand comme la Corse), couvre 8% de la surface de l'île. Il s'agit de la plus vaste calotte glaciaire en dehors des pôles. Sur le pourtour de cette immense masse de glace, les glaciers et les rivières de glace se déplacent lentement pour descendre vers les vallées. Ce mouvement transporte des sédiments rocheux qui sont déposés dans des moraines grisâtres au pied des montagnes ou dans de vastes *sandar* (plaines d'alluvions glaciaires ; singulier : *sandur*), comme le Skeiðarársandur dans le sud-est de l'Islande. Le processus peut aussi être très rapide si les volcans sous-glaciaires entrent en éruption et provoquent un *jökulhlaup* capable de charrier d'immenses blocs de glace et des rochers : le *jökulhlaup* causé en 1996 par l'éruption du Grímsvötn a détruit le plus long pont d'Islande et changé la physionomie de certaines vallées.

L'Islande n'est pas réellement un pays arctique : l'île s'arrête à quelques kilomètres du cercle polaire. Pour franchir cette ligne imaginaire, il faut rejoindre l'île de Grímsey, le seul morceau d'Islande en zone arctique.

À l'extrémité de certains glaciers, on trouve parfois une lagune, comme la Jökulsárlón (littéralement "lagune du glacier"). Là, des blocs de glace se détachent du Breiðamerkurjökull (une ramification du Vatnajökull) – c'est le processus de vêlage des glaciers – et dérivent en d'innombrables icebergs aux formes invraisemblables vers l'océan. Une teinte d'un bleu lumineux indique une glace plus ancienne : des siècles de compression chassent les bulles d'air qui donnent à la glace sa transparence argentée habituelle (la teinte bleue des icebergs peut aussi être due à la réfraction de la lumière).

Les glaciers ont façonné une grande partie du paysage islandais depuis sa création, formant vallées et fjords. La glace avance ou recule selon les périodes. Comme ailleurs sur la planète, des marqueurs précis indiquent que les grandes calottes glaciaires islandaises – le Vatnajökull, dans le Sud-Est ; le Mýrdalsjökull, dans le Sud ; et le Langjökull et le Hofsjökull, dans les hautes terres – fondent plus rapidement depuis l'an 2000. Les glaciologues estiment que le Snæfellsjökull, à l'ouest, dont l'épaisseur ne dépasse pas 30 m, pourrait avoir disparu dans quelques décennies. De même que certains glaciers issus des grandes calottes glaciaires. D'autres fondent et perdent leur statut de glacier, comme ce fut le cas de l'Ok (l'ancien Okjökull, dans l'Ouest), en 2014.

Faune et flore

Mammifères terrestres et faune marine

Hormis les moutons, les vaches et les chevaux, on croise peu d'animaux en Islande. Le seul mammifère terrestre indigène est le renard arctique, que l'on observe surtout dans la péninsule du Hornstrandir, dans les fjords de l'Ouest. Vous pourrez vous porter volontaire pour le surveiller en en faisant la demande à l'avance auprès de l'Arctic Fox Center (www.arcticfoxcenter.com). Dans l'Est, on aperçoit parfois des troupeaux de rennes. Importés de Norvège au XVIIIe siècle, ils peuplent aujourd'hui les versants des montagnes. Des ours polaires dérivent parfois du Groenland sur des morceaux de banquise. Ils sont rarement les bienvenus en Islande, et souvent abattus par des fermiers.

En revanche, l'Islande se targue d'une riche faune marine. Lors d'excursions en bateau au départ de Húsavík, dans le nord de l'île, on peut voir des dauphins, des marsouins, des baleines de Minke et des baleines à bosse, mais également des cachalots, des rorquals communs,

CHASSE À LA BALEINE

La chasse à la baleine devint une activité commerciale lucrative à la fin du XIXe siècle, grâce à l'apparition des bateaux à vapeur et des harpons explosifs. Les chasseurs norvégiens construisirent 13 grandes stations de pêche en Islande et pêchèrent jusqu'à l'extinction presque complète de l'espèce en 1913. Les Islandais se lancèrent à leur tour dans cette pêche en 1935 ; puis, le nombre de baleines ayant encore une fois dangereusement diminué, la pêche commerciale fut interdite par la Commission baleinière internationale en 1986. L'Islande a repris la pêche à la baleine en 2006, au grand dam des écologistes du monde entier. Pourquoi les Islandais pêchent-ils la baleine aujourd'hui ? La question n'est pas simple.

Les autorités islandaises soulignent qu'elles ont toujours privilégié une gestion durable des populations de baleines, comme pour toutes les autres ressources marines, en respectant les quotas de capture annuels conseillés par l'Institut islandais de recherche marine, pour les baleines de Minke et les rorquals. En 2018, les quotas étaient de 217 et 209 individus, respectivement (avec un supplément de 20% – 29 individus – du quota non utilisé de l'année précédente, soient 238 rorquals).

Ces chiffres suscitent néanmoins la polémique, car les rorquals communs, en particulier, figurent sur la Liste rouge des espèces menacées publiée par l'Union internationale pour la conservation de la nature (IUCN). En 2016 et 2017, la pêche au rorqual fut interrompue en raison de difficultés commerciales avec le Japon (la pêche aux baleines de Minke ne fut pas affectée), mais elle reprit en 2018, malgré de nombreuses protestations au niveau international. Grâce à l'extension de la réserve marine de la partie est de la Faxaflói près de Reykjavík, lieu de pêche de nombreuses baleines de Minke, la saison 2018 prit fin après la prise de 6 individus seulement. Une nouvelle réserve a également été créée dans le nord de l'Islande, dans l'Eyjafjörður et la Skjálfandi.

L'office du tourisme islandais soutient que l'industrie nationale de la pêche à la baleine nuit à l'observation de ces animaux (une opinion contestée par le ministère des Industries et de l'Innovation). Vu l'explosion du nombre de touristes, l'idée est qu'une baleine vaut davantage vivante que morte – on gagne plus à les montrer qu'à les consommer. Paradoxalement, entre 40 et 60% de la viande de baleine consommée sur l'île l'est par des touristes curieux, alors que seuls 1% des Islandais en mangent régulièrement. Elle est en grande partie exportée vers le Japon, bien que la demande décline. En 2012, le Fonds international pour la protection des animaux (IFAW ; www.ifaw.is) et IceWhale (Icelandic Whale Watching Association ; www.icewhale.is) ont lancé une grande campagne ("Venez nous voir, pas nous manger") pour encourager les visiteurs à observer les baleines plutôt que les consommer ; leur pétition a réuni plus de 100 000 signatures en 2016. Leur site répertorie les restaurants islandais qui ne servent pas de viande de baleine.

L'industrie de la pêche à la baleine est visée par une autre condamnation internationale. En 2014, 35 nations, dont les États-Unis, l'Australie et certains pays européens, ont officiellement protesté auprès des autorités islandaises par voie diplomatique. En 2018, la prise d'un spécimen rare issu d'un croisement entre une baleine bleue et un rorqual commun eut un écho retentissant ; la société de pêche fut poursuivie en justice par un groupe écologiste.

Une nouvelle campagne américaine, intitulée "Don't Buy From Icelandic Whalers" (www.dontbuyfromicelandicwhalers.com), encourage le public à ne pas acheter de poisson auprès des grossistes ou revendeurs qui s'approvisionnent auprès des sociétés baleinières islandaises. Pour l'instant, toutefois, la pêche à la baleine continue.

des rorquals boréals, des globicéphales, des orques et des baleines bleues. On trouve des phoques dans les fjords de l'Est, autour de la péninsule de Vatnsnes (nord-ouest de l'Islande), dans la région du Mýrar sur la côte sud-est (notamment à Jökulsárlón), dans le Breiðafjörður à l'ouest et dans les fjords de l'Ouest.

Oiseaux

L'avifaune est particulièrement riche en Islande, notamment pendant la période de nidification, entre mai et août. Les colonies s'installent le long des falaises côtières et dans les îles, dont certaines sont des réserves naturelles. Le plus connu des oiseaux est le macareux moine avec sa petite tête ronde et son bec orange. On trouve également de vastes colonies de fous de Bassan, des guillemots, des goélands, des pingouins tordas, des mouettes tridactyles et des fulmars. On peut voir aussi, en moins grand nombre, des chevaliers sylvains, des sternes arctiques, des labbes, des puffins des Anglais, des pluviers dorés, des océanites tempêtes et des océanites cul-blanc. Dans la partie sud des fjords de l'Ouest, on aperçoit parfois un rare pygargue à queue blanche (ou Aigle des mers), une espèce menacée. Par ailleurs, l'Islande compte maintes espèces de canards, de lagopèdes, de cygnes, de grives mauvis, de plongeons et de gerfauts, ainsi que deux espèces de hiboux.

La sterne arctique est farouchement territoriale : elle vous attaquera si vous approchez de son nid. Lorsque vous marchez en territoire peuplé de sternes, portez un chapeau, levez un bras en l'air ou ayez un long bâton : elles s'en prennent toujours au point culminant.

Végétation, fleurs et champignons

L'Islande a été largement déforestée il y a bien longtemps : les forêts qui recouvraient une partie de l'île au début de la colonisation ont disparu à la suite du peuplement et du développement de l'élevage. Cependant, le reboisement s'est imposé comme une préoccupation majeure depuis le début du XXe siècle et le phénomène s'est accéléré ces dernières années. Certaines vallées bien abritées sont boisées, tout comme des versants de montagnes. À Reykjavík, les rues sont bordées de feuillus de différentes espèces importées.

Pour tout savoir sur les oiseaux visibles en Islande, consultez le portail ornithologique www.oiseaux.net.

En dehors de la couverture forestière, la végétation est d'une étonnante variété, même s'il faut l'examiner de près pour s'en rendre compte. Elle se réduit en effet le plus souvent à un tapis de plantes qui s'étend au ras du sol, comme pour mieux s'agripper à une terre qui s'érode facilement. L'érosion par le vent et les dégâts causés par les véhicules qui font du hors-piste posent de gros problèmes.

En été, collines et vallées se couvrent d'un tapis de fleurs. La plupart de ces végétaux (on en dénombre 450 environ) sont des espèces importées, en particulier le lupin soyeux, devenu une nuisance après avoir été un

LE MACAREUX MOINE

Membre de la famille des pingouins (Alcidés), le macareux moine (*Fratercula arctica*, ou *lundi* en islandais) passe une bonne partie de l'année en mer. Mais, pendant 4 ou 5 mois, il rejoint la terre ferme pour se reproduire, fidèle au même partenaire et au même terrier (de plusieurs pièces !) creusé dans la falaise.

Récemment encore, 60% de la population mondiale de macareux se reproduisait en Islande et de grandes colonies étaient visibles autour de l'île de fin mai à août. Malheureusement, le nombre de macareux a brutalement chuté dans le sud du pays au cours de la dernière décennie. Ils continuent de fréquenter cette région – les macareux des Vestmannaeyjar (îles Vestmann) constituent la plus grande colonie au monde –, mais en plus petit nombre et avec un taux de reproduction bien inférieur. On en ignore la raison, mais on pense que le réchauffement des océans a entraîné le déclin de leur principale source de nourriture, l'anguille de sable. Il est également possible que la chasse et les collectionneurs d'œufs soient en cause. En 2018, BirdLife International a déclaré les macareux moines en danger d'extinction.

Que les amateurs d'observation des oiseaux se rassurent : les populations de macareux présentes dans le nord et l'ouest du pays semblent moins touchées (pour l'instant). On peut toujours voir ces volatiles photogéniques sur les falaises de Grímsey et de Drangey, ainsi qu'à Borgarfjörður Eystri (dans l'Est), dans les fjords de l'Ouest et sur la péninsule de Snæfellsnes.

Randonneurs dans le Skaftafell (p. 195)

auxiliaire environnemental. Un sondage réalisé en 2004 a permis de choisir la fleur nationale. L'heureuse élue a été la dryade à huit pétales *(Dryas octopetala – holtasóley* en islandais –, le bouton d'or des landes). Vous apercevrez dans les zones caillouteuses et sur les affleurements rocheux cette fleur de quelques centimètres de diamètre avec ses huit délicats pétales blancs et un cœur jaune vif.

Les régions côtières se composent généralement d'herbes rases, de tourbières et de marécages. À plus haute altitude, la toundra domine.

On trouve aussi en Islande quelque 2 000 espèces de champignons. Le long des sentiers de randonnée, sur le bord des routes ou dans les champs, on en voit de toutes sortes, allant du blanc à l'orange vif.

Dans le Sud et l'Est, les récentes coulées de lave sont vite colonisées par des mousses, qui recouvrent le terrain rocheux irrégulier d'un tapis vert. Les coulées plus anciennes, dans l'Est et à plus haute altitude, sont généralement colonisées par des lichens. La mousse d'Islande *(Cetraria islandica)* gris-vert ou brun pâle, visible partout, est en réalité un lichen.

Importé par les Vikings, le cheval islandais pure race *(Equus scandinavicus)* est une race petite et résistante, parfaitement adaptée aux conditions difficiles du pays. Ce cheval possède 5 allures dont le *tölt*, une allure naturelle d'amble rompue à 4 temps.

Parcs nationaux et réserves

L'Islande compte aujourd'hui 3 parcs nationaux et plus d'une centaine de réserves naturelles, monuments naturels et zones protégées, représentant au total 18 806 km² (soit environ 18% de la superficie du pays). Un projet de parc national des Hautes Terres (www.halendid.is) est à l'étude. Il protégerait 40 000 km² à l'intérieur de l'île, soit 40% de la superficie du pays.

L'**Umhverfisstofnun** (Agence islandaise de l'environnement ; www.ust.is) est chargée de protéger nombre de ces sites. Son site Internet fournit des informations sur les actions menées, ainsi que des renseignements sur la façon de respecter la nature. Par ailleurs, cette agence recrute chaque été des bénévoles pour participer à des projets dans les parcs.

Le parc national de Þingvellir (p. 123), le plus ancien d'Islande, englobe un beau lac de 84 km², la faille d'Almannagjá, d'une grande importance géologique, et le site historique du premier Parlement islandais (l'Alþing ou Althing). Il figure sur la Liste du patrimoine mondial de l'Unesco.

Le parc national du Snæfellsjökull (p. 241), créé en 2001 dans l'ouest du pays, protège le Snæfellsjökull, ainsi que la côte et les champs de lave environnants. Plus grand d'Europe, le parc national du Vatnajökull (p. 333) couvre environ 13% de la surface totale de l'Islande. Issu en 2008 de la fusion de deux parcs préexistants, le Skaftafell, dans le sud-est du pays, et le Jökulsárgljúfur, plus au nord, il protège la totalité de la calotte glaciaire du Vatnajökull, la puissante cascade de Dettifoss et une grande variété de curiosités géologiques.

L'angélique officinale *(Angelica archangelica)* pousse à l'état sauvage dans de nombreuses régions. Appréciée pour ses vertus médicinales depuis l'ère des Vikings, elle figure dans un nombre croissant de recettes de cuisine. Parmi les bières Kaldi, on en trouve même une à l'angélique (la Stinnings Kaldi).

Écologie

Sa faible densité de population, les vastes étendues sauvages, son absence d'industrie polluante et l'utilisation de l'énergie géothermique et hydroélectrique (81,2% de l'énergie utilisée en 2017 provenait de sources renouvelables) valent au pays une bonne réputation en matière d'environnement. La maîtrise de la géothermie fait de l'Islande un laboratoire pour l'énergie du futur, et les experts islandais conseillent désormais des pays africains et asiatiques sur l'utilisation des ressources géothermiques.

De fait, cette énergie non polluante, fournie par la nature, n'intéresse pas seulement les Islandais. Des groupes étrangers en quête d'énergie bon marché convoitent les rivières glaciaires et les zones géothermiques. Le spécialiste américain de l'aluminium, Alcoa, est à l'origine d'un des projets les plus controversés. Achevé en 2009, le complexe hydroélectrique de Kárahnjúkar (ci-dessous), dans l'est du pays, a été le plus grand chantier de l'histoire islandaise. Il comprend un réseau de barrages et de tunnels, un immense lac artificiel, une centrale électrique et des kilomètres de lignes à haute tension alimentant une fonderie située au bord d'un fjord à Reyðarfjörður, 80 km plus loin.

Le groupe américain souligne que l'aluminium produit sur ce site l'est au moyen d'une énergie non polluante. En revanche, l'immense barrage construit pour alimenter son usine a profondément modifié le paysage. Les objections soulevées à l'époque par les écologistes n'ont guère rencontré d'échos parmi les habitants, davantage soucieux de retombées économiques.

Le pâturage intensif a entraîné une dramatique érosion des sols. Dans les années 1950 et 1960, c'était un acte patriotique de semer des graines de lupin d'Alaska sur des sols stériles pour combattre ce problème. De vastes zones ont été revégétalisées avec succès, mais aujourd'hui, cette grande fleur menace la biodiversité islandaise, privant de lumière des mousses, lichens et arbustes indigènes.

Le pouvoir de l'énergie

Le barrage et l'aluminerie de Kárahnjúkar sont une terrible illustration du dilemme auquel l'Islande se trouve confrontée aujourd'hui. Pour assurer sa prospérité économique, le pays cherche à s'imposer comme l'un des grands acteurs de l'énergie du futur. Grâce à ses sources illimitées en énergies géothermique et hydroélectrique, auxquelles s'ajoute aujourd'hui l'énergie éolienne (pour en savoir plus, consultez le site www.nea.is), elle produit plus d'électricité par habitant que tout autre pays dans le monde – deux fois plus que la Norvège, qui arrive en deuxième position. Cela dit, elle est également en première position pour ce qui est de la consommation d'énergie par habitant car 80% de l'électricité produite est vendue à une poignée d'entreprises internationales installées sur place (comme les fonderies d'aluminium) ; son exportation générerait de nouveaux revenus.

L'Islande et le Royaume-Uni ont ainsi terminé la phase d'étude préliminaire d'un vaste projet d'exportation d'énergie hydroélectrique par l'intermédiaire d'un câble sous-marin long de 1 500 km (voir www.atlanticsuperconnection.com). L'Islande espère également continuer

Col de Fimmvörðuháls (p. 159)

à accueillir des entreprises gourmandes en énergie en devenant notamment un leader mondial des *data centers*, où sont regroupés les serveurs qui stockent les données informatiques.

Si de tels projets se concrétisent, l'Islande devra produire toujours plus d'énergie et donc forcément construire des barrages hydroélectriques et des centrales géothermiques, ainsi que des kilomètres de lignes électriques à très haute tension. Ces infrastructures devront voir le jour dans des espaces sauvages, et en particulier dans les hautes terres centrales. D'où la lutte engagée par des ONG islandaises (regroupées sous le collectif Hjarta Landsins ou "Cœur de l'Islande") qui défendent l'idée de protéger ce territoire en le classant parc national, afin de permettre un meilleur contrôle des projets industriels. Landvernd, une association de défense de l'environnement (www.landvernd.is), fait des points réguliers sur les programmes en cours et les actions de défense de l'environnement.

Les cartes *Forlagið* (*Mál og Menning*) comprennent maintenant quelques suppléments thématiques, comme la *Fuglakort* (ornithologie), le *Höggunarkort* (tectonique), la *Jarðfræðikort* (géologie) ou la *Plöntukort* (botanique). Le texte est en islandais et en anglais.

Le poids du tourisme sur l'environnement

Chaque année, plus de 2,2 millions de touristes se rendent désormais en Islande pour des vacances de rêve dans un cadre naturel splendide. Or, cet afflux de visiteurs met précisément en danger ce qui fait le succès du pays : sa nature jusqu'ici préservée.

Les Islandais s'inquiètent à juste titre de savoir si ce pays de 350 000 habitants et les infrastructures existantes sont capables de faire face à la demande et au comportement des visiteurs. Les médias rapportent régulièrement des cas de touristes qui mettent à mal la nature ou prennent des risques inconsidérés, qui partent en randonnée par mauvais temps sans l'équipement nécessaire, restent coincés en traversant une rivière en voiture, s'aventurent en voiture sur un glacier, tombent d'une falaise ou sont emportés par la mer... En 2016, 2017 et de nouveau en 2018, des touristes ont été aperçus en train de sauter sur les blocs de glace de la lagune Jökulsárlón. Les vidéos et réseaux sociaux diffusant ce genre d'attitude irrespectueuse ou risquée (comme le clip "I'll Show You" dans lequel Justin Bieber se roule dans une étendue de mousse fragile, en 2015) encouragent la désinvolture à l'égard des règles et du bon sens.

Les opérations de sauvetage sont assurées par l'Icelandic Association for Search and Rescue (ICE-SAR ; www.icesar.com), une association extrêmement compétente et respectée. Ses membres sont tous des volontaires, et son fonctionnement est financé par des dons. L'ICE-SAR met l'accent sur la prévention et l'éducation, notamment sur son site Internet (www.safetravel.is) et via l'application "112 Iceland" qui permet aux voyageurs d'enregistrer les itinéraires de leurs randonnées et excursions.

Islande. Splendeurs et colères d'une île (Belin, 2010), de Michel et Anne-Marie Detay, nous offre un voyage naturaliste illustré par de superbes photos dans ce pays de feu et de glace.

Des panneaux ont été mis en place, malgré la réticence des habitants (ils défigurent le paysage), des cordes ont été installées le long de certains sentiers (que certains touristes continuent d'ignorer) et une campagne de sensibilisation a été lancée (www.inspiredbyiceland.com/icelandacademy). Le gouvernement a également instauré de nouvelles règles interdisant aux camping-cars de stationner la nuit au bord des routes ou sur des parkings, et ce afin d'éviter que les bas-côtés ne se transforment en salles de bains et toilettes sauvages. La réglementation est un peu moins sévère pour les randonneurs et les cyclistes, mais l'installation d'un campement doit respecter certaines règles : obtenir la permission du propriétaire du terrain, se trouver à une distance acceptable des campings officiels, ne pas monter plus de tentes que le nombre autorisé et s'assurer que l'on n'est pas sur une terre cultivée.

Au final, la préservation de la nature locale devrait être un objectif commun aux Islandais – qui doivent améliorer leurs infrastructures et la réglementation, et nourrir une conscience environnementale – et aux visiteurs – supposés rester attentifs aux conseils des habitants et respecter le pays qu'ils visitent.

Vers un quota ou un "pass nature" ?

Les autorités envisagent de prélever une redevance unique (sous la forme d'une taxe d'arrivée payable à l'aéroport ou d'un "pass nature" dont le prix dépendra de la durée du séjour), afin que les voyageurs contribuent à la protection et à l'entretien des sites naturels. Il est également question de limiter le nombre de visiteurs sur certains sites.

Une autre solution, qui commence à être mise en place, consiste à rendre payants les parkings et les aires de pique-nique. Ces projets ne paraissent pas déraisonnables, dans la mesure où la population islandaise est contrainte d'accueillir des randonneurs venus de toute l'Europe et des bus remplis de vacanciers qui nécessitent l'installation de nouvelles infrastructures et l'entretien de celles existantes. Les routes, canalisations, stations-service et salaires des *rangers* représentent un coût important lorsqu'il est rapporté au nombre d'habitants.

Il est aussi question d'instaurer un système de loterie ou une limitation du nombre de visiteurs dans certaines régions ou sur certains itinéraires (comme le trek du Laugavegurinn), mais rien n'est décidé pour l'instant.

Culture

L'Islande compense son isolement, ses hivers interminables et sa population clairsemée par une passion pour la culture sous toutes ses formes. Son patrimoine littéraire singulier s'étend des péripéties des sagas médiévales aux romans noirs à succès d'aujourd'hui. Il semble également que faire partie d'un groupe musical soit un passage obligé pour tout Islandais, et le pays a vu naître nombre de grands interprètes. Les artistes s'inspirent du mode de vie et des paysages grandioses de leur terre natale pour exprimer leur identité typiquement islandaise par le biais du cinéma, de l'art, du design...

Littérature

Sanglantes, mystiques et nuancées, les sagas de la fin du XIIe et du XIIIe siècle comptent parmi les chefs-d'œuvre de la culture islandaise. Les célèbres *Passíusálmar* (*Psaumes de la Passion*), écrits en 1659 par le révérend Hallgrímur Pétursson, ont longtemps été lus ou chantés pendant le carême. Au XXe siècle, Halldór Laxness, lauréat du prix Nobel de littérature, a propulsé l'Islande sur la scène littéraire mondiale. Mais les Islandais ne se reposent pas sur leurs lauriers : aujourd'hui, le pays s'enorgueillit du plus grand nombre d'écrivains et de traductions littéraires par habitant dans le monde.

Mythologie nordique

Quelques ouvrages sur la mythologie nordique :

- *Mythes nordiques, de Raymond Ian Page (1993)*
- *Dieux & mythes nordiques, de Patrick Guelpa (2009)*
- *Dictionnaire de mythologie et de symbolique nordique et germanique, de Robert-Jacques Thibaud (2009)*
- *Légendes de la mythologie nordique, de Jean Mabire (2010)*
- *La Mythologie viking, de Neil Gaiman (2017)*

Les sagas

Les sagas en prose de l'Islande médiévale figurent parmi les œuvres les plus imaginatives et émouvantes du début de la littérature. Ces récits épiques et brutaux sont ponctués de passages empreints de sagesse, de magie, de mélancolie et d'amour.

Rédigées entre le XIIe siècle et le début du XIVe, les sagas racontent la vie, les conflits et les amours tragiques de héros hauts en couleur et de leurs familles. Guerriers, poètes ou hors-la-loi, ces personnages vécurent à l'époque de la colonisation. Si la plupart des sagas sont des œuvres anonymes, la *Saga d'Egill* a été attribuée à Snorri Sturluson. Certaines constituent des sources importantes pour les historiens, comme la *Saga des Groenlandais* et la *Saga d'Erik le Rouge*, qui décrivent les voyages entrepris par Erik et sa famille, notamment son fils Leif (qui débarqua en Amérique du Nord).

Rédigées au cours des siècles durant lesquels l'Islande se languissait sous les jougs norvégien et danois, les sagas ne tenaient pas seulement d'un divertissement, mais participaient également d'un fort sentiment d'appartenance culturelle. Les soirs d'hiver, les gens se retrouvaient dans les fermes pour la *kvöldvaka* (veillée) et, tandis que les hommes tressaient les crins des chevaux pour fabriquer des cordages et que les femmes filaient la laine ou tricotaient, un membre de la famille lisait les sagas ou récitait des *rímur* (poèmes épiques de style allitératif).

Les sagas restent très présentes de nos jours. La langue ayant peu évolué depuis l'époque des Vikings, les Islandais, jeunes et vieux, se plaisent à les lire dans le texte. La plupart des gens peuvent en citer de longs passages, connaissent les fermes où les personnages vécurent et moururent, et affluent au cinéma pour voir les dernières adaptations de ces récits intemporels. Pour en savoir plus, consultez l'Icelandic Saga Database (www.sagadb.org). On peut admirer les manuscrits originaux des sagas à la Culture House de Reykjavík (Þjóðmenningarhúsið, p. 62).

Poésie eddique et scaldique

"Je préfère aller pieds nus que sans livre" (*Betra er berfættum en bókarlausum að vera*), affirme un vieux dicton islandais. Les Islandais aimant toujours passionnément l'écrit, il est naturel que Reykjavík appartienne au réseau des villes créatives de l'Unesco pour la thématique de la littérature ; la capitale offre d'ailleurs toutes sortes de circuits et de programmes dans ce domaine.

Les premiers colons venus d'autres régions scandinaves apportèrent avec eux leurs traditions poétiques, et ces poèmes furent retranscrits par écrit à partir du XIIe siècle.

Les poèmes eddiques se regroupent en 3 catégories : mythologique, gnomique (porteur de vérités intemporelles) et héroïque. Ils sont composés en vers libres, sur une structure très proche de celle de l'ancienne poésie germanique. La poésie mythologique évoquant les antiques dieux norrois constitue sans doute une provocation délibérée à l'égard des sentiments chrétiens croissant en Islande. La poésie gnomique apparaît dans une œuvre majeure, les *Hávamál* (Dits du Très-Haut), qui exaltent les vertus du quotidien. Quant aux poèmes eddiques héroïques, ils sont analogues par la forme, le fond et les caractères aux premières œuvres germaniques telles que les *Nibelungenlied*.

La poésie scaldique était composée à l'origine par les scaldes (poètes de cour norvégiens) pour célébrer les hauts faits des rois scandinaves ; elle développa ensuite d'autres thèmes, à mesure que le genre croissait en popularité. Le plus célèbre scalde fut Egil Skallagrímsson – celui de la *Saga d'Egill* – qui, entre autres exploits, s'attira l'hostilité mortelle d'Eiríк "hache sanglante", roi de Jorvík (actuel York), en 948. Après avoir été capturé et condamné à mort, dans la nuit précédant son exécution, Egil composa une ode à Eirík. Le monarque flatté fit relâcher Egil sain et sauf. Son poème est aujourd'hui connu sous le nom de *Höfuðlausn* (Rançon de la tête).

Les poèmes scaldiques, essentiellement conçus pour des éloges, concentrent en quelques vers à la structure très stricte une foule de descriptifs. Outre des règles extrêmement rigides concernant les allitérations, le nombre de pieds ou les syllabes accentuées, ces poèmes doivent respecter aussi des figures de style très complexes. L'une d'elles, le *kenning*, consiste à remplacer le mot propre par une métaphore

LES GRANDES SAGAS ISLANDAISES

La Saga d'Egill Située en grande partie près de l'actuelle ville de Borgarnes, elle a pour personnage central Egil Skallagrímsson, un homme complexe, retors et sensible. Poète (ou *skald*) réputé, guerrier triomphant, habile négociateur et petit-fils d'un loup-garou/métamorphe, il vécut jusqu'à un âge avancé, contrairement à bien des héros de sagas.

La Saga des gens du Val-au-Saumon (Saga de Laxdæla). Cette saga tragique se déroulant dans le Breiðafjörður et le Dalir (nord-ouest de l'Islande) est riche en mariages ratés, amours contrariées et meurtres.

La Saga de Njáll le Brûlé Njál et Gunnar, deux des plus grands héros de saga islandais, sont entraînés dans 50 années d'une rivalité fatale entre deux familles (reportez-vous également à l'encadré p. 155).

La Saga de Gisli Sursson Quintessence des histoires de hors-la-loi, cette saga parle de vengeance, de fratricide et de bannissement.

Völsungasaga (Saga des Völsung). Certaines parties de cette saga vous sembleront peut-être familières, puisque Richard Wagner (*L'Anneau du Nibelungen*) et J. R. R. Tolkien (*Le Seigneur des anneaux*) y ont puisé des épisodes.

La Saga de Snorri le Godi Cette saga mineure, qui a pour cadre la péninsule de Snæfellsnes, vaut pour son ambiance originale et surnaturelle ; c'est le seul récit médiéval islandais où des fantômes sont traduits devant un tribunal pour avoir hanté des lieux.

HALLDÓR LAXNESS

Au cours de sa longue vie, Halldór Laxness (1902-1998) a remodelé le visage de la littérature islandaise et remis à l'honneur les récits épiques. Il est l'auteur islandais le plus célèbre du XXe siècle. Pourtant, une quinzaine seulement de ses 51 romans, innombrables nouvelles, pièces et poèmes sont disponibles en français.

Né Halldór Guðjónsson, l'auteur choisit comme nom de plume celui de la ferme familiale, Laxnes (auquel il ajouta un "s"). Doté d'une curiosité insatiable et d'une plume féconde, Laxness publia sa première œuvre à 14 ans et commença à voyager à 17 ans. Il rejoignit un monastère au Luxembourg, où il se convertit au catholicisme, étudia le latin et rédigea son premier vrai roman, *Undir Helgahnúk* (*Sous le pic sacré*). Assez vite déçu par la vie monastique, il fit un bref retour en Islande, puis se rendit en Italie où il écrivit *Vefarinn Mikli frá Kasmír* (*Le Grand Tisserand de Cachemire*), dans lequel il explique sa désaffection pour l'Église et son intérêt croissant pour les idées de gauche. Dans les années 1930, Laxness partit en Amérique tenter sa chance à Hollywood dans l'industrie cinématographique naissante, avant d'embrasser la cause du communisme et de se rendre souvent dans le bloc soviétique. En 1962, Laxness s'établit définitivement dans la banlieue de Reykjavík (sa maison, près de Mosfellsbær, est aujourd'hui transformée en musée). C'est là qu'il écrivit *Skáldatími* (*Le Temps des poètes*), poignante abjuration de tous ses écrits à la gloire du Parti communiste.

En 1955, Laxness se vit décerner le prix Nobel de littérature et devint un héros dans son pays. Ses ouvrages sont de petits bijoux d'ironie dont les personnages, aussi égarés soient-ils, sont dépeints avec compassion. Son roman le plus célèbre, *Gens indépendants* (1934-1935), sombre tragi-comédie écrite dans un style foisonnant et évocateur, décrit les rudes conditions de vie dans l'Islande du début du XXe siècle. Le récit, centré sur l'obstiné paysan Bjartur de Summerhouses et sa famille laborieuse, plonge le lecteur dans le quotidien d'une ferme traditionnelle. Autre grand roman, *La Cloche d'Islande* (1943-1946), une trilogie dans l'esprit des sagas, dresse un tableau de la misère et de l'injustice qui accablaient le peuple islandais sous la domination danoise. Parmi ses autres œuvres disponibles en français, signalons *Lumière du monde* (1937-1940), *La Saga des Fiers-à-bras* (1952), *Le Paradis retrouvé* (1960) et *Les Annales de Brekkukot* (1957), qui portent l'empreinte de ses recherches vers le taoïsme.

filée : le sang est ainsi appelé "rosée de blessure", tandis qu'un bras peut être décrit comme un "perchoir de faucon".

Littérature contemporaine

Le lauréat du prix Nobel de littérature, Halldór Laxness, domine de son génie la littérature contemporaine. Parmi les autres écrivains notoires figurent notamment un auteur de littérature pour enfants du début du XXe siècle : le révérend Jón Sveinsson (dit Nonni), natif d'Akureyri. Inspirés de sa jeunesse en Islande, ses récits sur les aventures du jeune Nonni ont été écrits essentiellement en allemand et traduits en 40 langues. Un des épisodes a été publié en français sous le titre de *Nonni. Aventures d'un jeune Islandais racontées par lui-même* (éditions Elor, 2001, dès 9 ans). La maison de Sveinsson, à Akureyri, est devenue un intéressant musée. Le poète et dramaturge Jóhann Sigurjónsson (1880-1919) est surtout connu pour *Les Proscrits*, une biographie de Fjalla-Eyvindur, un proscrit du XVIIIe siècle. Le texte fut adapté au cinéma par le réalisateur suédois Victor Sjöström en 1917. Parmi les autres maîtres de la littérature islandaise, signalons également Gunnar Gunnarsson (1889-1975), dont on pourra notamment lire en français *Frères jurés* (1918), et Þórbergur Þórðarson (Thorbergur Thordarson ; 1888-1974).

Parmi les œuvres disponibles en français d'écrivains plus récents, figure *La Sagesse des fous* (1992), d'Einar Kárason, extraordinaire évocation de la vie à Reykjavík dans les années 1950. C'est le premier tome d'une saga

Régis Boyer a traduit l'intégralité de l'Edda poétique dans un ouvrage intitulé, tout simplement... *L'Edda poétique* (Fayard, coll. Espace intérieur, 1992).

Le traducteur Éric Boury est le grand spécialiste de la littérature islandaise contemporaine en France. Et si on lui doit toute la série *Erlendur* d'Arnaldur Indridason en français, il ne se cantonne pas pour autant aux polars. *La Valse de Valeyri* (Gallimard, 2016), roman polyphonique contant 16 destins enchevêtrés de Gudmundur Andri Thorsson, et *Les Rois d'Islande* (Galaade, 2017), d'Einar Mar Gudmundsson, figurent parmi ses dernières traductions publiées.

L'Islande publie le plus grand nombre de livres par habitant du monde et affiche un taux d'alphabétisation de 100%.

familiale qui s'étend sur 3 générations, mais dont les deux autres tomes n'ont malheureusement pas encore été publiés en français. Le roman *101 Reykjavík* (1996), de Hallgrímur Helgason, dont a été tiré un film, est une comédie noire sur la vie de Hlynur, jeune homme peu porté sur le travail et à l'imagination fertile, qui vit toujours chez sa mère dans le centre de Reykjavík. Plus noir encore, et zébré d'humour, *Les Anges de l'univers* (1993), d'Einar Már Gudmundsson, est un étrange roman basé sur les délires schizophréniques d'un homme enfermé dans un hôpital psychiatrique. La *Saga de Gunnlöd* (1987), de Svava Jakobsdóttir, mêle vie contemporaine et mythologie nordique.

Arnaldur Indriðason est l'auteur de romans policiers se déroulant principalement à Reykjavík, qui sont pour beaucoup des best-sellers. La plupart sont aujourd'hui traduits en français. Vous pourrez lire notamment *Opération Napoléon* (1999), *La Cité des jarres* (2000), adapté au cinéma par Baltasar Kormákur sous le titre de *Jar City* (2006), *La Femme en vert* (2001), *L'Homme du lac* (2004), *Hiver arctique* (2005), *Étranges Rivages* (2010), qui a pour cadre les fjords de l'Est, et *Dans l'ombre* (2015). Arni Thorarinsson s'est imposé comme une autre figure incontournable du polar islandais. À lire notamment : *Le Dresseur d'insectes* (2007), *Le Septième Fils* (2008) et *L'Ange du matin* (2010). Les romans policiers *Bien mal acquis* (2006) et *ADN* (2014) d'Yrsa Sigurðardóttir sont également publiés en français. L'univers sombre de Ragnar Jónasson est désormais accessible aux lecteurs francophones. *Snjór* (2010), qui se déroule dans la septentrionale Siglufjörður, et *Mörk* (2014), récompensé par 3 prix littéraires et présenté comme le "Cluedo au pays des fjords", en sont de belles illustrations. *L'Énigme de Flatey* de Viktor Arnar Ingólfsson (2003) a été adapté pour la télévision.

D'autres écrivains sont à découvrir, comme Guðrún Eva Mínervudóttir, qui a notamment signé *Le Créateur* (2008), un roman noir psychologique ; et Sjón, ancien membre du groupe Sugarcubes, auteur d'une aventure fantastique dont l'action se déroule au XIXe siècle intitulée *Le Moindre des mondes* (2003). Enfin, Audur Ava Ólafsdóttir s'est fait connaître en France avec *Rosa Candida* (2007), un roman délicat, mêlant douceur, sentiments et humour fantasque. *L'Exception* (2012) et *Le Rouge vif de la rhubarbe* (1998) ont également été traduits en français.

Musique

Pop, rock et électro

L'Islande se distingue dans le monde de la musique pop-rock. Parmi les musiciens mondialement célèbres, Björk et son ancien groupe, les Sugarcubes, arrivent bien sûr en tête. De son album de platine *Debut* (1993) à son dernier, *Utopia* (2017), Björk reste une artiste majeure.

Autres stars internationales, le groupe Sigur Rós est unanimement salué par la critique. Écoutez les albums *Ágætis Byrjun* (1999), *Takk* (2005) ou *Route One* (2017), le dernier en date, largement composé tandis que le groupe parcourait la Route circulaire en plein été 2016. Le film *Heima* (2007), qui en suit les membres en tournée, est également incontournable. Jónsi, le chanteur de Sigur Rós, a aussi connu le succès avec son joyeux album solo *Go* (2010).

Le groupe indé-folk Of Monsters and Men a fait un malheur dans les *charts* nord-américains en 2011 avec son premier album, *My Head is an Animal*. Le single *Little Talks* tiré de cet album est arrivé numéro un du classement des meilleures chansons de rock alternatif établi par le magazine américain *Billboard* en 2012. Leur dernier album, *Beneath the Skin* (2015), s'est immédiatement classé 3e au top 200 américain.

Ásgeir Trausti, plus connu sous le nom d'Ásgeir, a fait un tabac avec *In the Silence* (2014) – ses concerts à l'étranger se jouent à guichets fermés. Son dernier album, *Afterglow*, date de 2017.

La scène musicale florissante de Reykjavík connaît un afflux régulier de nouveaux groupes et sons – visitez le site www.icelandmusic.is pour vous faire une idée de sa variété.

Plusieurs membres du groupe indé-folk Seabear se sont fait un nom en solo, comme Sin Fang (écoutez *Flowers* sorti en 2013 ou *Spaceland* en 2016) et Sóley (*We Sink* en 2012, *Ask the Deep* en 2015 et *Endless Summer* en 2017). Le groupe indé-folk minimaliste Árstíðir a rencontré un vif succès sur YouTube en 2013 avec un hymne islandais du XIIIe siècle chanté a capella dans une gare allemande. Leur album *Nivalis* est sorti en 2018. Le duo Kiasmos mixe une électro minimaliste et mélancolique, qu'illustre bien leur album éponyme, *Kiasmos* (2014), et les EP qu'ils ont sortis depuis.

À Reykjavík, la salle de concert Harpa, à la pointe de la technologie, se distingue par sa façade couverte de miroirs hexagonaux, ses quatre scènes et son acoustique exceptionnelle. Un parfait écrin pour assister à un concert.

GusGus, un groupe de pop électronique avec dix albums à son actif, a assuré la première partie du concert de Justin Timberlake en 2014 à Reykjavík. En septembre 2016, Sturla Atlas, prodige du hip-hop/R&B islandais a fait la première partie de l'autre Justin (Bieber) – le clip de la chanson de Bieber *I'll Show You* a été tourné en Islande. Gisli Pálmi compte parmi les autres rappeurs islandais célèbres.

Kaleo, groupe de folk, rock et blues originaire de Mosfellsbær, a fait sensation avec la chanson "No Good" extraite de son premier album studio *A/B*, sorti en 2016 et nominé aux Grammy Awards.

Originaire des îles Vestmann, Júníus Meyvant a sorti en 2016 son premier album, *Floating Harmonies,* un beau mélange de folk, de funk et de soul savamment orchestré.

On peut également citer le groupe d'électro FM Belfast, qui a fondé son propre label pour enregistrer son premier album, *How to Make Friends*, en 2008 ; le plus récent, *Island Broadcast,* date de 2017. Múm mélange électro expérimentale et instruments traditionnels (dernier album en date : *Smilewound*, 2013).

Prins Póló, qui tire son nom d'une barre chocolatée, produit une dance-pop aux textes soignés. Le dernier album pop de Hafdís Huld, *Dare to Dream Small,* séduira les amateurs, tout comme le rock garage exubérant du Benny Crespo's Gang. Le groupe Just Another Snake Cult taquine le psychédélique avec son album *Cupid Makes a Fool of Me* (2013), tandis que Singapore Sling fait du rock pur jus. Une liste bien loin d'être exhaustive...

Le Reykjavík Arts Festival (fin mai-début juin) offre l'occasion de découvrir les arts visuels, la littérature, la musique et les arts de la scène islandais.

Les salles de concert changent constamment à Reykjavík – consultez le journal et site Internet gratuit *Reykjavík Grapevine* (www.grapevine.is) ou son application mobile pour connaître les adresses et les dates. La scène musicale islandaise est de plus en plus active, partout dans le pays. Si votre séjour coïncide avec l'un des nombreux festivals musicaux, précipitez-vous ! Le fabuleux Iceland Airwaves (p. 27 ; à Reykjavík tous les ans en novembre) présente des talents islandais et de grands noms internationaux ; c'est également le cas du Secret Solstice (en juin). Le Þjóðhátíð (p. 26), ou Festival national, attire jusqu'à 16 000 personnes sur les îles Vestmann pour 4 jours de musique et de débauche, fin juillet ou début août.

Musique traditionnelle

Jusqu'à l'arrivée du rock'n'roll au XXe siècle, l'Islande ne connaissait guère d'instruments de musique. Les Vikings avaient apporté avec eux la *fiðla* et le *langspil*, sortes de boîtes à deux cordes que le musicien posait sur ses genoux et dont il jouait avec un archet. Jamais utilisés seuls, ces instruments servaient à accompagner des chanteurs.

Les instruments sont donc longtemps restés un luxe inconnu, le chant étant alors la seule forme musicale. Les deux grands types de chants étaient les *rímur,* poèmes ou récits épiques tirés des sagas, chantés sous forme de sourdes mélopées (Sigur Rós s'y est essayé), et les *fimmundasöngur,* chants en duo croisé. Coupée des influences extérieures, la musique vocale islandaise n'évolua guère du XIVe au XXe siècle – elle réussit par ailleurs à conserver des harmonies qui furent interdites par l'Église dans le reste de l'Europe sous prétexte qu'elles étaient l'œuvre du diable !

L'Islande possède un vaste répertoire de chansonnettes que les enfants apprennent avant même d'aller à l'école et que la plupart des Islandais chantent encore avec plaisir dans leur vieil âge. Elles ressortent chaque fois que les différentes générations se retrouvent : fêtes familiales, sorties, camping. Les deux favorites (qu'on entend sans cesse) sont *Á Sprengisandi*, une chanson sur les bergers et les proscrits des hautes terres désertiques, et une berceuse inspirée de la légende selon laquelle la femme du proscrit Fjalla-Eyvindur jeta son bébé affamé dans une cascade. Des florilèges de cette musique traditionnelle sont vendus un peu partout, dans les magasins de musique et dans les boutiques de souvenirs.

Dans tout le pays, des chœurs chantent de la musique traditionnelle, tandis que des albums, comme *Inspired by Harpa - The Traditional Songs of Iceland* (2013), permettent de découvrir les chants folkloriques islandais, ou *rímur*.

Chaque année, le festival Les Boréales (www.lesboreales.com), organisé à Caen en octobre-novembre et présenté comme une plateforme ouverte sur la création artistique des pays nordiques (Islande comprise), fait la part belle au théâtre, à la littérature, à la musique, au cinéma, au cirque, à la danse...

Cinéma

Si elle n'a véritablement décollé qu'au début des années 1980, l'industrie cinématographique islandaise n'en est pas moins jalonnée d'œuvres marquantes. Les courts et longs-métrages produits ici sont souvent remarqués et primés à l'étranger, tant pour leur profondeur narrative que pour la beauté des prises de vue, qui tirent le meilleur parti des paysages islandais.

En 1992, le monde du cinéma s'est pour la première fois tourné vers l'Islande lors de la nomination du film *Les Enfants de la nature* de Friðrik Þór Friðriksson (Fridrik Thor Fridriksson) aux Oscars, dans la catégorie du meilleur film étranger. Ce film raconte l'échappée belle dans la campagne d'un couple de personnes âgées enfermées dans un hospice à Reykjavík. Son réalisateur est une véritable légende dans le milieu cinématographique islandais. Parmi ses autres films, citons notamment *Cold Fever* (1994), *Les Anges de l'univers* (2000) et *The Sunshine Boy* (2009), un documentaire sur les enfants autistes. Il produit également de nombreux films.

Si un film a placé Reykjavík sur la scène cinématographique, c'est bien *101 Reykjavík* (2000), réalisé par Baltasar Kormákur et tiré du roman de Hallgrímur Helgason. Cette comédie noire explore le monde du sexe et de la drogue à travers la vie d'un tire-au-flanc qui habite dans le centre de Reykjavík. Dans *Jar City* (2006), le séduisant Ingvar E. Sigurðsson incarnait Erlendur, l'inspecteur préféré des Islandais (personnage récurrent de l'écrivain Arnaldur Indriðason). *The Survivre* (2012), basé sur l'histoire vraie d'un homme qui survit à un naufrage dans les îles Vestmann, a rencontré un grand succès et, l'année suivante, Kormákur a commencé une carrière hollywoodienne en tournant *2 Guns*, avec Denzel Washington et Mark Wahlberg, puis *Everest*, avec Keira Knightley, Robin Wright et Jake Gyllenhaal, en 2015. À la tête des RVK Studios, Kormákur a créé et produit l'excellente série à l'atmosphère opressante, *Ófærð* (*Trapped*, diffusée en France en 2016) – l'action se déroule à Seyðisfjörður, dans l'est du pays, mais c'est Siglufjörður,

GROS PLAN SUR L'ISLANDE

L'Islande a aujourd'hui la faveur des équipes de cinéma. La beauté du pays et les avantages financiers consentis par le gouvernement ont incité les réalisateurs hollywoodiens à tourner dans l'île. Amusez-vous à repérer les paysages islandais dans des films à grand succès comme *Tomb Raider* (2001), *Meurs un autre jour* (2002), *Batman Begins* (2005), *Mémoires de nos pères* (2006), *Stardust* (2007), *Voyage au centre de la Terre* (2008), *Prometheus* (2012), *Oblivion* (2013), *Thor : Le Monde des Ténèbres* (2013), *Star Trek: Into Darkness* (2013), *La Vie rêvée de Walter Mitty* (2013), *Noé* (2014), *Captain America* (2016), *Justice League* (2017) et dans la série de HBO *Game of Thrones* (sites entre Mývatn et Gjáin). Le succès de Christopher Nolan, *Interstellar* (2014), et l'épisode récent de Star Wars *Le Réveil de la Force* (2015) et *Rogue One* (2016) ont également été tournés en partie en Islande. La série britannique *Fortitude* à été filmée à Reyðarfjörður, dans l'est de l'Islande (bien que l'action soit censée se dérouler en Norvège). Et puis, il y a les films comme *Land Ho!* (2014), dont l'action (comme le tournage) se passe en Islande.

Les réalisateurs ne sont pas les seuls à aimer l'Islande. Des musiciens choisissent aussi l'île pour tourner leurs clips, à commencer par des artistes islandais comme Björk, Of Monsters and Men ou encore Sigur Rós. *Heima*, filmé lors de la tournée de Sigur Rós en 2007, met à l'honneur les Islandais, leurs cascades grondantes et leurs montagnes escarpées. Le clip *Holocene* de Bon Iver (2011), de 6 minutes, mériterait d'être repris par l'Office national du tourisme islandais dans ses campagnes publicitaires. Celui de la chanson de Justin Bieber *I'll Show You* pourrait, lui, servir à montrer ce qu'il ne faut pas faire : destruction de la mousse, baignade dans les lagunes glaciaires...

Des agences proposent des circuits sur les lieux de tournage – renseignements sur l'appli *Iceland Film Locations* (www.filmlocations.is).

dans le Nord, qui a servi de décor. Son thriller *Eiðurinn* (*The Oath – Le Serment d'Hippocrate*) est sorti en 2016 et *À la dérive*, avec Shailene Woodley et Sam Claflin, en 2018.

La réalisateur Dagur Kári a rencontré le succès avec *Nói l'albinos* (*Nói Albinói*, 2003), l'histoire d'un adolescent tourmenté dans un village enneigé des fjords du Nord, et *The Good Heart* (2009), tourné en anglais. Autre production des RVK Studios, *L'Histoire du géant timide* (*Fúsi*, 2015) de Kári est le portrait touchant d'un homme tendre et solitaire, diffusé dans les salles d'art et d'essai du monde entier.

Pour tout savoir sur les longs-métrages, documentaires et films d'animation islandais, consultez www.icelandicfilmcentre.is.

Cold Light (*Kaldaljós*, 2004), de Hilmar Oddsson, est un film lent et poignant sur la vie d'une communauté isolée au bord d'un fjord ; la performance du jeune garçon interprétant le personnage principal est remarquable. *The Final Member*, étrange documentaire de 2012, suit la recherche d'un pénis d'*Homo sapiens* pour le Musée phallologique islandais de Reykjavík.

Le premier long-métrage de Hafsteinn Gunnar Sigurðsson, *Either Way* (2011), raconte l'histoire de deux ouvriers chargés de repeindre les traits sur les routes ; il a été adapté aux États-Unis par David Gordon Green sous le titre de *Prince Avalanche* (2013). *Paris of the North* (2014), comédie dramatique sur les relations entre un père et son fils dans une contrée reculée de l'est du pays, a été acclamé dans les festivals. *Under the Tree* (2017) est son dernier film en date.

Nominé aux Academy Awards, *Des chevaux et des hommes* (2013), de Benedikt Erlingsson, a fait sensation pour sa description surréaliste des destins croisés d'un groupe d'hommes et de chevaux, observés à travers le regard de ces derniers. Également acteur, Erlingsson a joué dans *Volcano* (*Eldfjall*, 2011), de Rúnar Rúnarsson, l'histoire d'un couple âgé contraint de quitter les îles Vestmann à la suite de l'éruption de l'Eldfjall et qui s'efforce de concilier la maladie et la famille. Avec *Sparrows*

(*Þrestir*), sorti en France en 2016, Rúnarsson a remporté un beau succès international. Le film fait le portrait poignant du désarroi d'un garçon de 16 ans, qui doit laisser sa mère à Reykjavík pour retourner vivre avec son père sur une île isolée des fjords de l'Ouest (il a été tourné en grande partie à Flatey).

Béliers (*Hrútar* ; 2015), réalisé par Grímur Hákonarson, est une comédie dramatique attachante relatant la vie de deux frères que tout sépare, sauf leurs moutons. Le film a connu une belle carrière internationale : primé à Cannes dans la catégorie Un certain regard en 2015, il a représenté l'Islande pour l'Oscar du meilleur film en langue étrangère en 2016.

The Swan (*Svanurinn*, 2018) d'Ása Hjörleifsdóttir raconte l'histoire d'une petite fille envoyée dans la campagne du Nord et de la découverte qu'elle y fait ; il fut présenté au Festival international du film de Toronto.

Pour un film plus léger, voyez *Stella on Holiday* (*Stella í Orlofi*; 1986) de Þórhildur Þorleifsdóttir, comédie fondée sur des quiproquos, ou *The Homecoming* (*Blóðberg* ; 2015), comédie dramatique intelligente et moderne, dans laquelle une famille "parfaite" voit son existence chamboulée. Vous apprécierez aussi le film *Albatross* (2015), dans lequel un citadin, Tommi, échoue pour l'été au golf de Bolungarvík avec une brochette de personnages complètement dingues.

L'Islande a produit quantité d'autres films de qualité, pour certains plus confidentiels ou non traduits. Consultez le site www.icelandiccinema.com.

De nombreux peintres et musiciens islandais s'épanouissent dans plusieurs disciplines. Certains font sensation à l'étranger, comme Ragnar Kjartansson, digne représentant de ces artistes mi-peintres, mi-acteurs, réalisateurs ou musiciens. L'Hafnarhús du musée d'Art de Reykjavík et les galeries de la capitale leur rendent un bel hommage.

Peinture et sculpture

Parmi les artistes les plus réputés d'Islande, beaucoup ont étudié à l'étranger avant de revenir au pays se colleter avec l'énigmatique âme islandaise. Résultat : un style influencé par les autres pays européens, et des thèmes inspirés par les sagas et les paysages locaux.

Le premier peintre paysagiste islandais fut le prolifique Ásgrímur Jónsson (1876-1958), qui produisit un nombre étonnant d'huiles et d'aquarelles. On peut voir ses œuvres à la Galerie nationale d'Islande, à Reykjavík.

Élève d'Ásgrímur, Jóhannes Sveinsson Kjarval (1885-1972), dont le succès ne se dément pas, a passé son enfance à Borgarfjörður Eystri, un village reculé de l'est du pays. Ses premières commandes furent des dessins de leurs fermes que voulaient emporter avec eux les émigrants, mais il est surtout célèbre pour ses premiers dessins au fusain des villageois et pour ses paysages surréalistes. Un bâtiment tout entier, superbe, du musée d'Art de Reykjavík (le Kjarvalsstaðir) porte son nom.

La sculpture occupe également une place centrale en Islande ; elle s'admire dans les galeries d'art, mais aussi dans de nombreux parcs et jardins. Tous les grands noms de la sculpture islandaise ont leur musée à Reykjavík, notamment Einar Jónsson (1874-1954), dont l'œuvre mystique explore les thèmes de la mort et de la résurrection, et Ásmundur Sveinsson (1893-1982), dont les passionnantes statues cinétiques célèbrent l'Islande, ses légendes et son peuple. Au musée d'art de Reykjavík, ne manquez pas l'Ásmundarsafn, ancien studio de l'artiste renfermant des œuvres inspirantes, dans une atmosphère paisible. Sigurjón Ólafsson (1908-1992), spécialisé dans les bustes, s'est aussi essayé à l'abstraction. À Kópavogur, un musée est consacré à Gerður Helgadóttir (1928-1975), qui a réalisé de superbes sculptures et vitraux. Son œuvre est également présente au parc Hljómskálagarður de Reykjavík, aux côtés de réalisations de Gunnfríður Jónsdóttir (1889-1968), Nína Sæmundson (1892-1962), Þorbjörg Pálsdóttir (1919-2009) et Ólöf Pálsdóttir (née en 1920).

Le peintre islandais contemporain le plus célèbre est sans doute l'icône du pop art Erró (Guðmundur Guðmundsson, né en 1932), qui a fait don de tous ses tableaux à la Hafnarhús du musée d'Art de Reykjavík. L'artiste islando-danois Olafur Eliasson (né en 1967), qui crée d'imposantes installations, a également conçu la façade du Harpa, la grande salle de concert de Reykjavík. Páll Guðmundsson (né en 1959), sculpteur et plasticien de Húsafell à l'œuvre évocatrice, est, par ailleurs, le créateur d'un étonnant *steinharpa*, sorte de xylophone en pierre et rhubarbe, dont il joue avec le groupe Sigur Rós.

Architecture et design

Si les maisons longues vikings d'Islande ont succombé aux outrages du temps, les techniques traditionnelles de construction à base de tourbe et de bois n'en furent pas moins utilisées jusqu'au XIXe siècle. On en trouve un bon exemple à Glaumbær (p. 288), dans le nord du pays.

Guðjón Samúelsson (1887-1950), l'un des architectes islandais les plus connus du XXe siècle, s'est efforcé de créer un style typiquement islandais. On peut admirer ses réalisations minimalistes dans tout le pays, comme l'église Hallgrímskirkja et la piscine Sundhöllin, à Reykjavík, la Þingvallabær (ferme dans le parc national de Þingvellir) ou encore le Héraðsskólinn, une ancienne école de Laugarvatn, dans le Sud-Ouest.

Les designers, artistes et architectes islandais sont généralement basés à Reykjavík, même si les choses commencent à changer en raison du boom touristique. De nombreux artistes s'associent et ouvrent des boutiques et galeries d'art, pour y exposer leurs œuvres d'une grande diversité : des coupes fabriquées en rondelles de radis aux créations de mode. L'**Iceland Design Centre** (Hönnunarmiðstöð ; ✆771 2200 ; www.icelanddesign.is ; Aðalstræti 2 ; ⏲10h-18h lun-sam), à Reykjavík, fournit de nombreux renseignements et organise tous les ans la DesignMarch (p. 24), au cours de laquelle d'innombrables expositions et ateliers sont ouverts au public.

Le musée du Design et des Arts appliqués (www.honnunarsafn.is), à Garðabær, au sud de Reykjavík, présente des créateurs islandais du début du XXe siècle à aujourd'hui, et possède une boutique de design, Kraum.

Les Islandais

Des siècles d'isolement et d'épreuves ont donné un caractère particulier à cette nation homogène et faiblement peuplée. Malgré la rudesse de leur environnement naturel (éruptions volcaniques et séismes), les Islandais sont très attachés à leur histoire et à leur terre natale. Cette population de 350 000 habitants a tendance à affronter l'adversité avec un mélange de courage, de franchise et d'originalité, teinté d'un humour noir… forcément glacé.

La devise des Islandais : "Þetta reddast" ("Tout finit par s'arranger")

Les Islandais ont une réputation de gens solides, tenaces et prosaïques. Les localités rurales restent attachées à l'agriculture et à la pêche. Sur le plan strictement géographique, le mot "rural" peut s'appliquer à la majeure partie du pays, en dehors de la région de la capitale – cela étant, il ne concerne en fait que 36% de la population totale.

L'Islande est le pays le plus paisible du monde selon l'indice mondial de la paix (GPI), qui la classe en tête de liste tous les ans depuis 2008. Cet indice est basé sur des critères comme le taux de crimes violents, l'instabilité politique et le pourcentage de détenus.

Vivant sur une île isolée marquée par un environnement difficile, les Islandais se montrent volontiers portés sur l'autarcie. Habitués à ne compter que sur eux-mêmes, ils détestent qu'on leur dicte leur conduite. Derrière ce caractère bien trempé se cache également un peuple éduqué et créatif. Le riche patrimoine culturel de l'île en atteste, tout comme le niveau élevé des études suivies par ses habitants. Il suffit de se promener dans le centre-ville de Reykjavík pour s'en rendre compte. Ici, l'art est une passion et les pratiques culturelles sont variées et souvent particulièrement originales. Musique, design, mode, cinéma, littérature : l'énergie créatrice des habitants est présente dans tous les domaines.

Ce caractère confiant et intrépide a été mis à rude épreuve durant la crise financière de 2008. Des soupes populaires ont fleuri dans la capitale et des milliers de jeunes Islandais ont quitté le pays pour tenter leur chance en Norvège. Mais la résilience a ici rang de qualité nationale. Aujourd'hui, le taux d'émigration a chuté, un parfum de confiance flotte à nouveau dans l'air et de nouvelles entreprises ont vu le jour pour répondre à l'essor du tourisme. Le pays se remet doucement à croire dans le vieux dicton "*Þetta reddast*" ("Tout finit par s'arranger"), qui est même passé au rang de devise nationale.

L'espérance de vie en Islande est l'une des plus élevées au monde : 80,7 ans pour les hommes et 83,7 ans pour les femmes.

Si l'influence américaine a toujours été marquée en Islande, en particulier du fait de la présence des GI dans l'ancienne base de Keflavík pendant des décennies, les Islandais se sentent aussi culturellement très proches des pays scandinaves. Calmes et toujours réservés, les Islandais, comme les Scandinaves, ne font guère état de leurs sentiments en présence d'un inconnu. Cependant, les Islandais faisant preuve d'un patriotisme assumé, ils aiment aussi savoir ce que l'on pense d'eux et de leur île à l'extérieur. Ainsi, on vous demandera souvent comment vous trouvez l'Islande. La participation de l'Islande à l'Euro de football 2016 a d'ailleurs apporté une belle illustration de ce nationalisme joyeux : le "clapping" des supporters a fait un tabac, sans parler du déplacement

Vikings, musée des Sagas (p. 60)

en France de près de 10% de la population de l'île venue soutenir son équipe. La première participation de l'équipe masculine à la Coupe du monde de football en 2018 a entretenu cet enthousiasme. Toute l'année, une métamorphose spectaculaire s'opère les vendredis et samedis soir, lorsque les inhibitions tombent et que la parole circule aussi librement que l'alcool.

Mode de vie

Au cours du siècle dernier, le mode de vie a profondément changé en Islande : la population, répartie auparavant en communautés familiales vivant isolées dans des fermes disséminées ou dans des villages du littoral, compose désormais une société largement urbanisée. Aujourd'hui, près des deux tiers des Islandais vivent dans la région de Reykjavík, où les jeunes des zones rurales s'installent souvent pour finir leurs études et travailler. Pour autant, le récent essor du tourisme régional, à l'origine de créations d'entreprises et d'emplois au niveau local, a redonné de l'attractivité à l'intérieur des terres.

L'âge du départ à la retraite est actuellement de 67 ans et va passer prochainement à 70 ans. Il n'est pas rare pour un Islandais de cumuler plusieurs emplois, surtout pendant la courte saison touristique qui voit affluer des centaines de milliers de visiteurs. Jusqu'en 2008, date du début de la crise financière, les Islandais ont consommé sans retenue, vivant à crédit grâce à des banques dont le poids cumulé représentait presque 10 fois le PIB du pays. Le naufrage économique a pu être évité grâce à l'adaptabilité, l'allant et l'imagination des Islandais. Même si la situation économique n'a pas retrouvé son niveau d'avant 2008, la plupart des menaces qui planaient au-dessus de l'île ont disparu.

Le goût pour les loisirs est ici à l'aune de l'acharnement au travail. La détente des vendredis et samedis soir à Reykjavík vire à des excès de

Jusqu'en 1988, l'Islande n'avait qu'une seule chaîne de télévision, qui ne fonctionnait pas le jeudi afin que les citoyens puissent se livrer à des activités plus constructives. On dit que beaucoup d'enfants nés avant 1988 ont été conçus un jeudi.

folie. En témoignent également la popularité des maisons de vacances dans le pays et le nombre exceptionnel de piscines publiques, hauts lieux de convivialité.

Être une femme en Islande

Si les Islandais parlent la langue la plus proche de celle des Vikings, leur sang scandinave est, au niveau du peuplement originel de l'île, le plus mêlé de tous les pays nordiques. L'étude de leur ADN montre que leur patrimoine génétique est en grande partie celtique, ce qui suggère que beaucoup de colons vikings auraient eu des enfants de leurs esclaves britanniques et irlandaises.

En 2017, l'Islande s'est retrouvée en tête, pour la 9e année consécutive, de l'indice du Forum économique mondial qui mesure l'égalité entre les hommes et les femmes dans 136 pays du monde. Cet écart est mesuré dans les domaines de l'accès aux soins et à l'éducation, ainsi que du pouvoir économique et politique. En 2018, l'Islande fut le premier pays au monde à promulguer une loi imposant l'égalité des salaires entre hommes et femmes pour un même travail.

Les sagas qui racontent la colonisation de l'Islande sont peuplées de femmes fortes (telle Hallgerður Höskuldsdóttir, qui refusa de sauver la vie de son époux à cause d'une gifle qu'il lui avait assénée plusieurs années auparavant). Les femmes devaient autrefois s'occuper de la ferme, du bétail et des cultures pendant que les hommes partaient en mer. Hommes et femmes luttaient donc en parallèle pour survivre dans des mondes hostiles. Toutefois, l'égalité entre les sexes, qui est maintenant ancrée dans les gènes de la société islandaise, est un phénomène assez récent.

Si les femmes ont obtenu le droit de vote en 1915, ce n'est qu'après les mouvements protestataires des années 1970 que les attitudes ont évolué. La "grève des femmes" du 24 octobre 1975, lors de laquelle 30 000 femmes ont défilé pour réclamer l'égalité des salaires avec les hommes, a constitué une date charnière.

En 1980, l'Islande est devenue la première démocratie à élire une femme – la très aimée Vigdís Finnbogadóttir – à la présidence de la République. En 2009, le pays était encore une fois précurseur en choisissant pour Premier ministre une femme ayant publiquement révélé son homosexualité, Jóhanna Sigurðardóttir. En Islande, 77% des femmes travaillent ; il s'agit de l'un des taux les plus élevés du monde occidental.

Le système de protection sociale est si performant que les mères isolées n'ont pas trop à s'inquiéter de l'aspect matériel : les dispositions relatives aux congés de maternité sont très favorables, la garde ne coûte

QUE DISENT LES NOMS ISLANDAIS ?

Les noms islandais se composent du prénom suivi du prénom du père (plus rarement de la mère), auquel on ajoute le suffixe *dóttir* (fille de) pour les filles ou *son* (fils de) pour les garçons. Ainsi, Jón, fils de Einar, sera Jón Einarsson et Guðrun, fille de Einar, sera Guðrun Einarsdóttir.

Les patronymes islandais revenant à faire dire aux gens comment se nomme leur père, les Islandais se contentent d'utiliser les prénoms, même quand ils s'adressent à des étrangers. Ainsi, ils appellent le président ou le chef de la police par leurs prénoms, ce qui donne un côté hautement démocratique à cette société ! Dans l'annuaire téléphonique, ce sont les prénoms qui apparaissent, par ordre alphabétique.

Environ 10% des Islandais ont des noms de famille (qui remontent pour la plupart au début de l'époque de la colonisation), mais ils sont rarement utilisés. Pour tenter d'uniformiser le système, la législation interdit à quiconque de prendre un nouveau nom de famille ou d'adopter le nom de famille de son conjoint.

Il existe aussi une liste officielle des prénoms dont on peut appeler ses enfants. Tout ajout à cette liste doit être auparavant approuvé par le comité national compétent. Pour les quelque 5 000 naissances qui ont lieu chaque année en Islande, le comité recevrait environ une centaine de demandes et en rejetterait la moitié. Ses exigences tiennent notamment au fait que les noms "doivent pouvoir avoir une terminaison grammaticale islandaise", et "n'entrent pas en conflit avec la structure linguistique de l'Islande".

pas cher, la maternité n'est pas considérée comme incompatible avec le travail ou les études, et les mères célibataires ne sont pas stigmatisées. Enfin, 90% des enfants de moins de 5 ans sont scolarisés.

Religion

Religion nordique

À l'époque de la colonisation, la religion de l'Islande était l'Ásatrú, qui signifie "foi dans les Aesir" (ou "Ases", principal panthéon des anciens dieux nordiques). C'était l'ancienne religion, de souche indo-européenne, de la plupart des peuples germaniques. Le *Galdrabók*, un texte islandais médiéval, révèle que les gens invoquaient encore les Aesir bien après l'adoption du christianisme dans le nord de l'Europe. Le panthéon comptait de nombreux dieux ; Þór (Thor), Óðinn (Odin) et Freyr (Frey) constituaient la grande trinité vénérée dans toute la Scandinavie. La pratique était étroitement liée au culte des grandes forces naturelles. Óðinn, dieu borgne de la Guerre et de la Poésie, était le chef des dieux. La plupart des gens vénéraient Þór, le maître du tonnerre, du vent, de l'orage et des désastres naturels : se le concilier était vital pour les paysans et les pêcheurs. Freyr et sa sœur jumelle Freyja (Freya), les enfants de la divinité de la mer Njörður, étaient le dieu et la déesse de la Fertilité et de la Sexualité. Freyr était en charge de la permanence des espèces.

Alors que les autres religions conservent un nombre d'adeptes constant, l'Ásatrúarfélagið (organisation néo-païenne visant à faire revivre une forme de l'Ásatrú) progresse. Avec 4 126 fidèles, c'est aujourd'hui la plus grande organisation religieuse non chrétienne du pays (en augmentation de 54% depuis 2015).

Nouvelles d'Islande (Magellan & Cie, coll. Miniatures, 2011) est un recueil de 6 nouvelles qui nous parle de l'Islande d'aujourd'hui, tout en s'inscrivant dans la veine de la tradition littéraire nationale.

LE MONDE SURNATUREL : LE PEUPLE CACHÉ

Il suffit de voir les étranges paysages islandais pour comprendre pourquoi les habitants croient leur pays peuplé par le *huldufólk* (peuple caché) et les fantômes.

Jarðvergar (gnomes), *álfar* (elfes), *ljósálfar* (fées), *dvergar* (nains), *ljúflingar* (mignons), *tívar* (esprits de la montagne) et *englar* (anges) habitent les laves. Ils font l'objet d'histoires transmises de génération en génération, et de nombreux Islandais affirment en avoir vu, ou connaître quelqu'un qui en a vu.

Comme en Irlande, on raconte que des problèmes surviennent lorsqu'on tente de construire une route sur les maisons du *huldufólk* : le temps se dégrade, les machines ne fonctionnent plus et les ouvriers tombent malades. En 2014, la "fantaisie" islandaise a de nouveau fait la une de l'actualité internationale. La construction d'une route reliant la péninsule d'Álftanes à la banlieue reykjavikoise de Garðabær a en effet été interrompue après que des militants se sont inquiétés du fait que cela perturberait l'habitat des elfes.

Quant aux fantômes, ils sont tenus pour des êtres palpables, non des ombres flottantes comme ailleurs en Europe. Írafell-Móri (*móri* et *skotta* désignent respectivement les fantômes mâle et femelle) a besoin de dîner chaque soir. L'un des plus célèbres revenants du pays, Sel-Móri, a le mal de mer quand il s'embarque clandestinement sur un bateau. Et si deux fantômes hantent les mêmes parages, ils joignent leurs forces pour redoubler de méfaits. On dit souvent que les empilements de roches et les formations de lave aux formes étranges sont des trolls surpris par le lever du soleil et pétrifiés pour l'éternité.

D'après les enquêtes d'opinion, plus de la moitié des Islandais croient à l'existence du *huldufólk* (ou du moins n'écartent pas cette possibilité). Mais attention : les Islandais ne supportent plus guère que les visiteurs leur demandent s'ils croient à ces créatures surnaturelles. Alors, même s'ils n'y croient pas vraiment, ce n'est pas devant un étranger qu'ils l'admettront ! Pour en savoir plus, participez à un circuit à Hafnarfjörður, à 10 km de Reykjavík, ou à un cours d'initiation de 4 heures dispensé par l'école des elfes islandaise (Álfaskólinn ; www.elfmuseum.com), à Reykjavík.

Christianisme

L'Islande s'est convertie au christianisme vers l'an 1000. Ce changement de religion releva d'un choix politique. Les chrétiens et les païens constituaient deux factions radicalement opposées, dont la division menaçait l'intégrité du pays. Þorgeir, le *lögsögumaður* (celui qui dit la loi), appela à la modération et il fut finalement décidé que le christianisme deviendrait la nouvelle religion officielle, mais que les païens continueraient à pouvoir pratiquer la leur en privé. Aujourd'hui, environ 71% des Islandais appartiennent à l'Église protestante luthérienne, comme c'est d'ailleurs le cas dans les autres pays scandinaves. Cela dit, beaucoup ne sont pas pratiquants et les églises sont très peu fréquentées.

Les Islandais (Ateliers Henry Dougier, coll. Lignes de vie d'un peuple, 2014) est un court ouvrage écrit par Gérard Lemarquis, correspondant du journal *Le Monde*, parti à la rencontre des habitants de l'île, connus ou inconnus. Gérard Lemarquis est également l'auteur d'une anthologie de la poésie islandaise.

Ancêtres et recherche génétique

Si la recherche biotechnologique se porte bien en Islande, c'est en partie grâce à l'historien Ári le Savant qui vécut au XIIe siècle. Son *Livre de la colonisation* (*Landnámabók*) et son *Livre des Islandais* (*Íslendingabók*) permettent de retracer la généalogie islandaise jusqu'au IXe siècle.

En 1996, le neuroscientifique Kári Stefánsson a reconnu que ce matériel généalogique, appliqué à la population exceptionnellement homogène de l'Islande, faisait du pays un laboratoire d'études génétiques idéal. En 1998, le gouvernement a voté, non sans oppositions, la création d'une base de données regroupant, par consentement présumé, toutes les informations généalogiques, génétiques et médicales des Islandais. Décision encore plus contestée, il a autorisé la société de biotechnologies de Kári Stefánsson, deCODE Genetics, à créer cette base de données, et à s'en servir afin d'identifier les gènes responsables de maladies héréditaires. La décision a soulevé un tollé dans le pays et des débats dans le monde entier sur ses implications quant aux droits de l'homme et à l'éthique médicale.

Tandis que la controverse faisait rage (et que les investisseurs affluaient), la société s'est mise au travail. La base de données a été déclarée anticonstitutionnelle en 2003, et deCODE, qui a fait faillite en 2010, a été vendue en 2012 à Amgen, le géant américain des biotechnologies. Toutefois, deCODE avait eu le temps de constituer une base de données pour la recherche en s'appuyant sur l'ADN et les données cliniques de plus de 100 000 volontaires (un tiers de la population), et d'isoler des gènes mutants liés à l'infarctus du myocarde, aux AVC et à la maladie d'Alzheimer.

Ceux qui souhaitent obtenir des renseignements sur leurs origines islandaises pourront consulter le Centre d'émigration islandaise (www.hofsos.is), à Hofsós, et le Snorri Program (www.snorri.is).

Aujourd'hui dirigée par une nouvelle équipe, deCODE continue d'explorer les mystères du génome humain. En 2014, la société a de nouveau lancé une campagne très contestée encourageant les Islandais à renseigner leur matériel génétique pour enrichir sa base de données. Une fois l'étude achevée, la société s'est trouvée en mesure d'attribuer un matériel génétique aux Islandais qui n'avaient pas participé – soulevant au passage un certain nombre de questions éthiques : faut-il, par exemple, informer les porteurs de gênes dangereux, même s'ils n'ont pas souhaité participer ? Pour l'heure, cela reste illégal.

Cuisine islandaise

Pour qui la connaît mal, la cuisine islandaise rime souvent avec requin fermenté ou tête de mouton. Une vision bien restrictive, si l'on songe à la grande variété de poissons et de fruits de mer, à la qualité des produits des fermes d'élevage et de culture, ou encore aux astucieuses techniques de conservation des aliments remises au goût du jour par les grands chefs de la cuisine néo-nordique. À Reykjavík en particulier, la scène culinaire est en plein essor.

Patrimoine culinaire

La cuisine islandaise a été marquée par des siècles de misère et de frugalité. Les paysans-pêcheurs islandais avaient la vie dure : avec la rareté des terres cultivables et la rudesse des interminables hivers, les récoltes étaient maigres, tandis qu'en bord de mer, la pêche côtière suffisait à peine pour vivre. Le mouton, le poisson, ainsi que les oiseaux marins et leurs œufs constituaient la base et l'on consommait jusqu'au

Ci-dessus : *skyr* servi au Pakkhús (p. 214), Höfn

moindre morceau de chaque animal : frais ou séché, salé, fumé, lacto-fermenté, voire enterré (dans le cas de la chair de requin) pour en assurer la conservation en prévision de temps difficiles.

Depuis quelques années, les producteurs et chefs locaux revisitent des recettes et techniques traditionnelles, avec un résultat parfois singulier. Vous pourrez ainsi découvrir une cuisine islandaise riche et surprenante aussi bien dans la capitale que dans des restaurants gastronomiques établis dans des contrées improbables. En Islande, le mouvement Slow Food, qui privilégie les aliments locaux, remporte un franc succès.

Spécialités locales

Poisson et fruits de mer

Quelques spécialités régionales

- *Langoustines : Höfn*
- *Tomates : Flúðir*
- *Hverabrauð ("pain de sources chaudes") : Mývatn*
- *Moules : Stykkishólmur*

"La mer est la moitié de notre pays", affirme un dicton islandais. Effectivement, le poisson est au cœur de l'alimentation : prépondérant sur les marchés, il est cuisiné de multiples façons dans les restaurants.

Dans le passé, les Islandais conservaient les joues et la langue du *þorskur* (cabillaud ou morue) – des morceaux délicats – et exportaient le reste. Aujourd'hui, on trouve couramment des filets de *þorskur* au menu, ainsi que du *ýsa* (églefin), du *bleikja* (omble chevalier) et du *skötuselur* (lotte), très prisé pour sa texture charnue. Parmi les autres poissons, signalons le *lúða* (flétan), le *steinbítur* (poisson-chat), le *sandhverfa* (turbot), le *sild* (hareng), le *skarkoli* (plie) et le *skata* (pocheteau gris). En été, on peut goûter au *silungur* (truite d'eau douce) et au *villtur lax* (saumon sauvage). L'*eldislax* (saumon d'élevage) se déguste toute l'année et figure sur la carte d'innombrables restaurants (dans sa version fumée).

L'*harðfiskur*, que l'on mange souvent en en-cas avec du beurre, est vendu dans les supermarchés et sur les marchés. Il s'agit d'églefin (ou d'un autre poisson), que l'on aura dépouillé puis mis à sécher en plein air.

Les *rækja* (crevettes), les *hörpudiskur* (coquilles Saint-Jacques) et les *kræklingur* (moules) se pêchent dans les eaux islandaises. Les moules fraîches apparaissent au début de l'été. Les *leturhumar*, que les Islandais appellent "homard" mais qui sont en fait des langoustines, sont un vrai délice. Höfn, dans le Sud-Est, en est la capitale. Elle organise chaque année une grande fête de la Langoustine.

TOUR D'HORIZON CULINAIRE

Le poisson et l'agneau sont deux aliments de base. Mais il y a bien d'autres délices pour vous régaler sans compter !

Skyr Sorte de yaourt épais et crémeux (qui est en fait du fromage), parfois agrémenté de sucre et de baies. Il se consomme sous forme de yaourt à boire ou de dessert, et c'est aussi l'ingrédient vedette de préparations comme le cheese-cake, la crème brûlée, ou encore le "skyramisu".

Hangikjöt Viande séchée – généralement de l'agneau fumé – servie en fines tranches (plat de Noël).

Harðfiskur Morceaux de haddock séché, généralement consommés avec du beurre.

Pýlsur Hot dog à l'agneau, au bœuf et au porc, avec des oignons crus et frits, du ketchup, de la moutarde et de la rémoulade acidulée (demandez un "*eina með öllu*" – un complet).

Réglisse Salée ou enrobée de chocolat, elle occupe une place de choix dans les confiseries.

Rúgbrauð Pain de seigle noir, à la mie compacte. Dans la région du Mývatn, régalez-vous de *hverabrauð* – pain cuit sous terre grâce à la vapeur des sources géothermales.

LA CUISINE TRADITIONNELLE, OU L'ART DE TOUT MANGER !

Dans la cuisine traditionnelle, tout était bon à manger : tête, intestins, foie, rognons… Il ne fallait rien laisser se perdre ! Si ces plats ne figurent plus guère au menu des restaurants, on peut en consommer dans les buffets de *þorramatur* (littéralement, "aliments de Þorri"), pendant la fête d'hiver de Þorrablót (du nom du mois de Þorri dans l'ancien calendrier norrois, soit de mi-janvier à mi-février). Pour l'occasion, le *brennivín* (eau-de-vie) coule à flots.

Svið Tête de mouton bouillie (avec les yeux) mangée telle quelle ou macérée dans du vinaigre.

Sviðasulta Fromage de tête fait à partir du *svið*.

Slátur (mot signifiant "abattage"). Se présente sous deux formes : la *lifrarpylsa* est une panse de brebis farcie d'un mélange d'intestins de mouton, de foie et de graisse, puis cuite (elle rappelle le fameux haggis écossais). Le *blóðmör* contient en plus du sang de mouton (proche du boudin).

Súrsaðir hrútspungar Pain de testicules de bélier macérés dans du petit-lait, puis tassés dans un moule.

Hákarl Le plus célèbre des mets islandais ! L'*hákarl* est un requin du Groenland qu'il faut laisser 6 mois enfoui sous terre pour qu'il devienne comestible (sa chair fraîche est toxique car elle a une forte teneur en acide urique liée au fait que l'animal "transpire" son urine). Il est d'usage d'avaler une rasade de *brennivín* (eau-de-vie) pour le faire passer. Le requin du Groenland est aujourd'hui une espèce potentiellement menacée et en tant que voyageur de passage sur l'île, il est préférable de s'abstenir d'en manger.

Viande

L'agneau islandais (ce site en fait la promotion : www.icelandiclamb.is) est très réputé. En été, les moutons paissent, en liberté et loin de toute pollution, dans les hautes terres et les vallées, avant le *réttir* (rassemblement des troupeaux) de septembre. Ensuite, ils passent l'hiver dans les étables. Résultat : une viande très tendre avec un léger goût de gibier. La plupart des restaurants le proposent en filet, sauté ou fumé.

La viande de bœuf est excellente, mais l'animal étant peu répandu, les prix sont plus élevés. Le cheval figure également sur les tables. Il est considéré comme un mets délicat, et souvent appelé "filet de poulain".

Dans l'est du pays, où les rennes sauvages sont plus fréquents dans les hautes terres, on trouve de la viande de renne sur les cartes. La chasse est très réglementée – la saison s'étend de fin juillet jusqu'à septembre.

Côté oiseaux, le *lundi* (macareux), autrefois servi fumé ou grillé, ne fait plus partie des mets à consommer, maintenant que leur population diminue de manière inquiétante. Autre oiseau marin, le *svartfugl*, traduit par "*blackbird*" sur les cartes en anglais, est en réalité du guillemot. Les restaurants gastronomiques privilégiant les produits de saison proposent aussi, en automne, de l'*heiðagæs* (oie à bec court) rôtie. Le ptarmigan est souvent consommé à Noël, bien que leur nombre fluctue.

Le chef Anthony Bourdain a décrit l'*hákarl* (requin du Groenland fermenté) comme la pire chose qu'il ait jamais eue en bouche ! Le requin du Groenland peut atteindre 512 ans et détient le record de longévité des vertébrés.

Desserts

Dégustez le *skyr*, un délicieux laitage à base de lait écrémé (que l'on désigne souvent comme le yaourt islandais). Malgré son goût riche, il est en fait peu gras et riche en protéines. On le sert couramment avec du sucre, des fruits (myrtilles par exemple) et de la crème fraîche pour en enrichir la texture. On en trouve dans les supermarchés et dans les restaurants.

Les *pönnukökur* sont de fines crêpes sucrées et parfumées à la cannelle. Les *kleinur* (beignets), moelleux et délicieux, ont pour variantes les *ástar pungur* (boules d'amour), des boulettes de pâte épicée. Ces desserts sont vendus dans les boulangeries, à côté d'un impressionnant assortiment de gâteaux et de pâtisseries – l'un des rares doux legs de l'occupation danoise.

Les fermes laitières préparent de délicieuses glaces, largement présentes sur les cartes des restaurants.

En Islande, le carvi sert à parfumer le fromage, le café, le pain noir et le *brennivín*. Mi-août, après la floraison, certains habitants de Reykjavík se rendent sur l'île de Viðey pour récolter des graines de carvi.

Boissons

Boissons sans alcool

Une vie sans *kaffi* (café) serait impensable pour les Islandais. Dans les cafés et les stations-service, une imposante cafetière pleine trône sur le comptoir et certaines boutiques offrent gracieusement un café à leurs clients. Les établissements servant des expressos, des *latte*, des cappuccinos et des mokas, de plus en plus prisés, fleurissent jusque dans les hameaux les plus isolés. Le thé a moins la cote auprès des Islandais. Le choix dans les commerces en est plutôt limité, bien que ceux-ci commencent à s'adapter aux demandes des touristes.

Grands amateurs de caféine, les Islandais détiennent le record du monde de consommation de Coca-Cola par habitant. Également appréciés : les sodas de fabrication locale Egils Appelsín, à l'orange, et Egils Malt Extrakt, qui a le goût d'une bière très sucrée.

L'eau en bouteille n'est pas proscrite en Islande, mais elle le devrait car l'eau du robinet, généralement en provenance directe d'un glacier, est très pure.

Boissons alcoolisées

La consommation d'alcool en Islande est rarement modérée. C'est particulièrement vrai à Reykjavík où, le week-end, les buveurs en ingurgitent des quantités impressionnantes.

La fête de la Bière (1er mars) remonte à 1989, glorieuse année où la bière fut légalisée en Islande (elle fut interdite pendant la majeure partie du XXe siècle). Comme de juste, il règne pour l'occasion une ambiance particulièrement débridée dans les boîtes et les bars de Reykjavík.

La vente de bière, vin et spiritueux est interdite aux moins de 20 ans. Seuls les bars et les restaurants qui possèdent une licence, ainsi que les Vínbúðin (www.vinbudin.is), les magasins de vins et de spiritueux d'État, peuvent vendre de l'alcool. Ces derniers sont une bonne cinquantaine dans l'île, si bien que l'on en trouve pratiquement un dans chaque bourg comportant plus de deux rues, ainsi qu'une dizaine dans Reykjavík et sa périphérie. Dans les zones urbanisées, ils ouvrent généralement de 11h à 18h du lundi au samedi (jusqu'à 19h le vendredi) et sont fermés le dimanche. Dans les villages, ils n'ouvrent qu'une heure ou deux en fin d'après-midi. La file d'attente est impressionnante le vendredi vers 17h. Prévoyez au moins 1 500 ISK pour une bouteille de vin d'importation et environ le tiers des tarifs des bars pour la bière.

Les stations-service et les supermarchés vendent un breuvage peu alcoolisé (2°) appelé "*pilsner*", qui n'a guère de succès auprès des Islandais. Egils, Gull, Thule et Viking, les principales marques de bière islandaises, sont des lagers ou des pils standards. On trouve aussi des bières d'importation. Ces dernières années, d'excellentes distilleries et brasseries locales ont fleuri en Islande. Elles produisent selon les cas du whisky, de la vodka et quantité de bières artisanales de grande qualité – pour plus de détails, reportez-vous p. 95. Découvrez les bières saisonnières, en particulier celles brassées avant Noël.

L'alcool est réputé très onéreux en Islande ; toutefois, ce n'est pas entièrement vrai. Une pinte de bière dans un bar ou un restaurant coûte entre 1 100 ISK et 1 900 ISK. À Reykjavík, nombre d'établissements pratiquent l'*happy hour* en début de soirée (700-900 ISK). Afin d'alléger votre budget boissons, téléchargez l'application pour smartphone *Reykjavík Appy Hour*.

L'alcool traditionnel islandais, le *brennivín* (littéralement "vin brûlé"), est une puissante eau-de-vie à base de pommes de terre fermentées et aromatisées aux graines de carvi. Il a le surnom peu engageant de *svarti dauði* ("mort noire") ; c'est le breuvage incontournable pour accompagner toute dégustation de "friandises" traditionnelles (p. 431). Certains producteurs locaux fabriquent d'autres alcools, notamment de la vodka.

La Cuisine des pays nordiques (Phaidon, 2016), du chef suédois Magnus Nilsson, est un recueil de 650 recettes traditionnelles et quotidiennes de tous les pays nordiques, dont l'Islande.

Établissements

Restaurants

Les meilleurs restaurants se trouvent à Reykjavík, mais il existe aussi, en dehors de la capitale, quelques établissements à la réputation flatteuse qui s'adressent à une clientèle de touristes en quête de saveurs authentiques. Ces restaurants travaillent en collaboration avec des petits producteurs locaux : cultivateurs d'orge, mytiliculteurs, producteurs de légumes, éleveurs de moutons et pêcheurs. Ces produits sont travaillés en cuisine le plus souvent sans ajout d'autres ingrédients.

L'écart de prix entre une table gastronomique et un restaurant moyen est assez faible. À choisir, mieux vaut opter pour le haut de gamme. Dans les campagnes cependant, le choix se limite souvent au seul restaurant du village, généralement celui de l'hôtel local, et au grill de la station-service. Au cœur de la saison estivale, on peut avoir beaucoup de mal à obtenir une table sans avoir réservé, et/ou il faut attendre longtemps.

Les cartes proposent habituellement au moins un plat de poisson, un plat végétarien (souvent des pâtes) et quelques plats de viande (l'agneau figure en bonne place). Nombre de restaurants offrent aussi la possibilité de manger moins cher, en optant pour un hamburger ou une pizza. Il y a souvent de la soupe en plat au déjeuner (sous la forme d'un buffet de soupes et salades), ou en entrée au dîner. La *fiskisúpa* (soupe de poisson) se prépare selon des recettes traditionnelles ; la *kjötsúpa* (soupe à la viande) se compose généralement de légumes mélangés avec des morceaux de viande d'agneau.

Les gastronomes apprécieront sans doute les circuits culinaires "Culinary Coastline" proposés par Saga Travel (www.sagatravel.is) au départ d'Akureyri, ainsi que les circuits dans l'Ouest organisés par Crisscross (www.crisscross.is).

À Reykjavík, et à un moindre degré à Akureyri, on trouve de plus en plus de restaurants thaïlandais, japonais, italiens, mexicains, indiens ou chinois. On rencontre également d'autres belles surprises, tels le restaurant éthiopien de Flúðir et le restaurant marocain de Siglufjörður.

Les restaurants ouvrent généralement de 11h30 à 14h30 et de 18h à 22h, tous les jours. Même en été, les cuisines peuvent fermer vers 21h.

Cafés et pubs

Les cafés-bars un peu bohèmes, où l'on peut s'attarder autour d'un café, bavarder ou tapoter sur son ordinateur, fleurissent dans le centre de Reykjavík. Leurs cartes vont de la soupe basique et du sandwich à l'assiette de poisson en passant par le burger créatif. Depuis quelques années, elles se sont rapprochées de celles des restaurants (avec des tarifs *ad hoc*). Les cafés se multiplient également en dehors de la capitale.

RESTAURANTS : FOURCHETTES DE PRIX

Les rubriques *Où se restaurer* de ce guide sont divisées en 3 catégories basées sur le prix moyen d'un plat principal :

€ moins de 2 000 ISK (16 €)

€€ 2 000-5 000 ISK (16-40 €)

€€€ plus de 5 000 ISK (40 €)

CATCHASNAP/SHUTTERSTOCK ©

En haut : Kaffi Lára - El Grilló Bar (p. 361), Seyðisfjörður

En bas : *Fiskisúpa* (soupe de poisson) islandaise au saumon et aux crevettes

À Reykjavík, de nombreux cafés se métamorphosent en bar à l'atmosphère endiablée les soirs de week-end ; ils restent alors généralement ouverts jusque vers 4h ou 5h. Ailleurs, l'ambiance est beaucoup plus calme et feutrée, même si la vie nocturne est animée le vendredi et le samedi à Akureyri.

Stands de hot dogs et stations-service

Les Islandais aiment manger sur le pouce. Si vous apercevez une file d'attente à Reykjavík, elle conduit probablement à un stand de *pýlsur* (hot-dogs). Les grosses stations-service comportent souvent des cafétérias et de bons grills, pas chers et très fréquentés. Ils proposent des sandwichs et des plats de restauration rapide entre 11h et 21h/22h. Certains servent un menu copieux pour le déjeuner, le plus souvent avec de la soupe à la viande, du poisson, du mouton, etc.

Supermarchés et boulangeries

Chaque ville, bourg ou village possède au moins une supérette. Ce sont généralement les 10-11, les enseignes les plus chères, qui ferment le plus tard. Les supermarchés Bónus (reconnaissables à leur enseigne voyante, jaune ornée d'un cochon rose) sont à bas prix. Vous trouverez aussi des magasins Hagkaup, Kjarval, Krónan, Nettó et Kjörbúðin (les anciens Samkaup-Strax).

Les heures d'ouverture varient beaucoup : à Reykjavík, la plupart des enseignes ouvrent tous les jours de 9h à 23h. En dehors de la capitale, les horaires sont plus restreints. Certains établissements sont fermés le dimanche.

La plupart des produits d'épicerie étant importés, les prix sont souvent exorbitants (deux ou trois fois plus chers que sur le continent européen). En revanche, les poissons (en conserve ou fumés) et les produits laitiers sont étonnamment abordables. Les fruits et légumes cultivés localement sont toujours frais, contrairement à ceux qui sont importés.

Végétariens et végans

Pas de problèmes pour les végétariens et les végans à Reykjavík. On trouve d'excellents cafés-restaurants ne servant pas de viande dans la ville, et bien d'autres restaurants proposent des plats *veggie* (gageons que vous aurez envie de prendre tous vos repas chez Gló !). En dehors de la capitale, la plupart des restaurants affichent au moins un plat végétarien au menu, mais il s'agit le plus souvent de pâtes au fromage et à la tomate, de pizzas avec fromage, poivrons et oignons ou de salades. Les végans devront le plus souvent se préparer à manger, bien que les restaurants soient de plus en plus nombreux à prendre en compte ce choix alimentaire.

Islande pratique

Carnet pratique

Ambassades et consulats

Vous trouverez la liste complète des pays ayant une ambassade ou un consulat à Reykjavík, ainsi que des représentations islandaises à l'étranger sur le site du ministère islandais des Affaires étrangères (www.mfa.is ; cliquez sur *Diplomatic Missions*, puis *Foreign Missions*).

Ambassades et consulats d'Islande à l'étranger

France Ambassade (☎01 44 17 32 85 ; www.iceland.is/iceland-abroad/fr ; 52 av. Victor-Hugo, 75016 Paris). Consulats honoraires à Boulogne-sur-Mer, Bordeaux, Caen, Lyon, Marseille, Nice et Strasbourg.

Belgique Ambassade (☎02 238 50 00 ; www.iceland.is/iceland-abroad/be ; rond-point Schuman 11, 1040 Bruxelles).

Suisse Ambassade (☎08 442 8300 ; www.stjornarradid.is/sendiskrifstofur/fastanefnd-islands-i-genf ; icedel.genf@utn.stjr.is ; avenue Blanc 49, 6e ét., CP 86, CH-1211, Genève 20).

Canada Ambassade (☎613 482 1944 ; www.iceland.is/iceland-abroad/ca ; 360 Albert St, Suite 710, Ottawa, Ontario K1R 7X7).

Ambassades et consulats étrangers en Islande

France Ambassade (☎575 96 00 ; www.ambafrance-is.org ; Túngata 22, BP 1750, Reykjavík). Consulats honoraires à Akureyri et Egilsstaðir.

Belgique Consulat honoraire (☎570 03 00 ; norway.diplomatie.belgium.be/fr, magnus@garri.is ; Garri ehf, Hádegismóar 1-3, Reykjavík). Dépend de l'ambassade d'Islande à Oslo (Norvège).

Suisse Consulat général (☎551 71 72 ; www.eda.admin.ch/oslo ; jvh@ruv.is ; Laugavegur 13, Reykjavík). Dépend de l'ambassade d'Islande à Oslo (Norvège).

Canada Ambassade (☎575 6500 ; www.canadainternational.gc.ca/iceland-islande, rkjvk@international.gc.ca ; Túngata 14)

Argent

La devise nationale est la couronne islandaise (ISK), en islandais *króna* (*krónur* au pluriel).

➡ Il existe des pièces de 1, 5, 10, 50 et 100 ISK, et des

UN FIL D'ARIANE EN VOYAGE

Le portail Ariane (pastel.diplomatie.gouv.fr/fildariane), mis en place par le Centre de crise du ministère des Affaires étrangères, est un service gratuit permettant au voyageur français à l'étranger d'être contacté par le service consulaire, sur son téléphone portable ou par e-mail, au cas où des événements graves (crise politique, catastrophe naturelle, attentat...) se produiraient dans le pays durant son séjour, ou de contacter rapidement sa famille ou ses proches en France en cas de besoin.

La procédure d'inscription se réalise en ligne, où vous donnez des informations sur votre voyage (date de départ, de retour, numéro de téléphone portable, coordonnées d'éventuels contacts sur place, adresses de séjour et itinéraire prévu, etc.).

Grâce à ce service, vous recevrez en outre, avant votre départ, des recommandations de sécurité par e-mail si la situation dans le pays le justifie.

Une application Conseils aux voyageurs existe pour les smartphones et les tablettes.

ACHATS DÉTAXÉS

Toute personne résidant en dehors de l'Islande peut se faire rembourser la TVA si ses achats dépassent 6 000 ISK (dans un même point de vente). Repérez les magasins indiquant "*tax-free shopping*" sur leur vitrine. Vous devrez demander un formulaire et le présenter en quittant le pays.

À l'aéroport de Keflavík, avant l'enregistrement, rendez-vous au guichet chargé du remboursement à l'Arion Banki (situé dans le hall des arrivées, en face du comptoir de location de voitures) muni de votre formulaire, de votre passeport, des reçus/factures et de vos achats. Les biens ne doivent pas être usagés. Les heures d'ouverture du bureau coïncident avec celles des vols.

Si vous quittez l'Islande par bateau, vous devrez effectuer la même démarche au bureau des douanes avant le départ.

billets de 500, 1 000, 2 000, 5 000 et 10 000 ISK.

- Certains tour-opérateurs indiquent leurs tarifs en euros, pour éviter les fluctuations de la monnaie, mais vous pourrez régler en couronnes islandaises.

Cartes bancaires

- En Islande, la plupart des achats s'effectuent avec une carte bancaire.
- Pour payer avec votre carte bancaire, un code PIN à 4 chiffres est nécessaire.
- Vérifiez auprès de votre banque que votre carte fonctionne à l'étranger ; renseignez-vous également sur les frais éventuels.
- Les cartes Visa et MasterCard sont acceptées dans la plupart des boutiques, restaurants et hôtels. La carte Amex est généralement acceptée, la carte Diners Club un peu moins.
- Vous pourrez même payer par carte le Flybus qui relie l'aéroport international au centre de Reykjavík, ce qui est très pratique à l'arrivée.
- Emportez en revanche suffisamment d'espèces si vous prévoyez de séjourner dans des fermes ou de visiter des villages isolés.

Distributeurs automatiques de billets (DAB)

- Puisque vous aurez peu à payer en espèces, vos retraits pourront se limiter à de petites sommes.
- Dans presque toutes les villes islandaises, il y a une banque avec un DAB (*hraðbanki*) ; les cartes Visa, MasterCard, Maestro et Cirrus sont notamment acceptées.
- Les cartes Diners Club et JCB connectées au réseau Cirrus ont accès aux DAB.
- On trouve des DAB dans les grandes stations-service et les centres commerciaux.

TVA

L'Islande applique une taxe sur la valeur ajoutée (TVA) à 24% – taux réduit à 11% sur certains produits et services, notamment sur les livres, l'alimentation et le logement. Les prix indiqués tiennent compte de la TVA.

CARTES BANCAIRES À CODE

Il est obligatoire de composer un code à 4 chiffres pour payer avec sa carte bancaire ou pour faire le plein aux pompes en libre-service. Vérifiez avant de partir que votre carte remplit cette condition.

Pourboire

- Le service et la TVA sont toujours inclus dans les tarifs.
- Il n'est pas nécessaire de donner un pourboire – même si quelques pièces laissées pour arrondir la note ou le service seront toujours appréciées.

Change

Les espèces et les chèques de voyage peuvent être échangés contre des couronnes islandaises dans toutes les grandes agences bancaires (présentes dans les villes assez importantes).

Assurance

Bien que l'Islande soit une destination très sûre, il est conseillé de souscrire une police d'assurance qui vous couvrira en cas d'annulation de votre voyage, de vol, de perte de vos affaires, de maladie ou encore d'accident.

Vérifiez notamment que les "sports à risques", comme la randonnée, la plongée, l'équitation, le ski ou la motoneige, ne sont pas exclus de votre contrat, ou encore que le rapatriement médical d'urgence, en ambulance ou en avion, est couvert. De même, le fait d'acquérir un véhicule dans un autre pays ne signifie pas nécessairement que vous serez protégé par votre propre assurance.

L'ISLANDE PRATIQUE

Réductions Les étudiants et les seniors ont droit à des réductions sur les vols intérieurs, et sur certains ferrys, bus, circuits et musées, sur présentation d'un justificatif.

Lessive Il est difficile de trouver des laveries. Les campings, auberges de jeunesse et pensions disposent parfois d'une machine à laver (payante) mise à la disposition des clients. Des hôtels d'affaires proposent un service de blanchisserie, plutôt cher. Vous trouverez aussi des machines à laver dans certains appartements de location.

Journaux et magazines *Morgunblaðið* (www.mbl.is) propose des nouvelles locales en anglais sur www.icelandmonitor.mbl.is/news. *Iceland Review* (www.icelandreview.com) porte sur l'actualité. *Reykjavík Grapevine* (www.grapevine.is) propose d'excellents articles à destination des touristes et sur la vie quotidienne en Islande ; il annonce l'agenda des manifestations à venir. Sa version papier gratuite est disponible partout.

Radio RÚV (www.ruv.is), la radio nationale islandaise, compte 3 stations : Rás 1 (infos, météo, programmes culturels), Rás 2 (musique pop, actualités) et Rondó (musique classique).

Tabac Il est interdit de fumer dans les lieux publics fermés, y compris dans les cafés, bars, discothèques, restaurants et transports. La plupart des hébergements sont non-fumeurs.

Poids et mesures Le système métrique est en usage en Islande.

Vous pouvez contracter une assurance qui réglera directement les hôpitaux et les médecins, vous évitant ainsi d'avancer des sommes qui ne vous seront remboursées qu'à votre retour. Dans ce cas, conservez avec vous tous les documents nécessaires (les consultations médicales se règlent généralement en espèces : demandez un reçu pour le remboursement).

Attention ! Avant de souscrire une police d'assurance, vérifiez bien que vous ne bénéficiez pas déjà d'une assistance par votre carte bancaire, votre mutuelle ou votre assurance automobile.

N'oubliez pas de prendre avec vous les documents relatifs à l'assurance ainsi que les numéros à appeler en cas d'urgence.

Reportez-vous également à la rubrique *Santé*, p. 450, et au chapitre *Transports*, p. 461.

Une assurance voyage valable dans le monde entier est disponible sur www.lonelyplanet.com/travel-insurance. Vous pouvez la souscrire, l'étendre et déclarer un sinistre en ligne à tout moment, même après votre départ.

Bénévolat

Le bénévolat est une bonne manière de découvrir, à moindres frais, la société et les paysages islandais.

Pour prévenir l'exploitation des bénévoles, le site syndical www.volunteering.is expose les droits des participants.

Iceland Conservation Volunteers (www.ust.is/the-environment-agency-of-iceland/volunteers). En Islande, l'Office national pour la protection de l'environnement, connu sous le nom d'Umhverfisstofnun (UST), recrute chaque été environ 150 bénévoles pour des projets de conservation dans le pays. Renseignez-vous aussi auprès de Working Abroad (www.workingabroad.com).

SEEDS (www.seeds.is). Basé en Islande, Seeds organise des camps de travail et des vacances avec bénévolat (de 2 à 3 semaines généralement) axés sur l'environnement, la rénovation ou l'aide lors d'événements.

Volunteer Abroad (www.volunteerabroad.com) récapitule les chantiers possibles en Islande.

Workaway (www.workaway.info). Promeut les échanges entre voyageurs/bénévoles et familles ou organismes cherchant des personnes pour les aider.

Worldwide Friends (www.wf.is). Basé en Islande. Organise des chantiers de courte durée pour la préservation de l'environnement et la réalisation de projets locaux.

WWOOF (www.wwoofindependents.org). World Wide Opportunities On Organic Farms (ou Willing Workers On Organic Farms) propose du travail dans quelques fermes bio en Islande.

En France, quelques organismes offrent des opportunités de travail bénévole sur des projets de développement ou d'environnement, parfois sur des périodes courtes, de 1 à 4 semaines. Certaines associations s'adressent plus spécifiquement aux jeunes. Les chantiers proposés vont de la réfection d'une école aux travaux liés à l'environnement. Il s'agit d'une bonne formule pour s'immerger dans le pays, connaître l'envers du décor touristique et bénéficier d'une ambiance internationale (les volontaires viennent de divers pays en général). En revanche, les conditions de vie sur un chantier sont spartiates, et prenez garde au décalage fréquent entre le programme et la réalité. La fouille archéologique peut rapidement se transformer, une fois sur place, en coup de peinture donné à la maison des jeunes locale. Le matériel est parfois rudimentaire, et la réalité du terrain souvent plus dure qu'on ne l'imaginait.

Voici quelques organismes à connaître :

Comité de coordination du service volontaire international (CCIVS ; ☎01 45 68 49 36 ; ccivs.org)

Maison de l'Unesco (☎01 45 68 10 00 ; www.unesco.org ; 7 pl de Fontenoy, 75007 Paris)

Délégation Catholique pour la Coopération (DCC ; ☎01 45 65 96 65 ; www.ladcc.or ; 106 rue du Bac, 75007 Paris)

Concordia (☎09 81 23 96 41 ; www.concordia.fr ; 156 rue d'Aubervilliers, 75019 Paris)

Jeunesse et Reconstruction (☎01 47 70 15 88 ; www.volontariat.org ; 8-10 rue de Trévise, 75009 Paris)

Service Civil International (SCI, branche française ; ☎03 20 55 22 58 ; www.sci-france.org ; 75 rue du Chevalier-Français, 59800 Lille)

Solidarités Jeunesses (☎01 55 26 88 77 ; www.solidaritesjeunesses.org ; 10 rue du 8-Mai-1945, 75010 Paris)

Climat

Akureyri

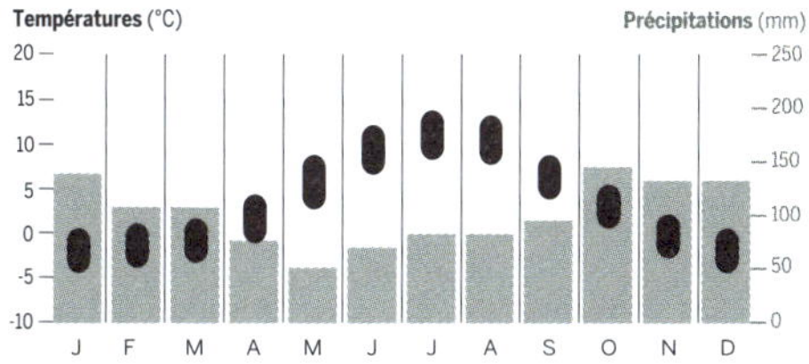

Reykjavík

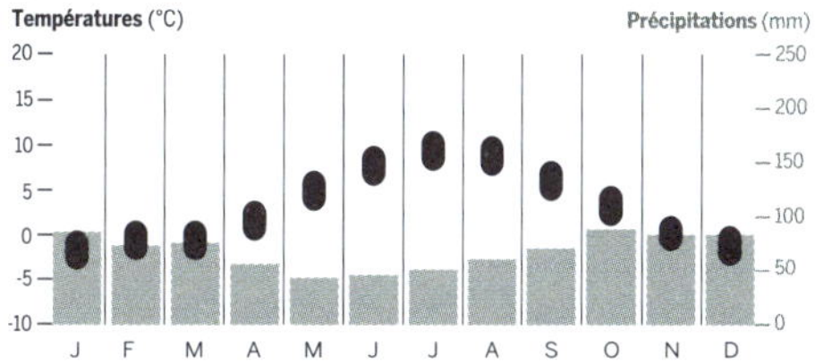

Vík

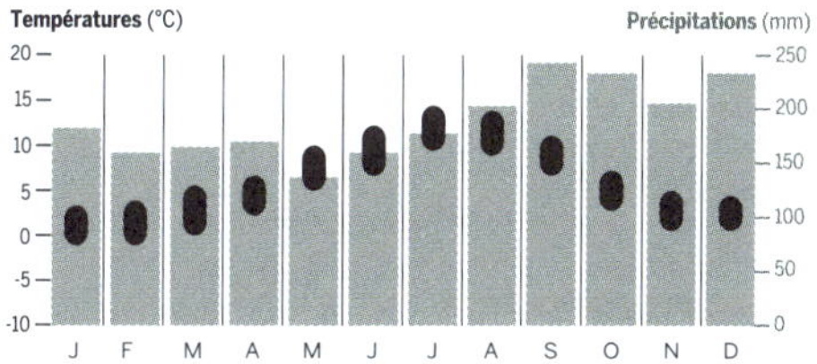

Cartes et plans

Les cartes en ligne sont utiles mais, en Islande, mieux vaut se munir de cartes en papier et ne pas suivre aveuglément les instructions du GPS (les anecdotes ne manquent pas sur les cartes en ligne envoyant les touristes vers des cols montagneux en plein hiver, sous prétexte qu'il s'agit du chemin le plus court – mais certainement pas le plus sûr).

Vous trouverez de bonnes cartes en ligne sur ja.is et map.is.

En France, l'IGN et Michelin publient des cartes de l'Islande (respectivement au 1/650 000 et au 1/500 000). De nombreuses cartes sont disponibles chez d'autres éditeurs.

Ces dernières années, l'Islande a investi dans la construction de routes et de tunnels ; de nombreux tronçons, auparavant recouvert de graviers, ont également été asphaltés. Une carte récente est donc indispensable – vérifiez qu'elle indique le nouvel itinéraire de la route circulaire (modifié dans l'est du pays fin 2017).

Les centres d'information touristique distribuent gratuitement des cartes et plans des villes et régions, ainsi que la brochure touristique intitulée *Around Iceland*, qui contient de nombreux renseignements, ainsi que des plans de villes.

L'éditeur Ferðakort (www.mapoficeland.com) vend des cartes en ligne et dispose d'un rayon à la **librairie Iðnú** (☎517 7210 ; www.ferdakort.is ; Brautarholt 8 ; ⏲10h-16h lun-ven), à Reykjavík. Autre bon éditeur, Forlagið (Mál og Menning) propose un vaste choix de cartes, que vous trouverez sur sa **boutique en ligne** (www.forlagid.is – cliquez sur *Bækur og Kort*, puis sur *Landakort*).

Ces deux éditeurs proposent de bonnes cartes touristiques de l'Islande (1/500 000 ou 1/600 000 ; 2 000 ISK environ), utiles pour circuler en voiture. L'atlas routier de Ferðakort (1/200 000, 4 000 ISK), plus précis, indique les hébergements, musées et piscines.

Ferðakort et Forlagið publient également de nombreuses cartes régionales (*landshlutakort*) – le second en propose 8 au 1/200 000 (1 800 ISK la carte). Il existe aussi 31 cartes topographiques très détaillées au 1/100 000 couvrant tout le pays – parfaites pour les randonneurs – et des cartes thématiques – sagas, géologie, ornithologie...

Pour la randonnée, les offices du tourisme locaux et les accueils des parcs nationaux vendent souvent des cartes bon marché détaillant les itinéraires alentour.

Désagréments et dangers

L'Islande possède un taux de criminalité très bas. Les principaux risques sont liés à la sécurité routière, à la météo changeante et aux conditions géologiques.

- Pour savoir comment voyager en Islande en toute sécurité, consultez le site Safetravel (www.safetravel.is), créé à l'initiative de l'Icelandic Association for Search and Rescue (ICE-SAR ; association islandaise de recherches et de secours).
- On y trouve notamment des infos sur l'application pour smartphone "112 Iceland" et sur comment enregistrer votre itinéraire ou plan de voyage auprès de l'ICE-SAR – ou d'un ami ou contact.

Sécurité routière

- Il existe des dangers spécifiques (p. 459) pour les conducteurs : présence de bétail sur les routes, ponts à voie unique, côtes sans visibilité, absence de revêtement, etc.
- Les nombreuses routes F (p. 460) sont réservées aux 4x4, en raison de la présence de passages à gué. Elles ne sont ouvertes que quelques mois dans l'année, principalement l'été.
- Pour connaître les conditions de circulation, consultez le site www.road.is ou appelez le 1777.

Conditions météo

- Ne sous-estimez jamais les dangers liés aux conditions météorologiques. Il est essentiel d'avoir une tenue et un équipement adaptés.
- Toute l'année, préparez-vous à devoir faire face au mauvais temps. Les conditions peuvent changer à tout instant.
- Les randonneurs doivent impérativement s'informer sur les prévisions météorologiques avant de partir – appelez le 902 0600 (prévisions enregistrées : tapez 1 après l'introduction) ou consultez sur www.vedur.is/english les prévisions en anglais. Vous pourrez aussi télécharger l'application Veður, du bureau météorologique islandais (Icelandic Meteorological Office, IMO).
- Des refuges d'urgence sont installés aux endroits où il existe un risque de rester bloqué par les intempéries.
- En hiver, emportez systématiquement de la nourriture, de l'eau et des couvertures dans votre véhicule.
- Les voitures de location sont généralement équipées de pneus neige en hiver.

Risques géologiques

- En randonnée, la traversée des rivières peut être périlleuse : en été, avec la fonte des glaciers, les ruisseaux se muent parfois en torrents rugissants.
- Dans les régions où le sable volcanique est meuble, les vents violents peuvent provoquer de grosses tempêtes de sable.
- De nombreux sentiers côtiers ne sont accessibles qu'à marée basse ; prenez des renseignements fiables et procurez-vous les horaires des marées (*sjávarfallatöflur*).
- Dans les zones géothermiques, restez sur les passerelles ou sur les parcelles de terre solides, et évitez les fines

CONSEILS AUX VOYAGEURS

La plupart des gouvernements possèdent des sites Internet qui recensent les dangers possibles et les régions à éviter. Consultez notamment les sites suivants :

Ministère des Affaires étrangères français (www.diplomatie.gouv.fr)

Ministère des Affaires étrangères de Belgique (http://diplomatie.belgium.be/fr)

Département fédéral des Affaires étrangères suisse (www.eda.admin.ch/eda/fr/dfae.html)

Ministère des Affaires étrangères du Canada (www.voyage.gc.ca)

couches moins foncées autour des fissures fumantes ou des trous de boue.

- De même, méfiez-vous de l'eau des sources chaudes et des trous de boue – elle peut jaillir du sol à une température de 100°C.
- Gare aussi aux dangereux sables mouvants à l'extrémité des glaciers ; ne vous aventurez jamais sur la glace sans crampons et piolets, et prenez garde aux crevasses.
- La neige peut cacher des crevasses, des morceaux de lave tranchants ou des pentes glissantes recouvertes de scories.
- Demandez toujours conseil aux *rangers* ou à des habitants bien informés avant de partir en randonnée autour de volcans en activité.
- Les randonnées et ascensions de glacier en indépendant sont réservées aux alpinistes aguerris. Il est toujours préférable d'être accompagné d'un guide.
- On trouve rarement des panneaux d'avertissement et des barrières dans les zones à risques (cascades, fronts glaciaires, falaises, plages avec grosses vagues et forts courants). Faites preuve de bon sens ; surveillez vos enfants.

Douane

Les restrictions douanières sont assez strictes en Islande. Consultez le site www.customs.is.

Les plus de 20 ans ont le droit d'importer sans taxe :

- 1 l de spiritueux, 750 ml de vin et 3 l de bière, ou
- 3 l de vin et 6 l de bière, ou 1 l de spiritueux et 6 l de bière, ou
- 1,5 l de vin et 12 l de bière, ou
- 18 l de bière

À noter également :

- Les plus de 18 ans peuvent importer 200 cigarettes ou 250 g de tabac.
- On peut également importer jusqu'à 3 kg de nourriture (les produits à base d'œufs, de viande et de lait frais sont proscrits), à condition que la valeur totale n'excède pas 25 000 ISK. Une solution à considérer pour faire des économies.
- Pour éviter toute contamination, le matériel de pêche et les vêtements d'équitation doivent être accompagnés d'un certificat vétérinaire de désinfection. À défaut, vous paierez la désinfection en arrivant. Il est interdit de pénétrer sur le territoire avec du matériel d'équitation usagé (selles, brides, etc.). Reportez-vous au site www.mast.is.
- De nombreux visiteurs embarquent leur véhicule sur le ferry en provenance d'Europe. Des dérogations douanières sont accordées pour les séjours d'un an maximum.

Électricité

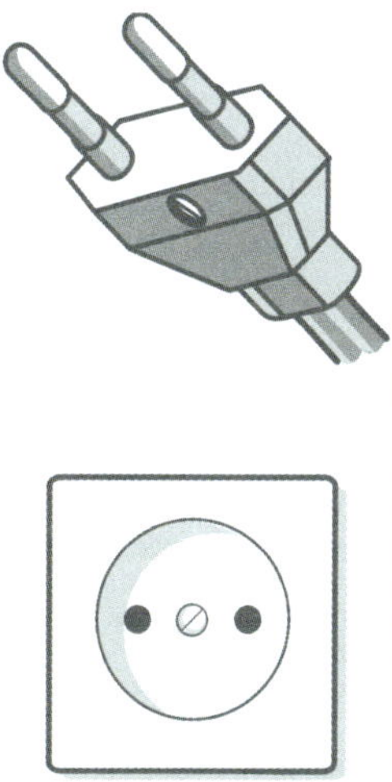

Type C
230 V/50 Hz

Type F
230 V/50 Hz

Enfants

Il est assez facile de voyager avec des enfants en Islande. Si peu d'activités et de sites leur sont spécifiquement destinés, le pays tout entier constitue un formidable terrain d'aventure. Les paysages somptueux, la faune et la flore offrent maintes occasions de réviser les cours de science – ou de prendre de l'avance sur les programmes ! Attention toutefois : une extrême prudence est de mise sur les terrains potentiellement dangereux, notamment sur les falaises et aux abords des cascades.

Les innombrables piscines et la gentillesse des habitants contribuent au bon déroulement des choses. Vos bambins adoreront les colonies d'oiseaux, les chutes d'eau, les zones volcaniques et les glaciers. Vous pouvez aussi effectuer de courtes randonnées, des circuits en Super-Jeep, pratiquer l'équitation, observer les baleines, faire des balades en bateau ou des randonnées sur glacier (pour ces dernières, l'âge minimum est d'environ 10 ans).

Avec un grand choix d'activités et d'équipements, Reykjavík est la destination n°1 des familles. Il faut couvrir de grandes distances pour explorer le reste du pays. Aussi peut-il être sage de se limiter à une ou deux régions.

Vous pourrez vous procurer la carte bilingue anglais-islandais *Íslandskort barnanna*, destinée aux familles avec de jeunes enfants et publiée par Forlagið (Mál og Menning).

Pour des informations d'ordre général, consultez le guide *Voyager avec ses enfants* publié par Lonely Planet.

Pratique

- Dans les musées et les piscines, les enfants peuvent entrer gratuitement ou payer moitié prix, selon les endroits. L'âge limite pour le tarif adulte varie d'un endroit à l'autre (entre 12 et 18 ans).
- Sur les vols intérieurs et les circuits d'Air Iceland Connect (www.airicelandconnect.is), les 2-11 ans paient demi-tarif et les moins de 2 ans voyagent gratuitement.
- La plupart des bus et des agences de tourisme offrent une remise de 50% pour les enfants de 4 à 11 ans. Les circuits de Reykjavík Excursion (www.re.is) sont gratuits pour les moins de 11 ans et à demi-tarif pour les 12-15 ans.
- Vous pourrez réserver un siège-enfant dans les agences internationales de location de voitures pour un coût suplémentaire.
- Météo capricieuse, froid, pluie : le camping n'est pas forcément la meilleure solution avec des petits. Les enfants de 2 à 12 ans paient généralement moitié prix dans les campings, les *guesthouses*, les fermes et autres hébergements. Habituellement, les moins de 2 ans logent gratuitement.
- De nombreuses auberges de jeunesse, *guesthouses* et fermes possèdent des chambres familiales. Les grands hôtels ont parfois des lits de bébé.
- À Reykjavík et dans les grandes villes, les restaurants offrent souvent menus enfant et chaises hautes.
- On trouve des espaces réservés au change dans les toilettes de certains musées et d'autres institutions. Ailleurs, vous devrez improviser.
- Allaiter en public ne pose généralement pas de problème.
- Lait en poudre, couches et autres produits de base sont disponibles partout.

Formalités et visas

L'Islande est membre de l'espace Schengen – ce qui signifie qu'elle a levé les contrôles aux frontières pour les voyageurs en provenance d'autres États membres.

- Pour un séjour inférieur à 3 mois, les Français, les Belges et les Suisses peuvent entrer en Islande avec une carte d'identité ou un passeport en cours de validité (le permis de conduire n'est pas une pièce d'identité).
- Les Canadiens doivent fournir un passeport valide encore au moins 90 jours après leur date de retour d'Islande. Notez que la durée totale d'un séjour au sein de l'espace Schengen ne doit pas excéder 90 jours sur une période de 180 jours.
- Pour travailler ou étudier en Islande, un permis est souvent obligatoire – renseignez-vous auprès d'une ambassade ou d'un consulat.
- Avant le départ, il est impératif de contacter les ambassades et les consulats pour s'assurer que les modalités d'entrée sur le territoire n'ont pas changé. Nous vous conseillons de scanner ou de photocopier tous vos documents importants (pages d'introduction de votre passeport, cartes de crédit, police d'assurance, billets de train/d'avion/de bus, permis de conduire, etc.). Conservez ces copies à part des originaux. Vous remplacerez ainsi plus aisément ces documents en cas de perte ou de vol.
- Pour toute question sur les visas et les permis en général, contactez le **bureau de l'Immigration islandais** (Icelandic Directorate of Immigration, Útlendingastofnun ; www.utl.is).

Handicapés

L'Islande n'est pas la destination d'Europe du Nord la plus facile d'accès pour les voyageurs handicapés. Pour plus de détails, contactez **Þekkingarmiðstöð Sjálfsbjargar** (Sjálfsbjörg Knowledge Centre ; ☎550 0118 ; www.thekkingarmidstod.is ; Hátún 12, Reykjavík), le centre d'information pour les personnes handicapées. Le site Internet de l'organisme danois God Adgang (www.godadgang.dk) donne des instructions pour trouver des prestataires islandais certifiés pour leur accessibilité.

All Iceland Tours (www.alliceland.is) et Iceland Unlimited (www.icelandunlimited.is) sont particulièrement intéressants pour les voyages accessibles sur mesure dans tout le pays. Gray Line Iceland (www.grayline.is) et Reykjavík Excursions (www.re.is) organisent quant à eux des visites et des excursions d'une journée au départ de Reykjavík et aident les voyageurs handicapés. Ils recommandent néanmoins de les contacter à l'avance pour pouvoir s'adapter à des besoins particuliers.

Les bus urbains de Reykjavík sont accessibles grâce à des rampes ; ailleurs, les bus publics n'ont ni rampe ni élévateur. Le guide Lonely Planet *Accessible Travel Online Resources* (en anglais) est téléchargeable gratuitement sur lptravel.to/AccessibleTravel.

En France, l'**APF France handicap** (☎01 40 78 69 00 ; www.apf-francehandicap.org ; 17 bd Auguste-Blanqui, 75013 Paris) peut fournir des informations utiles sur les voyages accessibles. **Yanous** (www.yanous.com), **Hizy** (hizy.org), **Handicap.fr** (www.handicap.fr) et **Tourisme et handicaps** (www.tourisme-handicaps.org) constituent également de bonnes sources d'information.

Désormais, les principales plateformes d'hébergement que sont **Abritel** (www.abritel.fr), **Airbnb** (www.airbnb.fr), **Booking** (www.booking.com) et **Hotels.com** (fr.hotels.com) ont intégré des critères d'accessibilité à leur moteur de recherche. **Mobee Travel** (www.mobeetravel.com) est une start-up qui regroupe des hébergements accessibles et qui propose aussi des séjours sur mesure. Plus modeste, **Wilengo** (www.wilengo.com) fonctionne sur le modèle d'Airbnb. Les agences de voyages **Yoola** (www.yoola.fr) et **Comptoir des voyages** (www.comptoir.fr) organisent des voyages adaptés aux personnes à mobilité réduite.

Hébergement

L'Islande possède un large choix d'hébergements, du refuge pour *backpackers* aux hôtels de luxe, en passant par les auberges de jeunesse, les fermes, les *guesthouses*, les appartements et les cottages/chalets/bungalows. L'été, on trouve même des chambres dans les établissements scolaires ! La plupart des hôtels de luxe ou de charme sont installés à Reykjavík et dans des destinations touristiques du Sud-Ouest, même s'il en existe quelques-uns dans d'autres régions.

Face à l'afflux toujours plus important de touristes, beaucoup de nouveaux hôtels et *guesthouses* ont ouvert ces dernières années, et bon nombre d'établissements déjà existants se sont agrandis et modernisés. Malgré cela, la demande excède souvent l'offre dans les lieux touristiques prisés (par exemple, Reykjavík, le Sud et le lac Mývatn). Les prix s'envolent en été.

Malgré leur prix, les hébergements sont souvent d'une qualité moins élevée qu'on ne peut l'espérer d'un pays européen, sauf dans les hôtels les plus récents. Dans les établissements plus anciens, les chambres sont généralement impeccables mais souvent petites, les murs fins et les équipements restreints.

➡ Pour venir entre juin et août (mais aussi en mai ou septembre, ce qui n'était pas le cas auparavant), réservez tôt tous vos hébergements (sauf pour les campings, dans lesquels c'est rarement nécessaire). À Reykjavík, il faut réserver toute l'année.

➡ Les offices du tourisme et les sites Internet officiels du tourisme régional donnent des détails sur tous les hébergements de la ville ou de la région.

➡ C'est souvent en contactant directement les établissements que l'on bénéficie des meilleurs tarifs. Toutefois, certains hébergements n'ont ni site Internet, ni page Facebook et préfèrent prendre les réservations via des plateformes comme booking.com.

➡ Ce guide indique les tarifs observés à l'été 2018. Ils risquent d'augmenter à chaque saison. C'est souvent en contactant directement les établissements que l'on bénéficie des meilleurs tarifs.

➡ De septembre à mai, la plupart des *guesthouses* et hôtels réduisent leurs prix de 10 à 50%.

➡ Certains hébergements ferment en hiver ; lorsque tel est le cas, le guide indique la période d'ouverture. Beaucoup ferment entre Noël et le jour de l'An, sauf à Reykjavík, où cette période est une deuxième haute saison. Quand nous n'indiquons rien à ce sujet dans nos descriptifs, cela signifie que l'adresse est ouverte toute l'année.

➡ Les prix sont parfois indiqués en euros, afin d'éviter les fluctuations du taux de change, mais le paiement se fait en couronnes islandaises (ISK).

➡ Les *guesthouses* et les fermes proposent différents types d'hébergements : camping, chambres avec/sans sdb, lits avec ou sans draps (prévoir un duvet), cottages/chalets/bungalows avec ou sans cuisine et/

HÉBERGEMENT : FOURCHETTES DE PRIX

Prix pour une chambre double en haute saison :

€ moins de 15 000 ISK (120 €)

€€ 15 000-30 000 ISK (120-240 €)

€€€ plus de 30 000 ISK (240 €)

RÉSERVATION EN LIGNE

Trouvez un vol, un séjour ou un hôtel en quelques clics dans la rubrique "Réservation" de www.lonelyplanet.fr.

ou sdb. Consultez les sites Internet pour les détails.

- Nous indiquons si une sdb privative est disponible, si les draps sont inclus ou si l'option duvet est proposée ; et si le petit-déjeuner est inclus dans le prix.

Auberges de jeunesse

Le pays compte 34 auberges de jeunesse bien entretenues, gérées par Hostelling International Iceland (www.hostel.is). Dans certains endroits, notamment à Reykjavík et Akureyri, on trouve également des auberges indépendantes. Il est vivement conseillé de réserver, surtout de juin à août. La moitié des auberges de jeunesse d'Hostelling International sont ouvertes toute l'année. Vérifiez sur Internet les périodes d'ouverture.

Toutes les auberges de jeunesse offrent des douches chaudes, une cuisine équipée et l'option duvet. La plupart proposent également des chambres privatives, parfois avec sdb. La plupart des prix incluent les draps ; le reste du temps, la location des draps coûte environ 2 000 ISK par personne et par séjour. Lorsqu'il est proposé, comptez 1 700-2 300 ISK pour le petit-déjeuner.

Adhérez à Hostelling International (www.hihostels.com) dans votre pays pour bénéficier d'une réduction de 10% par personne. Les non membres paient entre 3 800 ISK et 6500 ISK pour une nuit en dortoir avec draps. Une chambre pour une personne coûte 7 500 ISK minimum et une chambre double entre 10 000 ISK et 18 000 ISK (davantage avec sdb individuelle). Les enfants de 4 à 12 ans paient 1 500 ISK de moins.

Camping

On trouve des *tjaldsvæði* (campings aménagés) dans presque toutes les villes, ainsi que dans des fermes et le long des principaux chemins de randonnée. Les meilleurs sont équipés de machines à laver, d'espaces pour cuisiner et de douches chaudes ; d'autres n'offrent rien d'autre qu'un robinet d'eau froide et des toilettes. Certains sont rattachés à la *sundlaug* (piscine municipale) – on peut ainsi accéder aux douches pour un prix modique.

La météo en Islande est très changeante. Aussi, il est conseillé d'investir dans une tente de qualité. Quelques boutiques à Reykjavík louent du matériel de camping et certaines agences de location de voitures fournissent tentes, matelas et matériel de cuisine.

Avec l'augmentation du nombre de visiteurs, les campings sont de plus en plus bondés, et les sanitaires à une ou deux douches ne suffisent pas à satisfaire aux besoins des campeurs. Pour réduire l'attente, vous pouvez éventuellement utiliser les sanitaires de la piscine du coin.

Il est rarement nécessaire (ou possible) de réserver. Les campings des petites villes sont souvent dépourvus de personnel : guettez le numéro de téléphone du gardien, affiché dans les sanitaires, ou bien la note qui invite à régler au centre d'information touristique ou à la piscine. Il arrive aussi que le gardien passe en soirée pour percevoir les paiements.

Ayez ce qui suit à l'esprit :

- Lorsque vous campez dans un parc national ou une réserve naturelle, respectez les règles d'usage : laissez le site dans l'état où vous l'avez trouvé, utilisez du savon biodégradable et emportez tous vos détritus.
- Les feux de camp sont interdits : apportez un réchaud. Les stations-service vendent des cartouches de butane et du combustible liquide. Les cartouches bleues pour Campingaz ne sont pas disponibles partout ; les grises, de type Coleman, sont plus répandues.
- L'emplacement de camping-car ou de caravane coûte entre 1 200 et

NOUVELLE LÉGISLATION SUR LE CAMPING

Depuis 2015, une nouvelle législation sur le camping s'applique en Islande. Elle vise avant tout à interdire le camping sauvage sur le bord des routes ou les parkings.

Vous la trouverez détaillée sur le site d'Umhverfisstofnun, l'agence de protection de l'environnement, (www.ust.is), sous le titre "*Where can I camp in Iceland*?" (Où puis-je camper en Islande ? – à la rubrique *Further Information*). Pour résumer, si vous possédez un véhicule de camping (camping-car, caravane, tente roulotte, etc.), vous devez impérativement séjourner dans un camping aménagé ou demander une autorisation.

La loi est un peu moins stricte pour les randonneurs et les cyclistes, mais il y a néanmoins certaines règles à observer : demander l'autorisation aux propriétaires, respecter une certaine distance par rapport aux campings officiels, ne pas dépasser un certain nombre de tentes et ne pas camper sur des terres cultivées.

1 900 ISK/pers. Comptez 800 ISK supplémentaires pour l'électricité. La douche est souvent payante.

- Une "taxe de séjour" de 333 ISK par emplacement est en vigueur. Certains campings l'incluent dans le tarif individuel, d'autres la facturent en supplément.
- Vous pourrez éventuellement acheter la Camping Card (www.campingcard.is), qui coûte 149 € et donne droit à 28 nuits dans 44 campings du pays, pour 2 adultes et 4 enfants maximum de mi-mai à mi-septembre (elle n'inclut pas la taxe de séjour, ni les suppléments pour les douches ou l'électricité). Plus de détails sur le site Internet.
- La plupart des campings ouvrent de mi-mai à mi-septembre. Certains grands sites avec bungalows et cottages ouvrent toute l'année. En basse saison, renseignez-vous auprès des offices du tourisme.
- L'annuaire gratuit *Áning* (disponible dans les offices du tourisme) recense de nombreux campings en Islande, sans être exhaustif.

Guesthouses

Le terme islandais *gistiheimilið* (*guesthouse* ou pension) recouvre une large gamme d'établissements, des chambres d'hôtes dans des demeures familiales aux cottages indépendants, en passant par des bâtiments entièrement dédiés. On en trouve de tous genres, de la *guesthouse* contemporaine chic à celle au décor anonyme ou suranné. La sdb est souvent commune.

Il s'agit la plupart du temps d'établissements confortables à l'ambiance familiale, mettant à disposition une cuisine et un salon TV, et proposant un buffet au petit-déjeuner (soit inclus, soit en supplément pour 2 200 ISK environ). Si l'accès à une cuisine est primordial pour vous, n'oubliez pas de vérifier avant de réserver. En été, une chambre double coûte entre 17 000 ISK et 26 000 ISK et un logement individuel sans les draps 19 000 ISK minimum. Les chambres avec sdb affichent souvent des tarifs similaires à ceux des chambres d'hôtel.

AVEC OPTION DUVET

Spécificité bien islandaise, l'option "duvet" est proposée dans les auberges de jeunesse, de nombreuses *guesthouses* et quelques hôtels. Pour un prix réduit, vous pourrez profiter d'un lit en utilisant votre propre sac de couchage. Cela n'implique pas de dormir dans un dortoir – il s'agit généralement des chambres normales, sans les draps (apportez aussi vos serviettes et taies d'oreiller). Le petit-déjeuner n'est jamais inclus dans le prix mais souvent proposé en option. L'option duvet est plus fréquente en dehors du pic estival et dans les endroits plus ruraux. En règle générale, elle coûte environ 7 500 ISK par nuit et par personne.

Hôtels

Toutes les grandes villes possèdent au moins un hôtel d'affaires, généralement doté de chambres confortables et quelconques, avec sdb privée, téléphone, TV et parfois un minibar, ainsi que d'un restaurant correct.

En été, les tarifs des simples/doubles commencent autour de 20 000/28 000 ISK, et incluent souvent le petit-déjeuner buffet. Dans les régions touristiques, une chambre double dans un hôtel confortable sans être luxueux peut facilement dépasser les 34 000 ISK au plus fort de l'été. Dans les hôtels haut de gamme de Reykjavík et les lodges de luxe de l'arrière pays, les prix dépassent les 50 000 ISK. Ils baissent notablement en dehors de la haute saison (juin à août) ; on trouve alors de meilleurs tarifs en ligne.

Les chaînes hôtelières islandaises les plus importantes sont Icelandair Hotels (www.icelandairhotels.is), Íslandshotel (www.islandshotel.is) – propriétaire de la marque Fosshótel –, Keahotels (www.keahotels.is) et CenterHotels (www.centerhotels.is). Beaucoup de chaînes internationales ouvrent des hôtels à Reykjavík (Hilton, Marriott, etc.).

HÔTELS D'ÉTÉ

Beaucoup d'internats scolaires se transforment en hôtels d'été, offrant un hébergement simple de début juin à fin août (certains restent ouverts plus longtemps) ; 10 d'entre eux font partie de la chaîne Hótel Edda (www.hoteledda.is), supervisée par Icelandair Hotels. Les chambres, ordinaires mais fonctionnelles, contiennent généralement deux lits jumeaux et un lavabo, et les sdb sont communes, quoique certains hôtels d'été disposent de chambres avec sdb individuelle et que quelques-uns proposent même des chambres "Edda Plus", avec sdb individuelle de meilleure qualité, TV et téléphone. Quelques-uns ont des dortoirs pour option duvet et la plupart ont un restaurant. Comptez autour de 4 000 ISK pour un hébergement en dortoir avec option duvet (quand c'est possible) ; à partir de 21 000/13 500 ISK pour une chambre double avec/sans sdb privative ; et environ 2 400 ISK pour le petit-déjeuner.

Refuges de montagne

Des clubs de randonnée et des prestataires touristiques privés assurent l'entretien des *skálar* (refuges de montagne ; *skáli* au singulier) le long des principaux itinéraires de randonnée. Ces refuges sont ouverts à tous ; on y dort en sac de couchage, dans des dortoirs sommaires. Certains disposent d'une cuisine et d'un terrain pour camper, et il y a parfois un gardien durant la saison estivale.

On peut rejoindre les refuges de Landmannalaugar, de Þórsmörk et d'Askja en 4x4, et ceux du Hornstrandir en bateau. Les autres ne sont généralement accessibles qu'à pied. Les coordonnées GPS des refuges sont indiquées dans les différents chapitres de ce guide.

Principale organisation dans ce secteur, **Ferðafélag Íslands** (Iceland Touring Association ; ☎568 2533 ; www.fi.is ; Mörkin 6) possède 40 refuges en Islande. Les meilleurs sont gardés et possèdent des douches (500 ISK en supplément), une cuisine et l'eau potable ; les plus modestes offrent des lits, des toilettes et un espace rudimentaire pour cuisiner. Comptez 6 000-9 000 ISK pour les non-membres. On peut parfois camper pour environ 2 000 ISK/pers.

Ferðafélag Akureyrar (Touring Club d'Akureyri ; ☎462 2720 ; www.ffa.is ; Strandgata 23 ; ⏲14h-17h lun-ven mai-août, 11h-13h lun-ven sept-avr) gère des refuges dans le Nord-Est (notamment sur la piste d'Askja) et **Útivist** (☎562 1000 ; www.utivist.is ; Laugavegur 178 ; ⏲12h-17h lun-ven) en possède à Básar et au col de Fimmvörðuháls à Þórsmörk.

Dans tous les cas, mieux vaut réserver auprès de l'organisme concerné, car les dortoirs affichent vite complet.

Refuges d'urgence

Des refuges d'urgence, orange vif, sont installés sur les cols de haute montagne et les secteurs isolés du littoral (ils sont généralement indiqués sur les cartes). Ces refuges contiennent des rations de survie, du combustible, des couvertures et une radio pour appeler à l'aide. Il est illégal de les utiliser en dehors d'une situation d'urgence.

Séjours à la ferme

De nombreuses fermes offrent plusieurs possibilités (camping, option duvet, chambre classique et bungalow ou chalet). Les services sont variables : certaines proposent des repas ou disposent d'une cuisine pour les hôtes, d'autres sont dotées de *hot pots* ; la plupart organisent des balades à cheval ou des activités telles que la pêche. Sur la route, des pancartes signalent les fermes assurant un hébergement et indiquent les services offerts.

Les tarifs sont similaires à ceux des *guesthouses* en ville : environ 7 500 ISK avec l'option duvet et 11 000-18 000 ISK/personne pour un lit classique. Le petit-déjeuner est généralement inclus ; comptez environ 7 000 ISK pour le dîner (souvent servi à heure fixe).

Services de réservation

Très utilisé en Islande, Booking.com permet de rechercher tous les hébergements disponibles dans une ville ou une région à une date donnée.

Quelque 170 fermes sont membres de Hey Iceland (www.heyiceland.is), anciennement Icelandic Farm Holidays. Cet organisme propose aussi des forfaits avec location sans chauffeur.

Heure locale

- L'Islande est à l'heure GMT (comme Londres), hiver comme été. Elle n'applique pas de changement d'heure.
- De fin octobre à fin mars, quand il est 12h à Paris, il est 11h à Reykjavík.
- Le reste de l'année, quand il est 12h à Paris, il est 10h à Reykjavík.

Heures d'ouverture

Les horaires varient selon les périodes de l'année (certains établissements ferment hors saison). Généralement, ils sont plus étendus de juin à août. Nous indiquons ci-dessous les heures d'ouverture classiques.

OUVERTURES SAISONNIÈRES

En dehors de Reykjavík, de nombreux sites et commerces à destination des touristes n'ouvrent qu'en été, généralement de juin à août. Avec l'essor touristique, les périodes d'ouverture des commerces sont plus floues ; ils ouvrent de plus en plus souvent en mai, voire en avril, pour ne fermer que fin septembre ou en octobre. Vue l'augmentation du tourisme hivernal, davantage de commerces (surtout sur la route circulaire) se mettent à rester ouverts toute l'année. De septembre à mai, certains musées ruraux ouvrent volontiers à la demande s'ils sont prévenus un peu à l'avance – contactez-les via leurs sites Internet ou par l'intermédiaire de l'office du tourisme local.

Administrations lun-ven 9h-17h

Banques lun-ven 9h-16h

Bars dim-jeu 10h-1h ; ven-sam 10h-tard (entre 3h et 6h)

Cafés 10h-18h

Magasins lun-ven 10h-18h, sam 10h-16h ; parfois ouverts le dimanche dans certains centres commerciaux et à Reykjavík.

Postes lun-ven 9h-16h ou 16h30 (18h dans les grandes villes)

Restaurants 11h30-14h30 et 18h-21h ou 22h

Stations-service 8h-22h ou 23h (pompes en self-service 24h/24)

Supermarchés 9h-21h

Vínbúðin (magasins d'État de vins et spiritueux) Horaires variables ; en dehors de Reykjavík, beaucoup n'ouvrent que quelques heures par jour.

PAS D'IMPAIRS

Hot pots et piscines Douchez-vous soigneusement et sans maillot avant d'entrer dans un *hot pot* ou une piscine.

Chaussures Retirez vos chaussures quand vous entrez chez quelqu'un.

Off-road Ne conduisez pas hors des routes.

Drones N'utilisez pas de drones dans les parcs nationaux.

Fermetures N'ignorez pas les panneaux avertissant qu'une route ou un site est fermé : ils le sont pour des raisons de sécurité.

Homosexualité

Les Islandais sont très ouverts à l'égard de l'homosexualité, même si la scène gay reste discrète, y compris à Reykjavík (voir p. 96).

Informations touristiques

Vous trouverez les coordonnées des offices du tourisme et centres d'information locaux dans les chapitres régionaux de ce guide. L'Islande ne possède pas d'offices du tourisme dans les pays francophones.

Sites Internet

Les sites touristiques officiels du pays :

Visit Iceland (fr.visiticeland.com)

Inspired by Iceland (www.inspiredbyiceland.com)

Chaque région possède son propre site :

Reykjavík (www.visitreykjavik.is)

Le Sud-Ouest (www.visitreykjanes.is ; www.south.is)

L'Ouest (www.west.is)

Les fjords de l'Ouest (www.westfjords.is)

Le Nord (www.northiceland.is ; www.visitakureyri.is)

L'Est (www.east.is)

Le Sud-Est (www.south.is ; www.visitvatnajokull.is)

Applications pour smartphones

Il existe d'innombrables applications pour smartphones destinées aux voyageurs. Procurez-vous 112 Iceland pour voyager en toute sécurité, ainsi que Veður, dédiée à la météo. Les applications des compagnies de bus comme **Strætó** (☎540 2700 ; www.bus.is) et **Reykjavík Excursions** (☎580 5400 ; www.ioyo.is) sont utiles. Il est aussi pratique de pouvoir accéder à des cartes hors connexion.

Il existe une multitude d'autres applications couvrant des thèmes variés – histoire, langue islandaise, observation des aurores boréales, visites guidées de la capitale... À Reykjavík, les applications Grapevine (Appy Hour, Appetite et Appening Today) sont précieuses pour trouver les meilleures adresses de la capitale.

Internet (accès)

Le Wi-Fi est très répandu en Islande.

- La plupart des hébergements et des restaurants proposent le Wi-Fi et c'est souvent le cas des bus également. L'accès est généralement gratuit pour les clients. Vous devrez parfois demander le code d'accès.
- La plupart des stations-service N1 disposent d'une connexion gratuite.
- Le meilleur moyen de se connecter est d'acheter une carte SIM islandaise avec forfait data et de la glisser dans votre smartphone débloqué. Vos autres appareils pourront alors accéder à Internet via ce téléphone.
- Si vous avez besoin de voyager avec votre propre accès Wi-Fi, sachez que Trawire (iceland.trawire.com) loue des modems portables 4G avec connections illimitées à partir de 9 $US/jour (possibilité de connecter jusqu'à 10 ordinateurs portables, smartphones ou tablettes).
- Certains loueurs de voitures et de camping-car proposent des bornes Wi-Fi en option.
- Même dans les petites villes, la majorité des bibliothèques disposent d'ordinateurs reliés à Internet ; une somme modique est souvent demandée.
- Les centres d'information touristique proposent souvent un accès à Internet, généralement gratuit pour une courte utilisation.

Jours fériés

Les jours fériés sont souvent l'occasion de se retrouver en famille ou, lorsqu'ils correspondent à un week-end, d'aller camper à la campagne. Si vous projetez un séjour pendant une période de congés ou un week-end prolongé (pendant la fête des Commerçants, par exemple), réservez longtemps à l'avance les refuges de montagne et les moyens de transport.

Voici les jours fériés nationaux :

Nouvel An 1er janvier

Pâques mars ou avril (des Jeudi et Vendredi saints jusqu'au lundi de Pâques)

Premier jour de l'été premier jeudi après le 18 avril

Fête du Travail 1er mai

Ascension mai ou juin

Dimanche et lundi de Pentecôte mai ou juin

Fête de l'Indépendance 17 juin

Fête des Commerçants premier lundi d'août

Noël du 24 au 26 décembre

Saint-Sylvestre 31 décembre

Vacances scolaires

Les vacances d'été s'étendent de la première semaine de juin à la troisième semaine d'août, ce qui correspond à la période d'ouverture de la plupart des hôtels d'été et des hôtels Edda.

Les vacances de Noël durent environ 2 semaines (du 21 décembre environ jusqu'au 3 janvier). Il y a également des vacances scolaires au printemps (une semaine environ), autour de Pâques.

Poste

Le service postal islandais (www.postur.is) est fiable et efficace.

Envoyer une lettre/carte postale en Europe revient à 225 ISK ; pour expédier un courrier vers d'autres parties du monde, comptez 285 ISK. On trouve en ligne tous les tarifs, ainsi que la liste des bureaux de poste et leurs horaires.

Problèmes juridiques

La police islandaise est généralement discrète et il est peu probable que vous ayez affaire à elle. Gardez néanmoins ces quelques points à l'esprit :

- La législation est très stricte concernant l'alcool au volant. Deux verres d'alcool peuvent suffire à vous faire dépasser le taux d'alcoolémie autorisé de 0,4g/l ; vous essuierez alors un retrait de permis et une grosse amende.
- En cas d'infraction au code de la route, et notamment d'excès de vitesse, vous pourrez être conduit au poste de police pour payer une amende sur-le-champ.
- Si vous êtes ivre et que votre comportement attente à l'ordre public, vous risquez de passer la nuit en cellule de dégrisement – vous serez généralement relâché au matin.
- La possession, l'usage et le trafic de drogues sont lourdement condamnés : les contrevenants encourent de longues peines de prison et de grosses amendes.

Santé

Voyager en Islande ne présente guère de risque pour la santé. On peut boire l'eau du robinet, le niveau d'hygiène est élevé et on ne recense aucune espèce dangereuse. Aucun vaccin spécifique n'est exigé.

Assurance

La carte européenne d'assurance maladie (CEAM), nominative et individuelle et valable un an, assure l'aide médicale d'urgence (mais non le rapatriement sanitaire) aux citoyens de l'Union Européenne. Vous devez en faire la demande auprès de votre caisse d'assurance maladie ou en ligne sur www.ameli.fr. Comptez un délai de 2 semaines pour la réception.

Les ressortissants d'autres pays devront payer leurs soins médicaux en totalité (et se faire rembourser plus tard par leur assurance, s'ils en ont une).

Pour de plus amples informations sur les soins aux touristes, rendez-vous sur le site www.sjukra.is/english/tourists (en anglais).

Consultez également la rubrique *Assurance*, p. 439.

Vaccinations

Il n'y a pas de vaccinations obligatoires ou recommandées.

Eau du robinet

L'eau du robinet en Islande compte parmi les plus pures du monde et sa consommation est totalement sûre. Les Islandais s'amusent d'ailleurs de voir les touristes acheter de l'eau en bouteille…

Si l'eau géothermique chaude sent le soufre, ce n'est pas le cas de l'eau froide.

Disponibilité et coût des soins médicaux

Les soins médicaux sont d'excellente qualité, et le personnel médical parle très souvent anglais. Toutefois, ces services sont limités en dehors des zones urbaines.

Pour les bobos sans gravité, les pharmacies peuvent être de bon conseil et fournir des médicaments sans ordonnance (cherchez les enseignes *apótek*, pharmacie). Elles pourront vous orienter vers un spécialiste si nécessaire.

On peut aussi se faire soigner en se rendant dans un dispensaire : *heilsugæslustöð* en islandais. Pour la région de

Reykjavík, vous en trouverez la liste sur www.heilsugaeslan.is. Ailleurs, demandez à l'office du tourisme ou à votre hébergement où est le dispensaire le plus proche.

Les ressortissants de pays nordiques n'ont qu'à présenter leur passeport pour avoir accès aux soins. Les ressortissants de l'Espace économique européen (EEE) sont couverts pour les soins d'urgence sur présentation d'une Carte européenne d'assurance maladie (EHIC, voir plus haut). Les détenteurs d'une EHIC paient le même tarif que les Islandais.

Les ressortissants d'autres pays peuvent bénéficier de soins mais paient plein pot (avant de se faire rembourser par leur assurance, s'ils en ont une). Une consultation normale coûte environ 10 000 ISK. Il est conseillé de contracter une assurance voyage. Vous trouverez plus de détails sur l'accès aux soins médicaux pour les étrangers sur www.sjukra.is/english/tourists.

Hypothermie et gelures

Le principal risque de santé encouru par les voyageurs est l'exposition à des températures extrêmes. Une préparation adaptée est donc essentielle. Même en période estivale, la météo peut changer rapidement en montagne. Emportez des vêtements chauds et imperméables, et prévenez d'autres personnes de votre itinéraire.

L'hypothermie aiguë est due à la chute soudaine de la température corporelle en un court laps de temps. L'hypothermie chronique est causée par une baisse graduelle de la température corporelle sur plusieurs heures. Elle débute par des frissons, une perte de jugement et de l'équilibre. En l'absence d'un réchauffement, s'ensuivent alors apathie, confusion et coma. Évitez toute perte de chaleur supplémentaire en cherchant un abri, en enfilant des vêtements secs et chauds, en buvant des boissons chaudes et sucrées, et en vous rassemblant pour partager la chaleur corporelle.

Les gelures sont provoquées par le gel. Leur gravité varie en fonction du vent (froid), de la température extérieure et de la durée d'exposition. Les gelures débutent par des engelures (peau blanche et engourdie), qui disparaissent généralement lors d'un réchauffement. En cas de gelure profonde, la peau cloque et devient noire. Les tissus touchés peuvent être définitivement détériorés. Portez des vêtements appropriés et secs, hydratez-vous et mangez en quantité suffisante. Un réchauffement rapide est impératif.

Téléphone

- Pour téléphoner à l'étranger depuis l'Islande, composez le ☎00, l'indicatif du pays (☎33 pour la France, 32 pour la Belgique, 41 pour la Suisse et 1 pour le Canada), et le numéro de votre correspondant sans le 0 initial.
- Pour appeler en Islande depuis l'étranger, composez le code d'accès international de votre pays (☎00 en France, en Belgique et en Suisse, ☎011 au Canada), suivi de l'indicatif ☎354 et des 7 chiffres du numéro de téléphone.

NUMÉRO D'URGENCE

Pour les urgences (police, ambulance, incendie, sauvetage) en Islande, composez le ☎112.

- Il n'y a pas d'indicatifs régionaux en Islande.
- Les téléphones publics sont rares en Islande. On en trouve parfois devant les bureaux de poste, les gares routières ou les stations-service. Les cabines acceptent généralement les cartes bancaires et les pièces de monnaie.
- Les numéros gratuits commencent par ☎800 ; les numéros de téléphone portable par ☎6, ☎7 ou ☎8.
- La version numérique de l'annuaire comprend des plans utiles : https://en.ja.is.
- Renseignements téléphoniques : ☎118 (locaux) ou ☎1811 (internationaux).

Téléphones portables

La couverture mobile est large. Les détenteurs d'un téléphone GSM peuvent passer des appels en itinérance ; achetez une carte SIM islandaise si vous restez un certain temps.

- Depuis 2017, l'UE a supprimé les surcoûts d'itinérance pour les personnes voyageant régulièrement dans l'Union. Les ressortissants des pays membres de l'UE et de l'Espace économique européen (EEE, dont l'Islande fait partie) peuvent donc utiliser leurs appareils mobiles dans toute l'UE et l'EEE au même tarif que dans leur pays.
- Pour les ressortissants de pays tiers, la solution la plus économique et la plus pratique pour bénéficier du tarif local consiste à acheter une carte SIM islandaise et de la glisser dans leur téléphone portable (apportez un vieux téléphone que vous réserverez à cet usage).
- Avant de partir de chez vous, vérifiez que votre téléphone est débloqué.
- Vérifiez que votre téléphone fonctionne sur le réseau européen GSM

900/1800 (les États-Unnis et le Canada utilisent la norme GSM 850/1900).

➡ On trouve des cartes SIM prépayées et des recharges dans les librairies, les épiceries et les stations-service partout dans le pays, ainsi qu'à bord des avions d'Icelandair.

➡ Le réseau mobile islandais Síminn (www.siminn.is/prepaid) fournit la meilleure couverture réseau ; il est suivi par Vodafone (vodafone.is/english/prepaid). Tous deux proposent des forfaits appels + data avec une carte SIM locale ; celui de Síminn coûte 2 900 ISK (avec soit 10 GB, soit 5 GB + 50 minutes d'appels internationaux). Nova (www.nova.is), un autre opérateur, pratique des prix bas, mais manque de couverture dans le pays.

Cartes téléphoniques

Pour appeler d'une cabine, les cartes téléphoniques les moins chères sont à 500 ISK ; elles sont vendues dans les épiceries et les stations-service. On trouve des cartes permettant de passer des appels internationaux à bas prix dans de nombreux commerces et chez les marchands de journaux.

Toilettes

Les histoires de touristes faisant leurs besoins en public, dans des endroits inappropriés (parkings, bords de route), mettent les Islandais hors d'eux. Beaucoup attribuant ces pratiques aux adeptes du camping sauvage, celui-ci a été interdit. Reykjavík et les grandes villes sont dotées de toilettes publiques, mais les sites naturels sont souvent insuffisamment équipés pour le nombre toujours croissant de visiteurs. Il y a aussi peu d'infrastructures sur les longues routes. Les autorités ont construit quelques toilettes le long de la route circulaire (indiquées par des panneaux bleus ornés d'une porte noire), mais le mieux est encore de bien préparer son voyage et d'accepter de payer une petite somme (200 ISK) pour utiliser certains équipements.

Travailler en Islande

Pour être embauché en tant que saisonnier (pour faire le ménage, ou à la réception ou au service dans les hôtels, *guesthouses* et restaurants, par exemple), vous devrez être originaire d'un pays de l'Union européenne (ou plus largement de l'Espace économique européen, EEE). Si vous recherchez un emploi à long terme, la connaissance de l'islandais pourra vous être demandée (c'est moins le cas dans les secteurs de la programmation informatique, des jeux vidéo et du tourisme).

Pour les personnes originaires d'un pays extérieur à l'Espace économique européen, les choses se compliquent, car il est nécessaire d'avoir un permis de travail, souvent impossible à obtenir sans l'aval d'une entreprise locale. Pour des renseignements détaillés, consultez le site du ministère de l'Immigration : www.utl.is.

Pour débuter vos recherches, visitez le site du Vinnumálastofnun, le ministère du Travail islandais. (www.vinnumalastofnun.is).

Transports

DEPUIS/VERS L'ISLANDE

Ces dernières années, l'Islande est devenue beaucoup plus accessible, grâce à un choix accru de vols et de destinations. Le ferry (depuis le nord du Danemark) constitue une bonne alternative pour les Européens souhaitant voyager avec leur propre véhicule (et ayant du temps).

Trouvez un vol, un séjour ou un hôtel en quelques clics dans la rubrique "Réservations" de www.lonelyplanet.fr.

Entrer en Islande

Reportez-vous à la rubrique *Formalités et visas* (p. 444).

Voie aérienne

Aéroports et compagnies aériennes

Aéroport international de Keflavík (KEF ; ☎425 6000 ; www.kefairport.is ; Reykjanesbraut ; ⏲24h/24). Principal aéroport international du pays, il est situé à 48 km au sud-ouest de Reykjavík.

TAXE DE DÉPART

Il n'y a pas de taxe de départ.

LA FIN DE WOW AIR

Ne cherchez plus de billets de WOW Air. La compagnie low cost islandaise, qui desservait de nombreuses destinations en Europe et en Amérique du Nord, a cessé ses activités en mars 2019.

Aéroport domestique de Reykjavík (Reykjavíkurflugvöllur ; www.isavia.is ; Innanlandsflug). Ce petit aéroport proche du centre-ville accueille les vols intérieurs, ainsi que les vols depuis/vers le Groenland et les îles Féroé.

De plus en plus de compagnies (dont des low cost) desservent l'Islande depuis l'Europe ou l'Amérique du Nord. Certaines proposent uniquement des liaisons entre juin et août. Pour une liste des transporteurs desservant le pays, rendez-vous sur fr.visiticeland.com (cliquez sur Guide pratique/Voyage en Islande/Par avion).

Air Iceland Connect (☎570 3030 ; www.airicelandconnect.is ; aéroport domestique de Reykjavík). La principale compagnie pour les vols intérieurs (à ne pas confondre avec Icelandair). Dessert aussi le Groenland et les îles Féroé.

Eagle Air (☎562 2640 ; www.eagleair.is ; aéroport domestique de Reykjavík). Vols réguliers à destination de petits aéroports.

Icelandair (www.icelandair.com). La compagnie nationale affiche d'excellentes statistiques en termes de sécurité. Pour les vols entre l'Europe et l'Amérique du Nord, Icelandair offre la possibilité de faire une escale (*stopover*) de 1 à 7 nuits en Islande, sans frais supplémentaires.

Pour une liste de tour-opérateurs proposant des circuits, reportez-vous à la rubrique *Voyages organisés*, p. 455. Consultez également l'encadré *Agences en ligne* p. 454.

Depuis la France

Icelandair (☎01 44 51 60 51 ; www.icelandair.fr) assure toute l'année des liaisons régulières directes entre Paris et Reykjavík (3 heures 30, de 1 à 4 vols/jour selon la saison, à partir de 400 € l'aller-retour en moyenne – dès 300 € hors saison), au départ des aéroports Roissy-Charles-de-Gaulle ou Orly. Elle dessert également Akureyri via Reykjavík.

Transavia (☎0 892 058 888 ; www.transavia.com) – compagnie aérienne à bas prix, filiale de KLM – assure une liaison Paris (Orly)-Reykjavík presque toute l'année.

Air France ne propose pas de vol direct vers l'Islande.

Vous pourrez également vous renseigner auprès d'un voyagiste :

Thomas Cook (0892 65 00 37 ; www.thomascook.fr)

Tui (0825 000 825 ; www.tui.fr)

Oui SNCF (09 70 60 99 60 ; www.oui.sncf)

Depuis la Belgique

Selon la saison, **Icelandair** (0800 76029 ; www.icelandair.com) assure 1 ou 2 vols directs par jour entre Bruxelles et Reykjavík (3 heures 15, à partir de 400 € l'aller-retour environ, 300 € sous certaines conditions, fréquence maximale de juin à août). Elle propose également des vols avec escale en partenariat avec plusieurs compagnies, comme KLM ou Scandinavian Airlines. Brussels Airlines ne dessert pas l'Islande.

Voici quelques adresses utiles en Belgique :

Airstop (070 233 188 ; www.airstop.be)

Connections (070 23 33 13 ; www.connections.be)

Gigatours Voyages Éole (Éole à Bruxelles 02 672 35 03 ; www.voyageseole.be)

Depuis la Suisse

Icelandair (www.icelandair.com) propose 1 à 2 vols directs par jour selon la saison entre Zurich et Reykjavík (3 heures 50, à partir de 450 FS l'aller-retour). Elle assure également 3 à 6 vols directs par semaine au départ de Genève (3 heures 50, à partir de 500 FS l'aller-retour).

Renseignez-vous sur les offres d'**easyJet** (www.easyjet.com) qui propose 2 vols directs par semaine d'avril à octobre au départ de Genève et de Bâle, à des prix intéressants.

Vous pourrez aussi contacter **STA Travel** (058 450 49 49 ; www.statravel.ch). Nombreuses agences en Suisse.

AGENCES EN LIGNE

Vous pouvez réserver votre vol via une agence en ligne ou vous renseigner auprès d'un comparateur de vols :

- www.bourse-des-vols.com
- www.ebookers.fr
- www.expedia.fr
- www.govoyages.com
- www.illicotravel.com
- www.kayak.fr
- www.opodo.fr
- www.partirou.com
- www.skyscanner.fr
- voyages.kelkoo.fr

Depuis le Canada

Icelandair (800 223 5500 ; www.icelandair.com/fr-ca) propose des vols directs à destination de Reykjavík depuis Toronto (5 heures 20 ; 2/jour l'été, 1/jour l'hiver), Montréal (5 heures 05 ; 1/jour), Edmonton (6 heures 20 ; 1/jour) et Vancouver (7 heures 05 ; 1/jour). Les tarifs aller-retour en classe économique débutent autour de 800-1 000 $C selon la saison pour Toronto, 750 $C pour Montréal, 900 $C pour Edmonton et 900-1 200 $C selon la saison pour Vancouver.

Air Canada (1 888 247 2262 ; www.aircanada.com) propose également des vols directs pour Reykjavík au départ de Toronto.

Vous pourrez notamment vous renseigner auprès de :

Expedia (www.expedia.ca)

Orbitz (www.orbitz.com)

Travel Cuts – Voyages Campus (1 800 667 2887 ; www.travelcuts.com)

Travelocity (www.travelocity.ca)

Voie maritime

Une fois par semaine, **Smyril Line** (www.smyrilline.com) assure une liaison en car-ferry, assez chère et très prisée, entre Hirtshals (Danemark) et Seyðisfjörður, dans l'est de l'Islande, via Tórshavn (îles Féroé). Le *Norröna* circule toute l'année. Les traversées en hiver dépendent toutefois des conditions météorologiques – consultez le site Web pour plus de détails.

AVERTISSEMENT

Les informations contenues dans ce chapitre sont particulièrement susceptibles de changements. Vérifiez directement auprès de la compagnie aérienne ou de l'agence de voyages les modalités d'utilisation de votre billet d'avion. N'hésitez pas à comparer les prestations. Les détails fournis ici doivent être considérés à titre indicatif et ne remplacent en rien une recherche personnelle attentive.

VOYAGES ET CHANGEMENT CLIMATIQUE

Tous les moyens de transport fonctionnant à l'énergie fossile génèrent du CO_2 – la principale cause du changement climatique induit par l'homme. L'industrie du voyage est aujourd'hui dépendante des avions. Si ceux-ci ne consomment pas nécessairement plus de carburant par kilomètre et par personne que la plupart des voitures, ils parcourent en revanche des distances bien plus grandes et relâchent quantité de particules et de gaz à effet de serre dans les couches supérieures de l'atmosphère. De nombreux sites Internet utilisent des "compteurs de carbone" permettant aux voyageurs de compenser le niveau des gaz à effet de serre dont ils sont responsables par une contribution financière à des projets respectueux de l'environnement. Lonely Planet "compense" les émissions de tout son personnel et de ses auteurs.

Les tarifs varient fortement en fonction des dates de traversée, du véhicule (le cas échéant) et du type de cabine choisi. La traversée dure environ 36 heures entre le Danemark et les Îles Féroé et 19 heures entre les Féroé et l'Islande.

On peut faire une escale aux îles Féroé. Contactez Smyril Line ou consultez le site Internet pour connaître les formules.

VOYAGES ORGANISÉS

Des tour-opérateurs proposent des circuits et des séjours en Islande. Beaucoup offrent la possibilité de voyages à la carte ; certains incluent dans leurs périples des escapades au Groenland, au Spitzberg, en Norvège ou aux îles Féroé. Tous font la part belle à l'extraordinaire richesse naturelle du pays – fjords, geysers, volcans, glaciers, observation des aurores boréales, mais aussi des baleines, des macareux... Le grand air est naturellement l'atout phare du pays et vous pourrez en profiter à pied, à cheval, à ski ou avec des raquettes au pied. Ceux qui aspirent à davantage de confort et de tranquillité opteront par exemple pour un autotour, un circuit en 4x4 ou une croisière. Quelle que soit la formule, les prix sont généralement élevés. Ils descendent rarement en dessous de 1 500 € par personne pour un séjour de 8 jours, vols internationaux compris. Pour des circuits organisés locaux, reportez-vous p. 44.

Spécialistes de l'Islande et des pays du Nord

66° Nord (☎04 27 18 61 20 ; 36-37 quai Arloing, 69009 Lyon ; www.66nord.com). Voyages individuels et sur mesure ou accompagnés par un spécialiste des terres polaires.

Comptoir des voyages (Paris ☎01 85 08 22 96 ; 2 au 18 rue Saint-Victor, 75005 Paris, Lyon ☎04 72 44 13 40 ; 10 quai Tilsitt, 69002 Lyon, Toulouse ☎05 62 30 15 00 ; 43 rue Peyrolières, 31000 Toulouse, Marseille ☎04 84 25 21 80 ; 12 rue Breteuil, 13001 Marseille ; www.comptoir.fr). Séjours, circuits itinérants et autotours.

Destination Islande (☎354 533 11 60 ; www.destination-islande.com ; Ferðakompaníið ehf Fiskislóð 20, 101 Reykjavík). Une agence de voyages basée en Islande. Treks accompagnés et sur mesure, week-ends et courts séjours, découverte de la faune, etc.

Grand Nord Grand Large (☎01 40 46 05 14 ; 75 rue de Richelieu, 75002 Paris ; www.gngl.com). Ce spécialiste des voyages polaires propose des activités d'été (randonnée, navigation...) et d'hiver (randonnée à ski, raquettes, aurores boréales...), des croisières, des voyages sur mesure et des circuits en famille.

Island Tours (☎01 56 58 30 20 ; 23 bd Henri-IV, 75004 Paris ; www.islandtours.fr). Agence spécialisée sur l'Islande. Circuits accompagnés, autotours, croisières, week-ends et courts séjours, organisation des moyens de transport et hébergements, voyages thématiques...

Nord Espaces (☎01 45 65 00 00 ; 35 rue de la Tombe-Issoire, 75014 Paris ; www.nord-espaces.com). Escapades, autotours, circuits accompagnés, croisières ou voyages "découverte".

Scanditours (☎01 55 87 84 80 ; La Maison de la Scandinavie, 54/56 av. Bosquet, 75007 Paris ; www.scanditours.fr). Nombreux circuits, en voiture de location, en 4x4, avec marches, randonnées à cheval, mini-croisières...

Voyages Gallia Tourisme (☎01 79 82 80 03 ; Paris 30 rue de Mogador, 75009 Paris ; Toulouse 16 rue Cécile-Brunschvicg, 31200 Toulouse ; islande.voyages-gallia.fr). Pour rejoindre l'Islande en bateau avec la compagnie Smyril Line. Également : autotours, circuits, séjours, week-ends...

Randonnée et aventure

Allibert (☎04 76 45 84 84, 04 76 45 50 50 ; www.allibert-trekking.com). Plusieurs agences en France (Paris, Chamonix, Chapareillan, Toulouse et Villeneuve-Loubet), ainsi qu'en Belgique (☎02 318 32 02) et en Suisse (☎022 519 03 23). Ce spécialiste du trekking propose de nombreux circuits – randonnée, trekking, ski et raquettes.

Atalante (www.atalante.fr) ; Paris (☎01 55 42 81 00 ; 18 rue Séguier, 75006 Paris) ; Lyon (☎04 72 53 24 80 ; 36 quai Arloing, 69009 Lyon). Nombreuses formules : marche et découverte, trek ou séjour en liberté.

Aventure et Volcans (☎04 78 60 51 11 ; BP 3154, 73 cours de la Liberté, 69406 Lyon Cedex 03 ; www.aventurevolcans.com). Circuits de différentes durées sur la thématique des volcans.

Chamina Voyages (☎04 66 69 00 44 ; www.chamina-voyages.com). Randonnées (itinérantes ou semi-itinérantes), accompagnées ou libres.

Fjallabak (☎354 511 3070 ; Postbox 1622, 121 Reykjavík ; fjallabak.is). Une agence de voyages francophone basée à Reykjavík. Randonnées, séjours de découverte itinérante pour petits groupes et voyages naturalistes (observation des oiseaux, volcanologie, géologie, photographie).

Huwans Clubaventure (www.huwans-clubaventure.fr). En France, Paris (☎01 44 32 09 30 ; 18 rue Séguier, 75006 Paris) ; Lyon (☎04 96 15 10 52 ; 38 quai Arloing, 69009 Lyon) ; Marseille (☎04 96 15 10 20 ; 4 rue Henri-et-Antoine-Mauras, 13016 Marseille). En Suisse (☎022 320 50 80 ; 51 rue Prevost-Martin, CP 124, 1211 Genève 4). Des circuits tournés vers la randonnée (pédestre ou équestre) et la découverte.

Nomade Aventure (www.nomade-aventure.com) ; Paris (☎01 46 33 71 71 ; 40 rue de la Montagne-Sainte-Geneviève, 75005 Paris ; autres agences à Lyon, Toulouse et Marseille). Des circuits et voyages individuels, tranquilles ou dynamiques, en voiture, en 4x4, ou axés sur la neige.

RandoCheval (☎04 37 02 20 00 ; 2 place Charles-de-Gaulle, 38200 Vienne ; www.randocheval.com). Découverte de l'Islande (et de ses chevaux).

Terres d'aventure Paris (☎01 70 82 90 00 ; www.terdav.com ; 30 rue Saint-Augustin, 75002 Paris) ; nombreuses agences en France ; également en Belgique (Bruxelles ☎02 543 95 60), en Suisse (Genève ☎022 518 05 13) et au Canada (Montréal ☎0714 722 09 09). Voyages en groupe ou individuels par un spécialiste du "voyage à pied".

Voyageurs du Monde (☎01 83 64 79 42 ; www.voyageursdumonde.fr ; 55 rue Sainte-Anne, 75005 Paris). Nombreuses agences en France, mais aussi à Bruxelles (☎02 543 95 50 ; Chaussée de Charleroi 23) et à Genève (☎22 518 04 94 ; Rue de la Rôtisserie 19). Des voyages itinérants à travers toute l'Islande.

Zig Zag Randonnées (☎01 42 85 13 93 ; www.zigzag-randonnees.com ; 54 rue de Dunkerque, 75009 Paris). Circuits de randonnée en Islande (avec extension possible aux îles Vestmann).

COMMENT CIRCULER

Avion

L'Islande possède un réseau de vols intérieurs étendu, et les Islandais empruntent presque aussi facilement les avions que les bus. En hiver, l'avion peut même être le seul moyen de rallier certaines destinations – toutefois, les horaires peuvent être perturbés par les conditions climatiques.

Les vols intérieurs partent de l'**aéroport domestique de Reykjavík** (Reykjavíkurflugvöllur ; www.isavia.is/en/reykjavik-airport ; Innanlandsflug), et non de l'aéroport international de Keflavík.

Quelques petits aéroports proposent régulièrement des vols touristiques – par exemple à Mývatn, à Skaftafell, à Reykjavík et à Akureyri. Les vols en hélicoptère connaissent une popularité croissante.

Vous trouverez sur www.isavia.is une liste des aéroports islandais, ainsi que des renseignements utiles.

Air Iceland Connect (☎570 3030 ; www.airicelandconnect.is ; aéroport domestique de Reykjavík). À ne pas confondre avec la compagnie internationale Icelandair. Destinations couvertes : Reykjavík, Akureyri, Grímsey, Ísafjörður, Þórshöfn, Vopnafjörður et Egilsstaðir. Également : circuits en avion d'une journée.

Eagle Air (☎562 2640 ; www.eagleair.is ; aéroport domestique de Reykjavík). Vols réguliers vers 5 petits aéroports au départ de Reykjavík : Vestmannaeyjar, Húsavík, Höfn, Bíldudalur et Gjögur. Propose aussi des excursions en avion.

Bateau

Plusieurs ferrys circulent toute l'année en Islande. Les voitures peuvent embarquer sur toutes les lignes importantes. Attention : il est vivement recommandé de réserver pour embarquer avec un véhicule.

Herjólfur (www.seatours.is). Entre Landeyjahöfn, dans le sud de l'Islande et les Vestmannaeyjar.

Sævar (www.hrisey.is). Liaisons fréquentes et pratiques entre Árskógssandur, dans le Nord, au nord d'Akureyri, et l'île de Hrísey.

Baldur (www.seatours.is). Relie Stykkishólmur, dans l'ouest du pays, à Brjánslækur, dans les fjords de l'Ouest, via l'île de Flatey.

Sæfari (www.saefari.is). Entre Dalvík, dans le Nord et l'île de Grímsey, sur le cercle polaire.

De juin à août, des bateaux partent régulièrement de Bolungarvík et d'Ísafjörður vers diverses destinations du Hornstrandir (fjords de l'Ouest).

SITES INTERNET UTILES

Les 5 sites Internet que tout voyageur en Islande devrait connaître :

Safetravel (safetravel.is/fr/). Pour savoir comment voyager en toute sécurité en Islande.

Office météorologique islandais (en.vedur.is ; ou appelez le ☎902 0600, et faites le 1 après la présentation). Il ne faut jamais sous-estimer la météo en Islande, ni son effet sur les déplacements. Ce site donne des prévisions fiables. Il existe également une application à télécharger, appelée *Veður*.

Vegagerðin (www.road.is). Le site du service des routes islandaises détaille les ouvertures et fermetures des routes du pays. Essentiel pour visiter les coins peu fréquentés du pays et les îles isolées. Founit des informations sur les routes ouvertes en hiver.

Covoiturage en Islande (www.samferda.is). Un site pratique pour mettre en relation conducteurs et passagers. Ces derniers contribuent souvent aux frais d'essence. C'est une alternative intelligente à l'autostop (pour les passagers), et un bon moyen de financer en partie la location du véhicule et/ou l'essence (pour les conducteurs).

Public Transport (www.publictransport.is). Carte et base de données de tous les transports publics disponibles dans le pays.

Bus

Le pays dispose d'un vaste réseau de bus longue distance, desservi par quelques grosses compagnies. La carte *Public Transport in Iceland*, gratuite, présente une vue d'ensemble des lignes existantes ; vous pourrez vous la procurer dans les offices du tourisme ou la consulter en ligne sur www.publictransport.is.

De juin à août, des bus réguliers desservent la plupart des sites de la route circulaire, les secteurs de randonnée populaires du Sud-Ouest, les principales localités des fjords de l'Ouest et de l'Est, ainsi que les péninsules de Reykjanes et de Snæfellsnes. Le reste de l'année, certains services sont maintenus quotiennement, tandis que d'autres sont tout bonnement supprimés.

- Lors de l'écriture de ce guide, l'absence de desserte entre Egilsstaðir, dans l'Est, et Höfn, dans le Sud-Est, rendait quasi impossible de parcourir toute la route circulaire en bus.
- En été, des bus tout-terrain empruntent quelques-unes des routes F (routes de montagne), dont les pistes de Kjölur, de Sprengisandur et d'Askja dans les hautes terres (impraticables en voiture ordinaire).
- Bon à savoir : de nombreuses liaisons de bus peuvent aussi faire office d'excursions à la journée (arrivé à sa destination finale, le bus passe quelques heures sur place avant de regagner son point de départ ; il peut aussi marquer des haltes d'une demi-heure dans divers sites touristiques sur son itinéraire).
- De nombreux bus sont équipés du Wi-Fi gratuit.
- Les compagnies de bus opèrent depuis différentes gares routières ou arrêts. Reykjavík possède plusieurs gares routières ; dans les petites villes, les bus s'arrêtent généralement à la principale pompe à essence ou au camping ; vérifiez quand même.
- La plupart sont suivis par GPS – cela permet de voir lorsqu'ils approchent de votre arrêt.

Compagnies

Voici les grandes compagnies de bus :

Reykjavík Excursions (☎580 5400 ; www.ioyo.is). Départs de la gare routière BSÍ à Reykjavík.

SBA-Norðurleið (☎550 0700 ; www.sba.is). Départs de la gare routière BSÍ à Reykjavík.

Sterna (☎551 1166 ; www.icelandbybus.is). Départs de la salle Harpa à Reykjavík ; arrêt au camping de Reykjavík.

Strætó (☎540 2700 ; https://straeto.is/en). La principale gare routière des bus longue distance est celle de Mjódd.

Trex (☎587 6000 ; www.trex.is). Transport de randonneurs ; plusieurs points de départ à Reykjavík (dont l'office du tourisme principal et le camping).

Vélo

Le vélo est de plus en plus prisé pour découvrir les paysages d'Islande, mais les cyclistes doivent s'attendre à des conditions difficiles.

Les vents violents, les pluies battantes, les tempêtes de sable, le grésil et les rafales de neige soudaines peuvent survenir à tout moment de l'année. Mieux vaut rester souple quant à l'organisation afin de pouvoir attendre le retour du beau temps si besoin.

Sachez en outre que vous devrez rouler près des voitures sur la route circulaire – il n'y a pas de bande d'arrêt d'urgence, et encore moins de voie réservée.

Les grandes compagnies de bus transportent les vélos à bord de leurs véhicules ; vous disposerez donc d'une solution de repli en cas de mauvais temps ou si votre escapade à vélo dans les hautes terres ne se déroule pas comme prévu. Sachez toutefois qu'il n'est pas possible de réserver l'emplacement pour votre vélo. On peut transporter gratuitement son vélo à bord des bus **Strætó** (☎540 2700 ; straeto.is/en) ; d'autres compagnies, comme **SBA-Norðurleið** (☎550 0700 ; www.sba.is) et **Reykjavík Excursions** (☎580 5400 ; www.ioyo.is), font payer 4 000 ISK et il est conseillé de se renseigner auprès d'elles sur la réglementation et la disponibilité.

Il est difficile de se procurer des pièces de rechange et des kits de réparation pour les crevaisons en dehors de Reykjavík. Apportez les vôtres ou achetez-en dans la capitale. Sur la route, il est indispensable de savoir effectuer les réparations de base.

Si vous voulez vous attaquer à l'intérieur du pays, sachez que la piste de Kjölur, qui franchit les principaux fleuves par des ponts, est assez facilement accessible aux cyclistes. Autre itinéraire moins exigeant : la F249 jusqu'à Þórsmörk. Les fjords de l'Ouest offrent d'excellentes occasions pour les voyageurs à vélo, malgré la rudesse du terrain.

Location

Les loueurs de VTT s'adressent à une clientèle visant plutôt une utilisation locale qu'un long périple.

Si vous avez l'intention de découvrir le pays à vélo, mieux vaut apporter le vôtre ou en acheter un à l'arrivée. Reykjavík Bike Tours (www.icelandbike.com) loue des vélos de tourisme.

Renseignements

Cycling Iceland (www.cyclingiceland.is). Version en ligne de la carte *Cycling Iceland*, très détaillée et rééditée chaque année.

Icelandic Mountain Bike Club (fjallahjolaklubburinn.is). Les pages en anglais sont une mine de renseignements.

The Biking Book of Iceland Ómar Smári Kristinsson a écrit une série de livres sur le cyclisme, mais celui-là est le seul à avoir été traduit en anglais ; il s'intéresse aux sentiers des fjords de l'Ouest.

Transporter son vélo

La plupart des compagnies aériennes transportent les vélos dans la soute s'ils sont conditionnés dans une caisse à vélo ; renseignez-vous auprès des compagnies.

À l'aéroport international de Keflavík, un lieu est mis à disposition pour démonter ou remonter son vélo – il s'agit d'un conteneur à 100 m à l'est de la sortie du hall des arrivées. Le **Reykjavík City Hostel** (☎553 8110 ; www.hostel.is ; Sundlaugavegur 34 ; P@; 14) propose également un espace dédié et garde en consigne les caisses à vélo. À l'aéroport international de Keflavík, c'est le Bílahótel (www.bilahotel.is) qui assure un service de consigne pour les bagages et les caisses (dans le même bâtiment que Geysir Car Rental). À savoir : on ne peut pas transporter de vélo à bord du bus Strætó n°55 entre l'aéroport de Keflavík et Reykjavík.

Le ferry Smyril Line (www.smyrilline.com) en provenance du Danemark transporte les vélos pour 20 € l'aller.

Voiture et moto

Être motorisé donne une liberté inégalée pour découvrir l'Islande. Les routes sont globalement bonnes et il y a peu de trafic, (surtout une fois sorti de la capitale et du Sud-Ouest), si bien qu'il est relativement facile de circuler.

- La route circulaire (Route 1) ceinture tout le pays. Elle est entièrement goudronnée.
- La plupart des localités situées en retrait de la route circulaire sont desservies par des routes en asphalte ou en gravier.
- Dans les régions côtières, certaines routes spectaculaires n'en finissent pas de zigzaguer pour franchir des cols de montagne et s'enfoncer dans de longs fjords. Les déplacements y sont incroyablement lents.
- En été, on peut néanmoins aller presque partout (sauf dans les hautes terres et sur les routes F) avec un véhicule ordinaire à deux roues motrices.
- En hiver, les fortes neiges peuvent entraîner la fermeture de nombreuses routes. Celles de montagne ne sont généralement ouvertes qu'à partir du mois de juin, et certaines deviennent inaccessibles dès le mois de septembre. Pour connaître l'état des routes, consultez le site www.road.is.
- On vous poussera peut-être à louer un GPS. Si vous vous cantonnez aux routes bien tracées, avec une bonne carte à jour et si vous êtes capable de la lire correctement, vous devriez vous en sortir sans. En revanche, le GPS peut vite devenir indispensable si vous envisagez d'emprunter des pistes peu fréquentées. Aussi, réfléchissez-y à deux fois avant de refuser de débourser les frais de la location.

Permis de conduire

Les Français, les Belges, les Suisses et les Canadiens peuvent conduire en Islande avec leur permis de conduire national.

État des routes et sécurité

Il est bon de garder à l'esprit les quelques spécificités et points suivants.

Bétail En été, les moutons qui paissent dans les champs s'aventurent souvent sur les routes. Ralentissez lorsque vous apercevez des animaux près de la route.

Routes non goudronnées Le passage aux graviers est signalé par le panneau *Malbik Endar*. Ralentissez avant d'arriver sur les gravillons pour éviter de déraper. La plupart des accidents impliquant des conducteurs étrangers sont dus à une vitesse excessive et inadaptée aux routes non revêtues. Si votre voiture commence à déraper, lâchez la pédale d'accélérateur et tournez doucement le volant pour orienter la voiture dans la direction où vous voulez qu'aillent les roues avant. Ne freinez pas.

Côtes sans visibilité La plupart des routes sont à deux voies, avec des talus escarpés et sans bas-côté. Attendez-vous à voir des véhicules arriver au milieu de la route et ralentissez en gardant votre droite à l'approche des côtes sans visibilité, indiquées par le panneau *Blindhæð*.

Ponts à voie unique Ralentissez et préparez-vous à céder le passage à l'approche des ponts à voie unique (indiqués *Einbreið Brú*). Le véhicule le plus proche du pont est prioritaire.

Éblouissement Le soleil est souvent bas à l'horizon ; des lunettes de soleil sont recommandées.

Conditions hivernales En hiver, assurez-vous que votre véhicule est équipé de pneus neige, et emportez une pelle, des couvertures, de la nourriture et de l'eau.

Cendres et tempêtes de sable Les cendres volcaniques et de violentes tempêtes de sable peuvent écailler la peinture, et même renverser le véhicule. Les zones à risques sont signalées par des panneaux orange.

Routes F (p. 460) Les "routes F" sont réservées aux 4x4.

Franchissement de cours d'eau Les routes des hautes terres sont rarement équipées de ponts. Les passages à gué sont indiqués sur les cartes par un "V". Pour traverser un cours d'eau, voir les conseils p. 462.

Tunnels Les tunnels sont nombreux en Islande, et certains sont à voie unique, ce qui n'est pas sans angoisser certains conducteurs ! Un panneau à l'entrée indique qui est prioritaire. Il y a plusieurs zones d'arrêt à l'intérieur des tunnels (indiquées par un "M"). Lorsque la zone est située de votre côté, vous êtes obligé de vous arrêter pour laisser passer les véhicules arrivant en face.

Code de la route

- La conduite se fait à droite.
- Le port de la ceinture de sécurité est obligatoire à l'avant comme à l'arrière.
- Les codes doivent être allumés en permanence.
- Le taux d'alcoolémie autorisé est de 0,4 g/l. Deux verres d'alcool peuvent suffire à le dépasser.
- Il est interdit d'utiliser le téléphone mobile au volant, sauf avec un kit mains libres.
- Le siège auto est obligatoire pour les enfants de moins de 6 ans.
- Il est interdit de conduire hors route (c'est-à-dire hors des routes balisées et des pistes de 4x4. Il s'agit d'une infraction passible d'une amende.

LIMITATIONS DE VITESSE

- Agglomération : 50 km/h
- Routes non asphaltées : 80 km/h
- Routes asphaltées : 90 km/h

Carburant et pièces détachées

- Des stations-service, espacées régulièrement, jalonnent tout le pays. Dans les hautes terres, mieux vaut cependant vérifier votre niveau d'essence et l'emplacement de la prochaine station avant de vous embarquer pour un long trajet.
- Lors de notre passage, l'essence sans plomb et le diesel coûtaient environ 220 ISK (1,80 €) le litre.
- Les routes sont souvent désertes : veillez à avoir un cric, une roue de secours et des câbles de démarrage

ACHETER DU CARBURANT : MODE D'EMPLOI

La plupart des petites stations-essence sont en self-service et les pompes sont automatiques. Il est possible (et long) de demander à un employé de mettre la pompe en mode manuel afin de payer après avoir fait le plein, mais toutes les stations ne proposent pas ce service.

La première fois que vous ferez le plein, rendez-vous dans une station-service avec du personnel, au cas où il y aurait un problème. Notez que vous devrez posséder une carte bancaire fonctionnant avec un code secret à 4 chiffres. Si vous n'avez pas de carte à code, achetez une carte prépayée dans une station N1, que vous pourrez ensuite utiliser dans les pompes à essence automatiques.

ROUTES F

Les routes F sont des pistes en terre très accidentées, dont le tracé est parfois pratiquement inexistant. La lettre "F" vient du mot *fjall*, qui signifie "montagne". Ne confondez pas ces routes très cahoteuses avec les routes "normales" non goudronnées, en principe praticables avec deux roues motrices, même si certaines sont très cabossées et rudes pour les petites voitures basses sur roues.

- Les routes F sont indiquées sur les cartes (utilisez de bonnes cartes) et sur les panneaux routiers sous forme d'un numéro précédé d'un F (F26, F88, etc).
- La période varie selon la météo, mais elles ouvrent en général entre mi-juin et fin juin.
- Les routes F sont réservées aux 4×4. Si vous les empruntez avec une voiture de location ordinaire, vous ne serez en aucun cas couvert par l'assurance. Ces routes sont dangereuses pour les petites voitures : ne prenez pas de risque. Si vous souhaitez les parcourir en indépendant, louez un 4×4. Sinon, montez dans un bus tout-terrain ou faites un circuit en Super-Jeep.
- Avant de vous engager sur une route F, renseignez-vous sur ce qui vous attend (traversée de rivière par exemple) et vérifiez qu'elle est ouverte sur toute sa longueur. Le site www.road.is répertorie les routes de montagne ouvertes.
- Bien que certaines routes F soient pratiquement invisibles dans le paysage, s'écarter des routes balisées est strictement interdit partout en Islande, car cela endommage les écosystèmes fragiles.

(lorsque vous louez une voiture, vérifiez qu'ils sont bien présents).

- En cas de panne ou d'accident, appelez en priorité votre agence de location.
- Si vous êtes membre d'un automobile-club affilié à Arc Europe, il se peut qu'en cas de panne vous soyez couvert par l'automobile-club islandais, le Félag Íslenskra Bifreiðaeigenda (FÍB ; www.fib.is), par ailleurs réservé aux résidents. Renseignez-vous avant de partir.
- Le numéro d'urgence du FÍB, accessible 24h/24, est le ☎511 2112. Même si vous n'êtes pas membre, il pourra vous informer et vous donner les numéros de téléphone de services de remorquage et de dépannage.

Location

Être motorisé constitue le seul moyen d'accéder à certaines parties de l'île. Même si la location d'une voiture revient très cher en comparaison des prix pratiqués dans d'autres pays, elle reste plus intéressante que le bus ou l'avion sur les lignes intérieures, surtout si vous partagez les frais à plusieurs. Essayez de trouver les bonnes affaires et réservez en ligne.

Pour louer une voiture, il faut avoir 20 ans au minimum (23 à 25 ans pour un 4x4) et présenter un permis de conduire valide.

Les modèles les moins chers à disposition (généralement des petites voitures à hayon) coûtent environ 8 000 ISK/jour en haute saison (juin à août). Comptez environ 10 000-12 000 ISK pour le plus petit modèle de 4x4, qui a une garde au sol plus haute qu'une voiture classique, mais ne permet pas de franchir les cours d'eau les plus larges ; il faut prévoir un minimum de 15 000-20 000 ISK pour un plus gros 4x4.

Les tarifs incluent le kilométrage illimité et la TVA (24%), et en général une assurance-collision sans franchise (*collision damage waiver*-CDW).

Les tarifs à la semaine sont un peu plus avantageux. Les prix les plus bas sont proposés de septembre à mai.

Vérifiez les clauses en petits caractères, car les coûts additionnels (assurance complémentaire, prise en charge à l'aéroport, restitution dans un lieu différent de celui de départ) peuvent vite coûter cher.

L'hiver, pour des raisons de sécurité, il est recommandé de choisir un véhicule plus gros et plus robuste, de préférence un 4x4 (et surtout pas un véhicule ordinaire compact).

De nombreuses agences sont dévalisées en été. Réservez longtemps à l'avance.

Certaines agences de voyages (comme Hostelling International Iceland et Hey Iceland) proposent des forfaits incluant la location d'une voiture.

La plupart des loueurs sont basés dans les régions de Reykjavík et Keflavík, et possèdent des bureaux ou guichets en ville et à l'aéroport. Les plus grandes agences ont des antennes ailleurs dans le pays (en générale à Akureyri et Egilsstaðir).

Si vous arrivez en bateau à Seyðisfjörður, vous trouverez des loueurs de voitures à Egilsstaðir, à proximité.

Quelques agences de location de voitures :

Átak (www.atak.is)

Avis (www.avis.is)

Budget (www.budget.is)

Cars Iceland (www.carsiceland.com)

Cheap Jeep (www.cheapjeep.is)

Europcar (www.europcar.is). La plus grosse compagnie de location en Islande.

Geysir (www.geysir.is)

Go Iceland (www.goiceland.com)

Hertz (www.hertz.is)

SADcars (www.sadcars.com)

Saga (www.sagacarrental.is)

AUTOPARTAGE

Il existe en Islande quelques plateformes d'autopartage dont Carrenters (www.carrenters.is). On trouve parfois des voitures de particuliers et des camping-cars à louer sur airbnb.com.

Ces plateformes permettent de louer des véhicules appartenant à des particuliers. Si vous optez pour cette solution, faites une estimation du coût et lisez bien les termes du contrat. Il semblerait que les prix ne soient pas très différents de ceux proposés par les agences de location. Les voitures sont souvent assez vieilles et vous ne pouvez pas vous appuyer sur un loueur professionnel en cas de problème.

LOCATION DE CAMPING-CARS

Alliant hébergement et transport, la location d'un camping-car est une solution de plus en plus prisée. Outre qu'elle permet de réduire les coûts, elle offre en été une grande liberté de mouvement (contrairement à tous les autres hébergements, il n'est pas nécessaire de réserver les emplacements de camping). Il est possible de voyager en camping-car l'hiver, mais nous ne le conseillons pas : peu d'installations vous seront ouvertes à cette période, et les conditions météo peuvent être dangereuses.

Les grosses entreprises de location de véhicules disposent généralement de camping-cars à louer, mais il existe aussi des solutions plus originales, adaptées aux routards comme aux familles, et des options 4×4 pour visiter les hautes terres. Certaines agences louent du matériel susceptible de rendre votre voyage plus confortable (GPS, matériel de cuisine et réchaud, barbecue, duvets, chaises de camping, matériel de pêche, bornes Wi-Fi portables, etc.).

Des dizaines de compagnies peuvent vous aider à organiser votre itinéraire. Comme pour la location de voitures, les prix varient en fonction de la taille et de l'âge du véhicule, de la durée de location, de la saison, des options supplémentaires, etc. Comparez les offres et lisez les paragraphes en petits caractères. Comptez un minimum de 12 000 ISK/jour pour un véhicule ordinaire de petite taille.

Notez que, désormais, les camping-cars doivent impérativement stationner sur des terrains aménagés. Reportez-vous à l'encadré *Nouvelle législation sur le camping*, p. 446.

Quelques agences de location de camping-cars :

Camp Easy (www.campeasy.com)

Camper Iceland (www.campericeland.is)

Go Campers (www.gocampers.is)

Happy Campers (www.happycampers.is)

JS Camper Rental (www.jscamper.com). Camping-cars tout-terrain.

Rent Nordic (www.rent.is)

Location de motos

Biking Viking (www.rmc.is/en/biking-viking) propose la location de motos, ainsi que des circuits et services.

Assurance

Un véhicule immatriculé dans un pays scandinave ou membre de l'UE est considéré comme ayant une assurance valide en Islande. Si votre véhicule est immatriculé ailleurs, vous devrez être en possession d'une "carte verte" pour prouver que vous êtes assuré pour la conduite en Islande. Renseignez-vous auprès de votre assureur dans votre pays.

Lorsque vous louez un véhicule, lisez attentivement le contrat. Il comprend généralement une assurance au tiers et une assurance-collision sans franchise (*collision damage waiver* – CDW). En cas de franchise, vérifiez bien son montant, qui peut se révéler extrêmement élevé.

Les véhicules de location ne sont pas assurés pour les dégâts aux pneus, aux phares, aux pare-brise ni aux bas de caisse si vous conduisez sur des routes non goudronnées, que vous avez traversé des cours d'eau ou des tempêtes de cendre ou de sable. De nombreuses compagnies insisteront pour vous vendre une assurance complémentaire pour couvrir ces risques. À vous de voir si cette assurance convient à vos projets, à vos besoins et au prix que vous êtes prêt à payer dans un tel cas, et d'évaluer son coût selon la durée de votre location et les régions que vous comptez visiter. Il est impossible de prévoir les conditions climatiques que vous allez rencontrer lors de votre voyage.

Transport de véhicules

Vu les prix élevés des locations, il peut être intéressant d'arriver avec son propre moyen de locomotion.

TRAVERSER UNE RIVIÈRE À GUÉ

Si vous randonnez ou conduisez dans les hautes terres, vous serez certainement amené à franchir des rivières à gué. Voici quelques points à garder à l'esprit :

- La neige, en fondant, fait monter le niveau des cours d'eau. Mieux vaut donc franchir une rivière tôt le matin, avant que le soleil ne fasse grimper la température, et de préférence pas dans les 24 heures qui suivent un orage.
- Évitez les zones où le cours d'eau est étroit, qui ont toutes les chances d'être profondes. Plus le gué est large, plus il est susceptible d'être peu profond.
- C'est au centre des portions droites et à l'extérieur des méandres que le courant est le plus fort. Choisissez un point où l'eau est calme.
- Ne franchissez jamais une rivière juste au-dessus d'une cascade, et évitez de traverser des cours d'eau en crue (que l'on reconnaît à leur eau boueuse et lisse, charriant débris et végétation).

Pour les randonneurs

- Une surface lisse trahit une rivière trop profonde pour être franchie à pied. Si l'eau arrive plus haut que la cuisse, la rivière est infranchissable sans une solide expérience et un équipement spécial.
- Avant de tenter le passage d'un cours d'eau profond ou rapide, assurez-vous de pouvoir vous débarrasser de votre sac à mi-course si nécessaire.
- Les randonneurs en solo utiliseront un bâton de randonnée pour sonder le fond de la rivière afin de trouver le meilleur passage et pour se stabiliser dans le courant.
- Ne traversez jamais un cours d'eau pieds nus. Si vous ne voulez pas mouiller vos chaussures de randonnée, emportez avec vous des bottes ou des sandales.
- En traversant, faites face au courant et évitez de regarder vers le bas : vous pourriez avoir le vertige et perdre l'équilibre. À deux, vous pourrez vous stabiliser mutuellement en vous tenant par l'épaule.
- Si vous tombez à l'eau, n'essayez pas de vous relever. Retirez votre sac (mais ne le lâchez pas), roulez sur le dos, et pointez les pieds vers l'aval. Essayez ensuite de vous diriger vers une zone peu profonde ou vers la rive.

Pour les conducteurs

- Si vous ne voyagez pas en convoi, il est plus prudent d'attendre d'autres voitures avant de vous lancer.
- Regardez où et comment traversent les conducteurs expérimentés.
- Vous devrez peut-être vérifier au préalable la profondeur du cours d'eau et la rapidité du courant à pied (en recourant aux techniques et outils des randonneurs ; munissez-vous notamment d'un bâton de marche).
- Une règle d'or : si vous n'avez pas l'impression de pouvoir franchir un cours d'eau à pied, ne vous y essayez pas non plus avec un véhicule.
- Aidez-vous du courant : traversez en diagonale dans le sens du courant, à petite vitesse. Gardez une vitesse constante, sans vous arrêter ni changer de rythme, en allant un tout petit peu plus vite que le courant (si vous allez trop lentement, vous risquez de rester coincé ou que de l'eau entre dans le pot d'échappement).

En été, le ferry de Smyril Line en provenance du Danemark transporte jusqu'en Islande de très nombreux véhicules arrivant de toute l'Europe (réservez longtemps à l'avance).

Pour être exempté de taxe à l'importation, les conducteurs devront présenter les papiers de leur véhicule, l'attestation d'assurance (ou "carte verte") et leur permis de conduire.

L'exemption de taxe à l'importation est accordée au point d'arrivée, pour un délai maximal de 12 mois. Vous devrez vous engager à ne pas prêter ou vendre le véhicule. Pour plus de détails, adressez-vous à la direction des Douanes (www.customs.is).

En hiver, le véhicule doit être équipé de pneus neige (les pneus cloutés sont autorisés de novembre à mi-avril).

Pour un séjour de longue durée, il peut être plus avantageux de faire venir son véhicule par la société de transport maritime Eimskip (www.eimskip.is), dotée de porte-conteneurs. Il s'agit d'un service onéreux, qui implique de nombreuses tracasseries administratives. Mais il peut être utile à ceux qui ont beaucoup de matériel à transporter ou possèdent un camping-car/4x4 bien équipé. Eimskip dessert 5 lignes maritimes dans l'Atlantique nord.

Stop et covoiturage

Faire du stop n'est jamais sans risque, et nous le déconseillons. Même minime, il existe toujours un danger, et il faut en être conscient. Néanmoins, nous avons rencontré quantité de touristes voyageant en stop en Islande et qui, pour la plupart, en étaient satisfaits. Sachez qu'il n'est pas toujours évident pour un homme seul d'être pris rapidement.

Dans tous les cas, armez-vous de patience et choisissez un emplacement stratégique : près d'un carrefour, d'une station-service ou encore d'un supermarché Bónus, plutôt que dans une ligne droite.

En arrivant dans un hébergement, n'hésitez pas à faire savoir où vous comptez vous rendre le lendemain. Un autre voyageur allant dans la même direction vous emmènera peut-être.

Si vous souhaitez faire du covoiturage, consultez le site Carpooling in Iceland (www.samferda.is). Les passagers doivent contribuer aux frais d'essence.

Transports locaux

Bus

Reykjavík possède un réseau de bus locaux étendu, couvrant tous les faubourgs et allant jusqu'à Akranes, Borgarnes, Hveragerði et Selfoss. Il existe désormais des bus de nuit sur certaines lignes circulant de 1h à 4h30 les samedis et dimanches. Pour des renseignements sur les itinéraires, les tarifs et les horaires, rendez-vous sur www.straeto.is.

Il existe des services de bus locaux à Akureyri, à Ísafjörður et dans les régions de Reykjanesbær (Keflavík et Njarðvík) et des fjords de l'Est.

Taxi

La plupart des taxis sont établis dans la région de Reykjavík, mais on en trouve aussi dans les autres villes importantes. En dehors de Reykjavík, il est préférable de réserver.

Les taxis sont équipés d'un compteur. Ils peuvent revenir assez cher. Les chauffeurs n'attendent pas de pourboire.

Lors de nos recherches, il n'existait pas de service de type Uber ou Lyft en Islande.

Train

L'Islande ne possède pas de réseau ferroviaire.

Langue

L'islandais fait partie de la famille des langues germaniques, comme l'allemand, l'anglais, le néerlandais et les langues scandinaves à l'exception du finnois. C'est une langue proche du vieux norrois qui conserve d'ailleurs certaines lettres anciennes telles que le "eth" (*ð*) et le "thorn" (*þ*) qui existaient en vieil anglais. Attention : les noms de lieux peuvent être orthographiés de différentes manières en fonction du contexte grammatical. Ne l'oubliez pas en lisant les horaires de bus ou les panneaux routiers.

La plupart des Islandais parlent anglais, mais rarement français. Avec l'anglais, vous n'aurez pas de mal à vous faire comprendre, mais toute tentative de s'exprimer dans la langue locale sera fort appréciée.

En lisant notre transcription phonétique colorée comme si c'était du français, vous serez compris. Les doubles consonnes correspondent à un son long. Dans notre transcription, öy se prononce "œil", et kh correspond au "ch" allemand, comme dans "*buch*", ou à la *jota* espagnole. L'accent tonique porte généralement sur la première syllabe du mot.

LIRE L'ISLANDAIS

Lettre	Prononciation	
Á á	ao	(comme dans "Mao")
Ð ð	dh	(comme le "th" anglais proche de "z")
E e	è	(comme dans "prêt")
É é	ié	(comme dans "pied")
F f	f, p, v	selon la lettre qui suit
G g	gu, g, y, rh	selon la lettre qui suit
I i	i, é	selon la lettre qui suit
Í í	i	(comme dans "vie")
J j	y	(comme dans "yoga")
K k	k, ki, h, x	selon la lettre qui suit
LL ll	tl	(comme dans "little")
Ó ó	o	(comme dans "sot")
U u	u, ui, ou	selon la lettre qui suit
Ú ú	ou	(comme dans "cou")
Ý ý	i	(comme dans "vie")
Þ þ	th	(comme le "th" anglais proche de "s")
Æ æ	aï	(comme dans "ail")
Ö ö	eu	(comme dans "feu")

CONVERSATION ET EXPRESSIONS DE BASE

Bonjour.	*Halló.*	*ha*·lo
Au revoir.	*Bless.*	blès
Merci.	*Takk./Takk fyrir.*	tak/tak *fi*·rir
Excusez-moi.	*Afsakið.*	*af*·sa·kiz
Pardon.	*Fyrirgefðu.*	*fi*·rir·guèv·dhu
Oui.	*Já.*	yao
Non.	*Nei.*	nèi

Comment allez-vous ?
Hvað segir þú gott? kvaz *sè*·yir zou got

Bien. Et vous ?
Allt fínt. En þú? alt fint èn zou

Comment vous appelez-vous ?
Hvað heitir þú? kvadh *hèi*·tir zou

Je m'appelle...
Ég heiti... iérh *hèi*·ti...

Parlez-vous anglais ?
Talar þú ensku? *ta*·lar zou *èns*·ku

Je ne comprends pas.
Ég skil ekki. iérh skil *è*·ki

ORIENTATION

Où est (l'hôtel) ?
Hvar er (hótelið)? kvar èr (*ho*·té·liz)

Pouvez-vous me montrer (sur la carte) ?
Geturðu sýnt mér (á kortinu)? — guè·tur·zu sint miér (ao kor·ti·nu)

Quelle est votre adresse ?
Hvert er heimilisfangið þitt? — kvèrt èr hei·mi·lis·fan·giz zit

AU RESTAURANT

Que me recommandez-vous ?
Hverju mælir þú með? — kver·yu maï·lir zou mèz

Avez-vous des plats végétariens ?
Hafið þið grænmetisrétti? — ha·viz ziz graïn·mè·tis·rié·ti

Je vais prendre...
Ég ætla að fá... — iéz aït·la adh fao...

Santé !
Skál! — skaol

Je voudrais ..., s'il vous plaît.	*Get ég fengið..., takk.*	get iérh fèn·gidh... tak
une table pour (quatre)	*borð fyrir (fjóra)*	borz fi·rir (fyo·ra)
l'addition	*reikninginn*	rèik·nin·gin
la carte des boissons	*vínseðillinn*	vin·sè zit·lin
le menu	*matseðillinn*	mat·sè·zit·lin
ce plat	*þennan rétt*	zè·nan riét
bouteille de (bière)	*(bjór)flösku*	(byor)·fleus·ku
eau	*vatn*	vat
(tasse de) café/thé	*kaffi/te (bolla)*	ka·fi/tè (bot·la)
verre de (vin)	*(vín)glas*	(vin)·glas
petit-déjeuner	*morgunmat*	mor·gun·mat
déjeuner	*hádegismat*	hao·dè·yis·mat
dîner	*kvöldmat*	kveuld·mat

URGENCES

Au secours !	*Hjálp!*	hyaolp
Laissez-moi !	*Farðu!*	far·zu
Appelez... !	*Hringdu á...!*	hring·du ao...
un médecin	*lækni*	laïk·ni
la police	*lögregluna*	leu·rerh·lu·na

PANNEAUX

Inngangur	Entrée
Útgangur	Sortie
Opið	Ouvert
Lokað	Fermé
Bannað	Interdit
Snyrting	Toilettes

NOMBRES

1	*einn*
2	*tveir*
3	*þrír*
4	*fjórir*
5	*fimm*
6	*sex*
7	*sjö*
8	*átta*
9	*níu*
10	*tíu*
20	*tuttugu*
30	*þrjátíu*
40	*fjörutíu*
50	*fimmtíu*
60	*sextíu*
70	*sjötíu*
80	*áttatíu*
90	*níutíu*
100	*hundrað*

Je me suis perdu/e.
Ég er villtur/villt. — iérh èr vil·tur/vilt

Où sont les toilettes ?
Hvar er snyrtingin? — kvar èr snir·tin·gin

COMMERCES ET SERVICES

Je cherche...
Ég leita að... — iérh lay·ta az...

Combien ça coûte ?
Hvað kostar þetta? — kvaz kos·tar zè·ta

C'est trop cher.
Þetta er of dýrt. — zè·ta èr of dirt

Il y a un défaut.
Það er gallað. — zaz èr gat·laz

Où se trouve... ?	*Hvar er...?*	kvar èr...
la banque	*bankinn*	baon·kin
le marché	*markaðurinn*	mar·ka·zu·rin
la poste	*pósthúsið*	post·hou·siz

TRANSPORTS

Est-ce le/l'... pour (Akureyri) ?	*Er þetta... til (Akureyrar)?*	èr zè·ta... til (a·ku·rèy·rar)
bateau	*ferjan*	fer·yan
bus	*rútan*	rou·tan
avion	*flugvélin*	flukh·vié·lin

À quelle heure est le ... bus ?	*Hvenær fer... strætisvagninn?*	kvè·naïr fèr... straï·tis·vag·nin
premier	*fyrsti*	firs·ti
dernier	*síðasti*	si·zas·ti

Je voudrais un taxi...	*Get ég fengið leigubíl...*	gèt iérh fèn·giz lèy·gu·bil...
à (9h)	*klukkan (níu fyrir hádegi)*	klu·kan (ni·u fi·rir hao·dè·yi)
demain	*á morgun*	ao mor·gun

Est-ce accessible en transport public ?
Er hægt að taka rútu þangað? — er haïrht az ta·ka rou·tu zaon·gaz

Où puis-je acheter un billet ?
Hvar kaupi ég miða? — kvar köy·pi iérh mi·za

Un billet ... (pour Reykjavík), s'il vous plaît.	*Einn miða... (til Reykjavíkur), takk.*	aïtn mi·za... (til rayk·ya·vi·kur) tak
aller simple	*aðra leiðina*	az·ra lay·zi·na
aller-retour	*fram og til baka*	fram orh til ba·ka

Combien ça coûte pour... ?
Hvað kostar til... ? — kvaz kos·tar til...

Arrêtez-vous ici, s'il vous plaît.
Stoppaðu hér, takk. — sto·pa·zu hiér tak

S'il vous plaît, conduisez-moi à (cette adresse).
Viltu aka mér til (þessa staðar)? — vil·tu a·ka miér til (zè·sa sta·zar)

GLOSSAIRE

Reportez-vous au chapitre *Cuisine islandaise* (p. 429) pour connaître le vocabulaire et les expressions utiles à table.

á – rivière (comme dans Laxá, ou rivière du saumon)
álfar – elfes
austur – est

basalte – roche volcanique sombre, qui se solidifie souvent sous la forme de colonnes hexagonales
bíó – cinéma
bær – ferme

caldeira – cratère formé par l'effondrement d'un cône volcanique

dalur – vallée

Edda – recueils de poésie de l'âge des Vikings, source de connaissance sur les mythes et légendes scandinaves
ey – île

fjall (ou fell) – montagne
foss – chute d'eau, cascade
fjörður – fjord
fumerolle – émanation gazeuse provenant d'un volcan

gata – rue
geyser – source chaude jaillissant par intermittence
gistiheimilið – *guesthouse*, pension
gjá – fissure, rift
goðar/goði (sg/pl) – chefs politiques et religieux de certaines régions, avant la christianisation

hestur – cheval
höfn – port
hot pot – bain chaud en plein air (sorte de Jacuzzi ou de bassin thermal) que l'on trouve dans les piscines et dans certains hébergements. En islandais, *hot pot* se dit *heitur pottur.*
hraun – champ de lave
huldufólk – "peuple caché"
hver – source chaude

Íslands – Islande

jökull – glacier, calotte glaciaire (*ice cap*)

kirkja – église
kort – carte

Landnámabók – *Livre de la colonisation* ; texte historique décrivant de façon très détaillée la colonisation de l'Islande par les Scandinaves
laug – piscine
lón – lagune
lopapeysa/lopapeysur (sg/pl) – pull en laine islandais
lundi – macareux

mudpot – type de source chaude contenant des boues que les gaz volcaniques font bouillonner
mörk – bois ou forêt

nes – cap, promontoire
norðure – nord

puffling – bébé macareux

reykur – fumée, comme dans Reykjavík (littéralement, "baie des Fumées")

safn – musée
sagas – légendes islandaises
sandur – plaine de sable glaciaire
scories – produits volcaniques riches en vacuoles, de très faible densité
sími – téléphone
skáli – cabane ; snack-bar
stræti – rue
suður – sud
sumar – été
sundlaug – piscine chauffée

téphra – produits volcaniques, en dehors de la lave
tjörn – mare, lac
torg – place de la ville
tunnel de lave – tunnel souterrain créé par un écoulement de lave sous une croûte solide (*lava tube*)

vatn – lac (comme dans Mývatn, ou "lac des Moucherons"), eau
vegur – route
vestur – ouest
vetur – hiver
vík – baie
vogur – crique, baie
volcan bouclier – volcan en pente douce formé par des coulées de lave fluide (*shield volcano*)

En coulisses

VOS RÉACTIONS ?

Vos commentaires nous sont très précieux et nous permettent d'améliorer constamment nos guides. Notre équipe lit toutes vos lettres avec la plus grande attention. Nous ne pouvons pas répondre individuellement à tous ceux qui nous écrivent, mais vos commentaires sont transmis aux auteurs concernés. Tous les lecteurs qui prennent la peine de nous communiquer des informations sont remerciés dans l'édition suivante, et ceux qui nous fournissent les renseignements les plus utiles se voient offrir un guide.

Pour nous faire part de vos réactions, prendre connaissance de notre catalogue et vous abonner à notre newsletter, consultez notre site Internet : **www.lonelyplanet.fr**

Nous reprenons parfois des extraits de notre courrier pour les publier dans nos produits, guides ou sites Web. Si vous ne souhaitez pas que vos commentaires soient repris ou que votre nom apparaisse, merci de nous le préciser. Notre politique en matière de confidentialité est disponible sur notre site Internet.

À NOS LECTEURS

Merci à tous les voyageurs qui ont utilisé la dernière édition de ce guide et qui nous ont écrit pour nous faire part de leurs conseils, de leurs suggestions et de leurs anecdotes :

B Marie-Ève Beauchamp, Benjamin, Fabien Bernard, Angélique Bruel **C** D. Catini, Charlotte Cuny **M** Patrick Mandin **R** Philippe Rocher **S** Famille Sénéchal

UN MOT DES AUTEURES

Alexis Averbuck

L'expérience n'aurait pas été aussi grandiose sans le précieux soutien de Carolyn Bain, qui a généreusement partagé avec moi ses amis et ses conseils de choc sur ce pays magnifique. Merci aux Islandais tels Halldór, de Visit North Iceland, Addi, Anton, Stefán, Jóhanna, Finnur, Villi, Elisabet, Odinn et aux autres personnes que j'ai croisées pour m'avoir aimablement fait part de leurs récits et de leurs idées. Merci aussi au meilleur des meilleurs, RVB.

Carolyn Bain

Merci de tout cœur à mes amis islandais de longue date ou fraîchement rencontrés, grâce à qui mon installation à Reykjavík a été une vraie réussite. Comme toujours, une foule d'Islandais, de compagnons de voyage et d'expatriés ont contribué à faire de ces recherches un plaisir : merci de m'avoir permis de mieux voir, de mieux comprendre et de mieux profiter de l'Islande. Bravo à Clifton Wilkinson pour son travail et à mes coauteures pour leur esprit d'équipe. En particulier, merci à Alexis et Belinda avec qui j'ai échafaudé de nouveaux projets autour d'un verre de gin.

Jade Bremner

Merci à l'éditeur "destination" Clifton Wilkinson pour sa connaissance du pays et son savoir-faire éditorial. Merci à tous ceux qui ont travaillé en coulisses sur ce projet – Cheree Broughton, Dianne, Jane, Neill Coen, Evan Godt et Helen Elfer. Enfin et surtout, merci à Harriet Sinclair, qui m'a rejointe quelques jours pour l'ascension du volcan Hekla et la légendaire randonnée du Fimmvörðuháls.

Belinda Dixon

Quelle chance inouïe de sillonner des routes pleines de cratères le long de fjords immenses, en s'immergeant en chemin dans quelques *hot pots* ! Un merci grand comme les montagnes d'Islande à toute l'équipe de Lonely Planet et à tous ceux qui m'ont communiqué renseignements et inspirations, notamment Magnus à Djúpavík, Charis à Reykjanes, Kári et Thomas à Ísafjörður, et Eyþor à Flateyri. Enfin, je lève un *snúður* à la santé d'Alexis Averbuck et de Carolyn Bain, les collaboratrices les plus chaleureuses et avisées dont puisse rêver un auteur !

CRÉDITS PHOTOGRAPHIQUES

Données des graphiques climatiques adaptées de Peel MC, Finlayson BL & McMahon TA (2007) "Updated World Map of the Köppen-Geiger Climate Classification", Hydrology and Earth System Sciences, 11, 1633-44.

Photographie de couverture : Aurores boréales à Aldeyjarfoss, Islande. © GuilhermeMesquita / Shutterstock

À PROPOS DE CET OUVRAGE

Cette 6e édition française du guide *Islande* est une traduction-adaptation de la 11e édition du guide *Iceland*, publiée en anglais par Lonely Planet, et écrite et actualisée par Alexis Averbuck, Carolyn Bain, Jade Bremner et Belinda Dixon.

Traduction
Anna Alvarez, Pauline Tardieu-Collinet et Florence Guillemat-Szarvas

Direction éditoriale
Didier Férat

Responsable prépresse
Jean-Noël Doan

Adaptation française
Cécile Bertolissio et Régis Couturier

Maquette
Marie Dautet et Gudrun Fricke

Cartographie
Cartes originales de Valentina Kremenchutskaya et James Leversha, adaptées en français par Caroline Sahanouk et Nicolas Chauveau

Couverture
Couverture de Laure Wilmot

Remerciements à Rose-Hélène Lempereur, Jean-Victor Rebuffet et Céline Raux-Samaan pour leur précieuse contribution au texte. Un grand merci à Christiane Mouttet pour sa relecture attentive. Un grand merci à Dominique Spaety, Dorothée Pasqualin, ainsi Enfin, merci à Luan Angel et Nigel Longuet à Londres, et à Jean-Pierre Masclef à Melbourne..

Index

ORDRE ALPHABÉTIQUE

La lettre Ö est placée après le O et la lettre Þ est placée à la fin, après la lettre Z.

Références des cartes
Références des photos

Références des cartes
Références des photos

I

J

K

L

Références des cartes
Références des photos

Q

R

S

W

Z

Þ

Légende des cartes

À voir

- Plage
- Réserve ornithologique
- Temple bouddhiste
- Château/palais
- Église/cathédrale
- Temple confucéen
- Temple hindou
- Mosquée
- Temple jaïn
- Synagogue
- Monument
- Musée/galerie/édifice historique
- Ruines
- Sentō (bain public)
- Temple shintoïste
- Temple sikh
- Temple taoïste
- Cave/vignoble
- Zoo
- Autre site

Activités, cours et circuits organisés

- Bodysurfing
- Plongée/snorkeling
- Canoë/kayak
- Cours/circuits organisés
- Ski
- Snorkeling
- Surf
- Piscine/baignade
- Randonnée
- Planche à voile
- Autres activités

Où se loger

- Hébergement
- Camping

Où se restaurer

- Restauration

Où prendre un verre

- Bar
- Café

Où sortir

- Salle de spectacle

Achats

- Magasin

Renseignements

- Banque
- Ambassade/consulat
- Hôpital/centre médical
- Accès Internet
- Police
- Bureau de poste
- Centre téléphonique
- Toilettes
- Office du tourisme
- Autre adresse pratique

Géographie

- Plage
- Refuge/gîte
- Phare
- Point de vue
- Montagne/volcan
- Oasis
- Parc
- Col
- Aire de pique-nique
- Cascade

Agglomérations

- Capitale (pays)
- Capitale (région/État/province)
- Grande ville
- Petite ville/village

Transports

- Aéroport
- Poste frontière
- Bus
- Téléphérique/funiculaire
- Piste cyclable
- Ferry
- Métro/Tube Station (anglais)
- Monorail
- Parking
- Station-service
- Station de métro
- Taxi
- T-Bane/Station T-Bane (norvégien)
- Gare/chemin de fer
- Tramway
- U-Bahn (allemand)
- Autre moyen de transport

Les symboles recensés ci-dessus ne sont pas tous utilisés dans ce guide

Routes

- Autoroute à péage
- Voie rapide
- Nationale
- Route secondaire
- Petite route
- Chemin
- Route non goudronnée
- Route en construction
- Place/rue piétonne
- Escalier
- Tunnel
- Passerelle
- Promenade à pied
- Promenade à pied (variante)
- Sentier

Limites et frontières

- Pays
- État/province
- Frontière contestée
- Région/banlieue
- Parc maritime
- Falaise
- Rempart

Hydrographie

- Fleuve/rivière
- Rivière intermittente
- Canal
- Étendue d'eau
- Lac asséché/salé/intermittent
- Récif

Topographie

- Aéroport/aérodrome
- Plage/désert
- Cimetière (chrétien)
- Cimetière (autre)
- Glacier
- Marais
- Parc/forêt
- Site (édifice)
- Terrain de sport
- Mangrove

Jade Bremner

Le Sud-Ouest Jade est journaliste depuis plus de 10 ans. Elle a habité et couvert quatre régions différentes. Où qu'elle aille, elle se lance dans les sports extrêmes – plus c'est bizarre, plus ça lui plaît – et ce n'est pas un hasard si ses destinations préférées sont souvent réputées pour leurs vagues... Jade a édité des magazines de voyage et des rubriques de *Time Out* et *Radio Times*, et travaillé pour *The Times*, CNN et *The Independent*. C'est un bonheur pour elle de partager ses récits d'aventure sur notre belle planète bleue et elle est toujours prête à reprendre la route.

Belinda Dixon

Reykavík, Les fjords de l'Ouest Heureuse tant qu'elle est sur la route, Belinda voyage, enquête et écrit pour Lonely Planet depuis 2006 (dans la bonne humeur). C'est ainsi qu'elle s'est trouvée immergée dans les *hot pots* des fjords de l'Ouest en Islande, subjuguée par le lever du soleil à Stonehenge et absorbée par les fresques de Vérone. Journaliste radio confirmée, elle fait preuve d'une curiosité innée qui l'incite à tester tout hébergement prometteur. Véritable aventurière, Belinda a gravi des montagnes galloises en pleine tempête de neige et des rochers escarpés dans le Dartmoor ; elle a surfé et nagé au large de l'Angleterre en plein hiver, a dormi à la belle étoile et s'est découvert une passion pour la planche à rame. Consultez le récit et les vidéos de ses aventures sur son blog (belindadixon.com).

LES GUIDES LONELY PLANET

Une vieille voiture déglinguée, quelques dollars en poche et le goût de l'aventure, c'est tout ce dont Tony et Maureen Wheeler eurent besoin pour réaliser, en 1972, le voyage d'une vie : rallier l'Australie par voie terrestre via l'Europe et l'Asie. De retour après un périple harassant de plusieurs mois, et forts de cette expérience formatrice, ils rédigèrent sur un coin de table leur premier guide, *Across Asia on the Cheap*, qui se vendit à 1 500 exemplaires en l'espace d'une semaine. Ainsi naquit Lonely Planet, dont les guides sont aujourd'hui traduits en 13 langues.

NOS AUTEURES

Alexis Averbuck

L'Ouest, Le Nord, Les hautes terres Alexis a voyagé et vécu aux quatre coins du globe, du Sri Lanka à l'Équateur, en passant par Zanzibar et l'Antarctique. Depuis quelques années, elle habite sur l'île d'Hydra, en Grèce, et se consacre à la découverte de son pays d'adoption. Cela ne l'empêche pas d'aller goûter des huîtres en Bretagne ou de s'aventurer jusqu'en Islande sur les champs de laves irréels, les fjords scintillants et les langues glaciaires. Auteure de voyage depuis plus de 20 ans, Alexis a passé un an en Antarctique, traversé le Pacifique à la voile et rédigé des livres sur ses périples en Asie, en Europe et aux Amériques. Elle est également artiste-peintre – retrouvez-la sur www.alexisaverbuck.com – et apparaît à la télévision et dans des vidéos pour parler de voyages et promouvoir l'esprit d'aventure. Alexis a rédigé la section *Comprendre l'Islande*.

Carolyn Bain

Le Sud-Est, L'Est Auteure et éditrice de guides de voyage depuis plus de 20 ans, Carolyn a vécu, travaillé et étudié dans diverses parties du monde, comme le Danemark, Londres, Saint-Pétersbourg et Nantucket. Elle a rédigé plus de 50 titres pour Lonely Planet, avec une préférence marquée pour l'Islande. Son amour pour ce pays l'a récemment amenée à quitter Melbourne (Australie) pour Reykjavík. Carolyn a rédigé la section *Préparer son voyage* (à l'exception du chapitre *Activités de plein air*) et le *Carnet pratique*.

PAGE 479 AUTEURS (suite)

Islande
6e édition
Traduit et adapté de l'ouvrage *Iceland, 12th edition*

Dépôt légal Novembre 2021
ISBN 978-2-81619-315-2
Imprimé par Pollina, Luçon, France - 42523
Réimpression 02, mars 2022

En Voyage Éditions | un département édi8